《安徽通史》编纂委员会 编

# 安徽通史

隋唐五代十国 卷

3

主 编◎王光照
周怀宇

全国百佳图书出版单位

时代出版传媒股份有限公司
安徽人民出版社

**图书在版编目(CIP)数据**

安徽通史·隋唐五代十国卷/王光照,周怀宇主编. —合肥:安徽人民出版社,2011.9

ISBN 978－7－212－04292－9

Ⅰ.①安… Ⅱ.①王…②周… Ⅲ.①安徽省—地方史—隋唐 Ⅳ.①K295.4

中国版本图书馆 CIP 数据核字(2011)第 186352 号

# 安徽通史·隋唐五代十国卷

王光照 周怀宇 主编

出 版 人:胡正义
总 责 编:杨咸海
责任编辑:杨咸海 王 琦 装帧设计:宋文岚

出版发行:时代出版传媒股份有限公司 http://www.press-mart.com
安徽人民出版社 http://www.ahpeople.com
合肥市政务文化新区翡翠路 1118 号出版传媒广场八楼
邮编:230071
营销部电话:0551-3533258 0551-3533292(传真)
制 版:合肥市中旭制版有限责任公司
印 制:安徽新华印刷股份有限公司
(如发现印装质量问题,影响阅读,请与印刷厂商联系调换)

开本:710×1010 1/16 印张:39 字数:540 千 插页:4
版次:2011 年 9 月第 1 版 2011 年 9 月第 1 次印刷

标准书号:ISBN 978-7-212-04292-9 定价:126.00 元

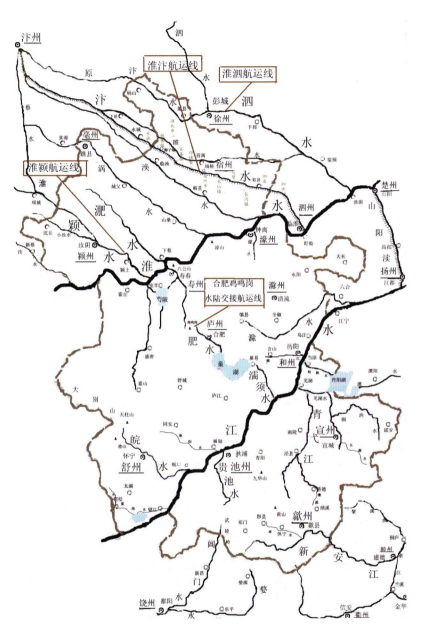

隋唐时期安徽水运路线示意图

唐代船舵

1999年淮北柳孜运河遗址出土

铜陵市古铜矿开采遗址

唐　宝相花铭文镜

1982年宿松县征集

唐　八卦十二辰菱花镜

1973年肥西县花岗区新仓公社胡家安村出土

唐　褐釉绞胎枕
1955年亳州市出土

唐　寿州窑瓷碗
1999年淮北柳孜出土

五代　白瓷柳斗纹高足杯

1965年合肥市西郊南唐保大四年墓出土

清　虎纽玉押

1956年安庆市棋盘山元代尚书右丞范文虎夫妇合葬墓出土

元　贯耳玉瓶

1956年安庆市棋盘山元代尚书右丞范文虎夫妇合葬墓出土

# 总　　序

　　盛世修史,是中华民族的优良传统。2004 年 8 月,时任安徽省委副书记张平同志主持召开了《安徽通史》编纂委员会第一次会议,《安徽通史》作为省哲学社会科学规划重大项目立项并启动。在中共安徽省委、省政府领导的关心下,经过我省数十位专家历时近 8 年的辛勤笔耕,现即面世以飨读者。

　　《安徽通史》8 卷 10 册,600 万字,对上自洪荒,下迄 1952 年的安徽历史作了全面系统的表述。

　　编撰《安徽通史》我们坚持三个基本原则:

　　一是坚持以马克思主义的辩证唯物主义和历史唯物主义为指导思想,实事求是,从纷繁复杂的历史表象入手,去伪存真,去粗取精,真实地、本质地反映安徽历史。尊重历史事实,是则是,非则非,秉笔直陈,不用春秋笔法,把编写者的主观判断排除在《安徽通史》之外,把历史事实展现给读者,把评说的空间留给读者。

　　二是略远而详近。古代是我们的前天,近现代是我们的昨天。近现代是传统向现代转变时期,直接影响当代。自夏代算起,安徽历史

有4000年,其中鸦片战争至新中国成立之初不过百年,叙述这百余年历史的卷数为《安徽通史》全书的25%,字数约为全书的30%;《新中国卷》虽只写四年亦立为一卷。历史著作的社会价值主要在于有助于人们深刻了解当代社会和当代人,为解决现实问题提供经验教训。因此而言,略远而详近是必然选择。

三是史料务求翔实。史料是史著的基本元素,史料丰富与否往往决定了史著价值高低。几年来,参加编写《安徽通史》的专家用于爬梳资料的时间远多于撰写时间,经多方罗掘,发现了很多新的资料。先秦部分用近年发现的大量考古资料以补充文献资料,近现代部分则大量利用了报刊资料及档案。新资料的发现和使用是本书一系列亮点的基础。

中国是一个整体,但各省(区、市)的历史各有特色,造成差别的原因很多,地理位置和自然条件的差异是最基本的原因之一。安徽连贯东西、融会南北,左江浙,右湖北,上接中原,下邻江西。长江淮河穿省而过将安徽切成比较均匀的三大块。淮北平原属典型的北方,皖南山区是标准的南方,江淮之间是南北过渡地带。全省气候温和,水资源丰富,适宜农耕。

安徽历史的特点约略有五:

一、安徽历史发展受惠外部较多。自给自足的自然经济一般有很强的封闭性,但封闭不是绝对的,安徽与周边地区交往较多,对安徽历史发展起了明显的促进作用。安徽本为东夷活动区域,大禹为治水来到安徽,并在涂山(今属安徽怀远)大会诸侯,安徽的东夷积极响应,自此开始融入中国主流。东晋至南宋是中国经济重心南移、中原文化南播时期,安徽作为主要通道,社会经济发展水平显著提高。明清时期安徽和江浙关系密切,其时江浙正是中国经济最富庶、文化最发达地区,安徽经济、文化与之同时发展,且不遑多让。鸦片战争后,上海成为中国经济发展的龙头,八百里皖江成了近代意义上的黄金水道;

新中国成立前,号称"小上海"的城镇遍布我省各地,在安徽人心目中,上海是先进和繁华的代名词。

二、安徽的历史发展特别艰难曲折。安徽历史上灾难之多之惨烈绝非其他省可以相比。江淮之水患频仍世人皆知,但对安徽历史损害最大的是兵祸。自古以来,淮北和江淮就是各方争夺之地,楚汉,魏吴,东晋、南朝、南宋、南明和北方政权,都曾在安徽进行过恶战;历史上大规模农民战争除两汉外,如秦末、隋末、唐末、元末、明末、晚清农民战争,无不以安徽为主战场。每当战乱,除交战双方相互砍杀之外,就是对人民烧杀抢掠,一时白骨遍野,数百里不见人烟,惨不忍睹。在历史上淮北和江淮之间因兵燹损失半数以上人口有十余次。面对深重苦难,安徽人民顽强坚毅,一次次在废墟上重建家园。显示了超强的生聚能力。

三、安徽南北社会、经济、文化和国家的南北社会、经济、文化同步变化。三国以降,国家分裂时,表现为南北政权对峙,安徽则分属南北两个对立的政权。自东晋至南宋,中国经济重心南移,中原文化南播,改变了中国经济、文化态势,与此同时,安徽沿江江南在经济文化方面一跃超过原先先进的淮北。在上述两方面没有一省像安徽那样酷似国家的变化。

四、人才之盛,世所公认。安徽独特的环境为中华民族造就一大批精英人物,其中一些人分别在不同领域为华夏文明创立了标志性历史功业。改革家首推生于涂山的夏启(对先秦时代的人常以出生地为其籍贯),启废禅让为世袭,中国遂由原始社会进入阶级社会、文明时代。李鸿章兴办洋务新政是中国向近代迈出的第一步。思想领域老子把朴素的辩证法教给了中国人,陈独秀高举科学、民主旗帜,从根本上否定传统的价值观。在文化领域,庄子、曹操、方苞、程长庚,各领风骚,为五彩缤纷的中华文化作出巨大贡献。胡适倡导白话文学,促成白话文代替文言文成为"正宗"载体,其功至伟。

五、独特的历史遗憾。明以前,今安徽总是分属于几个不同行政区域或不同政权管辖,并且这些行政区域或政权治所或不在安徽或在安徽却旋设旋撤,以致秦以后安徽没有出现规模较大的都市。工商辐辏的都市对一个地区社会、经济、文化有显著的拉动作用,即使在农业社会也是如此。此外,未形成可基本覆盖全省的皖文化。这两点在内地各省中绝无仅有。

每一代人都在创造历史,我们这一代人的使命是创造安徽崛起、中华复兴的历史。人们是在历史的基础上创造历史,先辈的经验教训对于后人是一笔宝贵的财富,前贤的精神是激励后代的动力。本书对全面深入了解安徽有较大帮助,希望能引起读者兴趣。

历史已成过去,完全复原绝不可能。作者有其局限,洵为常理,众人之作难以避免风格上不统一,《安徽通史》中可商榷处所在多有。盼望读者批评,如切如磋,如琢如磨,以期繁荣学术,俾安徽历史的研究水平更上层楼。

《安徽通史》编纂委员会

2011 年 9 月

# 目　　录

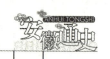

# 绪 论

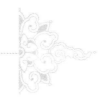

**本**卷叙述隋唐五代十国时期的安徽历史。

绪论概述三个主要问题:这一时期安徽历史发展的基本线索与特点;这一时期安徽历史环境的变化;这一时期安徽发展在全国的历史地位。

## 一、历史发展的基本线索与特点

隋唐时期(581—907),中国社会发生许多变化。其中影响安徽地区社会发展的重要因素有二:一是全国政治统一;二是全国经济重心南移。

国家统一,是隋唐几个世纪各种社会变化中最根本、最重要的变化。隋唐王朝在统一的社会历史架构中,推行了一系列有利于社会历史发展的变革。这些变革涉及田制、税制、官制、军制、法制、选举制度,以及行政区域划分等方面。这些制度的改革,促进了社会政治、军事、经济、文化等各个方面的深刻变化,中国社会进入了封建时代的兴盛、繁荣、上升的历史时期。史家常以隋唐盛世誉之。隋唐盛世格局中的安徽结束了境内南北两分的局面,步入了全境统一的发展史。

隋唐时期另一个突出的变化,即全国经济重心南移。统一的隋唐王朝顺应中国中古时代经济重心南移趋势而实施的一系列开发东南的举措,促进了东南乃至南方地区的社会发展。有隋一代、唐初,全国经济重心南移的趋势逐渐显现。唐玄宗开元、天宝年间,北方发生安史之乱,南方相对安定,加速了社会经济重心南移的趋势。安史之乱长达八年,北方黄河中下游地区社会无序,农业生产废弛,人口大量南迁,北方社会经济遭受伤筋动骨的摧残。此后的藩镇割据,更是征发无厌,导致北方黄河下游的经济难以复归其领衔中国中古经济的地位。东南地区的经济在全国的比重日益增加。五代十国时期,中国经济重心南移的趋势继续推进。

五代十国时期(907—960),中国出现短暂的分裂割据:大致以淮河为界,北方相继出现后梁、后唐、后晋、后汉、后周五个王朝;南方及河东地区先后出现吴和南唐、前后蜀、吴越、楚、闽、南汉、南平及北汉十个割据政权。在大约半个世纪的历史时期,安徽分属南北对峙的辖区,淮北属于中原王朝,江淮、江南相继属于吴、南唐。各个区域性政权管辖下的安徽州县,呈现出不同的社会发展特色。要之,隋唐五代十国约数百年的历史,是中国中古历史复归统一且又出现短暂分裂的历史。统一局势占据其主流。

在全国统一的大势下,东南地区社会经济得到开发与发展,位于东南的安徽地区也获得了长足发展的机遇。境内政治、经济、文化随着全国的发展而发展,尤其是江淮、江南地区的社会经济地位得以空前提高。据唐代李吉甫《元和国计簿》记载,唐代后期,国家的财政收入主要来源于东南八道。其中,包括安徽所在的宣歙、淮南两道所辖九州。五代十国时期,安徽被短暂分割在不同的政治区域,总体上看,经济还是有所恢复和发展的,虽然发展程度有限,较之战乱频仍的北方,安徽南部地区则相对稳定,顺应全国经济重心南移的趋势,社会经济呈现发展的景象。

隋唐五代十国时期,安徽地区呈现许多鲜明的特点,举其要者可有七点。

### (一)三次战争洗礼和安徽区域的发展

隋唐五代十国时期,全国范围内发生的战争很多,其中有三次战争直接影响着安徽社会历史的发展:一是隋王朝统一南北的战争,二是隋末农民战争,三是唐王朝反击安史叛乱的战争。这三次性质不同的战争,一方面给安徽区域带来战争创伤,另一方面也改造了地方政治,使原有的生产关系得以调整,促进了安徽地区战后社会经济的发展。

隋王朝统一南北的战争,不仅结束了东晋十六国以来三百多年的国家分裂,同时也结束了安徽的分裂局面。隋朝统一之前,今安徽区域分别隶属南北政权统辖:一部分隶属于北齐;一部分隶属于南陈。杨坚控制北周政局后,首先消灭北齐,统一北方;开皇九年(589)灭陈,统一全国。南北朝以来将近四个世纪的分裂局面结束了,安徽全境归于统一,由此开始进入了历史发展的新阶段。

首先,消除了南北交流的障碍,社会经济、文化的交流因为扫除政治割据的藩篱而畅通、活跃,迅速繁荣。

其次,统一后的隋王朝重新调整了魏晋以来混乱的地方行政区划,以州(郡)县二级建制为主,或建置、或省并、或析置,形成了统一的行政区划。安徽区域所设的州(郡)县,初步显示出今天安徽社会经济发展的区域特点,形成了"淮北"、"江淮"、"江南"三大经济区的概貌,顺应了安徽社会经济发展的内在客观要求。

再次,统一后的隋王朝建置扬州总管府(隋初四大总管府之一),所节制区域,大致为旧陈疆域,加强了对旧陈统辖地区的经略,今安徽江淮、江南地区隶属其中。隋代扬州总管府,寄任甚重。杨广即帝位之前,曾受高祖杨坚之命,出镇扬州总管府大都督,历时约十年。这十年不仅提升了江淮地区在全国的社会地位,也增加了朝廷特别是杨广本人对东南地区乃至广袤南方的认识,尤其是对江淮、江南地区社会特点的认识。杨广继位伊始,旋即推行开发东南的方针、路线,制定了诸多开发江淮、江南的战略。唐承隋制,这一政治路线延续到唐代,地处东南的安徽区域在这一背景下,客观上有了社会政治、经济、文化发展的机遇。

隋末农民战争沉重打击了残暴腐朽的隋王朝,为唐代社会经济的发展扫清了障碍。隋末统治者叠加给安徽州县的力役、兵役,十分繁重,安徽的社会经济和东南地区四邻一样,衰微破败、民不聊生。压迫愈重,反抗愈烈。安徽境内的农民起义遍及长淮南北、江淮之间,波及江南州县,逐渐凝聚成隋末农民战争的重要组成部分。① 隋末全国反抗隋王朝暴政的三大农民军主力,即有两支活动在今安徽地区。其中辅公祐、杜伏威农民军,建立以历阳(今安徽和县)为中心的农民战争军事政权,转战于江淮,形成东南地区抗隋的主力;安徽淮北地区,成为壮大瓦岗农民军队伍和打击隋朝军事力量的重要活动基地。在瓦岗、江淮两支农民军夹击下,隋炀帝困守江都(今扬州市),直到隋王朝瓦解。

隋王朝被摧毁,魏晋以来的门阀世家大族地主势力受到打击。就安徽而言,六朝以来,盘踞本土的世家大族地主势力被削弱,北方南徙侨居的大地主势力同样受到沉重打击,地主田庄"通庄并溃"。战后,大量失去地主控制的无主土地收归国有,有利于唐代安徽均田制的推行。② 隋末农民战争,迫使封建土地占有情况做出调整,农民获得了土

① 参见王光照《隋末安徽农民起义简论》,载《安徽史学》2007 年第 5 期。
② 参阅周怀宇《隋唐淮河流域土地制度的调整与农业发展》,载《中国三农问题——历史、现实、未来》论文集,社会科学出版社 2005 年版。

地,经济地位也相应改善,有利于社会生产的发展和安徽战后社会经济的发展。

唐王朝反击安史叛乱的战争,是中央统一势力和地方割据势力的战争。战争波及安徽大部分区域。淮北人民坚持和安史叛军斗争。江淮乃至江南的人民,在支持淮北人民反分裂的斗争中,亦做出了很大的贡献。淮北人民跟随名将张巡与安史叛军进行了"六旬,大小数百战"①的鏖战,致使安史叛军不得越过淮河,江淮乃至江南得以避免安史叛军的战祸。江淮保全,不仅对战争结局产生重大影响,且使战后的安徽得到进一步发展,成为中唐以后国家"财用"来源的重要经济区。

(二)大运河激活了安徽区域经济文化

隋唐运河是举世瞩目的人工运河,对当时的政治、军事、经济、文化生活以及中国后来的社会发展产生了深远的影响。隋代大运河涉及今天安徽部分,主要是沟通黄、淮的通济渠。此渠,唐代亦称之为汴河渠、汴渠,是唐代两京获取东南财赋的生命线,也给襟江带淮的安徽区域经济发展带来了重大契机。安徽区域位于淮河、运河枢纽地带,水陆交通运输的网络由此迅速形成,不仅在全国交通运输中举足轻重,也成为安徽境内各种经济发展的龙头。境内以淮河、长江、新安江的干流为主体航运路线,形成了三个水陆运输系统。

其一,"淮运系统",沟通黄河、长江的淮河运输系统。主要功能有二:向东沟通海运;纵向沟通南北交通运输。淮运系统有三条南北骨干水运线:流经埇桥(今安徽宿州)的通济渠运输线;淮西颍水、肥水的淮颍、鸡鸣冈运输线;穿过萧、砀的汴、泗运输线。安徽境内淮河沿线支流,如濉、涣、汝、小汝、蕲、沘(后称西淝河)、肥(后称东淝河)、濠、洛、涡等天然河流,旁及大小沟、泾、湖、陂、塘等,航运交通均被开通,形成了四通八达的水运网络。②

其二,"江运系统"。隋唐时期,长江在安徽区域流经舒、池、庐、

---

① 《新唐书》卷一九二《张巡》。
② 《新唐书》卷三八《地理二》、《泗州》、《汴州》。

和、滁、宣六州,由舒州宿松县桑落洲流入今安徽腹地,形成平缓、宽阔的江面,是为交通运输的黄金水道。沿途十五条支流如皖水、大雷池水、枞阳水、濡须水、运漕河、滁水、贵池水、秋浦水、泾水、青弋水、芜湖水、姑熟水、五湖水、桐汭水等汇入长江,从长江航运到各条支流细水,大小港埠迅速形成、发展。如巢湖有申港,[1]连接"新妇江",转运长江;和州有韦游沟,引江三十里通舟溉田。水运网络空前发达。

其三,"新安江系统"。隋唐文献中,常常宣、歙并称,隋代设置为新安郡,唐代设置宣州、歙州。歙州辖地六县,境内河流交错,主要属于新安江水系。其祁门境内的阊门水,属于昌江水系,西流至江西浮梁,入鄱阳湖转通长江。宣州境内青弋江蜿蜒注入长江。宣歙地区的交通运输也进入了迅速发展的历史时期。

隋唐时期,安徽区域的交通呈现了水陆运输同步发展的特点。隋代修凿通济渠、邗沟,沿途陆路驰道同时修成。在交通发展的基础上,境内的"驿站"网络迅速建立、健全,水驿、陆驿广泛建置。

大运河,隋唐沟通南北发展社会经济的重要载体,亦带来了安徽社会经济的重大发展。

(三)农田水利与农业生产率先发展

农田水利,是传统农业发展与否的指示器。隋唐农田水利,一般情况而言,多与交通水利结合而兼行转输灌溉之利。因此,大运河沿岸可以获得引流灌溉的便利。易言之,隋唐王朝开凿大运河,势必带动流域农田水利兴修而促进了流域农业生产的发展。安徽际处淮运枢纽,农田水利兴修工程显著,土地开垦面积扩大,农作物品种和产量也不断增加,农业生产有了很大发展。

隋代兴修通济渠水利工程,著名的水利学家宇文恺考察水文、巡视水源,随地形高下,发丁疏导。安徽境内,不仅兴修了运河流域的交通运输水利工程,其农田水利工程如芍陂堰、牌湖堤、大崇陂等农田水利灌溉工程亦随之修建。寿州芍陂堰溉田五千余顷,史称"人赖其

---

① 《全唐文》卷六一二,陈鸣《庐州同食馆记》。

利"①,保障了淮南区域农业生产的发展。

唐代安徽地区的田地开垦与水利工程比隋代发展更快更普遍。安丰县"芍陂"——这一向有"淮河水利之冠"、"江北第一水库"美称的水利工程,在唐代得到进一步保养修筑,灌溉国家屯田"万顷",远远超过了隋代,并成为唐代淮河流域的一大重要的产粮区。

水利是传统农业的命脉。农田水利灌溉事业的发展,无疑是有利于农业耕地开垦的。就全国范围而言,有一个可以在对比中看发展的数字。隋文帝统一全国时,耕地面积为一千九百万余顷。到隋炀帝大业年间增加到五千五百万余顷,②这一增长数字,主要是统一后幅员扩大,安徽区域属于被统一的地区,开垦土地的幅度包含在这一增长的数字中。

唐代安徽农业生产进一步发展,农作物主要品种有所增加,农业结构趋于成熟。首先是长江流域的水稻种植扩展到淮北地区。唐玄宗开元年间(713—741),张九龄充任河南开稻田使,亳、寿等州开垦稻田。③ 由于广泛兴修水利,水稻种植技术提高,出现"再熟"稻。盛唐时期,安徽江淮地区属于扬州淮南道,水稻生产极为著名,有"淮海唯扬"的美誉。④ 其次是小麦种植范围由北向南不断扩大,际处南北的安徽江淮地带广泛种植小麦。概况是,在麦、稻主要粮食作物扩大生产的基础上,带动油料、棉麻、果蔬、药材、茶叶、林木等各种农业经济作物广泛种植,家家栽桑,户户养蚕,并且种植各类林木等,逐步显示出以粮为主,林牧副渔各种成分并茂的大农业特色。

(四)国家漕运提升了安徽区域的地位

六世纪中叶以后,华夏新起的东南财赋开始进入新起王朝的视野。为了统一并巩固统一,隋代开始兴修大运河。隋代大运河,是维系黄淮、江淮乃至长江以南漕运、经济取给、军事补给的黄金线。运河漕运,亦是唐代历史上的重要活动。朝廷需要从东南征调粮食、布匹

---

① 《隋书》卷七三《赵轨传》。
② 《通典·田制》,《隋书·地理志》。
③ 《旧唐书》卷八《玄宗纪下》。
④ 《册府元龟》卷一六二《命使》。

等各种赋税物资,维系国家的财政支出。封建国家的"漕运"事业由此兴起,成为其社会经济活动中的大事。安徽是隋唐王朝漕运的重点区域,漕运发展由此成为隋唐安徽历史的重要内容。尤其是唐代持续三百年的漕运事业,更是深刻地影响了安徽的社会历史。唐代安徽漕运的发展,带动了安徽的手工业、商业的迅速繁荣兴盛。

宣州刺史裴耀卿依据本地社会发展的实际,率先提出并主持漕运改革,被朝廷擢拔为漕运转运使。裴耀卿之后,李齐物、裴回、韦坚、刘晏等人,相继主持漕运,江淮漕运由此得以持续发展。其中,韦坚、刘晏主持漕运,促进安徽漕运事业发展作用尤其显著。

韦坚主持漕运期间,针对江淮(包括今安徽地区)的社会经济,推行漕运"轻货(即百货)"的改革①,以粮食"转市"朝廷日用百货。这样漕运物资的种类丰富了,满足了国家以及北方地区对于南方产品的物质需求,又促进了南方的手工业产品、农副产品市场的发展。对于促进南北经济交流具有积极意义。

隋唐时期安徽漕运的兴盛,促进了安徽社会经济的发展。

(五)工商业兴盛和四大特色城市崛起

隋唐时期,安徽交通运输发达。交通运输的发达,既为安徽商业兴盛创造了条件,亦为安徽商业发展的指示器。安徽商业发展,亦必引带、拓展安徽手工业产品的发展。由此,隋唐时期安徽的纺织、冶铸、酿造、造船、陶瓷、茶叶焙制、盐业、竹木编织等竞相发展。安徽具备冶金、旅游、长江航运港口城市、国家漕运运河城市的特色经济功能的市镇开始形成。

隋代是我国瓷器生产技术的重要发展阶段。淮河流域陶瓷制造业以安阳(今属河南)窑、寿州(今属安徽)窑为突出代表。淮南寿州窑青瓷,色泽青中略带黄,集釉处呈绿色,时称绿釉,为当时青瓷上品。

唐代是我国官、私手工业总体发展的重要时期,安徽手工业循此大形势,产品亦出现众多享誉全国的名牌。宣州的"红线毯"、"兔毫笔"闻名全国,得到白居易的讴歌;采矿冶铸业亦跻身全国先进行列;

---

① 《旧唐书》卷四八《食货志》。

宣州梅根监和宛陵监制造的钱币,质量一流,在长安、洛阳两京发行,改善了两京的金融市场。

隋唐时期船舶制造业,可谓步武前代而更有显著的进步。社会发展,交通进步,各类舟船需求量激增,造船种类增加。寿春造船,与开封、淮浦齐名。造船技术也有进步,隋炀帝巡游运河的船队,船只种类已不下百种。唐代各种漕船和客运的"舫船"、"积芦船",以及军事上使用的"游弈船"亦先后被建造出来。据载,唐武宗时期设置水上巡防船队,使乘"游弈船"日夜巡逻并划分巡逻范围,规定:"淮南游弈至池州界首。"①1999年5月,隋唐大运河首次考古发掘在安徽淮北市濉溪县百善镇柳孜大运河发现唐代木船八艘②,由此实物可以直接看到唐代造船工艺的水平。

唐代安徽普遍种植茶叶,茶叶焙制技术堪称精湛,出现众多远销各地的名品。依据李肇《唐国史补》记载,"江淮人什二三以茶为业"。其寿州茶,远销到西蕃③。复据陆羽《茶经》记载,至于唐时的安徽境内,业已形成六大产茶区,出现七种名茶。唐代是安徽产茶史上令人骄傲的年代。

唐玄宗"广运潭"举办观瞻各地名牌"轻货"产品的"博览会",来自宣城郡的"空青石"、"纸笔"、"黄连"等"轻货"品种由此名闻全国。

隋唐时期,安徽交通发达,带来了商业发展的优良条件。安徽境内主要的商业贸易有盐、茶、粮食、纺织品、铜铁器等,其余各种丰富的地方特产贸易亦十分活跃。安徽商业发展的显著特征,是具有中心意味的商业城市的发育、发展,是具有辐射意味的集镇、集市的广泛滋生,是具有重要补充意味的草市、夜市的发展。

安徽境内十二个州(郡)治所的商业都会进一步发展,交通沿线亦产生了很多新兴城市。运河沿线诞生了宿州、泗州,长江之滨诞生了池州,还有涡水之上的亳州。传统的商业城市也竞相发展,如淮南

① 《会昌一品集》卷一二。

② 参见阚绪杭《淮北隋唐大运河考古有大发现———批唐代沉船》,载1999年12月8日《中国文物报》。

③ 《册府元龟》卷五一二《重敛》。

的寿州、濠州、庐州,江南的宣州和歙州等城市。

四个特色城市诞生:宣州以冶金发达而崛起于江南;歙州因为唐玄宗敕命"黄山"之名而知名全国;池州因为长江航运的发展而发育为著名的港口城市;宿州因为国家漕运发展而发育为国家重要的运河城市。

(六)文化教育迅速发展与名人辈出

隋唐时期,安徽社会经济发展的总体态势,促进了本地区学术文化教育的发展。

隋朝统一,促使南北文化趋于融合,这为隋代文化的发展提供了一个重要形式。隋王朝虽然是一个短暂的王朝,但它的学术文化的发展则是走向唐代学术文化盛期的重要阶段。隋代皖人,在史学、法学、礼乐、声韵及技艺诸方面均有突出代表。如以文史见称的沛国刘臻,以天象技艺见称的丹阳耿询,以法政见称的寿春裴政等。

唐代政治稳定、经济发展、文化兴盛,就文化而言,是中国古典诗歌与散文的王国。今天传世的唐诗、散文中,有很多安徽籍的作者。其突出代表如张籍(和县人)、李绅(亳县人)、杜荀鹤(石台人)以及江南诗人群,均能以卓越的诗文创作,在唐代文坛乃至中国文坛占据举足轻重的地位。唐代的文化名人李白、韩愈、孟浩然、白居易、李翱、独孤及、刘禹锡、杜牧等宦游安徽,留下了很多讴歌农业、冶铸业以及自然山水的诗文。韩愈寓居符离,白居易寄居埇桥,李翱刺庐州、寿州,独孤及刺舒州,杜牧守池州,他们与本土文人唱和酬答,宴诗论文,振拔文气,为一时安徽诗坛文苑的隆兴增添了绚烂色彩。值得一提的唐诗泰斗李白,晚年大部分时间在安徽度过,最后病逝于安徽当涂。李白先后游历了安徽的亳县、砀山、当涂、宣城、泾县、秋浦、南陵、青阳、庐江、历阳、霍山、太湖、宿松、潜山等地,尤其是两次游历铜陵,写下了《铜官山醉后绝句》、《与南陵常赞府称五松山》、《五松山送殷淑》、《答杜秀才五松山见赠》、《南陵五松山别荀媪家》、《秋浦歌》等诗篇,这是记载了李白沿秋浦县水路进入五松山大型的冶铜场观赏冶铜业的真实写照,不仅是诗坛的绝唱,也留下安徽铜文化的历史轨迹。

隋唐安徽学校教育逐步兴盛,私学、州县学校普遍兴办,科举考试

名额与及第名额逐步增加,可见一斑。

隋唐安徽宗教文化,发展迅速。安徽名胜黄山、九华山、天柱山因为佛道二教的兴起而声名鹊起。黄山,由于道教传说黄帝、武成子"羽化",得到唐玄宗的关注,下诏"黟山"易名"黄山",黄山的名声由此提升。岳西司空山、池州九华山因为佛教的兴盛而名闻海内外。

五代十国时期,安徽地区的经济续有发展,人文亦荟萃,见诸载籍者约数百人[1]。

### (七)五代十国时期安徽经济继续发展

五代十国是分裂战乱之世,也是由分裂走向统一的过渡时期。黄巢起义给唐王朝以沉重的打击,此后,各地藩镇形成混战的局面。地处南北之交的江淮大地由此成为南北藩镇争夺地区。其中淮北是宣武朱温、感化时溥争夺地区,蔡州秦宗权也曾多次派兵争夺;淮河以南地区,节度使高骈昏聩而导致局面失控,境内兵锋四起,互相混战,也成为境外藩镇兼并的目标;至于皖南宣、池、歙三州,秦彦势力最强,被唐朝任命为宣歙观察使。经过十余年争战,朱温控制了河南及淮北地区,而淮南杨行密消灭秦宗权余部孙儒后,拥有江淮、宣歙。乾宁四年(897)十月,朱温派遣大军南攻,于清口、寿州为杨行密所败,"行密由是遂保据江、淮之间,全忠不能与之争"[2]。南北对峙局面至此稳定下来,尽管后来双方在淮河沿岸曾有战争,但直到后周世宗征淮南,局面没有大的变化,淮河成为五代与南方政权的分界线。

由于特殊的地理位置和复杂的环境,江淮地区地位日益显著。以朱温为首的宣武集团和以杨行密为首的淮南集团,成为左右政局演变的重要力量。朱温最终控制北方大部分地区,建立五代后梁王朝。而起于庐州的杨行密集团,也消灭境内藩镇,控制江淮地区。尽管其本人仍是唐朝的藩王,但吴国实际上已经建立了。宣武集团的重要将领张存敬、丁会、徐怀玉、杨师厚、王景仁、马嗣勋、李彦威、王敬荛、刘康义、朱汉宾等均来自今皖北及沿淮地区。至于杨行密集团中,大将田

---

① 参见张南《简明安徽通史·隋唐五代时期的安徽》,安徽人民出版社 1994 年版。
② 《资治通鉴》卷二六一,"乾宁四年"条。

颙、刘威、陶雅、台濛、朱延寿、王茂章(王景仁)、周本、张训,以及谋臣周隐、袁袭、高勖、戴友规等来自江淮地区。史家对于五代十国帝王各有褒贬,但对于杨行密却无微词。《新五代史》称其"宽仁雅信,能得士卒心",《读通鉴论》称其"有长人之心"。继之而起的徐温、李昪等都能做到保境安民。李昪于后晋天福二年(937),建立南唐政权,仍然控制江淮、皖南地区,与北方后晋、后汉、后周相对峙。南唐时期,舒城朱匡业、钟离姚景不仅善于用兵,且以"廉吏"著称,濠州刘仁赡尤以忠烈闻。周世宗取寿州后,称赞道:"刘仁赡尽忠所事,抗节无亏,前代名臣,几人可比。予之南伐,得尔为多。"①

五代十国时期的分裂与战乱,不利于经济和文化的发展,但各个自立政权为保持统治和征收赋役,也都重视发展经济,维护境内稳定。《资治通鉴》卷二八二谓,"自黄巢犯长安以来,天下血战数十年,然后诸国各有分土,兵革稍息"。相对来说,北方由于朝代频繁更迭,经济发展较为曲折。后梁建立以后,惩治贪吏,减轻赋税,亳州、颍州等地经济有所复苏。后唐时期一度受阻,至明宗即位以后,禁止横征暴敛,曾出现"小康"局面。但后晋、后汉局势动荡,加之赋税繁重,经济发展又受重挫。后周时期推行改革,又使北方经济得到发展。相对而言,江淮及皖南经济恢复较快。杨行密、徐温等人注意减轻赋税,发展生产,特别是实行屯田以及招民垦荒,都起到恢复地方经济的作用。史称徐温执政时期,"江、淮间旷土尽辟,桑柘满野,国以富强"②。至南唐建立后,"江、淮比年丰稔,兵食有余"。特别是北方人口迁徙到皖南地区,促进了土地的开发和地方经济的发展。

五代十国时期的安徽,特别是江淮、皖南地区文化发展最快。一方面大量文人通过选拔进入官僚队伍,另一方面南方政局相对稳定,加之推行科举制度,也促进了文化发展。元陆友仁《砚北杂志》评论:"五代僭伪诸国,独江南文物为盛。"清王士禛也称"五代时中原丧乱,文献放阙,惟南唐文物甲于诸邦"③。其中歙州汪台符、池州殷崇义、宣

① 《新五代史》卷三十二《刘仁赡传》。
② 《资治通鉴》卷二七〇,"均王中贞明四年"。
③ 《带经堂诗话》卷九。

州邵拙和舒雅、庐江伍乔等均以文采而闻名,特别是歙州冯延巳,元宗时官至中书侍郎、同平章事,以诗文名家,影响深远。此外,宣州和歙州所产之墨名扬全国,而奚超、李廷珪父子以制墨为人所重。这些都为宋代以后安徽境内文化的发展打下了良好的基础。

### 二、历史环境的新变化

隋唐五代十国时期,安徽历史能够得到发展,存有历史环境新变化的重要因素。历史环境,包含自然环境和社会环境,尤其是自然环境和社会经济发展的关系。认真揭示这一时期自然环境的新变化,可以更加清晰地认识这一时期安徽发展的历史实际。

披阅资料,不可忽视学术界关于这一时期自然科学研究的成果,尤其不可忽视这一时期"气候变暖"的重要论断,正是这一变化因素,引发自然环境一系列变化,社会环境相应变化,这一时期社会历史乃至安徽区域历史因之发生了重大变化。今天总结安徽这一时期的历史,不能不概述这一时期对于安徽历史产生深刻影响的自然变化的主要特征。

(一)自然环境的新变化

隋唐五代时期,正是历史上气候变暖的时期。气候变暖,带来了一系列连锁反应,诸如冰川消融、海平面上升等,直至影响这一时期全国历史的发展。其中,安徽的历史发展受其影响尤为显著。

1. 中世纪气候变暖与隋唐五代历史发展

中世纪历史上,出现气候变暖的重要现象,长达四百年左右,时值中国历史上的隋唐五代时期。气候变暖的气象特殊性,亦带来了隋唐五代社会历史发展的特殊性。

中世纪气候"变暖"的论断,是当代中国著名气象历史学家和历史地理学家竺可桢先生经过毕生研究提出的学术论断。

竺可桢先生认为中国中世纪气候变暖的轨迹:自两汉三国时期,中国气候趋于寒冷;南北朝隋唐五代时期天气转暖;两宋历史时期,自然气候又趋于寒冷期。竺氏于 1924 年发表《南宋时代我国气候之揣测》,1925 年发表《中国历史上气候之变迁》,1933 年发表《中国历史时代之气候变迁》,1936 年发表《中国气候概论》,1962 年发表《历史时代世界气候的波动》,连续论证中世纪气候变暖的学术结论。1972年竺氏又在《考古学报》第 1 期发表《中国近五千年来气候变迁的初步研究》,①详细论述了中国中世纪气候变迁的历史,认为在近两千年中,汉、唐时期年均气温高于现代约 2℃。

　　总体说来,竺可桢先生关于中世纪气候变迁的论断,已经被学术界普遍接受,成为主流观点。参阅下面"晋朝、南北朝至 20 世纪的中国气温变化"图(来源于中国天气网)。

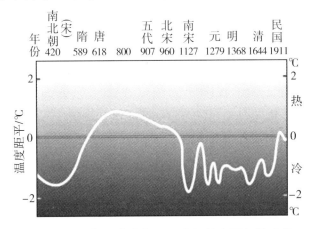

图绪-1　晋朝、南北朝至20世纪的中国气温变化

从上图可以看到隋唐五代时期气温变暖的概况。

　　自然气候的变迁,带来很多连锁反应。气候干湿、冰川消融、海平面上升、海岸线西移、湖泊水域扩大,内陆河流溢满和径流量增加等,尤其中国东南沿海地区,自然地理环境由于海水水位升高而变迁明显,派生了区域环境的很多变化。

　　2. 干湿的变化和农作物、植被密切相关

　　气候变暖,产生区域性气候差异,空气干湿状况各不相同。竺可桢先生在《中国气候区划》一文中,划分出了秦岭淮河为南北气候差异的分界线。安徽位于这一分界线上,出现淮北、淮南和江南三大区域。

　　历史文献也有相关的记载,如《晏子春秋》记:"橘生淮南则为橘,

　　①　上述论文均收入《竺可桢全集》1—4 卷,上海科技教育出版社 2004 年版。

生于淮北则为枳。叶徒相似,其实味不同。所以然者何?水土异也。"①说明春秋时代已经发现了淮河南北的差异,但是,竺可桢先生研究的结果,淮河南北,一水之隔,不仅水土差异很大,而且有气候上的差异。

气候的变化包括空气的干湿程度。竺可桢分析我国东部两千年来的水旱资料,认为中国第四、六、七世纪(相当于隋唐时期)较干,十二至十四世纪(南宋元明时期)较湿润,十五世纪(明朝中期)又较干。这一研究结论显示中国隋唐时期,随着气候变暖,气候也趋于湿润。徐近之《黄淮平原气候历史记载的初步整理》认为长江流域一般较黄河流域湿润。1977年,郑斯中等《我国东南地区近两千年气候湿润状况的变化》指出,我国东部地区公元1000年以前湿润期持续时间长。王乡、王松梅《近五千年我国中原气候在降水量方面的变化》指出,公元630年到834年这200多年是中原地区近3000年来历时最长的多雨期。张步天《中国历史地理》认为,东部地区的干湿状况大致与气温对应,唐中期至北宋中叶为最长湿期,持续约240年。

气候变暖、空气湿润,中国境内无冻期、无霜期也在延续。竺可桢查阅资料证明,东汉时代,中国天气趋于寒冷,有几次冬天严寒,国都洛阳晚春还降霜雪。当时,河南南部的橘和柑还十分普遍。直到三国时代,曹操(155—220)在铜雀台(今河北临漳西南)种橘,已经不能结实了,气候已比司马迁时寒冷。曹操儿子曹丕在公元225年,到淮河广陵(今淮阴)视察十多万士兵演习。由于严寒,淮河忽然结冰,演习不得不停止。这是中国历史上第一次有记载的淮河结冰。那时,气候已比现在寒冷。公元280—289年这十年间达到顶点。当时每年阴历四月份降霜,估计那时的年平均温度比现在低1℃~2℃。南北朝时期(420—579),南京覆舟山筑有"冰房",用来保存新鲜食物。那时南京的冬天应比现在要冷2℃。依据贾思勰《齐民要术》(533—544年撰写)记载,六朝以前黄河流域石榴树过冬要"以蒲藁裹而缠之",表明六世纪上半叶比现在冷。隋唐时代(581—907),气候变暖了。竺可桢

---

① 《晏子春秋》卷六。

依据文献总结说:公元 650 年、669 年和 678 年的冬季,国都长安无冰无雪。8 世纪初和 9 世纪初、中期,长安的皇宫里和南郊的曲池都种有梅花,而且还种有柑橘。公元 751 年皇宫中柑橘结实,公元 841—847 年也有过结实的记录。柑橘只能抵抗 −8℃ 的低温。到公元 11 世纪初期,华北已不知有梅树了。宋朝诗人苏轼(1037—1101)有"关中幸无梅"的诗句。王安石(1021—1086)嘲笑北方人误认梅为杏,他的咏红梅诗有"北人初不识,浑作杏花看"的句子。这种物候的记载,透露了唐宋两朝温寒不同的信息。12 世纪初期,中国气候加剧转寒。公元 1111 年太湖全部结冰,冰上还可以通车。太湖和洞庭山的柑橘全部冻死。

上述研究成果提示,中世纪由于气温变暖,气候也随之湿润,气候干湿,是关系农作物和各种植被的生长的生态环境的重要因素。

3. 中国东南海平面上升

隋唐五代时期,气候变暖,冰川消融,引发海平面上升,中国东南沿海的海岸线西移,出现了中国历史上自然地理的变迁。

很多文献记载可以论证这一时期的东南海岸线西移。考察长江入海口,秦汉到隋唐时期,长江入海口在今天镇江、扬州一带,"镇、扬以下成为海湾"①,一片汪洋。秦王朝统一全国,在长江口建置广陵县(治所在今扬州市)。当时的广陵附近,由于长江流沙淤积和海潮顶托下,长江喇叭形河口的潮汐作用特别显著,形成汹涌澎湃的"广陵涛"。延至两汉,"广陵观涛"成为著名的自然奇观。晋郭璞《江赋》云:"鼓洪涛于赤岸,沦余波于柴桑。"句中的"赤岸",指位于扬州城西二十公里的赤岸湖;"柴桑"即今江西九江市。可见晋时涌潮形成于江口的扬州,而潮区界顶远及九江。

隋唐时期,由于扬州地理位置近海的优势,发展成为港口城市,这也是海岸所在的证据。当时扬州隔岸相望的焦山口(今镇江市),唐人称之为"海门"。唐宪宗时期诗人李涉诗云:"惊起暮天沙上雁,海门斜

---

① 王育民:《中国历史地理》,人民教育出版社 1985 年版,第 105 页。

去两三行。"①刘禹锡诗云:"八月涛声吼地来,头高数丈触山回。须臾却入海门去,卷起沙堆似雪堆。"②张祜诗云:"潮落夜江斜月里,两三星火是瓜州。"③海潮直达扬州,表明扬州近海。唐僖宗光启二年(886),"扬州雨鱼"④,反映海潮时期,风雨交汇,海水夹带海鱼卷入空中,落入扬州。

隋唐时期对外交往日益频繁,扬州停泊很多国际交往的海舶,扬州也成为著名海内的四大海港之一。唐代后期,扬州城下的海舶逐渐减少,其原因不是海水下落,海岸线东退,而是扬州和润州(治所在今江苏镇江)之间的长江水道有了变化,江中形成了很多沙洲,其中瓜洲面积最大。开元时润州刺史在瓜洲开凿一条伊娄河,疏通瓜洲北侧江汉,南北交通才显得便利。这是扬州城外的长江河道向南摆动,原来海潮可以直通扬州郭内,到唐代宗大历年间,海潮已不再通到扬州郭内,海舶也就不易再到扬州城下。但是扬州的海港地位仍然不变,唐文宗大和三年(829)颁布《疾愈德音》,诏命岭南、福建、扬州等地的节度使安抚存问蕃客,通过三地地方官,向沿海海港的外籍蕃商示好,吸引他们继续交流。这份诏书表明扬州仍然是对外交往的主要出海口,从而说明海岸距离扬州不远。

隋唐时期,不仅扬州距海不远,长江口南北各地的海岸,也较今天为近。长江海湾北岸的沙嘴,由今江都向东北伸展到海安李堡附近,与岸外沙堤相合,形成里下河洼区;海湾南岸沙嘴,从江阴以下,沿着今常熟、太仓、嘉定、青浦一线,向东南入海,到达杭州湾,由于受到强潮作用和东南季风的影响,产生向西的泥沙流,沙嘴转而向西伸展,与正在发展中的钱塘江口北岸沙嘴相连接,把海湾封闭成泻湖,最后形成太湖平原。

唐代苏州下辖海盐县,起初建置在海岛上,后来渐渐与陆地连接。唐代泗州涟水县(今江苏涟水)东北距海104里。北宋时期,涟水

① 《御定全唐诗》卷四七七,李涉《润州听暮角》。
② 刘禹锡:《刘宾客文集·浪淘沙词九首》。
③ 《万首唐人绝句》卷四三,张祜《金陵渡》。
④ 《新唐书》卷三六《五行志三》。

县距海已改为140里,海岸整体上呈现向东外伸的趋势。

淮河入海口亦然。唐文宗开成二年(837),"有大鱼长六丈,自海入淮,至濠州招义"①。这说明当时淮河入海口距离濠州(今安徽凤阳县)不远,海鲨才能够游入内河。

必须说明,宋元以后中国气候趋于寒冷,海平面下降,黄、淮、江三大河流不断搬运泥沙,淤积海口、海岸,海岸线东移,许多新生的陆地呈现出来,代偿原有扬州、镇江等地港口功能。考察社会历史的变迁,不能够忽略气候变迁、自然地理的变迁。

4. 内陆河流径流量增大

中世纪气候变暖,关系到内陆水系的变化。由于海岸线西移,海潮顶托,内陆河流河道溢满,为航灌带来了巨大的社会效益,也为水患频发潜伏了危机。隋唐五代时期,黄河、长江、淮河中下游水系变迁比较明显。岑仲勉、谭其骧、史念海等老一代史学家,相继研究了河患的根源,大都认为由于生态环境的恶化,黄河下游河患增多。竺可桢的"气候变暖说",进一步揭开了其内在的秘密。五代以降,河患愈演愈烈。有人统计,五代时期黄河在53年内决溢19次,②到11世纪初出现了开封地段的悬河现象。所有这些,与气候变暖不无关系。

湖泊方面,从6世纪至10世纪,江淮、黄淮地区的湖沼有部分消失或缩小的趋势,③主要河流频繁改道。3世纪初期,东汉建安年代(196-220),今安徽境内的芍陂、巢湖等湖泊的水域浩渺。从东汉建安时期到五代时期,都不断开发芍陂的灌溉工程,惠及方圆数百里。这一时期,巢湖水烟波浩渺,水域广袤。曹操建安十四年(209),在淮北谯郡(今安徽亳州市)建置水军,南下和孙权交战。曹操南下的行军路线选择了江淮之间的水路:由涡水入淮河,经肥水,抵达合肥,再入施水,入巢湖,入濡须水,抵达长江。曹操的行军路线,需要经过一条历史上的"巢淮运河",即在肥水和施水之间疏通了大约30里的河

① 《新唐书》卷三六《五行志三》。
② 周魁一:《隋唐五代时期黄河的一些情况》,载《水利水电科学研究院科学研究论文集》,水利水电出版社1982年版。
③ 邹逸麟:《历史时期华北大平原湖沼变迁述略》,载《历史地理》1987年第5期。

道,船队由此抵达合肥,转入巢湖,直抵长江濡须水口,展开和孙权的水军对决。这说明巢湖的水位距离合肥城下不远。其连接巢湖的肥水,以及联结施水的肥水(今淮南瓦埠河),其水位都很高。由于水位高,两水才能够联结通航。这也是气候变暖,河道水满的原因所致。这一时期,江淮大地上,长江、濡须水、巢湖、施水、肥水、淮水等大小河道水位偏高,曹操才有可能把他的数十万水军,浩浩荡荡开进江淮,在长江的濡须水口和孙权交锋。南朝梁将韦叡曾经在合肥采用水战,攻打北魏的守城合肥。韦叡在肥水上建筑堤坝,堰肥水(今合肥市南淝河),提高水位,"起斗舰高与合肥城等,四面临之。魏人计穷,相与悲哭。叡攻具既成,堰水又满,魏救兵无所用,魏守将杜元伦登城督战,中弩死,城遂溃"[①]。韦叡肥水上的军舰高于合肥城墙,船上弓箭手,举箭射向合肥城。再次说明巢湖的水位距离合肥城下不远,且水位很高。

在内陆水系和湖泊的变迁中,这一时期中国境内水土资源分布出现新的格局。竺可桢统计,长江流域及其以南地区的径流量占全国82%,而耕地仅占38%;黄淮海三大流域的径流量仅占全国的6.6%,而耕地却占全国的40%,每亩耕地平均占有的水量只有全国的16%;西北、华北地区,耕地占全国的51%,而径流量仅占全国的7%,这种南方水多而耕地少、北方水少而耕地多的局面,带来了农业生产向南方发展的必然趋势。漫长的封建中,农业经济是立国的根本,农业生产的基地向南转移,南方社会经济兴盛和发展的局面,最终要导致农业经济为主体的中国经济重心南移的客观局面。

海平面上升,长江中下游水系略有变迁。海水顶托,长江中下游水量充沛,沿长江湖泊水位也上升。影响安徽地区的有巢湖、鄱阳湖。歙州祁门县有祁门水,又名"阊江",通航鄱阳湖。鄱阳湖的水量充沛,水域增大,有利于通航,促进歙州向南扩大商业流通。

(二)社会环境的新变化

自然气候变迁和自然地理变迁,影响社会历史变迁。隋唐五代时

① 《梁书》卷一二《韦叡》。

期,安徽周边的社会历史变迁十分瞩目,首先是经济区的变迁:黄淮大地上的河洛经济区再现辉煌;以汴州为中心的汴水经济区翘首全国;以扬州、益州为代表的长江流域经济区崛起。其次,引领这些经济区的明星城市十分耀眼,洛阳、开封、扬州、益州等举国皆知的经济型城市,这些城市的辐射也影响到安徽社会经济的发展。

**1. 黄淮之间两大经济区形成**

洛阳、开封因为隋唐运河的开通,其经济命脉与今安徽淮北地区一线相牵,在这两个城市的辐射下,形成了淮北亳、颍、宿三州经济圈。

洛阳,早在隋炀帝在位时期,即作为第二都城加以经略,称之为"东京",后又名之为"东都"。隋炀帝扩大其营建规模,"迁徙天下富商大贾数万家于东京"[①],又独出心裁,"以西域多诸宝物,令裴矩往张掖,监诸商胡互市,啖之以利,劝令入朝"[②],从西域引进很多商贾,观光洛阳的商业贸易,免费招待抵达洛阳的西域商贾,整个洛阳市装点繁华,布置一新。在洛阳最繁华的"端门街",举办文艺表演,"令都下大戏,征四方奇技异艺,陈于端门街。衣锦绮,珥金翠者以十数万;又勒百官及民士女,列坐栅阁而纵观焉;皆被服鲜丽,终月乃罢。又令三市店肆,皆设帷帐,盛列酒食,遣掌蕃率蛮夷与民贸易所至之处,悉令邀延就座,醉饱而散。蛮夷嗟叹谓中国为'神仙'。"[③]这是中国历史上非常突出的一次招商宣传,影响深远。洛阳在朝廷关注下迅速发展,成为仅次于首都长安的政治、经济、文化中心。唐代洛阳更加繁荣,国家推行了商业"弛禁"条例,"其潼关以东,缘河诸关悉宜停。其金、银、绫、绢等杂物,其依格得出关者,并不须禁"[④],放宽了很多商业贸易政策。又"废州县市印"[⑤],取消对市场的交易约束。商业市场迅速活跃起来。

开封市,隋初称汴州,是隋唐运河的枢纽,新旧运河皆流经开封。

① 《隋书》卷三《炀帝本纪上》。
② 《隋书》卷二四《食货志》。
③ 《隋书》卷六七《裴矩传》。
④ 《唐会要》卷八六《关市》。
⑤ 《唐会要》卷八六《关市》。

旧汴水渠道,自开封东流向彭城(今江苏徐州),汇入泗水。隋唐运河的新渠道,自开封向南流向宋州(今河南商丘市),经过柳孜、埇桥、宿州等地(三地均在今安徽境内),再通向淮河。开封,是新老汴水交汇的地方,商业尤为兴盛,四方商贾云集,成为颈连东都洛阳的商业大市。史称:"河南汴为雄郡,自江淮达于河洛,舟车辐辏,人庶浩繁"①,昼夜通商。王建《寄汴州令狐相公》诗句有"水门向晚茶商闹,桥市通宵酒客行"②,既反映了汴州水上运输、茶商、酒店的兴盛,也可见汴州商业夜市繁荣之一斑。

2. 长江流域的两大经济区悄然崛起

长江流域扬州、益州两座城市在经济上的崛起,时人称之为"扬一益二",这是唐人对南方两个繁荣的经济都会的认识和评价。宋代洪迈《容斋随笔》记载:"唐世盐铁转运使在扬州,尽斡利权,判官多至数十人。商贾如织,故谚称'扬一益二',谓天下之盛,扬为一而蜀次之也。"③这两座城市虽然相距甚远,但由于长江一水相牵,"千里江陵一日还",彼此经济文化交流密切,成为影响并且带动南方社会经济文化发展的重要经济城市。

隋唐时期,全国社会经济发展最快的是东南地区,在东南地区,又数扬州经济区发展最为显著。

扬州的迅速发展,有地理、政治、经济、文化等方面的因素。

首先,扬州的地理位置占据优势。其一,地接江淮大地,坐落在隋唐运河与长江的交汇处,成为南北交流的枢纽;其二,地接大海,隋唐五代时期,气候变暖,海平面上升,扬州距离海岸近,成为对外交往的繁荣海港。唐代著名僧人鉴真大师出访日本,即由扬州出海。日本著名和尚圆仁大师越海赴唐"巡礼",也由扬州登陆。全国有广州、明州(宁波)、泉州等四大著名的繁荣海港,扬州居其一。其三,扬州兼具海港和长江出海口的特殊位置,各国蕃商入唐进行商业贸易,多选择扬州港登陆,入口以后交通便捷,有利于货物聚散。

---

① 《旧唐书》卷一九〇《齐澣》。

② 《御定全唐诗》卷三〇〇。

③ 洪迈:《容斋随笔》卷九。

其次,扬州具有较高的政治地位。隋开皇九年(589)建置扬州总管府,①任命皇子杨广出任扬州总管府的总管,②扬州由此成为南方的政治、经济、文化中心。炀帝继位以后,三次巡视扬州,把营建"东都"洛阳的战略措施推行到扬州,营建江都,扩大扬州的城市规模,并且定制江都太守的品秩和长安、洛阳两都的京兆尹、河南尹相同。唐初,先后于扬州建置都督府、大都督府。高祖武德七年(624)宗室李孝恭首任扬州大都督,名将李靖为大都督府长史。唐玄宗开元二十一年(733),建置淮南道采访使理所,统领江淮之间 12 州 53 县。③ 唐肃宗继位,建置淮南道节度使,治所扬州。

再次,扬州经济迅速发展,翘首海内外。隋王朝的统一,大运河的开凿,黄河流域和长江流域的经济得到恢复和发展。大运河"西通河洛,南达江淮,炀帝巡幸,每泛舟而往江都焉。其交、广、荆、益、扬、越等州,运漕商旅,往来不绝。"④位于大运河和长江交汇处的扬州,得交通之命脉,一跃而为南北交通的枢纽。这是扬州城市史上的转折点。隋大业五年(609),江都有十一万五千余户,第一次超过十万户的人口,经济迅猛发展。

扬州商业发展突出,显示为六大特征。其一,全国商业的集散地。《唐会要》卷八六《关市》记载:"诸道节度、观察使,以广陵当南北大冲,百货所集,多以储货贩,列置邸肆,名托军用,实私其利。"其二,富商大贾的集中地。罗隐《广陵妖乱志》记载:"富商大贾,动逾百数。"其三,外商的云集地。计有来自波斯(今伊朗)、大食(阿拉伯)、新罗、日本等国蕃商。他们泛海抵达扬州,经营珠宝、香料、药材、丝绸等。其四,扬州是唐代的不夜市。王建《夜看扬州市》和李绅《宿扬州》诗歌,描写了扬州夜市的繁华景象。其五,扬州是商业品种丰富的城市。其大宗商品依次为盐、茶、粮、丝绸、金银珠宝、铜铁器皿、药材、陶瓷等;舶来商品依次为象牙、犀角、乳香、玳瑁等。其六,扬州初露金融业

① 《隋书》卷三一《地理志下》。
② 《隋书》卷三《炀帝本纪上》。
③ 《新唐书》卷四一《地理志五》。
④ 《通典》卷一七七《州郡七七·河南府·河阴注》。

的新现象。因为商业贸易的需求,扬州邸肆上出现飞钱、汇兑等有利于商业贸易的早期金融交易。

扬州手工业著称海内。领先全国的手工业有六大类:海盐生产、船舶制造、铸钱、铜器制造、纺织与纺织品加工、金银器加工,凡此等六大支柱手工业。唐文宗大和元年(827),淮南道节度使王播自扬州入朝,"献玉带十有三,银盌数千,绫四十万"①;其余手工业显示种类多、技术进步的特点,例如军器、木器、漆器、玉器、造纸、印刷、制茶等,十分发达。雄厚的手工业制造技术,为这座国际性都市增加了活力,平添了繁华。

扬州的进步与发展,不是孤立的。其经济上之所以活力四射,有其内在客观规律。其中之一,就是扬州连接了江淮大地和江南大地,广袤的江淮地区和江南地区,是扬州发育成为唐代天下第一大都市的有力支撑。反之,扬州的发展,也会向四周强力辐射,带动周边地区发展。尤其是与扬州密切联系的东南八道,成为领先全国发展的经济区。

(三)历史环境变化与安徽区域的关系

由于自然变迁,社会经济环境势必发生变化。隋唐五代时期,全国除了长安以外,以洛阳为首的河洛经济区以及以汴州为龙头的汴水经济区在安徽北部发育发展起来;以扬州为龙头的扬州经济区繁荣起来;以成都为代表的长江上游经济区发展起来。安徽地处东南地区,东面与扬州为邻并且因为长江连接江淮,其沿江州县的社会经济发展与扬州命运相连;北面襟连河洛经济区和汴水经济区,安徽境内的淮北地区亳、颍、宿三州直接承受北方中原地区强大的经济辐射;浩荡的长江,在安徽穿腹而过,把安徽与全部长江流域连接起来,上自成都、比及两湖、乃至江西鄱阳等,形成包含安徽在内的长江流域宏大经济区,为这一时期安徽的发展提供了良好的历史环境。

1."扬州长江三角洲"辐射安徽沿江州县

有一点特别值得注意,在海岸西移的历史时期,扬州经济区,就是

---

① 《新唐书》卷一六七《王播》。

唐代的长江三角洲经济区,安徽境内沿江州县不仅直接承受扬州社会经济的辐射,而且是扬州经济区的主要组成区域,这是历史环境变迁带来的特殊性。

隋唐五代时期,由于海平面上升,扬州所在海岸与今天的海岸相比较,呈现西移景象。这一时期长江入海的三角洲,其龙头城市是扬州。安徽境内有九州与扬州一衣带水,一线相牵。今天长江的"皖江"段,唐代称之为"楚江",李白诗曰"天门中断楚江开",就是指今天扬州到池州这一河段。安徽江淮之间有寿、濠、滁、舒、庐、和六州,沿江江南有宣、歙、池三州,皆可视为长江三角洲的区域,至少可以视为扬州经济区。隋唐五代时期,建置的行政区划也体现了这一特点。

隋代,朝廷在扬州建置大都督府,今安徽江淮之间建置的淮南、钟离、庐江、历阳、同安五郡,全部直辖于扬州大都督府。占据今安徽三分之一的地区。

唐代,扬州建置为淮南道首府,后来又建置淮南节度使,直辖安徽境内江淮之间寿、濠、滁、舒、庐、和六州。

隋唐时期,安徽江南地区,即今皖南地区,属于江南道,其社会经济也直接和扬州社会经济发展密切关联。政治上也有割不断的联系,扬州大藩,其节度使常兼任江南道的观察使等。例如"王播为淮南节度,又充诸道转运使。"①位于江南的宣、歙、池三州,其赋税、进奉、徭役等,直接受到调配。

唐末,杨行密占据扬州,受封吴王,今安徽江淮之间六州归属杨行密的势力范围。毕师铎、孙儒之乱,扬州遭到破坏,"杨行密复葺之,稍成壮藩。"②五代时期,吴占有江淮和江南东西道之地。天祐三年(937)李昪代吴称帝,史称南唐,定都江宁(今南京市),江都(扬州)被称为"东都",南唐控制了皖南地区。吴与南唐时期,扬州在社会经济上仍然居于龙头地位,安徽江淮之间六州以及江南三州和扬州经济命脉联系在一起,继续保持了扬州经济区的发展特点。

①　《唐会要》卷八七《转运使》。
②　洪迈:《容斋随笔》卷九。

扬州和安徽的地理位置血脉相连,扬州经济的发展离不开安徽的支撑,安徽为扬州的经济发展提供物质资源、人力资源和消费市场,扬州也为安徽经济发展提供了很多连锁性的经济效应和技术文化资源。

2. "扬一益二"长江流域经济圈辐射安徽区域

除了扬州,长江上游的成都,与安徽的经济联系也十分密切。唐肃宗时期,第五琦"请于江淮置租庸使,吴盐、蜀麻、铜冶皆有税"①。蜀麻(成都)、吴盐(扬州)、铜冶(宣州等地)并列,成为国家收税的重要项目,其税收机构建置于江淮,足见长江一线的物资向北方流动,便捷之路是江淮。建置江淮租庸使机构,表示长江一线水上运输合法化了,开启了长江一线乃至南方各地诸如两湖、江西各种物资流动的水上运输大道。安徽境内长江、淮河、运河各条运输线兼具,这一举措对于活跃安徽的社会经济无疑具有重要意义。

"扬一益二",成都作为仅次于扬州的第二大城市,其社会经济发展也是骄人的。成都手工业发达,丝绸纺织闻名遐迩,"蜀土富饶,丝帛所产,民织作冰纵绮绣等物,号为冠天下。"②成都造纸业先进,唐代"益府之大小黄白麻纸",是进贡的名纸。成都又是唐代雕版印刷业发达的城市之一,唐文宗时,"剑南、两川及淮南道皆以版印历日翻于市,每岁司天台未奏颁下新历,其印历亦以满天下。"③成都造船业发达,唐太宗伐高丽,曾"于剑南道伐木造舟舰,大者或长百尺,其广半之,别遣使行水道,自巫峡抵江、扬,趣莱州。"④长江上游的蜀地与长江下游的吴地之间,不仅物资交换便捷,其商业往来也频繁。安徽沿江州县正处于这一经济交流圈中。陈子昂说:"蜀为西南一都会,国家之宝库,天下珍宝,聚出其中,又人富粟多,顺江而下,可以兼济中国。"

3. 洛阳、汴州经济圈辐射安徽淮北区域

隋唐五代时期,以洛阳为首的河洛经济区和以汴州为龙头的汴水经济区,由于隋唐运河的疏凿和通航,其社会经济发展尤为活跃。洛

---

① 《新唐书》卷五一《食货志》。
② 《全唐文》卷六二四《请禁印时宪书疏》。
③ 《册府元龟》卷一六〇《帝王部·革弊二》。
④ 《资治通鉴》卷一九九,"贞观二十二年"条。

阳大市早在隋朝就开始招商,名满海内,吸引西域乃至海外蕃商;汴州、宋州等商业城市,成为汴水漕运线上一串明珠。

安徽淮北的谯郡和汝阴郡,直接受到这两个经济区的辐射,社会经济迅速活跃起来。

唐代,划分全国为十道,黄淮之间建置河南道,安徽淮北的亳、颍、宿三州属于河南道,河南道很多大规模的公共工程,例如兴修水利、挖掘运河以及一年一度的运河保养、漕运等,把安徽淮北的州县和全部河南道联系在一起,形成一个经济圈。

安徽淮北的宿州,原来只是符离县下面的一个埇桥镇。由于隋唐运河经济的滋润,埇桥在宪宗元和四年(809)建置为宿州。除了建置为州,国家还在这里建置巡院"埇桥院",管理国家漕运仓储,管理运河水道,这里成为国家重要的经济城市,融入了汴州为龙头的经济区。

4. 气候湿润与安徽农业发展

安徽所在地区,其淮北地区的农作物适宜旱作,江淮之间和江南地区,大多以水稻作物为主。其中水稻生产需要气候温和湿润,隋唐五代时期,气候变暖,空气湿润,有利于以水稻为主的农作物种植和生产。

安徽丘陵地带居多,广泛种植茶叶,气温变暖,空气干湿的变化有利于茶叶的种植范围扩大和产量提高。其他林木和花草等植被也因为获得良好的条件而生长良好。这不仅改善了生态环境,也有利于改良水土资源。林木的发展带动了建筑和造船业发展,植被的发展带动了饲养业的发展。

### 三、安徽在全国历史地位的提升

隋唐五代时期,自然环境和社会经济环境的变迁,带来安徽区域社会历史发展的契机,经济出现很多骄人成就,不仅在安徽历史上成为辉煌发展的时期之一,且同时期横向比较,也在很多方面翘首全国,占有重要的历史地位。

这一时期,安徽农业生产不断发展,成为国家粮食生产的基地;茶叶经济成为国家税收的大宗;铜矿冶铸和钱币制造,跻身全国先进行

列;航运交通迅速发展,成为全国航运枢纽;两座航运城市池州和宿州诞生;淮上大都寿州、江南明珠宣州、巢湖名城庐州等再现历史的辉煌;唐玄宗举办了中国有史记载的第一次"广运潭"博览会,东南地区唯有宣州和扬州赴京参加;自然景观和文化名胜方面,出现了皇帝命名赐号的黄山、司空山,以及国际性的佛教圣地九华山,传统名胜天柱山盛产名茶而名播四海。凡此等等,不一而足,显示了安徽区域对于全国的影响和贡献,其社会历史地位在提升。举其要者概述六项于后。

(一)经济上入围"东南八道"经济圈

唐代后期,国家财政主要依赖于东南地区的赋税,其中浙西、浙东、宣歙、淮南、江西、鄂岳、福建、湖南八道,被视为唐代国家的生命线,史称"东南八道"。宣歙、淮南两道在八道中居前,这意味着隋唐经济重心南移所形成的经济圈,包含今安徽沿江九个州。东南地区的社会经济中,农业经济是主流,粮食产量是农业发展的标志。安徽这时已经成为国家重要的产粮区,市场上的粮食交易很活跃,李肇《唐国史补》卷中说:"江淮贾人,积米以待踊贵。图画为人,持钱一千,买米一斗,以悬于市。"唐玄宗时期,江淮地区富余的粮食建置"义仓"储存,作为公共救济。转运使韦坚负责"江淮转运租米,取州县义仓粟,转市轻货"①。即把原来建置义仓粮食掠夺了。这固然是对江淮人民的重大搜刮,但是也表明江淮地区粮食储存比较充足。江淮地区还采取就地建置仓库的措施,妥善保管粮食。庐州巢湖流域盛产稻米,来不及转运,就地建置仓廪,巢湖之东"柘皋"(今属巢湖市)建置储粮"廥廪三十九间,州东二邑人米输于此"②。然后,"由申港,出新妇江(今和县境内的长江支流),至白沙(扬州附近有白沙港)",转运京师。

(二)安徽茶叶成为国家税收的主要项目

安徽茶叶,在全国财政经济和赋税中,占有重要的地位。唐代茶叶的主要产区有江南、淮南、四川等地,而江淮、皖南一带为北方茶叶

① 《旧唐书》卷四八《食货志》。
② 《全唐文》卷六一二,陈鸿《庐州同食馆记》。

的主要供应区。陆羽《茶经》记载全国六个产茶地区,安徽舒州、寿州、宣州、歙州名列其中。安徽广泛种植茶叶,这与这一历史时期的气候变暖,空气湿润密切相关。茶源充足,茶叶制作和贸易迅速兴起,茶成为仅次于盐的大宗商品。茶税是唐代政府的重要财源。当时,冶铸业的财政收入远远比不上茶税。欧阳修在《新唐书·食货志》记载:开成元年,以山泽之利归州县,"举天下不过七万余缗,不能当一县之茶税。"①位于歙州的祁门县一带,"千里之内,业于茶者七八"。当地茶农衣食住行、供赋役,都依靠茶叶收入。李肇《唐国史补》记载,"江淮人什二三以茶为业"。据《新唐书·地理志》记载,江淮地区的庐州、寿州,土贡都有"茶"项。唐文宗大和九年(835)颁发了增加江淮茶税的诏书,也说明江淮茶叶交易为世人瞩目,引起朝廷税收政策的变化。江南地区同样如此,"江南百姓营生,多以种茶为业"。当地种茶、制茶、茶叶交易都很兴盛。浮梁之茶,每年运出七百万驮之多。②北方饮茶,"茶自江淮来,舟车相继,所在山积,色额甚多。"③扬州是唐代茶叶的集中点之一。唐代安徽普遍种植茶叶,茶叶焙制技术堪称精湛,出现众多远销各地的名品。其寿州茶,远销到西蕃。查阅陆羽《茶经》,唐代安徽境内,业已形成六大产茶区,出现七种名茶。唐代,是安徽产茶史上令人骄傲的年代。

(三)宣州铜矿成为国家铸钱基地

宣州钱监和铜冶,是国家在宣州建置的冶铜和铸造钱币、军器,乃至日用铜器的机构。宣州铜矿藏量丰富,濒临长江,水运交通便捷,成本低廉。唐代建置派驻机构,直接开发。唐玄宗时期,宣州建置钱监,为国家铸造钱币。《新唐书·食货志》记载:玄宗开元"二十六年(738),宣(今安徽宣州)、润(今江苏镇江)等州初置钱监,两京用钱稍善。"说明宣州钱币质量优良,投放两京,即改善了长安、洛阳两京钱币的流通状况。宣州能够制造出优良的钱币,主要是因为宣州铜矿优良。宣州钱监因此不断发展,相继建置了"梅根监"和"宛陵监"。两

① 《新唐书》卷五四《食货志》。
② 《元和郡县志》卷二八《江南道四·饶州》。
③ 封演:《封氏闻见记》卷六。

监位于南陵县,《元和郡县图志》记载:"梅根监并宛陵监,每岁共铸钱五万贯。"①这是国家规定的生产定额,加上损耗和报废的部分,实际年产量应该超过这个数额。开元中,天下铸钱七十余炉,岁盈百万。②宣州钱监每年出产钱币5万贯供给国家,完成了一州的使命。且因为质量优良,改善了国家钱币的市场流通,这是宣州铸币对于国家金融市场的贡献。宣州物产丰殷,地下矿藏丰富,朝廷建置了很多冶铸机构,承担军械制造、各种铜器加工等。这些都是国家直接控制的物资,宣歙由此上升为全国藩镇中的大藩。

(四)安徽航运成为全国枢纽区的重要区位

隋唐五代时期,大运河激活了安徽的航运交通,境内淮河流域疏浚了淮汴、淮泗、淮西、鸡鸣山南北水道,组成了以大运河为骨干的航运网,成为全国的水运网中核心的枢纽区域。贯通隋唐五代时期,乃至两宋,这条被视为国家生命线的黄金水道一直发挥着重要作用。以扬州为集散地的水陆交通,北达长安、洛阳,西至剑南,南到交广,几乎包括了半个中国。扬州"四会五达,此为咽颐"③,成为全国商旅聚散的总汇。国家漕运、私人商旅,日夜通行。《元和郡县志》记载:"自扬、益、湘南至交、广、闽中等州。公家运漕,私行商旅,舳舻相继。"④这样的盛况前所未有。"天下诸津,舟航所聚,旁通巴汉,前指闽越,七泽十薮,三江五湖,控引河洛,兼包淮海,弘舸巨舰,千舳万艘,交贸往还,昧旦永日。今若江津,河口置铺纳税,纳税则检覆,检覆则迟留,此津才过,彼铺复止,非唯国家税钱,更遭主司僦赂;舡有大小,载有少多,量物而税,触途淹久,统论一日之中,未过十分之一。因此壅滞,必致吁嗟,一朝失利,则万商废业,万商废业,则人不聊生,其间或有轻讹任侠之徒,斩龙刺蛟之党,鄱阳暴虐之客。"⑤唐代后期,国家财政收入主要依靠东南八道。从东南八道征收的财富,基本上通过各条水陆交通

① 《元和郡县志》卷二九《南陵县》。
② 《新唐书》卷五一《食货志》。
③ 权德舆:《权载之文集》卷一一《杜公淮南遗爱碑铭并序》。
④ 《元和郡县志》卷六。
⑤ 《旧唐书》卷九四《崔融》。

路线运输到扬州,再由此沿运河北上至长安。这是唐国家的生命线。安徽境内除了淮河航运,还有长江航运,以及通航鄱阳湖的祁门闾江航运、通向浙江的新安江航运,凡此等等,安徽的航运不但处于枢纽区位,而且大小航道四通八达,连接全国各地。

(五)安徽四大巡院标志盐业流通的地位

盐业是隋唐五代时期国家税收的头号来源。安徽区域不产盐,但却是销售盐的广阔市场和盐商流通四方的通衢。扬州是盐业中心,不仅沿海地区的盐场、盐亭出产的海盐集中到扬州,再转销各地,西部、南部出产的盐,也云集扬州,转销各地。这就凸显了扬州和江淮地区的盐业交易的重要地位。唐代中期以后,盐税的收入已经成为国家开支的依靠。所以第五琦向唐玄宗说,江淮为财赋之渊,而江淮财赋大多来源于盐税。盐铁使刘晏主持国家财政的重要举措就是在东南地区建置"巡院"和"盐监",加强盐税管理。刘晏为了控制盐商,加强盐税管理,采取了强有力的措施,防止盐商漏税。刘晏目光盯住以扬州为中心的东南地区,"自淮北置巡院十三",其中"庐寿"、"淮西"、"埇桥"三个巡院属于今安徽,后又建置了宣州巡院。刘晏总共建置十三个巡院,其中四大巡院布局在淮北、江淮、江南,可见安徽境内盐税控制的严密程度。严密的控制,透露了盐税不菲的数额,表明安徽盐业流通的活跃和商业地位。唐代历任最重要的理财官员盐铁使大多驻镇扬州,扬州在全国财政中占有极其重要的地位。海盐产量大,价格低廉,运销广。史官记载,江淮盐税每年约四十万缗,"至大历末,六百余万缗。天下之赋,盐利居半。"①扬州盐商十分活跃。贞元时期,江淮盐价每斗增加两百文,"江淮豪贾射利,时或倍之。"②这也反映了安徽区域盐业兴盛的局面不可低估。

(六)自然名胜和新生城市瞩目全国

这一历史时期,安徽境内的自然山水因为人文文化的因素,出现了瞩目全国的四大名山,导致安徽区域的知名度在全国骤然提升。玄

---

① 《新唐书》卷五四《食货志》。
② 《新唐书》卷五四《食货志》。

宗因为追述先祖黄帝而敕命"黟山"为"黄山",黄山由此成为天下名胜,引来李白等大诗人讴歌而佳作名句传至今日不衰。李唐皇室宗亲李敬芳任歙州刺史,开发黄山"汤池"温泉,增加了黄山名胜的社会意义。玄宗又赐号、赐银司空山(今安徽岳西县境内)法师,敕建司空山禅寺,司空山名声大噪。素有国际意义的九华山寺庙,也发祥于中唐时期。传统名胜天柱山因盛产名茶而名播四海,凡此等等,吸引文人雅士吟诗唱和,上千首唐诗、上千篇唐文因为安徽的名胜而诞生,安徽的自然名胜也借用了唐诗、唐文而驰名海内,跨越时空,永载历史。

安徽境内航运交通发达,航运的交汇口,汴水、淮河交汇于埇桥,埇桥由此发育发展成为宿州,唐宪宗皇帝钦准建置宿州;长江河道流经池州,航向开始转向南北方向,这里成为航运转角的水上要道,发育发展为池州,唐代宗皇帝钦准建置池州。唐代后期在安徽境内增加两个州级建置,足见最高统治者经略安徽区域之不同寻常的眼光。

# 第一章

## 隋朝创建及其南北统一

公元 581 年杨坚禅北周建国，国号隋，年号开皇；公元 589 年，隋平陈统一南北。隋王朝对于安徽诸州郡的控制，历经其创建之初和统一全境两个历史时期。

开皇中，隋文帝在大致安定北方突厥之患后，开始实施统一南北的战略。开皇八年(588)三月，隋文帝下诏伐陈。十月，置淮南道行台省于寿春(今安徽寿县)，诏杨广领行台省尚书令；杨广、杨俊、杨素并为行军元帅，合九十总管，总八路，计五十一万八千水陆之军，分兵出六合、襄阳、信州、江陵、蕲春、庐江、吴州、东海。开皇九年(589)正月，节度平陈诸军的杨广兵出六合，隋飞渡长江平陈各军全面出击：兵出吴州的贺若弼部自广陵渡江攻下京口，兵出庐江的韩擒虎部自横江渡采石(今安徽境内长江沿岸和县、马鞍山市一带)攻拔姑孰(今安徽当涂县)，陈都建康处于东西钳击态势之下，放弃抵抗。陈后主被俘，长江上游诸陈军亦先后归降，陈亡。陈辖境安徽江南诸州郡入隋。

隋朝创建，安徽长江以北州县入隋。隋文帝平陈，安徽全境入隋。安徽进入新的发展阶段。

## 第一节　隋朝创建之初安徽诸州郡建置

隋朝创建之初，只是一个逐步走向统一而未完全统一的王朝，北周控有的北方只是隋开国的基础。自北周武帝宇文邕建德六年（577）平定北齐，至北周宣帝大成元年（579）北周名将韦孝宽对陈江淮之间州郡的占领，大致结束了南北朝以来安徽分属南北的局面。

### 一、隋初建置江北州郡

北周平齐，结束了北方近半个世纪的分裂局面。北周奄有北土东夏大部，内部稳定，北疆稍安，遂与陈争兵黄淮。建德七年（578）二月，陈将吴明彻趁周齐相争，北上，被周军王轨部在彭城击破，吴明彻被俘，陈精锐三万并其器械没于周。彭城之役后，北周牢固地占据徐州。四月，陈都督缘淮诸军将领樊毅引军北渡淮河，于清口（泗水入淮之口，居今江苏清江市西南处）筑城求守，但立即失守。周推兵淮南，南北兵争进入江淮。

北周宣帝大成元年（579），北周和亲突厥，北疆暂时安定。九月，遂发动淮南战役。十一月，韦孝宽分遣宇文亮攻取黄城（今河南内黄县西北），梁士彦攻取广陵（《通鉴》此条胡注：此广陵在新息，今安徽阜南县西南），孝宽攻取寿阳，是月，三地并拔，韦部南进复取霍州（今安徽霍山县）。韦孝宽取寿阳，为北周大象元年淮南战役的重点，所部李雄以轻骑数百率先至硖石[1]，下十余城。别部宇文忻、崔弘度、贺娄子干先兵肥口（东肥河入淮口，今安徽寿县西北），陈将潘琛隔水对阵，宇文忻使崔弘度说退潘琛，占肥口。周占硖石山诸垒并及肥口之后，韦孝宽遂拔淮水重镇寿春。淮南之役，杨素引兵为别部先后攻克

---

[1]　硖石，即硖石山。六朝时，居今安徽凤台、寿县之间的淮河两岸硖石山上各筑有城，为淮南屏障。《元和郡县图志·颍州·下蔡县》条记："硖石山，在县西南六十里。淮水经硖石中，对岸山上筑两城，以防津要。"

盱眙、钟离。周陈淮南战役之后，陈尽失淮甸险要，被迫收兵江左。南北对峙安徽分属南北的形势结束，为隋朝创置安徽江北诸州郡奠定了基础。

隋建之初，地方政权沿袭周齐旧制，实行州郡县三级制。至开皇三年（583），地方政权建制改为州县两级制。安徽长江以北地区先后置州凡有十二。涉及淮河以北地区凡六州：颍州，治所汝阴（今安徽阜阳市）；亳州，治所谯（今安徽亳州市）；宋州，治所宋城（今河南商丘市）；陈州，治所宛丘（今河南淮阳市）；徐州，治所彭城（今江苏徐州市）；泗州，治所宿预（今江苏宿迁市）。涉及江淮之间凡六州：扬州，治所江都（今江苏扬州市）；濠州，治所钟离（今安徽蚌埠市）；寿州，治所寿春（今安徽寿县）；庐州，治所合肥（今安徽合肥市）；熙州，治所怀宁（今安徽潜山县）；和州，治所历阳（今安徽和县）。

### 二、隋统一全国与安徽全境入隋

西晋南渡，中国南北分裂。安徽位于南北割据政权的边区，因此，无论南北兵争形势还是南北最后的统一，都与安徽地区关系甚紧。南北对峙，自东晋至南朝数百年的南方，以东晋末刘宋初为最强。此后，刘宋失淮北四州及豫州淮南地，南朝北境至萧齐时已经小于刘宋。至萧梁，与北魏沿淮交兵前后十余年，只是互有胜负而已。至梁末，西魏乘隙取汉中；而梁淮阳、山阳、淮阴等淮南州县也先后降东魏。梁末陈初，南北对峙已经显示北强南弱的局势。

南朝四朝，陈朝国土最小。因此陈宣帝力争江淮乃至黄淮，进行北伐。陈宣帝太建年间（569—582）北伐的战略区域先是江淮间重镇寿阳，后是黄淮间重镇彭城；战争过程由两个阶段构成，战争对象经由高氏北齐而后宇文氏北周的变化。

太建五年（573）三月，陈军过江，争高齐秦郡（今江苏六合县）、历阳二镇。先后克降秦郡、历阳，并进据皖中重镇合肥，继而兵锋进逼淮水南岸重镇寿阳。九月，占领寿阳。顺利完成其收复淮南的北伐的第一步目标后，即推兵黄淮求战北周。

北周武帝建德六年（577），北周平北齐后，置徐州总管府，治彭城。

十月,推兵黄淮的陈军围攻彭城而不下;十一月,周远师赴援彭城;至陈宣帝太建十年北周武帝建德七年(578)二月,陈军自解彭城之围时,周军业已占领淮东要害——清口,遂合长围歼击陈军,陈军精锐三万尽覆。北强南弱形势,进一步明确。

综上所述,南北对峙期间,安徽具有南北割据政权边区的特征,颇受战乱之患。至于梁末陈初,南北对峙初步形成了北强南弱的大势,周武帝平齐及韦孝宽淮南战役后的进一步推进,安徽江淮地区之间并及长江北岸沿线,成为隋王朝统一南北首先争夺的军事要地。

## 第二节 杨坚平三番战事在安徽

杨坚欲禅代北周,受到北周旧臣——代北及关陇其他军事贵族的军事反抗。北周大象二年(580)六月,相州总管尉迟迥举兵东夏;七月,郧州总管司马消难、益州总管王谦,先后响应尉迟迥而举兵汉东巴蜀。这三股势力成为杨坚禅代北周的挑战,杨坚发动平三番战事。此役旨在解决北魏两分以来关中与山东的西东对抗。但战事燃于山东,指向关中,因此关联淮南甚紧①。

### 一、江淮巴蛮及和州蛮

司马消难起兵郧州(郧州,《五代史志》失记,《通鉴》胡注:北周盖因古国名置郧州于沔阳也。沔阳,今湖北仙桃市县),淮南州县大多相应,杨坚诏令郑州总管王谊率四总管讨伐。王谊军挺进郧州近郊,司马消难惧战,引汉东九州及鲁山等八镇投归陈氏。此时,北抵商洛、南至江淮,东西凡两千余里的豫州、荆州、襄州的巴蛮联合尉迟迥,攻破郡县,以反杨坚。巴蛮,即山蛮,劲勇敢战,东晋以来,自荆襄至于汝、

---

① 《隋书》卷四六《长孙平传》记:"尉迟、王谦、司马消难并称兵内侮,高祖深以淮南为意。时贺若弼镇寿阳,恐其怀二心,遣(长孙)平驰驿代之。"《隋书》卷六〇《段文振》记:"尉迥作乱……司马消难之奔陈也,高祖令文振安集淮南……寻以行军长史从达奚震讨叛蛮,平之,加开府。"

汉皆有巴蛮之兵①。周隋之间商洛江淮地区巴蛮起兵，渠帅兰洛州自号河南王，凶悍著称于史；王谊分遣诸将讨之，旬月之内皆平。又据《隋书·高祖本纪上》记，司马"消难奔陈。荆、郢群蛮乘隙作乱，命亳州总管贺若谊讨平之。"此次战役，淮上重镇亳州府兵也加入了平蛮之战。此外，和州蛮亦起兵反抗杨坚。《隋书·卫玄传》记："高祖作相，检校熊州事。和州蛮反，玄以行军总管击平之。"

### 二、亳州总管贺若谊东拒尉迟迥西遏司马消难

尉迟迥起兵相州，山东之地大多相应。杨坚以韦孝宽为元帅，总兵东讨。尉迟迥两路出兵，西进黄淮。大将军檀让部攻陷曹州、亳州，兵屯梁郡。大将军席毗罗攻陷昌虑、下邑、丰县；亳州总管贺若谊据守力战。杨坚以于仲文领河南道行军总管，增兵讨檀让。于仲文部兵发洛阳，军次蓼堤，以羸师挑战，骄兵破敌，遂相续进破梁郡、曹州；檀让余部东撤，分屯城武、永昌两城，于仲文集结精骑，掩其不备，攻占城武。于仲文转兵诈取金乡，致使兵屯沛县的席毗罗西进金乡；于仲文遂背城结阵，于麻田伏兵，大破毗罗，毗罗被斩，其兵众败投洙水，史称洙水为之不流。于仲文军俘获檀让，槛送京师；黄河以南淮河以北叛军悉平。自大象二年六月尉迟迥相州起兵，至是年十月王谦兵败成都之间，司马消难叛兵东进淮水，贺若谊据守遏之。申州刺史李慧响应尉迟迥自申州攻永州进军淮北，贺若谊讨之。淮河上游重镇亳州居西东争战要冲，所谓"驰驿之部。西遏司马消难，东拒尉迥。"亳州实为平三番多战之地；战后，贺若谊亦因功"进爵范阳郡公，授上大将军"②。

### 三、萧县人刘行本

刘行本，《隋书》本传略称其籍贯曰沛，省郡国以下县地而习用旧

---

① 《宋书》卷九七《蛮夷·豫州蛮传》记巴蛮曰："北接淮、汝，南极江、汉，地方数千里。"《北史》卷九五《蛮獠等列传序》记诸蛮曰："蛮之种类，盖盘瓠之后。在江淮之间，部落滋蔓，布于数州，东连寿春，西通巴蜀，北接汝、颍，往往有焉。"

② 《隋书》卷五二《贺若谊》。

号古称的记法①。沛,即西汉沛郡,治所相(今安徽濉溪县西北);东汉为沛国,治所不变。三国魏移治沛县(今江苏沛县);西晋还于旧治,后复为郡;北魏移治萧县(今安徽萧县西北)。《隋书》本传略称刘行本籍贯,实际为省称之沛,居今安徽萧县西北地。沛之萧县刘氏,盖则西晋以后南迁江左。《隋书》本传记刘行本父刘环,历职萧梁,刘行本是在萧修北投时归于北周的。周静帝大象二年(580)尉迟迥起兵反杨坚,所部梁子康兵攻怀州,刘行本率吏民拒之,因功拜仪同,赐爵文安县子。

## 第三节　隋朝统一南北战事在安徽

隋因承周末占据淮南的形势,陈隋对峙只是隔江对峙。因此,隋朝进行统一南北的战争,关联襟江带淮的安徽甚紧。赵翼《二十二史札记·南朝陈地最小》指出:"故隋承周之地,晋王广由江都渡六合,韩擒虎自庐州直渡采石,贺若弼直造京口,遂以亡陈也。"

### 一、隋平陈统一战争

隋平陈战争,就整体战略规划讲,大略本自崔仲方。开皇六年(586)②,崔仲方上平陈策:长江中游武昌以下,蕲、和、滁、方、吴、海等六州集结精兵,密营渡江之计;其益、信、襄、荆、基、郢等六州则广造舟楫,张扬渡江形势。崔仲方平陈方略的要害在于,蜀汉长江上游为陈江防必争之地,若陈用精兵争上游,则隋下游诸将相机择时而渡江;若陈拥众不出下游,则上游诸将可鼓行而下。面对掌握战争主动权的隋军的长江全线攻略,陈长江战略防御,确有上下西东难以兼顾的困难。

---

① 《史通》卷五《邑里》曰:"州郡则废置无恒,名目则古今各异。而作者为人立传,每云某所人也,其地皆取旧号,施之于今。"

② 《资治通鉴》卷一七六,"长城公祯明元年"条系崔仲方平陈策于是年,误。《隋书》卷六〇《崔仲方》本传载录其平陈策曰:"臣谨案晋太康元年岁在庚子,晋武平吴,至今开皇六年,岁次丙午,合三百七载。"

## 二、吴、庐二州总管府——潜为平陈经略

隋文帝为平陈而经营长江下游,始于隋建国。开皇元年(581)三月,隋文帝以贺若弼为吴州总管,镇广陵,委以平陈之事。《隋书·贺若弼传》记:"弼忻然以为己任。与寿州总管源雄并为重镇。"吴、寿二州,均为隋淮南重镇。同时,隋文帝以韩擒虎为庐州总管,治庐江。《通鉴》此条胡注记曰:"《五代志》:庐江郡,梁置南豫州,又改合州,开皇初改庐州。盖梁之南豫、合州,皆治合肥,合州因合肥而名也。"《隋书·韩擒虎传》记:"拜为庐州总管,委以平陈之任,甚为敌人所惮。"隋文帝建置吴、庐二州总管府,从东北、西北两个方向指向陈都建康,并在吴州山阳县(今江苏淮安县)设大仓,广为"储蓄军粮"①。但所有这一切,在开皇初年,都只是潜为平陈的战略设置。

隋文帝平陈战略的切实展开,是在开皇六年(586)大致平定北疆突厥,进而在开皇七年(587)废除后梁国前后开始的。开皇七年四月,隋文帝"于扬州开山阳渎,以通运漕"②,这是一个战争信号。《通鉴》此条下胡注曰:"山阳渎通于广陵尚矣,隋特开而深广之,将以伐陈也。"

## 三、淮南行台——平陈前线总指挥部

开皇八年(588)三月,隋文帝下诏伐陈。九月,设宴颁赐南征诸将领;十月,置淮南道行台省于寿春,杨广为行台省尚书令,设元帅府节度南征诸将;复以尚书省左仆射高颎为元帅府长史,以并州行台右仆射王韶为元帅府司马,文臣刘臻亦随府典文翰。要之,置淮南道行台省于寿春,杨广"忝膺朝寄,董律专征"③,及其元帅府驻节寿春,表明淮南重镇寿春,实际居于隋王朝南北统一战事前线总指挥部的重要位置。

---

① 《元和郡县图志阙卷逸文》卷二《淮南道·楚州·山阳县》:"故仓城,东南接州城。隋开皇初将伐陈,因旧城储蓄军粮,有逾百万,迄于大业末,常有积谷,隋乱荒废。"
② 《隋书》卷一《高祖本纪上》。
③ 《文苑英华》卷六四五《杨广·遣陈尚书江总檄》。

开皇八年十一月,隋文帝为南征将士饯行,至距潼关三十里处定城(今陕西华阴市东),再行誓师。十二月,杨广的军队已经届临大江。《隋书·薛道衡传》记:"及八年伐陈,授淮南道行台尚书吏部郎,兼掌文翰。王师临江,高颖夜坐幕下,谓之曰:'今段之举,克定江东已不?君试言之。'"云云。

隋平陈之战斗,首先在长江上游打响。长江上游为陈江防紧要地带①,陈因此不得不争。陈周罗睺部屯精兵于鹦鹉洲,隋杨俊部崔弘度请出兵击之,《隋书·文四子秦王杨俊传》记云:杨"俊虑杀伤,不许"。至此,隋陈长江上游争战在所谓"仁而不杀"的名义下进入相持阶段而趋于平静,隋文帝成功实现其战略钳制的意图。《隋书·周罗睺传》记:周罗睺"都督巴峡缘江诸军事,以拒秦王俊,军不得渡,相持逾月"②。可知具有战略调动含义的隋、陈长江上游之战的展开及其相持,正是隋下游诸将密营渡江战略平陈的重要组成部分。

开皇八年十二月,隋平陈统一战争的战略打击战略钳制集于陈长江之防的西线上游,其战略钳制意图的成功实施,为贴近陈京畿之地的东线下游诸将奠定了渡江平陈的基础。隋平陈战略重心由此转向长江下游:开皇初潜为经略的战略设置——吴州、庐州总管府——将迅即成为覆灭陈国的军事要地。

### 四、采石渡江——平陈头功

开皇九年(589)春正月乙丑,陈都建康"大雾四塞"③,兵出广陵的贺若弼趁时渡江,攻下陈南徐州京口(今江苏镇江市),进据蒋山(今江苏南京市中山门外钟山④),首先打响隋下游诸将渡江之战。正月丙

---

① 《宋书》卷六六《何尚之》曰:"江左以来,扬州根本,委荆以阃外。"

② 参见《隋书》卷六五《周罗睺传》记:周罗睺降隋后,隋下游击陈将领贺若弼于朝廷见周罗睺,"谓之曰:'闻公郢、汉,即知扬州可得。王师利涉,果如量筹。'罗睺答曰:'若得与公周旋,胜负未可知也。'"又,《资治通鉴》卷一七七,"开皇九年"条亦记:"陈水军都督周罗睺与郢州刺史荀法尚守江夏,秦王俊督三十总管水陆十余万屯汉口,不得进,相持逾月。"

③ 《资治通鉴》卷一七七,"开皇九年"条。

④ 《元和郡县志》卷二五《江南道一·润州·上元县》记:"贺若弼垒,在县北二十里。隋平陈,弼过江,于蒋山龙尾筑垒。"

寅,兵出庐江的韩擒虎率五百士卒自横江(今安徽和县境)夜渡长江,袭占采石,攻下姑熟城,进据新林(今江苏南京市西南西善桥镇①)。贺、韩先后渡江并成功完成第一次打击,形成隋对陈都建康的钳击之势;杨广元帅府及其大军于是推进至六合镇桃叶山(今江苏六合县东南瓜埠山下瓜埠)。隋军兵临建康,陈廷相继展开保卫台城(即陈朝宫廷所在之宫城,居今南京市鸡鸣山南乾河沿北)的蒋山、朱雀航(即朱雀桥,居今江苏南京市秦淮河上)之战。

贺若弼军进据蒋山,北道向台城。正月甲申,陈后主使萧摩诃、鲁广达、任忠、樊毅、孔范等将率劲兵列阵蒋山白土岗,贺若弼引七总管凡带甲之士八千,严阵以待。蒋山之战,历初战、再战、三战而数四,陈军屡进而隋兵屡退,隋军折卒二百七十三人;至此,陈军骄纵失律而部伍不整。隋军转败为胜:贺若弼破其长阵一部,致其首尾不能相顾,因此骑卒溃乱,一退而不可止,死者略计五千,主将萧摩诃被擒。陈廷蒋山阻击战以大败告终,保卫都城的主力受到重创。至是夕,贺若弼率蒋山力战之军由台城北掖门入宫。

韩擒虎军进据新林,南道向台城。晋王杨广遣派总管杜彦与韩擒虎合军。杜彦部居南陵(今安徽贵池县西南),为策应韩擒虎之师②。韩、杜新林会兵,步骑总数二万,军势甚盛,遂与贺若弼部合势进击台城。韩擒虎进军台城,途遇兵败蒋山的陈将任忠,任忠于阵前降隋并引领韩擒虎部进击朱雀航。陈朱雀航守军不战而溃,韩部直入朱雀门

① 《元和郡县志》卷二五《江南道一·润州·上元县》记:"韩擒虎垒,在县西四里。隋平陈树碑,其文,薛道衡之词。"

② 《隋书》卷五五《杜彦传》记:"平陈之役,以行军总管与新义公韩擒虎相继而进。军至南陵,贼屯据江岸,彦遣仪同樊子盖率精兵破其栅,获船六百余艘。渡江,击南陵城,拔之,擒其守将许翼。进至新林,与擒合军。"樊子盖,《隋书》本传记,庐江(今安徽舒城县)人。隋初,以仪同领乡兵,除枞阳(治今安徽枞阳县)太守;樊子盖参与平陈的军事力量,或即为所领乡兵。此乡兵,盖属府兵系统军事力量。谷霁光《府兵制度考释》:"隋代周以后、灭陈以前,又一度出现乡兵。旧北齐统治区域以及南边与陈接壤地区,先后有过很多乡兵组织。清河人张崙,家于河阴,在北周时即拥有乡里势力和豪侠子弟,隋文帝为大丞相时,授以大都督,领乡兵,后迁骠骑将军。庐江人樊子盖,历仕北齐、北周,隋初授仪同,领乡兵,后参与平陈战役,位至左武卫将军。来护儿寄籍广陵,开皇初授大都督,领本乡兵,后为府兵中一员猛将。彭城人刘权,开皇中以车骑将军,领乡曲兵。庐江人陈稜,家世雄豪,江南土豪变乱蜂起,随其父陈岘为隋内应,拜开府,不久领乡兵,后任骠骑将军。这些乡兵活动于北自淮阴、南至广陵这片战争冲要地带,活动时间从隋文帝作相起持续到南北统一两三年之后,领兵军将都是一些雄豪,后由隋朝分别授以大都督、仪同、车骑将军、骠骑将军名衔,逐渐纳入府兵系统。"上海人民出版社1962年版,第99—100页。

（台城南城门，约略居今南京市中华门内），守门禁卫欲战，任忠劝降，众皆散溃。韩部入宫，宫内文武百官皆遁，陈宗室百余人在朝堂相率出降，自沉隐匿景阳井的陈后主被擒。采石渡江之师，拔取平陈头功。

开皇九年正月甲申，贺、韩二部先后进入陈宫，陈后主被俘，见押德教殿，隋结束平陈长江下游之战。两日之后，平陈诸军总节度晋王杨广及其元帅府进入台城，收陈图籍、封陈府库，使陈后主叔宝手书招降陈长江上游诸将。陈江夏周罗睺、公安陈慧纪先后归降，"长江上游皆平"①。于此长江上游已平的大形势，隋平陈而兵出蕲春路的将领王世积，"闻陈已亡，告谕江南诸郡，于是江州（治溢城，今江西九江市）司马黄偲弃城走，豫章（治南昌，今江西南昌市）诸郡太守皆诣世积降"②。至是，今江西境的江右亦平。隋南征平陈战事大致完成。

建康失守，降陈的后梁宗室萧岩、萧瓛依然据守东吴，拥兵不降，陈宗室永新侯陈君范亦自晋陵（今江苏常州市）会之。隋自六合渡江之宇文述部会同舟师自东海过江的燕荣部，水陆并进以进击二萧。萧瓛入居太湖立栅，宇文述追进破之，同时别道遣兵下吴州，萧瓛以余众退保包山（今江苏太湖中洞庭西山），燕荣部追进击破之。宇文述军转进奉公埭（今浙江萧山县西），萧岩、陈君范请降，"吴、会悉平"③。

此间，杨广令陈后主遗书招抚岭南俚族部落首领冼氏，冼氏归隋，隋将韦洸因势说谕岭南诸州，"岭表皆定"④。至此，隋平定陈国全境，统一中国南北。

### 五、安徽长江以南州郡建置

开皇九年正月癸巳日，隋文帝遣使巡抚旧陈新定之区各州郡。二月乙未日，废止淮南道行台省，复以"江表初定，给复十年"⑤，凡此作

---

①　《资治通鉴》卷一七七，"开皇九年"条。
②　《资治通鉴》卷一七七，"开皇九年"条。
③　《隋书》六一《宇文述传》。
④　《隋书》四七《韦世康传附弟韦洸》。
⑤　《隋书》卷二四《食货志》。

为,皆统一之君隋文帝止戈弭兵推行所谓"太平之法"①于南方的重要举措,有利于南北统一后的稳定,亦有利于安徽在战后社会经济的恢复与发展。

隋平陈,史记凡"得州三十,郡一百,县四百"②。《通鉴》此条胡注曰:"按《隋志》:陈境当时有扬、东扬、南徐、吴、闽、丰、湘、巴、武、江、郢、广、东衡、衡、高、罗、新、沅、建、成、桂、东宁、静、南定、越、南合、雅、安、交、爱,凡三十州。"隋平陈,安徽江南州郡入隋。隋平陈之后,推行州县二级地方建制于旧陈新定之区,"析置州县"③,涉及今安徽长江以南地区凡三州:蒋州,治石头城(今江苏南京市);宣州,治宣城(今安徽宣州市);歙州,治休宁(今安徽休宁县)。④

---

① 《隋书》卷二《高祖本纪下》载开皇元年四月壬戌《劝学求言诏》曰:"往以吴、越之野,群黎涂炭,干戈方用,积习未宁。今率土大同,太平之法,方可流行。"
② 《资治通鉴》卷一七七,"开皇九年"条。
③ 《隋书》卷二九《地理志上》。
④ 岑仲勉:《隋书求是·开皇九年平陈域内增置诸州表》,商务印书馆 1958 年版,第 56 页。

# 第二章

# 统一的隋朝及其在安徽的治理

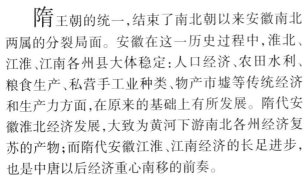

隋王朝的统一，结束了南北朝以来安徽南北两属的分裂局面。安徽在这一历史过程中，淮北、江淮、江南各州县大体稳定：人口经济、农田水利、粮食生产、私营手工业种类、物产市墟等传统经济和生产力方面，在原来的基础上有所发展。隋代安徽淮北经济发展，大致为黄河下游南北各州经济复苏的产物；而隋代安徽江淮、江南经济的长足进步，也是中唐以后经济重心南移的前奏。

统一的隋王朝，政治稳定、经济发展，这在隋炀帝大业五年（609）前是一个主导方面。因此，隋王朝能够承继南北朝以来区域学术文化发展的成就，形成"爰自东帝归秦，逮乎青盖入洛，四隩咸暨，九州攸同，江、汉英灵，燕、赵奇俊，并该天网之中，俱为大国之宝"①而"中州儒雅之盛，自汉、魏以来，一时而已"②的学术文化发展盛况。隋代安徽人在史学、法学、礼乐、声韵及技艺诸方面均有成就驾于时人而影响及于后人之代表。

---

① 《隋书》卷七六《文学传序》。
② 《隋书》卷七五《儒林传序》。

## 第一节　隋晋王杨广总管扬州十年

开皇九年（589），隋平陈之后，在旧陈新定之地相续推行北人知州，内州检责及宣讲五教等政治、经济、文化措施，最终激起南方豪族的普遍叛乱，其影响亦及于统一后的安徽。

开皇十年（590），杨广自并州易镇扬州，镇江都。自此，直至开皇二十年（600）赴京为皇太子，杨广驻节江都前后凡十年，任期很长，总体稳定，既巩固了隋的统一，亦为隋在江淮之间及江南所新置安徽州县的发展提供了良好的条件。同时，亦为杨广盘结"江都集团"而影响开皇政治直至走向最高权力奠定了基础。

### 一、北人知州

隋平陈之后，调整旧陈州县并更置牧守，所谓"析置州县"①、"牧民者尽更变之"②，即南北统一之后，隋王朝尽行撤换旧陈州郡牧守而以北人代之的"北人知州"。隋平陈而更置新定之区州郡牧守，史籍不详载。相关研究概括指出："在 589 年和 599 年期间重新命名或建立了的三十个州（原注：陈原来共有四十二个州）；所知的州刺史都是北人。"③

这里参据岑仲勉《隋书求是·隋书州郡牧守编年表》并及《隋书》、《周书》相关人物本传，给出了隋平陈之后于江左所建涉及安徽州郡的北人知州的大概情况。

蒋州，治石头城，今江苏南京市。《隋书·韩擒虎附季弟韩洪传》记韩洪，"开皇九年，平陈之役，授行军总管……寻以功加柱国，拜蒋州

---

①　《隋书》卷二九《地理志·序》。
②　《资治通鉴》卷一七七，"开皇十年"条。
③　［英］崔瑞德主编，［美］芮沃寿著：《剑桥中国隋唐史·隋史》，中国社会科学出版社 1990 年版，第 111 页。

刺史。数岁,转廉州刺史。"韩擒虎,史记河南东垣(今河南新安县东)人。韩洪籍在东垣,盖北人知蒋州第一人,数年之后迁官廉州。《隋书·郭衍传》记郭衍,自云太原介休(今山西介休县)人,开皇十年末随杨广平叛江左豪族之后,因功"授蒋州刺史。……(后)迁洪州总管。"郭衍,盖自韩洪迁廉州之后刺蒋州之北人。《隋书·张羡传》记张羡,河东郏(今河北任丘县)人,杨广移镇江都"颇表请之,复为晋王长史,检校蒋州事"。张羡,盖郭衍迁洪州代理蒋州刺史之北人。

宣州,治宣城,今安徽宣州市。《隋书·高祖本纪下》"开皇十二年(592)正月"条记,以"宣州刺史席代雅为广州刺史"。席代雅应为席世雅,唐人避讳所改。席世雅,西魏席固之子。《周书·席固传》记席固,"其先安定(今甘肃泾川县)人也"。后秦之乱时南渡而客寓襄阳;梁末归西魏。席世雅,开皇十二年即离任宣州,盖隋刺宣第一北人。《全隋文》卷二八郑辨志《宣州稽亭山妙显寺碑铭》记,开皇十二年大将军杨荣为宣州刺史。杨荣,本姓阳氏,开皇七年诏赐杨姓,金州安吉(引注:此安吉疑为吉安倒置之讹。《隋书·地理志·上》西城郡条记:"金州治所金川,梁初曰上廉,后曰吉阳。西魏改曰吉安,后周以西城入焉。"金州吉安,今陕西安康县。)人。杨荣盖为继席世雅刺宣之北人。关于杨荣刺宣并及其他刺宣者。岑仲勉《隋书求是·隋书州郡牧守编年表》宣州条记:"开皇十九年时荣为宣刺,见《寰宇记》一○五。又据碑铭,二十年南昌之月,荣尚在职。""郜恭为宣州刺史。(拓本唐颍王府录事参军郜崇烈志)志云:'曾祖恭,随(即隋,下同)银青光禄大夫,宣、泾二州刺史。'""褚贞为宣城太守。(芒洛遗文中褚恩志)志云:'曾祖贞,陈上隽守,随宣城郡守。'"《隋书》《陈书》及《南史》《北史》无郜恭、褚贞传,籍贯俟考。所知开皇世刺宣州者席世雅、杨荣皆为北人。

歙州,治海宁,今安徽休宁县。《隋书》本纪、列传均阙载刺歙牧守情况。岑仲勉《隋书求是·隋书州郡牧守编年表》歙州条亦未记录其牧守情况。俟考。

北人知州,系隋平陈后在南方实行的普遍性政治制度。涉及安徽南部的蒋、宣、歙三州大致均为北人控制。北人知州,堵塞了旧陈之地豪门大族的仕宦之路，使政治权益的分配发生了不利于本土豪族的变化，因而江南豪族群起攻州县而自称天子、都督以反隋，皖南黟、歙及庐江襄安等地均有其卷入者。

### 二、内州检责与"五教"及江南豪族之乱

开皇九年（589）元月丙申，隋王朝平陈告捷，癸巳，隋文帝即遣苏威使持节巡抚旧陈州县。苏威，北周名臣苏绰之子。《北史·苏绰附子苏威传》记其事："寻令持节巡抚江南，得以便宜从事。过会稽，逾五岭而还。江表自晋已来，刑法疏缓，代族贵贱，不相陵越。平陈之后，牧人者尽改变之，无长幼悉使诵五教。威加以繁鄙之辞，百姓嗟怨。使还，奏言江表依内州责户籍。上以江表初平，召户部尚书张婴，责以政急。时江南州县有讹言欲徙之入关，远近惊骇。饶州吴世华起兵为乱，生脔县令，啖其肉。于是旧陈率土皆反，执长史，抽其肠而杀之，曰：'更使侬诵五教邪！'"

苏威持节巡抚江南州县，前后所行凡强诵五教、内州检责二事牵涉江南豪族生乱。

苏威奏江表依照北方内地州县成制检责户籍，目的在于与旧陈大土地所有者——江南豪族——争夺劳动人手以维护中央经济权益。

隋代开皇世北方料简户籍，约有三点：一则减轻编户刑罚徭役，二则大索貌阅、析置户头，三则输籍定样、确定户等，因此"设轻税之法"而"先敷其信"，故山东浮客自归于编户甚伙[1]而"隋代之盛，实始于斯"。因此平陈之后，苏威奏江表依内州检责户籍。开皇九年二月丙申，隋文帝"制五百家为乡，正一人；百家为里，长一人"[2]。隋代乡正里长，为其检责户籍，劝课农桑，催驱赋役之农村基层组织，故有"户口不实者，正、长远配"之说[3]。二月丙申，制乡正里长，苏威"使还，奏言江表依内州责户籍。上以江表初平，召户部尚书张婴，责以政急"[4]。

---

① 汪篯：《汪篯隋唐史论稿·隋代户数的增长》，中国社会科学出版社 1981 年版，第 37 页。
② 《隋书》卷二《文帝本纪下》。
③ 《册府元龟》卷四八六《邦计部·户籍》。
④ 《北史》卷六三《苏绰附苏威传》。

隋王朝江左检籍,应在开皇九年二月以后。检籍括户,势必触及江左豪族的经济利益,加之隋文帝督责太急,遂成为激发江南豪族叛乱原因之一。

苏威巡抚江左,"复作五教,使民无长幼悉诵之"①。五教即五常,所谓父义、母慈、兄友、弟恭、子孝人伦行为准则,此封建伦理要归于"成德"以"资治"。因此,隋文帝极力鼓吹孝义伦理以巩固统治。开皇十年(590)二月,隋文帝颁诏:"往以吴、越之野,群黎涂炭,干戈方用,积习未宁。今率土大同,含生遂性,太平之法,方可流行。凡我臣僚,澡身浴德,开通耳目,宜自兹始。丧乱以来,缅将十载,君无君德,臣失臣道,父有不慈,子有不孝,兄弟之情或薄,夫妇之义或违,长幼失序,尊卑错乱。朕为帝王,志存爱养,时有臻道,不敢宁息。内外职位,遐迩黎人,家家自修,人人克念,使不轨不法,荡然俱尽。"②君道臣德发乎五常,因此最高统治者"不敢宁息"而指望"内外职位,遐迩黎人,家家自修,人人克念"。苏威持节巡抚使民无长幼强诵五教,即系不知变通而推行隋文帝"太平之法"于江南的强制性思想驯化。因此施之太急产生了刺激江南士庶社会情绪的消极作用,并推动了江南豪族叛乱。

开皇十年末,江南豪族及部分少数民族酋帅在隋王朝牧民者尽更之、内州检责行政过急、苏威复作五教使强诵,并及流言徙民入关等方方面面情况刺激下,相聚为乱,"大者数万,小者数千,共相影响,杀害长吏"③,迅速形成一遍及沿江、苏皖南部、浙东西、闽赣及岭南的全局性反隋叛乱。所谓"陈之故境,大抵皆反"④。

遍起江南的豪族及部分少数民族酋帅的政治军事叛乱,以江左豪族集聚地长江下游的东南诸州郡为最甚。其中:反隋易帜称天子而署置百官者,有婺州汪文进、越州高智慧、苏州沈玄侩;另则反隋称大都督而自行封疆者,有乐安蔡道人、有蒋山李稜、有饶州吴世华、有温州

① 《资治通鉴》卷一七七,"开皇十年"条。
② 《隋书》卷二《文帝本纪下》。
③ 《隋书》卷四八《杨素传》。
④ 《资治通鉴》卷一七七,"开皇十年"条。

沈孝彻、有泉州王国庆、有杭州杨宝英，至岭南则有交州李春。此外名号不详者，尚有京口的朱莫、笮子游，常州晋陵的顾世兴，常州无锡的叶略①、苏州的顾子元②、苏州南沙的陆孟孙③、东扬的陶子定、吴州的罗慧方④、泉州的盛道延⑤，而结聚黟（黟县属歙州，平陈废，开皇十一年复；今安徽黟县）、歙（治海宁，今安徽休宁县）诸洞反者有沈雪、沈能、汪文进⑥，结于番禺反者之少数族俚帅有王仲宣、周师举⑦，起于和州（治历阳，今安徽和县）反者有薛子建⑧，起于彭山反者有李陁⑨，复有佚其名考而反于庐江襄安的诸豪杰⑩，并及散处岭南溪洞俚、獠诸少数族酋豪⑪。

———————————

① 《资治通鉴》卷一七七，"隋纪一·开皇十年"条。又，京口笮子游事，见《隋书》卷六四《张奫传》记张奫平陈后"岁余，率水军破逆贼笮子游于京口"。

② 《隋书》卷三八《皇甫绩传》记皇甫绩，"及陈平，拜苏州刺史。高智慧等作乱江南，州民顾子元发兵应之，因以攻绩，相持八旬"。

③ 《隋书》卷四八《杨素传》记杨素平叛战于苏州，沈"玄侩势迫，走投南沙贼帅陆孟孙。素击孟孙于松江，大破之，生擒孟孙、玄侩"。

④ 《隋书》卷四七《韦世康附弟韦冲传》记，"时东扬贼帅陶子定、吴州贼帅罗慧方并聚众为乱，攻围婺州永康、乌程诸县，冲率兵击破之。"

⑤ 《隋书》卷六四《来护儿传》记，来护儿"除泉州刺史。时有盛道延拥兵作乱，侵扰州境，护儿进击，破之"。

⑥ 《隋书》卷四八《杨素传》杨素平苏州之后，转战皖南，"黝（引注：即'黟'。《元和郡县图志》卷二八《江南道四·歙州·黝县》曰：'《说文》："黟"字从"黑"旁"多"，后传误遂写"黝"字。'）贼帅沈雪、沈能据栅自固，（杨素）又攻拔之。《隋书》卷六四《来护儿传》记，来护儿"又从蒲山公李宽破汪文进于黟、歙，进位柱国"。此汪文进，或为婺州汪文进。又，《隋书》卷六一《郭衍传》记郭衍平京口豪族魁帅，"乃讨东扬、永嘉、宣城、黟、歙诸洞，尽平之"。是宣城洞豪亦起兵反隋。

⑦ 岭南王仲宣起事始于开皇九年而延续至开皇十年。《隋书》卷六五《莫容三藏传》记："岭南酋长王仲宣反，围广州，诏令柱国、襄阳公韦洸为行军总管，三藏为副。至广州，与贼交战，洸为流矢所中，卒，诏令三藏检校广州道行军事。十年，贼众四面攻围，三藏固守月余。城中粮少矢尽，三藏以为不可持久，遂自率精锐，夜出突围击之。贼众败散，广州获全。"《隋书》卷四七《韦世康附弟韦洸传》记，平陈"岁余，番禺夷王仲宣寇众为乱，以兵围洸。洸勒兵拒之，中流矢而卒"。《隋书》卷六七《裴矩传》记，开皇十年，裴矩"奉诏巡抚岭南，未行而高智慧、汪文进等相聚作乱上难遣矩行，矩请速进，上许之。行至南康，得兵数千人。时俚帅王仲宣逼广州，遣其部将周师举围东衡州——矩进击破之……仲宣惧而溃散"。可见，岭南少数族酋帅起事早，时间长，势力甚众。

⑧ 《隋书》卷六四《张奫传》记张奫平陈后"岁余，率水军破逆贼……薛子建于和州"。

⑨ 《隋书》卷五五《杜彦传》记："高智慧等之作乱也，复以行军总管从杨素讨之，别解江州（治溢城，今江西九江市）围。智慧余党往往屯聚，投保溪洞，彦水陆并进……贼李陁拥众数千，据彭山，彦袭破斩陁，传其首。"

⑩ 《隋书》卷六四《陈棱传》记："高智慧、汪文进等作乱江南，庐江豪杰亦举兵相应。"

⑪ 《隋书》卷五三《史万岁传》记："及高智慧等作乱江南……万岁率众二千，自东扬别道而进，逾岭越海，攻陷溪洞不可胜数。"

隋王朝解决江南豪族大规模叛乱的办法基本上是军事打击,同时辅以政治瓦解。因此,平叛战争进展顺利。平叛的主要战事在不到一冬的时间内完成,平叛亦得到南方支持统一力量的配合。隋王朝平叛战争的胜利,为隋在南方推行统一王朝的政令并借此以发展南方的社会经济提供了必要条件。

### 三、麦铁杖、陈岘

开皇十年(590)末江南豪族叛乱,安徽所在州县在所难免。当时或为身份微贱而堪称一时的壮士,或为陈亡暂归故里之亡陈旧将等方面人士,皆能宣力用武,参与并建功于统一王朝平定江南豪族叛乱的战事。载籍所录:凡有清流麦铁杖、襄安陈岘。

麦铁杖,原籍居今广东始兴县,史称其人"骁勇有膂力,日行五百里,走及奔马"①。陈宣帝太建中,麦铁杖因结聚为群盗,陈"广州刺史欧阳颁俘之以献,没为官户,配执御伞"②。麦铁杖由此移居建康,但行盗不止,夜行旦归,"行光火劫盗"于南徐州;陈宣帝按实之后,也"惜其捷勇,诚而释之"。"陈亡,徙居清流县(治今安徽滁县)"③,客籍淮左。

开皇十年末,江南豪族叛乱,杨素平叛大军临江,密遣"铁杖头戴草束,夜浮渡江,觇贼中消息,具知还报"。此后,麦铁杖"复更往"江左侦伺敌情而身陷蒋山叛军李稜手中。李稜遣兵仗三十押解麦铁杖,"缚送高智慧。行至庆亭(即庆亭垒,在今江苏丹阳县东南),卫者愒食,哀其馁,解手以给其餐"。麦铁杖有臂力,乘隙夺刀,"乱砍卫者,杀之皆尽,悉割其鼻,怀之以归。"麦铁杖单身脱险,携俘馘而归于隋营,杨素"大奇之。后叙战勋……特奏授仪同三司",第武散官十一等八级。当时随杨广兵进安徽当涂的隋柱国将军李彻亦"称其骁武",后"以不晓书,放还乡里……开皇十六年,征至京师,除车骑将军",统领内军宿卫,跻身府兵高层将领。

① 《册府元龟》卷八四五《总录部·膂力》。
② 《隋书》卷六四《麦铁杖传》。
③ 《隋书》卷六四《麦铁杖传》。

陈岘，隋将陈稜之父，事见《隋书·陈稜传》。传称陈稜，"庐江襄安人"，即隋庐江郡襄安县人。隋庐江郡治所居今安徽合肥市西，立于隋炀帝大业三年（607），下辖七县，襄安县居其一，县治位于今安徽巢湖市。陈稜先世寒微，属"单家"。《隋书》并及《北史》陈稜本传，均仅仅记及其祖父陈硕，云："以鱼钓自给。"襄安陈氏，先世为巢湖上的渔民。陈岘少年骁勇，这在军事活动频繁而将帅广事招募的南北朝后期，可用于世。陈岘因此被陈将章大宝召"为帐内部曲"。"帐内部曲"，应当为章大宝军府帐下的近卫。

章大宝，陈开国名将章昭达长子。陈宣帝太建三年（571），章昭达死后，章大宝袭承其爵位，"累官至散骑常侍、护军，出为丰州刺史"①，帐下近卫陈岘当随侍丰州。陈后主至德三年（585），章大宝因治政贪暴被朝廷撤任，章大宝遂居丰州反朝廷，陈岘"告大宝反，授谯州（治今安徽蒙城县②）刺史。"③陈岘重归安徽，奉职淮北。陈宣帝太建十一年（579），北周兵进淮南，陈兵败而尽失江北之地，谯州也失④，仕陈为谯州刺史两年的陈岘因此失官。开皇九年隋灭陈，而旧陈牧民之官尽以北人更代，陈岘在陈朝灭亡之后"废于家"⑤。

开皇十年（590）末，江南豪族叛乱，反势波及沿江，庐江诸豪杰亦相应举兵。庐江诸豪杰以陈岘为陈朝旧将，共推为谋主，陈"岘欲拒之，（陈）稜谓岘曰：'众乱已作，拒之祸且及己。不如伪从，别为后计。'岘然之。"⑥陈岘陈稜父子"伪从"庐江诸豪杰举事，活动范围当不出庐江郡，然而检查史料，庐江诸豪杰与平叛之隋军未有战事接触。"时柱国李彻军至当涂（今安徽当涂县），岘潜使稜至彻所，请为内应。"陈岘父子所居襄安与当涂仅一江之隔，陈岘潜使陈稜至李彻军"请为内应"，表明襄安陈氏归顺隋廷解决庐江豪杰反事之心甚明，李

---

① 《陈书》卷十一《列传五》。

② 《资治通鉴》卷一七三，"太建十一年十二月"条："周又取谯、北徐州。自是江北之地尽没于周。"胡注："谯州治涡阳，子谯郡山桑县。"山桑县，今安徽蒙城县。

③ 《陈书》卷一一《章昭达附子大宝传》。

④ 《资治通鉴》卷一七三，"太建十一年十二月"条："周又取谯、北徐州。自是江北之地尽没于周。"

⑤ 《隋书》卷六四《陈稜传》。

⑥ 《隋书》卷六四《陈稜传》。

"彻上其事"于朝廷。对南方新服之地多用招抚之策的隋文帝,遂拜陈岘"上大将军、宣州刺史,封谯郡公,邑一千户",予以接纳,并指令李彻军策应陈岘解决庐江叛事。隋制,上大将军居武散官十一等第三级,秩从二品,此赐拜之重,或可见庐江反事之剧或可见襄安陈氏之重。陈岘归隋,是在叛乱与平叛的夹缝中进行的,因其势孤不得不请军平乱,但李"彻军未至"而谋泄,陈岘即"为其党所杀,稜仅以获免",隋文帝以陈岘归隋而延滞庐江反势,拜陈稜开府,陈稜由此"寻领乡兵"①。开府,全称开府仪同三司,列居隋武散官十一等第六级,属于军府中层将领。

### 四、晋王杨广"江都集团"与安徽

晋王杨广刺扬州驻镇江都前后凡十年,这是杨广推行隋文帝"太平之法"治理南方的重要阶段,也是杨广营构"江都集团"以谋夺宫位的重要阶段。最早在江都为杨广策划夺宗之计的是扬州总管司马张衡,尔后寿州总管刺史宇文述策划交结关陇重臣杨素以交通宫闱,而洪州总管郭衍进呈夺储不成则割据淮海的计划。"江都集团"活动范围,涉及江淮间州郡,影响及于开皇政治并及统一后的安徽形势。

张衡,开皇初历任杨广河北行台省刑部、度支二曹郎,尔后河北行台废,拜并州总管府掾。史称:"及王转牧扬州。衡复为掾,王甚亲任之。衡也竭虑尽诚事之,夺宗之计,多衡所建也。以母忧去职,岁余,起授扬州总管司马。"②张衡,杨广营构"江都集团"谋夺宫位的核心人物。《隋书·荣毗传》记曰:"时晋王在扬州,每令人密觇京师消息。遣张衡于路次往往置马坊,以畜牧为辞,实给私人也。州县莫敢违,毗独遏绝其事。"荣毗,时为华州长史。华州东出即关中要隘潼关,出潼关东行可直抵洛阳,洛阳东行过郑州至汴州,汴州东南行经宋州而至于徐州③,此关中通达东南交通线的当时情况。潼关以东而黄淮迄于江淮间州县亦少有不在杨广"江都集团"的控扼之下,故杨广托辞畜

---

① 《隋书》卷六四《陈稜传》。

② 《隋书》卷五六《张衡传》。

③ 白寿彝主编:《中国通史》(第六卷)《隋唐时期(上)》,上海人民出版社 1986 年版,第 764 页。

牧私置马坊而两淮州县莫敢违背。可以推论:开皇中淮河北岸的豫东皖北并及淮河南岸今皖州县,是杨广"江都集团"活动的重要地区,非如此则两淮不能成为其刺取京师情报的便捷孔道。

宇文述,参与平陈、平叛之役,皆在杨广麾下,江南豪族叛乱平定之后,拜安州总管。史称:"时晋王广镇扬州,甚善于述,欲述近己,因奏为寿州刺史总管。"①寿州,江都北向之藩屏。杨广奏请宇文述刺寿州,实为其营构"江都集团"而盘结分藩形势的重要举措。江淮之间,扬、寿二州盘结为势,成则可顺承嗣位,败则破釜沉舟而不得不割据淮海,此即杨广进退之间淮南实为要害而寿州不能不授以心腹所在。

郭衍,开皇"十年,从晋王广出镇扬州",江南平叛战于苏、浙、皖各地,因功授蒋州刺史。"晋王爱暱之……迁洪州总管。王有夺宗之计,托衍心腹,遣宇文述以情告之。衍大喜曰:'若所谋事果,自可为皇太子。如其不谐,亦须据淮海,复梁、陈之旧。副君酒客,其如我何?'"②成则夺宫居储,而败则割据淮海。所谓淮海,今淮河以南至于海,苏、皖南部及江西东部地区。按检《隋书·地理志中》淮海范围涉及安徽郡县者泰半之地。

郭衍"副君酒客",以据淮海的实质是分裂。史称:"王因招衍,阴共计议。又恐人疑无故往来,托以衍妻患瘿,王妃萧氏有术能疗之。以状奏高祖,高祖听衍共妻向江都,往来无度。衍又诈称桂州俚反,王乃奏衍行兵讨之。由是大修甲仗,阴养士卒。"③杨广退则"据淮海"进行割据确有其军事准备。其未成历史事实,在于该集团政治谋夺宫位的成功。个中,寿州刺史总管宇文述作用非轻。宇文述进策并受使携金进京,邀结关陇重臣杨素。杨素权衡利害,最终厕身"倒宫",加速了杨广夺宗计划的进程④;最后,在有干政之习且颇具干政之力的独孤

---

① 《隋书》卷六一《宇文述传》,《隋书》卷二《文帝本纪下》记,开皇十一年三月"以幽州总管周摇为寿州总管";开皇十二年四月"以寿州总管周摇为襄州总管"。宇文述为寿州总管应在开皇十二年四月以后。

② 《隋书》卷六一《郭衍传》,《隋书》卷二《文帝本纪下》记,开皇十一年七月"以柱国杜彦为洪州总管。"十三年九月转拜云州总管。郭衍为洪州总管,应在开皇十三年九月后。开皇十二年,杨广"江都集团"核心人物部列淮左、江右的时间。

③ 《隋书》卷六一《郭衍传》。

④ 《隋书》卷四八《杨素传》记:杨广"王卑躬以交素。及为太子,素之谋也"。

皇后的支持下,杨广顺利取得皇太子位。① 是此,"江都集团""据淮海"而直可演为统一王朝南北战争的谋变预案隐入历史的背后。是此,而"淮海惟扬州"的安徽泰半之区可以免于战祸而求稳定之发展。

### 五、隋在南方治理的巩固

开皇九年平陈,证明隋王朝富有统一南北的军事能力。然而南方不旋踵而兴起的大规模叛乱,亦同样以不容置疑的广泛和激烈,证明了隋的统一不能、亦不应裹足于军事统一的战争手段。混一南北后的隋中央集权政府必须在政治、经济、文化等方面力行其巩固统一的措施,实施其政治转移。这就是隋文帝平陈伊始一诏书中申述的"太平之法"。它的作用与意义在于维护隋王朝中央集权政治,并借此巩固南北统一。

杨广在隋平陈后治理南方,推行隋文帝的"太平之法"情况,直接史料甚少。相关研究指出:"虽然隋在南方的行政情况并无大量记载,但南方以后没有发生叛乱和他在江都任期很长的事实,说明隋的治理取得了相当的成就。"②没有发生叛乱及任期很长的事实,说明治理的稳定。稳定就是巩固。稳定,方可逐步解决南北在政治、经济权益乃至思想文化方面的矛盾与冲突。《隋书·刘权传》记:"开皇十二年,拜苏州刺史,赐爵宗城县公。于时江南初平,物情尚扰,权抚以恩信,甚得民和。"刘权治理苏州"抚以恩信"的具体内容不得而知,然"甚得民和",社会稳定是明确的。又《隋书·地理志中》记江淮之间州郡风俗曰:"江都、弋阳、淮南、锺离、蕲春、同安、庐江、历阳,人性并躁劲,风气果决,包藏祸害,视死如归,战而贵诈,此则其旧风也。自平陈之后,其俗颇变,尚淳质,好俭约,丧纪婚姻,率渐于礼。其俗之弊者,稍逾于古焉。"地区民俗,成于自然条件而迁演变化于社会历史。隋平陈而江淮间民俗颇变——躁劲果决转而淳质渐礼——应是江淮间社会承平政治稳定的作用。隋在南方治理的成就,巩固了隋的统一,亦为隋江

① 王光照:《隋文帝之死述论》,载《中国史研究》1993 年第 2 期。
② 《剑桥中国隋唐史·隋史》,第 11 页。

淮、江南新置安徽诸州郡的稳定发展提供了良好的历史条件。

## 第二节　隋代大运河之安徽部分

　　隋朝的政治中心在北方,北方经济传统优势虽在,但两京消费和三北边防军所需的物资甚多,需要南部江淮地区的供应。因此,开凿沟通南北的运河,解决中国天然河道多为东西走向的水运局限,成为当时社会经济发展的需要。经过开皇、仁寿年间的积累,隋朝的社会经济有了较大的发展,这就为大业世开通南北大运河提供了必要的物质条件。

　　隋代大运河以东都洛阳为中心,工程先后分四个阶段进行,分为南北两个系统。所谓南运河是洛阳东南方向通达余杭(今浙江杭州市)的通济渠、邗沟、江南河;所谓北运河乃通济渠渠首板渚对岸沁水入黄处东北方向通达涿郡蓟城(今北京市西南)的永济渠运河。隋代大运河涉及安徽的部分,主要是沟通黄淮的通济渠。

### 一、西北精兵　东南财赋

　　公元6世纪中叶以下,中国版图大致呈现西北精兵东南财赋的变化趋势。建都长安并以洛阳为其陪都的隋王朝,面对西北、北、东北三边少数部族强大的军事势力,为维护关中根本并及相机拓边的需要,军事重心始终置放在其国土的西北上。西北,是隋王朝强本弱支的军事重心,也是隋王朝防边拓边的军事重心,西北精兵大致为隋王朝军事地图的根本特征。因此精兵置于西北而有战略物资的需求,并因及西北两京而有大批官僚及商贾游食的消费需求,6世纪中叶以下逐步发展起来的东南财赋开始进入王朝的视野。

　　公元7世纪初,以河、洛交汇处的洛阳为轴心的大业世运河体系,为隋王朝西北精兵东南财赋的结合提供了载体。巨大的公共工程——通济渠、邗沟、永济渠、江南河——将南起余杭,北至涿郡的长

江文明与黄河文明连接为一体。然则,巨大的工程亦带来巨大的劳役,难免带来后人褒贬不一的批评。但是,"自是天下利于转输"①,则是一个基本事实。

南北大运河,不仅使隋王朝能够以南方的粮食和物资来供给庞大的京师消费,并给三北缘边的军事重心提供战略物资。同时,也使隋王朝能够借此巩固南北政治统一,推进南北文化交流以及南北经济与运河带经济及其城镇的发展。

### 二、通济渠、山阳渎、江南河的开凿

通济渠、山阳渎(即邗沟)并及江南河三段运河的开凿并首尾相接之后,大业世南运河系统即告竣工。南运河竣工,使隋王朝中原地区与东南江淮、太湖地区紧密连接起来,其中沟通黄淮以达于淮海的通济渠最长,影响安徽发展亦最紧。

隋代通济渠长一千三百余里②,大分曰西、东两段:西段自洛阳西,引谷、洛水横贯洛阳城而东行循东汉阳渠故道入河;东段自荥阳西北,引河水东南行,循古汴水河道经豫中、豫东、皖北会于泗水入淮。史记开皇十八年,隋文帝曾经因为当时河南、山东频年霖雨,杞、宋、陈、亳、戴、谯、颍诸州困于水灾而"遣使,将水工,巡行川源,相视高下,发随近丁以疏导之"③。此次疏导,当"包括古鸿沟诸水,特别是古汴水下游的蕲水、获水及睢水等"④。亦为大业世开凿通济渠的基础。

大业世通济渠:自洛阳西苑引谷、洛二水达于黄河,复自板渚(今河南荥阳市西北)引黄河水历荥泽(今河南郑州市西北)入汴水,经大梁(今河南开封市)西南,历经陈留(河南开封市西南陈留镇)、雍丘(今河南杞县)、襄邑(今河南睢县)、宁陵(今河南宁陵县东南)、宋城(今河南商丘市南)、谷熟(今河南商丘市东南)、永城(今河南永城

---

① 《册府元龟》卷四九八《邦计部·漕运》。

② 《全唐诗》卷四二七,白居易《隋堤柳》:"大业年中炀天子,种柳成行夹流水。西自黄河东至淮,绿荫一千三百里。"

③ 《隋书》卷二四《食货志》。

④ 朱玉龙:《汴河的开通及其对安徽淮北地区对影响》,载《安徽重要历史事件丛书·经济史踪》,安徽人民出版社 1999 年版,第 59 页。

市）；尔后出豫东入于皖北，历经濉溪、临涣（今安徽宿州市南）、灵璧、夏丘（今安徽泗县东）；此下复出皖北东南行而至苏北盱眙（今江苏盱眙东北）入淮。

通济渠，沟通黄淮，渠道深广，渠旁筑路置驿，水陆兼行，目的是漕运江淮。《通典·州郡典七·陈留郡》：城西"有通济渠，隋炀帝开引黄河水，以通江淮漕运"。

隋代开凿山阳渎，始于隋文帝开皇七年（587）。自今扬州市西南十余里处扬子津而北向过城，由蜀冈下邗沟古道，东行至湾头向北，过江都东而高邮、宝应西，履经一段射阳湖，西北行至山阳县末口入淮。大体循春秋吴国所开邗沟之故道，目的在于平陈。至大业元年（605）三月，隋炀帝"又发淮南民十余万开邗沟，自山阳至杨子入江"。大业世复开山阳渎，约略为开皇年间所开而深广之，全程长三百余里，而"渠广四十步（合今约 59 米[1]），渠旁皆筑御道，树以柳"[2]。

大业六年（610）冬十二月，隋炀帝在江都，又"敕穿江南河"。江南河，沟通长江、钱塘江及太湖诸水系之运河。大业世江南河：北自京口，东南行经曲阿、晋陵，过无锡、吴县，绕太湖之东，行至今浙江嘉兴市折向西南，经上塘河直达余杭。全程八百余里，"广十余丈，使可通龙舟，并置驿宫、草顿"。史称隋炀帝"欲巡会稽"[3]而开凿江南河。考见《隋书·炀帝本纪上》大业七年（611）二月条记："乙亥，上自江都御龙舟入通济渠，遂幸于涿郡。"是江南河或在开凿之中，隋炀帝即北上涿郡，未曾南巡会稽。大业世江南河开凿并连接山阳渎、通济渠，既为江、浙造就其水路漕运干线，同时，也增强了江南与江淮、黄淮之间的联系。

### 三、漕运、商旅与城镇

隋代大运河的开凿，使古代中国西东流向的黄河、淮河、长江等主要大河连为一体，这有利于王朝的漕运亦有利于民间的商旅。其中沟

---

① 隋"步"折算，参引胡戟《隋炀帝新传》，上海人民出版社 1995 年版，第 91 页。
② 《资治通鉴》卷一八〇，"大业元年"条。
③ 《资治通鉴》卷一八一，"大业六年"条。

通黄淮的通济渠,作用甚为重要。杜佑《通典》卷一七七《州郡典七》河阴县条曰:"通济渠,西通河洛,南达江淮。炀帝巡幸,每泛舟而往江都焉。其交、广、荆、益、扬、越等州,运漕商旅,往来不绝。"相关研究概括指出:"这就是说自通济渠修凿成功后,扬州遂成为当时全国重要水路交通的中心,长江及其以南各地的商旅和运漕都是集中到扬州,再向西北运到长安和洛阳"①;"也就是说江南诸州的商队,皆会集长江、运河交通的枢纽扬州,西去两京"②。通济渠在沟通政治军事中心的京都和经济中心的江淮起着重要的作用,它在维系隋王朝的统一和获取江南物资以及促进运河沿岸社会经济的发展中起着巨大的积极作用,是巩固和发展隋王朝的生命线。③

20 世纪 90 年代末,隋唐大运河遗址首次考古发掘在安徽淮北市濉溪县境内展开。濉溪县百善镇柳孜大运河("流经柳孜的大运河故道是隋代开凿的通济渠")考古发现一处"石构建筑","其时代应为唐末至北宋时期所建造,经有关专家初步鉴定,此石构建筑是大运河岸边的一座货运码头或桥墩","当地群众称其为'码头'","经考察初步认定是一座古代货运码头";发现(仅在柳孜大运河遗址九百余平方米范围内)沉船八艘,"沉船的年代为唐代";发现(依据地层关系和器物的型式变化,可分为三期六段;一期一段"器物都具有典型的隋代器物特征")包括全国二十余座窑口年代及于唐宋的大量陶瓷器。石砌"货运码头","沉船分布比较密集",陶瓷器"数量之多,窑口之众"等,可以表明,当年的柳孜镇,人口众多,客流如云,既是漕运中转码头,又是较大的商品集散地。④ 通济渠维系着黄淮、江淮海乃至长江以南的漕运⑤与商旅,势必带来运河流域经济的发展并及运河南北岸城镇的

① 史念海:《隋唐时期的交通与都会》,载《唐史论丛》第六辑,陕西人民出版社 1995 年版,第 23 页。

② 刘希为:《隋唐交通的特点及其历史地位》,载《中国唐史学会论文集(1991)》,三秦出版社 1991 年版,第 218 页。

③ 参见潘镛《隋唐时期的运河和漕运》,三秦出版社 1987 年版。

④ 参见安徽省文物考古研究所,安徽省淮北市博物馆编著《淮北柳孜运河遗址发掘报告》,科学出版社 2002 年版。

⑤ 濉溪县四铺店子,"据考通济渠挖通以后,这里发展成为一座运粮城,又称运子城或运城"。载《中国唐史学会会刊(1985)》第 4 期《唐宋运河考察记》,第 116 页。

发展。"唐宋时期,安徽淮北四县的一些主要城镇几乎全部集中在沿汴河一线,其中比较有名的如柳孜、白榉(引注:当为百善)、临涣、蕲县、蕲泽、笫城、甬桥、灵璧、虹、静安等。推寻其兴衰沿革的历史,多与汴河有关"①。

### 四、隋炀帝三下江都

大业六年(610)四月,隋炀帝敕"制江都太守秩同京尹"②。江都,是隋炀帝重要的离宫,或居陪都的地位③。隋炀帝自公元604年即位,迄于公元617年死于禁兵发难,以皇帝的身份三次巡幸江都。隋炀帝三巡江都,都是沿循通济渠、山阳渎水道完成的。

隋炀帝巡幸江都,规模大,羽仪盛而力役物资征调巨大。史称:隋炀帝巡幸江都船队"舳舻相接二百余里,照耀川陆,骑兵翊两岸而行,旌旗蔽野"④。其巡幸船队航行运河,则"募诸水工,谓之殿脚,衣锦行滕,执青丝缆挽船"⑤,而"挽船士八万余人,其挽漾彩以上者九千余人,谓之殿脚,皆以锦彩为袍"⑥,如此动辄千万的力役并及物资钱帛征调,江淮间尤其是运河沿岸安徽州县的民众当在所难免。隋炀帝巡幸江都之举,在造就中古时代中国封建王朝皇家仪仗文化的顶峰形式的同时⑦,也给江淮间安徽州县的人民带去了沉重的负担。

---

① 朱玉龙:《汴河的开通及其对安徽淮北地区对影响》,载《安徽重要历史事件丛书·经济史踪》,安徽人民出版社1999年版,第65—66页。

② 《隋书》卷三《炀帝本纪上》。《隋书·百官志下》记:大业"罢州置郡,郡置太守。上郡从三品,中郡正四品,下郡从四品。京兆、河南则俱为尹,并正三品"。

③ [英]崔瑞德主编,[美]芮沃寿著:《剑桥中国隋唐史·隋史》:"炀帝的特点是一贯好动。他有三个都城:西部的国都大兴城,华北平原南部的洛阳和他所喜爱的、并在任了九年(引注:应为十年)总管的江都。"中国社会科学出版社1990年版,第120页。又,《全唐诗》卷五三五许浑《送沈卓少府任江都》:"炀帝都城春水边,笙歌夜上木兰船。"

④ 《资治通鉴》卷一八○,"大业元年"条。

⑤ 《隋书》卷二四《食货志》。

⑥ 《资治通鉴》卷一八○,"大业元年"条。

⑦ 《资治通鉴》卷一八一,"大业二年"条记:大业二年四月,隋炀帝自江都回洛阳,陈法驾,备千乘万骑入,称:"文物之盛,近世莫及也。"

### 五、离宫　州县供顿　江淮骁果

离宫,亦称行宫。隋炀帝大业世"行宫所在,皆立总监以司之。上宫正五品,中宫从五品,下宫正七品"①。自大业元年开凿运河,隋"自长安至江都,置离宫四十余所"②。

隋炀帝巡幸江都,"所经州县,并令供顿,献食丰办者,加官爵,阙乏者,谴至死。"③"所过州县,五百里内皆令献食,多者一州至百舆,极水陆珍奇;后宫厌饫,将发之际,多弃埋之。"④《隋书·赵芬附少子元楷传》记:"元楷,大业中为历阳郡丞,与庐江郡徐仲宗,皆竭百姓之产,以贡于帝。仲宗迁南郡丞,元楷超拜江都郡丞,兼领江都宫使。"隋炀帝巡幸,沿途州县供顿献食,丰办则加官超拜,阙乏则严遣至死,其演为稗政则江淮间安徽民众亦裹挟其间而不堪其滋扰。

骁果,隋炀帝第三次巡幸江都的主要禁卫部队。《隋书·炀帝本纪下》大业九年春正月条下记:"征天下兵,募民为骁果。"《隋书·沈光传》记:"大业中,炀帝征天下骁果之士以伐辽左,光预焉。"大业十一年(615)八月,隋炀帝北巡被突厥围于雁门。《隋书·食货志》记:"突厥寻散,遽还洛阳,募益骁果,以充旧数。"《隋书·司马德戡传》记:隋炀帝第三次巡幸江都,司马德戡"从至江都,领左右备身骁果万人,营于城内"。

大业世招募骁果兵,始于征辽用兵而"雁门之围"以后逐渐发展成为一支禁卫亲军。相关研究综合指出:"大业八年募民为骁果,以折冲郎将、果毅郎将领之,分置左右雄武府,以雄武郎将、武勇郎将为府的正副长官,而上属于左右备身府,其组织系统与军将名位与鹰扬府相同,这样,骁果成为皇帝的亲兵。如果说大业八年前着重扩充十二卫,那么大业八年后是扩充左右备身府,骁果虽不完全用以宿卫,然而

---

①　《隋书》卷二八《百官志下》。

②　《资治通鉴》卷一八〇,"大业元年"条。

③　《隋书》卷二四《食货志》。

④　《资治通鉴》卷一八〇,"大业元年"条。《隋书·炀帝本纪下》概记炀帝出巡曰:"每之一所,辄数道置顿,四海珍馐殊味,水陆必备焉,求市者无远不至。郡县官人,竞为献食,丰厚者进擢,疏俭者获罪。姦吏侵渔,内外虚竭头回箕敛,人不聊生。"

炀帝巡幸江都,骁果在扈从军占极重要的地位(原注:大业元年隋炀帝巡游江都,十二卫兵乘船数千艘;大业十二年炀帝再至江都,便多以骁果从驾,人数在一万以上。参见《资治通鉴》卷一八〇,'大业元年'条、卷一八五,'武德元年'条),宇文化及便是以骁果发动政变的,主谋司马德戡领左右备身骁果,裴虔通系监门直阁,当时骁果万人营于城内,卫士寡弱,皇帝最亲信的左右备身府、左右监门乃在政变中扮演了主要角色。"[1]

隋炀帝第三次巡幸江都,史称:"留淮左,不敢还都。"[2]至隋恭帝义宁二年即唐高祖武德元年(618)三月,隋炀帝播迁于外已过二十个月,并诏"命治丹阳宫,将徙都"[3]。因此"南巡流连"[4]而"从驾骁果多关中人,久客羁旅,见帝无西意,谋欲叛归。"[5]江都骁果谋变,最初的目的是溃变而西归关中,至宇文智及提出"因行大事"[6]并谋结其兄宇文化及之后,江都骁果兵变转化为谋夺政权的政变[7]。3月10日,骁果兵变,一夜之内颠覆杨氏政权,炀帝被囚于成象殿西阁,令狐行达缢杀之。

江都骁果兵变之后十余日,《资治通鉴》卷一八五《高祖武德元年(618)》记曰:"夺江都人舟楫,取彭城水路西归。以折冲郎将沈光骁勇,使将给使营于禁内。行至显福宫,虎贲郎将麦孟才、虎牙郎将钱杰与光谋曰:'吾侪受先帝厚恩,今俯首事雠,受其驱帅,何面目视息世间哉!吾必欲杀之,死无所恨!'光泣曰:'是所望于将军也。'孟才乃纠合恩旧,帅所将数千人,期以晨起将发时袭化及。语泄,化及夜与腹心走出营外,留人告司马德戡等,使讨之。光闻营内喧,知事觉,即袭化及营,空无所获,值内史侍郎元敏,数而斩之。德戡引兵入围之,杀光,其麾下数百人皆斩死,一无降者,孟才亦死。孟才,铁杖之子也。"

① 谷霁光:《府兵制度考释》,上海人民出版社1962年版,第118—119页。
② 《隋书》卷八五《宇文化及传》。
③ 《资治通鉴》卷一八五,"武德元年"条。
④ 《新唐书》卷八四《李密传》。
⑤ 《隋书》卷八五《宇文化及传》。
⑥ 《资治通鉴》卷一八五,"武德元年"条。
⑦ 王光照:《隋末"江都事变"》,载《江海学刊》1988年第3期。

麦孟才,字智稜,清流壮士麦铁杖之子。《隋书·沈光传》记:"孟才为将军,领江淮之众数千人,期以营将发时,晨起袭化及。"麦孟才所领"江淮之众数千人",当为江淮间征募的骁果亲兵。《资治通鉴》卷一八五,"武德元年"条记宇文化及与李密战于黎阳:"其将陈智略帅岭南骁果万余人,樊文超帅江淮排,张童儿帅江东骁果数千人,皆降于密。文超,子盖之子也。"子盖,即樊子盖,庐江人。是则可明,宇文化及西归骁果之中有岭南骁果,有江东骁果,亦有以短矛称名的江淮骁果。江淮骁果,或为始募骁果时所募征,或为"雁门之围"后补充骁果时所募征,或为隋炀帝三下江都时所募征。

## 第三节　隋代远征高丽与安徽的战争动员

高丽,隋王朝东北部最重要的陆上邻国,其东向联合东突厥,北向援引靺鞨、契丹"侵轶辽西"的政治军事行为①,已构成隋王朝东北边疆的潜在威胁。因此,隋文帝开皇十八年(598)曾经远征高丽。这次远征,征调"江南诸州,人间有船长三丈者,悉括入官"②。而隋将周罗睺亦自东莱率水师泛海出击平壤。此后在地形、气候、馈运、疾疫等因素影响下,隋王朝被迫撤军,高丽问题并没有解决。隋炀帝继位后,且扩大了隋文帝对高丽的战争政策——从大业八年(612)到大业十年(614)三次御驾亲征。大业世对高丽战争,关涉劳役、兵役、军事运输、远征水师、军需军备等人力和物力资源的动员征调是全国性的,牵涉淮北、江淮、沿江及江南,安徽所在州郡并及安徽所在之隋臣、隋将亦在所难免。

---

① 关于高丽连引靺鞨、契丹,《隋书》卷四《炀帝本纪下》曰:"征高丽诏":"乃兼契丹之党,虔刘海戍,习靺鞨之服,侵轶辽西。"

② 《隋书》卷二《文帝本纪下》。

## 一、三征高丽

大业七年（611）二月，隋炀帝下"幸涿郡诏"，公开其讨伐高丽的意图，总征天下兵，会于涿郡。大业八年元月，远征军于涿郡集结完毕。隋炀帝下"征高丽诏"，决意亲征。隋炀帝第一次亲征高丽，分左右十二军，总军兵一百一十三万三千八百，号称二百万，物资馈运者倍之，史称"近古出师之盛，未之有也"①。三月，隋炀帝渡辽水，进围辽东城，久攻不下。陆路进攻陷于胶着状态。水路舟师，总精甲四万浮海而进，自浿水（今朝鲜大同江）进入半岛，去平壤六十里处，遭遇高丽军而破之，遂直扑平壤。然水路平壤城下之战，隋军骄纵失律，中伏罗廓城，四万精甲，生还者不过数千人。此时，隋自泸河、怀远二镇出兵的陆路九军三十余万众，已会兵鸭绿江西，但粮食将尽，领将或战或退意见不一，高丽诱使隋军深入，叠使诈计。七月，隋军至于萨水（今朝鲜清川江），高丽军乘其半渡而举兵总攻，隋军溃不可止。隋炀帝被迫在"九军并陷"②而"死者数十万"③远征严重失利的情况下，宣布撤兵。

大业九年（613）元月，隋炀帝诏征天下兵。三月，再次亲征。二征高丽，水陆并进：陆路有宇文述、杨义臣部直趋平壤；水路有来护儿部泛海趋平壤；此外，王仁恭部别道攻新城（今辽宁抚顺北），以一千精骑击破数万高丽兵，迫使高丽婴城自守。隋师度辽，围攻辽东城，攻守战法迭变，主客死者甚重，辽东城二十余日不下。隋炀帝"遣造布囊百余万口，满贮土，欲积为鱼梁大道，阔三十步，高与城齐，使战士登而攻之，又作八轮楼车，高出于城，夹鱼梁道，欲俯射城中，指期将攻，城内危蹙"④。就在此时，杨玄感反于黎阳，斛斯政叛投高丽于辽东——打乱了隋炀帝攻取辽东的计划。隋炀帝决定回师剿叛。六月，辽东隋军秘密撤退。隋炀帝二征高丽，无功而返。

---

① 《隋书》卷四《炀帝本纪下》。
② 《隋书》卷四《炀帝本纪下》。
③ 《隋书》卷二四《食货志》。
④ 《资治通鉴》卷一八二，"大业九年"条。

大业十年(614)二月,隋炀帝三驾辽左。三月,到达涿郡。四月,到达北平(今河北卢龙)。七月,到达怀远镇(今辽宁辽中县)。其水路之师来护儿部自海道至卑沙城(今辽宁金州区),高丽倾兵迎战,来护儿破之,将兵进平壤。高元困于久战,遂遣使请降并囚送隋叛臣斛斯政。八月,隋炀帝自怀远镇班师,结束了第三次远征。

### 二、淮南兵　江淮水师

隋炀帝远征高丽的战争动员是全国性的。其中,淮南兵并及水师与弩手,是一个重要组成部分。大业七年,隋炀帝总征天下兵,于时"江淮以南水手一万人,弩手三万人"[1]即在征发之列。此次征发所组建部队应有第一次远征左右二十四军之外沧海道迳造平壤之水军,亦即来护儿所领水师的主要成分。大业八年(612)元月隋炀帝"征高丽诏":左右二十四军之外,"又沧海道军舟舻千里,高帆电逝,巨舰云飞,横断浿江,迳造平壤"[2]。《隋书·食货志》记:大业七年冬,远征各军受命集结涿郡,则"分江淮南兵,配骁卫大将军来护儿,别以舟师济沧海,舳舻数百里。并载军粮,期与大军会平壤"。

在隋炀帝之征高丽的战争中,江淮水师是支重要力量。

《隋书·来护儿传》记,"辽东之役,护儿率楼船,指沧海","帅江淮水军,舳舻数百里,浮海先进,入自浿水"而进入半岛。来护儿登陆半岛,首战小胜,继而挥兵平壤破其郛郭,遂纵军大掠而中伏,史称:精甲四万,"还者不过数千人。"[3]来护儿不得不退屯海埔,以待期会。及至陆路九军"萨水之败",隋炀帝撤兵辽东,来护儿水师亦撤离海埔。但江淮水师与第一次远征军一样,损失是惨重的。隋炀帝大业九年第二次远征高丽,来护儿受命复出沧海道,集结东莱,战略任务依然是"自东莱将入海趣平壤"[4]。但军次东莱未发,黎阳爆发了杨玄感的叛乱。杨玄感诡称来护儿延误军期而反,借讨来护儿之名,移书傍郡,令

---

①　《资治通鉴》卷一八一,"大业七年"条。

②　《隋书》卷四《炀帝本纪下》。

③　《资治通鉴》卷一八一,"大业八年"条。

④　《资治通鉴》卷一八二,"大业九年"条。

发兵会集黎阳仓所,袭击东都。来护儿以待发之师,西击叛军。此后,配合回师平叛的宇文述等破败杨玄感。大业九年(613),隋炀帝征天下兵以进行第二次远征,江淮南兵当在征发之列。《隋书·刘元进传》记余杭刘元进响应杨玄感反隋而号召民众曰:"去年吾辈父兄从帝征者,当全盛之时,犹死亡太半;今天下已罢敝,是行也,吾属其无遗类矣。"综上,隋炀帝第二次征调江淮南兵,应有东莱水师再次组建的部分。大业十年,隋炀帝第三次远征高丽,来护儿三率水师自登州、莱州海道进击平壤,最终成为远征的主战部队。《隋书·来护儿传》记:"十年,又帅师度海,至卑奢城(引注:即卑沙城),高丽举国来战,护儿大破之,斩首千余级。将趣平壤,高元震惧,遣使执叛臣斛斯政,诣辽东城下,上表请降。帝许之,遣人持节诏护儿旋师。"来护儿集合所领将士,欲抗旨进兵,"径围平壤",后以众将惧诏请还,"方始奉诏"撤兵。大业九年隋炀帝平定杨玄感叛乱后,"益遣募人征辽"[1],襄安陈棱亦"寻奉诏于江南营战舰"[2]。可见,大业十年(614)"诏复征天下兵"[3]的扩军三征,江淮南兵亦在征发之列,所征发而归于远征军建置者亦当主在水师之军。

隋炀帝三次远征高丽,兵役征调范围江淮、江南,有水手亦有弩手,亦有"丹阳、宣城篙梢三千余人"[4]。是则,江淮、江南的兵役征调,亦当以组建远征军的水师为主。其淮南兵,泛指淮河以南江淮之间兵。远征兵役征调及于淮南、江南,所征兵种,当以组建江淮水师为主。此与六朝以下江淮、江南的内河、海上航运及其造船业的发达是密切关联的。至于隋朝大事,开皇十八年(598)有诏禁私造搜括江南船只事:"其江南诸州,人间有船长三丈已上,悉括入官。"[5]大业元年(605)有"遣黄门侍郎王弘等往江南造龙舟及杂船数万艘"[6]事。大业

---

① 《隋书》卷二四《食货志》。
② 《隋书》卷六四《陈棱传》。
③ 《资治通鉴》卷一八二,"大业十年"条。
④ 《资治通鉴》卷一八二,"大业九年"条记:杨玄感叛于黎阳,"选运夫少壮者得五千余人,丹阳、宣城篙梢三千余人"。
⑤ 《隋书》卷二《文帝本纪下》。
⑥ 《资治通鉴》卷一八〇,"大业元年"条。

六年(610),隋炀帝有遣派襄安陈棱、同安张镇周征发东阳(治今浙江金华县)兵万余泛海击流求事,其海上水师、舰队船只及其领军将帅,亦不出江淮江南的范围。江淮江南向有内河、海上航运,以此不乏海上、内河水军。海上水军:《隋书·杨素传》记杨素平江南豪族叛乱,"浙江贼帅高智慧自号东扬州刺史,船舰千余艘,屯聚要害,兵甚劲。素击之,自旦至申,苦战而破。智慧逃入海,素蹑之,从余姚泛海趣永嘉。"内河水军:《隋书·张斶传》记张斶平江南豪族之乱,"率水军破逆贼筚子游于京口,薛子建于和州。"六朝以下迄隋,江淮江南的河海航运与水军及其船舶制造业,具备了组建水战之师的地域条件。隋炀帝三次远征高丽,兵役征调及于淮南江南,亦当以组建江淮水师为主。这是隋王朝亦是中古时代一支规模庞大,装备先进,战士精强的舰队,史称"舳舻数百里"、"高帆电逝,巨舰云飞"、"精甲四万"。

### 三、劳役与物资征调

隋炀帝第一次远征高丽的军队,"总一百一十三万三千八百,号二百万,其馈运者倍之"[1],可见,后勤支持几倍于战斗之士,是隋炀帝远征高丽战争的一个基本情况。隋炀帝三征高丽战争,劳师袭远,规模大、行程远、时间久,战争后勤动员势必耗费巨大。关于大业世远征高丽战争后勤支持的具体数字,史籍并无详载,但是,遍及全国的战争劳役及其军马、兵车、战舰、运船、粮秣、铠甲、帐幕、兵具、器仗、攻取之具等战争物资征调的规模之大是可以明确的。史称:大业世"中年已后,军国多务,用度不足,于是急令暴赋,责成守宰,百姓不聊生矣"[2],足以概见当时军调力役苛急而严重。其中,黄河南北、江淮之间、长江以南州郡是其征调的重要组成部分。史称:"所在皆以征敛供帐军旅所资为务,百姓虽困,而弗之恤也。每急徭卒赋,有所征求,长吏必先贱卖之,然后宣下,乃贵卖于人,旦暮之间,价盈数倍,衰刻征敛,取办一时。"[3]

① 《隋书》卷四《炀帝本纪下》。
② 《隋书》卷二二《五行志上》。
③ 《隋书》卷二四《食货志》。

兵马未动,粮草先行,乃古今战争不二法则。《隋书·食货志》记:大业"六年,将征高丽,有司奏兵马已多损耗。诏又课天下富人,量其赀产,出钱市武马,填元数。限令取足。复点兵具器仗,皆令精新,滥恶则使人便斩"。此战前军马的战争特税及战前武库兵具器仗的全面修葺,安徽州郡当不外其列。大业七年(611),隋炀帝诏讨高丽,元弘嗣受命于东莱海口监造船只,征调及于"诸州役丁"①,其两淮近于东莱各州县当在其中。东莱海口造船,揭开大业世高丽战争军事征调的序幕,所造船300艘,或为远征水师战舰或为远征运兵运粮运械之船只。五月,隋炀帝复"敕河南、淮南、江南造戎车五万乘送高阳,供载衣甲帐幕",同时,征发黄河南北州郡民夫以供军需。七月,复"发江、淮以南民夫及船运黎阳及洛口仓米至涿郡,舳舻千余里,载兵甲及攻取之具,往还在道者常数十万人"②。隋炀帝远征高丽战争的劳役与军需物资征调,规模浩大,遍及全国。黄河以南、江淮之间,长江以南的安徽诸州郡,是其征调近于竭泽的一个重征重调之区。《隋书·杨玄感传》载杨玄感与隋东都留守樊子盖书曰:"加以转输不息,徭役无期,士卒填沟壑,骸骨蔽原野。黄河之北,则千里无烟,江淮之间,则鞠为茂草。"

### 四、庐江名臣樊子盖"衣锦还乡"及其典守东都

樊子盖,庐江(治今安徽合肥市)人。开皇、大业世外职多历州郡刺史总管,内职则历仕银青光禄大夫、金紫光禄大夫、右光禄大夫、左光禄大夫,史臣称其"雅有干局……勤亦懋哉!"故大业三、五、六年屡次受诏褒美。

大业六年(610)三月,隋炀帝二巡江都,诏命时任武威(治姑臧,今甘肃武威县)太守的樊子盖前往江都。樊子盖奉诏"朝于江都宫,帝谓之曰:'富贵不还故乡,真衣绣夜行耳。'敕庐江郡设三千人会,赐米麦六千石,使谒坟墓,宴故老"③。隋炀帝褒奖樊子盖,究其实质,乃

---

① 《隋书》卷七四《元弘嗣传》。
② 《资治通鉴》卷一八一,"大业七年"条。
③ 《隋书》卷六三《樊子盖传》。

二巡江都战争动员的重要方式。《隋书·炀帝本纪上》记隋炀帝在江都:"夏四月丁未,宴江淮以南父老,颁赐各有差。"《隋书·来护儿传》记:"大业六年,从驾江都,赐物千段,令上先人冢,宴父老,州里荣之。"隋炀帝如此铺排,以褒奖江淮之间诸将目的是为了军事动员与军将征调。其激劝在于富贵功名,用心显然效果亦显然,如此后客籍淮左的麦铁杖在从征将渡辽时,即遗言其诸子曰:"阿奴当备浅色黄衫。吾负国恩,今是死日。我既被杀,尔当富贵"①,其最终从容决死于辽东城下。

樊子盖在第一次远征中"征摄左武卫将军",出左十二军长岑道,"后以宿卫不行",至远征军败还,樊子盖出任涿郡留守。第二次远征,樊子盖以民部尚书辅隋炀帝嫡孙越王侗留守东都。隋炀帝两次御驾亲征,樊子盖迭任重镇京师留守。留守在隋非职事官,但方面托付之重逾于常任。隋氏子孙曰:"天下者,高祖之天下,东都者,世祖之东都。"②东都留守,任寄根本望重天下。隋炀帝对樊子盖说:"朕以越王留守东都,示以皇枝盘石;社稷大事,终以委公。"③樊子盖留守东都,杨玄感黎阳集军且一万,将袭洛阳。数日之后,杨玄感屯兵上春门,众至十余万。东都危蹙,杨侗、樊子盖勒兵为备。然"樊子盖新自外藩入为京官,东都旧官多慢之,至于部分军事,未堪承禀"。樊子盖重典整军,斩恃资不出战者,复欲斩听令小有不恭者,"于是将吏震肃,无敢仰视,令行禁止。玄感尽锐攻城,子盖随方据守,玄感不能克。"④《隋书·樊子盖》本传记:"会来护儿等救至,玄感解去。子盖凡所诛杀者数万人。"

杨玄感叛乱,东都危蹙。樊子盖力战据守,为王朝远征军、关中军及东莱水军等驰援之师解救东都,赢得了时间。以此,隋炀帝特名赐爵樊子盖曰"济公","言其功济天下"。事定之后,隋炀帝使大理卿郑善果、御史大夫裴蕴、刑部侍郎骨仪等推治杨玄感党羽,樊子盖以东都

① 《隋书》卷六四《麦铁杖传》。
② 《隋书》卷五九《炀三子·越王侗传》。
③ 《隋书》卷六三《樊子盖传》。
④ 《资治通鉴》卷一八二,"大业九年"条。

留守身份总其诏狱。① 杨玄感叛党中坚,多是隋达官贵族子弟,所谓腹心生变,隋炀帝亦欲尽诛之以为后惩。史称"必秉承进止,然后决断"的裴蕴典狱,"由是乃峻法治之,所戮者数万人,皆籍没其家。"②此即《隋书·樊子盖》本传所记"子盖凡所诛杀者数万人"之事。一狱而极刑至于数万,可谓严酷时期严酷典刑。史称:大业末年之刑律,反其初宽简转趋于沉深严峻,"更立严刑,敕天下窃盗已上,罪无轻重,不待闻奏,皆斩……及杨玄感反,帝诛之,罪及九族。其尤重者,行輠裂枭首之刑。或磔而射之,命公卿以下,脔噉其肉。"③可见,大业九年杨玄感党狱之严峻,其实乃隋末世乱而隋末刑律严峻之一斑。

隋炀帝发动高丽战争,樊子盖厕身其间,先则为一道领军,后则以宿卫留中,进而留守涿郡留守东都,则委托渐重信任渐重。樊子盖东都力战苦守,总诏狱而"严酷少恩",所谓"果毅杀戮"集于一身,本质映现的只是隋末历史衰变的内容。大业世高丽战争,首征不克而二征三征,国家疲敝百姓疲敝,已经演为大业盛世逆转而趋于末世的关节。因此形势,复至隋炀帝受突厥始必可汗"雁门之围"仍然不放下远征高丽之意时,樊子盖进谏:"愿暂停辽东之役,以慰众望。"④但这济困天下的良言,不可能挽救隋王朝必然覆灭的命运。

**五、襄安名将陈稜留守东莱**

陈稜,庐江襄安人,随父陈岘入隋,开皇时以父功拜开府,列居隋武散官十一等第六级,但居里领乡兵,无甚重用。隋炀帝即位之后,实授骠骑将军,为统领府兵领将。大业三年(607),隋炀帝易置十二卫领将名号,陈稜转武贲郎将,典守宿卫。

①　《隋书》卷五九《炀三子·越王侗传》记:"及玄感平,(樊子盖)朝于高阳,拜高阳太守。俄以本官复留守东都。"

②　《隋书》卷六七《裴蕴传》记:"蕴善候伺人主微意,若欲罪者,则曲法顺情,锻成其罪。……是后大小之狱皆以付蕴……杨玄感之反也,帝遣蕴推其党与,谓蕴曰:'玄感一呼而从者十万,益知天下人不欲多,多即相聚为盗耳。不尽加诛,则后无以劝。'蕴由是乃峻法治之,所戮者数万人,皆籍没其家。"

③　《隋书》卷二五《刑法志》。

④　《隋书》卷六三《樊子盖传》。

陈稜以"击流求国（今台湾）"①称名隋史，事在大业五年末至六年初。史称："初，稜将南方诸国人从军，有昆仑人，颇解其语，遣人慰谕之，流求不从，拒逆官军，稜击走之，进至其都，频战皆败，焚其宫室，虏其男女数千人，载军实而还。"②是则，陈稜"击流求国"，亦例行中原王朝对边海疆各族的政治文化作为——"慰谕"。陈稜赴流求是以封建中央政府名义莅临台湾，对于开启唐宋两代及此后大陆与台湾关系发展之作用不可忽视；隋炀帝大一统政治文化结构对东南海疆的具体实现尤具作用。因此，隋炀帝"大悦，进稜位右光禄大夫，武贲如故"③，同行者同安张镇周亦进位金紫光禄大夫。

大业八年，隋炀帝第一次远征高丽，陈稜以武贲郎将典宿卫。大业九年，隋炀帝第二次远征高丽，陈稜受命留守东莱。大业世东莱郡治掖县，掖县，濒临莱州湾，隔渤海遥对朝鲜半岛，乃是隋王朝对高丽历次战争的战略基地。至大业七年，高丽战争总动员，先声之发亦是元弘嗣受命东莱海口造船。尔后，大业八、九、十三年三征，《隋书·来护儿传》记，"辽东之役，护儿率楼船，指沧海……明年，又出沧海道，师次东莱……十年，又帅师度海"，凡此均皆说明东莱具备营造战舰运船并及集结水师及其战略物资的军港作用。陈稜由禁卫将领出任东莱留守，任寄所在系于水事，是与陈稜少长于巢湖之滨，而祖父陈硕且为"鱼钓自给"渔民，父陈岘有赴任福建沿海十余年而陈稜当随父在闽并及陈稜有领军泛海击流求等湖海生活及水事海战经验诸事有关④。

大业九年（613），陈稜留守东莱期间，黎阳爆发了杨玄感叛乱，中州黎阳变乱，致使远征军漕运受阻，而王朝根本危殆。至此，胶着于辽东战场的隋炀帝不得不撤兵，同时指令各军剿叛。于此，留守东莱的陈稜受命自山东西驰河南，"率众万余人击平黎阳，斩玄感所署刺史元务本。"①八月，西进关中的杨玄感兵败潼关董杜原，杨玄感叛乱平定，是隋炀帝大业末年最后一次成功的军事行动。陈稜在此次行动中，尽管未以主力介入扑灭杨玄感的最后会战，但"击平黎阳"断其起事之穴，剪灭其"西图关中"之奥援，在整个平叛战局中依然不失其重要位置。杨玄感叛事平定之后，陈稜复奉诏江南营造战舰，并因江淮靖乱之功进爵信安侯。

陈稜在大业世远征高丽的战争中，先则宿卫禁旅，后则留守水师基地，继而率军平叛靖乱而积功晋侯。隋爵：开皇中置为国王、郡王、国公、郡公、县公、公、侯、伯、子、男凡九等。大业初改制，唯留王、公、侯三等。至大业六年二月，隋炀帝复有"谨封爵诏"："茅土妄加，名实相乖……自今已后，唯有功勋乃得赐封"②，"于是旧赐五等爵，非有功者皆除之。"③大业爵制，略其爵秩谨其爵封，实质即在于"唯有功勋乃得赐封"，这在当时"朝野皆以辽东为意"的背景下，赐封在于功勋的核心目的只能是为了远征高丽的战争动员。隋末淮南樊子盖封公而陈稜封侯，本质反映的应是这隋末历史转变的内容。


## 第四节　隋代安徽农民战争与隋末安徽农民起义


隋代安徽农民战争，始于开皇，及于隋末则汇入整个反隋战争的历史大流。隋末反隋战争，涉及社会阶级阶层广泛，发生区域分散而持续时间长久，其肇始于农民反徭役、反兵役的武装抗争，继而则是各种割据与问鼎势力的蜂起而隋鹿失守王朝灭亡。其中，隋末农民大起义，始于山东而迅即燃遍两河、两淮及大江以南，最终遍及王朝全境。有关统计：大业八年（612），山东义军凡十四支，江淮义军凡四支，至于

①　《隋书》卷六四《陈稜传》。
②　《隋书》卷三《炀帝本纪上》。
③　《资治通鉴》卷一八二，"大业六年"条。

河南、关中及河西义军各有一支①,此初起分散,最后形成以翟让、李密为领导的河南瓦岗军,以窦建德为领导的河北起义军,以及以杜伏威、辅公祐为领导的江淮起义军等三大支瓦解隋王朝的主力军。隋末安徽农民起义,遍及淮河南北及江南州县,是隋末农民大起义的重要组成部分。

### 一、隋代农民战争与农民起义

隋朝国祚短促,前后凡三十八年。但在大业五年以前,大体是政治稳定,经济发展的。《隋书·文帝本纪·史臣曰》:"楼船南迈则金陵失险,骠骑北指则单于款塞,《职方》所载,并入疆理,《禹贡》所图,咸受正朔……平徭赋,仓廪实……人物殷阜,朝野欢愉。二十年间,天下无事,区宇之内晏如也。"《隋书·食货志》记曰:"炀帝即位,是时户口益多,府库盈溢,乃除妇人及奴婢部曲之课。"《资治通鉴·炀帝大业五年》曰:"是时天下凡有郡一百九十,县一千二百五十五,户八百九十万有奇。东西九千三百里,南北万四千八百一十五里。隋氏之盛,极于此矣。"统一、稳定、发展是隋王朝大业五年以前的历史基调,但封建社会固有的土地问题及由此而产生的阶级矛盾亦伴行其间。处在封建盛期的隋朝,地主阶级和农民阶级依然是其主要的社会阶级,二者之间关系状态亦主要根据土地实际占有情况,以及封建国家徭役政策的变化而不断演变的。开皇均田,蒙轻减之征而浮客悉自归于编户,平陈后亦推行南方,加之给复十年且能益宽徭赋。由此隋代自耕农扩大,而隋代农民土地问题亦缓和,王朝的统一政治亦稳定,隋代的社会经济亦发展。但均田行于开皇,只是缓和而未能实际解决南北朝以来土地集中于地主阶级手中的问题。开皇均田:一夫受田一百亩,其二十亩为永业,其八十亩为露田,"自诸王已下,至于都督,皆给永业田,各有差。多者至一百顷,少者四十亩。"②但实际上如京辅、三河(河东、河南、河北)等"狭乡"每丁只能有田二十亩,而贵族地主官

---

① 《隋唐五代史》,"隋末农民起义"条,中国大百科全书出版社 1988 年版。
② 《隋书》卷二四《食货志》。

僚如杨素除其按官品占有永业田、职分田外,尚有先后赐田,两次凡一百三十顷。土地集中——这个封建社会的痼疾,未能解决于开皇世的均田,其徭役之重亦进一步加深其阶级矛盾。众所周知,中国封建社会由前期转后期封建剥削之特征在于轻税重役。隋役,虽有开皇十年(590)"输庸停防"之令,但前后西京之建、离宫之构、山陵之营,乃及水利、长城之役并及防边军事转输之征调①,亦堪称频举而役重。役重劳民,民敝不安生,则阶级矛盾加剧势必生发阶级斗争。

轻税重役,隋代封建剥削的基本特征。此始于开皇世,极度发展于大业世,尤其是大业五年(609)以后。《隋书·食货志·序》曰:"长城御河,不计于人力,运驴武马,指期于百姓,天下死于役而家伤于财。既而一讨浑廷,三驾辽左,天子亲伐,师兵大举,飞粮挽秣,水陆交至。疆场之所倾败,劳敝之所殂殒,虽复太半不归,而每年兴发,比屋良家之子,多赴于边陲,分离哭泣之声,连响于州县。老弱耕稼,不足以救饥馁,妇女纺绩,不足以赡资装。"隋大业世征役之重,大体在大业五年以后。但大业四年为运兵辽东开永济渠时,已经凸显:"四年,发河北诸郡百余万众,引沁水,南通于河,北达涿郡。自是以丁男不供,始以妇人从役。"②这就是说,大业四年以下隋炀帝妇女奴婢部曲不课之令,自此取消,原因不是隋炀帝不怜妇人,而是"丁男不供"。就是在这样一种国家人力资源与封建专制意志严重对立的基础上,隋炀帝发动了战斗之士一百一十三万三千八百,而馈运者倍之的远征高丽之战。因此,战争总动员的大业七年年末,史家便记称:"于时辽东战士及馈运者填咽于道,昼夜不绝,苦役者始为群盗。"③隋末农民大起义,是在"无向辽东浪死歌"的反抗徭役的呐喊声中揭竿而起的。

---

① 开皇二年(582),营建新都大兴城;开皇十三年(593),营建仁寿宫"役使严急,丁夫多死。死者以万计"。(《隋书》卷二四《食货志》)仁寿二年(602),修独孤皇后山陵。其水利、长城之役,防边转输之征:凡开皇四年(584),开广通渠;开皇五年(585)于朔方、灵武修筑长城,"诸州调物,每岁河南自潼关,河北自蒲坂,输长安者相属于路,昼夜不绝者数月。"开皇六年(586),"发丁十五万,于朔方以东,缘边险要,筑数十城。"(《资治通鉴》卷一七六《长城公至德三年,四年(585,586)》)开皇七年(587),开山阳渎。是开皇六年(586)之前,隋防边转输征役大体亦重。《隋书》卷二四《食货志》概记:"是时突厥犯塞,吐谷浑寇边,军旅数起,转输劳敝。"

② 《隋书》卷二四《食货志》。

③ 《隋书》卷三《炀帝本纪上》。

## 二、安徽人民的反隋斗争

安徽人民反隋斗争,在开皇世有熙州李英林。至于隋末,先后则有淮南张起绪、亳州朱粲、谯郡张迁、白社与黑社及方(房)献(宪)伯、濠州马簿、杨益德、庐江张子路与李通德(宣城义军)、宣城梅知岩、泾县左难当、上江吴棊子、舒州殷恭邃、歙州汪华,以及山东南下江淮的杜伏威与辅公祐。隋末安徽农民起义,起于隋末迄于唐初,遍及两淮、沿江及江南,其中,淮河南北江淮之间是重点区域。其起事之后,因形因势,或屯聚保守,或流动作战。其起事规模,大小强弱不一,故起事之后或称王称帝,或署置百官,或称总管,或称刺史,或逸出当时封建体制而署称别号。隋末安徽农民起义,是魏晋南北朝以来安徽农民起义的又一个高潮,是隋末农民大起义的一个重要组成部分。对于改造隋末役重劳民而生产力受到严重破坏的暴政,以及局部地调整封建生产关系,具有一定的历史推动作用。

### 1. 熙州李英林

开皇二十年(600)二月,熙州(治怀宁,今安徽潜山县)人李英林聚众反隋。三月辛卯,隋文帝诏以扬州总管府司马张衡为行军总管,率步骑五万出讨。熙州,开皇初改陈晋州建,居江淮间今皖西地,大业改州曰郡名同安,辖县五,有户21766,属淮南小州。熙州李英林聚众反隋,是开皇世出现较早的民众反隋斗争,亦是隋代三十八年安徽人民反隋斗争史的先声。史称:李英林起事之后"署置百官",说明斗争具有反抗暴政的政治要求。史称,"张衡率步骑五万人讨平之"[①],可见李英林起事规模不小。

### 2. 淮南张起绪

大业十一年(615)七月,淮南人张起绪举兵反隋,其起事规模不小,《隋书·炀帝本纪下》记:"淮南人张起绪举兵为盗,众至三万。"淮南,当时指淮水以南江淮之间方位。大业九年(613)而下,江淮地区农民起义军四起,反隋斗争形势甚炙。《旧唐书·杜伏威传》记杜伏威

---

① 《隋书》卷五六《张衡传》。

由山东南下淮南,"所至辄下,江淮间小盗争来附之。"淮南张起绪义军活动,虽少有记载,但于此不难看出:张起绪军初起,即为当时淮南独立于杜、辅江淮义军之外且势力影响较大之一军。《隋纪》以及《通鉴》阙记张起绪起义军结果,盖旋起旋散消失于隋末农民大起义聚合不定的形势之中。

3. 亳州朱粲

朱粲,亳州城父(今安徽亳州市)人,初为县吏,大业末应征从军,被派往山东平农民起义军。朱粲"亡命去为贼",逃兵役以起事反隋,别号"可达寒贼",自称"伽楼罗王",拥众至十万,渡淮水,转战于山南,号称楚帝。大业十三年(617)中,中原瓦岗军迭破隋兴洛、洛口、黎阳三仓,开仓济民,于时赵魏以南、江淮以北各路起义军多归附瓦岗,朱粲亦归附瓦岗,李密以粲为扬州总管、邓公。武德元年(618)五月,唐山南抚慰使马元规于冠军大破朱粲,朱粲败而后收兵复起,拥众至二十万。八月,兵败东都的李密归唐,其将帅、州县多归于隋。朱粲归附东都,隋东都皇泰主"以粲为楚王"。朱粲名归东都之后,仍领众二十万转战汉水、淮水之间,以流动破袭、不攻坚不守城为主要战争方式。武德二年(619)年初,淮安土豪武装杨士林等于淮源(《通鉴》此条胡注引《水经注》曰:"淮水出平氏县桐柏大复山,山南有淮源庙。"平氏县,今河南桐柏县西北平氏)击破朱粲。闰二月,朱粲归附唐朝,唐高祖下"诏以粲为楚王,听自置官属,以便宜从事",并"遣前御史大夫段确使于朱粲"。四月,朱粲杀唐使段确,转附东都王世充,"世充以为龙骧大将军"。武德四年(621)四月,唐平定东都,收王世充之党,朱粲予列,被杀于洛水之上。[①]

4. 濠州马簿、杨益德

濠州,大业世锺离郡。《新唐书·濠州锺离郡·招义县》条记:"招义,本化明(今安徽明光市),武德二年析置睢陵县,三年更化明曰招义,四年省睢陵。大业末,县民马簿盗据,号化州。后杨益德杀簿,

---

① 此段文献,分见《新唐书》卷八七《朱粲传》及《资治通鉴》相关卷次。又,《资治通鉴》卷一八二,"大业十一年"条系朱粲起事于是年十一月条下。

自号刺史,又置济阴县,是年来降。"大业末,马簿、杨益德起事后占据濠州化明,改化明称化州。武德二年(619),唐分化明增置睢陵。三年改化明曰招义。四年省睢陵归化明,化明复称县而曰招义。杨益德杀马簿归唐,应在武德三年(620)化明更名招义之年。濠州化明马簿、杨益德义军前后据化明,时间约五六年,范围当以化明为中心。

5. 谯郡张迁、白社与黑社及方(房)献(宪)伯

谯郡,大业世改亳州建,治所谯。谯郡张迁、白社与黑社及方(房)献(宪)伯,盖起事于大业末年。大业十三年(617)年初,瓦岗军李密袭占隋兴洛仓之后,再破东都刘仁恭而振起中州,于时,隋末农民起义发生由分散趋于联合的趋势变化:"……济阴房献伯……谯郡张迁……谯郡白社、黑社……等皆归密。密悉拜官爵,使各领其众,置百营簿以领之。"①谯郡张迁及别号称白社、黑社的农民义军于此归瓦岗,隶在百营,所部不散。②

房献伯又称方献伯、房宪伯,济阴郡人。济阴郡,大业世改曹州建,治所济阴(今山东曹县西北)。史称济阴房献伯归瓦岗,仅见《资治通鉴·恭帝义宁元年(617)》,即大业十三年,二月条记。而《旧唐书·李密传》载李密"移书郡县檄"称各路义军会集瓦岗则曰:"……方献伯以谯郡来,各拥数万之兵,俱期牧野之会。"《隋书·炀帝本纪下》大业十三年(617)四月亦记:"贼帅房献伯陷汝阴郡。"再则,王永兴辑编《隋末农民战争史料汇编·翟让李密领导的农民起义》引《太平寰宇记·河南道·颍州》记:"废信州城,在(汝阴)县西北十五里,隋大业十四年,郡城为贼房献伯所陷。"复引《太平寰宇记·河南道·亳州》记:"永城县,故城在县东北三里,(中略)大业十二年,为贼房献伯所破,因废。"复引《太平寰宇记·淮南道·寿州·霍丘县》:"废期思县,在县北八十里,(中略)大业十三年,狂贼房献伯攻破县,因此遂

① 《资治通鉴》卷一八三,"义宁元年"条。

② 《资治通鉴》卷一八三,"义宁元年"条二月条胡注曰:"黑社、白社,盖贼之号,非人姓名也。"黑社、白社为义军别号。《新唐书》卷三八《地理二·亳州谯郡·鹿邑县》条记:"大业十三年,县民田黑社盗据,号涡州。武德三年来降,复为县。"是则,谯郡别号称黑社之义军领袖为田姓,起事据鹿邑,称涡州;所部,初归瓦岗后归于唐。

废。"再则,即《旧唐书·地理志·陈州》条记:"隋淮阳郡。武德元年,讨平房宪伯,改为陈州。"综上:《隋纪》及《通鉴》和《太平寰宇记》"房献伯",以及《旧唐书·地理志》"房宪伯",盖即《旧唐书·李密传》所载"移书郡县檄"所记的"方献伯"。方、房,献、宪同音,传写或讹,则前书文记为是。约上或可指出:方(房)献(宪)伯义军,至迟在大业十二年即以战于淮北;及至大业十三年则"以谯郡"所占归瓦岗,势力较大,"拥数万之兵";复至大业十四年破信州(唐初置信州,治汝阴,今安徽阜阳市),直至武德元年(618)被平于陈州,旧史诬称"狂贼",足以说明方(房)献(宪)伯所部义军打击封建秩序的战斗力。《通鉴》记方(房)献(宪)伯,曰济阴房献伯,所出阙如。综合《旧唐书·李密传》"移书郡县檄"记"方献伯以谯郡来",并及《隋纪》、《旧唐书·地理志》以及《太平寰宇记》各条所记方(房)献(宪)伯转战两淮事,方(房)献(宪)伯盖为隋末以谯郡为活动中心的淮北农民起义军。

6.庐江张子路、宣城李通德

大业十三年三月,庐江人张子路起事。时在江都离宫的隋炀帝,"遣右御卫将军陈稜讨平之。"[1]《隋书·陈稜传》记:"后帝幸江都,俄而李子通据海陵,左才相掠淮北,杜伏威屯六合,众各数万。帝遣稜率宿卫兵讨之,往往克捷。超拜右御卫将军。复渡清江,击宣城贼。"《资治通鉴·炀帝大业十二年(616)》七月条记:"是时李子通据海陵。左才相掠淮北,杜伏威屯六合,众各数万;帝遣光禄大夫陈稜将宿卫兵八千讨之,往往克捷。"是则,起于大业十二年七月迄于大业十三年三月半年有余时间内,陈稜江都宿卫禁旅部队是征讨江淮间义军的主要力量。陈稜征讨庐江张子路之时,已为右御卫将军。右御卫,大业中央十二卫"加置左右御",其军士曰"射声"[2]。是则,陈稜江都宿卫禁旅,当以善射之江淮间弓弩手为主。同月,宣城李通德义军十万,进击庐江,隋"左屯卫将军张镇州击破之"[3]。张镇州,同安人。

---

① 《隋书》卷四《炀帝本纪下》。
② 《隋书》卷二八《百官志下》。
③ 《隋书》卷四《炀帝本纪下》。

### 7. 宣城梅知岩

宣城，隋平陈建，大业世宣城郡治所。《新唐书·高祖本纪》概记隋末各反隋势力及农民义军曰"梅知岩据宣城"，署别号，"往往屯聚山泽"。梅知岩所领农民军盖以保据山寨为反抗隋政斗争的特点，活动少见记载，延续时间较长，至武德六年(623)归降唐朝。

### 8. 泾县左难当

泾县，隋平陈建，大业世宣城郡辖县(今安徽泾县)。《新唐书·高祖本纪》概记隋末各反隋势力及农民义军曰："左难当据泾"，"号总管"。泾县左难所部应为当时皖南农民义军影响较大的一支，其活动少见记载。武德六年(623)归唐，唐朝就地授刺史。《旧唐书·地理志》记曰："自隋末丧乱，群盗初附，权置州郡，倍于开皇、大业之间，贞观元年，悉令并省。"《新唐书·地理志》记曰："唐兴，高祖改郡为州，太守为刺史……然天下初定，权置州郡颇多。"《资治通鉴·太宗贞观元年(627)》元月条综记曰："初，隋末丧乱，豪杰并起，拥众据地，自相雄长；唐兴，相帅来归，上皇为之割地置州县以宠禄之，由是州县之数，倍于开皇、大业之间。"左难当据泾归唐，权授刺史，即此李唐恢复统一秩序战略策略的产物。《资治通鉴·高祖武德七年(624)》二月条记曰：江淮辅公祏再次起事反唐后，"遣兵围猷州，刺史左难当婴城自守。"《通鉴》此条胡注引宋白记曰："宣州泾县，唐武德二年置南徐州于此，其年改为猷州。"隋宣城郡辖县泾县，武德二年(619)改为猷州。是则可明，至武德六年(623)，左难当归唐所授刺史即猷州刺史。

### 9. 上江吴棊子

上江，安徽沿江区域旧时别称，相对于长江以东今江苏而言。《隋书·刘子翊传》记，大业十二年(616)，刘子翊随隋炀帝巡幸江都，为丹阳留守，"寻遣于上江督运，为贼吴棊子所虏。子翊说之"，吴子棊归服。尔后，刘子翊受命带"领首贼清江"，吴子棊在刘子翊指挥下转为隋沿江清乱之军。大业十三年(617)，隋炀帝在江都被杀，王朝失去最高统治者。吴子棊等"欲请以为主，子翊不从。群贼执子翊至临川(治今江西抚州市)城下，使告城中，云'帝已崩'。子翊反其言，于是见害"。综上，隋末上江吴子棊，盖为起事于隋末的安徽沿江船民，活动范围大致今江苏、安徽、江西境内。

10. 舒州殷恭邃

舒州,唐武德四年(621)改大业世同安郡置,大业世同安郡旧治怀宁(今安徽潜山县)。《新唐书·高祖本纪》概记隋末各反隋势力及农民义军曰"殷恭邃据舒州",称别号,"往往屯聚山泽"。殷恭邃农民义军活动少见记载,范围大致不出今皖西山区,其起于隋末,至武德五年(622)归降唐朝,《资治通鉴·高祖武德五年》记:"同安贼帅殷恭邃以舒州来降。"

11. 歙州汪华

歙州,隋平陈建,治所休宁(今安徽休宁县),大业世改州曰郡,名新安郡。《新唐书·高祖本纪》概记隋末各地反隋势力及农民义军曰:"汪华起新安,杜伏威起淮南,皆号吴王。"汪华起于皖南山区歙州,控有宣、歙等六州之地,拥有部众一万,称号吴王十余年,影响东南。至武德四年(621),汪华所部的甲兵仍称甚锐。史记汪华据新安洞口(《通鉴》此条胡注:"新安洞口即歙州隘道之口"),为杜伏威部骁将王雄诞击破,汪华于是归于唐,唐朝就地赐封。亦所谓绥靖策略"割地置州县以宠禄之"。《旧唐书·地理志·歙州》条记:"歙州,隋新安郡。武德四年,平汪华,置歙州总管,管歙、睦、衢三州。"《全唐文·封汪华越公制》:"汪华往因离乱,保据州乡,镇静一隅,以待宁晏。识机慕化,远送款诚,宜从褒宠,授以方牧。可使持节总管歙、宣、杭、睦、婺、饶等六州诸军事,歙州刺史,上柱国。封越国公,食邑三千户。"汪华归唐,使持节总管六州诸军事,刺歙州,封爵国公,食邑三千户。

12. 杜伏威、辅公祏转战江淮

杜伏威,齐州章丘(今山东章丘西北水寨)人。辅公祏,齐州临济(今山东章丘西北临济村)人。大业九年(613),杜、辅起事于长白山(今山东邹平县西南会仙山),随即转兵淮南、苏北,联合下邳(治今江苏宿迁市)苗海潮,击败隋校尉宋颢之后,合并于海陵(今江苏泰州市)义军赵破阵,随即进击安宜(今江苏宝应县),"由此兵威稍盛"。大业十一年(615)冬,杜、辅与隋虎牙郎将来整战于江淮间黄花轮一带,败而复起,"收兵得二万人,自称将军"。大业十二年(616),杜、辅

义军驻六合(今江苏六合市),逼近江都。大业十三年(617)初,隋炀帝诏令陈稜讨杜、辅。陈稜坚壁惧战,杜、辅激将,大破陈稜,"稜仅以身免"。杜、辅乘胜破高邮(今江苏高邮市),"引兵据历阳,自称总管,分遣诸将略属县,所至辄下,江淮间小盗争来附之"①。杜、辅联合江淮间各小股农民义军,杜伏威自为总管,以辅公祏为长史,建立起以历阳(今安徽和县)为中心的农民战争军事政权。

武德元年(618)八月,江都宇文化及杀隋炀帝之后北上,以杜伏威为历阳太守。杜伏威不受,遣使归名东都。东都皇泰主隋炀帝孙杨侗,即以杜伏威为东南道大总管、楚王。此后至于武德二年(619)九月一年有余时间之内,江淮间形势:杜、辅控历阳,陈稜据江都,李子通据海陵,鼎足而三,"俱有窥江表之心"而相与为战,"更相灭"。之后,李子通攻占江都,军势盛于一时。武德二年九月,杜伏威归唐,唐朝以杜伏威为东南道行台尚书令,淮南安抚大使、和州总管、楚王。武德三年六月,唐朝以杜伏威为使持节、总管江淮以南诸军事、扬州刺史,淮南道安抚大使,晋封吴王;以辅公祏为行台左仆射,晋封舒国公。是年十二月,杜、辅义军渡江,大破李子通。李子通被迫退保京口,"江西之地尽入于伏威,伏威徙据丹阳"。武德四年(621)十一月,杜伏威部王雄诞于独松岭(居今浙江安吉县东南。《通鉴》此条胡注:"自宣州广德县东南过独松岭至湖州,岭路险狭。")击溃李子通,子通退保杭州,复败而请降,"伏威执子通并其左仆射乐伯通送长安"。王雄诞回军歙州,于新安洞口击平汪华,复于昆山(今上海市松江县)说降闻人遂安。"于是伏威尽有淮南、江东之地,南至岭,东距海。"至此,杜、辅江淮左义军臻于极盛。武德五年(622)七月,李世民击破徐圆朗,连下十余城,唐军"声振淮、泗,杜伏威惧,请入朝"。至此,由归唐而入朝,杜伏威最终结束其揭竿而起反抗暴政的历史。与此同时,江淮间农民战争亦转入低潮阶段。

杜伏威入朝,辅公祏留守丹阳。辅公祏历经近一年的准备时间,于武德六年(623)七月,举兵反唐,江淮农民战争风云复起。辅公祏称

---

① 《旧唐书》卷六十《列传十》。

宋帝于丹阳,连兵归唐而复反于洪州的张善安,渡江北出,攻寿阳、海州(今江苏连云港市)。唐调集湖北、两广、河南、山东各军,由九江、宣城、淮、泗而南北合围辅公祏。十一月,唐舒州总管张镇周于猷州(今安徽泾县)黄沙破辅公祏一军。武德七年(624)二月,唐赵郡王李孝恭攻占辅公祏鹊头镇(居今安徽南陵县)。是月,杜伏威在长安去世。三月,李孝恭复于芜湖破败辅公祏,占梁山等三镇(《通鉴》此条胡注:"芜湖时在宣州当涂县界。梁山在和州历阳县南七十里,临江。"当涂县,今安徽当涂县。历阳县,今安徽和县),辅公祏皖南战事失利。唐安抚使任环攻占扬州,逼丹阳。辅公祏陈舟师三万于当涂博望山(《通鉴》此条胡注:"天门山在宣州当涂县西南三十里,又名峨眉山,夹江对峙,东曰博望,西曰梁山。"博望山,居今安徽当涂县西南),屯步骑三万于青林山(《通鉴》此条胡注引《水经注》曰:"湖水出庐江郡之东陵乡,《禹贡》所谓'过九江至于东陵'者也。西南流,水积为湖,湖西有青林山。又今当涂县东南有青山。"青林山,居今安徽当涂县东南),严阵待战。唐军李孝恭、李靖率领舟师驻舒州,李世勣引兵一万,渡淮水,攻占寿阳,驻军硖石山(今安徽凤台县、寿县之间淮河两岸。六朝时即依山筑有城戍,以为淮南屏障)。唐军集结各部进逼辅公祏义军军垒,以羸兵挑垒,精兵与战,辅公祏"博望、青林两戍皆溃……杀伤及溺死者万余人"。辅公祏被迫弃丹阳东走而转战常州、湖州,最终至武康(今浙江德清县)被执,于丹阳遇害。至此,继河南瓦岗军(武德元年)、河北窦建德军(武德四年)之后,江淮再起之农民战争亦归于失败①。

## 第五节　隋代安徽的经济与人文

自隋文帝开皇元年(581)初至隋炀帝大业五年(609)末,前后将

---

① 本节文献,分见《隋书·炀帝本纪下》、《隋书·陈稜传》及《两唐书·高祖本纪》杜伏威、辅公祏、李孝恭、李靖、李勣、李大亮、张善安、李百药等传,并及《资治通鉴》相关卷次。

近三十年,其经济进步,政治稳定,文化发展,乃是一个主导方面。因此,隋朝能够承继南北朝以来长江、黄河区域性经济文化发展的成就,形成了有逾两汉的历史盛局,并为此后新的统一国家和社会的发展奠定基础。安徽淮北、淮南及江南地区各州县,在国家统一、政治稳定、总体发展的历史基调中揭开了安徽社会经济及其学术文化发展的新页。

**一、隋代安徽经济发展情况**

从589年隋朝建立至隋炀帝大业五年(609)近三十年的时间里,安徽淮北、淮南及江南州县的形势大体稳定,因此人口,尤其是农业地区人口较南北朝以来有所增长,农业经济稳步前进,其中农田水利兴修、主要粮食谷物生产、私营手工业生产品类,并及物产市墟等传统经济和生产力方面,在历史的基础上均得以相应的发展。隋代安徽地区经济的发展,是隋代经济发展大局的组成部分,其淮北的情况,大致为隋代黄河下游南北各州经济复苏的产物。江淮、江南经济的长足进步,则是此后中唐及五代东南地区经济重心地位逐步发展的前奏。

1. 人口经济

大业五年末之前,隋朝社会稳定,农业经济持续上升,人口自然增长率亦相应提高,而封建政府检籍括户切实推行,由此王朝编户持续增长,至于大业五年出现历史最高数。《隋书·地理志》总序记载:至大业“五年,平定吐故浑,更置四郡。大凡郡一百九十,县一千二百五十五,户八百九十万七千五百四十六,口四千六百一万九千九百五十六”。《资治通鉴·炀帝大业五年》系录此数于是年年末。复“据本志各郡分列的县数和户数统计,县一千二百五十二,户九百零七万五千七百九十一”。①《隋书·地理志》载录郡县户口数,至于户数而不及口数。依照历史人口统计一般方法以总户数除以总口数求出平均人口数(46019956÷8907546＝5.166),借以列出隋代安徽郡县户数并推算总口数,以人丁增长概见经济发展情况。

---

① 《隋书》卷二九《地理志》。

表2-1　隋代安徽郡县户口数表

| | 郡县名 | 户数 | 备注 |
|---|---|---|---|
| 1 | 锺离郡 | 35015 | |
| 2 | 淮南郡 | 34278 | |
| 3 | 庐江郡 | 41632 | |
| 4 | 同安郡 | 21766 | |
| 5 | 历阳郡 | 8254 | |
| 6 | 新安郡 | 6164 | |
| 7 | 梁郡砀山 | $\frac{155477}{13} \times 1 = 11960$ | 十万户州郡 |
| 8 | 汝阴郡汝阴、清丘、颍上及下蔡 | $\frac{65926}{5} \times 4 = 52741$ | |
| 9 | 谯郡谯、城父、山桑及临涣 | $\frac{74817}{6} \times 4 = 49878$ | |
| 10 | 淮阳郡鲖阳 | $\frac{127104}{10} \times 1 = 12711$ | 十万户州郡 |
| 11 | 下邳郡夏丘 | $\frac{52070}{7} \times 1 = 7439$ | |
| 12 | 彭城郡萧、符离、蕲及谷阳 | $\frac{130232}{11} \times 4 = 47357$ | 十万户州郡 |
| 13 | 宣城郡宣城、泾、南陵、秋浦及绥安 | $\frac{19979}{6} \times 5 = 16649$ | |
| 14 | 江都郡全椒、清流及永福 | $\frac{115524}{16} \times 3 = 21661$ | |
| 15 | 丹阳郡当涂 | $\frac{24125}{3} \times 1 = 8024$ | |
| 合计 | | 375529 | |

（资料来源：《隋书》卷二九《地理志》，并参引冻国栋《唐代人口问题研究》武汉大学出版社1993年版；赵文林谢淑君《中国人口史》人民出版社1988年版。）

　　推算隋代安徽人口总数（按口户比5.166计算）：2,004,403。这个数字，较之南北朝有明显的增长。这种人口增长，与隋代黄河中下游流域南北各州的经济复苏而人口普遍回升的大趋势，是吻合的。在人口增长的同时，隋代安徽——主要是淮北地区，主要粮食谷物生产也出现发展趋势。

　　隋代，粟与麦为主要农作物。开皇三年（583），隋廷"以京师仓廪尚虚，议为水旱之备，于是诏于蒲、陕、虢、伊、洛、郑、怀、卫、许、汝等水

次十三州,置募运米丁。又于卫州置黎阳仓,洛州置河阳仓,陕州置常平仓,华州置广通仓,转相灌注。"①是则,开皇两河州广募运米丁并及河南诸大型官仓建置情况②,亦可明了河南今皖淮上诸州县农业生产发展而富国家官仓储粮征调之蓄。再则,开皇五年,隋朝建置社仓以劝课地方积储粟麦,史称此举:"自是诸州储峙委积。其后关中连年大旱,而青、兖、汴、许、曹、亳、陈、仁、谯、豫、郑、洛、伊、颍、邳等州大水,百姓饥馑。高祖乃命苏威等,分道开仓赈给。"③是则亦可明了,今皖淮上诸州县农业生产主要品种粟与麦,能够"储峙委积"于社仓而在其荒年有赈民人。要之,今安徽西北地区,属于隋代粮食作物主要生产区——河南地区之一部。相关研究概括指出:"河南地区的主要产粮区域,《隋书·地理志》中本来早已有所说明。它指出荥阳、梁郡、谯郡、济阴、颍川、汝南、淮阳、汝阴等郡的风俗都是好尚稼穑。这些郡,如果用现代的地方来说,应该是河南的郑州、商丘,山东的菏泽,河南的临汝、许昌、汝南、淮阳和安徽的阜阳。这一个广阔的地区正包括现在的河南中部和东部兼有山东的西南隅和安徽的西北部。"④

2. 农业水利

隋代农业,黄河下游南北所谓两河并及黄河东向而至于海滨所谓两淮是其根本所在的农业经济区,其次才是长江以南地区。隋代黄淮流域农业经济区,是古代中国传统农业耕作重心的恢复与发展,隋的统一及其统一后的稳定发展与兴修农田水利为它提供了具体的形式。隋代长江流域农业经济的进步与发展,是魏晋,尤其是东晋南朝长江下游三角洲及太湖流域农业耕作区兴起与发展的继续,由此因成而发展,长江下游三角洲及太湖流域经济区将成为中唐以迄五代时期中国农业经济重心东南转移的重要地区。隋代安徽农业,际处隋代黄河、长江两大农业

① 《隋书》卷二四《食货志》。
② 隋河南诸仓"储米粟,多者千万石,少者亦不减数百万石。"见《通典》卷七《食货七·丁中》。
③ 《隋书》记二四《食货志》。《隋志》又记曰:开皇"其后山东频年霖雨,杞、宋、陈、亳、曹、戴、谯、颍等诸州,达于沧海,皆困水灾,所在沉溺。十八年……开仓赈给,前后用谷五百余石。"《隋志》中华书局点校本该条此条"校勘记"引"陆赐熊《炳烛偶钞》:按文当作'五百余万石',疑脱'万'字。"
④ 史念海:《河山集·开皇天宝之间黄河流域及其附近地区农业的发展》,三联书店1963年版,第214页。

经济区复苏与重振、因成与发展的总体态势,亦取得历史性的长足进步。

隋代短促,但重视农业,亦多从事农田水利兴修。隋代农田水利,一般情况,多与交通水利结合而兼行转输灌溉之利,因此,运河沿岸可以获得引流灌溉的便利。但这只是问题的一方面,隋代农田水利兴修与其农业生产区共生共进,才是一个基本现象。在上述河南区——隋代粮食作物主要生产区,"尤其在现在的河南东部和安徽的北部,当时都有过较多的水利建设。据《新唐书·地理志》的记载,是分布在颍水、汝水、睢水诸流域。"①隋代安徽农田水利的兴修与利用,大致是以以上流域地区为重点的。关于这个情况,《隋书》中纪、志、传少记,唐人经济地理文献载录地方陂、塘、堰而不详其兴修时间及其督修之牧守者,或称"隋故"或称"隋末"或称"废陂"或称"因废"以追记。其大致情况:亳州城父县南五十六里处有高陂,陂"周廻四十三里,多鱼蚌菱芡之利"②。宿州符离县东北九十里处,"有隋故牌湖陂,溉田五百余顷"③。宿州虹县北五里处有潼陂,"一名万安湖,周廻二十里。"④颍州汝阴县西一百里处有百尺堰。⑤颍州下蔡县西北一百二十里处有大崇陂,又八十里处有鸡陂,六十里处有黄陂,又东北八十里处有湄陂;其下蔡诸陂,史称"皆隋末废,唐复之,溉田数百顷"⑥。濠州钟离县南,有"故千人塘,"至唐高宗"乾封中修以溉田"⑦。濠州招义县西北六十里处,有浮山堰。⑧舒州怀宁县西二十里处,有吴塘陂,"皖水所注"⑨。以上,隋代安徽两淮,尤其是淮河上游水利兴修及其利用之概

---

① 史念海:《河山集·开皇天宝之间黄河流域及其附近地区农业的发展》,三联书店 1963 年版,第214 页。

② 《元和郡县志》卷七《河南道三·亳州·城父》此条不记高陂兴修时间。附志俟考。

③ 《新唐书》卷三八《河南道·宿州·符离》。

④ 《元和郡县志》卷九《河南道·宿州·虹县》此条不记潼陂兴修时间。附志俟考。

⑤ 《元和郡县志》卷七《河南道·颍州·城父》:"司马宣王讨王凌,至百尺堰,即此。"是百尺堰为城父故堰,魏晋已有,至唐依在,其间隋或因而修之。

⑥ 《新唐书》卷三八《河南道·颍州·下蔡》。

⑦ 《新唐书》卷三八《河南道·濠州·钟离》。

⑧ 《元和郡县志》卷九《河南道·濠州·招义》。

⑨ 《元和郡县志阙卷逸文·舒州·怀宁》记曹魏朱光屯皖,开此塘陂;是为旧陂,隋或因修。又,《三国志·刘馥传》记刘馥刺扬州治合肥凡九年,"广屯田,兴治芍陂及茄陂、七门及吴塘诸堨,以溉稻田。"此吴塘堨,应即《元和志》所记吴塘堰。万绳楠等著《中国长江流域开发史》指记曰"吴塘陂在皖县皖江之上",黄山书社 1997 年版,第 105 页。附志俟考。

况。至于皖南,有宣州南陵县(今安徽繁昌县)溉田多达千顷的大农陂,史记:唐宪宗"元和四年,宁国令范某因废陂置,为石堰三百步,水所及者六十里。"①

开皇年间淮南寿州芍陂是隋代安徽农田水利兴修的一重点。芍陂位于今安徽寿县城南三十公里处,为四面筑堤的平原水库,始建于春秋楚庄王时(前 613—前 591),因其水流经白芍亭,得名芍陂。此陂,为我国古代四大水利工程(芍陂、漳水十二渠、都江堰、郑国渠)之一②,向有淮河水利之冠、江北第一水库之称,故在历史上尽管历经废兴亦不失其淮河流域水利重心的地位。芍陂始兴于春秋孙叔敖,尔后废,至东汉王景重修复兴尔后亦废,复至东汉末刘馥重修三兴尔后亦废。至于隋建而统一南北,际处黄河中下游与长江中下游两大经济带之间的淮河流域逾显其作用,故隋代重视淮南水利兴修。史载,开皇年间,赵轨莅寿州总管长史,时"芍陂旧有五门堰,芜秽不修",赵轨劝勉部吏课役民人以重修,"更开三十六门,"而芍陂"溉田五千余顷,人赖其利"③。芍陂陂门为调节水量设置,由五门而"更开三十六门,"当大大改善芍陂引节流蓄灌的功能,此隋代重修芍陂而提高芍陂水利效率可以注重之事。众所周知,河渠闸门为古代中国领先世界的水利工程技术,近人李约瑟以为西方落后于中国大致 1—17 个世纪④。赵轨重修芍陂,更开三十六门,是否提高此项技术,阙记。

### 3. 义仓社仓

隋代农业发展,仓储为历代所艳羡。隋仓之富储,不仅官仓,其义仓社仓亦满,是则反映出封建国家的征敛,亦能反映出农业生产的迅速增长。《通典·食货典·丁中注》曰:"隋氏西京太仓,东京含嘉仓、洛口仓,华州永丰仓,陕州太原仓,储米多者千万石,少者不减数百万石,天下义仓,又皆充满。"其所谓"天下义仓",即有别于官仓而遍布州县的社仓。隋代义仓、社仓创制,盖起于开皇五年(585)度支尚书长

---

① 《新唐书》卷四一《江南道·宣州·南陵》。

② 杜石然等:《中国科学技术史稿》,科学出版社 1982 年版,第 102 页。

③ 《隋书》卷七三《赵轨传》。

④ 冯天瑜等:《中华文化史》,上海人民出版社 1991 年版,第 163—64 页。

孙平之议,旨在劝募民间,积谷备荒,所谓:"三年耕而余一年之积,九年作而有三年之储,虽水旱为灾,而人无菜色,皆由劝导有方,蓄积先备谷也。"①于是劝课当社而民出粟及麦以共立义仓以储粮地方,储粮地方"即委社司,执帐检校,勿使损败。若时或不熟,当社有饥馑者,即以此谷赈给"②。义仓积谷,当社管理,故义仓亦名社仓。隋代义仓、社仓,劝募积谷亦征于地方。就此看义仓、社仓,实乃地方粮食生产及其农业水平之指示器。《隋书·文帝本纪上》开皇五年五月记:"诏置义仓。"安徽两淮诸州县亦当依制建立义仓、社仓以积谷备荒,其淮河上游诸州县更是能够"储峙委积"。非此,则开皇七年河南诸州如涉及安徽之亳州、颍州、陈州大水而百姓饥馑,隋文帝"分道开仓赈给"则无出。非此,则开皇十六年后山左、河南诸州如涉及安徽之宋州、陈州、亳州,颍州频年霖雨,所在沉溺,隋文帝"开仓赈给"亦无出③。宋、陈、亳、颍等淮河上游诸州建置义仓社仓并"储峙委积",可以说,正从一个侧面反映着隋代安徽西北部农业,主要是粟、麦粮食作物的生产情况。

开皇九年(589),隋平陈统一南北。开皇十年(590),隋复平定江南豪族叛乱,至此南北统一江南稳定,隋开皇五年(585)诏置义仓令亦推行江南,安徽皖南州县亦当建置义仓社仓。隋代,尤其是隋文帝开皇、仁寿时期特重仓储,故"库藏皆满"④、"帑藏充实"⑤屡屡见于文献,其"天下义仓,又皆充满"是一重要部分。就上揭义仓社仓积谷与地方农业生产关系而言,则隋代安徽义仓社仓情况,当以隋河南经济区范围淮河上游诸州县为重点,其次则江淮之间,复次则长江以南。

4. 物产市墟

物产市墟,社会经济发展之一斑。隋代安徽手工业物产品类,以两淮丝布、瓷器及皖南铜为大宗。隋代安徽商贸市墟,以淮北尤以运

---

① 《隋书》卷二四《食货志》。
② 《隋书》卷二四《食货志》。
③ 《隋书》卷二四《食货志》记开皇五年劝募义仓,"自是诸州储峙委积"。
④ 《隋书》卷二四《食货志》。
⑤ 《隋书》卷二《文帝本纪下》。

河流域带为主。

隋代两淮丝布品类，主要有绢、绫以及麻葛布，其中所产丝绢的等品居高。《大唐六典》卷二〇《太府寺太府卿》职条略云："凡绢布出有方土，类有精粗，绢分为八等；宋、亳之绢……并第一等……泗……并第三等……颍……寿……并第五等。"安徽宋、亳、泗、颍、寿等州郡的赋绢，品级居高，是隋及唐初两淮，尤其是淮北为当时蚕丝盛产区的反映。汪篯《隋唐时期丝产地之分布》一文指出："我国隋、唐时期丝产地之分布，可以唐玄宗时十道赋调及天下诸郡每年常贡加以考察。兹据《通典》卷六《食货典》、《唐六典》卷三'户部郎中员外郎'条、《元和郡县图志》之记载作唐玄宗时十道诸郡丝织物贡品表如下，以明其梗概。"又曰："隋及唐初盛产蚕丝者凡又三区：其一为关东地区，即唐代河南、河北二道全境之地，约包括今河北、河南、山东三省全部及江苏、安徽二省淮北之一部分；其二为巴蜀区域，即唐代剑南道全境与山南道一部之地，约包括今四川省之全部及湖北、湖南、陕西三省之一小部分；其三为吴越地区，即唐代淮南、江南二道东端之地，约包括今江苏省之南部，浙江省之北部与安徽省之一小部分。而此三区之中，又以前二者更为主要。"据汪文胪列（择其涉及安徽州郡者）：河南道颍州汝阴郡有绢、绝，亳州谯郡有绢，泗州厥贡麻、细贶布，赋绢、布；淮南道寿州寿春郡有丝布；庐州庐江郡有丝布、交梭、白丝布；江南道宣州宣城郡有绮。

隋代淮河流域陶瓷制造业，以安阳（今属河南）窑和寿州（今属安徽）窑为代表，主要品类为青釉瓷。隋代安徽两淮瓷器手工业，一则淮南寿州窑，二则淮北曹村窑。淮南寿州窑位于今安徽淮南大通区上窑镇，始创于南朝，繁荣于隋唐，渐衰于五代，隋代是其承上启下的一个发展阶段。今安徽淮南市上窑镇及凤阳县上刘庄、大刘庄均有窑址发现。隋代寿州青釉瓷于化妆土表层用蘸釉法施透明的玻璃质釉，色泽青黄，玻璃质感强，如今无为县文物管理所藏青釉鸡首壶，胎上施青黄釉，又如今安徽省博物馆馆藏划花青釉瓷碗，釉色青中略带黄，复如今长丰县文物管理所藏青釉龙柄壶,釉色青,集釉处呈绿色。<sup>①</sup> 1998 年至 2000 年,今淮北柳孜运河遗址发掘,出土瓷器数量最多。依据地层关系和器物形式变化有三期六段,其第一期第一段器物具有典型的隋代器物特征,代表运河开挖和最初使用的年代,釉色亦以青釉、青黄釉为多,"第一期青釉器物的特征是多施半釉,有积釉和垂釉现象,器物为饼底或平底,器形有碗、缸、壶、灯等,其中罐和盘口壶为寿州窑产品。青泛黄和青泛酱色的釉碗,均内施半釉,还有青釉灯等器物,均有可能是寿州窑产品"<sup>②</sup>。寿州窑青瓷釉色青黄,青中略带黄,集釉处呈绿色,当时或称为绿瓷。《隋书·何稠传》记云何稠巧思过人,开皇初历官细作署、御府监、太府丞,当时"中国久绝琉璃之作,匠人无敢措意,稠以绿瓷为之,与真不异"<sup>③</sup>。淮北曹村窑,位于安徽宿州市城北曹村镇,为六朝晚期至隋唐时期陶瓷窑址,主要瓷器品类,就釉色而言,除豆青釉以外,还有黄釉瓷和白釉瓷,玻璃质感强。淮北曹村窑瓷器釉色变化,当是与寿州窑早期主烧青釉,入唐之后,则以黄釉为主,兼烧黑釉、茶紫、白瓷的变化相应的<sup>④</sup>。

皖南铜,居开发甚早的长江中下游铜矿带,为安徽古代矿产资源、采冶、铸造主要分布地区。<sup>⑤</sup> 在已查明的古矿冶遗址中,古铜矿遗址为大宗,计有 100 多处,主要沿长江中下游铜铁成矿带分布,在铜陵、南陵、繁昌、泾县、青阳、贵池、宣州、枞阳、庐江、无为、安庆、怀宁、滁州、全椒、当涂等地均有发现,时代包括西周、春秋、战国、两汉、六朝、唐宋等若干历史时期。其中皖南地区南陵、铜陵两地古铜矿遗址分布最为

① 安徽省文物志编辑室编:《安徽省文物志稿》(上、下),1993 年;安徽省地方志编纂委员会《安徽省志·文物志》,方志出版社 1998 年版。

② 安徽省文物考古研究所安徽省淮北市博物馆编著:《淮北柳孜运河遗址发掘报告》"遗迹与遗物·年代"及"结语"部分,科学出版社 2002 年版。

③ 岑仲勉:《隋唐史·手工业及物产》:"'绿瓷'见隋书六八何稠传,用以代琉璃,即今所谓青瓷也。"中华书局 1982 年版。

④ 安徽省地方志编纂委员会编:《安徽省志·文物志》,方志出版社 1998 年版。

⑤ 1983 年,安徽铜陵西湖乡出土青铜饕餮纹斝、饕餮纹爵,属于湖北黄陂盘龙城李家嘴类型,年代为商代早期;其青铜爵腹部有两组空心连珠纹饰,与中原地区商周青铜器完全一致;其含铁量明显偏高,表现出不同于中原青铜器的特征。参见安徽省地方志编纂委员会《安徽省志·文物志》,方志出版社 1998 年版;朱益华:《皖江地区青铜文化的历史地位与现实意义》,载《皖江文化探微》,合肥工业大学出版社 2005 年版。

密集。① 皖南铜开发,历史悠久,分布广泛。《尚书·禹贡》记云:"淮海惟扬州……厥贡惟金三品。"《汉书·食货志》记云:"金有三等,黄金为上、白金为中、赤金为下"。孟康注曰:"白金为银,赤金,丹阳铜也。"中古所谓丹阳铜,其产地"主要集中在今皖南地区的南陵、铜陵、泾县、繁昌、贵池、当涂一带"②。《新唐书·地理志·淮南道》记庐州庐江县"有铜",滁州"有铜坑二"(铜坑,具有相当规模的大型铜采冶场所)。《新唐书·地理志·江南道》记宣州土贡有"铜器"③;宣州当涂县"有铜",《元和郡县图志·江南道》记宣州当涂县"赤金山,在县北一十里。出好铜与金类,《淮南子》、《食货志》所谓丹阳铜也";《元和郡县图志·江南道》记宣州南陵县"利国山,在县西一百一十里。出铜,供梅根监。梅根监,在县西一百三十五里。梅根监并宛陵监,每岁共铸钱五万贯。铜井山,铸县西南八十五里。出铜"。《新唐书·地理志·江南道》记池州秋浦县"乌石山……有铜",青阳县"有铜"。皖南铜开采、冶铸,具有延续性,大致于宋室南渡以后趋于消竭。皖南富铜,源远流长而隋代应该是一个承上启下的阶段。开皇九年,隋平陈,十年,杨广镇江都,"诏晋王广,听于扬州立五炉铸钱。"④杨广扬州炉铸钱取料,当不离近便之地的皖南铜。此参见《新唐书·食货志四》所记唐时开元,"天下盗铸益起,广陵、丹阳、宣城尤甚",可明。

5. 商贸市墟

北周静帝大象二年(580),"税入市者人一钱"⑤。五月,杨坚擅周政,始"除入市之税"⑥,继而开皇三年,隋文帝再去周末"官置酒坊收

---

① 参见安徽省地方志编纂委员会编《安徽省志·文物志》,方志出版社 1998 年版。
② 张卫东、裘士京:《论两汉时期皖南铜与皖南经济》,载《安徽史学》2006 年第 4 期。
③ 《新唐书》卷五四《食货志四》记开元二十六年:"诏出铜所在置监,铸开元通宝钱。"是时"天下炉九十九……宣(州)十(炉)"。江淮富铜,为隋唐佳话。《唐语林》卷三《赏誉》记,郭暖尚主,盛集文士,李端即席赋诗;钱起复请"请以起姓为韵";端复云:"新开金埒较调马,旧赐铜山许铸钱。"是席,端为首;送王相镇幽朔,韩翊为首;送刘相寻江淮,钱起为首。"
④ 《隋书》卷二四《食货志》。
⑤ 《资治通鉴》卷一七四,"大象二年"条。
⑥ 《资治通鉴》卷一七四,"大象二年"条记,周天元帝死"静帝入居天台,罢正阳官。大赦,停洛阳宫作。"此即《隋书》卷二四《食货志》所记"高祖登庸,罢东京之役,除入市之税"。是知,北朝去商税,应在天元死后,杨坚擅政之大象二年。

利,盐池盐井,皆禁百姓採用"之弊政,推行"罢酒坊,通盐池盐井并与百姓共之"①新法。凡此周末隋初新朝商市去税、盐酒弛禁以笼络百姓的新政策,客观上刺激了隋代商市经济的发展。地处中原地区与江淮流域经济交往冲要地带的安徽,尤其是运河流域带的淮北,在既往"江淮俗尚商贾"②并及区域商市发达的历史基础上③,市墟当有进一步的发展。交通航运发达,是隋唐时期淮河流域经济发展的基本依托。隋代,"平淮既淼淼"④,"浮淮欣迥直"⑤,"棹声喧岸渡,帆影出云飞"⑥,干流稳定,支流密布而水清、漕深、流急的淮河流域网,在通济渠开通之后,迎来了其漕运与商旅的黄金期。《隋书·食货志》记王弘、上仪同、於士澄"往江南诸州採大木,引至东都。所经州县,递送往返,首尾相属,不绝者千里"。《唐语林·补遗》记:"凡东南郡邑无不通水。故天下货利,舟楫居多。转运使岁运米二百万石,以输关中,皆自通济渠入河也。""自贯通南北的水运航线——大运河开通以来,运河东岸横向延伸的运盐河相继诞生,形成了稠密的联运网络。""大运河成为盐产地与消费地之间的运输纽带。"⑦运河漕运商贸,推动运河流域商贸市墟的发展。⑧

### 二、隋代安徽人文与科技的突出代表

隋代皖人,在史学、法学、礼乐、声韵及技艺诸方面均有成就驾于时人而影响及于后人的突出代表,如"时人称为《汉》圣"的刘臻,如"思若有神"的耿询,如"明习故事"参定周隋律法的裴政。他们在人

---

① 《隋书》卷二四《食货志》。

② 《大唐新语·清廉》;参《隋书》卷三一《地理志下》:"丹阳……小人率多商贩……市廛列肆,埒于二京……宣城……其俗亦同。然数郡川泽沃衍,有海陆之饶,珍异所聚,故商贾并凑。"

③ 《隋书》卷二四《食货志》记南朝"淮水北有大市百余,小市十余所"。其中当包括水陆津渡、商旅往来频繁之地出现的非正式的"草市",即"墟"。《水经·淮水注》记淮水大小支流十九,自西北向东南注入淮河,可谓川泽沃衍,舟楫便利,商市繁荣。

④ 《文苑英华》卷一七〇隋炀帝《早渡淮》。

⑤ 《文苑英华》卷一七〇诸葛颖《奉和出颖至淮应制》。

⑥ 《文苑英华》卷一七〇弘执恭《奉和出颖至淮应制》。

⑦ [日]妹尾达彦:《唐代江淮盐税机关考论》;载《唐史论丛》第七辑,陕西师范大学出版社1998年版。

⑧ 参见本章第二节《隋代大运河之安徽部分》。

文科技领域的卓越造诣，既是隋王朝学术文化发展的重要组成部分，也是安徽学术文化与科技发展史的重要内容。

1. 隋代《汉书》学

隋代《汉书》学，前承魏晋南北朝而延及唐初，为当时乙部之学的重要部分。其中，萧梁而下的南朝《汉书》学，为其重要源头。

《隋书·经籍志二·史部·正史》后序略称南北朝及隋代《汉书》研究情况曰："《史记》、《汉书》，师法相传，并有解释……梁时，明《汉书》有刘显、韦稜，陈时有姚察、隋代有包恺、萧该，并为名家。"颜之推称"沛国刘显，博览经籍，偏精班《汉》"①。《隋书·经籍志二·史部》著录刘显撰《汉书音》二卷。《梁书·韦稜传》记京兆韦稜"以书史为业……著《汉书续训》三卷"。《隋书·经籍志二·史部》著录韦稜撰《汉书续训》三卷。《陈书·姚察传》记陈末姚察北使，"报聘于周。江左耆旧先在关右者，咸相倾慕。沛国刘臻窃于公馆访《汉书》疑事十余条，并为剖析，皆有经据。"姚察，由陈入隋，陈隋时代《汉书》名家，《陈书》本传载"所著《汉书训纂》三十卷"，《隋书·经籍志二·史部》著录"《汉书训纂》三十卷，《汉书集解》一卷，《定汉书疑》二卷"，治《汉书》之专精及成就之博大，均堪称一时代表。

梁陈两朝《汉书》研究，侧重正音、正字、正义，并及史事辨疑与版本考校，包含训诂、校订、释义，是南朝史学发展的重要组成部分，更是断代纪传《汉书》问世之后形成其专门研究的一个重要阶段。梁陈《汉书》学人因应南北统一大势而入周入隋，对于发展隋代《汉书》学具有直接影响。

隋代《汉书》学名家萧该、包恺并称"萧包"。《隋书·萧该传》记萧该"尤精《汉书》……后撰《汉书》及《文选》音义，咸为当时所贵"。《隋志》载录萧该《汉书音义》十二卷。《隋书·包恺传》记包恺"从王仲通受《史记》、《汉书》，尤称精究。大业中，为国子助教。于时《汉书》学者，以萧、包二人为宗匠。聚徒教授，著录者数千人"。《隋志》著录包恺《汉书音》十二卷，曰"废太子勇命包恺等撰"。《隋书·李密

---

① 《颜氏家训》卷六《书证》；王利器《颜氏家训集解》，上海古籍出版社1980年版。

传》记李密"师事国子助教包恺，受《史记》、《汉书》，励精忘倦，恺门徒皆出其下。"《隋书·张冲传》记张冲"《前汉音义》十二卷"。《隋书·于仲文传》记于仲文"撰《汉书刊繁》三十卷"。要之，隋代《汉书》学历开皇、大业，著述、教授逾于前代，主要学人乃南学北进的梁陈《汉书》学者，其影响及于唐初。

隋末唐初之间，颜师古叔颜游秦"撰《汉书决疑》，（颜）师古多资取其义"①。颜师古，"又为太子承乾注班固《汉书》上之……时人谓颜秘书班孟坚忠臣……其所注《汉书》大显于时"。《新唐书·艺文志二》著录颜师古"注《汉书》一百二十卷"。唐初《汉书》学，接引隋代，盖至高宗朝发展为乙部显学。《新唐书·敬播传》记"（房）玄龄患颜师古注《汉书》文繁，令掇其要为四十篇"。《敬播传》末云："是时《汉书》学大兴，其章章者若刘伯庄、秦景通兄弟、刘讷言，皆名家。"敬播，《新志》著录"注《汉书》四十卷，又《汉书音义》十二卷"。刘伯庄，《新志》著录"《汉书音义》二十卷"。秦景通，"与弟炜俱有名。皆精《汉书》，号'大秦君'、'小秦君'。当时治《汉书》，非其授者，以为无法云。"②刘讷言，高宗乾封中，"以《汉书》授沛王。"③

2. 沛国相人——"《汉》圣"刘臻及其学术

刘臻，字宣挚，《隋书》并及《北史》本传均记为"沛国相人也"。沛国相，即隋大业世彭城郡所辖萧县，居今安徽萧县西北④。

刘臻，是萧梁《汉书》学名家刘显第三子。《隋书》本传记其开皇十八年（598）卒，"年七十二"，推其生年当在梁武帝普通七年（526）。刘臻其人，十八岁举秀才，出身梁邵陵王东阁祭酒。梁末战乱，刘臻辗转梁氏诸王，其中仕梁元帝约两年的时间。《隋志》著录"梁元帝注《汉书》一百一十五卷"，刘臻或当参与其事。梁元帝承圣三年（554），江陵沦陷，刘臻归于襄阳萧詧。北周孝闵帝元年（557），权臣宇文护辟

---

① 《新唐书》卷一九八《颜师古附颜游秦传》，《新唐书》卷五八《艺文志二》载录颜游秦《汉书决疑》十二卷。

② 《新唐书》卷一九八《敬播附秦景通传》。

③ 《新唐书》敬一九八《敬播附刘讷言传》。

④ 王光照：《"〈汉〉圣"刘臻与隋代〈汉书〉学》，载《江淮论坛》1998 年第 1 期。

刘臻"为中外府记室",刘臻自此由南之北徙家长安。

刘臻,由梁入周,隋禅周入隋,循例进位仪同三司,开皇中被太子杨勇引为学士,至开皇十八年(598)身殁,再不闻封官加爵,世称"刘仪同"。刘臻入隋,淡泊清守,来往多为一时学术文化领域的世族胜流。开皇中厕身太子宫后,与南士入北治《汉书》学者,如姚察、包恺、萧该、刘讷①,多有交往。刘臻"耽悦经史",尤"精于《两汉书》,时人称为《汉》圣。"②当时德业尤深的杨汪,也"受《汉书》于刘臻"③。上面所揭《隋志》著录"《汉书音》十二卷,废太子勇命包恺等撰",此太子宫集体著述,刘臻当预作此事。刘臻精于《汉书》学,重点即在家学传统之正字正音的小学。《颜氏家训·书证》曰,"《汉书》'田肎贺上。'江南本皆作'宵'字。沛国刘显博览经籍,偏经班《汉》,梁代以为《汉》圣(王利器案此条,以为颜氏'恐误',即刘显不当有《汉》圣之名),显子臻,不坠家业。读班史,呼为'田肎'。梁元帝问之,答曰,'此无义可求,但臣家旧本,以雌黄改"宵"为"肎""云云。刘臻治《汉书》,有家学旧本,门业专精在于正字正音,音韵是其所长,故开皇初南北音韵学一大盛事,也预身其间。故宫博物院影印唐写本王仁煦刊误补阙《切韵》,载陆法言序文曰:

> 昔开皇初,有刘仪同臻、颜外史之推、卢武阳思道、李常侍若、萧国子该、辛咨议德源、薛吏部道衡、魏著作彦渊等八人,同诣法言宿,夜永酒阑,论及音韵,古今声调,既自有别,诸家取舍,亦复不同。吴、楚则时伤轻浅,燕、赵则多涉重浊,秦、陇则去声为入,梁、益则平声拟去,吕静《韵集》,夏侯该《韵略》,阳休之《韵略》,李季节《音谱》,杜台卿《音略》等,各有乖互。江东去韵,与河北复殊。因论南北是非,古今通

---

① 或为《新唐书》卷一九八《敬播附刘讷言传》所记,高宗时"以《汉书》授沛王"的刘讷言。

② 《隋书》卷七六《刘臻传》。"《汉》圣","古之人精通一事者,亦或谓之圣……隋刘臻精《两汉》,谓之《汉》圣,唐卫大经邃于《易》,谓之《易》圣……盖言精通其书,而他人莫能及也。"王观国《学林》一,转引王利器《颜氏家训集解》,上海古籍出版社 1980 年版。

③ 《隋书》卷五六《杨汪传》。

塞,欲更捃选精切,除削疏缓,颜外史、萧国子多所决定。魏
著作谓法言曰:"向来论难,疑处悉尽,何为不随口记之?我
辈数人,定则定矣。"法言即烛下握笔,略记纲纪。后博问辨,
殆得精华。今返初服,遂取诸家音韵,古今字书,以前所记
者,定为《切韵》五卷,剖析毫厘,分别黍累,非是小子专辄,
乃述前贤遗意。于时岁次辛酉大隋仁寿元年。①

　　这就是陆法言《切韵》问世之前的一次重要的音韵学讨论,其作
用于中国传统音韵学发展之功,亦正如章太炎先生所指出:《广韵》
之先为《切韵》。隋开皇初,陆法言与刘臻等八人共论音韵,略记纲
纪,后定为《切韵》五卷。唐孙愐勒为《唐韵》,至宋陈彭年又增修《广
韵》。古今音之源流分合,悉具于是。"②
　　刘臻"耽悦经史",亦谙习韵律,参与隋王朝礼乐修订事。隋文帝
开皇九年(589),隋平陈,得所谓"陈氏正乐",牛弘因此奏请制作礼
乐,杨广复上表附请,文帝许之。牛弘会同秘书丞姚察、通直散骑常侍
许善心、仪同三司刘臻、通直郎虞世基等南人,共详其议上奏(文繁不
引),隋文"帝并从之",史称:"故隋代雅乐,唯奏黄锺一宫,郊庙飨用
一调,迎气用五调。旧工更尽,其余声律,皆不复通。"③
　　3. 丹阳人耿询及其浑天仪与马上刻漏
　　耿询,字敦信,生卒年失载,丹阳人。丹阳,一作丹杨,秦置县,治
所居今安徽当涂县东北小丹阳。耿询富才思,善言表,技艺过人,史称
"滑稽辩给,伎巧绝人"④。
　　南朝末年陈后主世(583—589),耿询为幕府宾客随东衡州(治
所,今广东韶关)刺史王勇往岭南,王勇卒,留岭南不返,与当地少数民
族相接甚为融洽。开皇十年末,岭南俚、越诸洞酋豪结众反隋,耿询所
在郡俚推举耿询为主反隋。隋将王世积平叛岭南,擒获耿询,依律当

①　万绳楠:《陈寅恪魏晋南北朝史讲演录·南北社会的差异与学术的沟通》,黄山书社1990年版。
②　章太炎:《国学讲演录·小学略说》,华东师范大学出版社1995年版。
③　《隋书》卷一五《音乐志下》。
④　《隋书》卷七八《耿询传》。

斩，以耿询有巧思，没为家奴，带回长安。耿询自此归隋而入居长安。

耿询居长安，相遇故交——擅长天文玄象时值隋太史局的高智宝，遂"从之受天文历算"，开始渐入天算之学，创制浑天仪。浑天仪，亦称浑象、浑仪，古代测量天体位置的仪器。耿询创作的浑天仪，以水运为动力，置于暗室，"外候天时，合若符契"①，测度精准"不差辰象之度"②。因此器制作精良，王世积奏于朝廷，隋文帝将耿询配为官奴，初给使太史局，后赐隋文帝三子蜀王杨秀。此后，杨秀出镇益州，耿询随侍王府赴川，甚得杨秀亲信。仁寿二年（602），杨秀因罪被废，"与相连坐者百余人"③，耿询复当其祸。依律"当诛，何稠言于高祖曰：'耿询之巧，思若有神，臣诚为朝廷惜之。'上于是特原其罪"④。

耿询开释之后，重归太史局。隋文帝世作马上刻漏，史称思妙伎巧而行于世。刻漏，"制器取则，以分昼夜"⑤，古代计时器具。马上刻漏，行舆移动所用。耿询于隋文帝世所作马上刻漏，至隋炀帝大业世或有进一步改进。《隋书·天文志上》记："大业初，耿询作古欹器，以漏水注之，献于炀帝。帝善之，因令与宇文恺，依后魏道士李兰所修道家上法漏器，制作称水漏器，以充行从。"同时，为东都乾阳殿前鼓下作候影分箭上水方器，以计时司辰。"又作马上刻漏，以从行辨时刻。"此"又作"系于大业，应为仁寿制作的改作。因此制作精良，隋炀"帝善之，放为良民。岁余，授右尚方署监事。"⑥右尚方，大业世分隶少府监，给使制作。右尚方署监事官品阶次，《隋书·百官志》不载。至此，耿询免奴放良，身份改变。

大业七年（611），隋炀帝发动对高丽的战争。耿询上书言政，"曰：'辽东不可伐，师必无功。'"隋炀帝以沮师罪，"命左右斩之。何稠苦谏得免。"此后，隋炀帝兵败辽东，"以询言为中，以询守太史丞。"太史丞，品阶正九品。大业十二年（616），隋炀帝三巡江都，耿询随侍

① 《隋书》卷七八《耿询传》。
② 《隋书》卷七八《史臣曰》。
③ 《隋书》卷四五《文四子·杨秀传》。
④ 《隋书》卷七八《耿询传》。
⑤ 《隋书》卷一九《天文志上》。
⑥ 《隋书》卷七八《耿询传》。

行舆。大业十三年（617）三月，江都禁军兵变，宇文化及杀隋炀帝。六月，宇文化及北归，耿询随行。至黎阳，宇文化及受挫，耿询试图脱离宇文化及，为宇文化及所杀。一代技艺制作家，辗转颠沛，最后殁于乱世。

耿询习玄象，知历算，善技巧，亦所谓道术双修之士。《隋书》本传载其《鸟情占》一卷。

### 4. 裴政其人及其立法实践

裴政，字德表，原籍河东闻喜（今山西闻喜县）人客籍安徽。南北朝之际，裴政高祖裴寿孙随刘裕南徙，家于寿阳（今安徽寿县）。河东裴氏迁徙安徽，历仕萧梁内外诸职，裴政父裴之礼，历官司法。《隋书·裴政传》复记"廷尉卿"一职。

裴政，少年颖慧，博闻强记，关注当时政务。通晓古乐，《周书·长孙绍远传》记："绍远所奏乐，以八为数。故梁黄门侍郎裴政上书，以为昔者大舜欲闻七始，下洎周武，爰创七音。持林钟作黄钟，以为正调之首。诏与绍远详议往复，于是遂定以八为数焉。"①裴政好饮酒，酒量过人，"至数斗不乱"。性格亦质直，"好面折人短，而退后无言"，以能忠、"纯愨"名史，处事平直，讲究"察情"、"据证"而兼采情理②。

裴政，十五岁起家，为梁邵陵王王府法曹参军事，职责范围狱讼罪法诸事。梁末，建康城破，萧衍七子萧绎建江陵政权，史称梁元帝，裴政仕之。梁元帝承圣三年（554），江陵为西魏所破，裴政"与城中朝士俱送于京师"。裴政自此归于西魏。西魏权相宇文泰"引事相府"。至于恭帝三年（556），裴政受命与卢辩"依《周礼》"建西魏六官，并"撰次朝仪，车服器用"。史称制作大多遵循古礼，"革汉、魏之法，事并施行。"西魏北周之间，裴政历职刑部下大夫，转少司宪，职司刑典，善于决断，"簿案盈几，剖决如流"，依律用法，以宽平、少有冤滥名世。史称"囚徒犯极刑者，乃许其妻子入狱就之，至冬，将行决，皆曰：'裴大夫致我于死，死无所恨。'其处法详平如此。"北周武帝保定三年

---

① 《周书》卷二六《长孙绍远传》。
② 《隋书》卷六六《裴政传》。

（563），周编制新律《大律》二十五篇，裴政以"明习故事，又参定"。周宣帝时，因处事忤旨，免官。隋文帝摄周政，召复本官①。

隋文帝开皇元年，裴政转迁东宫率更令，职掌伎乐、漏刻等事②。随即亦受"诏与苏威等修订律令"③，此为隋文帝初修《开皇律》。《隋书·刑法志》记录其事并及领衔、预修诸人："高祖即受周禅，乃诏尚书左仆射、渤海公高颎，上柱国、沛公郑译，清河郡公杨素，大理前卿、平原县公常明，刑部侍郎、保成县公韩濬，比部侍郎李谔，兼考功侍郎柳雄亮等，更定新律。"《隋志》所记不全，考补，尚有李德林、于翼、苏威等人④。值得指出的是，《隋志》阙录隋文帝初修《开皇律》的主修人——裴政，此见于裴政本传。《隋书·裴政传》记曰：裴"政采魏、晋刑典，下至齐、梁，沿革轻重，取其折中。同撰者十有余人，凡疑滞不通，皆决于政"。因此，《通鉴》辑载开皇初编修律法事，即曰，"初，周法比于齐律，繁而不要，隋主命高颎、郑译及上柱国杨素、率更令裴政等，更加修订"⑤，而后人也视《开皇律》主修之功于裴政。明清之际王夫之曰："今之律，其大略皆隋裴政之所定也。"⑥

裴政，由萧梁而入西魏、北周、隋，历官南北多在法曹、臬司，广涉南北律学而富有识断，所谓"用法宽平"、"剖决如流"、"取其折中"、"皆决于政"等。对于综合南北律法讲究修律以简、论法从宽之《开皇律》的修订，并及当时政治的稳定，以及中华法系的承接与发展，其作用当时影响后世是不可小视的。如《隋书·文帝本纪上》曰："至是，高祖大崇惠政，法令清简，躬履节俭，天下悦之。"如《通鉴》曰："自是法制遂定，后世多遵用之。"⑦

裴政，后转迁左庶子，"东宫凡有大事，皆以委之"⑧，然生性质直

① 《隋书》卷六六《裴政传》。
② 《隋书》卷二八《百官志下》。
③ 《隋书》卷六六《裴政传》。
④ 王光照：《隋〈开皇律〉及其立与毁》，载《学术月刊》1995年第9期。
⑤ 《资治通鉴》卷一七五，"太建十三年"条。
⑥ 王夫之：《读通鉴论》卷一九《隋文帝》，中华书局1975年版。
⑦ 《资治通鉴》卷一七五，"太建十三年"条。
⑧ 《北史》卷七七《列传》。

而切谏,为太子杨勇所疏远,"出为襄州总管"。在任行法,欲擒故纵,史称"民有犯罪","至再三犯"方严律"亲案",以至"合境惶慑,令行禁止,小民苏息,称为神明。尔后不修图圄,殆无诤讼"①。

　　裴政卒于官,年八十九。《隋书》本传记其著作有《承圣降录》十卷。

---

① 《隋书》卷六六《裴政传》。

# 第三章
## 唐王朝对安徽的经略

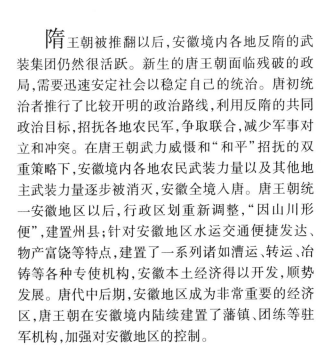

隋王朝被推翻以后,安徽境内各地反隋的武装集团仍然很活跃。新生的唐王朝面临残破的政局,需要迅速安定社会以稳定自己的统治。唐初统治者推行了比较开明的政治路线,利用反隋的共同政治目标,招抚各地农民军,争取联合,减少军事对立和冲突。在唐王朝武力威慑和"和平"招抚的双重策略下,安徽境内各地农民武装力量以及其他地主武装力量逐步被消灭,安徽全境入唐。唐王朝统一安徽地区以后,行政区划重新调整,"因山川形便",建置州县;针对安徽地区水运交通便捷发达、物产富饶等特点,建置了一系列诸如漕运、转运、冶铸等各种专使机构,安徽本土经济得以开发,顺势发展。唐代中后期,安徽地区成为非常重要的经济区,唐王朝在安徽境内陆续建置了藩镇、团练等驻军机构,加强对安徽地区的控制。

# 第一节　削平群雄,安徽全境入唐

　　大业十四年(618)三月,宇文化及等人缢杀了隋炀帝。五月,李渊即皇帝位,建国号"唐",唐王朝诞生,李渊是为唐高祖。隋炀帝灭亡,全国各地不同派别地主武装乘乱割据,与此同时,农民起义烽火蔓延,农民政权林立。新生的唐王朝,面对群雄割据,首要任务是统一全国。这是一项艰巨的事业。安徽地区的农民军方兴未艾,继续和隋王朝的残余势力进行艰苦卓绝的斗争。针对安徽地区的政局,唐王朝采取了"剿""抚"并用的政治策略,逐步瓦解农民武装,削平群雄,安徽全境入唐。

## 一、武力威慑与招抚并用收复安徽地区

　　唐初,全国各地反抗隋炀帝残暴统治的农民起义队伍共计有四十八支。安徽境内的农民武装队伍大小数十支,其中见于两唐书《高祖本纪》记载的有六支,活跃在安徽各地:

　　亳州人朱粲在南阳起义,号楚帝;

　　歙州人汪华在新安起义,号吴王;

　　杜伏威在淮南起义,以和州为据点,号吴王;

　　左难当据泾县起义;

　　殷恭邃据舒州起义;

　　梅知岩据宣州起义。①

　　此外还有《资治通鉴》等文献记载的,如:张迁、[田]黑社、[田]白社反于谯郡②;张起绪起兵淮南,拥众三万③;庐江人张子路举兵反;李

---

①《新唐书》卷一《高祖本纪》、《旧唐书》卷一《高祖本纪》。

②《资治通鉴》卷一八三,"义宁元年"条。

③《隋书》卷四《炀帝下》。

通德"寇庐江"①;化明(今安徽明光)人马簿起兵濠州②等。他们继续高举反隋的义旗,打击隋王朝的残余势力。其中影响较大、具有一定军事实力的农民武装有三支:朱粲领导的淮北农民起义军;杜伏威、辅公祏、王雄诞等领导的江淮起义军;汪华领导的歙州起义军。这三支农民军分别占据今安徽淮北、江淮、江南地区,南北呼应,带动江淮、沿江、江南各地小股农民军,起义如火如荼地发展。

唐王朝面对全国各地的农民军,采取武力镇压和招抚并用的措施加以分化瓦解。从政治目标上看,农民军起义的目标是反抗隋炀帝,这和李渊集团的政治目标一致,因此有招抚的基础。

唐王朝采取这一政治策略,联络各地反抗隋炀帝的农民军,包括农民军以外的其他各种政治势力,也包括隋王朝原有的中央、地方官员,实行政治招抚,吸收他们入朝,加官封爵,予以任用、重用,借以扩大自己的政治力量和统治基础。另一方面,又积极推行政治、经济上的宽松政策,最大限度地稳定民心,安定社会。

李渊即位伊始,宣布减免一至三年租税,"义师所过给复三年,其余给复一年。"武德二年(619)二月,李渊即皇帝位不到十个月,就颁行宽大政策,"初定租、庸、调法"③,规定限额之外,"不得横有调敛"④。又推行"虑囚"政策,审查、释放了一部分隋王朝囚禁的罪犯。李渊亲自到民间视察,"庚戌,微行,察风俗。乙卯,以谷贵,禁关内屠酤"⑤,以保证市场粮食和物资供给。唐王朝的这些政策,从政治、经济方面收复民心,安定社会各个阶层,以扩大统治基础。原有隋朝旧官员,包含地方州县旧官员,以及接受招抚的农民军首领,迅速归心唐王朝。

唐王朝针对安徽各农民军的不同情况,采用不同的政策,或者分化瓦解,或者收编为自己的军事力量。而对于负隅顽抗的异己势力,则采取凌厉的军事镇压,逐个剿灭。很快,安徽地区各个小股军事力

---

① 《隋书》卷四《炀帝下》。
② 《新唐书》卷三八《地理志》,《隋书》卷四《炀帝下》。
③ 《新唐书》卷一《高祖本纪》。
④ 《资治通鉴》卷一八七,"武德二年"条。
⑤ 《新唐书》卷一《高祖本纪》。

量相继归唐。谯郡的张迁、田白社归于李密,随同李密归唐;武德二年,濠州马簿部下杨益德归唐;武德三年,谯郡的田黑社归唐;武德五年,殷恭邃以舒州降唐。安徽地区剩余几支较大农民军,即江淮杜伏威、江南汪华、淮北朱粲,成为唐王朝面对的主要进攻目标。唐王朝依据这几支农民军的特点,采取了各个击破的战略措施。

## 二、招抚江淮杜伏威

大业十三年(617),杜伏威领导的农民军,击溃隋将陈棱的精锐部队,挺进江淮地区,占据和州历阳,夺取周围州县,吸收江淮之间小股农民军,壮大起义队伍,成为江淮地区一支强大的反隋武装。这支农民武装军队很快引起隋王朝核心集团的注意,宇文化及缢杀隋炀帝,夺取政权后,立即向杜伏威颁行文书,"署为历阳太守,伏威不受"①,杜伏威拒绝了宇文化及的招抚与拉拢。

武德二年(619),李渊、李世民"闻伏威据有吴、楚,遣使谕之",联合杜伏威。杜伏威在错综复杂的政治局势面前,选择了新生的李唐王朝作为合作对象,他向李渊"献款",表明自己拥护新王朝的政治态度。李渊抓住这一契机,厚待杜伏威,遣使拜杜伏威为"淮南安抚大使、和州总管"②,武德三年(620)又拜杜伏威"东南道行台尚书令、江淮安抚大使、上柱国、吴王、赐姓,预属籍,封其子德俊为山阳公,赐帛五千段、马三百匹"③。这里,"预属籍",即在封官拜爵的同时,将杜伏威的氏族编入皇家宗室的户籍、名册,以示荣宠。唐王朝又拜另一名农民领袖辅公祏"为淮南道行台尚书左仆射,封舒国公"④。武德四年(621),增拜杜伏威军中的猛将阚棱为"左领军将军,迁越州都督"⑤。杜伏威身边骁将王雄诞被"授歙州总管,封宜春郡公"⑥。杜伏威接受唐王朝的招抚以后,徙居丹阳,进一步扩大自己的政治势力,"进用人

---

① 《旧唐书》卷五六《杜伏威》。
② 《资治通鉴》卷一八七,"武德二年八月"条。
③ 《新唐书》卷九二《杜伏威》;《资治通鉴》卷一八八,"武德三年"条。
④ 《新唐书》卷八七《辅公祏》。
⑤ 《旧唐书》卷五六《阚棱》。
⑥ 《旧唐书》卷五六《杜伏威》。

士,大修器械,薄赋敛,除殉葬法,其犯奸盗及官人贪浊者,无轻重皆杀之",①迅速发展成为一支纪律严明,富有战斗力的武装力量。

李渊招抚杜伏威以后,借用杜伏威的军事力量征讨东南地区其余农民军。这时大江南北,沈法兴据毗陵(今江苏常州),陈稜溃败以后退据江都,李子通据海陵,农民军汪华据歙州,彼此展开了错综复杂的军事交锋。武德三年,陈稜、沈法兴被李子通击溃;杜伏威遣辅公祏率兵数千进攻李子通。李子通不敌辅公祏,退保京口(今江苏镇江市)。辅公祏渡江攻下丹阳,进屯溧水(今属江苏),占据了江南之地。武德四年冬,李渊要求杜伏威继续追讨李子通,杜伏威遣名将王雄诞出战杭州,俘虏刘子通,执送长安。至此,杜伏威先后平定了东南地区的陈稜、沈法兴、李子通等武装势力,为李渊统一东南地区贡献了很大力量。

接着,杜伏威又派遣王雄诞攻讨歙州汪华,围困汪华于歙州山中。汪华不敌王雄诞,"面缚请降",归顺唐王朝。这时,杜伏威"尽有江东淮南之地,南接于岭,东至于海"②,成为南方势力范围最大的军事力量。

武德五年(622)七月,李世民"击徐圆朗,下十余城,声振淮泗。杜伏威惧,请入朝"③。李渊恩待杜伏威,"诏拜太子太保兼行台尚书令,留京师,位在齐王元吉上,以宠之"④,实际上杜伏威"入京",被李渊控制起来了。

武德六年(623)八月,杜伏威留在江淮的农民军将领辅公祏举兵反唐,并于丹阳(南京)称帝,国号为宋。李渊命襄州道李孝恭、岭南道大使李靖、齐州总管李世勣等,分别进军淮南,镇压辅公祏。由于辅公祏丹阳起兵反唐,诈称杜伏威之命。李渊信以为真,乃夺杜伏威官爵,没其家产。杜伏威于武德七年二月"暴卒"于京城。

武德七年(624)三月,唐军攻破丹阳,辅公祏战败被俘。唐将李孝恭缴获辅公祏的"反书",证明辅公祏"叛唐"无涉杜伏威。李世民继

①《旧唐书》卷五六《杜伏威》。
②《旧唐书》卷五六《杜伏威》。
③《资治通鉴》卷一九〇,"武德五年"条。
④《新唐书》卷九二《杜伏威》。

皇帝位,查明杜伏威蒙冤受屈,恢复了他的官爵,以公礼入葬。

　　辅公祏再次起兵,乃图谋割据,属叛乱性质。他之所以失败,是因为历史背景变化了。经历长期战争,生产急待恢复,人心思安,希望社会环境安定。因此,辅公祏再兴兵燹,得不到广泛支持,失去了早期起义的社会基础。

　　杜伏威、辅公祏领导的江淮农民军在推翻隋王朝残暴统治的斗争中,做出了一定的历史贡献,应该肯定。他们在唐王朝统一大业中,做出了明智的政治选择,为唐代安徽地区迅速进入统一的安定的社会环境做出了贡献。辅公祏再次起兵,带来的反复,也留下了历史教训。

### 三、招抚江南汪华

　　汪华,歙州绩溪人。隋末兵乱,汪华受到本地人民的拥护,于大业七年(611),公开举起义旗,称"吴王",建立了歙州历史上最早的农民政权。汪华建立的农民武装很快发展到一万人,势力扩大到歙、宣、杭、睦、婺、饶六州,[①]成为江南地区一支实力雄厚的农民军。

　　李渊夺取政权以后,对汪华农民军,采取了武力进攻和招抚并用的双重手段。

　　武德四年(621),李渊即诏命杜伏威攻讨汪华。杜伏威受命派遣王雄诞出兵征讨汪华。王雄诞智勇双全,是杜伏威的养子。他率军开赴歙州山中,围困汪华,汪华不敌王雄诞,"面缚而降"[②],然后"籍土地、民、兵,遣宣城长史铁佛奉表于唐"[③]。李渊以积极的态度安抚汪华,拜汪华歙州刺史,封上柱国、越国公。汪华成为唐朝第一任歙州刺史。[④]

　　李渊招抚汪华的决策,具有两点政治意义:其一,充分利用本土政治力量控制本土,迅速把汪华控制的具有反隋情绪的东南六州人民,

　　① 《新安文献志》卷六一《唐越国汪公行状》。
　　② 《旧唐书》卷五六《杜伏威附王雄诞》。
　　③ 《新安文献志》卷六一《唐越国汪公行状》。
　　④ 《全唐文》卷一《封汪华越公制》:"汪华……远送款诚,宜从褒宠,授以方牧。可使持节总管歙、宣、杭、睦、婺、饶等六州诸军事、歙州刺史、上柱国,封越国公,食邑三千户。"

转化为拥护新王朝的力量,东南地区歙、宣、杭、睦、婺、饶六州由此安定下来。其二,启用汪华,也是对于杜伏威、王雄诞势力的掣肘和牵制,体现了李渊的政治用心。武德四年(621)十一月,王雄诞接受汪华投降,李渊又诏拜王雄诞为"歙州总管,赐爵宜春郡公"①,进一步显露了李渊有意制造两股政治势力相互制衡的政治用心。

太宗李世民继位,进一步关注歙州的发展。贞观二年(628),李世民下诏汪华进京,授左卫白渠府统军。汪华于贞观二十二年(648)死于京城长安,归葬歙县北七里云郎山。②

### 四、剪灭淮北朱粲

淮北地区,朱粲起义军的影响较大。朱粲,亳州城父人,因为不满隋朝昏暗的政治,揭竿起义,"粲起南阳,号楚帝"③。入唐以后,武德元年(618),朱粲攻取邓州、南阳,众达二十万,称楚帝于冠军(今河南邓县),建元昌达。

武德二年(619),李渊不断"宣谕"各种开明政策,试图招抚各地农民军。在李渊的政治攻势下,朱粲归唐。二月乙巳,李渊派遣"御史大夫段确劳朱粲于菊潭"④,不料朱粲杀害御史段确,投靠隋朝的残余势力王世充。

朱粲投靠王世充以后,性质发生了变化,政治上由原先反隋转化为政治对抗李渊建立的新王朝。武德四年(621),李世民击破王世充,俘朱粲,毫不留情地斩朱粲于洛水之上,历时四年,剪灭了朱粲。

李渊招抚杜伏威、汪华等农民军势力,安徽全境入唐,统一安徽地区的战略任务基本完成。总结唐王朝统一安徽地区的这一历史,其方略大致有三:第一,坚持招抚为主的政治攻略,辅之以军事威慑。第二,李渊、李世民招抚农民军以后,厚待农民军领袖,引以为援,借以征

---

① 《资治通鉴》卷一八九,"武德四年"条。

② 罗愿:《新安志》卷一《(汪华)祠庙》:"贞观二年,授左卫白渠府统军事,参掌禁兵。十七年,改忠武将军,行右积福府折冲都尉……二十二年三月三日薨于长安。永徽中,归葬歙县北七里云郎山。"

③ 《新唐书》卷一《高祖本纪》。

④ 《续通志》卷一《唐纪》。

服其余农民军,加速实现了安徽东南地区的统一。第三,颁行了安定社会的各种政治和经济策略。自魏晋南北朝以来,国家分裂,战乱频仍,百姓厌乱思安久矣。唐王朝的崛起,给百姓带来希望,在军事威慑和招抚政策双管并用下,一些政治野心不大的农民军领袖顺应形势,纷纷自动向唐王朝纳款输诚,这是安徽地区得以迅速结束乱局走向安定统一的原因之一。唐王朝历时十年的统一战争,收复安徽地区。这其中,农民军主动放弃独立,追求社会安定,为社会统一和安定做出的贡献,应该予以肯定。

## 第二节　行政区划调整

隋末,各种政治势力突起,滥置郡县,使本来就已经非常混乱的地方管理系统进一步复杂化。唐初武德年间(618—626),新生的唐王朝集中主要精力用兵,力图迅速统一全国,不遑地方政区建置。凡是入唐版图的地区,地方行政机构继承隋朝的建置。李世民继皇帝位,全国基本统一,开始大规模调整全国的行政区划,并且在中央和地方州县之间,增设了新的管理机制,例如"道"与各种"专使",以加强对地方控制。

### 一、唐初地方行政设置概况

唐贞观元年(627),太宗李世民因山川形便,把全国划分为十道,今安徽所在州县分属于河南、淮南、江南三道。中宗神龙二年(706),道置巡察使。玄宗开元二十一年(733),析分"十道"为"十五道",江南道拆分为东、西两道,今安徽长江以南地区的宣州(含代宗时期建置的池州)属于江南西道,歙州属于江南东道。① 道置采访处置使,职掌

———————————

① 《新唐书》卷三八《地理志》,"濠州"归属"河南道"。《旧唐书》卷四〇《地理志》,"濠州"归属"淮南道"。其地理位置在江淮地带,今从《旧唐书·地理志》,列入江淮地区。

如汉代刺史。其后,道又陆续置按察、黜陟、巡抚、安抚等使,作为中央派出的监察机关,逐渐制度化,但仍不具备行政管理职能,只是一个区域监察的概念而已。

唐代地方行政实行三级管理体制,最高一级为都督府。隋设总管府,唐初仍之。武德七年,改总管府为都督府,总管府总管和都督府长史,依照惯例兼所治州刺史,并掌督所控诸州兵马、甲械、城隍、镇戍、粮廪等事。辖十州者称大都督府,十州以下者依次为中都督府、都督府。贞观十三年,全国设有四十一个都督府。景云二年(711),减为二十四。开元(713—741)时又增至四十。天宝(742—755)以后,节度、观察使发展成为地方最高长官,藩镇为地方最高行政机构,都督府遂名存实亡。此时,藩镇巡属诸州称"支郡",不受藩镇节度的称"直属州",即直接属朝廷管辖的州。可以说,唐代中后期地方行政系统实行的是双轨制,一是藩镇、支郡、县,一是朝廷、州、县。州,隋末称郡。高祖武德元年(618)五月,改隋郡为州。玄宗天宝元年(742),又改州为郡。肃宗至德二载(757),再改郡为州,故《新唐书·地理志》《元和郡县图志》等书均州郡并列,如庐州,写作"庐州庐江郡"。按地理位置和户口多寡,州分为辅、雄、望、紧、上、中、下七个等级。按其有无军权及军权大小,州又有防御州、团练州、刺史州之别。其统属关系图示如下:

唐中前期地方统辖关系:

朝廷—道—(总管)都督府—州(郡)—县

唐后期地方统辖关系:

朝廷—藩镇—州—县

朝廷—州—县

军事设置,贞观十年(636),太宗采隋折冲郎将之名,改鹰扬府为折冲府。冬季操练,战起出征,无战事则轮番宿卫,隶属于中央十二卫。多设在西北及京畿周边地区,安徽和州设有香林折冲府,寿州设有寿春折冲府。天宝八年(749)以后,其制渐废,代之而起的有军、镇遏使,如采石军、埇桥镇遏使等。军使和镇遏使一般由节度使兼任。江南素无征防,但朝廷曾于宣州置作坊,专门负责制造戎器。

唐王朝还在今安徽境内设置了许多单纯经济性质的机构,如皖南的梅根、宛陵二钱监。代宗大历年间（766—779），刘晏以左相领盐铁使，置十三巡院，其中的埇桥巡院即驻今宿县，庐寿巡院在庐或寿州境内，驻地详址失考。

## 二、安徽州县废置及统辖关系

唐代本着犬牙相制的区划原则，并参照各地自然地理形势，设置地方行政区划。今安徽境内江、淮两水自西向东穿过南北，天然形成了"淮北"、"江淮"、"江南"三大地理区域，其州县废置随着东南社会形势的发展特点而显示了各自的变化。

1. 淮北地区的州县废置

淮北地区，唐代建置河南道，设置河南道采访使，治汴州，领一府，二十九州，一百九十六县。其中有五州十三县处于今安徽境内。今安徽淮河以北市县均在其域内。

**颍州**：上。隋为汝阴郡，治汝阴（今安徽阜阳市）。唐武德四年（621）五月平王世充，地入唐版籍。唐于汝阴县西北十里置信州，六年，更名颍州，移治汝阴。天宝元年（742），改为汝阴郡。乾元元年（758），复为颍州。初领汝阴、清丘、永安、高唐、永乐、颍阳六县。后来调整领四县，汝阴、颍上、下蔡、沈丘。

汝阴县，紧。州治所在地。武德初有清丘、高唐、永安、永乐、颍阳、汝阴六县。贞观六年（632），省永安、高唐、永乐。贞观六年，省清丘、颍阳，皆入汝阴。今为安徽阜阳市。

颍上县，上。旧治今县城关镇南古郑城，武德四年移治距今城关镇十二里的临沙河，今为安徽颍上县。

下蔡县，上。旧县，武德四年于县置涡州，八年，废州留县。贞观四年（630），曾经为涡州州治。八年，废涡州，下蔡县归属颍州。今为安徽凤台县。

沈丘县，中。隋沈（邡）州，领沈丘、宛丘二县。贞观元年（627）州废，以宛丘隶陈州，沈丘隶颍州。今为安徽临泉县。

**亳州**：望。隋为谯郡。唐武德四年，平王世充，改为亳州，治谯城（今安徽亳州市）。五年，置总管府，下辖谯、亳、宋、北荆、颍、沈六州。

七年,改总管府曰都督府。贞观元年,罢都督府。统县七,治所在今安徽境内者三:谯,紧。城父,上。王世充于此置成州,世充平,州废。文城县,七年,省文城入城父县。玄宗天宝元年(742),改为谯郡。肃宗乾元元年(758)复为亳州。领八县,其中有谯、城父、临涣、蒙城四县在今安徽境内。

谯县,紧。隋大业三年(607)定名谯县,唐因袭。今为安徽亳州市。

城父县,上。隋开皇十八年(598)定名城父,唐沿用。辖境为今亳州市南、涡阳县北地带。天祐二年(905),避权臣朱全忠父讳,改城父曰焦夷。

临涣县,紧。隋置,唐朝继承。宪宗元和九年(814)之前属亳州。元和九年,改属宿州。今为安徽淮北市柳孜地带。

蒙城县,上。隋为山桑县,大业二年(606)置。玄宗天宝元年(742),改为蒙城。今为安徽蒙城县。

**宿州**:唐宪宗元和四年(809)建置,州治符离县埇桥镇,今为安徽宿州市。领四县。

蕲县,上。元和四年之前属于徐州,元和四年之后属于宿州。今为安徽固镇县北。

符离县,元和四年之前属于徐州,元和四年之后属于宿州。今为安徽宿州市符离。

虹县,唐武德四年(621),析分夏邱县置。元和四年之前属于泗州,元和四年之后属于宿州。今为安徽泗县。

临涣县,紧。元和四年(809)之前属于亳州,元和四年之后属于宿州。今为安徽淮北市柳孜地带。

**徐州三县**:徐州,隋为彭城郡。唐武德四年(621),平王世充,建置徐州总管府,治彭城(今徐州市)。贞观十七年(643),罢都督府。天宝元年(742),改徐州为彭城郡。肃宗乾元元年(758),复为徐州,今为江苏徐州。领八县,内有三县在今安徽境内。

萧县:上。隋为龙城县,不久改为萧县。唐因亡,今为安徽萧县。

符离县:秦置,隋朝属彭城郡,唐代属于徐州,元和四年之后属于宿州。今为安徽宿州市。

蕲县：秦置，隋属彭城郡，唐代属徐州。元和四年，割属宿州。今为安徽固镇县北。

**宋州砀山县**：宋州，隋为梁郡。唐武德四年改置宋州，天宝元年（742），改为睢阳郡。肃宗乾元元年（758），复为宋州。今为河南商丘市。领十县，其中砀山县属于今安徽。

砀山县：上。隋开皇十八年（598），改安阳县为砀山县。唐袭置。属宋州。今为安徽砀山县。

2. 江淮地区州县的废置

江淮地区，唐代建置淮南道，领三十二州，经过贞观年间裁省，领有十四个州，五十三个县，其中六州二十四县属于今安徽境内。玄宗开元二十一年（733），设采访处置使，治扬州（今江苏扬州市）。肃宗至德元年（756）十二月，置淮南节度使，仍治扬州。

**濠州**：隋为钟离郡。武德三年（620），改为濠州。天宝元年（742）改为钟离郡。肃宗乾元元年（758），复为濠州。属淮南道。德宗贞元初（785）改属河南道。[①] 领三县。

钟离县，紧。濠州州治所在地，武德七年（624），省涂山县并入钟离县。今为安徽凤阳县。

定远县，紧。隋为临豪县。武德三年更名定远县。今为安徽定远县。

招义县，上。隋为化明县。武德三年，更化明县为招义县。隋末，当地人马簿发动农民起义，占据化明县，号化州。后邑人杨益德杀簿，自号刺史。武德三年降唐，贞观元年（627）废化州，称为招义县。今安徽明光市北。

**滁州**：上。隋为江都郡之清流县。武德三年，建置滁州。天宝元年（742），改为永阳郡。乾元元年（758），复为滁州，治清流县（今为安徽滁州市），领三县。

清流县，上。滁州州治所在地，今为安徽滁州市。

---

① 《太平寰宇记》卷一二八《淮南道六》："贞观元年，窦参为相，于是越淮割地，隶属徐州。"

全椒县,紧。隋为滁县,隋炀帝复为全椒县,唐朝因之。今为安徽全椒县。

永阳县,上。中宗景龙三年(709),分清流县置。今为安徽来安县。

**和州**:上。武德三年,杜伏威纳款,地入唐版籍,建置和州(今安徽和县)。天宝(742—755)初,改名历阳郡。乾元(758—759)初,仍称和州。建置香林折冲府①。领三县。

历阳县,上。隋为历阳郡国。唐初建置为和州。皆治历阳县,今为安徽和县。

乌江县,上。隋为历阳郡,今安徽和县北沿长江地带。

含山县,上。武德六年(623),析历阳之故龙亢县地置(今为安徽含山县)。八年(625)废,并入历阳县。高宗长安四年(704),复为武寿县。中宗神龙元年(705),复为含山县。

**庐州**:上。隋为庐江郡。唐武德三年(620),建置为庐州,治合肥(今安徽合肥市)。天宝元年(742),改为庐江郡。肃宗乾元初,复为庐州。领五县。

合肥县,紧。庐州州治所在地,今为安徽合肥市。

慎县,紧。隋置,唐朝继承,今为安徽肥东县。

巢县,上。隋开皇三年(583),建置为襄安县。唐武德三年(620)建置为巢州(今安徽巢湖市),并析置开成、扶阳二县,七年巢州废。省开成、扶阳,并入巢县,归属庐州。

舒城县,上。唐开元二十三年(735),析合肥、庐江二县地置。今为安徽舒城县。

庐江县:紧。汉代建置庐江县(今安徽庐江县),属于庐江郡。隋唐继承,属庐州。

**寿州**:隋为淮南郡。武德三年,杜伏威降,地入唐版籍,改为寿州(今安徽寿州市)。七年,置寿州中都督府。贞观元年(627),罢都督府。天宝元年(742),改为寿春郡。乾元元年(758),复为寿州。乾元

---

① 《新唐书》卷四一《地理志》谓:"有府一,曰新川。"名异,俟考。

二年至上元二年（761），曾为淮西节度使治所。建置有寿春折冲府。统县五。

寿春县，上。寿州治所，今安徽寿州市。

安丰县，紧。武德七年（624）建置，省小黄、肥陵二县并入安丰县（今安徽长丰县一带）。

盛唐县，上。旧霍山县，武德四年以霍山、应城、潜城三县置霍州。贞观元年（627）州废，省应城、潜城，以霍山隶寿州。神功元年（697）改霍山名武昌，神龙元年（705）复称霍山，开元二十七年（739）改名盛唐，移治于驺虞城①，即今六安市。武德四年所置开化县，七年所置潜县，贞观中皆省。

霍邱县，紧。汉松滋县，属庐江郡。武德四年（621），析松滋县，建置霍邱县。七年，霍邱归属寿州。今安徽霍邱县。

霍山县，上。汉代为灊县，属庐江郡。隋置霍山县。贞观元年（627），霍山县属寿州。今安徽霍山县。

**舒州**：上。隋为同安郡，唐武德四年建置为舒州。今安徽潜山县、安庆市一带。六年置总管府，领舒、严、智三州。八年改都督府，贞观元年罢府。至德二年（757）更名盛唐郡，寻复为舒州。统县五。

怀宁县，上。汉皖县地。晋改置怀宁县。武德五年析置皖城、梅城、安乐、皖阳四县，同年省安乐。七年省皖城、梅城、皖阳。今安徽潜山县。

宿松县，上。汉皖县地。梁置高塘郡。隋建置为宿松县。武德四年以县置严州，治宿松，领宿松一县。七年，以望江县隶之。八年，废严州，宿松、望江县归属舒州。今为安徽宿松县。

望江县，中。武德四年，置高州，不久改名智州，治望江县。七年，州废，以望江隶严州。八年，废严州，复以望江县归属舒州。今为安徽望江县。

太湖县，上。武德四年，析置青城、荆阳二县置。七年，省青城并入荆阳。八年，省荆阳并入太湖。今为安徽太湖县。

①　按：有好几方隋唐之际墓志都讲到寿州淮南郡属县有前塘。前塘者，顾名思义当在安丰塘之南，即今六安市位置也。霍山、前塘各自为县，或是开元二十七年改前塘曰盛唐，并霍山入焉，非改霍山曰盛唐，移治今天六安市。但诸史皆失载前塘事，因不敢遽断其是非，仅举以广见闻资考证耳。

桐城县,上。隋为同安县,治今枞阳镇。唐初仍之。开元中移治山城,即今桐城市区东南。至德二年(757)更名桐城县。今为安徽桐城县。

**扬州天长县**:扬州本南兖州江都郡,武德七年,改为邗州,以邗沟为名。九年更置扬州,天宝元年(742)更郡名。领县七,其中天长县在今安徽境内。

天长县:望。玄宗天宝元年析江都、六合、高邮县置千秋县,天宝七载更名天长县。今为安徽天长县。

3. 江南地区州县废置

江南地区,唐代贞观年间建置江南道,开元年间建置江南东道、江南西道。宣州、池州属于江南西道。歙州属于江南东道。有三州十八县一军,属今安徽境内。

**宣州**:望。隋宣城郡。武德三年,杜伏威降唐,改为宣州总管府。武德七年,改为都督府,领宣、潜、歙、池四州。贞观元年,罢都督府。唐末,建宁国军。原领县十,光启三年(887)割溧阳、溧水别置升州,终唐之世统八县一军。

宣城县,望。汉宛陵县,属丹阳郡。隋改为宣州,以宣城县为州治。武德三年析置怀安县,六年省。今为安徽宣州市。

当涂县,紧。汉为丹阳县境,属丹阳郡。晋成帝以江北当涂县流人寓居于湖,改为当涂县,属宣州。武德三年以县置南豫州。八年州废,复以县还隶宣州。贞观元年(627)省丹杨县入焉。乾元元年(758),改隶升州①,上元二年(761)复属宣州。今为安徽当涂县,属马鞍山市。

泾县,紧。汉建置泾县,属丹阳郡。武德三年(620)以县置南徐州,寻更名猷州,并置南阳、安吴以隶之。八年州废,省南阳、安吴,复以泾县隶宣州。武德八年,改属宣州。今为安徽泾县。

广德县,紧。汉故鄣县,属丹阳郡。故绥安县。武德三年以县置桃州,并置桐陈、怀德二县以隶之。七年州废,省桐陈、怀德,以绥安还属宣州。至德二年(757)改绥安为广德,以县界广德故城为名。今安徽广德县。

---

① 当涂改隶升州,《景定建康志》作乾元七年,误。考乾元号止二年,三年闰四月改元上元。

南陵县，望。汉代建置为春谷县，属丹阳郡。梁朝改置南陵县。武德四年隶池州。七年州废，改隶宣州。后析置义安县，寻又废县为铜官冶。贞观元年（627）改属宣州。长安四年（704），移今治。今为安徽南陵县。

太平县，上。天宝十一载（752），析当涂县、泾县西南十四乡建置。永泰中废，大历中复置①。今为安徽太平县。

宁国县，紧。武德三年（620）析宣城建置，六年废。天宝三载（744），析宣城、当涂二县地复置。今为安徽宁国县。

旌德县，上。宝应二年（763）二月，析太平县置。今为安徽旌德县。

采石军，肃宗乾元二年（759）置，宪宗元和六年（811）废。今为安徽当涂县境内。

**歙州：**上。隋为新安郡。隋末，农民领袖汪华据之。唐武德四年，汪华归唐，唐命汪华持节总管歙、宣、杭、睦、婺、饶六州诸军事。继之，唐王朝建置歙州总管府，拜王雄诞为总管，统歙、睦、衢三州。七年改都督府。贞观元年（627）罢都督府，置歙州。天宝元年（742），又改称新安郡。肃宗乾元元年（758），复为歙州，今为安徽歙县。领六县。

歙县，紧。唐初为歙州治。永徽五年（654）析置北野，大历二年（767）废入歙县。今为安徽歙县。

休宁，上。代宗永泰二年（766）析置归德县，大历四年省归德县，并入休宁。今为安徽休宁县。

黟县，上。秦黟县，唐改写为黟县。今为安徽黟县。

绩溪县，中下。唐高宗永徽五年（654）析分歙县，建置北野县，后

---

① 按太平之置废，诸书所记颇有异同。《元和郡县志》卷二九《江南道》："天宝四年，宣城郡太守李和上奏，割泾县西南十四乡置。"《太平寰宇记》卷一〇三《江南西道》："时以天下晏然，立为太平县。大历中，又废。至永录中，分泾县龙门三乡复置县。"《新唐书·地理志》作天宝十一载析当涂、泾县置，大历中省，永泰中复。《旧唐书·地理志》叙宣州曰"开元中析置青阳、太平、宁国三县"，叙太平县说"天宝十一载正月析泾县置"，前后自相矛盾。考同卷书，宁国条云"隋县，武德六年废，天宝三载复置"；青阳县条曰"天宝元年分泾阳、南陵、秋浦三县置"，皆无"开元中"云云，因知开元中置太平者，误。《元和郡县志》天宝四载云云，仍奏请之年，职方司准复在何时，并不明确，固亦不可为据。若《新唐书》"析当涂"，尤属无稽之谈，考当涂与太平中隔数县，焉有割当涂地益太平之理。大历、永泰，从时序上讲，一在后，一在前，亦无大历省、永泰复之理。折中诸说，当以《太平寰宇记》为是，因从之。

改名绩溪县。今为安徽绩溪县。

祁门县,中下。代宗永泰二年(766)析分黟县六乡、饶州之浮梁县置,建置祁门县。今为安徽祁门县。

婺源县,上。唐玄宗开元二十八年(740)析分休宁县置。今属江西省。

**池州:**上。隋为宣城郡之秋浦县。武德四年(621)以宣州之秋浦、南陵置,贞观元年(627)州废,二县还属宣州。永泰元年(765),复析宣州之秋浦、青阳,饶州之至德置,今为安徽池州市。统县四。

秋浦县,紧。隋析南陵置秋浦县,因水为名。代宗永泰元年属池州。今为安徽贵池县,治所自今贵池市灌口乡石城村迁今市区。

青阳县,上。唐天宝元年(742),分泾、南陵、秋浦三县地置,属宣州。乾元元年(758)改隶升州,上元二年(761)还属宣州。代宗永泰元年割属池州。今为安徽青阳县。

至德县,中。唐初为秋浦县地。肃宗至德二载(757),析鄱阳、秋浦二县地置,隶江州浔阳郡。乾元元年(758),改属饶州。永泰元年(765),归属池州。今为安徽至德县。

石埭县,中。代宗永泰二(766)年割秋浦、青阳二县地置[①]。今为安徽石台县。

### 三、州县"等第"的变化

唐代开元年间,加强州县管理,全面考核全国州县的等级。当时考核测定的方法,以各个州县纳税的户数、人口多少为标准,划分州县的"等第"。户数、纳税数、人口数、垦殖数,是考察州县等第的综合因素。这一考核政策,有其合理的因素。人口及其素质,是社会生产力发展水平的主要标志,也是衡量生产力发展水平的标志。从这个层面看,唐代划分州县等级,不仅是加强州县监督和管理的手段,也是衡量州县社会经济发展水平的一项重要指标。

---

① 州后列县,首为治所,以正史地理志皆然,故不烦举。州、县等第,变动不居,因为所据不同,各书常有歧异,此系据《新唐书·地理志》,特注。

依据相关文献记载，唐代安徽州县等级普遍较高，体现了安徽社会的发展和进步。

《唐会要》记载，唐代州县划分上中下三等，唐玄宗"开元十八年三月十七日敕：太平时久，户口日殷，宜以四万户以上为上州，二万五千户为中州，不满二万户为下州。其六雄、十望州、三辅等，及别敕，同上州都督"。这是非常明确的考核指标，全国州县的"等第"按照各地造册的簿籍户数对号入座。《新唐书·地理志》记载了全国州县的"等第"。依据《新唐书·地理志》统计，今安徽境内的十二州中，十一州属于"上州"，唯有寿州属于"中州"。这说明唐代安徽社会发展、人口增长已经居于全国上游水平。

《唐会要》中记载了开元年间划分"县"的"等第"标准："开元十八年三月七日，以六千户以上为上县，三千户以上为中县，不满三千户为中下县。其赤、畿、望、紧等县，不限户数，并为上县。"①依据《新唐书·地理志》记载，唐代安徽有二十八个"上县"，七个"中县"，十八个"紧县"，四个"望县"。其中紧县和望县"并为上县"，这样，唐代安徽建置的五十七县，有五十属于上县，其余七县属于"中县"，没有"下县"，也就是说没有落后县。其中值得一提的十八个"紧县"和四个"望县"，其意义在于享受国家上县的官员编制和等级待遇，说明安徽州县建置在朝廷的地位和重要性。

唐代安徽的州县建置，经历了膨胀、调整、稳定的过程。唐初"州县之数，倍于开皇、大业之间"，在今安徽境内设有八十五个县，涉及三十三个州，唐太宗"以民少吏多，思革其弊"，贞观元年（627）二月，"命大加并省"②，撤并了涡、沈、信、成、文、仁、谯（亦称北谯）、化、方、巢、蓼、霍、严、高（智）、南豫、猷（含南徐）、桃、池等十九个州四十一个县，保留为四十四县，涉及十五个州。唐玄宗时期进一步调整为五十七县一个军，涉及十六个州。至此，安徽境内的州县建置相对稳定下来。

---

① 《唐会要》卷七〇《量户口定州县等第例》。
② 以上均引自《资治通鉴》卷一八九，"武德四年"条。

表3-1　唐代安徽州县建置表

| 道名 | 州名 | 等第 | 今地名 | 县名 | 等第 | 今地名 |
|---|---|---|---|---|---|---|
| 河南道 | 颍州 | 上 | 阜阳市 | 汝阴 | 紧 | 阜阳市 |
| | | | | 下蔡 | 上 | 凤台 |
| | | | | 沈丘 | 中 | 临泉 |
| | | | | 颍上 | 上 | 颍上 |
| | 亳州 | 望 | 亳州市 | 谯 | 紧 | 亳州市 |
| | | | | 城父 | 上 | 亳州南、涡阳北 |
| | | | | 蒙城 | 上 | 蒙城 |
| | 宿州 | 上 | 宿州市 | 蕲 | 上 | 固镇县北 |
| | | | | 虹 | 中 | 泗县 |
| | | | | 符离 | 缺 | 宿州市 |
| | | | | 临涣 | 紧 | 淮北市柳孜一带 |
| | 泗州 | 上 | 盱眙 | 虹(前属泗州) | 紧 | 泗县 |
| | 徐州 | 紧 | 徐州 | 萧 | 上 | 萧 |
| | 宋州 | 望 | 商丘 | 砀山 | 上 | 砀山 |
| 淮南道 | 濠州 | 上 | 凤阳县 | 钟离 | 紧 | 凤阳 |
| | | | | 定远 | 紧 | 定远 |
| | | | | 招义 | 上 | 嘉山县北 |
| | 滁州 | 上 | 滁州市 | 清流 | 上 | 滁州市 |
| | | | | 全椒 | 紧 | 全椒 |
| | | | | 永阳 | 上 | 来安 |
| | 和州 | 上 | 和县 | 历阳 | 上 | 和县 |
| | | | | 乌江 | 上 | 和县东北 |
| | | | | 含山 | 上 | 含山 |
| | 庐州 | 上 | 合肥市 | 合肥 | 紧 | 合肥市 |
| | | | | 庐江 | 紧 | 庐江 |
| | | | | 慎 | 紧 | 肥东 |
| | | | | 舒城 | 上 | 舒城 |
| | | | | 巢 | 上 | 巢湖市 |
| | 寿州 | 中 | 寿州市 | 寿春 | 上 | 寿州市 |
| | | | | 安丰 | 紧 | 长丰县、寿州南 |
| | | | | 盛唐 | 上 | 六安市、霍山县 |
| | | | | 霍邱 | 紧 | 霍邱 |
| | | | | 霍山 | 上 | 霍山 |
| | 舒州 | 上 | 潜山县 | 怀宁 | 上 | 潜山 |
| | | | | 宿松 | 上 | 宿松 |
| | | | | 望江 | 中 | 望江 |
| | | | | 太湖 | 上 | 太湖 |
| | | | | 桐城(同安) | 上 | 桐城 |
| | 扬州 | | 扬州市 | 天长 | 望 | 天长 |

| 道名 | 州名 | 等第 | 今地名 | 县名 | 等第 | 今地名 |
|------|------|------|--------|------|------|--------|
| 江南道 | 宣州 | 望 | 宣州市 | 宣城 | 望 | 宣州市 |
| | | | | 当涂 | 紧 | 当涂 |
| | | | | 泾 | 紧 | 泾 |
| | | | | 广德 | 紧 | 广德 |
| | | | | 南陵 | 望 | 南陵 |
| | | | | 太平 | 上 | 太平 |
| | | | | 宁国 | 紧 | 宁国市 |
| | | | | 旌德 | 上 | 旌德 |
| | | | | 采石军 | 无 | 马鞍山市 |
| | 歙州 | 上 | 歙县 | 歙 | 紧 | 歙 |
| | | | | 休宁 | 上 | 休宁 |
| | | | | 黟 | 上 | 黟 |
| | | | | 绩溪 | 中下 | 绩溪 |
| | | | | 祁门 | 中下 | 祁门 |
| | | | | 婺源 | 上 | 江西婺源 |
| | 池州 | 上 | 池州市 | 秋浦 | 紧 | 贵池 |
| | | | | 青阳 | 上 | 青阳 |
| | | | | 石埭 | 中 | 石台东北 |
| | | | | 至德 | 中 | 东至 |

**四、州县建置的特点**

唐代安徽的行政区划建置,整体说来,比较合理,能够适应唐代安徽社会发展要求。有唐一代,安徽社会相对稳定、经济兴盛、文化进步,民智得到较大的开启、社会得到一定的发展,体现了中国历史上社会经济重心南移的鲜明特色。毋庸讳言,唐代安徽州县建置和存废,也存在很多制约社会发展的因素。其深刻的经验与教训,有如下几点。

1. 依据政治经济需要适时调整

唐代安徽州县建置,较多地继承了历史上的州县建置,充分尊重历史经验积累。但是,也有很多适应历史变化的调整。从文献记载的资料看,历史继承的特点有以下三个主要方面。

首先,继承了隋代的州县建置。隋朝属于唐朝的近代史,州县建置是否合乎各地发展的要求,具有很强的借鉴意义。隋代,安徽淮北

地区建置有谯、梁、汝阴、淮阳、下邳、彭城各郡；江淮地区建置淮南、庐江、同安、历阳、江都各郡；江南地区建置丹阳、宣城、新安各郡。唐代安徽建置十六州，其州治属于今安徽境内的十二州。这十二州，有二州属于唐代的建置，其余十州，均继承隋代。

其次，继承了魏晋南北朝时期的州县建置。歙州建置比较典型，秦汉时期为歙县，隶属丹阳郡。三国魏晋南北朝时期，这里迅速发展起来，先后建置为新都郡、新安郡等，标志了这里社会的进步和发展。唐代肯定了这一历史时期歙州社会发展的实际，武德四年（621）建置为歙州，本地农民军领袖汪华、王雄诞先后拜为歙州第一任、第二任刺史。由于尊重歙州发展的历史实际，歙州社会很快安定，不断发展。唐玄宗时期，歙州由三县发展为四县，代宗时期发展为六县。

再次，继承了秦汉时期的建置。以唐代庐州为例，下领五县，其中四县属于秦汉建置，一县属于唐代开元年间建置。《旧唐书·地理志·庐州》记载："合肥，汉县"，"慎，汉逡遒县"，"巢，汉居巢县"，"庐江，汉郡名，汉龙舒县"，唯有"舒城，开元二十三年，分合肥、庐江二县置。"充分说明秦汉以来州县建置的成果大多数被继承。

唐代安徽也建置了新的州县，新的州县建置，反映了唐代社会的发展和变化。唐开元年间（713—741），新建了一批州县，安徽境内也增加了一批州县建置，反映了安徽社会的进步。庐州舒城县，开元二十三年（735），析分合肥、庐江二县置。婺源县，开元二十八年（740）正月九日置。天长县，天宝元年（742），割江都、六合、高邮三县地置。凡此等等，不烦列举。其中，特别值得一提的是，代宗时期建置的池州和歙州境内诸县的析置、宪宗时期建置的宿州，说明唐代安徽的州县建置，在继承历史建置的基础上，灵敏地反映了社会历史发展的要求，适时调整，从而显示了唐代州县建置的时代性。

2. 兼顾全局与地方利益

任何历史时期，州县建置，都是国家政治的重要组成部分，体现国家的统治意图，其内涵是能否促进社会的进步与发展。

唐代根据安徽的一些地域所具有的特殊地理位置和特点建置了一批州县，既反映国家利益要求，又有利于发挥地方优势，从而促进地方社会经济的发展,使国家、地方双向受益。

唐代安徽境内江河湖泊众多,水利交通便捷,这是唐代安徽地区的优势。国家需要发展漕运事业,关系到国家财政收入的来源,东南赋税物资的调运,南粮北调,自始至终成为国家社会生活、财政经济中的一件大事。加强漕运线路上的州县建置,有利于从根本上保证漕运畅通。唐代沿淮地区、沿长江地区的州县建置因此而省、并、置、废,不断调整。池州、宿州的建置,代表了唐代在行政建置上的重大突破,体现了唐代国家漕运事业的需求,又发挥了地方上的地理优势。池州、宿州是分别位于长江、汴水之上,并伴随着唐代漕运事业发展而发育出来的两个重要的港埠城市。这一势头在代宗、宪宗时期凸现,因而相继建置池州、宿州,深层次体现了国家州县建置的战略措施,体现了进一步加强漕运事业的战略意图。而池州、宿州的建置,也充分发挥了池州、宿州的地理位置的优势,推动安徽地区的社会发展。池州是长江上的优良港埠,重建池州,有利于推动长江航运的发展,也带动了池州社会经济的发展。宪宗元和年间建置的宿州,促进了运河航运、保护了国家漕运的发展,并由此发展成为一座历史文化名城。

3. 因山川形便划分地方行政

唐代安徽的行政区划,在监察方面,分属于三道:河南道、淮南道、江南道,体现了依据"山河形便"建置行政区划的理念,用现代生态学的思维加以认识,这一理念体现了重视生态环境的主观意识,体现地理学方面科学含义,有一定的进步性。

唐代安徽的州县分属三道,即黄淮地区、江淮地区、江南地区。从区域地理学的角度看,这三个地区有非常明显的特征和差异。唐代国家依据地理特征,建置三个不同的监察机构,有利于加强同一地区州县的行政监察和管理,有利于规划同一地区的公共事业,有利于开发本地区的共同的优势和特长。

唐代安徽淮河以北地区,亳州、颍州、宿州以及宋州、徐州所属今安徽的数县,属于河南道。地处黄淮之间,每年由于黄河、淮河发水,社会生活、生产受到严重威胁。这里是历史上著名的水灾频发地带,长期困扰这里的社会发展。治理水旱灾害、疏浚河道、兴修水利,成为

这一地区的社会问题。在利害与共的情况下,有利于调动同一地区的人民群众,积极参与同一地区的公共事业,开发本地区。

唐代安徽的江淮之间,有滁州、濠州、寿州、庐州、舒州、和州以及扬州所属县,这里属于淮南道,显示了江淮丘陵地区的特点,例如淮南丘陵地区气候、土壤不同于淮北,也不同于江南。"橘生淮南则为橘,生于淮北则为枳。"①依据本地区的特征,规划淮南道州县的监察、治理,有利于促进江淮地区的发展。

唐代安徽的江南地区,有宣州、歙州、池州。根据沿长江地理优势,宣州、池州迅速发展,开发了本地区的冶金、铸造等手工业,大量铁农具制造出来,投入农业生产,农业经济空前增长,手工业繁荣,国家建置为江南西道,加强管理。歙州体现了江南山区的经济特点,社会、人口等,都呈现特殊性。歙州境内崇山峻岭,七山一水一分田,一分道路和庄园。由于田少,粮食作物生产受到限制,成为这里严峻的社会问题,常常引发很多社会矛盾。隋末发生汪华起义,代宗时期发生陈庄、方清起义。本地区的百姓为了生计,不得不开发粮食作物以外的经济。祁门县由此发展成为茶叶大县,全县以茶叶为主要经济来源。县令为了促进茶叶顺利运输出境,交易外地,重视水利事业,其目的在于改善水运交通。

有唐一代,安徽地区社会稳定,处于前所未有的上升趋势,无论政治、经济、文化,都呈现繁荣兴盛的景象,行政区划、州县兼建置的合理性,是促进安徽社会进步与发展的因素之一。

唐代安徽地区的行政区划经过贞观年间调整,政区建置适应本地社会发展的特征非常明显。其淮北地区隶属于河南道,建置了颍、亳、宿州和宋州砀山县,徐州的萧、蕲、符离县;江淮地区隶属于淮南道,建置了滁、和、濠、庐、寿、舒州与扬州天长县;江南地区属于江南道,建置了宣、歙、池州。终唐之世,297 年的历史中,这十二州五十七县的政区建置与省废,不仅反映了唐代安徽社会历史发展的轨迹,也反映了境内淮北、江淮、江南三大区域的社会经济发展和各自的轨迹,显示了

① 《晏子春秋》卷六《内篇杂下》。

政区建置变化的内在规律,基本上符合社会经济发展实际,客观上促进了本地社会进步与发展。

## 第三节　安徽地区的藩镇建置

藩镇起于唐玄宗李隆基在位(712—756)时期,初衷是为加强周边军事防御而建置的一批边防军镇。军镇的将领称为节度使或经略使,统领本镇所属各州的甲兵,兼按察、安抚、度支各使,掌握一方军政大权,史称"藩镇"(《新唐书·藩镇传》),也称"方镇"(《元和郡县志》)。"藩"是保卫,"镇"指军镇。唐代最早建置八个藩镇,《唐六典》记载,"凡天下之节度使有八",这八镇大多在边境地区。①

藩镇的特点有三:军事性质的机构;因时因事而设,规模大小没有固定模式;其建置的决策权在中央统治集团的最高层。

唐玄宗天宝十四年(755),爆发"安史之乱",朝廷为抵御"安史叛军",在阻击"安史叛军"的前沿建置了新的"藩镇"。安史之乱以后,这批新建的藩镇没有撤除。为了防御内地出现类似军事叛乱,很多险要关隘陆续增建藩镇。军镇制度由是扩展到全国各地,成为地方多级行政机制中重要的权力机构。宪宗元和年间(806—820),"总天下方镇四十八"②。内地藩镇大致有两个层次:

军事地位重要的州郡设立节度使,统御几个州的军事。

军事地位次要的州郡设立防御使或者团练使,扼守军事要地。

节度使、防御使、团练使建置以后,原有的"道"并没有废止,有些节度使等镇将又兼所在"道"的观察处置使(由前期的采访使改名),也兼都防御使或都团练使之号,成为决策地方军政的权力机构。据

---

① 《唐六典》卷五:"凡天下之节度使有八:其一曰关内朔方节度使、其二曰河东节度使、其三曰河北幽州节度使、其四曰河西节度使、其五曰陇右节度使、其六曰剑南节度使、其七曰碛西节度使、其八曰岭南节度使。"

② 《元和郡县志·序》。

《唐六典》记载,连选举,也"委节度使铨试"①,这一局面一直持续到唐末五代时期。

唐代中后期,关联安徽地区的藩镇陆续建置,成为唐代安徽社会发展进程中不可忽视的因素。其藩镇建置的时间不一,规模大小也不同,或置或废,先后有很多变化,主要有三大块:淮北、江淮、江南三个地区。这三个地区的藩镇建置,各有其政治功能和特点。

### 一、淮北的藩镇建置

唐代安史叛军南下的时候,安徽淮北地区遭受战争的祸乱,位于罹难前线。唐王朝为了抵御叛军,天宝十四年(755)冬十一月,玄宗诏命建置"河南节度使,领陈留(汴州,今开封市)等十三郡"②,各个州郡分别建置军事自卫武装,"诸郡当贼冲者,始置防御使"③,抵御安禄山叛军。安徽淮北的谯郡(今亳州市)、汝阴郡(今阜阳市)等隶属于河南节度使,卷入了抗击安禄山叛军的悲壮战争。

安史之乱被平息以后,唐代国策有了重大的变化,④开始加强发展东南地区社会经济。淮河流域在这一经济政策的重大转变中,成为水陆交通运输的枢纽,其社会经济地位骤然上升。来自东南地区,包含今安徽地区的漕运物资,经淮水、汴水输送两京,这一国家漕运路线需要加强军事保护。因此,朝廷调整原来河南节度使的建置,在淮南、淮北地区增建藩镇,以加强淮河沿线水陆交通要道的控制。

安徽地处淮河流域,其淮北地区的州县分别隶属不断增建的各个藩镇,这些藩镇的节帅、将领经常调换、移防,统辖的州县也不断调整,藩镇的格局与规模几乎年年都有变化。其中关系今安徽地区社会局势的藩镇、团练使等很多,撮其要者有四个:汴宋节度使、徐泗濠节度使、淮南西道节度使、滑郑颍观察使。这些藩镇驻军淮北,有时候也跨淮河而治,其主要职责是征集和保护国家漕运物资。

---

① 《唐六典》卷五《尚书兵部》。
② 《资治通鉴》卷二一七,"天宝十四年"条。
③ 《资治通鉴》卷二一七,"天宝十四年"条。
④ 周怀宇:《论隋唐开发淮河流域交通的国策》,载《安徽大学学报》1999年第5期。

汴宋节度使，又称宣武军。

原为河南节度使，治汴州（今开封市）。肃宗乾元二年（759），调整藩镇建置，河南节度使改治徐州（今江苏徐州市），领徐、泗、海、亳、颍五州。

代宗宝应元年（762）四月，玄宗（78岁）、肃宗（52岁）相继死去。太子李豫即位，是为代宗。代宗调整淮北藩镇，淮北地区建置了汴宋节度使和徐泗节度使，分别加强汴水漕运和淮泗漕运。

汴宋节度使，治汴州（今河南开封），管汴、宋、亳、颍四州。徐泗节度使，治徐州，管徐、泗、濠、宿（唐宪宗时期建置）四州。这两个军镇的前身都是"河南节度使"。

代宗大历二年（767）任命田神功为汴宋节度使。[①] 统辖的范围缩小，以汴州、宋州汴水沿线的防务为主。大历十一年（776）再次调整藩镇布局，汴宋节度使，扩大范围，领汴、宋、滑、濮、亳、陈、颍、泗八州。

德宗继位，继续调整东南藩镇，德宗建中二年（781）建置宋亳颍节度使，治宋州（今河南商丘市），领宋、亳、颍三州。德宗兴元元年（784），徙治汴州，赐号为"宣武军"。[②] 管四州二十八县，包含汴、亳、颍、宋，[③] 含今安徽淮北的全部地区。

徐泗节度使，又称武宁军。

唐后期，这个藩镇又赐号为感化军。原为河南节度使统领，肃宗上元元年（760），改治徐州。德宗贞元四年（788），建置徐泗濠节度使，治徐州。十六年（800），撤销了这个军镇，复置泗濠二州观察使，隶淮南节度使。[④] 顺宗继皇帝位（805年），重建徐泗节度使，赐号为"武宁军"，治徐州，领徐、泗、濠三州。[⑤]

宪宗元和四年（809）建置宿州，归属武宁军。

此后，武宁军的规模不断变化，其漕运地位不断提高。

---

① 《旧唐书》卷一一《代宗本纪》。
② 《旧唐书》卷一二《德宗本纪》。
③ 《元和郡县志》卷八《河南道三》。
④ 《新唐书》卷六五《方镇表》。
⑤ 《新唐书》卷六五《方镇表》。

穆宗长庆元年（821），宿州隶淮南。文宗大和七年（833），宿州复隶武宁节度。懿宗咸通三年（862），罢武宁军节度使，置宿泗等州都团练观察处置使，治宿州。四年（863），罢徐州防御使，以濠州隶淮南节度。五年，置徐泗团练观察处置使，治徐州。十年，置徐泗节度使，同年，复置都团练防御使，增领濠、宿二州。十一年，置徐泗观察使，更号为感化军节度使。乾符二年，罢领泗州。光化元年（899），复为武宁军节度使，不久复为感化军节度。天复二年（902），罢感化军节度使。该藩在今安徽境内辖八县，涉及濠、宿、徐三州。懿宗咸通十一年（870）赐名"感化军"①统领州县时有增减。其中，濠州属于淮南地区，因为控制淮河漕运的需要，形成淮河两岸护卫的态势，归属徐泗藩镇。由于濠州地处淮河之南，有时候也归属淮南节度使。例如懿宗咸通四年（863），罢徐州节度使，"以濠州隶淮南节度"。②

滑郑颍观察使，又称义成军。

肃宗至德元年（756）建置。统领滑、郑、颍三州。代宗继位，广德元年（763）增领亳州，更号滑亳节度使，治滑州。上元二年（761），置滑卫节度使，治滑州（今河南安阳市滑县）。③代宗大历八年（773），赐号"永平军"，德宗贞元元年（785）更号"义成军"。

淮南西道节度使，简称"淮西"节度使，其管辖州县位于淮北地区，后来因为保护漕运，增加了淮南的寿州等地，故名。

肃宗至德元年（756）"置淮南西道节度使，领汝南等五郡，以来瑱（应为瑱）为之"。④乾元元年（758），淮西节度使徙治郑州，增领陈、颍、亳三州。⑤乾元二年（759），废淮南西道节度使，以陈、颍、亳三州隶属陈郑节度使。是年，复置淮南西道节度使，领七州，治寿州。⑥其寿州位于淮南，此时淮西节度使成为跨淮而治的方镇。上元二年（761），淮西节度使扩大规模，增领陈、郑、颍、亳、汴、曹、宋、徐、泗九

①《资治通鉴》卷二五二，"咸通十一年"条。
②《新唐书》卷六五《方镇表》。
③《新唐书》卷六五《方镇表》。
④《资治通鉴》卷二一九，"至德元年"条。
⑤《新唐书》卷六五《方镇表》。
⑥《新唐书》卷六五《方镇表》。

州,徙治安州,号淮西十六州节度使。① 今安徽境内淮北州县以及淮南寿州全部纳入"淮西"辖境。直至宪宗元和年间,淮西节度使所领州县增减不定,变化很大,一直是朝廷关注的重要方镇。

## 二、淮南的藩镇建置

淮南节度使,位于江淮之间的主要方镇,统领江淮地区的州县。唐后期遇到特殊时局,寿州划归淮西节度使,濠州划归徐泗节度使。

淮南节度使,治扬州。肃宗至德元载(756)"十二月,置淮南节度使,领广陵等十二郡。以(高)适为之"②,这十二郡分别是"扬州广陵郡、楚州山阳郡、滁州全椒郡、和州历阳郡、寿州淮南郡、庐州合肥郡、舒州同安郡、光州弋阳郡、蕲州蕲春郡、安州安陆郡、黄州齐安郡、申州义阳郡、沔州汉阳郡,凡十二郡"③。安徽江淮之间的滁、和、寿、庐、舒五州均隶属淮南节度使。濠州例外,地处淮河航运的要隘地段,常常归属徐州节度使。有时候徐泗节度使短暂废除,濠州隶属淮南节度使。

淮南节度使也有跨淮增领州县。德宗建中二年(781),陈少游任淮南节度使,增领淮北的"泗州"④。淮西漕运路线十分重要,朝廷为了加强淮西航运控制,则析分淮南方镇的寿州建立淮西方镇或者团练使。例如德宗建中四年(783)建置"寿州团练使",兴元元年(784)升为寿州都团练使,领寿、濠、庐三州,治寿州。⑤

唐后期国家财政仰给于东南,淮南节度使地位越来越重要。"《禹贡》九州,淮海为大,幅员八郡,井赋甚殷,分阃权雄,列镇罕比,通彼漕运,京师赖之。"⑥朝廷密切关注淮南方镇,常以宰相出镇,如杜佑、李吉甫、李夷简、牛僧孺、李德裕、李绅等,都曾经出任淮南节度观察处置使。偶尔也因为任用非人,出现内部兵变,或者受到邻近军镇

① 《新唐书》卷六五《方镇表》。
② 《资治通鉴》卷二一九,"至德元年"条。
③ 《资治通鉴》卷二一九,"至德元年"条。
④ 《新唐书》卷六五《方镇表》。
⑤ 《新唐书》卷六八《方镇表》。
⑥ 《文苑英华》卷四五六《授杜琮淮南节度使制》。

的军事挑衅,带来淮南节镇的动荡。遇到这类军事特殊情况,国家立即采取措施,分割部分州郡独立建置军镇,或者析出州郡,跨淮另外建置军镇。这类变化大约出现于漕运路线受阻的突发军事事变时期。

例如,德宗建中四年(783),建置寿州团练使。加强淮西漕运路线防御。兴元元年(784),因为淮西漕运地位上升,从淮南节度使分割寿、濠、庐三州,升寿州团练使为都团练观察使,领寿、濠、庐三州,治寿州。① 贞元四年(788),淮南节度使复领庐、寿二州,废寿州都团练观察使为团练使。十六年(800),置舒、庐、滁、和四州都团练使,隶淮南节度使。

宪宗元和二年(807),罢领楚州,升寿州团练使为都团练使,领寿、泗、楚三州,治泗州,寻废都团练使,复为寿州团练使,以泗州隶武宁军节度,楚州隶淮南节度。十三年(818),增领光州。穆宗长庆元年(821),增领宿州。

文宗大和七年(833),调整宿州隶武宁军节度(治所徐州)。

懿宗咸通四年(863),增领濠州。十年(869),濠州隶武宁军节度(治所徐州)。

淮南节度地处江淮之间,"井赋甚殷"、"通彼漕运",唐代后期相对稳定,这对于维护唐代后期的统治有积极作用。尤其是促进军镇辖区社会经济和社会进步方面,发挥了一定的作用。

### 三、江南的藩镇建置

唐代安徽江南,有宣、歙、池三州,池州建置稍晚。

肃宗乾元元年(758)建置宣歙观察使,治宣州。② 上元二年(761)废。代宗大历元年(768)复置宣歙池观察使,治宣州。③ 大历十四年(779),废宣歙池观察使,置团练使。④

德宗建中四年(783),以宣、歙、池为主的江南西道都防御团练观

---

① 《新唐书》卷六八《方镇表》。
② 《新唐书》卷六八《方镇表》。
③ 《新唐书》卷六八《方镇表》。
④ 《新唐书》卷六八《方镇表》。

察使升为节度使。① 贞元元年（785）复置为江南西道（宣歙池）都团练观察使。贞元三年，任命刘赞为宣州刺史、宣歙池观察使。② 贞元十二年，刘赞"加宣歙池都团练观察使、采石军使、宣州刺史、御史中丞"③，兼御史大夫。

懿宗咸通六年（865），升江南西道（宣歙池）团练观察使为镇南军节度使。

僖宗乾符元年（874）罢镇南军节度使，复置江南西道观察使。

昭宗龙纪元年（889），升江南西道观察使为镇南军节度使。景福元年（892），升宣歙团练使为宁国军节度使。光化元年（898），罢宁国军节度使，复为都团练观察使。天复三年（903）赐号"宁国军"。天祐元年（904），置歙、婺、衢、睦四州都团练观察处置使。

唐代后期，先后出镇该藩的名将有陈少游、薛邕、刘赞、王遂等。辖区内社会相对稳定，也出现过几次社会动荡，都与全国出现动荡的社会背景有关。例如天宝末年，安史之乱期间，地方势力刘展遣傅子昂、宗犀趁机攻宣州，宣歙节度使郑炅之弃城而逃。宣宗大中十二年（858）七月，宣州都将康全泰逐观察使郑薰，薰奔扬州。僖宗乾符四年（877），王仙芝辗转浙西，出没于宣、润之间。黄巢起义军途经宣州，宣歙观察使王凝拒之，败于南陵。乾符六年十一月，黄巢转战饶、信、池、宣、歙、杭等十五州。僖宗广明元年（880）六月，黄巢攻占宣州。经黄巢起义后，该藩先后转为秦彦、杨行密所据。

宁国军节度使所据宣、歙、池地区，物产丰殷，尤其是地下矿藏丰富，朝廷于此建置了很多冶铸机构，例如钱币铸造、军械制造、各种铜器加工制造等。这些国家直接控制的物资，需要加强防护，物资的输送也需要地方上防护，宣歙池藩镇因此成为全国重要的藩镇之一。由于本地资源富饶，出镇将领常常为取悦朝廷而增加供纳赋税物资。该做法有时候也激化了这一地区的社会矛盾，例如代宗年间即引发了农民起义。朝廷为了加强控制，在该镇增置州、县，调整行政区划，池州

---

① 《新唐书》卷六八《方镇表》。
② 《旧唐书》卷一二《德宗本纪》。
③ 《册府元龟》卷一七六《帝王部》。

建置即是出于这一历史背景。

### 四、安徽藩镇建置的得失

唐代历史上,安徽地区的淮北、江淮或者江南的藩镇,其政治态度基本上能够和朝廷保持一致,听命于中央,在维护国家统一和本地社会政治、经济、文化发展方面,发挥了一定的积极作用。学术界有人分析唐代藩镇的类型,认为东南藩镇与全国其他地区的藩镇有区别,属于"东南财源型"[①]。诚然,地处东南的安徽地区藩镇在保护江淮、江南社会经济发展、社会安定,尤其保护漕运国家赋税物资方面,发挥了一定的作用。

历史上对于唐代的藩镇大多持批评态度。确实有一部分藩镇势力膨胀以后,名义上是国家的藩卫,实际则割据一方,不受朝命,不输贡赋。例如今河北、山东、河南、湖北、山西地区频频出现这类藩镇,他们拥兵自重,倚仗自己实力抗衡中央,跋扈不驯,甚至借故向邻近藩镇发动军事挑衅,形成割据局面。史家把这种局面名之为"藩镇割据"。

如何看待安徽地区的藩镇?是否"割据"过?这是判断藩镇性质的重要视点。有唐一代,也有一部分藩镇服从朝廷指挥,贡赋输纳中央,职官任免出于朝廷,今陕西、四川以及江淮以南地区,包括今安徽地区的绝大多数藩镇属于这一类型。[②] 有的学者认为:"一部藩镇史似乎就是混乱割据的历史,这实际上是不合乎历史事实的。"并总结了唐代藩镇的"四种类型":即"河北割据型、中原防遏型、边疆御边型、东南财源型"[③]。这一分析,比较合乎历史的实际,至少是有区别地认识和总结了唐代各地藩镇的特点。

总体上说,唐代安徽地区的藩镇,不仅为维护国家利益做出了一定的贡献,在促进本地社会进步与发展方面也发挥了积极作用。

其一,抵御安史之乱和各种突发兵变。

早期淮北建置的河南节度使,为抵御安史之乱,阻击安史叛军逾

---

① 参阅张国刚《唐代藩镇研究·唐代藩镇类型分析》,湖南教育出版社 1987 年版。
② 参阅张国刚《唐代藩镇研究·唐代藩镇类型分析》,湖南教育出版社 1987 年版。
③ 张国刚:《唐代藩镇研究》,中国人民大学出版社 2010 年版,第 80 页。

淮南下，做出重要的贡献。

谯郡（今亳州市）张巡在抗击安史叛军的战争中，尤其英勇、可歌可泣。安史叛军锋镝直指中原，谯郡真源县县令张巡闻讯，以敏锐的战略眼光和强烈的责任感，自发"招募豪杰"，向谯郡太守积极献策，建议加固城防以抵抗安史叛军。邻近雍丘县令令狐潮意志薄弱，意欲举兵降敌，张巡带领招募的豪杰杀入城中，取代令狐潮坚守雍丘，与安史叛军鏖战将近一年，"玄宗闻而壮之，授巡主客郎中、兼御史中丞。"① 拜张巡为"河南节度副使"②。最后，张巡在坚守睢阳（今河南商丘睢阳县）的战役中粮尽援绝，为安史叛军所害。③ 他的死代表了淮北人民顽强抵御叛军的坚强意志和维护国家统一、反对分裂的崇高气节。由于张巡、许远等著名将领死守睢阳，阻挡了安史叛军南下江、淮，史称"天下不亡，其功也"④。他们在抵御安史之乱的军事祸乱中有很多顽强的表现，虽然未能阻止安史叛军的疯狂进攻，但是却牵制安史叛军，使之不能够逾越淮河南下，淮南、江南地区由此免于遭受安史之乱的兵燹。亳、颍、宿三州（属于今安徽淮北地区）都在抵御安史之乱的烽火中，付出了巨大的代价，也写下了安徽地区抵御安史之乱的悲壮一页。尤其是淮南、江南地区在唐朝后期举足轻重，成为唐朝恢复元气、振兴朝纲的主要经济区，其历史意义不可低估。

唐代后期，安徽地区的藩镇为防御邻近藩镇动乱也有很多表现。

代宗大历十一年（776）五月，汴宋都虞候李灵耀反，杀濮州刺史孟鉴。淮西节度使李忠臣、淮南节度使陈少游先后应诏出兵讨伐李灵耀。陈少游兵屯盱眙，"闻朱泚作乱，归广陵，修堑垒，缮甲兵。"⑤加强防御，免于本地兵乱。

其二，保护漕运和兴修水利。

德宗建中二年（781），淄青镇（治郓，今山东东平）节度使李正己

---

① 《旧唐书》卷一八七下《张巡》。
② 《新唐书》卷六《肃宗本纪》。
③ 《旧唐书》卷一八七下《张巡》。
④ 《新唐书》卷一九二《张巡》。
⑤ 《资治通鉴》卷二二九，"建中四年"条。

"断江淮路,令兵守埇桥、涡口。江淮进奉舸(运送物资到京师的大船)千余只,泊涡口不敢过"①。江淮财赋的运路被切断,德宗召见和州刺史张万福,任命其为濠州刺史,解危、护漕。张万福受命后,"驰至涡口,立马岸上,发进奉舸。淄青兵马倚岸睥睨不敢动,诸道舸继进"②,漕运为之畅通。贞元四年(788),德宗调遣张建封驻守淮上,建置徐泗濠节度使,加强对埇桥和运河漕运的军事保护。张建封出任徐泗濠节度使,"创置军伍",加强防卫。稍后又在濠州"州西涡口对岸置两城,刺史常带两城使,以守其要"③。

宪宗元和八年(813),盐铁使王播疏浚琵琶沟,调整淮颍航运路线。王播绘制《陈(州)许(州)琵琶沟年三运图》。宪宗遣宦官李重秀实地考察,"览图"审查,诏命大将韩弘发兵疏凿琵琶沟,载重三百石漕船,由汴入颍,④漕运路线畅通。

此时,李灵耀反叛,威胁淮西的淮颍线路的漕运,朝廷遣李芃兼亳州防御使,护陈、颍饷道,进一步加强军事防御,保护漕运路线畅通。⑤武宗时期,为了保证漕运、商旅的安全,特命本地军镇从淮河到长江沿岸设置巡防船队,乘"游弈船"日夜分班次在淮上、运河以及长江巡逻,规定:"淮南游弈至池州界首。"⑥

军镇除了从军事上保护漕运,也在地方上兴修水利。李吉甫得宪宗信任,自请出任淮南节度使。在淮南三年,筑"富人"、"固本"二塘,溉田数千顷,又修浚漕渠,使其畅通无阻。

其三,缓和国家财政危机的上供与进奉。

各地方镇的"上供"和"进奉",毋庸讳言,具有搜刮剥削百姓膏脂的一面,但是,也应该看到其缓和国家财政危机,维护社会稳定的因素。陈少游于大历年间历任宣歙、浙东、淮南三镇观察、节度使,"十余

① 《旧唐书》卷一五二《张万福》。
② 《旧唐书》卷一五二《张万福》。
③ 《元和郡县志》卷九《濠州》。
④ 《册府元龟》卷四九七《邦计部·河渠》。
⑤ 《新唐书》卷一四七《李芃》。
⑥ 《会昌一品集》卷一二《请淮南等五道置游弈船状》。

年间,三总大藩。"①其节度使任上曾经多次增加本地上贡的赋税物资,帮助朝廷解决财政危机。淮南节度使杜亚、宣歙观察使刘赞,"徼射恩泽,以常赋入贡。"②元锡为宣州观察使,"长庆元年(821),进助军绫绢一万匹、弓箭器械,共五万二千事。"③

其四,藩镇幕府辟用人才。

唐代安徽地区的很多藩镇节度使,迅速成长为朝廷的名相。如宰相杜佑曾长期出任淮南节度使,在淮南期间,开雷陂以广灌溉,辟海滨荒地为良田,积米至五十万斛。其孙杜牧两次赴任宣州任团练判官,也曾经在淮南节度使幕府供职,后又转任池州刺史。杜牧根据其丰富的阅历,撰写了大量的优秀诗篇。

东阳人冯宿,幼善文学,登进士第,曾被徐泗濠节度使张建封辟为掌书记。后建封卒,其子愔为军士拥立,李师古欲乘丧袭取。时王武俊静观其变,愔恐惧,苦无计策。宿乃以檄书招师古,而说武俊曰:"张公与君为兄弟,欲同力驱两河归天子,众所知也。今张公殁,幼子为乱兵所胁,内则诚款隔绝于朝廷,外则境土侵逼于强寇。孤危若此,公安得坐视哉!诚能奏天子,念先仆射之忠勋,舍其子之迫胁,使得束身自归,则公于朝廷有靖乱之功,于张氏有继绝之德矣!"武俊大悦,即以表奏闻朝廷。由是朝廷赐愔节钺,仍赠建封司徒。④ 韩愈也曾于徐州军镇幕府供职,其文含英咀华,为一代文宗。藩镇对人才的辟用,其作用与其藩镇的性质相联系,但不可否认一些人才在藩镇中脱颖而出。

## 第四节　进驻安徽的中央派出机构

唐代的监、冶、坑、巡院等机构,是朝廷在地方设置的派出机构。

---

① 《旧唐书》卷一二六《陈少游》。
② 《新唐书》卷五二《食货志》。
③ 《册府元龟》卷四八五《邦计部·济军》。
④ 《旧唐书》卷一六八《冯宿》。

起初,是属于财政经济活动的派出机构,后来职能有所扩大。各地建置的监、冶、巡院等派出机构因时间、地点的不同而有所变化。这些机构的设置,不仅属于国家经济管理的重要构成,也兼有地方行政监察职能,在推动地方经济事业方面同样存在不可忽视的意义。唐代安徽境内前后设置了很多有影响的监、冶、巡院等,无论从中央或者地方的视角看,都是境内社会经济事业的重要组成部分。

## 一、宣州钱监和铜冶

宣州钱监和铜冶,是国家在宣州建置的冶铜和铸造钱币、军器、乃至日用铜器的机构。宣州濒临长江,水运交通价廉,铜矿藏量丰富,开采、冶炼、加工、集散便捷。唐代建置各种来处机构,直接组织开发。

### 1. 玄宗建置宣州钱监

唐代宣州是国家铸造钱币的重要基地之一。玄宗开元时期始于宣州建置钱监。《新唐书·食货志》记载:玄宗“二十六年(738),宣(今安徽宣州)、润(今江苏镇江)等州初置钱监,两京用钱稍善”①。这则资料说明了宣州钱币制造发展史上两个重要问题:

其一,唐代建置宣州钱监的确切年代为玄宗二十六年(738)。早在唐初高祖武德年间(618—627),北方已经建置“铸钱炉”铸钱,宣州作为产铜名地,为什么在相隔一个世纪才建置钱监,开炉铸钱? 这与唐代前期江南的社会局势有关。唐初至玄宗时期,东南地区社会局势尚有一些动荡,隋末辅公祏起义,直到唐太宗即位初年平息。武则天时期,东南扬州又爆发徐敬业、骆宾王起义,事件波及宣歙境内,当时贬为歙州黟县(今属于黄山市)令的杜求仁参与了这次事变。这些具体的事件暴露了宣州地区的社会矛盾比较突出,新建的唐中央与地方上的矛盾关系需要调节。随着社会矛盾的逐渐缓和,宣州的社会经济在唐代前期有了较快的发展。唐代名相裴耀卿这一时期任宣州观察使,亲眼目睹了宣州社会经济变化。他及时向玄宗提出了“改革漕运”,转运东南财赋的奏章,其改革方案付诸实施后,带来了社会经济

---

① 《新唐书》卷五四《食货志四》。

深刻变化。

其二,宣州钱监钱币制造的质、量优良可观。史载宣州钱监每年出产钱币五万贯。宣、润两州铸造的钱币投放两京,迅速改善了长安、洛阳两京钱币的流通状况,表明了宣州钱币的市场效应。钱币是特殊的商品,宣州铸造的钱币优良,取得京城货币市场的信誉,改善了国家的金融秩序,这是金融市场给予宣州钱币制造质量的定格,具有重要意义。

宣州钱监的管理体制具有双重性质,即中央和地方共同管辖。行政上是中央垂直管理,经营管理上授权地方郡县协助。按照唐代国家机构的构成,宣州"钱监"归属国家"少府监"管辖。《新唐书·百官志》记载,少府总管八个部门:即"五署""三监",具体包括"中尚、左尚、右尚、织染、掌冶五署及诸冶、铸钱、互市等监"①。宣州钱监归属于"三监"中"铸钱监"管辖。

中央和地方对于钱监的管辖亦有分工。事关钱监建置的规模、停废时间,由国家少府铸钱监决策;而具体的经营管理、原料产品的储存、安全保卫等,由所在地方官员负责。《唐六典》卷二二"铸钱监"条目记载了钱监官员的编制,设置大小官员十七人:"监各一人,副监各一人,丞各一人,监事各一人,录事各一人,府各三人,史各四人,典事各五人。"同卷又记载了钱监官员任命、选拔的制度,规定其对象为:"诸铸钱监以所在州府都督、刺史判之;副监一人,上佐判之;丞一人,判司判之;监事一人,参军及县尉知之;录事、府、史,土人为之。"②《旧唐书·职官三》记载:"诸铸钱监,以所在州府都督刺史判之。副监一人,上佐判之。丞一人,判司判之。监事一人,或参军或县尉知之。录事、府、史,士人为之。"③这样的管理制度有利于调动中央和地方两个方面的积极性。钱监涉及开采、冶炼、铸造,需要大量的劳力和技术人员,一系列配套的经营、管理事务以及原料和产品的储存、转运、安全

---

① 《新唐书》卷四八《百官志三》。
② 《唐六典》卷二二《少府军器监》"诸铸钱监"条目。其中,"土人为人"一句,《旧唐书》卷四四《职官三》作"士人为之"。今从《唐六典》。
③ 《旧唐书》卷四四《职官三》。

措施等,需要地方上的支持,所以国家设置了很多地方上钱监官员。诗人孟郊在《和宣州钱判官使院厅前石楠树》诗中的"宣州钱判官",即是宣州钱监的官员。① 从唐代铸钱监官员任命制度看,钱监在国家与地方双重管理中,地方官员承担了钱监管辖的主要方面。宣州钱监属于唐代国家主要的钱监之一,举足轻重,具有重要地位。随着唐代商品经济的繁荣,钱币在社会经济生活中的作用越来越重要。国家为了货币市场的统一和社会金融的稳定,在严格控制铸币权,不断采取一系列新的措施。

唐代后期,在铸币、金融方面,常常采取特殊方式加强钱监的控制,任命专职的铸钱使加强钱监管辖。《唐会要·铸钱使》记载:"开元二十五年(737)二月。监察御史罗文信,充诸道铸钱使。天宝三载(744)九月,杨慎矜除御史中丞,充铸钱使。四载十一月,度支郎中杨钊,充诸道铸钱使。(肃宗)上元元年(760)五月,刘晏除户部侍郎,充句当铸钱使。其年五月二十五日,殿中监李辅国,加京畿铸钱使。(代宗)宝应元年(762)六月二十八日,刘晏又除户部侍郎,充句当铸钱使。广德二年(764)正月,第五琦除户部侍郎,充诸道铸钱使。其年六月三日,礼部尚书除兼御史大夫李岘,充江南西道句当铸钱使。永泰元年(765)正月十三日,刘晏充东都淮南浙东西湖南山南东道铸钱使。第五琦充京畿关内河东剑南山南西道铸钱使。大历四年(769)三月,刘晏除吏部尚书,充东都河东淮南山南东道铸钱使。"②国家不间断地任命铸钱使,在加强对钱监管辖和严密控制的同时,也促进了钱监和金融的发展。

2. 宣州钱监的发展:梅根监和宛陵监

宣州钱监建置以后,不断发展,逐渐建置了两个铸钱的实体机构:"梅根监"和"宛陵监",标志了宣州钱监的兴盛与规模的扩大。这两监位于南陵县,依据《元和郡县图志·宣州南陵县》记载:"梅根监,在县西南一百三十五里。梅根监并宛陵监,每岁共铸钱五万贯。"③这两

① 《全唐诗》卷三八〇《孟郊》。

② 《唐会要》卷五九《铸钱使》。

③ 《元和郡县志》卷二八《江南道四·宣州·南陵县》。

监每年铸钱五万贯,这是国家规定的生产定额,加上损耗和报废的部分,实际年产量应该超过这个数额。这显示了两监的铸造钱币的能力和水平。同一文献又记载,距离两监不远处,有两座矿山,出产铜矿,满足两监铸钱的原料,一是"利国山,在县西一百一十里。出铜,供梅根监。"一是"铜井山,县西南八十五里,出铜。"这是铜矿勘探的记录,也是唐代在前人基础上进一步勘探的成果,为宣州梅根监和宛陵监的冶铸和金属加工制造业的发展,提供了丰富的铜矿资源。这两座矿山皆位于南陵县西部,濒临长江,又提供了优越的水运资源(后文详述),这样,宣州钱监因为具有勘察、开采、冶铸、制造、运输各个环节的优越条件,形成了良好的钱币制造基地,备受朝廷重视。研读历史文献,发现《新唐书》卷四八《百官志》中,关于"铸钱监"官员的编制的记载略有不同,铸钱监的"副监各二人",副监官员增加了一人编制。在记录唐史文献中,《新唐书》成书最晚,校之《唐六典》,这不是疏漏,而是反映了唐代官员建置的前后变化,说明朝廷加强了这方面官员建置。

　　《新唐书》卷四八《百官志》中又记载,唐代"凡铸钱有七监,会昌中(841—846)增至八监。"在这一历史背景下,宣州建置了梅根监和宛陵监,在全国金融铸造方面,占有较大的比重。

### 二、宣州铜官冶

　　宣州南陵县建置了大型的"铜官冶",体现了冶金业的历史发展水平。这个机构和宣州钱监的性质不同,其建置的时间、管理权限、生产任务、相关制度等皆不同于宣州钱监。

　　1. 宣州铜官冶建置的时间

　　宣州铜官冶的建置早于宣州钱监约一个世纪,大约建置于太宗贞观年间。《新唐书·地理志》记载,宣州南陵县"武德四年隶池州,州废来属。后析置义安县,又废义安为铜官冶"①。这条资料说明宣州"铜官冶"是在"义安县"的基础上建置的,义安县是析分南陵县建置。

---

① 《新唐书》卷四一《地理五·江南道宣州》。

义安县建置的时间是在南陵县归属宣州以后，义安县建置不久，即改建为铜官冶。铜官冶具体建置于何时没有确切记载。但是，义安县存废的时间提供了铜官冶建置的时间线索。唐代的历史文献中，义安县仅见于《新唐书·地理志》，没有其他文献记载。义安县的存废，与唐代初期行政区划调整密切相关。唐初的行政区划调整主要在太宗贞观年间。武德年间（618—627），立国草创阶段，"天下初定，权置州郡颇多"①。太宗继位，全国渐渐趋于统一、稳定，有必要进行全国性的行政区划调整，从贞观元年（618）到贞观十三年，综合各种因素，"并省"州县"定簿"，②高宗、玄宗时期，随形势发展有一些局部调整，但基本保持了贞观年间"定簿"的格局。义安县的存废，即可判断在贞观年间，即贞观元年至十三年之间。铜官冶的建置与义安县相关，义安县是唐代贞观年间调整州县建置的产物，以后未再出现。所以，义安县的历史，就是唐代宣州铜官冶建置的历史，建置贞观年间，早于宣州钱监将近一个世纪，在全国的矿冶、铜冶建置中，属于较早建置的铜冶。

宣州的铜官冶建置较早，与宣州铜矿开采史有关。汉代已经有丹阳郡（含宣州）丹阳铜开采的记载，三国早期，周瑜帮助孙权建立霸业，即认识到这里"铸山为铜"的良好的经济条件。③ 据《唐六典》卷二二"掌冶署"和"诸冶监"条目记载：孙吴时期，"江南诸郡县有铁者，或置冶令，或丞。"到了南朝时期，"齐、梁有梅根诸冶令"，也就是说，齐梁时期已经在南陵县建置了"梅根冶"，这是南陵县梅根冶见于历史文献的最早记载。隋朝重视冶铸，吸收齐梁的经验，"诸冶皆置监，监有上、中、下三等"，在齐梁"梅根冶"的基础上，建立了冶监机构，并纳入国家的职官制度。唐朝继承了隋代的制度，并且总结历史经验，在宣州南陵县建置了"铜官冶"。其意义很大，第一，标志唐朝对于宣州冶金业的重视，这必将深刻影响社会经济的发展；第二，标志唐朝在经济上经略东南地区，这是巩固统一、促进社会稳定的具体战略措施；第三，有利于促进宣州乃至东南地区社会经济的发展。

---

① 《新唐书》卷三七《地理一·序》。
② 《新唐书》卷三七《地理一·序》。
③ 《三国志》卷五四《周瑜传》。

## 2. 宣州铜官冶的职能

唐代铜官冶建置以后,其主要任务是开采铜矿,冶铸铜材料,加工铸造铜器。唐朝职官制度明确规定各个冶监负责提供"兵农之器,以给军旅、屯田、居人焉"①。从这条资料可以看出,宣州铜官冶的职能有三,其一,提供军事上的军用器械;其二,提供农业上屯田农具的配件或者农器;其三,提供社会各个群体"居人"的生活用具,例如饰件、铜镜等。这三项任务决定了宣州铜官冶与稍晚建置的宣州钱监,既有联系,又有区别。相联系的在于都是冶铜业,又是同一地点采集铜材料。似乎机构重叠,其实不然,二者各自的职能不同,而有着严格的区别。

宣州钱监的职能是管理铸造钱币,属于金融系统。宣州铜官冶的职能是管理各种铜器制造,涉及国家军事器械、屯田农器乃至国计民生的器皿。二者的管理机构也不同。在唐代的职官制度中,宣州铜官冶属于国家建置的"坑""冶"职官系统,隶属于中央少府的"冶署"。唐代的"冶署",负责"掌熔铸铜铁器物",下辖"诸冶"。"诸冶"有固定的官员编制,监一人,正七品下;丞二人,从八品下;录事一人、府一人、史二人、监作四人、从九品下;典事二人;掌固四人。诸冶监建置于各地矿藏丰富的地区,有铜冶、铅坑、铁冶等。

宣州铜官冶的管理制度和宣州钱监差异很大。钱监,是国家管理钱币制造的机构,接受唐代金融制度和金融政策管制,其最大的特点是禁止私铸。铜官冶接受唐代国家关于矿藏开采和冶铸政策的管制,实行半开放式的管理制度,即民间"私采"和"官市"、"官税"相结合的制度。唐代允许民间私人采矿、冶铸,规定"凡天下出铜铁州府,听人私采,官收其税。若白镴,则官市之。其西北诸州,禁人无置铁冶及采铁。若器用所须,具名移于所由官供之"②。

唐代安徽境内除了宣州铜官冶以外,另外建置有宣州铅坑、银坑,滁州铜坑两处,池州(代宗永泰二年重新建置)铅坑一处。③ 这些冶、坑的建置,皆属于同一管理制度,显示了唐代安徽境内冶金、金属加工

---

① 《唐六典》卷二二,"掌冶署"和"诸冶监"条。

② 《唐六典》卷二二《少府军器监》。

③ 《新唐书》卷四五《地理五》。

制造的兴盛与进步。

### 三、宣州军械作坊

宣州的军械作坊是国家军用武器制造基地,"军兴,是资戎器"①,专门为国家制造军用器械。代宗时期,由于淮南遭受旱灾,代宗下诏,暂停宣州的军械作坊,减省"征夫、役工",节约开支。诏云:"淮南数州,秋夏无雨。扬、洪、宣等三州作坊,往以军兴,是资戎器。既属时岁大歉,虑乎人不宁居,征夫役工,损费尤甚。务从省约,以息疲人,亦宜并停。"②从这份诏书看,宣州的军械作坊具有一定规模,国家每年投入军械制造的开支很大,其管理权直接掌握在朝廷,皇帝直接关注。

### 四、巡院的建置

唐代的巡院建置始于代宗时期。安史之乱之后,社会经济受到很大破坏,国家"税赋不足供费"③,财政开支困窘。代宗立(763),刘晏受命担任盐铁使,分辖东南地区。刘晏为了改变国家财政困难的局面推行了一系列财政改革措施。其最重大的一项财政改革,是制定了新的盐法、盐政。巡院制度是刘晏盐政的重要组成部分,也是刘晏改革盐法的产物,具有一定的成效。安徽境内设置了很多巡院,对于社会发展和经济发展都产生了一定的影响。

1. 安徽境内的巡院及巡院的辖区

这一时期,刘晏建置的巡院主要在淮河流域和东南地区,这是刘晏管辖的主要产盐地区。首批建置的巡院十三个:"自淮北置巡院十三,曰扬州、陈许、汴州、庐寿、白沙、淮西、甬桥、岭南、兖郓、郑滑。"④这些巡院主要职责是加强盐业管理,包括制盐、销售、运输等各个环节上的监控,"捕私盐",收取盐税,打击私盐漏税,保证国家盐业政策的推行和实施。原来州县的"榷盐钱",即收取过境盐商的盐税,全部转交

---

① 《全唐文》卷四七,唐代宗《停扬洪宣三州作坊诏》。
② 《全唐文》卷四七,唐代宗《停扬洪宣三州作坊诏》。
③ 《新唐书》卷六〇《食货四》。
④ 《新唐书》卷五四《食货四》。

刘晏建置的巡院管理。刘晏的巡院制度,整顿并且稳定了盐市,原有地方上自行设置的盐税关卡被废止,"诸道加榷盐钱,商人舟所过有税。晏奏罢州县率税,禁堰埭邀以利者。"①通过巡院推行新的盐政,"巡院捕私盐者,奸盗为之衰息。"②国家的盐税收入增加,刘晏上任之初,国家收取的"盐利岁才四十万缗。至大历末,六百余万缗。天下之赋,盐利居半,宫闱服御、军饷、百官禄俸皆仰给焉"③。刘晏的巡院制度是新的盐政收效的关键。

刘晏首批建置十三个巡院中,庐寿、埇桥等院在今安徽境内。另外,其他巡院的辖区也有属于今天安徽的地区,例如宋州院辖境的砀山县、扬州院辖境的天长县等。

安徽境内巡院的盐业管理,有自身的特点:因为地处非产盐地区,巡院的主要职责在于管理盐业销售流通环节。这一环节十分重要,直接关系到国家盐利收入入库的重要问题。

刘晏建置的巡院,还有一个重要功能,即负责向刘晏提供所在地区的经济情报,通报经济消息。刘晏命令"诸道各置知院官,每旬月,具州县雨雪丰歉之状,白(作者释曰:报告)使司,丰则贵籴,歉则贱粜,或以谷易杂货供官用,及于丰处卖之。知院官始见不稔之端,先申至,某月须如干蠲免,某月须如干救助,及期,晏不俟州县申请,即奏行之,应民之急,未尝失时,不待其困弊、流亡、饿殍,然后赈之也"④。刘晏巡院制度的这一经济情报功能,不仅为刘晏决策各项重大的经济活动提供依据,例如盐价、赈灾、蠲免等。对于本地的经济发展同样具有引导意义。例如,"由是民得安其居业,户口蕃息。晏始为转运使,时天下见户不过二百万,其季年乃三百余万。"

唐代安徽境内盐业,主要特点是商业贸易,安徽境内的巡院,其主要任务在于促进盐市的活跃与兴盛。这与境内交通条件优良,淮河流域、长江流域、浙江流域以及巢湖流域等水系发达有关,利用发达的水

---

① 《新唐书》卷六〇《食货四》。
② 《新唐书》卷六〇《食货四》。
③ 《新唐书》卷六〇《食货四》。
④ 《新唐书》卷一四九《刘晏》。

系,迅速修凿、建成的水陆交通,四通八达,便于商业流通,促进盐商贸易兴起。

2. 巡院制度在安徽境内的发展

刘晏推行的巡院制度,涉及国家财政收入的改革,财政决策权在新旧部门之间发生转移。刘晏死后,巡院制度在唐代后期经历了多次反复。唐代前期,原来盐税归属国家度支部门,刘晏改革以后,盐政转移到盐铁使部门,原国家度支部门的财政权力被分割。唐德宗即位,贞元二年(786),宰相崔造主持国事,尚书省又收回这一权力,停止"巡院"制度。德宗接受了崔造的意见,诏"诸道水陆转运使、度支巡院、江淮转运使,请悉停,以度支盐铁务还尚书省,六曹皆宰相分领"①。这实际上是否定了刘晏的改革。但是,崔造取消巡院制度的当年发生"旱蝗",出现"岁饥"。德宗为了摆脱财政困难,重新恢复巡院,命令"诸道有盐铁处,仍置巡院"②。下诏"诸道盐铁转运使张滂复置江淮巡院"③,恢复了原有的巡院制度,解决了国家的财政困难。度支使班宏因为这件事情与盐铁转运使张滂发生激烈的冲突。德宗采取调和态度,任命他们二人分治,以京城东渭桥为界"东渭桥以东巡院"隶属于张滂。地理范围包括"东都、河南、淮南、江南、山南东道两税";"关内、河东、剑南、山南西道"的巡院划分给班宏主持。④ 安徽境内的巡院属于张滂主持。

唐文宗太和年间(827—835),又一次取消盐铁使和巡院,巡院监管的漕运事务转交郡县,"命在所令、长兼董漕",国家把每年雇佣脚力的"雇缗二十八万",拨给地方官员,并且下令"敕巡院不得辄侵牟"⑤。懿宗咸通五年(864),巡院重新活动。当时,"淮南、两浙海运"线路,被"虏隔",舟船不通。懿宗诏"令三道据所搬米石数,牒报所在盐铁巡院,令和雇入海舟船"⑥。这封诏书说明唐文宗削减的巡院职

① 《新唐书》卷一五〇《崔造》。
② 《新唐书》卷一五〇《崔造》。
③ 《新唐书》卷五三《食货志三》。
④ 《新唐书》卷一四九《班宏》。
⑤ 《新唐书》卷一八二《裴休》。
⑥ 《旧唐书》卷一九《懿宗本纪》。

权,在懿宗时期恢复。懿宗命令本地"所在盐铁巡院"经办"和雇舟船",收回了郡县"董漕"的办漕运职权。

早在刘晏推行巡院制度初期,就奏请"诸道各置知院官",刘晏统辖的东南漕运和盐政地区,基本上都建置了巡院。在唐代后期的诗文中,到处可见安徽南部州县的巡院,如唐代诗歌中的"宣州院"、"淮南院"等的记载,①说明巡院在安徽境内普遍推行。

3. 巡院职能的扩大

刘晏建置巡院的初衷是为了改革盐法,推行盐政,在不加重百姓负担的情况下,通过巡院加强盐税管理和控制,增加国家的财政收入。因此,巡院的主要职能,是"捕私盐",打击私盐漏税。

但是,随着巡院制度的广泛推行,其职能在唐代后期的社会生活中逐步扩大。不仅管理盐税,"茶税""杂税""私钱""坏钱",甚至官员违法乱纪、贪赃等检查、考察事项也委命巡院官员"把捉"。

其一,收取茶税。唐代安徽是盛产茶叶的地区。巡院增加收取茶税的职能,对于境内茶区以及茶叶市场的影响很大,既有正面影响,也有负面影响。从正面看,有利于积极培育茶叶市场,形成茶叶经济。从负面看,茶农被剥削的程度加深。唐德宗时期实行茶税,当时,张滂主持东南巡院,今安徽境内的各个巡院均属于张滂管辖的范围。张滂在自己管辖的范围内,率先推行茶税,命令巡院管理茶税,这一主张得到德宗的批准。贞元"九年,张滂奏立税茶法,郡国有茶山,及商贾以茶为利者,委院司分置诸场,立三等时估为价,为什一之税"。国家率先在东南地区的推行茶税,"是岁,得缗四十一万。茶之有税。自滂始也。"②唐穆宗时期,又"增天下茶税,率百钱增五十"③。当时增加茶税的地区有"江淮、浙东西、岭南、福建、荆襄茶"等,江淮属于增加茶税的地区之首。唐武宗时期,"又增江淮茶税"④,这次似乎专门针对"江

---

① 《全唐诗》卷一四八载刘长卿:"赴宣州使院,夜宴寂上人房,留辞前苏州韦使君。"《全唐诗》卷一五〇载刘长卿:"奉使新安,自桐庐县经严陵钓台,宿七里滩下,寄使院诸公。"《全唐诗》卷一五一载刘长卿:"避地江东,留别淮南使院诸公。"《全唐诗》卷三八〇载孟郊:"和宣州钱判官使院厅前石楠树。"

② 《唐会要》卷八七《转运使》。

③ 《新唐书》卷六〇《食货四》。

④ 《新唐书》卷六〇《食货四》。

淮"的茶税政策,并且出现了"揭地钱"、"剩茶钱"等江淮茶税的专有政策,这些说明安徽所在的江淮地区巡院对于茶税的管理职能。

其二,监察"盗铸钱"。唐代后期,社会经济发展,钱币需求大,出现了私铸、盗铸以及民间"销钱为铜"的混乱现象。为了加强钱币管理,巡院的职责范围扩大,负责打击盗铸钱币、恶钱、坏钱等混乱现象。德宗贞元十年(800)六月敕:"销钱为铜"、"盗铸钱"等,"委所在长吏及巡院同勾当访察。"①唐代文宗时期,"天下铜坑五十,岁采铜二十六万六千斤。"产铜量虽然增加,社会需求量更大,铜价提高,社会上出现"销钱为佛像"、"销钱为器",朝廷不得不下诏"禁铜为器"。唐武宗索性诏命"废浮屠法",即禁止佛教,目的是节约资源,包含节约用铜的用意。朝廷把监察"铜像、钟、磬、鈩、铎皆归巡院"。宪宗下诏江淮地区的巡院知院官,曰:"钱贵物贱,伤农害工,权其轻重,须有通变。比者铜铅无禁,鼓铸有妨,其江淮诸州府收市铜铅等,先已令诸道知院官勾当,缘令初下,未尽颁行。宜委诸道观察等使与知院官切共勾当,事毕日仍委盐铁使据所得数勘会闻奏。"②

其三,监察地方吏治。规定巡院官员参与所在州县官吏的行政事务,其主要使命是监督地方官吏的公务活动,包括地方上的司法活动。宪宗元和二年(807)九月,诏命"州府盐铁巡院,应决私盐死囚,请州县同监,免有冤滥"③。说明巡院官员参与司法权。地方官员的官纪、官风考察,也委巡院官代管。宪宗元和四年(809),"诸州使有两税外杂榷率及违敕不法事",命"巡院察访,状报台司。"④宣宗大中五年(851)七月敕命:"闻江淮之间,多有水陆两路。近日乘券牒使命等,或使头陆路,则随从船行;或使头乘舟,则随从登陆。一道券牒,两处祗供,害物扰人,为弊颇甚。自今已后,委诸道观察使及出使郎官御史,并所在巡院,切加觉察。如有此色,即具名奏,当议惩殿。"由于巡院职能不断扩大,唐代安徽境内的巡院,日益活跃,成为影响社会生活

① 《唐会要》卷八九《泉货》。
② 《全唐文》卷六一《宪宗六·贯江淮铜铅敕》。
③ 《唐会要》卷六八《诸府尹》。
④ 《唐会要》卷六八《诸府尹》。

的大事。

德宗取消宫中"和市",甚至把宫内官员如"司农寺供宫内及诸厨冬藏菜"、"诸陵"、"寒食杂差"、"树柴修桥柴木选场棘"等,"不得更令和市","委度支盐铁分巡院及出使郎官切加访察。"①

唐代安徽境内比较活跃的巡院有庐寿院、埇桥院、淮西院、宣州院等。

庐寿院,刘晏首批建置的十三个巡院之一。朝廷遴选重要官员韦宗立知庐寿院。《韦宗立授检校仓部员外郎知盐铁庐寿院等制》,见证庐寿院的知院官韦宗立乃皇帝钦命。《敕》曰:"权知盐铁庐寿院事朝请郎侍御史内供奉韦宗立等。近者恢复河湟,训定羌虏,江湖之间,人安而不扰。供馈之费,财有余而力不蹙,实由管榷,委之名臣。今者尚书休以尔宗立等上言,咸曰清白处己,勤慎奉公,予安能知,无不可者。暨颉与潜,皆称名士。"②

埇桥院,刘晏首批建置的十三个巡院之一。巡院具有一定的规模。唐穆宗长庆初年(821),王智兴举兵"到埇桥,遂掠盐铁院缗币及汴路进奉物,商旅赀货,率十取七八"③。说明埇桥院已经成为朝廷储备物资的重要巡院。

## 第五节　中央派驻安徽官员的吏治

随着唐代中央对江淮地区财政依赖的加深,派驻江淮的诸使不断增加。各类使职代表朝廷各方面的利益来到地方,推行一系列相关的制度和措施,有的采取了一些兴利除弊的措施,对江淮经济的发展和社会矛盾的缓解起到了一定的作用。也有一些"不遵法式"的官吏假钦差之便,行巧取豪夺、鱼肉百姓之私,加剧了江淮地区社会矛盾和

① 《全唐文》卷五二《德宗三·禁和市诏》。
② 《全唐文》卷七四九,杜牧《韦宗立授检校仓部员外郎知盐铁庐寿院等制》。
③ 《旧唐书》卷一五六《王智兴》。

动荡。

### 一、兴利除弊的各个层面

1. 整顿漕运

唐开元以后,中央财政日益仰赖于江淮,朝廷以漕运为急务。由于都城长安所处的关中地区狭小,遇有水旱之灾,即使在朝廷"禄廪者少"①的贞观、永徽年间,尚需漕粟二十万才勉强维持。至开元年间,朝廷"用度寖广"②,漕运数倍于以前尚且不能支撑,"故数东幸,以就敖粟。"③至开元十八年(730),曾任宣州刺史的裴耀卿向朝廷建言,"广陕运道,使京师常有三年食,虽水旱不足忧。"④想彻底解决京师的供给问题。其具体办法,一是:"今天下输丁约四百万,使丁出百钱为陕、洛运费,又益半为营窖用,分纳司农、河南、陕州。"⑤二是:"请置仓河口,以纳东租,然后官自顾载,分入河、洛,度三门东西,各筑敖仓,自东至者东仓受之,三门迫险,则旁河凿山以开车道,运数十里,西仓受之。度宜徐运抵太原仓,趋河入渭,更无留阻,可减费巨万。"⑥裴耀卿对漕运整顿的建议,其主旨在于设仓分节、分段转输而不是直运,用设仓的办法流转漕运,使其免受季节的限制,从而贡输京师的物资也不受季节影响而阻滞,这一措施得到了唐玄宗的赞许,裴耀卿也因此被拜为江淮转运使,专门主持此事。裴耀卿主江淮漕运三年,共运粮七百万石,省陆运之佣达四十万,使京师供给大为改观。

安史之乱后,饱受战乱的关中尤为凋敝,一片荒凉,京师供给更加困窘。"京师米斗千钱,禁膳不兼时,甸农掇穗以输。"⑦永泰二年(766),分天下财赋、铸钱、常平、转运、盐铁置二使,转运使刘晏负责东都、畿内、河南、淮南、江东西、湖南、荆南、山南东道,京兆尹判度支第

---

① 《新唐书》卷一二七《裴耀卿》。
② 《新唐书》卷一二七《裴耀卿》。
③ 《新唐书》卷一二七《裴耀卿》。
④ 《新唐书》卷一二七《裴耀卿》。
⑤ 《新唐书》卷一二七《裴耀卿》。
⑥ 《新唐书》卷一二七《裴耀卿》。
⑦ 《新唐书》卷一四九《刘晏》。

五琦负责京畿、关内、河东、剑南、山南西道。刘晏亲自考察漕路,浮淮、泗,达于汴,入于河。右沿砥柱、碛石,观三门遗迹,至河阴、巩、洛,考察了宇文恺梁公堰。刘晏对漕运路线的全程考察,深知漕运的利弊。原来州县以富人督漕挽,谓之"船头";主邮递,谓之"捉驿";税外横取,谓之"白著"。人不堪命,皆去为"盗贼"。在上元、宝应年间,有袁晁、陈庄、方清、许钦等遍布江淮起义,时间持续长达十年。刘晏整顿漕运,以官船漕,由吏主驿事,罢无名之敛,正盐官法,千方百计来补充朝廷的支出。又通计天下经费,谨察州县灾害,蠲除赈救,不使流离死亡。至建中元年(780),全国户口由唐代宗初的不足二百万户,增加到三百万户。

广德二年(764),刘晏专门负责东都、河南、淮西、江南东西转运、租庸、铸钱、盐铁,转输至上都,度支所领诸道租庸观察使,凡漕事皆决于晏。刘晏为降低漕运成本,减轻人民负担,用盐利雇佣,分吏督之,按照江、汴、河、渭水力不同,各随便宜造运船,教漕卒。不到十年,"人人习河险,江船不入汴,汴船不入河,河船不入渭,江南之运积扬州,汴河之运积河阴,河船之运积渭口,渭船之运入太仓,岁转粟百一十万石,无升斗溺者。轻货自扬子至汴州每驮费钱二千二百,减九百,岁省十余万缗。又分官吏主管丹阳湖,禁引溉,从此河漕不涸"[1]。

唐德宗建中二年(781),"四镇之乱",汴运受阻而中断。建中三年,江淮转运使杜佑提出了疏通庐、寿之间的鸡鸣冈以通舟沟通黄淮长江漕运设想,"江、湖、黔中、岭南、蜀、汉之粟可方舟而下,由白沙趋东关,历颍、蔡,涉汴抵东都,无浊河泝淮之阻,减故道二千余里"[2]。但是杜佑的设想因藩镇之乱的迅速平定,并没有付诸实践。

经过裴耀卿、刘晏等人对漕运的整顿,除了暂时解决了朝廷的经济窘迫外,更重要的是,减轻了漕运的成本和人民的负担,这样就使处于漕运路线上的江淮人民的负担相对得以减轻。

---

① 《新唐书》卷五三《食货志》。
② 《新唐书》卷五三《食货志》。

### 2. 招辑流亡

唐代自安史之乱以后,江淮成为维持中央财政的最主要的赋役区,沉重的赋税负担以及所引发的一些起义,扰动了这一地区的社会秩序,但由于有些专使采取了一系列的招辑流亡的措施,使这一地区的社会相对稳定下来,社会经济又得以进一步发展。

唐肃宗上元二年(761),崔圆为淮南节度使,"于兹五年,方隅克定。"①深受淮南吏民的爱戴,"在镇六年,请朝京师,吏民乞留。"②"老幼咸曰:'我州我邑敷王德泽,崔公封内我是以安。'"③

唐代宗时期,州府在常赋之外竞相贡献,如遇天灾人祸,百姓流离失所。大历五年(770),独孤及任舒州刺史,"州经积年寇盗,疮痍之后,百姓流瘝,十不一存",独孤及采取一些措施,"与之休息,劳来鳏寡,薄其徭赋,是以招携亡者,辑柔存者,庶经秋之后,赖或安集。"④遇饥旱之岁,"邻郡庸亡什四以上,舒人独安。"⑤大历六年,张延赏为淮南节度使,由于连年旱歉,人有逃往它境的,"吏或拘之"。张延赏曰:"夫食,人之所恃而生也,此居而坐毙,适彼而可生,得存吾人,又何限于彼也。乃具舟楫而遣之,俾吏修其庐室,已其逋债,而归者增于其旧。"又"边江之瓜洲,舟航凑会,而悬属江南,延赏奏请以江为界,人甚为便"⑥。大历六年,李幼卿为滁州刺史,"而滁人饥者粒,流者占,乃至无讼以听。"⑦大历七年,穆宁任和州刺史,"理有善政"⑧,时淮南旱,和州又经战乱,穆宁"视人如子,理事如医,居一闰,人忘其伤。又一闰,人忘其化"⑨。经其治理,和州很快就从战争的创伤中恢复过来。

唐德宗在朱泚之乱平定以后,专意聚敛,地方在常赋之外,进奉不息。时方镇有"日进"、"月进"之名,淮南节度使杜亚、宣歙观察使刘

① 《全唐文》卷三六八《送蒋十九丈奏事毕正拜殿中归淮南幕府序》。
② 《新唐书》卷一四〇《崔圆》。
③ 《全唐文》卷三一八《淮南节度使尚书左仆射崔公颂德碑铭》。
④ 《全唐文》卷三八五《谢舒州刺史兼加朝散大夫表》。
⑤ 《新唐书》卷一六二《独孤及》。
⑥ 《旧唐书》卷一二九《张延赏》。
⑦ 《全唐文》卷三九〇《琅琊溪述》。
⑧ 《旧唐书》卷一五五《穆宁》。
⑨ 《文苑英华》卷九四三《秘书监致仕穆玄堂志》。

赞,"徼射恩泽,以常赋入贡,名为'羡余'。"此外,节镇"至代易,又有进奉"①。贞元中,方镇进奉,蔚然成风。"天下好进奉以结主恩,征求聚敛,州郡耗竭,韦皋、刘赞、裴肃为之首。"贞元十二年(796),崔衍为宣歙池观察使,"政务简便,人颇怀之。"虽不能骤革其弊,"居宣州十年,颇勤俭,府库盈溢,及穆赞代衍,宣州岁馑,遂以钱四十二万贯代百姓税,故宣州人不至流散。"②而宣州"旧贡金锡凡十八品,皆倍直市于州,民匮多逃去"③。崔衍对这一弊政全部加以废除。

唐宪宗元和年间,崔玄亮为歙州刺史,时歙人马牛生驹犊,官籍牲口,故吏得以为奸,玄亮焚其籍,一概不管。居山地之民,"输租者苦之,下令许计斛输钱,民赖其利。"④元和中,程异为淮南等五道两税使,对江淮钱谷之弊,多加革除。后淮西用兵,国用不足,程异出使江淮,以调征赋,"且讽有土者以饶羡入贡,至则不剥下,不浚财,经费以赢,人颇便之。"⑤路应求为宣歙池观察使,居宣五年,以疾离任,"校其仓得石者五十万余,府得钱千者八十万,公之为州,逢水旱喜贱出与人,岁稔以其得收,常有赢利,故在所人不病疾,而官府蓄积。"⑥元和五年(810),卢坦为宣歙池观察使,时江淮旱,谷价贵,有人请抑其价,坦曰:"所部地狭,谷来他州,若直贱,谷不至矣。不如任之。"随后商人贩米纷至,坦商以米垒至,"乃多贷兵食出诸市,估遂平。"⑦当涂县有渚田,久废,坦以为岁旱,"苟贫人得食取佣可易为功,于是渚田尽辟,藉佣以活者数千人。又以羡钱四十万代税户之贫者,故旱虽甚而人忘灾。"⑧"在宣州岁,丁骄亢,顺其发敛,以救艰食。"⑨

唐敬宗宝历元年(825),李翱为庐州刺史,时州旱,疫病流行,征税之吏不绝于路,户口损耗达四万,权豪趁机买田屋以牟取厚利,而贫户

---

① 《新唐书》卷五二《食货志》。
② 《旧唐书》卷一八八《崔衍》。
③ 《新唐书》卷一六四《崔衍》。
④ 《新唐书》卷一六四《崔玄亮》。
⑤ 《旧唐书》卷一三五《程异》。
⑥ 《全唐文》卷五六二《路公神道碑铭》。
⑦ 《新唐书》卷一五九《卢坦》。
⑧ 《文苑英华》卷七九二《故东州节度使卢公传》。
⑨ 《全唐文》卷四九七《卢公神道碑铭》。

仍输赋不变。"翱下教使以田占租,无得隐,收豪室税万二千缗,贫弱以安。"①

唐宣宗大中三年(849),李珏为淮南节度使,"江淮旱,发仓廪赈流民,以军羡储杀半价与人。""淮南之人德之,珏已殁,叩阙下,愿立碑刻其遗爱。"②

唐僖宗乾符六年(879),窦潏为池州刺史,时经黄巢起义,百姓死徙,城邑变为废墟。窦潏到任后,"一之月捡访乡籍;二之月完聚疮痍;三、四月后,病者起,亡者归,瓦者投,骼者捡。"③窦潏通过检访乡籍,安集流亡,筑城浚濠,立廨舍,使已变成废墟的池州又得以恢复生机。

通过以上诸使的招辑流亡的措施,江淮经济秩序又得以重建,社会相对稳定,对唐后期江淮经济的发展起到了一定的积极作用。

3. 清正廉洁

武德八年(625),张镇周为舒州都督,舒州本其乡里,镇周到州后,先至故宅,多市酒肴,召亲戚故人,与之酺宴,散发箕踞,如为布衣时。凡十日,然后分赠金帛,泣与之别曰:"今日张镇周犹得与故人欢饮,明日之后则舒州都督治百姓耳,君民礼隔不复得为交游。"④自是亲戚故人犯法,绝不姑息,境内肃然。武则天统治时期,朱敬则为庐州刺史,以清廉著称,"代还,无淮南一物,所乘止一马,子曹步从以归。"⑤唐玄宗开元初,韦恒为砀山令,为政宽惠,吏民爱之,天子东巡,"州县供帐皆鞭朴趣办,恒不立威而事给。"⑥开元中,班景倩为宣州刺史,"有风力,恤疾苦,除贪暴,逾年黜赃吏以百计。"⑦时与宣州刺史竹承构齐名,故有班竹之谣⑧。天宝年间,李孝俪为泾县令,"政清而简,不矫饰干誉,士民怀之,卒于泾,子孙家焉。广德盗起,频陷城邑,入泾,独不忍

① 《新唐书》卷一七七《李翱》。
② 《新唐书》卷一八二《李珏》。
③ 《全唐文》卷八二九《池州重建大厅壁记》。
④ 《资治通鉴》卷一九一,"武德八年"条。
⑤ 《新唐书》卷一一五《朱敬则》。
⑥ 《新唐书》卷一一六《韦思谦》。
⑦ 《江南通志》卷一一六《职官志》。
⑧ 《江南通志》卷一一六《职官志》。

坏其庐。"①唐代宗大历年间，崔陵为南陵县令，"疾贿如仇，吏籍民田粮失实，赋多逋，陵召父老言状为核而正之，积逋以完。"②唐文宗时期，沈传师明于吏治，吏不敢枉法，慎重刑法，每断狱，召集幕府平处轻重，尽合于法，再判决。③ 唐德宗贞元六年（790），曲信陵为望江令④，爱民如子，"及受代，民遮道不得去，后卒于官，将舆榇归邑，民号哭留葬治所。"白居易在其《秦中吟》十诗有《立碑》一首：

    我闻望江县，曲令抚茕嫠。在官有仁政，名不闻京师。身殁欲归葬，百姓遮路歧。攀辕不得去，留葬此江湄。至今道其名，男女涕皆垂。无人立碑碣，惟有邑人知。⑤

唐德宗时，李逊为濠州刺史⑥，此前，濠州都将杨腾，削刻士卒，州兵三千人谋杀腾，腾觉之，逃往扬州，家属皆被杀。濠兵不能自我约束，趁机打劫，"及逊至郡，余乱未殄，徐驱其间，为陈逆顺利害之势，众皆释甲请罪，因以宁息。观察使旨限外征役，皆不从。"⑦唐武宗会昌年间，李方玄为池州刺史⑧，"钩检户籍，所以差量徭赋者，皆有科品程章，吏不得私。常曰：'沈约年八十，手写簿书，盖为此云。'"⑨唐宣宗大中年间，侯固为濠州刺史，"奏乞增植桑，无加税。"⑩韩思复为滁州刺史，

---

① 《江南通志》卷一一六《职官志》。
② 《江南通志》卷一一六《职官志》。
③ 《新唐书》卷一三二《沈既济》。
④ 《容斋随笔·五笔》卷七《书曲信陵事》。
⑤ 《全唐诗》卷四二五《立碑》。
⑥ 李逊为池濠二州刺史，《新唐史》和《旧唐书》均无具体时间，据《文苑英华》卷四〇六白居易的《授李逊京兆尹制》有"浙江东道观察处置等使兼御史大夫李逊，十年以来，连守四郡，或纷扰之际，或荒馑之余，威惠所加，罔不和辑，赏其殊绩，擢在大藩"。又《新唐书》卷一六二《李逊传》"当贞元初，福建军乱，前观察使奏益兵三千屯于境，以折闽冲，遂为长戍，几三十年。逊署事，即停其兵"。显然，李逊为池濠二州刺史当在德宗时。
⑦ 《旧唐书》卷一五五《李逊》。
⑧ 据《樊川文集》卷七《池州重起萧丞相楼记》"……会昌四年甲子，摧木悉朽坏无一可取者，刺史李方玄具材……"
⑨ 《新唐书》卷一六二《李逊》。
⑩ 《江南通志》卷一一七《职官志》。

州有铜官冶,"人铲凿尤苦,思复为贾他鄙,费省获多。"①

唐武宗会昌四年(844)七月,武宗闻扬州倡女善为酒令,令淮南监军选十七人进献,监军请节度使杜惊同选,并想再择良家美女教而献之。杜惊予以推辞:"监军自受敕,惊不敢预闻。"监军再三请求而不从。监军大怒,具表其状,武宗览表默然,左右请并敕节度使同选,上曰:"敕藩方选倡女入宫,岂圣天子所为,杜惊不徇监军意,得大臣体,真宰相才也。"②

### 4. 兴修水利

唐代颍州汝阴县南三十五里椒陂塘,永徽中颍州刺史柳宝积整修,引润水灌溉田地,受益面积达二百顷。③ 贞元年间,亳州刺史缺,宣武军节度使董晋以杨凝行州事,杨凝"增垦田,决污堰,筑堤防,水患讫息"④。贞元年间,张伾为泗州刺史,"值水患,悉力捍御,卒完一城。"⑤元和年间,宁国令范传正假南陵印,南陵县原有废陂曰"大农","积岁不理,荒梗幽隐,丘隙遁形,空规残状,非乡党之寿耆,不可款识。"范传正召集乡老、里正尹而计之,"具畚捐,列绠锸,笘砾碁,坚披材,辇壤。日必巡丈,周察势便……于农隙三旬而毕。"⑥最后筑成石堰三百步,水所及者六十里。⑦ 元和中,祁门令路旻,阊门溪水急坏舟,开斗门泄之,后世称为路公溪。⑧ 咸通三年(862),陈甘节为祁门令,时阊门溪斗门久废,舟行不便,"甘节以俸募民穴石积木为梁,因山派渠,余波导入乾溪,舟行乃安。"⑨景隆中,宣城令张路斯,垦土田,通水利,后世称为张路斯田。⑩ 歙东南有车轮滩,"以其乱石崇流,中无港道,行船环曲,有

---

① 《新唐书》卷一一八《韩思复》。
② 《资治通鉴》卷二四七,"会昌四年"条。
③ 《新唐书》卷三八《地理志》。
④ 《新唐书》卷一六〇《杨凭附杨凝》。
⑤ 《江南通志》卷一一八《职官志》。
⑥ 《文苑英华》卷八一三《南陵县大农陂记一首》。
⑦ 《新唐书》卷四一《地理志》。
⑧ 《江南通志》卷一一六《职官志》。
⑨ 《新唐书》卷四一《地理志》。
⑩ 《江南通志》卷一一六《职官志》。

若车轮。"①常覆舟，歙州刺史吕季重，出俸钱疏凿，遂成安流，因名吕公滩。②

5. 移风易俗

唐武则天时，员半千为濠州刺史，"不专任吏，常以文雅粉泽，故所至礼化大行。"③狄仁杰为江南巡抚使，"吴、楚俗多淫祠，仁杰一禁止，凡毁千七百房，止留夏禹、吴太伯、季札、武员四祠而已。"④开元中，裴耀卿为宣州刺史，"首务教化，率父老行礼、奏乐，歌《白华》、《由庚》等篇，明孝子养亲之义，闻者为之感泣。"⑤大历中，张镒为濠州刺史，"政条清简，延经术之士讲教生徒，比去，州升明经者四十人。"⑥高智周为寿州刺史，"其治尚文雅，行部，先见诸生，质经义及政得失，既乃录狱讼，考耕饷勤堕，以为常。"⑦唐德宗时，罗珦为庐州刺史，时民间病者，舍就医药，去祷淫祀，罗珦下令止之。修学宫，政教简易。风气为之一变。⑧崔潀为歙州刺史，歙州"地杂欧骆，号为难理，下车而简其约束，期月而明其信誓，然后破散溪众，剪锄山豪，既去害群之奸，遂宁挺险之俗"⑨。唐敬宗时，亳州浮屠诡后世称为水能治病，号称"圣水"。一时谣传四起，南方之人，每十户雇一人，前去汲取，既行若饮，病者不敢近荤血，危老之人多死。而水斗三十千，"取者益它汲转鬻于道，互相欺诳，往者日数十百人。"⑩李德裕严令津逻，加以捕绝，并请下观察使令狐楚加强控制，以绝妄源。唐文宗即位，以四方车服僭奢，下诏准仪制令，以品秩勋劳为等级。京兆尹杜惊制订易于行走为衣服的宽限，而事遂不行。唯淮南观察使李德裕令管内妇人衣袖四尺者阔一尺五

① 《太平寰宇记》卷一〇四《江南西道二》。
② 《江南通志》卷一一六《职官志》。
③ 《新唐书》卷一一二《员半千》。
④ 《新唐书》卷一一五《狄仁杰》。
⑤ 《江南通志》卷一一六《职官志》。
⑥ 《新唐书》卷一五二《张镒》。
⑦ 《新唐书》卷一〇六《高智周》。
⑧ 《新唐书》卷一九七《罗珦》。
⑨ 《全唐文》卷六三一《博陵崔公行状》。
⑩ 《新唐书》卷一八〇《李德裕》。

寸,裙曳地四五寸者减三寸。①

## 二、"不遵法式"的巧取豪夺

自安史之乱以后,唐中央财政仰赖南方,朝廷利路大开,一些"不遵法式"的地方官巧取豪夺,无所不为。甚至,在大历以前二十年,全国不按赃吏。"大历以前,赋敛出纳俸给皆无法,长吏得专之,重以元、王秉政,货赂公行,天下不按赃吏者殆二十年。"②出现了京官竞相外任的现象,"州刺史月奉至千缗,方镇所取无艺,而京官禄寡薄,自方镇入八座,至谓罢权。"③薛邕由左丞贬歙州刺史,家人恨降之晚。由此可见地方政治的一斑。

唐建中初,朝廷经费不充,淮南节度使陈少游请增本道税钱,每一千增二百,盐一斗加百钱,度支因奏请诸道并增此税。④后杜亚为淮南节度使,时在少游征税烦重、奢侈僭滥之后,又新遭王绍乱兵剽掠。淮南之人,望亚之至,革除旧弊,冀以康宁。⑤而亚信任丞弼,厌外官,日夜召集宾客不理政事。方春,南民为竞渡戏,亚欲轻驶,乃髹船底,使篙人衣油彩衣,没水不濡,"观沼华邃,费皆千万。"⑥陇西李衡在坐曰:"使桀、纣为之,不是过也!既泛九曲池,曳绣为帆。诧曰:要当称是林沼。"衡曰:"未有锦缆,云何?亚大惭,自是府财耗竭。"濠州刺史杜兼,"性浮险,尚豪侈","所至大杀戮,哀薮财货,极耆欲"⑦。柳宗元认为其与"唐梼杌、饕餮者亡以异"⑧。建中元年(780),唐德宗以宣歙观察使薛邕文雅旧臣,征为左丞,邕离任宣州,盗隐官物以巨万计。⑨

唐宪宗时,因兵兴国用不足,命盐铁副使程异,乘驿谕令江淮诸道,以助军用。李鄘以境内富实,"乃大籍府库,一年所蓄之外,咸贡于

---

① 《新唐书》卷二四《车服》。
② 《资治通鉴》卷二二六,"建中元年"条。
③ 《新唐书》卷一二九《李泌》。
④ 《新唐书》卷二二四上《陈少游》。
⑤ 《旧唐书》卷一四六《杜亚》。
⑥ 《新唐书》卷一七二《杜亚》。
⑦ 《新唐书》卷一七二《杜兼》。
⑧ 《柳宗元集》卷一四《杜兼》。
⑨ 《资治通鉴》卷二二六,"建中元年"条。

朝廷,诸道以鄘为倡首,悉索以献,自此王师无匮乏之忧。"①兴元克复京师后,府藏空竭,诸道初有进奉以资经费,此后朝廷时有宣索,其后诸乱平定后,朝廷无事,但常赋之外,进奉不息。淮南节度使杜亚、宣歙观察使刘赞,"徼射恩泽,以常赋入贡,名为'羡余'。""至代易,又有进奉。"②贞元三年(787),刘赞为宣州刺史、都团练观察使,"治宣十年,刘赞本无学,第以刚猛立威,官吏重足一迹。宣既富饶,即厚敛,广贡奉以结恩,又不能训子,皆骄傲不度。"③贞元十二年(796),刘赞卒,严绶掌宣歙留务,倾府藏以进献,开天下宾佐进献之先河。严绶后有恩召升为尚书刑部员外郎。④

唐文宗大和九年(835)九月,盐铁转运使王涯奏请变革江淮、岭南茶法,并请加税以赡邦计。十月,加宰臣王涯开府仪同三司兼诸道盐铁转运榷茶使。"初,郑注自谓有经济之方,帝问以安人富国之术,无以对,因请榷茶。涯知不可,而不敢违。及诏下,商人计鬻茶之资不能当所榷之多,复以江淮间百姓茶园官自造作量给其直,分命使者主之。江淮人什二三以茶为业,皆公言曰:'果行是敕,止有尽杀,使人入山反耳。'"⑤十一月,王涯被杀,围观的百姓怨王涯榷茶,"或诟詈,或投瓦砾击之"⑥。大和九年(835),庐州刺史罗立言为司农少卿,用贿赂交结郑注而得之。⑦

唐穆宗长庆元年(821),宿州刺史李直臣坐赃当死,宦官受其贿赂,为之请免死。御史中丞牛僧孺请诛之。穆宗曰:"直臣有才,可惜。"僧孺对曰:"彼不才者,无过温衣饱食以足妻子,安足虑?本设法令,所以擒制有才之人,安禄山、朱泚皆才过于人,法不能制者也。"穆宗从其请。⑧ 长庆四年(824)四月,淮南节度使王播罢盐铁转运使,十

① 《旧唐书》卷一五七《李鄘》。
② 《新唐书》卷五二《食货志》。
③ 《新唐书》卷一三二《刘子玄》。
④ 《旧唐书》卷一四六《严绶》。
⑤ 《册府元龟》卷五一〇《邦计部·重敛》。
⑥ 《资治通鉴》卷二四五,"大和九年"条。
⑦ 《资治通鉴》卷二四五,"大和九年"条。
⑧ 《资治通鉴》卷二四二,"长庆元年"条。

一月,王播以钱十万缗贿赂王守澄,求复铁利权。①

唐在元和以后禁止私度僧。长庆四年,徐泗观察使王智兴借以唐穆宗的生日,请求朝廷在泗州设置戒坛,度僧尼以资福,并得到朝廷允许。王智兴"即显募江淮间,民皆曹辈奔走,因牟撷其人"②。"于是四方辐凑,江、淮尤甚,智兴家赀由此累巨万。"③这造成了户口的流失,危及唐代中央的财政。浙西观察使李德裕上奏朝廷:"智兴为坛泗州,募愿度者人输钱二千,则不复勘诘,普加髡落。自淮而右,户三丁男,必一男剔发,规影徭赋,所度无算。臣阅度江者日数百,苏、常齐民,十固八九,若不加禁遏,则前至诞月,江淮失丁男六十万,不为细变。"④于是,朝廷下诏徐州禁止私度僧。

朝廷利路大开,再加上一些"不遵法式"的官吏巧取豪夺,对江淮经济和人民生活产生了极大的影响。"江淮以南,物力大屈,人人憔然忘生。"⑤严重地制约了唐代今安徽地区的经济发展,再加上战争对农业生产力影响,如,唐宪宗元和十一年(816),"王师讨蔡州吴元济。是时州县近淮西者行输尤苦,东畿供馈车常数千两相错于路,每车驾三牛,将卒有副,所在霖潦,汝颍泛溢,馈车多阻,其至者或不以时归之,于是东畿有以驴耕者。"⑥"兵兴以来,山泽江淮海榷茇之利,无遗逸矣。利益归于上,困益窘于下,涯尚欲希恩,加税重用其法,以穷其人。"⑦严重地破坏了农业和商品经济的发展。

① 《资治通鉴》卷二四三,"长庆四年"条。
② 《新唐书》卷一八〇《李德裕传》。
③ 《资治通鉴》卷二四三,"长庆四年"条。
④ 《新唐书》卷一八〇《李德裕》。
⑤ 《新唐书》卷二二四上《叛臣上》。
⑥ 《册府元龟》卷五一〇《邦计部·重敛》。
⑦ 《册府元龟》卷五一〇《邦计部·重敛》。

# 第四章
## 唐代农业与农田水利

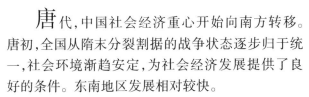

唐代,中国社会经济重心开始向南方转移。唐初,全国从隋末分裂割据的战争状态逐步归于统一,社会环境渐趋安定,为社会经济发展提供了良好的条件。东南地区发展相对较快。

位于东南的安徽地区,社会经济全面发展,农业方面尤为显著。北方战乱期间人口南移,不仅为安徽的农业开垦增加了劳力,也为南北生产经验交流提供了机遇,生产方式和生产技术方面相互取长补短,促进土地开垦面积增加,粮食生产的品种和产量有所提高,农业经济有了较大的提高。

但是,也有一些不利的因素困扰安徽社会的发展。安徽地处南北气候变化的交界地区,南北不同的气候带,带来复杂多变的气候,各种自然灾害频频发生。严重困扰了本地的社会生产,尤其是农业发展受到困扰。

本地人民在与自然灾害的长期斗争中,抵御自然灾害的经验逐渐积累,抗争自然灾害的能力不断提升。广泛兴修水利、积极发展各种经济,成为唐代安徽预防和抵御自然灾害的重要措施和出路。

广泛而又积极的水利兴修,不仅改善了农业灌溉,也提升了航运交通的能力。水利交通事业迅速发展,推动了农业经济良性发展。

# 第一节  农业生产环境的改善

唐代,安徽地区的农业总体上获得了发展。首先,国家开明的农业政策在安徽地区得到推行,激发了农民生产的积极性;其次,人口增加,劳动力得到恢复与发展,农业生产技术和劳动力水平有所提高;再次,广泛兴修水利,改善农业生产条件,减少或者降低自然灾害的影响。由于生产环境的改善,各种粮食品种的生产不断增加,粮食产量不断提升,农业生产有了长足的进步。

## 一、政策环境:均田制与两税法的实施

唐代前期推行了均田制,后期施行了两税法,客观上具有积极的意义。两税法对于商品经济比较繁荣的安徽地区,有着重要的积极意义。尤其唐初均田制的推行,在安徽境内体现了很多实际意义。

首先,唐代安徽,大多数地区属于隋末农民战争或者军事割据势力所在的地区。全国统一以后,这里大片土地属于无主荒地,被收归国有,有利于无主荒地的再分配。唐初的均田授田颇有成效。均田制明确了附籍农民的土地所有权和占有权,减少了田产纠纷,农民获得土地,辛勤生产,使淮河流域从战后"千里无鸡鸣"的衰微景象中逐渐复苏。其次,新的租庸调制,相对减轻了附籍农民的负担,附籍农民摆脱了原来豪强地主的控制,转变为国家编户农民,剥削量减轻,提高了生产积极性。第三,农民附籍,自耕农阶层壮大,这是封建国家社会经济赖以发展的基础,也是促进地方社会经济发展的基本因素。第四,大型公共水利的兴修如开凿大运河、农田灌溉等,正是伴随均田令的推行而在安定的社会环境中广泛兴起,农业生产的基本条件得到一定的优化和改善。

然而,均田制下的农民,一家一户的个体经济,经济力量十分脆弱,这是封建经济制度下的普遍性特征,其致命的弱点就是经不起天

灾人祸的打击。安徽境内自然灾害频繁,境内的淮河、长江、浙江等母亲河带给本土很多恩惠,同时也带来频繁的自然灾害。战争和自然灾害,常常导致大批农民破产逃亡,甚至被迫出卖土地。唐代中期,土地兼并的缺口被打开,高宗以后出现土地兼并现象。特别是到了玄宗开元、天宝年间,土地还授,已无法实施,淮河流域强宗新贵盘根错节,土地兼并如蚕食鲸吞,均田制迅速成为名存实亡的空壳。唐高宗、唐玄宗都不断采取措施,明令禁止买卖世业田、口分田,但是土地兼并仍在蔓延,无法遏止。

唐玄宗天宝十一年(752)颁发诏书《禁官夺百姓口分永业田诏》。这道诏书表面申令:禁止土地吞并,内容中又宣布承认王公百官"占地顷亩"数量的现状。① 这等于公开批准王公百官违法占有土地。对于王公百官侵占土地发生纠纷的情况,"诏书"中提出,王公百官用钱买得的土地"不可官收",允许他们"转卖"给别人,如果是土地原主人来认领,由官府出钱,向买主赎回。如果原主人不来认领,官府"不须收夺"买主的土地,这说明土地兼并是通过买卖关系的渠道形成的。淮河流域、江淮大地商品经济的繁荣与发展,也为土地交易提供了条件。

均田制悄然退出历史舞台的时候,土地私有制悄悄地迅速地发展,最终在唐德宗建中元年(780),以"两税法"的新型赋税方式开始在安徽境内全面推行。

唐德宗推行的两税法把税丁改为税亩、税产,这比较符合土地集中和贫富升降的社会现实,唐代安徽境内沿用这一制度直至五代时期。

两税法推行后,"每岁天下共敛三千余万贯,其二千五十余万贯,以供外费;九百五十余万贯,供京师。税米麦共千六百余万石,其二百余万石,供京师;千四百万石,给充外费"②,收入比原来显著增加。但是由于用兵的需要,军费不足,唐德宗又下令向富商借钱,实际是增加商税,掠夺商贾,引发商贾抵制,"长安为罢市"③。于是,朝廷把目光

---

① 《全唐文》卷三三。

② 《通典》卷六《食货典·赋税》。

③ 《新唐书》卷五三《食货志》。

投向东南地区江淮一带。淮南道节度使陈少游率先在淮南道境内增加税钱，每千钱增加二百。唐德宗把淮南道增加商税的成功经验下诏批转全国，命令其他诸道悉如淮南。[①] 第二年，即建中四年（783），负责东南地区的汴东两税使包佶，即聚敛东南地区的赋税"八百万缗"储于扬州，准备由扬州输转京师。当时全国一年敛税三千万缗，而包佶储在扬州的赋税数额即达八百万缗，占四分之一还强。这一方面说明东南地区受剥削的程度在加大，同时也反映唐后期，以土地私有制为主要基础的东南地区的社会经济在增长。

### 二、生产环境：人口增长

在传统的农业经济结构中，劳动力是社会经济结构中的主要因素。人口多少，不等于劳力多少。但是，户数是在籍人口的记载。社会人口、户数，两者结合起来，是衡量劳动力多少、生产力发展水平的参照依据。

唐代安徽的人口和户数，总体处于增长的态势。有唐一代，虽然经历很多战争和自然灾害，社会人口数量有多次较大的波动，依据现存的文献资料统计，安徽地区其人口仍然呈现增长的状态。

1. 唐代安徽人口增长的状况与轨迹

有两个数据可以显示唐代安徽人口增长的状况与轨迹：其一，唐代中后期安徽人口统计；其二，唐代安徽人口与隋代安徽人口比较。

《通典》记载："唐贞观户不满三百万。"[②]这个数据比较权威地反映了唐代初期贞观年间（627—649）全国社会人口状况。经过一个世纪以后，到唐玄宗时期（712—755），唐朝人口有了明显的增长。《新唐书·地理志》、《旧唐书·地理志》、《通典·州郡》记载了唐朝开元、天宝年间全国的户口数据，大致在 800 万以上。参见下面《唐代安徽户口统计表》。这个数据与唐初"户不满三百万"相比较，户口有较大的增长。上述有关文献中记载了各个州郡的人口数据，采集其中唐代安徽各个州郡的人口数据列表如下。

---

① 《新唐书》卷五三《食货志》。
② 《通典》卷七《食货七·历代盛衰户口》。

表4-1 唐代安徽户口统计表

| 州县 | 开元二十八年（740） | | 天宝十一载（752） | | 《通典》记载 天宝十四载（755） | | 备注 |
|---|---|---|---|---|---|---|---|
| | 户数 | 人口 | 户数 | 人口 | 户数 | 人口 | |
| 亳州 | 88,960 | 675,121 | 5,790 | 33,177 | 82,468 | 655,200 | 1. 亳州户口实际统计数据为4县：谯、城父、蒙城、临涣。属于今安徽。2. 宿州建置于元和四年。表中没有列出数据。3. 池州建置于永泰二年。表中没有列出数据。4. 蕲、符离、虹、砀山、天长5县属于邻州。 |
| 亳州谯县 | 6000 | 缺 | 6000 | 缺 | 6000 | 缺 | |
| 亳州城父 | 6000 | 缺 | 6000 | 缺 | 6000 | 缺 | |
| 亳州蒙城 | 6000 | 缺 | 6000 | 缺 | 6000 | 缺 | |
| 亳州临涣 | 6000 | 缺 | 6000 | 缺 | 6000 | 缺 | |
| 颍州 | 30,707 | 202,890 | 30,707 | 202,890 | 29,037 | 189,407 | |
| 宿州 | 未建置 | 未建置 | 未建置 | 未建置 | 未建置 | 未建置 | |
| 徐州蕲县 | 6000 | 缺 | 6000 | 缺 | 6000 | 缺 | |
| 徐州符离 | 6000 | 缺 | 6000 | 缺 | 6000 | 缺 | |
| 徐州萧县 | 6000 | 缺 | 6000 | 缺 | 6000 | 缺 | |
| 泗州虹县 | 3000 | 缺 | 3000 | 缺 | 3000 | 缺 | |
| 宋州砀山 | 6000 | 缺 | 6000 | 缺 | 6000 | 缺 | |
| 寿州 | 35581 | 187,587 | 35,582 | 187,587 | 29,717 | 153,192 | |
| 濠州 | 21,864 | 138,361 | 21,864 | 108,361 | 20,513 | 138,361 | |
| 滁州 | 26,486 | 152,374 | 26,486 | 152,374 | 26,211 | 141,227 | |
| 庐州 | 43,320 | 205,396 | 43,323 | 205,396 | 38,329 | 177,934 | |
| 和州 | 24,794 | 122,013 | 24,794 | 121,013 | 22,132 | 116,016 | |
| 舒州 | 35,353 | 186,398 | 35,353 | 186,398 | 35,524 | 161,040 | |
| 扬州天长 | 6000 | 缺 | 6000 | 缺 | 6000 | 缺 | |
| 宣州 | 121,204 | 884,985 | 121,204 | 884,985 | 117,195 | 879,444 | |
| 歙州 | 38,320 | 249,109 | 38,330 | 269,109 | 39,757 | 264,032 | |
| 池州 | 未建置 | 未建置 | 19,000 | 87,967 | 19,000 | 87,967 | |
| 池州秋浦 | 6000 | 缺 | 6000 | 缺 | 6000 | 缺 | |
| 池州石台 | 3000 | 缺 | 3000 | 缺 | 3000 | 缺 | |
| 池州青阳 | 6000 | 缺 | 6000 | 缺 | 6000 | 缺 | |
| 池州至德 | 3000 | 缺 | 3000 | 缺 | 3000 | 缺 | |
| 总计 | 452,629 | 3,004,234 | 402,433 | 2,439,257 | 459,883 | 2,963,820 | |
| 全国 | 8,412,871 | 48,143,609 | 8,412,871 | 48,143,609 | 8,914,709 | 52,919,309 | |

上表说明：

①表格资料来源：开元二十八年的数据采集自《新唐书·地理志》；天宝十一载数据采集自《旧唐书·地理志》，《通典》数据采集自《通典》卷一七一—卷一八四《州郡》。

②表格统计的数据，以今安徽地理范围界定隶属的州、县。唐代亳州统领七县，有四县属于今安徽，其数据无法剥离，按照《唐会要》记载各县"等第"所包含的户口元素，判断这四县的户数，纳入累计户口数据。

③唐代徐州萧县、宋州砀山县、扬州天长县，属于今安徽境内。其户口数据不便于分割，同样按照《唐会要》记载各县"等第"的户数规定，纳入人口未统计。

④宿州、池州建置较晚，有关数据尚无记载。《旧唐书·地理志》"宿州"条下明确说明："元和已来，未计户口。"但是，池州、宿州分别统领四县，表中统计的数据按照《唐会要》记载县级"等第"的户数纳入统计。"池州"重建于代宗永泰二年（766），天宝年间尚无独立政区。《旧唐书·地理志》记载了"池州"天宝十一载的户数、人口数和《通典》记载的户数、人口数据相同，当属于《旧唐书·地理志》采集了《通典》的数据。

依据上表，可以看出唐代安徽人口的基本状况。有两点比较明确：

其一：表格中的数据，看出唐代安徽户数在四十万到四十六万之间，其人口数在二百四十万到三百万之间。

其二：安史之乱前后，淮北亳州、颍州户口呈现减少的状态。减少的原因是多方面的，主要是战争带来的南北流动。江淮之间寿、濠、滁、庐、和、舒六州，没有直接受到安史之乱的兵燹，人口相对稳定，有的地区人口、户口略有增长。江南宣、歙、池三州的人口有显著的增长，显示了唐代中后期人口向南流动的轨迹。

下面，依据《隋书·地理志》、《新唐书·地理志》记载，选择安徽境内江淮、江南地区的人口进行比较，可以看出隋唐之间安徽人口增长的幅度。

表4－2 隋唐安徽江淮户口比较表

| 隋代(数据取自《隋书·地理志》) | | 唐代(数据取自《新唐书·地理志》) | |
| --- | --- | --- | --- |
| 州名 | 户数 | 州名 | 户数 |
| 钟离郡 | 35,015 | 濠州 | 21,864 |
| 淮南郡 | 34,278 | 寿州 | 35,581 |
| 庐江郡 | 41,632 | 庐州 | 43,320 |
| 同安郡 | 21,766 | 舒州 | 35,353 |
| 历阳郡 | 8,254 | 和州 | 24,794 |
| 江都郡,清流县 | 缺 | 滁州 | 26,486 |
| 宣城郡 | 19979 | 宣州 | 121,204 |
| 宣城郡,秋浦县 | 缺 | 池州 | 17,951(数据见《元和郡县志》) |
| 新安郡 | 6,164 | 歙州 | 38,320 |
| 总计 | 167,088 | 总计 | 364,873 |

隋唐时期,淮北地区的州郡统领县数变化较大,其中有很多不属于安徽境内,故未列入表格。

上表显示:唐代安徽江淮、江南人口户口有较大的增长,不仅户口增加,在政区方面又增建了池州。之后,淮北地区增建了宿州。这些清晰地显示了隋代到唐代安徽地区人口增长的轨迹。毋庸讳言,户口增长的原因与统治集团"扩户"以增加国家财政税收有关。但是也不能够忽视其内在的根本原因。唐代安徽的地理位置、环境特征、本地的经济特征,以及全国国情的变化带来了人口流动的因素等。

2. 唐代安徽地区的人口增长的背景

唐代安徽地区人口增长的原因是多方面的。主要是社会经济发展,也有国家调控的因素。高宗"总章元年,司空李勣破高丽国,虏其王,下城百七十,户六十九万七千二百,配江淮以南、山南、京西"①。这次人口流动的首选目标是"江淮以南",唐代安徽的人口获得一次较大的增长。安史之乱期间,安徽处于战争的前沿,其淮北地区,人口流

① 《通典》卷七《食货七·历代盛衰户口》。

失较大,但是江淮之间、江南的人口相对稳定,随着北方人口的向南流动,安徽江淮、江南的人口反而有所增加。当时,北人南迁的目标之一是江淮地区。《安禄山事迹》卷下称:衣冠士庶"家口亦多避地于江淮"。韩愈亲身经历了这一历史,说:"当是时,中国新去乱,士多避处江淮间,尝为显官得名声以老故自任者以千百数。"①显然,避处江淮之地者,既有众多的士大夫,也有相当一部分是颇有声名的官宦之人。"避处"江淮,实际就是流寓江淮。随着江淮、江南户口的增长,州县建置也随之变化。宣州太平县建置于天宝十一载,即是一例。《新唐书·地理志》记载:太平县"天宝十一载,析当涂、泾置,大历中省,永泰中复置"。《太平寰宇记》卷一〇三《江南道·宣州太平县》记载说:太平县"本泾县之地。唐天宝十一年,以地居东南僻远,游民多聚集为盗,邑人患之。安抚使奏:非别立郡邑,无以遏止浇竞。时以天下晏然,立为太平县。"这条史料明确显示出太平县的增建,是由于本地"游民"户口增长,需要另行建置政区,太平县由此建置。

官僚士大夫在唐末僖宗年间又有一次大规模的移民活动,江淮之地仍是移民重点。《淳熙新安志》记载了中原人口流向歙州的情况:"黄巢之乱,中原衣冠避地者极保于此。及事定,留居新安,或稍散之旁郡。"②这些所谓避地而来的"中原衣冠"自然是来自北方,在中原的战事平静之后,并没有迁回故所,一部分留居新安,一部分散居至附近的州县。

据明代程尚宽《新安名族志》记载,歙州有明确迁入时间、地点的五十六姓中,二十六姓系唐后期五代迁入,其中唐末迁入的又占三分之二以上。移民的迁入对唐代安徽江南的经济文化发展产生了重要的影响。

唐代官僚士大夫自发迁移"寄住"江淮、江南的现象也比较普遍。即当时的州县官员秩满卸任后,于当州或其他州郡置产寄住,以及为了规避赋役寄外地州县居住的迁移形式。这种形式的迁移虽与战乱

---

① 《全唐文》卷五六六,韩愈《考功员外卢君墓志铭》。

② 《淳熙新安志》卷三,"水源"条。

局势下的自发迁移有着不同的背景,但人数甚多,对于当时人口的分布、变迁、移住地经济文化的发展仍产生一定的影响。唐代江南是上层移民的主要寄住区,"于时宦游之士,率以东南为善地,每刺一郡,殿一邦,必留其宗属子孙,占籍于治所",从此客居江淮、江南。① 如池州刺史李方元,罢池州后,卒于宣城,其家遂留秋浦。其子昭象,至长安以文干执政,路岩深器重之,后避黄巢乱,亦入九华(池州境内),筑室碧云峰下,与张乔、顾云、杜荀鹤为方外友。② 余杭人罗隐之父为池州铁官,罗隐由此家于梅根浦上(池州境内),及去池,有《忆九华》诸诗。白居易《兼示符离及下邽弟妹》一诗,名句"一夜乡心五处同",诉述了当时分散五地的兄弟姐妹的怀念:浮梁(祁门县)大兄、於潜(属浙江)七兄,乌江(和州境内)十五兄,符离及下邽(属陕西)弟妹,诗人原籍山西太原,至此已经大部分流寓安徽境内。

**三、徭役、兵役相对较轻**

从地理环境看,安徽地区素无征防,徭役特别是兵役相对较轻。唐代前期,从贞观到天宝一百二十多年间,江淮乃至江南地区,社会承平,民户安堵,驻军少,征防较轻,为社会经济复苏和发展提供安定的社会环境。贞元八年(792),宰相权德舆说:"江淮田一善熟,则旁资数道,故天下大计,仰于江南。"唐都长安,米取给东南(含今安徽地区),始仅一二百万石,天宝时期,已经增至四百万石。


# 第二节　组织抵御自然灾害


安徽地区是自然灾害多发地区,自然灾害的种类多,发生的频率高。流经境内的三条母亲河,淮河、长江与巢湖、新安江,既惠及三大

---

① 参见王禹偁《王黄州小畜集》卷三〇,北京图书馆出版社 2004 年版。
② 《江南通志》卷一六九《史部》。

流域区,哺育境内的子民,也不断带来旱涝祸患。其他如雨、雪、风、雹、蝗、震、雾、雷、疫、鼠害等二十多自然灾害交相发生。唐代,安徽农业生产和社会经济的发展,一直受到各种自然灾害的困扰。在一定意义上说,安徽农业经济以及社会经济的发展,其进退快慢与抵御自然灾害能力提高的程度密切有关,当抵御灾害的能力受到局限,安徽的农业经济和社会经济就要受到自然灾害的破坏,遭受极大的损失。

这些灾害带来的损失,严重地制约了安徽的社会经济发展。加强对安徽境内自然灾害的认识,是进一步认识唐代安徽社会经济发展规律的重大问题。

**一、各种多发的自然灾害**

披阅唐代史册,依据相关史籍,检讨其中关于自然灾害的记载,粗略统计一下,唐代二百八十九年(618—907)的历史中,安徽境内发生各种自然灾害一百六十二次。几乎每两年就要发生一次自然灾害。每次受灾范围大小和程度轻重虽然不相同,对于当时的社会经济都有一定程度的打击。依据文献资料,全面统计唐代安徽地区的自然灾害及其发生的具体情况,有利于进一步认识和总结其特点,揭示其规律。

1. 唐代安徽自然灾害调查

依据《新唐书·五行志》、《旧唐书·五行志》、《唐会要》、《资治通鉴》、《元和郡县图志》等文献资料,简要摘录安徽境内六种主要自然灾害与灾情如下。下面统计的资料中,出现"河南"、"淮南"、"江淮"、"徐州"、"宋州"、"扬州"、"泗州"、"江南"、"江西"、"江东"等地域概念,皆属于统计的范围。河南的颍亳宿三州属于今安徽;淮南、江淮的寿濠滁舒庐和六州属于今安徽;徐州萧县、宋州砀山县、扬州天长县、泗州虹县属于今安徽;江南的宣歙池三州、江西的宣池二州、江东的歙州属于今安徽。谯,即是亳州,有时候称为谯郡,有时候指下领的谯县,豪,即是濠州。

(1)水灾五十一次

贞观三年(629)秋,贝、谯、郓、泗、沂、徐、豪、苏、陇九州水。(《新唐书·五行志》)

贞观七年（633）八月，山东、河南州四十大水。（《新唐书·五行志》）

贞观八年（634）七月，山东、江淮大水。（《新唐书·五行志》）

贞观十年（636），关东及淮海旁州二十八，大水。（《新唐书·五行志》）其中，淮海旁（训为"并"）州，涉及安徽江淮六州，即寿濠滁舒庐和州。

贞观十八年（644）秋，谷、襄、豫、荆、徐、梓、忠、绵、宋、亳十州大水。（《新唐书·五行志》）

贞观二十二年（649）夏，泸、越、徐、交、渝等州水。（《新唐书·五行志》）

永徽元年（650）六月，宣、歙、饶、常等州大雨，水，溺死者数百人。（《新唐书·五行志》）

永徽二年（651）秋，汴、定、濮、亳等州水。（《新唐书·五行志》）

显庆元年（656）七月，宣州泾县山水暴出，平地四丈，溺死者二千余人。（《新唐书·五行志》）

咸亨二年（670）八月，徐州山水漂百余家。（《新唐书·五行志》）

永隆元年（680）九月，河南、河北大水，溺死者甚众。（《新唐书·五行志》）

永隆二年（681）八月，河南、河北大水，坏民居十万余家。（《新唐书·五行志》）

万岁通天元年（696）八月，徐州大水，害稼。（《新唐书·五行志》）

神功元年（697），是岁，河南州十九，水。（《新唐书·五行志》）

开元三年（715），河南、河北水。四年七月丁酉，洛水溢，沉舟数百艘。（《新唐书·五行志》）

开元五年（717）六月河南水，害稼。（《新唐书·五行志》）

开元十四年（726）秋，天下州五十，水，河南、河北尤甚，河及支川皆溢，怀、卫、郑、滑、汴、濮人或巢或舟以居，死者千计。（《新唐书·五行志》）

开元十五年（727）秋，天下州六十三大水，害稼及居人庐舍，河北

尤甚。(《新唐书·五行志》)

开元十九年(731)秋,河南水,害稼。(《新唐书·五行志》)

开元二十年(732)秋,宋、滑、兖、郓等州大水。(《新唐书·五行志》)

开元二十二年(734)秋,关辅、河南州十余水,害稼。(《新唐书·五行志》)

开元二十八年(740)十月,河南郡十三水。(《新唐书·五行志》)

开元二十九年(741)秋,河南、河北郡二十四水,害稼。(《新唐书·五行志》)

广德二年(762)五月,河南诸州水。(《新唐书·五行志》)

大历二年(767)秋,湖南及河东、河南、淮南、浙东西、福建等道州五十五水灾。(《新唐书·五行志》)

大历十二年(777)秋,京畿及宋、亳、滑三州大雨水,害稼,河南尤甚,平地深五尺,河溢。(《新唐书·五行志》)

贞元二年(786)六月,东都、河南、荆南、淮南江河溢。(《新唐书·五行志》)

贞元三年(787)三月,东都、河南、江陵、汴扬等州大水。(《新唐书·五行志》、《唐会要》卷四四《水灾下》)

贞元八年(792)六月,淮水溢,平地七尺,没泗州城。(《新唐书·五行志》)八月,河北山南江淮,凡四十余州,大水漂溺,死者二万余人。(《新唐书·五行志》、《唐会要》卷四四《水灾下》)

贞元十三年(797)七月,淮水溢于亳州。(《新唐书·五行志》)

元和元年(806)夏,荆南及寿、幽、徐等州大水。(《新唐书·五行志》)

元和九年(814)十二月。淮南、宣州大水。(《新唐书·五行志》、《唐会要》卷四四《水灾下》)

元和十一年(816),饶州浮梁、乐平二县暴雨,水,漂没四千余户。(《新唐书·五行志》)代宗永泰二年(766)析置归入歙州祁门县,属于今安徽。

元和十二年(817)六月,河南、河北大水。(《新唐书·五行志》)

元和十三年（818）六月，辛未，淮水溢。（《新唐书·五行志》）沿淮有颍、宿、寿、濠、滁五州属于今安徽。

长庆四年（824）夏，睦州及寿州之霍山山水暴出。秋，河南及陈、许二州水，害稼。（《新唐书·五行志》）

大和三年（829）四月，宋、亳、徐等州大水，害稼。（《新唐书·五行志》）

太和四年（830）夏，江水溢，没舒州太湖、宿松、望江三县民田数百户。浙西、浙东、宣歙、江西、鄜坊、山南东道、淮南、京畿、河南、江南、荆襄、鄂岳、湖南大水，皆害稼。（《新唐书·五行志》）

太和五年（831）六月，淮西、浙东、浙西、荆襄、岳鄂、东川大水，害稼。（《新唐书·五行志》）

太和六年（832）六月，徐州大雨，坏民居九百余家。（《新唐书·五行志》）

太和七年（833）秋，浙西及扬、楚、舒、庐、寿、滁、和、宣等州大水，害稼。（《新唐书·五行志》）

太和八年（834）秋，滁州大水，溺万余户。（《新唐书·五行志》）

开成五年（840）七月，镇州及江南水。（《新唐书·五行志》）

会昌元年（841）七月，江南大水，汉水坏襄、均等州民居甚众。（《新唐书·五行志》）

大中十二年（858）八月，汴、宋、舒、寿、和、润等州水，害稼。徐、泗等州水深五丈，漂没数万家。（《新唐书·五行志》）

咸通元年（860），颍州大水。（《新唐书·五行志》）

咸通四年（863）七月，东都许、汝、徐、泗等州大水，伤稼。（《新唐书·五行志》）

咸通七年（866）夏，江淮大水。秋，河南大水，害稼。（《新唐书·五行志》）

咸通十四年（873）八月，关东、河南大水。（《新唐书·五行志》）

中和三年（883）秋，汴水入于淮水斗，坏船数艘。（《新唐书·五行志》）汴水沿线有宿州，属于今安徽。

（2）旱灾十八次

仪凤二年（677）夏，河南、河北旱。（《新唐书·五行志》）

永淳二年（683）夏，河南、河北旱。（《新唐书·五行志》）

如意元年（692）五月，江淮地区受旱，饥馑，饿死者很多。（《资治通鉴》卷二○五）

神龙二年（706）冬，不雨，至于明年五月，京师、山东、河北、河南旱，饥。（《新唐书·五行志》）

开元十六年（728），东都、河南、宋亳等州旱。（《新唐书·五行志》）

贞元六年（790）夏，淮南、浙西、福建等道大旱，井泉竭，人渴且疫，死者甚众。（《新唐书·五行志》）

贞元七年（791），扬、楚、滁、寿、澧等州旱。（《新唐书·五行志》）

永贞元年（805）秋，江浙、淮南、荆南、湖南、鄂岳陈许等州二十六，旱。（《新唐书·五行志》）

元和三年（808），淮南、江南、江西、湖南、广南、山南东西皆旱。（《新唐书·五行志》）

元和四年（809）春、夏，大旱。秋，淮南、浙西、江西、江东旱。（《新唐书·五行志》）

元和七年（812）夏，扬、润等州旱。（《新唐书·五行志》）

宝历元年（825）秋，荆南、淮南、浙西、江西、湖南及宣、襄、鄂等州旱。（《新唐书·五行志》）

太和六年（832），河东、河南、关辅旱。七年秋，大旱。（《新唐书·五行志》）

太和八年（834）夏，江淮及陕、华等州旱。（《新唐书·五行志》）

太和九年（835）秋，京兆、河南、河中、陕华同等州旱。（《新唐书·五行志》）

咸通二年（861）秋，淮南、河南不雨，至于明年六月。（《新唐书·五行志》）

咸通九年（868），江淮旱。十年夏，旱。十一年夏，旱。（《新唐书·五行志》）

中和四年（884），江南大旱，饥，人相食。（《新唐书·五行志》）

（3）蝗灾十二次

贞观三年（629）五月，徐州蝗。（《新唐书·五行志》）

开元三年（715）七月，河南、河北蝗。（《新唐书·五行志》）

贞元元年（787）夏，蝗，东自海，西尽河、陇，群飞蔽天，旬日不息，所至草木叶及畜毛靡有孑遗，饿殍枕道，民蒸蝗，曝，扬去翅足而食之。（《新唐书·五行志》）

开成二年（837）六月，河南蝗。（《新唐书·五行志》）

开成三年（838）秋，河南、河北镇定等州蝗，草木叶皆尽。（《新唐书·五行志》）

开成四年（839），河南黑虫食田。（《新唐书·五行志》）

开成五年（840），淮南等州螟蝗害稼。（《新唐书·五行志》、《唐会要》卷四四《螟蜮》）

咸通三年（862）六月，淮南、河南蝗。（《新唐书·五行志》）

咸通九年（868），江淮、关内及东都蝗。（《新唐书·五行志》）

乾符二年（875），蝗自东而西蔽天。（《新唐书·五行志》）

光启元年（885）秋，蝗自东方来，群飞蔽天。（《新唐书·五行志》）

光启二年（886），淮南蝗，自西来，行而不飞，浮水缘城入扬州府署，竹树幢节，一夕如翦，幡帜画像，皆啮去其首，扑不能止。旬日，自相食尽。（《新唐书·五行志》）

（4）疫情七次

贞观十七年（643）夏，濠、庐等三州疫。（《新唐书·五行志》）

贞观十八年（644），庐、濠等五州疫。（《新唐书·五行志》）

长安四年（704），十一月河南牛疫。（《唐会要》卷六二《御史台下》）

宝应元年（762），江东大疫，死者过半。（《新唐书·五行志》）

贞元六年（790）夏，淮南、浙西、福建道疫。（《新唐书·五行志》）

咸通十年（869），宣、歙、两浙疫。（《新唐书·五行志》）

大顺二年（891）春，淮南疫，死者十三四。（《新唐书·五行志》）

（5）震灾三次

大足元年（701）七月乙亥，杨、楚、常、润、苏五州地震。（《新唐

书·五行志》）

德宗贞元四年（788）二月，宣州大雨震电。（马端临著《文献通考》卷三一二《物异考》）

会昌二年（842）正月癸亥，宋、亳二州地震。十二月癸未，京师地震。（《新唐书·五行志》）

（6）雹灾二次

元和十二年（817）夏，河南雨雹，中人有死者。（《新唐书·五行志》）

开成二年（837）秋，河南雹，害稼。（《新唐书·五行志》）

2. 自然灾害的特点

历史文献的记录和我们的统计难免有很多缺漏。但是，上文调查的数字有史可证，基本显示了唐代安徽发生自然灾害的概况。

依据上面的统计，可以看出唐代安徽自然灾害的一些基本特点：

（1）"频率"高，种类多

上文统计的资料，水、旱、蝗、疫、震、雹6种主要自然灾害累计93次，如果加上其他各种灾害和局部地区发生的灾害，累计达162次，[①]唐代289年的历史（618—907）中，平均一年半就要发生一次自然灾害。

唐代安徽经受的自然灾害中，另一个特点是种类多。除了上文统计六种主要灾害外，其余各种自然灾害，例如雨、雪、风、雾、自然火灾（雷火）、山崩、畜禽疫情、鼠害等二十多自然灾害交相发生。"开成四年，江西鼠害稼。"宣州、池州属于江南西道，即江西。"光启二年十一月，淮南阴晦雨雪，至明年二月不解。""咸通九年十一月，庞勋围徐州，甲辰，大雾昏塞，至于丙午。"（前述均见《新唐书·五行志》）透露了当时雾灾的信息。凡此等等，不烦列举。

（2）水、旱是唐代安徽主要的自然灾害

从上面统计的资料看，水灾五十一次，旱灾十八次。水旱灾害在

---

① 参阅张秉伦、方兆本主编《淮河和长江中下游旱涝灾害年表与旱涝规律研究》，安徽教育出版社1998年版；王鑫义：《淮河流域经济开发史》，黄山书社2001年版。

唐代安徽自然灾害中的比重较大。唐代安徽社会经济主要成分是农业,水旱直接关系农业的命脉,或者洪水、或者旱,对于唐代安徽的经济发展产生严重障碍。

（3）自然灾害北多南少

安徽的地理形势按照区域特征,可以分为淮北、江淮、江南地区。淮北是自然灾害频发地区,江南地区相对少一些。

淮北自然灾害可以分为淮颍和淮泗两大区域,属于水旱灾害的常发区。淮颍区域,文献上常称"淮西",如颍、亳、宋等州;"淮泗"地带,包括宿、徐、兖、泗等州。淮颍地区的河流属于淮河水系,有汝水、颍水、蔡水、大殷水、小汝水、涡水、淝水、涣水等这些河流属于雨坡型河道,水源补给主要依靠平原地区自然降雨。只有汝水、颍水接受一定面积的山区来水,属于山水型河道。这一带因为辽阔的平原,属于雨水型河流,每年季节性集中降雨,河流溢满、引发淮河泛滥,如果黄河泛滥,则灾情更加严重。

淮泗地区,汴水、睢水（流入泗水）流域也是水灾易发地区。由于境内支流河段多险,上游泥沙俱下,河床由于淤沙升高变浅,有时决口,有时久雨大雪之后,山洪暴发,水旱灾害频频发生。

在这两处常发区内,由于境内支流众多,河段多险,有时淤浅,有时决口,有时久雨或大雪之后,山洪猝发,宣泄不畅,水旱灾害由此频生。

唐代,安徽淮河流域的水、旱灾害,正是从上述特点中反映了一些特殊规律,从而也显示了唐代淮河流域控制水旱灾害的途径和任务。

（4）蝗虫是境内不可忽视的灾害

依据前文统计,虫灾十二次,次数之多,仅次于水旱灾害。严重的蝗灾对社会的危害比之水旱灾害,有过之而无不及。以唐僖宗光启二年（886）夏发生在淮南蝗灾为例,"光启二年淮南蝗,自西来,行而不飞,浮水缘城入扬州府署,竹树幢节,一夕如翦,幡帜画像,皆啮去其首,扑不能止。旬日,自相食尽。"①蝗虫发生的面积之广,严峻地威胁

①《新唐书》卷四〇《五行志》。

着唐代安徽淮河流域社会经济的发展。细致考察境内发生的蝗灾,有两个明显的特点。

其一,从地域看,集中在淮河流域。在淮河流域的蝗灾中,淮北比淮南的蝗灾多。

其二,从时间看,淮域的蝗灾主要发生在唐代后期至五代时期。从前文统计中可以看出,隋代及唐玄宗以前的虫灾记载仅有三次,分别发生在贞观三年、四年和开元三年。

从以上两个特点可以看出唐代安徽淮河流域这一历史时期的虫灾轨迹,其虫灾主要发生在唐后期的淮北地区。结合历史背景透视,可以做出以下几点判断:

其一,蝗虫的发生与生态环境的变化有关,生态环境出现了蝗虫发生的条件,才会发生虫灾。

其二,产生蝗虫的生态环境与社会活动有关。隋唐五代时期,今安徽境内淮河流域生态环境发生了很多重大变化。其中人类社会的政治行为和经济活动是引起生态变化的重要因素之一。战争、狩猎、砍伐、垦殖等,迅速地改变了原有的地理环境和植被,因而也改变了物种之间原有的平衡关系。淮河流域制约螟蝗的天然物种在环境变化中消退或转移,蝗虫的天敌受到损害,蝗虫即能恣肆漫延,形成虫灾。在相关的历史文献中,有几次关于淮河流域的蝗灾被天敌消灭殆尽的记录,证明了淮河流域原有的生态关系。如《新唐书》卷三六《五行志》记载:唐玄宗开元二十五年(737),发生蝗灾,"有白鸟数千万,群飞食之,一夕而尽,禾稼不伤。"又《旧五代史·五行志》记载:后梁开平元年(907),"许、汝、蔡、陈、颍五州蝝生,有野禽群飞蔽空,食之皆尽。"同书还有一条记载,后汉乾祐元年(948)淮河流域"蝝生",开封府"阳武、雍丘、襄邑等县蝗","寻为鸲鹆食之皆尽。"上述三条记载,说明这三次蝗灾都被蝗虫的天敌"白鸟"、"野禽"、"鸲鹆"消灭了。如果保护好这些鸟类的生存,就有可能遏制淮河流域的蝗灾。鸟类的生存,与绿色植被有关,如果绿色植被(树木、草地)被砍伐、被垦殖或被破坏,必然减少淮河流域的鸟种和鸟的数量。上述三种鸟都是人类喜爱捕猎的鸟种。如鸲鹆,俗称八哥,尤为人类喜爱和饲养。人类捕猎

也会减少鸟的数量。

其三,在淮河流域的植物类中,也有杀蝗的草本。《旧五代史·五行志》记载,乾祐二年(949),蝗虫蔓延到宋州(今安徽砀山县属于宋州),"蝗一夕抱草而死",说明当时宋州生长着灭蝗的草本植物。

上述史实的记载,透露了一个历史信息:认识物种之间的关系,利用物种之间相互制约和依存的矛盾,可以避免虫灾,也可以防治虫灾。当时生物学的水平有限,更没有生态学的意识和观念,因而不能合理地规划人类自己的经济活动,出现盲目地垦殖、砍伐、狩猎等破坏生态环境的活动,且喜当时所在的官府已经下令"禁罗弋鸎鸠",举办大型的"祭草"活动,①这对于保护鸟类和草皮,具有积极的影响。这也是唐代安徽生态意识的开始。

(5)防御饥荒与瘟疫能力低

唐代安徽的各种自然灾害,对于社会经济的打击较深,经常造成严重的饥荒。影响较大有史可征者凡六次:

大足元年(701)春,河南诸州饥。(《新唐书·五行志》)

贞元元年(785)春,大饥,东都、河南、河北米斗千钱,死者相枕。(《新唐书·五行志》)

长庆二年(822),江淮饥。(《新唐书·五行志》)

大中九年(855)秋,淮南饥。(《新唐书·五行志》)

咸通三年(862)夏,淮南、河南饥。(《新唐书·五行志》)

大顺二年(891)春,淮南大饥。(《新唐书·五行志》)

唐代安徽的自然灾害中,常常发生一些疫情。影响较大有史可征的瘟疫七次(参见上文)。考察历史背景,每次饥荒和瘟疫都伴随一种自然灾害发生,实际上是自然灾害派生的结果。这反映出抵御自然灾害的能力不足,因而导致饥荒、瘟疫的后果。除了人体疫情,还有畜禽类的疫情,也同样带来严重的社会后果。

但是,如果把唐代的安徽的疫情和历史上安徽的疫情相比较,就会发现少了很多,这是一个值得注意的现象。认真分析这一现象的背

---

① 《旧五代史》卷一四一《五行志·蝗》。

景原因,应该看到唐代安徽抵御自然灾害的能力在提高,至少不是毫无能力。进一步考察,隋唐五代时期,饥荒和瘟疫的记载大多出现在政治和财政弊端丛生的时期,当社会稳定、国力强盛时期,尽管有自然灾害发生,却没有饥荒或瘟疫的记载。我们不排除史家主观上虚美粉饰的因素,但是现有的记载足以说明:饥荒、瘟疫与政治经济力量的强弱密切相关。国力强盛,经济富足,抵御自然灾害的能力增强,饥荒和瘟疫就会减少、减轻。

**二、抵御自然灾害的措施**

唐代安徽人民在频繁多发的自然灾害中,坚持顽强斗争,逐步积累了对自然灾害的认识,国家和地方州县的执政者制定了一系列抵御自然灾害的措施,这些措施对于救灾、治灾、防灾不无积极意义。

1. 治灾主要措施之一:兴修水利

隋唐五代时期,安徽地区的水利兴修取得了突破性的进展。无论是大型水利工程,或者是州县境内的小型水利工程,都普遍兴修。对于治理水旱灾害显示了一定的成效,当然也存在一定的局限。

唐代安徽的水利工程项目可分为两大类,一是国家直接关注和管理的项目,如运河的开凿与疏浚,沟通南北的重要水运干道疏凿,黄、淮、江主流干道河防的加固等;二是各州县境内重要水利工程的兴修和整理。前者由国家派遣专门使臣负责,直接从相关各州县调发民力,或者动用方镇军卒参与兴修;后者依靠州县境内的民力兴修。由于国家兴修的大型工程,形成了全国水运网的基本框架,因而成为安徽境内的骨干水利系统,对黄、淮、江三大河流的泛滥,均能发挥一定的分洪泄势作用,同时也有利于"引黄济淮"和"引江济淮",解决了淮河、汴河有时水浅的问题,大大减少了唐代安徽特大水旱的发生。

在大型的水网框架支撑下,唐代安徽境内各州县的水利工程能够广泛兴修,因而减少了各州县的水旱灾害。但是,有些州、县的水利工程比较复杂难治,地方州县的财力和技术力量都不具备制驭的能力。还有两州县之间的双边水利工程,或者数州县之间的多边水利工程,也因为不能协调而滞修,这些地区的水旱灾害因而不能根治。偶尔,

朝廷派遣特使察看,试图协调疏浚,收效甚微。这是唐代安徽局部地区的水旱灾害多发的重要原因。

经验和教训从正反两方面证明:兴修水利是治理淮河流域水旱灾害的积极措施,也是唐代安徽经济开发的积极措施。

2. 设置常平仓、社仓

隋唐五代时期,常平仓、社仓广泛设置,其目的是防灾赈灾。

隋文帝开皇五年,因关内收成不熟,"运山东之粟,置常平之官,开发仓廪,普加赈赐。"又将北周时期贮存在"故城中周代旧粟,贱粜与人"①。这是隋代最初设置常平官,以"贱粜"方式"赈赐与人"的记载。

唐代继续设置常平仓。其方式有所变革:由中央拨给地方州县一定数额的"常平本钱",谷物丰收时加价收籴,谷物昂贵时,贱价出粜。贞观、开元年间,常平法贯彻得较好。常平本钱有一定的数额:上州三千贯,中州二千贯,下州一千贯。② 通常为收粮时加价三钱,售粮时可"赊粜"。这是唐代常平仓的赈粮方式。唐太宗还下令,由国家在洛、徐、蒲等八州设置常平仓贮积粮食,并规定入仓的粮食"粟藏九年,米藏五年;下湿之地粟藏五年,米藏三年"③。由此形成唐代常平仓的贮粮制度。

社仓,又称义仓,首创于隋代。隋文帝开皇五年接受谋臣建议,"令诸州百姓及军人,劝课当社,(按:'社'是地方居民组织)共立义仓"。这是最初的社仓,由各地社司掌管。"收获之日,随其所得,劝课出粟及麦,于当社造仓窖贮之。即委社司执账检校,每年收积,勿使损败。若时或不熟,当社有饥馑者,即以此谷赈给。"④开皇十五年,隋文帝指出"本置义仓,止防水旱,百姓之徒,不思久计,轻尔费损",造成社仓混乱。因而改变制度,命令将社仓的粮食交纳州县建仓管理。劝募的形式也改为定额征税:上户不过一石,中户不过七斗,下户不过四斗。社仓由此改为官仓,形成了制度。

① 《隋书》卷二四《食货志》。
② 《唐会要》卷八八,"开元七年"条。
③ 《新唐书》卷五三《食货志》。
④ 《隋书》卷二四《食货志》。

唐太宗时,延续隋朝社仓制度"赈给"凶荒,规定自王公至于一般百姓,按所种地的数量,"亩税二升,粟、麦、秔稻,随土地所宜。"并要求商贾也要纳粮备荒,"商贾无田者,以其户为九等,出粟自五石至于五斗为差。下下户及夷獠不取焉。岁不登,则以赈民,或贷种子,则至秋而偿。"[1]形成了较完整的社仓制度。

常平仓、社仓,最初均出于防灾、赈灾而形成的制度。实际推行时,却成为封建国家敛粮的一种手段。不过,大灾之年,也能发挥一些作用。开皇五年,淮河流域大水,兖、汴、许、曹、亳、陈、谯、豫、郑、颍、洛、邳等州受灾,百姓饥馑,隋文帝乃利用社仓粮食赈灾,命苏威等人分道开仓赈给。[2] 开皇十八年,淮河流域大水,隋文帝又命使臣分赴山东宋、曹、亳、陈、谯、颍等州,"开仓赈给",前后用谷五百余石。[3] 清代学者陆锡熊《炳烛偶钞》对这次赈粮数字提出了质正说,《隋书》记载脱一"万"字,此处赈谷当为"五百余万石"。这说明常平仓、社仓在灾荒中多少能发挥一些作用。

3. 创"埋瘗法"捕蝗灭虫

蝗虫是唐代安徽的第三大自然灾害。

唐玄宗之前,无灭虫的历史。每当发生蝗虫,损害庄稼,都认为是天灾。无论官民都不敢捕杀蝗虫。

开元年间(713—741),淮河流域的人民冲破了迷信,率先打响了历史上灭蝗的第一仗。开元四年五月,淮河流域发生严重的虫灾。蝗虫所到之处,"蚀稼,声如风雨。"[4]宰相姚崇破除落后观念,果断地下达新令,捕蝗灭虫救灾。他派遣御史分行淮河流域灾区,组织民力捕蝗。当时汴州刺史倪若水抗拒命令,反对捕蝗,并且向玄宗上奏说,"蝗是天灾",不能违天。玄宗也认为"杀虫太多,有伤和气"。姚崇涌谏玄宗,并向倪若水发牒报批评说:"坐看食苗,忍不相救?因此饥馑,将何以安!"在姚崇的坚持下,汴州人民积极响应,支持姚崇的灭虫主

---

① 《新唐书》卷五三《食货志》。
② 《隋书》卷二四《食货志》。
③ 《隋书》卷二四《食货志》。
④ 《新唐书》卷三六《五行志三》。

张,并在捕虫实践中创造了夜间设火,火边掘坑,且焚且埋的灭虫方法,颇见功效。姚崇把这一方法总结为"埋瘗法",在全国推广。这一年,整个淮河流域"卒行埋瘗之法",虫口夺粮,灭蝗抗灾取得一定的成效。汴水流域"获蝗一十四万(石),乃投之汴河,流者不可胜数"①。唐代安徽汴水沿线的州县也在这次灭蝗中减灾。

焚瘗灭蝗的实施,意义不止于灭蝗减灾的一次成效,更多的意义是打破了旧俗,开始了唐代主动灭蝗的历史,自此有了积极灭蝗的意识,不再受到旧观念的束缚。

当然,冲破迷信到彻底破除迷信,仍需要一个较长的过程。唐末五代时期,开封地带发现鸜鹆能够食虫灭蝗,就下令"禁罗弋鸜鹆"②,宋州发现杀蝗的草类,"蝗一夕抱草而死"③,他们就"祭草",保护草皮,藉以杀蝗。这种保护鸟类和草皮植被的意识,显示了人民对生态环境中相互制约和相互依存的物种关系的朴素认识和利用的开始。

### 三、刘晏的荒政措施在安徽

在唐代自然灾害的历史上,有很多抵御灾害的措施。其中最具特色的是刘晏的各种卓有成效的经济措施。唐代安徽属于刘晏为官的辖境,刘晏的抗灾、救灾、治灾的各种措施,直接在安徽各地产生了很大的效应。唐代宗时期,刘晏担任江淮、河南以及整个东南地带的盐铁、转运、铸钱、常平、租庸等使职,兼治户部财政。刘晏为政,很重视爱民,"其理财常以爱民为先"。但是,刘晏"爱民"有自己独特的理念。他提出"王者爱人,不在赐与","当使之耕耘织纴"④,即主张引导男耕女织,创造新的生产和生活条件,恢复安居乐业。基于这一观念,刘晏改变传统的赈灾方式,推出了新鲜的赈灾措施,形成了一套颇具特色的"荒政"方略,最重要的就是经济开发为主的指导思想。具体说,就是引导和帮助农民在灾荒之后,因势利导重新开发各种经济门

---

① 《新唐书》卷三六《五行志三》。
② 《新唐书》卷三六《五行志三》。
③ 《旧五代史》卷一四一《五行志·蝗》。
④ 《新唐书》卷一六二《刘晏》。

路,生产自救,既收到赈救的效果,又推动社会经济发展。唐代安徽由此产生了很大变化。刘晏的荒政措施给安徽地区带来的壮大变化或者产生影响的有以下几点。

1. 广泛兴修水利

刘晏在水利兴修方面做出了突出贡献,尤其在水道整治方面投入人力、物力、财力,不仅有利于航、灌,同时也对治灾产生了重要作用,消灭了很多水患和旱情,成为治灾的根本措施和积极方略。

刘晏兴修水利的重点,主要在运河和淮河流域。他深入到汴水沿线调查,经"河阴、巩、洛","涉荥郊、浚泽,遥瞻淮甸,步步探讨",又"浮于淮泗,达于汴,入于河",每到一处,"出入农里,止舍乡亭,先访便安",详细地考察各地水势特点、自然环境、经济条件、人口状况,研究"利病之由"[1],最后制订并实施了切实可行的水利兴修计划,以疏浚汴水为主,带动两淮水利全面兴修。刘晏亲自参与水利兴修,"见一水不通,愿苟锸而先往",身先士卒,加速水利兴修大见成效。在他的任期及之后很长时期,淮河流域没有发生水灾。

2. 建立农业情报网、调查灾情信息

刘晏理财,重视社会经济动态。在农业生产方面,重视生产动态,注意及时了解农业丰歉和灾情,包括灾情的轻重、受灾范围的大小。他设置的巡院,就是他的"情报网",各地的巡院"知院官,每旬、月,具州、县雨雪丰歉之状白使司"[2],迅速报告本土的情报。刘晏依据各地的情报,敏捷、及时作出回应的措施。如"某月须若干蠲免,某月须若干救助","蠲某物,贷某户","及期,晏不俟州县申请",救灾方案已经下达,"应民之急,未尝失时。不待其困弊、流亡、饿殍,然后赈之。"[3]刘晏首批建置的十三个巡院中,安徽境内占一半以上,境内的受灾和生产好坏情况,受到即时关注,对顺利渡过灾荒、恢复生产具有积极作用。

① 《旧唐书》卷一二三《刘晏》。
② 《旧唐书》卷一二三《刘晏》。
③ 《资治通鉴》卷二二六,"建中元年"条。

**3. 建立价格情报网,推行常平法赈灾**

隋唐以来,常平法一直沿用。但刘晏注入了新手段,使常平法显示了更大的成效。

刘晏利用巡院情报网络,命令各地知院官即时报告本地州县农业生产的收成与受灾情况,同时要报告市场上的粮食价格和其他主要商品的价格变动情况。唐代,商品经济较前有了很大发展,比较活跃,唐代安徽境内的商品交易十分繁荣。刘晏密切注视市场上的粮食价格和其他商品的价格。为此,刘晏还改革了原有驿站事务,以重价招募"疾足"传递各个驿站之间的信息,"自诸道巡院距京师","置递相望,四方物价之上下,虽极远,不四五日知。"刘晏通过市场价格情报网,对粮食收购、粮价变动、百物行市的涨落、四方物资余缺都能及时了解。同时,刘晏还通过巡院,调节粮食供求和物资余缺。坚持"丰则贵籴",在粮食上市时,以适当高于市场的价格收购,以防谷贱伤农;"歉则贱粜",青黄不接、歉收、受灾年份,则以低于市场价格出售粮食,及时补充市场缺粮,以防粮价上涨。有效地通过市场发挥了常平粮平抑粮价的作用,把粮价波动的幅度控制在有利于生产和渡灾的范围之内。唐代安徽州县这种性质的储备粮常积至三百万石之多。①

刘晏以同样的方法调节盐荒,在交通不便地区设"常平盐",有效地控制市场的盐价。②

**4. 市场为杠杆,引导发展"它产"**

刘晏认为"灾渗之乡,所乏粮耳,它产尚在"③。即是说灾区缺粮,其他方面的特产和副业生产尚可开发。刘晏通过市场向灾区抛售粮食,又通过市场收购灾区的杂货、劳动力。通过常平粮,"贱以出之,易其杂货"④,用粮食向灾区换购土产杂物,用交易的土产杂物"供官用",或者转销其他丰收地区。刘晏以市场为引导,激发灾区开掘本地潜力,发展本地土产杂货及其加工业,既帮助了灾区,又活跃了农村经

---

① 《新唐书》卷一六二《刘晏》。
② 《新唐书》卷五三《食货志》。
③ 《新唐书》卷一六二《刘晏》。
④ 《新唐书》卷五三《食货志》。

济,同时也减少了国家赈灾的开支。

为了减少灾区远道进城买粮的困难,刘晏又鼓励商人下乡购货粜粮,"多出菽粟,恣之粜运,散入村闾"。贫穷受灾的农民"转相沾逮,自免阻饥",可以顺利渡过灾年,恢复农业生产。

刘晏的荒政措施不仅有利于国家,唐代安徽得以顺利克服自然灾害的困扰,在中国救荒史上也提供了许多新鲜经验。

# 第三节　农业生产的发展

## 一、农田水利兴修

兴修水利,是农业发展的重要条件。唐代安徽地区的田地开垦与农田水利工程比隋代发展更快更普遍。大大小小的灌溉工程和田地开垦,见于史书记载的就有数十项。现根据《新唐书·地理志》的记载,分地区略述其主要的工程项目如下。

颍州汝阴县(今阜阳市),唐高宗永徽年间(650—655)刺史柳宝积主持修凿椒陂塘,引润水溉田二百顷。下蔡县(今凤台县)原先兴修大崇陂、鸡陂、黄陂、湄陂四项水利工程,在隋末战乱中被毁坏荒废,唐朝修复,溉田数百顷。

濠州钟离县(今凤阳县),原有千人塘,乾封年间(666—667)当地人民修凿,引水溉农田,扩大了耕种面积。

宿州符离县(今宿州市),有牌湖堤,隋朝修凿灌溉农田。显庆年间(656—660)加以修复,灌溉农田五百余顷。虹县(今泗县),有广济新渠,开元二十七年,采访使齐瀚主持修凿,自虹至淮阴北十八里入淮,扩大沿途农业灌溉和漕运。

宋州砀山县(今砀山县),有旧汴水穿过境内,旧汴水在唐代依旧漕运,连年疏凿,境内的漕运和农田灌溉均获利。

寿州安丰县(今寿县、霍邱县),唐代宗广德二年(764),宰相元载

155

于县东北十里修凿"永乐渠",引水灌溉四周地势较高的"高原里",扩大高地开垦与耕种。

安丰县的"芍陂"工程,在唐代得到进一步修筑,"灌田万顷",远远超过了隋代。是为唐代淮河流域的一大重要的产粮区。

和州乌江县(今和县),东南二里有韦游沟,引江至城郭十五里,溉田五百顷。开元中,县丞韦尹开,贞元十六年(800),县令游重彦再次疏凿、治理,民享其利,以二人姓氏命名这项灌溉工程,故称韦游沟。

宣州宣城县东十六里有德政陂,引渠溉田二百顷,大历二年(767)观察使陈少游修筑。南陵县有大农陂,溉田千顷,元和四年(809),宁国县令范某利用原有废旧的灌溉工程陂修筑,修筑石堰三百步,水流灌溉所及者六十里。南陵县有永丰陂,在青弋江中,咸通五年修筑。

歙州歙县东南十二里有吕公滩,本名车轮滩,湍悍善覆舟,刺史吕季重以俸募工凿之,遂成安流。祁门县西四十里有武陵岭,元和中(806—820),县令路旻凿石为盘道。西南十三里有阊门滩,善覆舟,路旻开斗门以平其隘,号路公溪,后斗门废。咸通三年(862),县令陈甘节以俸募民,穴石积木为横梁,因山派渠,余波入于乾溪,舟行乃安。

有唐一代,安徽境内农田水利得到广泛兴修,农田灌溉卓有成效,促进农业生产有了较大的发展。

### 二、以粮食为主的农业生产全面兴旺

唐代,安徽境内的农业生产显示了地区的特色。大抵上,淮北地区种植旱粮为主,农作物主要品种是小麦、大豆、粟等,江淮丘陵地带旱粮、水稻作物兼有,江南地区以种植水稻作物为主。随着水利工程的不断增修,水稻生产也扩展到淮北地区,耕作技术与产量都大幅度提高。

无论两淮地区,还是江淮、江南地区,家庭栽桑养蚕,种茶植果以及各类药材、林、木等非常兴盛,显示出以粮为主,其他各种农作物经济成分并茂的大农业特色。其农作物的骨干品种是粟、麦、水稻。

粟,也称禾、谷,北方统称谷子,去壳后,称小米。唐代,淮河流域农业生产中主要以种植这一品种为主。据华林甫同志研究,东都(今

洛阳市)以东的黄淮平原是唐代产粟的主要地区。<sup>①</sup> 永徽五年(654),"洛州粟、米,斗两钱半"<sup>②</sup>,这么低价格,除去国家和市场挤压粟价的因素,也说明黄淮平原粮食收获量较多。安史叛军"攻颍州(主攻许州),方积粟多"<sup>③</sup>,叛军久攻不下。充足的粮食储备,为坚守颍州赢得了战机。

水稻,在唐代也是淮河流域的重要农作物之一,其主要基地在江淮之间和江南宣州地区。随着南北统一,大运河开通,南北交流不断兴盛,水稻生产也扩展到淮河以北。唐高宗永徽五年,洛阳附近的粳稻丰收,每斗十一钱。<sup>④</sup> 说明生产比较普遍,而且收获量较多,导致价格较低。唐玄宗开元年间,张九龄充任河南开稻田使,在亳、寿等五州开垦稻田。<sup>⑤</sup> 唐德宗贞元年间(785—804),陈许节度使曲环派遣大将孟元阳在西华屯田,孟元阳不顾盛夏,"芒鞋立稻田中,须役者退而后就舍。"这种身先士卒的精神推动军中稻田生产的发展,"其田,岁无不稔,军中足食。"<sup>⑥</sup>

唐代安徽境内水稻生产的耕作技术和产量也有很大的进步与提高。江淮地区,由于广泛兴修水利,水稻种植已出现"再熟"稻。盛唐时期,以扬州(下领天长县)为代表的江淮地区水稻生产极为著名。"淮海唯扬"、"粳稻有望"。<sup>⑦</sup> 杜佑任淮南道节度使时,发展水稻生产,大兴水利,"决雷陂,斥海频弃地为田,积米至五十万斛。"<sup>⑧</sup>唐后期,水稻生产愈益发展。江淮地带,"山阴沃壤,淮畔奥区,地占三巡,田逾万顷"<sup>⑨</sup>,显示了水稻种植已覆盖了淮河流域的广袤区域。

小麦,在淮河流域的种植面积也在扩大。西起洛阳,东达徐、亳,北至兖、郓,南达淮河的广大区域内,小麦生产已连成一片。

---

① 参阅华林甫《唐代粟麦生产地域布局初探》,载《中国农史》1990 年第 2 期。

② 《资治通鉴》卷一九九。

③ 《新唐书》卷一四四《来瑱》。

④ 《资治通鉴》卷一九九,"永徽五年"条。

⑤ 《旧唐书》卷九《玄宗纪下》。

⑥ 《旧唐书》卷一五五《孟元阳传》。

⑦ 《册府元龟》卷一六二《命使》。

⑧ 《新唐书》卷一六六《杜佑》。

⑨ 《桂苑笔耕集》卷一三《许权摄观察衙推充洪泽巡官》。

以上三种粮食作物是安徽境内农业生产的主要成分,也是境内农业发展的关键。正由于这三种主要粮食作物为基础,带动境内油料、棉麻、果蔬、药材、茶叶、林木等各种农业经济作物广泛兴盛,成为全国的农业基地,也是全国主要的产粮基地。庐州漕运京师的粮食,一次即达"数万石,输扬州,舳舻相继,出巢湖,入大江,岁为风波沈溺者半"①。可见巢湖流域庐州产粮之一斑。

下面根据《通典》卷一二《食货》典将唐玄宗天宝八年(749)记载的十道正仓、义仓、常平仓储粮数字列表:②

表 4 – 3　唐玄宗时期十道正仓、义仓、常平仓储粮数字列表

| 序号 | 十道 | 正仓粮(石) | 义仓粮(石) | 常平仓(石) | 合计 |
|---|---|---|---|---|---|
| 1 | 河南道 | 5,825,414 | 15,429,763 | 1,212,464 | 22,467,641 |
| 2 | 河北道 | 1,821,516 | 17,514,600 | 1,663,778 | 21,029,894 |
| 3 | 河东道 | 3,589,180 | 7,309,610 | 535,386 | 11,434,176 |
| 4 | 关内道 | 1,821,516 | 5,946,212 | 375,570 | 8,143,298 |
| 5 | 江南道 | 978,825 | 6,739,270 | 缺 | 7,718,095 |
| 6 | 淮南道 | 688,252 | 4,840,872 | 81,152 | 5,610,276 |
| 7 | 山南道 | 143,882 | 2,871,668 | 49,190 | 3,064,740 |
| 8 | 剑南道 | 223,940 | 1,797,228 | 70,740 | 2,091,908 |
| 9 | 河西道 | 702,065 | 388,403 | 31,090 | 1,121,558 |
| 10 | 陇西道 | 372,780 | 300,034 | 42,850 | 715,664 |
| | 合计 | 16,167,370 | 63,167,660 | 4,062,220 | 83,397,250 |

上表可以得出如下几点认识:

其一,今安徽地区分别属于河南、淮南、江南道,表格中这三道三仓的储粮总数量在全国居前。全国十道三仓储粮总量 83,397,250石。淮南、河南、江南三道三仓储粮总量是 35,796,003 石,占全国总量42.9%,这一数字显示农业生产发展的规模和水平。在同时期内领

---

① 《全唐文》卷六一二,陈鸿《庐州同食馆记》。

② 邹逸麟:《黄淮海平原历史地理》,安徽教育出版社 1997 年版,第 295 页。

先于全国。安徽的州县集中在这三道,上面的数字从一个方面反映了安徽境内农业生产水平。

其二,义仓粮是计亩征收的粮食。唐太宗的颁发诏书规定义仓粮"亩税二升"[1],至玄宗未见修改。因此,义仓粮的数字能够显示土地开垦的数字。上表中,全国义仓粮总量是 63,167,660 石。河南、淮南、江南三道义仓粮的总粮是 27,009,905 石,占全国总量 42.7%。这一数字显示河南、淮南、江南三道义仓粮总量在全国居前,应该说其土地开垦和种植面积也在全国居前。当然,义仓粮中也有一部分是来自商贾按资产分户等交纳的户税粮,但不占主要成分。

其三,常平粮的性质是平抑市场粮价的储粮,储量的多少,既能显示粮食流通的客观情况,也能显示一个地区粮食丰富的程度,进而显示农业生产的发展水平。当时,全国十道常平粮总量是 4,062,220 石。河南、淮南二道常平粮的总量是 1,293,616 石,占全国总量 31.8%,其中江南道的数字缺少历史记载。说明安徽境内在市场上流通的粮食在全国也居于前位。

综上所述,安徽以粮食作物生产为主的农业生产能力和水平在全国居前。

### 三、茶叶种植:六大茶区七种名茶

唐代安徽,茶叶普遍种植。从南到北,无论江淮、江南,普遍产茶。大别山区、江淮丘陵、黄山、九华山一带,都是著名的茶叶产区。种植茶叶、制作茶叶、茶叶的交易,成为境内重要的社会经济构成。据文献记载,歙州山区,"千里之内,业于茶者七八",当地茶农衣食住行、供赋役都依靠茶叶收入。[2]"江淮人什二三以茶为业。"[3]据《新唐书·地理志》记载,江淮地区的庐州、寿州土贡中有"茶"。唐文宗大和九年(835)颁发了增加江淮茶税的诏书,[4]也说明江淮茶叶交易为世人瞩

---

① 《新唐书》卷五一《食货志》。
② 《全唐文》卷八〇二,张途《祁门县新修阊门溪记》。
③ 《全唐文》卷九六七《禁园户盗卖私茶奏》。
④ 《全唐文》卷九六七《禁园户盗卖私茶奏》。

目,引起朝廷税收政策的变化,制定了专门的江淮茶税政策。江南地区种植和制作茶叶同样普遍,"江南百姓营生,多以种茶为业。"①当地种茶、制茶、茶叶交易都很兴盛。

江淮之间的茶叶产区,其经营上已经出现茶园的形式。德宗《讨吴少诚诏》中,明确提出保护"寿州茶园",可见寿州茶园具有一定的规模,已经受到朝廷的关注。宪宗、穆宗的诏文中,也不断出现关于保护"诸州府茶园"的命令,由此可见茶园是唐代茶叶种植与管理的重要模式。

淮南的寿州茶园,出现于天宝年间。《太平广记》卷二四《刘清真》条引《广异记》说:"天宝中有刘清真者,与其徒二十人于寿州作茶,人致一'驮'为货。"由此,可以看到寿州茶园的生产规模,雇佣的人力二十人左右,从种植到焙制、货卖,一条龙经营。

唐代安徽的茶叶出现了很多名品,享誉全国,驰名京师。据陆羽《茶经》记载,淮南寿州出产霍山茶,舒州出产潜山茶,江南宣州出产雅山茶、太平茶,歙州出产婺源茶、祁门茶,池州出产九华山茶,不仅茶叶质量好,而且产量高。

唐代安徽境内的名品茶叶和产区大致可以概括一句话:六大产区、七种名茶。其分布大致为寿州、舒州、宣州、池州、庐州、歙州等地。这些产茶地区,逐步形成自己的名牌品种,有些品种不仅远近闻名,而且享誉历史,传承至今。举起要者,介绍如下。

### 1. 舒州"天柱峰茶"

陆羽《茶经》记载舒州茶,属于全国名茶之一。"舒州(茶)生太湖县潜山",潜山有天柱峰,唐代称之为"天柱峰茶"。唐朝著名宰相李德裕喜欢天柱峰茶,《中朝故事》记载了李德裕品尝天柱峰茶的故事,证明天柱峰茶名闻京师的声誉。故事记载李德裕的好友出任"舒州牧",李德裕托付他说:"到彼郡日,天柱峰茶,可惠三数角。"当时的口语"角",是一种三角包,意思是带回几包茶叶。后来这位舒州太守带回天柱峰茶"数十斤",李德裕"不受退还"。因为天柱峰茶比较名贵,

---

① 《全唐文》卷九六七《禁园户盗卖私茶奏》。

数十斤,价钱不菲。李德裕廉洁自奉,不接受。这位舒州太守第二年回京,"用意精求,获数角投之",带回少量几包精品"天柱峰茶",馈赠李德裕。李德裕"阅之而受",即经过认真辨认,确实是天柱峰茶。李德裕当场告诉大家:"此茶可消酒肉毒。"李德裕"乃命烹一瓯,沃于肉食,以银合闭之"。即煮好一瓯天柱峰茶,将肉类食品放入煮好的天柱峰茶汤中,用银盒盖起来保存,"诘旦,同开视,其肉已化为水。"[①]以此证明舒州天柱峰茶具有解毒、消食的功能。天柱峰茶由此进一步驰名全国。

2. 寿州"霍山茶"、"八公山茶"

寿州(治寿春,今安徽寿县)、庐州(治合肥),唐代正史中记载这二州每年上贡国家的贡品中列有"茶"类。唐代文献中,"庐寿茶园"屡屡并提。这一地区的"霍山茶"和"八公山茶"远近闻名,并载入《茶经》。

陆羽《茶经》引《宋录》记载:"新安王子鸾、豫章王子尚,诣县济道人于八公山,道人设茶茗,子尚味之曰:此甘露也! 何言茶茗!"高度赞美寿州八公山茶。

陆羽《茶经》又记载,寿州"盛唐县(今霍山县)生霍山(茶)",著称于世。陆羽在《茶经》中用类比的方法,认为浙西湖州凤亭山伏翼暗飞云曲水二寺啄木岭之茶著名,质量与寿州茶同。

《唐国史补》记载,唐使臣出使到西蕃(即吐蕃,今西藏),西蕃赞普拿出七种名茶招待他们,其中就有寿州茶。可见唐代寿州茶叶享誉全国,远销到西蕃,也说明庐寿二州是全国著名产茶区。

3. 宣州"雅山茶"、"太平茶"和池州"九华山茶"

陆羽在《茶经》记载了宣州的茶叶,认为"生宣城县雅山"和"太平县生上睦、临睦"茶为著名。

唐代黄山即位于宣州太平县地界,《茶经》记载的"太平茶",即是今天著名的黄山茶。

宣州茶叶品种优良。《茶经》引用《续搜神记》的记载,附会了神

---

① 尉迟偓:《中朝故事》卷上。

话传说,渲染其茶树的优良品质。一名叫秦精的宣城种茶人,"常入武昌山(宣州境内)采茗,遇一毛人长丈余,引精至山下,示以藂茗而去。俄而复还,乃探怀中橘以遗精。精怖,负茗而归。"宣州茶叶由此获得优良品种。虽然属于神话,其品种来自高人的指点的传说,不胫而走,以其神话色彩为宣州茶叶带来了声誉,促进了宣州茶叶经济的发展。

池州,代宗永泰二年建置。境内有九华山茶很著名,因建置较晚,未见《茶经》记载,却蜚声海内。前文提到唐代宰相李德裕喜欢饮茶,有人赠送李德裕九华山茶叶,李德裕酬之以诗,曰:

> 剑外九华英,缄题下玉京。
> 开时微月上,碾处乱泉声。
> 半夜邀僧至,孤吟对竹烹。
> 碧流霞脚碎,香泛乳花轻。
> 六腑睡神去,数朝诗思清。
> 其余不敢费,留伴读书行。①

李德裕的诗中,给予九华山茶的品质以很高的评价。诗句中的"乳花",指嫩茶,冲茶时,嫩茶"泛"起,香气溢出茶汤,品饮之,提神解乏,"六腑睡神去,数朝诗思清。"这里饮茶诵诗,与李白"斗酒诗百篇"具有同等的功效。尤其是最后两句点睛之笔,说明李德裕平时舍不得用,表达九华山茶的珍贵。

4. 歙州"婺源茶"与"祁之茗"

陆羽《茶经》记载,歙州产茶,"歙州生婺源山谷與衡州同"。唐代歙州,下辖六县,普遍产茶。除了《茶经》记载的"婺源茶"外,祁门县种茶业尤为突出。歙州司马张途于唐懿宗咸通三年(862),记载了祁门县的茶叶种植和茶叶在当地社会经济中的地位:祁门县"邑之编籍民五千四百余户,其疆境亦不为小。山多而田少,水清而地沃。山且

---

① 《全唐诗》卷四七五,李德裕《故人寄茶》。

植茗,高下无遗土。千里之内,业于茶者七八矣。由是给衣食,供赋役,悉恃此。祁之茗,色黄而香。贾客咸议,愈于诸方"①。这则史料清晰地传递了歙州祁门县种植茶叶的各种历史信息:

第一,祁门县种植茶叶的自然地理因素很好,山多、水清、地沃,适宜种植茶叶。

第二,种植茶叶的规模很大,全县最大范围内将近80%农民种植茶叶。

第三,茶叶经济成为当地主要社会经济,是本地人民的"衣食"之源,更是"赋税"的来源。

第四,祁门县茶叶的质量很高,"色黄而香"。茶叶的品质得到茶商"贾客"们的良好评价,认为祁门县茶叶"愈于诸方",超过其他品种。这说明祁门县茶叶已经成为国内茶商眼光中的品牌,茶商称之为"祁茗"。

歙州司马张途在同一篇文章中记载歙州茶叶的交易情况:四方茶商争求歙州茶,"每岁二、三月,赍银缗缯素求市,将货他郡者,摩肩接迹而至。"茶商"或乘负,或肩荷,或小辙而陆(运)。"有的茶商走水路,"先以轻舟寡载,就其巨艒"②。也就是说各地茶商进山,分散收购,先用小车、或者小船从山中小路或者浅水河道载运出山,然后转装大船"巨艒",远销各地。歙州茶叶对外交易的市场基本形成。

歙州的茶叶外出的运输路线很多,可以顺新安江而下,通向杭州一带,也可以水陆兼用,顺青弋江而下,转向江淮、中原。其主要通道是,通过境内阊门江水路,由浮梁南下,入江西鄱阳湖,远销各地。

5. 白居易诗中"浮梁茶"即"祁门茶"考论

白居易著名的诗歌《琵琶行》中的名句:"商人重利轻别离,前月浮梁买茶去。"反映了"浮梁"的茶叶驰名各地,各地茶商云集浮梁贩茶的社会景象。白居易这首诗歌写于宪宗元和十年,时任九江郡司马。这一时期的浮梁,已经不是江西饶州的属县,而是歙州祁门县,

① 《全唐文》卷八〇二,张途《祁门县新修阊门溪记》。
② 《全唐文》卷八〇二,张途《祁门县新修阊门溪记》。

"前月浮梁买茶去",实际是到祁门县买茶去,浮梁茶就是祁门茶。祁门县建置于代宗永泰二年,当时饶州之浮梁被析置,归于新建置的祁门县,这一建置直至唐末五代未改。宋代重建饶州浮梁县,歙州祁门县的仍然保留原来的建置。

长期以来,白居易诗中的"浮梁",被认为是江西饶州之浮梁县,这是一个错误。浮梁茶,不仅是祁门县的重要社会经济成分,也是歙州社会经济的重要组成部分。其茶叶的种植、手工业制作、商业流通三个方面,体现了当时茶叶经济的发展水平。

《新唐书·地理志》记载祁门县:"永泰二年平方清,因其垒,析黟及饶州之浮梁置。"明确交代,自唐代宗永泰二年(766)建置祁门县,浮梁县从饶州析出,归属于祁门县,隶属歙州。[①]

另一文献《太平寰宇记》亦有记载:永泰"二年平方清,因其城邑,定为县。分饶州浮梁县,及歙县黟县六乡,广焉。遂以所近祁山为名,因曰祁门县"[②]。

南宋罗愿编纂《新安志》也有明确记载:"祁门,望县。本黟县地,县西南有两巨石,夹溪相对,号阊门。而东北有涌流,左右云峰削成。其中平坦,周回数顷。唐永泰元年,土人方清作乱,屯石埭城,因权立阊门县以守之。至明年,平方清,因其垒,析黟县之六乡及饶州浮梁县地,置以为县。合祁山、阊门名之,曰祁门。"[③]

唐代建置祁门县,一直到五代末没有改变。宋代,重新建置浮梁县,隶属饶州,[④]但是祁门县的建置没有取消。历史上从代宗永泰二年至北宋初年(766—959)将近二百年间,浮梁归属祁门县,隶属歙州。由于历史上浮梁县比祁门县建置早,而且产茶闻名四海,有着悠久的历史。文人墨客习惯使用旧地名,这是常有的事情。早在《后汉书·郡国志》中就记载了浮梁县的特点,云:"斯邑产茶,赋无别物。"也就

---

① 《新唐书》卷三九《地理三》:"祁门,中下,永泰二年平方清,因其垒析黟及饶州之浮梁置。西四十里有武陵岭。"
② 《太平寰宇记》卷一〇四。
③ 《新安志》卷四《祁门沿革》。
④ 《明一统志》卷五〇。

是说这个地方山多田少，主要作物就是茶树，茶叶是本土人民生活和缴纳赋税的主要资源。这一记载与唐代歙州司马张途记载"祁门县"的情况完全一致。张途记载祁门县的情况说："山且植茗，高下无遗土。千里之内，业于茶者七八。"一个地方，八成人以茶为业，说明继承了浮梁县"斯邑产茶，赋无别物"特色。王敷《茶酒论》中说："浮梁歙州，万国来求。"把浮梁与歙州并提，说明浮梁划入歙州的概念已经被掌握茶叶信息的茶商所认识，并且留在文人的笔下了。

# 第五章

## 唐代工商业与城市

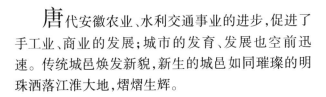

唐代安徽农业、水利交通事业的进步,促进了手工业、商业的发展;城市的发育、发展也空前迅速。传统城邑焕发新貌,新生的城邑如同璀璨的明珠洒落江淮大地,熠熠生辉。

# 第一节　手工业的发展

唐代安徽境内各种手工业十分活跃,很多地区手工业的发展水平跻身全国先进行列。其中比较突出的有纺织、陶瓷、采矿、冶铸、金属加工制造、造船、茶叶焙制等。

### 一、遍及各州的纺织业

唐代安徽境内的纺织业很发达,可分为丝绸和麻葛两大类。纺织业的发展有两大特点:一是生产比较广泛;二是技术进步。

唐代安徽境内十二州,另外有四县隶属于邻州。《新唐书·地理志》记载了各个州县的物产和出产,粗略考察统计,每个州都有精美的纺织品作为贡品输入朝廷。其上贡的主要纺织业品种是丝绸,其次是麻葛。

丝绸类有绢、䌷和绫等。淮北的颍州、宿州、亳州以生产䌷著称;颍州、濠州以锦著名;淮南的寿州、濠州(濠州地越淮河南北)、滁州、庐州、和州、舒州等生产绢、䌷著称;江南宣州、池州以及歙州出产绮、白纻、红线毯等。宋州境内砀山县、徐州境内的萧县、扬州境内的天长县等属于今安徽境内,其纺织业依据隶属的州郡的记载,以产绢、双丝绫、锦、袍锦、被锦、半臂锦、独窠锦等,皆名播全国。寿州的丝产量很大,能够直接向外地提供纺织原料产品。

麻葛类的贡品有纻布、𫄧布,纺织精良,花色鲜艳。据《唐六典》卷二〇《太府寺》记载:朝廷对于丝绸和布匹质量按照"精粗",区分了等级,"绢分为八等,布分为九等"。宣州的"火麻",列为第一等;舒州的火麻、庐州与和州的𫄧布,并第二等;庐州的火麻、滁州的𫄧布,并第三等;庐州的纻,第四等。歙州的纻,第七等。①《唐六典》是唐代颁行

———————

① 《唐六典》卷二〇,大府条注。

法规性的文献①,将全国的纺织品划分"八等"、"九等",客观上公布、记录了国家评定的各地优质产品。当时安徽境内诸州麻葛类纺织业产品的质量都居于全国前列,如歙州出产的"麻布"②。这些产品除了上贡朝廷,也广泛交易全国,在商业贸易中引人瞩目。

### 二、陶瓷业的兴起

瓷器在隋唐已是普遍使用的生活和生产用品。上至宫廷,下至庶民,对瓷器都有一定量的需求,刺激陶瓷业广泛兴盛。淮河流域的陶瓷业尤为突出。

唐代,寿州窑生产的瓷器闻名远近,以烧制青瓷为主。寿州窑,创烧于南朝中晚期,兴盛在隋唐。现在寿州、淮南市一带发现唐代窑址十处,已发掘的窑炉呈圆形,窑具有匣钵。唐代除了烧造青、黑釉瓷外,主要是以氧化焰烧制黄釉瓷,其胎色为淡黄红、青灰等,产品有碗、杯、钵、高足盘、壶、注子、罐、炉、枕等。寿州窑以烧黄釉瓷著称。青瓷烧制技术兴起于南方,不断地向北方流传。唐代寿州窑的青瓷烧制技术已趋于成熟。1999年,淮北市柳孜集唐代运河遗址发掘唐代木船的同时,也发掘了很多唐代瓷器。其中有一部分唐代寿州窑烧制的黄瓷釉瓷碗、瓷瓶等精品,可见寿州窑烧瓷技术之一斑。

后人在淮河流域今安徽淮南市的管家嘴发现了隋代窑址,发现与发掘隋代青瓷。③

隋代淮河流域的白瓷尚未发现窑址,但是墓葬中出土的白瓷很普遍,如安徽亳县出土了大业三年(607)墓葬白瓷。④

唐代安徽的制瓷手工业进一步繁荣,其特点是白瓷烧制比较普遍,质量也有所提高。上世纪60年代发现并发掘了唐代寿州窑和萧县窑两处黄釉瓷器窑址。1960年在安徽淮南市发现唐代寿州窑,经研究,此窑始于南朝晚期,兴盛于唐。其烧瓷种类也略有变化,隋代烧

---

① 《四库全书总目》卷七九《唐六典》。
② 《元和郡县志》卷三〇《江南道·歙州》。
③ 参阅蔡凤书主编《考古学通论》,山东大学出版社1988年版,第393页。
④ 参阅蔡凤书主编《考古学通论》,山东大学出版社1988年版,第393页。

青瓷,唐时改烧黄瓷,形成了自己的特色,流誉全国。陆羽在《茶经》中记载茶具时,提出"寿州瓷黄",显示了时代的崇尚。其出土的瓷器造型与釉色皆很别致,胎体厚重,釉色以黄为主,有蜡黄、鳝鱼黄、黄绿等。1961 年在安徽省萧县发现的白土镇瓷(又称萧窑),经过试掘与研究,该窑始于唐而衰于金,以黄瓷为主,兼烧白瓷、黑瓷,代表了这一时期淮河流域的烧瓷水平。

### 三、采矿、冶铸与金属加工业的兴盛

安徽地区有很多丰富的矿藏,有些矿藏在唐代已经被发现,并且广泛开采、冶铸。唐代安徽南北各州的采矿与冶铸业都很兴盛。冶铸业提供了各种金属材料,带来了金属加工制造业的兴盛。加工制造的技术水平也不断进步。有的地区甚至领先于全国先进水平,例如宣州的钱币制造业;普及于民间的冶铸与金属加工制造业也具有一定的技术水平。

#### 1. 采矿与冶铸

唐代安徽各地发现的矿藏,显示了三个特点:其一,种类多,有金属、非金属、稀有金属等。其二,矿藏量大,有些地区的矿藏例如宣州铜矿历经千年开采而不穷。其三,各种矿藏广泛开采,尤其在唐代社会统一和相对安定的历史条件下,国家建立了采矿、冶铸的专门机构,不仅具有一定的技术力量,也制定了相应的政策、制度。唐代安徽采矿和冶铸业蓬勃兴盛,每年能够出产一定量的优质金属材料,金属制品加工业得到迅速发展。《新唐书·地理志》记载,唐代安徽各州县分布的矿藏之处,均建置了开采或者冶铸的机构。粗略统计如下:

濠州产云母;

滁州产铜矿,建置了二个"铜坑",即建置两个采矿、冶铸的机构;

寿州出产生石斛;

庐州出产蜡、生石斛,庐江县产铜;

舒州产铁器、石斛、蜡;

宣州产银、铜器、碌青(名贵的孔雀石),国家建置"铅坑一",铅是铜业加工的必需原料;

当涂县产铜、铁；

南陵县利国山产铜、铁；

凤凰山出银；

宁国县出产银；

歙州绩溪县出产银、铅；

池州出铁，国家建置"铅坑一"；境内秋浦县出银、铜；青阳县出铜、银。萧县隶属于徐州，扬州天长县，境内产铜。

综上所述，唐代安徽各地矿产资源很多，有铜、铁、银、铅、生石斛、蜡、碌青、煤炭等。在开采、冶铸方面，唐代安徽官办矿冶和金属加工制造业很多，铜坑、铅坑各有两个，钱监、钱官各有两个。国家贞观年间建置"铜官冶"，开元年间建置钱监，天宝年间建置梅根监、宛陵监。

2. 民间采矿与冶铸

唐代，盐铁和冶铸，官营和私营并行不悖。民间矿冶"弛禁"，推行开放政策，允许私人开采、冶铸。规定铜、铅、锡三种，国家收购，用于铸钱、制造军械以及各种社会生活用品。开元七年，诏曰："诸州界内有出铜铁处，官未采者，听百姓私采。若铸得铜及白蜡，官为市取，如欲折充课役，亦听之。其四边无问公私，不得置铁冶及采铜。自余山川薮泽之利，公私共之。"[①]《唐六典》也有类似的记载："凡州界内有出铜、铁处，官未采者，听百姓私采。若铸得铜及白铁，官为市取；如欲折充课役，亦听之。其四边，无问公私，不得置铁冶及采铜。自余山川薮泽之利，公私共之。"[②]

这是唐代国家明文宣布允许私人开采、冶铸的政策，民间采矿与冶铸得到国家的鼓励而普遍兴盛起来。也说明了唐代采矿、冶金、金属制造业的兴盛与进步，是依靠民间开采、冶铸、金属制造业的兴盛而发展起来。

唐代安徽各地民间开采、冶铸、制造很活跃，而且具有优良的技术水平。宣州、宿州、天长等地产铜，得到开采；濠州的云母、宣州的银、

---

① 《唐令拾遗·杂令第三十三》。
② 《唐六典》卷三〇《少府监·掌冶署令》。

铅等矿也得到大量开采,其冶铸、金属加工制造的技术水平也很进步。《新唐书·食货志》记载了民间"盗铸"钱币的社会现象,透露了这方面的信息。玄宗开元二十六年,"天下盗铸益起,广陵、丹杨、宣城尤甚。"①宣城"盗铸"钱币,榜上有名,变相说明本地民间冶铸比较活跃。铸币需要一定的加工制造工艺,民间盗铸,也显示了民间冶铸、加工制造业的水平。

宣州出产铜矿,资源丰富,"盗铸"的钱币,出现了私下交易的市场。当时的市场上,民间冶铸的钱币,称之为"偏炉钱"。国家钱监出产的钱币,称作"官炉钱"。官炉钱质量优良,偏炉钱质量稍差。但是,"京师权豪,岁岁取之,舟车相属。"官私钱币的比价是"官炉钱,一以当偏炉钱七八,富商往往藏之,以易江淮私铸者"②。京师权豪倒卖江淮民间偏炉钱,也变相反映这一地区民间冶铸钱币的兴盛程度。

社会上屯聚偏炉钱的"兴贩之徒",私下"销铸",用以"造写杂物器物",再返回市场,获取厚利。德宗贞元九年正月,张滂奏:"国家钱少,损失多门。兴贩之徒,潜将销铸。每销钱一千,为铜六斤。造写杂物器物,则斤直六千余,其利既厚,销铸遂多。江淮之间,钱实减耗。伏请准从前敕文,除铸镜外,一切禁断。"③这类销钱造物趋利的活动,在德宗、宪宗时期一度造成市场钱币流通不足,出现"钱荒"。据德宗时期、宪宗时期的盐铁官员调查,私铸、销钱造物等主要出现在江淮地区。宪宗元和元年二月,不得不下令"以钱少禁用铜器",诏曰:"钱贵物贱,伤农害工。权其轻重,须有通变。比者铅锡无禁,鼓铸有妨。其江淮诸州府,收市铅铜等,先已令诸道知院官勾当。缘令初出,未各颁行。宜委诸道观察使等,与知院官专切。当事毕日,仍委盐铁使据所得数类会闻奏。"④诏书中明确命令诸道观察使配合知院官,加强对"江淮诸州"的铜器市场的控制、管理,这也说明江淮诸州铜器加工制造业普遍活跃。

① 《新唐书》卷五四《食货志四》。
② 《新唐书》卷五四《食货志四》。
③ 《唐会要》卷八九《泉货》。
④ 《唐会要》卷八九《泉货》。

### 3. 梅根监和宛陵监的采矿与冶铸

宣州梅根监和宛陵监,前文介绍了它的建置和职能,其冶铸和加工制造水平,全国著称,我们从以下两个方面来认识。

其一,技术方面。玄宗开元"二十六年,宣(今安徽宣州)、润(今江苏镇江)等州初置钱监,两京用钱稍善"[1]。这说明宣州钱监建置伊始,制造的钱币投放京城市场,迅速改善了长安、洛阳两京市场,稳定了社会金融秩序,说明宣州钱币在铜材冶铸和钱币制造方面具有很高的质量,取得了金融市场的肯定和认同。在金属加工制造的门类方面,不仅有钱币,还有军用铜器。穆宗时期,元锡为宣州观察使,长庆元年,进助军"弓箭器械,共五万二千事"[2]。这次"进助"的军械的数量之多且不说,其五万二千多件军用器械,包含了很多品种,其制造技术不能够等闲视之。

其二,制造能力方面。宣州梅根监、宛陵监在冶铸、制造能力方面居于全国先进行列。首先,国家定额"梅根监并宛陵监,每岁共铸钱五万贯"[3]。德宗时期定额少一点,"岁共铸钱四万五千贯"[4],但是在全国钱币制造业中,仍然居于前茅。其次,考察宣州每年向国家上交的土贡,其银和铜器为首类,说明宣州的冶金业具有一定的生产能力。再次,常规的定额和地方上进贡以外,特殊时期,宣歙节度使经常向朝廷"进助"各种物资和钱财,钱币和铜器占据其中的大项。"王遂为宣歙观察使,进助军钱三万四千二百贯",这是国家规定梅根监和宛陵监定额以外的"进助",说明两监每年实际铸钱超过国家的定额。王遂担任宣歙观察使为期不长,这个数额显示了王遂任职宣歙观察使时期的冶铸能力。宪宗在位期间,"朝廷以兵兴,国用不足,命盐铁副使程异乘驿,谕江淮诸道,俾助军。元和十二年至自江南得供军钱一百八十五万贯以进。"[5]这一数额与各个钱监每年铸钱的数量比较起来,是

---

① 《新唐书》卷五四《食货志四》。
② 《册府元龟》卷四八五《邦计部·济军输财济军》。
③ 《元和郡县志》卷二八《江南道四·宣州南陵县》。
④ 《册府元龟》卷四八五《邦计部·济军输财济军》。
⑤ 《册府元龟》卷四八五《邦计部·济军输财济军》。

一个惊人的数字,至少包含了宣州两监对于国家的特殊贡献,进一步显示了宣州两监的制造能力。

### 四、造船业

唐代安徽境内航运条件优越,与全国内河航运沟通,又与海运相接,漕运、盐运、水运、商运以及私人商旅十分兴盛,对各类舟船需求量激增。造船业受到驱动而迅速发展。

唐代都水监有关"舟楫"的管理,规定地方性的官船由州郡自己营造。安徽境内漕运量大,需求的漕船数量也较大,需要有自己的造船业。

宣州、歙州是竹木等造船原料的主要产地。宣州的"上贡"物资中,包含建造官船的竹木材料。朝廷规定,宣州每年必须上缴大型"竹索"二十条,供应国家营造津桥。

唐代前期庐州所造船只,载重量大约在数万石。史载庐州漕运"数万石,输扬州,舳舻相继,出巢湖,入大江,岁为风波沈溺者半"[1]。

中唐以后,民间造船技术有了长足的进步,尤其是驰于长江航道的民船,建造规模很大。据《唐国史补》记载,长江民船"编蒲为帆,大者数十幅",载重量达"八九千石"。其中有女船民俞大娘,建造的航船最大,"居者,养生送死嫁娶悉在其间",完全以船运为营生。船上"开巷为圃,操驾之工数百。南至江西,北至淮南,岁一往来,其利甚溥"。

唐代寿州、亳州历史上就是官方造船基地。早在三国时期,曹操曾经在亳州建造舟船,建置数十万水军沿涡水而下,越淮水、沿沘水、巢湖抵达长江,决战孙权。两淮地区民间造船业发展亦十分兴盛。唐五代时期造船业在江淮地区进一步发展,江上淮上官造、民造船只如梭如织。唐薛渔思撰《河东记》记载当时扬州是"舳舻万艘,溢于河次,堰开争路,上下众船相轧"。武则天时期,行驰运输于江、湖、淮、河中的"弘舸巨舰,千舳万艘,交易往还,昧旦永日"[2]。唐德宗建中四年(783),镇海节度使韩滉押解漕纲,亲眼目睹"江淮之间,楼船万计"。

---

① 《全唐文》卷六一二,陈鸿《庐州同食馆记》。
② 《旧唐书》卷九四《崔融》。

《元和郡县图志》卷五记载:"公家运漕,私行商旅,舳舻相继。"说明私人商旅有民间造船业的支撑。唐懿宗时期,曾下诏在江淮间"和雇舟船",即向民间雇佣私人船只,帮助国家运输紧急军用物资。① 说明江淮间私人造船业、航运业比较发达兴盛。

唐代淮河流域造船技术有很大进步,适合各种河流运输的漕船和客运的"舫船"、"积芦船"以及军事上的"游弈船"等被建造出来。武宗时,为了保证漕运、商旅的安全,特命从淮河到长江沿岸设置巡防船队,乘"游弈船"日夜分班次在淮上、运河以及长江巡逻,规定:"淮南游弈至池州界首。"②显示了造船业的技术水平。

淮北市濉溪县柳孜集发现 8 艘唐代木船的地下遗存,③1999 年 5 月,发掘了其中的 3 艘。其中 1 号船残长 12.6 米,船身长 9.6 米,最宽处 1.92 米。船舵像一把扫帚,尾舱横梁上有 3 个格档。其船舵比较独特,国内造船史仅见的实物船舵遗存,考古学者阚绪航定名"唐代拖舵",又因为发掘于淮北市柳孜集,定名"唐代淮北舵"。2 号船是整木雕凿的独木舟,船体中宽,头尾窄,长 10.6 米。3 号船,存长 23.6 米,船为平底,船帮略带弧形,帮板为三段拼接,连结处用双排铁铆钉。其余 5 艘尚待发掘,直观反映了唐代的造船技术。

# 第二节　商业与城市

唐王朝在商业贸易方面,推行了许多新的措施,直接影响安徽地区商业贸易的兴衰。

---

① 《唐会要》卷八七《转运盐铁总叙》,"咸通五年"条。马茂棠:《安徽航运史》,安徽人民出版社 1991 年版,第 93 页。

② 《会昌一品集》卷一二。

③ 参见阚绪杭《淮北隋唐大运河考古有大发现——一批唐代沉船》,载 1999 年 12 月 8 日《中国文物报》。又见:薛金为《千年古船出土记》,载 2000 年 4 月 28 日《新安晚报》。

### 一、改善商业的政策环境

隋唐时期，一改历史上"重农抑商"的制度和政策，推行了一系列有利于商业兴盛的措施，安徽地区商业因之兴盛。

1. 唐代的商业管理

唐代的商业管理，吸收并且继承了隋代的经验。隋文帝即位（581），宣布"罢东京之役，除入市之税"①。接着，开皇八年（588），隋文帝在货币、度量衡方面推行了一系列整顿、统一措施，为商业进一步兴盛提供了条件。炀帝继位，推行了三项商业上的措施，直接影响安徽地区的商业发展。

其一，招引西域胡商。炀帝派遣使者广泛联系西域地区的商人，他认为"西域多诸宝物，令裴矩往张掖，监诸商胡互市。啖之以利，劝令入朝，自是西域诸蕃，往来相继"②。由此，西域胡商以及境外胡商，如波斯（今伊朗），大食（今阿拉伯）等国商人，源源不绝拥向当时的商业中心，如东都洛阳、汴州、扬州乃至安徽各地的商业城市，带动安徽商业活跃起来。

其二，营建东京洛阳，"徙天下富商大贾数万家于东京"③，洛阳的商业活力增强，直接辐射毗连的安徽各地商业活动。

其三，修通大运河，改善了商业交通的条件。唐代继承隋代的商业政策，颁行了很多新的商业政策，直接影响安徽地区的商业活动。

唐代，继承了隋代的商业思想，出台了一系列商业市场政策。高祖武德九年，在商业贸易方面，下诏宣布："潼关以东，缘河诸关宜悉废。其金、银、绫、绢等杂物，依格不得出关者，不得须禁。"④这一诏书取消了"金、银、绫、绢"等重要物资流通的禁令，其余"杂物"类商品，也不再"禁"止。

---

① 《隋书》卷二四《食货志》。
② 《隋书》卷二四《食货志》。
③ 《隋书》卷三《炀帝纪上》。
④ 《唐会要》卷八六《关市》。

太宗贞观七年,宣布"废州县市印"①。"市印",就是市场交易文件的大印,废除市印,就是取消对市场的约束。在唐初社会经济比较脆弱的背景下,放宽政策,培育市场,有利于商业交易振兴。直到唐中宗景龙元年(707)继续申明"非州县之所,不得置市"②,仍然推行宽松的商业政策。

高宗时期,朝廷刻意对洛阳商业的市场加强扶持,先后于显庆二年(657)、天授三年(692)在洛阳设置北市、西市。③ 洛阳是河南道首府所在地,沿汴水而下,直接辐射并且带动安徽的商业兴盛。

景龙元年,朝廷颁行了州县市场规定:第一,"其市当以午时击鼓二百下"开市,"日入前七刻,击钲三百下"散市。第二,"官差一人权检校市事"。第三,"以滥物交者,没官"。第四,市面要求整齐,"有正铺者,不得于铺前更造偏铺"。第五,蓄意闹事,扰乱市场,即加以制裁,"杖十八"。

上述各项有关商业市场管理的政策,显示了促进商业市场发育与兴盛的积极因素。安徽位于淮河、长江、巢湖流域,水网密布,水陆交通便捷,在宽松的商业政策下,获得了商业发展的机遇。

唐代的商业税收政策方面,也有一系列的调整。前文已经提到,隋文帝曾经取消"入市之税",扶持商业市场及商业活动。武则天时期,制定了关市税收政策。④ 唐德宗时期,商业税收被纳入国家赋税的构成。至此,商业活动的社会地位,以税法的形式被合法肯定。盐、茶、酒等商业交易税在唐代中后期成为国家税收的重要来源。上述盐、酒、茶、漆、竹、木等商品是安徽农业出产、手工业出产以及商业贸易的重要成分,国家政策上的变化,理顺了商业经济关系,比较原来国家官营、垄断专卖、或者采用实物征调的方式强行剥夺,这无疑是一种进步。有利于安徽商业贸易在新的经济秩序下进一步活跃、兴盛。

① 《唐会要》卷八六《关市》。
② 《唐会要》卷八六《关市》。
③ 《唐会要》卷八六《关市》。
④ 《唐会要》卷八六《关市》。

## 2. 官营商业

唐代各级官府的财政开支不足,允许官府利用公廨钱经营商业或者出贷,收利添补财政开支、充作官府共享和官吏俸禄。隋初,即设置了公廨本钱。唐承隋制,武德元年(618)设置了公廨本钱。唐太宗时期一度罢废,贞观二十一年又恢复。当时京师中央各部门共有七十余司,各司担任经商的"捉钱令史"六百余人。诸司公廨本钱在二万四千贯至三万贯之间。地方州县和折冲府也设置公廨钱,以典吏主管经商"回易生利",收利供官府办公经费和各官员的俸料。开元时期,全国州县公廨钱总额在八十万贯至一百万贯左右。[①] 唐后期,公廨本钱的数额有显著增长。[②]

唐代官营的邸店、坊、行、质库、驿栈等各种商业活动遍布全国各地,其倾轧民间商业和对人民巧取豪夺的剥削行径自不待言,甚至是猖獗的。许多高级官员也夹私营商,当时的安徽及其周边也麇集了许多官员私营的商店,广陵(今扬州市)特别明显。"诸道节度观察使,以广陵当南北大冲,百货所集,多以军储货贩,列置邸肆。名托军用。实私其利息。"[③]唐太宗贞观元年,曾经规定:官员"五品以上,不得入市"[④],唐代宗大历十四年,进一步禁止官员私人经商:"令王公百官及天下长吏,无得与人争利。"并且命令在"扬州置邸肆贸易者",全部"罢之"。[⑤] 这些政策恰恰说明唐代官员经商的深度和广度。唐中期以后,为了解决财政困难,盐、茶、酒三种较大的商品生产与流通,采取了垄断方式,实行"榷政"专卖,这是隋唐以来商业弛禁政策的逆向变化。盐、酒、茶是唐代安徽商业、手工业的大宗项目,这三个项目实行官营专卖,对安徽的商业贸易影响十分深刻,官营中的腐败现象也制约了这些商品贸易的规模和效益。但是,总体上看,唐代商业领域的官民争利,仍然属于重视商业,不同于两汉时期的抑制商业、限制商业的政治路

---

① 《大百科·隋唐五代史卷·诸司诸色本钱》,"公廨钱条"。
② 《唐会要》卷九三《诸司诸色本钱上》。
③ 《唐会要》卷八六《关市》。
④ 《唐会要》卷八六《关市》。
⑤ 《唐会要》卷八六《市》。

线。各种不同形式的官营商业,仍然是商业兴盛的一个层面。

唐代安徽境内的官营商业也是境内商业的一个组成部分。各州县官府回易生利的商业活动很活跃。现依据敦煌博物馆藏《唐天宝初年地志残卷》保留的资料,其中《淮南道十四州》保留了淮南道部分州县的公廨本钱数字(残片),现仅就残片中属于安徽州县的数字,抄录于后,可以窥见安徽官营商业和官员私人经商之一斑。

全椒,十五(乡),各七百七十(贯)。

寿春,寿,京二钱二百二十(里),都一千四百(里),贡丝布、石斛,本一千五百四十(贯)。寿春,十三(乡),六百六十(贯)。安丰,十(乡),七百七十(贯)。霍山,九(乡),四百四十(贯)。霍邱,十一(乡),五百五十(贯)。

钟离(作者注:今安徽凤阳),豪,京二千一百五十(里),都一千三百一十(里),贡丝布,云母,本八百九十五(贯)。钟离,十二(乡),六百六十(贯)。招义(作者注:今安徽明光),十二(乡),六百六十(贯)。定远,十二(乡),六百六十(贯)。

永阳,滁,京二千五百六十(里),都一千七百四十(里),都一千七百四十(里),贡麻、贲布,本八百八十(贯)。清流,十六(乡)。全椒,十五(乡),各七百七十(贯)。永阳,十一(乡),四百九十五(贯)。

上面从残卷片抄录的记录显示了安徽寿州、濠州、滁州以及部分县的公廨钱数额,直接反映了这些州县利用公廨钱投资商业的规模。

**二、安徽境内商业交易新局面**

唐代推行了一系列商业弛禁政策和兴商措施,全国商业在农业、手工业兴盛的基础上逐步兴隆,安徽境内的商业得到了较快的发展。

1. 贸易普遍活跃

唐代安徽境内交通便捷,尤其运河修通,两淮水运系统四通八达,长江、淮上的运输网络密布，"凡东南郡邑，无不通水，故天下货利"①，汇聚两淮；向北，连接河北、河东，直至涿郡(今北京)，"运漕商旅，往来不绝"②；向西，可由汉水通向两湖、巴蜀；向东，可连接山东和沿海乃至海上。当时，江西洪州(今南昌)、湖北鄂州(今武汉)、湖南长沙、四川成都等南方商贾云集，很多人浮舟为生，"大船必为富商所有"③。这些商贾顺长江而下，途经舒州、池州、和州、滁州、濠州，直抵扬州，经扬州转淮上。有的自和州转巢湖、肥水，进入淮西的淮颍线路北上。北方的商旅以及外国的商贾也沿着这些路线南下，交换贸易，逐市趋利。李白有诗描写鄂州商旅曰："万舸此中来，扬帆过扬州。"④"江陵有郭七郎者，其家资产甚殷，乃楚城富民之首，江淮、河朔间，悉有贾客仗其货买易往来者"⑤。"浔阳(今江西九江市)贾任华，往复长沙、广陵(扬州)间贸易"⑥。长江、淮河商业运输和贸易由此呈现繁荣景象。在全国范围内，安徽成为公私商船和南北杂货运销四方的交通枢纽区域。广州的犀角、象牙、珠宝，两湖的稻米、木材，四川的蜀锦等都沿江东下，集散于江淮，或者继续北运，销往洛阳、长安等地。安徽境内本地的商贾也同样利用交通便利，转市天下。宣州、歙州、池州造纸业繁荣，远销两川、吐蕃等地。寿州的茶叶也远销吐蕃。武则天时期，全国商旅贸易达到高潮，而长江、淮河流域尤为突出。崔融说：舟航"控引河洛，兼包淮海，弘舸巨舰，千舳万艘交贸往还，昧旦永日"⑦。唐宪宗时期，江淮商贩更加兴盛，"自扬、益、湘南至交广、闽中等州，公家运漕，私行商旅，舳舻相继"⑧。

唐代安徽境内茶叶交易，不仅是安徽地区商业贸易的主流商品，也是全国商业贸易中的大宗商品。安徽本地产茶和外地茶商途经安

① 《唐语林》卷八。
② 《通典》卷一七七。
③ 《唐国史补》下。
④ 《全唐诗·赠鄂州太守》。
⑤ 《太平广记》卷四九九。
⑥ 《太平广记》卷一二八。
⑦ 《新唐书》卷二二《高骈》。
⑧ 《元和郡县志》卷六。

徽境内,交易呈现长期兴旺的景象:"浮梁歙州,万国来求。"①茶商"将到市廛,安排未必毕,人来买之,钱财盈溢"②,获利丰厚。歙州出产的茶叶,品种多样,沿着境内的水陆交通运输到山外交易。不仅是茶叶,歙州其他各种商品对外交易也十分活跃。歙州有"祁门水",又名"阊江",通江西鄱阳湖,史载"祁门水入于鄱,民以茗、漆、纸、木、行江西,仰其米自给"③。

唐代诗歌中,描写江上淮上贾客商运的名篇佳句俯拾皆是,说明当时商旅活跃,对诗人的影响之深。白居易诗《琵琶行》中有一句名言:"商人重利轻别离,前月浮梁买茶去。"就是描写各地商人云集浮梁采购茶叶的情况。浮梁,属于唐后期建置的"祁门县",是闻名全国的茶叶市场。本章第六节"祁门县建置"详述。

瓷器交易也是重要的贸易活动。安徽的寿州窑瓷器,以及流经安徽境内的各地名窑产品,得力于运河而交易南北。1999 年安徽淮北市柳孜镇唐代运河遗址出土"唐代沉船",也出土了大量隋唐五代时期的瓷器和瓷片。

2. 驿道沿线的商业交易兴起

唐代安徽商业兴盛的另一条风景线是驿道沿途店肆、客栈兴盛,商业贸易生机勃勃。

唐代邮驿非常发达,安徽境内的邮驿比较健全。陆驿有马,水驿备船。唐政府规定,驿站应提供官员宿食,因而"每驿侧近,置私客馆一所"④,备有馆舍,专供朝廷贵人及官员使用。《通典·食货七》记载:当时交通沿线"皆有店肆,以供商旅,远适数千里"。在交通驿线上除官驿之外,私人开设的店肆毗邻而起,招待来往官差、客商,买卖酒饭,提供运力,"皆有驴赁客乘,倏忽数千里"。为商业交易提供方便,也为本地区商业贸易平添几分繁荣。卢纶《送魏广下第归扬州》

---

①　王敷:《茶酒论》,载潘重规《敦煌变文集新书》卷七,台北文津出版社 1994 年新 1 版。

②　王敷:《茶酒论》,载潘重规《敦煌变文集新书》卷七,台北文津出版社 1994 年新 1 版。

③　《新安志》卷一《风俗》。

④　《唐会要》卷八六《道路》。

曰"淮浪参差起，江帆次第来"①，反映了长江、淮河之间南来北往驿站繁忙的盛况。

3. 对外贸易的通道

扬州，唐代国际贸易最繁华的城市，是当时全国航海贸易的主要港口之一。有唐一代，外商云集扬州。天宝末年，聚集扬州交易的波斯、大食商人已达数千人。扬州又是淮南道首府，唐代安徽境内半数以上的州县属于淮南道，直接受到扬州大都会的商业辐射，外国很多物品这一时期流入安徽。菠菜，唐代称为"颇棱"，传入歙州。《新安志》卷二《物产·蔬茹》记载："颇棱，唐世自外国来者也。颇棱，以所出之国为名。"《玉篇》也记载："菠薐，菜名。"唐代韦绚《刘宾客嘉话录》记载了菠菜传入唐朝的途径："菜之颇棱，本西国中。有僧将其子来。"《新唐书·西域传》："（贞观）二十一年，遣使入献颇薐、酢菜、浑提葱。"《本草纲目》注："刘禹锡《嘉话录》云：颇薐，种自西国，有僧将子来，云是颇薐国之种。"《新安志》还记载了歙州出产军达（甜菜）、大蒜、胡荽（香菜）等蔬菜，这些品种都自国外传入歙州。"胡荽，讳言胡，故称圆荽"；"蒜，蒜之大者曰胡蒜，自西域来者也。"军达，《新唐书·西域传》亦有记载。查阅《新唐书·西域传》：唐代"东有末禄小国也，治城郭，多木姓，以五月为岁首。以画缸相献，有寻支瓜，大者十人食乃尽；蔬有颗葱、葛蓝、军达、茇薤。"

公元 676 年，新罗统一朝鲜。新罗商人来唐贸易增多，海上交通贸易进一步发展，新罗商人由"渤海道"登陆莱州，转向楚州（江苏淮安）。莱州建置新罗坊，楚州建置新罗馆，形成了长期稳定的新罗与大唐贸易渠道，其中包含了安徽地区的对外贸易。唐代诗歌中有很多关于本地区对外贸易的描写。杜甫诗云："云帆转辽海，粳稻来东吴。越罗与楚练，照耀与台躯。"②又云："幽燕凤用武，供给亦劳哉，吴门持粟帛，泛海凌蓬莱。"③诗歌中的贸易物资泛指东南地区，即包含了今安徽的丰富物产。

---

① 《全唐诗》卷二七六。
② 《杜工部诗集》三《后出塞》、《杜工部集》、《昔游》。
③ 《杜工部诗集》三《后出塞》、《杜工部集》、《昔游》。

唐懿宗时期，"淮南、两浙海运，虏隔舟船。"造成内地与海上通商的路绝，商旅不得不停止对外贸易。唐懿宗得知情况，下了一份文件《咸通五年五月丁酉制》，提出："访闻商徒，失业颇甚，所由纵舍，为弊实深。亦有搬货财委于水次，无人看守，多至散亡。嗟怨之声，盈于道路。宜令三道据所搬米石数，牒报所在盐铁巡院，令和雇入海舟船，分付所司。通计载米数足外，辄不更有隔夺，妄称贮备。其小舸短船到江口，使司自有船，不在更取商人舟船之限。如官吏妄行威福，必议痛刑。于戏！万方靡安，宁忘于罪己；百姓不足，敢怠于责躬。用伸钦恤之怀，式表忧勤之旨。"[①]在这份文中有三点值得注意，第一，提到了"三道"，当指淮南道、江南东、西道，这是事情发生所在的地区，包含唐代安徽的地区。第二，文件中提到"货财委于水次，无人看守，多至散亡，嗟怨之声，盈于道路"，说明境内沿途港口、码头都停留了货船，因为阻滞，不能够通航。第三，文件中提到"百姓不足，敢怠于责躬"，说明有很多民间的私人商旅参与贸易。这件事情，从一个历史的侧面反映了唐代安徽的对外贸易情况。

4. 私人雇佣的商业活动

唐代安徽境内的商业贸易活动中，有一个新现象，体现出商业发展的新动向——雇佣。请看下面的资料：淮南寿州，天宝年间出现私人茶园，其经营方式出现雇佣成分。《太平广记》卷二四《刘清真》条引《广异记》说："天宝中有刘清真者，与其徒二十人于寿州作茶，人致一驮为货。"其中寿州茶园的生产规模，雇佣的徒工二十人左右，从种植到焙制、货卖，一条龙运作。这里透露了劳动力作为特殊商品的商业活动信息。

刘晏办漕运，以"盐利雇佣"，即国家从收取"盐税"中拿出一部分雇用船脚、漕工，取代了过去摊派徭役的方式。这里面也包含了漕运的人力被作为特殊的商品。唐代官营、私营的邸肆（商店）、质库（典当）坊，皆广泛雇佣人员，说明雇佣有一定的普遍性。当时周边的雇佣

---

① 《旧唐书》卷一九上《懿宗本纪》，懿宗《咸通五年五月丁酉制》。

也很普遍。"扬州地当冲要,多富商大贾"①,对雇工的需求量很大。中宗时期,王琚因参与王同皎谋杀武三思未遂,逃往扬州,改姓名,自佣于富商之家,②也可从一个侧面证明当时扬州及淮河流域富商大贾招募雇工已是正常的现象。

唐懿宗时期,南方发生战争,国家利用漕运向南运输军用物资,缺少船只,雇佣私船漕运,当时称为"私雇"。《唐会要》卷八七《转运盐铁总叙》记载:"咸通五年(864)南蛮攻安南府,连岁用兵,馈挽不集。诏江淮盐铁巡院,和雇舟船,运淮南、浙西道米至安南。"

江淮之间"和雇舟船",宣告唐代官办漕运制度存在严重危机,但同时表明民间私人的运输有很大的市场,而且活跃。

《唐国史补》卷下记载:"大历、贞元间,有俞大娘航船最大,居者养生送死嫁娶悉在其间。开圈为圃,操驾之工数百,南至江西,北至淮南,岁一往来,其利甚溥,此则不啻载万也。"这则史料反映了私人运输的具体信息。其一,俞大娘拥有自己的商船,载运量可达万石,成为较大的商业主。俞大娘每年往来于江西到淮南,营运取利,其经营地理范围包含唐代安徽境内的航运线路。其二,俞大娘雇用"操架之工数百",这是唐代雇佣劳动力的现象。这几百名雇佣人员,显示了经济关系的新变化。

### 三、商业城市的发育与发展

伴随商业兴盛与发展,商业城市的发育与发展加快,这是商业自身的规律。唐代安徽水陆交通的良好条件、手工业的兴盛,手工业产品的丰富,对于市场流通提出了迫切的需求,各种类型的市场因此被培育起来。很多港埠、驿站发育成为新兴城镇。有的港埠、城镇发展成为工商业都会,成为著名的城市。

1. 沿水港埠、都会的兴起

唐代是安徽历史上,港埠、都会增长最快的时期。原有的港埠、城

---

① 《旧唐书》卷一八《苏瑰》。
② 《旧唐书》卷一六〇《王琚》。

镇进一步繁荣兴盛,新兴的城镇不断发育。其中水陆交通要道上由港埠发育、发展起来的城镇尤多。

在淮河运输系统中,淮河沿线由"淮南军"护漕保饷,沿线驻军三万五千人,节度使"居中统制二处,一千里,三十八城,护天下饷道,为诸道府军事最重。然倚海堑江、淮,深津横冈,备守坚险"①。由此可知,沿淮三十八城,实际是要道、军港,其中安徽境内有很多这样的港埠城镇:埇桥、涡口、濠口、颍口、浮山堰、硖山口等。有的是重要的军港,例如硖山口,位于"下蔡县(安徽凤台)西南六十里,淮水经硖石中,对岸山上筑二城,以防津要"②。唐代刘敬定屯兵守卫这硖石"二城"。连接淮水的汴水沿线,有许多驿站,实际上已渐渐发育起来,发展为城镇。代宗时期设置汴水防援军,驻守汴水沿线,"东都至淮泗,缘汴河州县⋯⋯委王缙各与本道节度计会商量,夹河两岸,每两驿置防援三百人,给侧近良沃田,令其营种,分界捉搦。"③这些"防援"的军事驻地,逐渐发育成为一个个城镇。

安徽南部沿长江航道航运事业也得到迅速发展,沿江各个支流的航运范围逐渐扩大,大大小小的港埠随着航运的兴盛不断增生。安徽境内沿江两岸大大小小的渡口、津、坞、浦、镇等,有数十处,例如当涂县的采石戍(今属安徽马鞍山市),原为镇,唐代改镇为戍,成为沿江的军港埠城镇。采石戍的对岸,是和州历阳县的横江渡,属于长江北岸著名港埠,与采石戍相对,成为长江南北重要的通道,"古代有事从采石渡者十之九"。李白诗歌中有《横江词》六首,④其中很多诗句直接描写了这两个港埠的繁忙景象。例如"人道横江好,侬道横江恶。猛风吹倒天门山,白浪高于瓦宫阁。""横江欲渡风波恶,一水牵愁万里长。""横江西望阻西秦,汉水东连扬子津。""横江馆前津吏迎,向余东指海云生"等。又有许浑《酬杜补阙初春雨中舟次横江》,"江馆维舟为庾公,暖波微漾雨蒙蒙"的诗句,描写了晚唐采石、横江馆的渡口

---

① 《全唐文》卷七五三,杜牧《淮南监军使院厅壁记》。
② 《元和郡县志》卷七《下蔡县》。
③ 《全唐文》卷四六,唐代宗《缘汴河置防援诏》。
④ 《全唐诗》卷一六六。

景象,这些港埠经过长期的发育,渐渐成为沿江的重要城镇。横江、采石,不仅是横渡长江南北的通道,也是陆路交通的通道。唐朝后期韦庄《过当涂县》诗云:"客过当涂县,停车访旧游。谢公山有墅,李白酒无楼。采石花空发,乌江水自流。夕阳谁共感,寒鹭立汀州。"[1]诗中透露作者驱车经过当涂采石和横江馆的陆路交通路线。距离横江渡不远,有安阳渡、乌江浦等。项羽战败走马乌江,即是乌江浦,在汉代"有亭长舣船之处",说明自古即是重要的江上港埠。含山县濡须坞,舒州望江县有雷池口,怀宁县有皖口(即是皖水入江口)等,都是沿江发育起来的港埠城镇。当时最大的港埠城镇,是南陵县的"鹊岸"(今安徽铜陵市港埠),有鹊头镇,位于南陵县溪一百一十里,有鹊尾洲(今繁昌县三山镇),鹊头鹊尾之间的沿江江岸,即是"鹊岸"都是良好的天然港埠,八十里长,史书称之为鹊岸港埠。[2] 唐代,由于沿江航运兴盛,社会经济增长,鹊头、鹊岸沿线都发展起来。在鹊头镇有利国山产铜(即今铜陵市),唐代,这里设置矿冶机构"梅根监","每岁共铸钱五万贯"输出。这里除了利国山、梅根监,还有铜井山、战鸟山,位置都濒"临大江",蕴藏丰富的铜矿,唐代朝廷直接投资开发,国家直接管理,重点开采、冶铸。实际上,这里已经发展成为具有一定规模的矿冶城市。李白宦游这一带,留下了很多著名的歌颂铜井矿冶的诗篇。《铜官山醉后绝句》云:"我爱铜官乐,千年未拟还。要须回舞袖,拂尽五松山。"[3]在《答杜秀才五松山见赠》(五松山,在南陵铜坑西五六里)诗中云:"千峰夹水向秋浦,五松名山当夏寒。铜井炎炉歊九天,赫如铸鼎荆山前。"[4]形象描写了铜官山、五松山一带冶铸壮观的生产场景,也透露了铜井山这里已经发育新型的矿冶城市,吸引诗人在此常住久安。

2. 州县治所廓城的发育与发展

前文已述,唐代安徽建置十二州五十二县。各个州县的廓城首先

---

[1] 《全唐诗》卷六九七。
[2] 《元和郡县志》卷二八《南陵县》。
[3] 《全唐诗》卷一七九。
[4] 《全唐诗》卷一七八。

得到迅速发育、发展。淮北地区的亳、颍、宿州,江淮之间的寿、濠、滁、舒、庐、和州,江南的宣、歙、池州普遍发展,其下辖诸县城邑随之繁荣兴盛。

寿州,早在历史上就是淮上大都,唐代由于淮颍水道的兴盛,这里成为淮颍道的枢纽,又是军事、经济重镇。

颍州,位于颍水,成为淮西重要城市。

亳州,位于涡水,得南北交通发展之利,发展很快。

庐州,位于江淮之间,汉代建置合肥县,由于南北交流而发育成为江淮之间的经济贸易都会,《史记·货殖列传》、《汉书·地理志》均记载云:合肥"受南北潮"而成为南北物产交易、商旅聚散的繁荣"都会"。《三国志》记载,曹操在合肥建置"扬州",形成以合肥为中心统辖江淮地区所有州县。唐代,由于汴河疏浚,沟通黄淮;又因为江淮之间疏浚鸡鸣冈交通线路,庐州位于这一条交通线上进一步发展。

濠州,位于淮南,这里阻淮带山,成"为淮南之险"[1]。濠州淮北的辖区有涡口,即是涡水入淮口。涡口对岸有两城,成为淮上的军事重镇。

滁州、和州、舒州(今安庆一带),以及沿江江南的宣州、池州、坐落在浙江上的歙州,都迅速发展成为繁荣兴盛的都会。其中,特别是宣州、池州、歙州以及位于汴水之滨依赖汴水而兴的宿州,是唐代社会经济发展的直接产物。这些新兴城市的繁荣,又在推动唐代南北社会经济发展中产生巨大作用。

## 第三节　茶叶与盐业贸易

唐代安徽的商业中,茶叶与盐业是两类大宗,直接关系国家和本地税收,不仅是国家财政税收的重要项目,也是本地社会经济的重要

---

[1] 《元和郡县志》卷九《淮南道·濠州》。

成分,更是本地社会经济发展的特色。

## 一、茶叶贸易活跃

唐代安徽的茶叶种植比较普遍,出现了很多名茶。茶叶制作和贸易因之兴盛,不仅为茶农带来收益,也成为手工业、商业中的不可忽视的部分。

唐代安徽的茶叶交易很活跃,茶叶市场随着中国人饮茶风气的盛行而逐渐扩大,社会上关于饮茶的认识也不断加深,茶叶的需求量与日俱增,成为人们生活中不可缺少的一部分。陆羽《茶经》记载了茶叶采摘期的分类,"早取为茶,晚取为茗。"唐人《封氏闻见记》引《本草》记载,人们已开始认识到饮茶能够提神、"止渴、令人不眠"等。唐代,社会上不论南北,皆好饮茶。唐人李珏说:"茶为食物,无异米盐,人之所资,远近同俗。"普通百姓也喜欢饮茶,"田间之间,嗜好尤切。"① 玄宗开元年间(713—741),开始出现随身携带茶叶煮饮的风气,"人自怀挟,到处煮饮。从此转相仿效,遂成风俗。自邹、齐、沧、棣,渐至京邑,城市多开店铺煎茶卖之,不问道俗,投钱取饮。"② 上至朝廷,"王公朝士无不饮者"③。饮茶已成为社会生活中广泛的需求,带来了茶叶的广阔市场和商机。

唐代安徽,茶叶产区多,名茶品种多,又普遍受到欢迎,茶叶交易市场逐渐兴盛起来。刘晏担任江淮转运使期间,史书记载他为人清廉,唯独喜欢江淮地区的茶叶和水果。"江淮茗、橘、珍、甘",每上市季节,刘晏"竞欲先至",争先求得为快。有时候遇到"封山断道","晏厚赀致之",即增加运输费,保证茶叶提前送到。④ 刘晏不仅自己喜欢江淮茶,而且购买很多江淮茶叶"馈谢四方有名士",一些对他"有口舌者",得到他馈赠的江淮茶叶,"不得有所訾短",稍释前嫌。这种以

---

① 《全唐文》卷七二〇,李珏《论王播增榷茶疏》。
② 封演:《封氏闻见记》卷六《饮茶》。
③ 《全唐文》卷七二〇,李珏《论王播增榷茶疏》。
④ 《新唐书》卷一六二《刘晏》。

馈赠茶叶"固恩"①，改善官员关系，属于古代"公关"的形式，也说明官场对于茶叶的需求，更加说明江淮茶叶市场具有一定的社会基础。

社会对于茶叶的广泛需求，导致唐代安徽境内出现茶叶交易兴旺的景象。新茶上市季节，茶商云集歙州产区，所谓"浮梁歙州，万国来求"②。歙州"婺源，阻五岭"，对外交通不方便，但是"其趋鄱阳径易"，有一条进入江西的水路，"祁门水入于鄱，民以茗、漆、纸、木行江西，仰其米自给。"③反映了歙州本土茶农出外交易茶叶和其他土产的情况。舒州天柱峰茶也引发、培育了较大的茶市，"舒州太湖，买婢卖奴。"④说明舒州太湖出产的潜山茶，带给茶商的厚利，已经富裕到雇佣人口的程度。茶商"将到市廛，安排未毕，人来买之，钱财盈溢"⑤，获利丰厚，"言下便得富饶，不在明朝后日。"足见茶市兴旺的程度。也透露了茶叶经济的发展，茶叶种植、焙制、贩运、贸易突起。各个茶叶出产区形成了相对成熟的茶叶交易市场。全国汇聚江淮的茶商很多，茶商求市新茶，转而北贩中原各地。《封氏闻见记》记载，当时北方饮茶，"茶自江淮来。舟车相继，所在山积，色额甚多"。这则史料中有两个关键词"色"和"额"，"色"泛指茶叶品种；"额"，指茶叶数量。当时的汴州，出现通宵经营的茶市。诗人王建在汴州的诗句曰："水门向晚茶商闹，桥市通宵酒客行。"⑥还有一则史料，反映唐代安徽的茶叶贸易的特殊形式——"江贼博茶"。晚唐诗人杜牧在《樊川文集》中的《上李太尉论江贼书》一文，叙述当时"江贼"以其劫掠所得，入山购茶，得茶之后，便出为平人，到处贩卖，不畏人吏。据说："濠、亳、徐、泗、汴、宋州贼，多劫江南、淮南、宣润等道，许、蔡、申、光州贼多劫荆襄、鄂岳等道。劫得财物，皆是博茶北归本州货卖，循环往来，终而复始。更有江南土人相为表里，校其多少，十居其半。"⑦杜牧的记载，实际上说明茶

----

① 《新唐书》卷一六二《刘晏》。
② 王敷:《茶酒论》,载潘重规《敦煌变文集新书》卷七,台北文津出版社1994年新1版。
③ 《新安志》卷一《风俗》。
④ 王敷:《茶酒论》,载潘重规《敦煌变文集新书》卷七,台北文津出版社1994年新1版。
⑤ 王敷:《茶酒论》,载潘重规《敦煌变文集新书》卷七,台北文津出版社1994年新1版。
⑥ 《全唐文》卷三〇〇,王建《寄汴州令狐相公》。
⑦ 杜牧:《樊川文集》卷八《上李太尉论江贼书》。

叶贸易中一种逃避官府税收的特殊贸易形式,也说明茶叶的交易市场活跃。如何让"私茶之饶,尽入公室"①,增加国家的财政收入,则是杜牧"上书"的初衷。杜牧多次赴任江淮、江南为官,大和四年(830)九月,随沈传师迁宣歙观察使,开成二年,赴宣州任团练判官。不久出为江西、宣歙、淮南诸使府幕僚,武宗会昌初年,转池州刺史,②久官安徽,所言当得其实,这是其他史籍难以看到的记载。杜牧的记载说明了安徽茶叶大量交易到北方的茶市动态。

### 二、国家七次调整江淮茶税

唐代安徽茶叶交易,从国家不断调节茶叶税收,甚至针对江淮地区制定茶税或者某种特殊的政策,可以反映当时茶叶交易的活跃程度和市场状况。

唐后期,国家为了增加财政收入,推行了很多商业税,其中以茶税列为首位。随着茶叶交易量的增加,茶税不断调节,安徽地区茶叶的种植和贸易,在国家确立茶税和不断调节茶税的政策上均得到反映。甚至依据安徽的茶叶交易情况制定茶税,例如江淮、庐州、寿州、淮南的茶叶出产量和茶叶市场动态,常常作为制定茶税的判断依据,有时候,制定江淮地区的专项茶税,或者制定庐州、寿州、淮南的专项茶税。这些充分说明这一地区的茶叶生产和流通,在国家茶税中占有一定的地位,也说明这一地区茶叶的产量和流通量非同一般。统计新、旧唐书《食货志》记载的各个时期的茶税,唐代茶税先后调节七次,特点是税率不断提高,茶税总额逐次增加,这也说明茶叶出产和交易量在增加,江淮地区尤其突出。

唐代征收茶税,始于德宗建中四年(783)。户部侍郎赵赞建议"税天下茶、漆、竹、木,十取一"③。德宗采纳并且批准了赵赞的方案。但是,由于政局不稳,德宗很快又停止了赵赞的方案,取消了茶税。

德宗贞元九年(793),修订茶税政策。盐铁转运使张滂定茶法,

① 《樊川文集》卷八《上李太尉论江贼书》。
② 《樊川文集》卷六《上吏部高尚书状》。
③ 《新唐书》卷六〇《食货志四》。

"出茶州县若山及商人要路,以三等定估,十税其一。"当年收茶税四十万贯。①

穆宗时期,第三次修订茶税。其背景是"穆宗即位,两镇用兵,帑藏空虚。禁中起百尺楼,费不可胜计。盐铁使王播图宠以自幸,乃增天下茶税,率百钱增五十。江淮、浙东西、岭南、福建、荆襄茶,播自领之"②。这次调节茶税的税率达到百分之五十,盐铁使王播亲自负责征收江淮等地茶税。王播在江淮等地征收茶税的过程中,还制定了茶叶的新"衡"制,规定"天下茶加斤至二十两",即规定二十两为一斤。这说明当时茶叶的流通量很大,需要加大衡制。但是茶税过重,对于江淮茶叶经济的打击也是客观存在的事实。当时的有识之士李珏站出来保护茶农、茶工、茶商的利益,在朝廷据理辩论,提出了三条反对增加茶税的理由,认为:茶税"起于养兵,今边境无虞,而厚敛伤民,不可一也。茗饮,人之所资,重税则价必增,贫弱益困,不可二也。山泽之饶,其出不訾,论税以售多为利,价腾踊则市者稀,不可三也"③。李珏的争辩,并没有改变茶税的税率,但是稍稍缓和了茶税不断增加的势头。

文宗大和九年(835)九月,"盐铁转运使王涯奏,请变江淮、岭南茶法,并请加税以赡邦计。"这是唐代第四次调节茶税。④

王涯担任盐铁使期间,建置了"榷茶使",采取竭泽而渔的掠夺办法,"以江淮间百姓茶园,官自造作。"⑤"使茶山之人移植根本,旧有贮积,皆使焚弃。"⑥甚至"徙民茶树于官场",改私人茶园为"官场"茶园。这一做法引起"天下大怨"⑦。

王涯之后,令狐楚担任盐铁使,兼任"榷茶使",停止了官办茶场的制度,但是继续重征茶税。直至李石为相,重新调节茶税,"复贞元之制",即恢复"三等定估,十税其一"的茶税政策,这是第五次调节茶

① 《新唐书》卷六〇《食货志四》。
② 《新唐书》卷六〇《食货志四》。
③ 《新唐书》卷六〇《食货志四》。
④ 《册府元龟》卷五一〇。
⑤ 《册府元龟》卷五一〇。
⑥ 《旧唐书》卷五三《食货下》。
⑦ 《新唐书》卷六〇《食货志四》。

税,稍稍缓和了种植茶叶的社会矛盾。但是,江淮地区的茶税依然可观。有一个事例可窥一斑:文宗开成二年(837)五月,武宁军(徐州)节度使薛元赏,"奏泗口税场今请停去杂税。唯留税茶一色,以助供军"。仅仅泗口一处,凭借茶税,就可以补充军费,足见茶税税收额之大。文宗没有批准薛元赏的奏请,下诏"每年以度支户部钱二万贯赐供本军及充驿料"。由此可测,泗口的茶税约二万贯。

武宗时期,盐铁转运使崔珙又增江淮茶税。这是唐代第六次调节茶税。崔洪实际征收茶税带有半掠夺性,"是时茶商所过州县有重税,或掠夺舟车,露积雨中"①,造成大批茶叶受损,致使江淮的茶叶经济受到摧残。茶商为了逃避不合理的茶税,"私贩益起",茶农、茶商变相走上了反抗茶税的道路。

宣宗大中五年(851),裴休任盐铁转运使,严厉打击茶叶私贩,重新严订税法,这是唐代第七次修订茶税、茶法。规定"私鬻三犯皆三百斤,乃论死;长行群旅,茶虽少皆死;雇载三犯至五百斤、居舍侩保四犯至千斤者,皆死;园户私鬻百斤以上,杖背;三犯,加重徭;伐园失业者,刺史、县令以纵私盐论"②。经过裴休这次调节茶税和严订税法,国家"税茶增倍贞元",税收比德宗贞元年间增加一倍。德宗贞元九年,"收茶税四十万贯",宣宗时期加倍,则为一年八十万贯。虽然茶税沉重,但其社会上茶叶经济的迅速发展,依然可以窥见。

裴休修订并且推行新的茶法以后,又针对庐、寿、淮南的茶税制定三项特殊的茶税政策。

第一,规定庐、寿、淮南的茶税"又加半税"。

第二,规定"江淮茶为大摸,一斤至五十两"。王播任盐铁使期间,曾经规定一斤为二十两,这时用"大摸"计量江淮茶,"一斤至五十两",也反映了江淮茶叶出产量大大增加,因而扩大"衡制",便于计算。

第三,调遣"强干官吏,先于出茶山口,及庐、寿、淮南界内,布置把捉"③。即加强茶山山口的管制,加强"庐、寿、淮南界内"茶税的管制,

---

① 《新唐书》卷六〇《食货志四》。
② 《新唐书》卷六〇《食货志四》。
③ 《旧唐书》卷五三《食货下》。

布置"把捉",严密检查,防止漏税。

为什么江淮地区庐、寿、淮南的茶税要"加半税"？用"大摸"？布置"把捉"？没有特殊理由，只能够说明这一地区的茶叶经济十分兴盛，国家加强搜刮，增加财政收入。同时亦说明这里的茶叶经济占有一定的比重。

### 三、国家盐政与安徽境内盐业贸易

江淮沿海地区盐业，成为江淮社会经济的重要增长点。唐前期，由于推行工商驰禁政策，盐、酒、茶的生产、制造、交易均十分活跃。唐代后期，国家为了增加财政收入，针对很多商品推行了垄断政策和措施。其中，有些政策和措施对这类经济的发展产生了损害和挫伤，引起社会矛盾。社会上不顾触犯禁令，私盐、私酒、私茶悄然而起，出现官私争利的畸形局面。

肃宗时期，军事开支窘迫，设盐铁使，推行榷盐政策，收取盐利扩大收入。肃宗乾元元年(758)，第五琦出任盐铁使，制定榷盐法，"就山海井灶近利之地置监院，游民业盐者为亭户，免杂徭。"①由此，江淮地区沿海一带盐业生产兴起。

肃宗上元元年(760)，刘晏继任盐铁使，改革盐法，撤销非产盐区的盐官，确立寓税于盐价的办法进行半垄断半放开的盐业政策。具体措施是：国家建置盐监、盐亭机构，盐产地统购，亭户生产的盐，被盐亭收购以后，加价卖给登记在册的盐商，任其自运自销。②

刘晏的盐法，核心问题在于控制了产盐与销盐的中间环节，垄断盐利，分割了一小部分盐利给盐民和盐商，用这一部分盐利激发盐民、盐商的积极性，实行盐民生产和盐商运销的办法，促进盐业生产、运输、贸易迅速兴盛起来。

唐代安徽，毗连沿海产盐地区，由于境内交通发达，水陆运输沟通四方，成为沿海淮盐销售各地的通衢。尤其在盐政改革之后，销售政

① 《新唐书》卷五四《食货志四》。

② 参阅《大百科·隋唐五代史卷》，第45页。

策放开,境内的盐业交易空前兴盛。

刘晏盐政改革的行政措施是建置"盐场"、"盐监"推行新的盐政。首批建置了"四场"、"十监",加强盐业生产环节管理。同时建置"巡院",加强盐业销售环节的管理,"捕私盐",收取盐税,打击私盐漏税,保证国家盐业政策的推行和实施,不许"私贩"、"私运"。

刘晏首批建置十三个巡院,主要分布在两淮地区及今安徽境内的交通要道,"自淮北置巡院十三,曰扬州、陈许、汴州、庐寿、白沙、淮西、埇桥、浙西、宋州、泗州、岑南、兖郓、郑滑。"①这首批建置的十三个巡院中,庐寿、埇桥等院属于今安徽境内。另外,其他巡院的辖区也有属于今天安徽的地区,接受所在巡院的管辖。例如宋州院辖境的砀山县、扬州院辖境的天长县等。推行巡院制度以后,收到显著成效,食盐运销畅通,两淮地区的盐业贸易越趋繁荣。国家盐利收入也逐年增多,大历末年(779),盐利总额达"六百余万缗"②。当时国家财政"收入总一千二百万贯,而盐利过半"③。盐利成为唐朝财政经济的支撑,须臾不可缺。

唐代后期,封建国家财政总收入萎缩,为了维持财政开支,继续在两淮地区提高盐价,攫取盐利作为财政收入的补充。淮南道节度使陈少游奏请增加"民赋",在自己管辖境内的淮南地区率先提高盐价,原定盐价每斗一百一十文,"自此江淮盐每斗亦增二百,为钱三百一十。其后复增六十"④。由于淮盐提价,运销到淮河流域的外埠盐也随之提价。如"河中两池盐每斗为钱三百七十"⑤。

盐商、盐户看到盐价猛涨,有利可图,便不顾法禁,开始进行私盐交易。百姓苦于盐价过高,难于承受,或至"淡食",或转而接受民间私盐交易,"亭户冒法,私鬻不绝",两淮地区私盐交易十分活跃,形成了活跃的私盐市场。私盐数量不可等闲视之。《新唐书·食货志》记

---

① 《新唐书》卷五四《食货志四》。
② 《新唐书》卷五四《食货志四》。
③ 《新唐书》卷五四《食货志四》。
④ 《新唐书》卷五四《食货志四》。
⑤ 《新唐书》卷五四《食货志四》。

载:"江淮豪贾射利,或时倍之,官收不能过半。"①说明私盐交易数额,可与官府交易等量齐观。顺宗时期,为了改变两淮地区盐价混乱的局面,采取调控措施,"始减江淮盐价,每斗为钱二百五十,河中两池盐,斗钱三百。"②李锜担任盐铁使时,再次调节盐价,"江淮盐斗减钱十"。但是李锜所获盐利"积于私室",鲸吞为己有。朝廷任命兵部侍郎李巽为盐铁使,整顿盐制茶税,两淮地区盐、茶交易重又恢复繁荣。可惜好景不长,两淮地区藩镇交兵频繁,"甲费日增",国家不断地通过提高盐价,增加收入,维持军费开支,"盐价渐贵"③。这实际上是把战争的军费开支转嫁给百姓。

唐后期,两淮地区私盐交易日趋活跃,"盐估益贵,商人乘时射利。"④文宗针对"江淮富户大家,纳利殊少,影庇至多,私贩茶盐,颇挠文法"⑤,下令清查、捕捉。唐政府不断增加巡院的军事力量,打击私盐买卖,搜捕私盐。这又导致另一弊端,"巡捕之卒,遍于州县","巡吏既多,当时病之"⑥。食盐是百姓生活的必需品,官府盐价过高,民间不得不转而进行私盐交易,"私市"、"私贩","私枭犯法,未尝少息"⑦。私盐的生产与流通越发不能控制。

官府榷盐,民间犯禁私盐,分别从两个侧面反映了唐代江淮流域盐业的庞大市场。


## 第四节　四个经济型城市的崛起


唐代安徽城市发展史上,有四个城市由于各自特殊的背景,悄然

---

① 《新唐书》卷五四《食货志四》。
② 《新唐书》卷五四《食货志四》。
③ 《新唐书》卷五四《食货志四》。
④ 《新唐书》卷五四《食货志四》。
⑤ 《全唐文》卷七四《追收江淮诸色人经济本钱敕》。
⑥ 《新唐书》卷五四《食货志四》。
⑦ 《新唐书》卷五四《食货志四》。

崛起,成为翘首全国的新型城市。其一是隋唐运河滋润发育出来的宿州,另外三个崛起于江南的宣、歙、池三州,显示了唐代社会经济重心南移的历史趋势和特征。

## 一、宣州崛起——江南的耀眼明珠

唐代宣州,是一座经济兴盛的新兴城市,境内拥有丰富的矿藏,冶金业由此兴起,带动本土其他社会经济迅速发展。宣州统领八县,人口繁衍,最盛时期有户 121,204,人口 884,985,[①]同时期号称"扬一益二"的第一都市扬州,有户 77,105,人口 467,857,[②]人口远远不能够与宣州相比。有唐一代,宣州发展很快,农业、冶金、手工业尤为突出,科举、教育、社会文化水平得到迅速提升,李白、白居易等唐代著名诗人都曾宦游宣州,留下了很多脍炙人口的美好诗篇。

1. 国家关注的农业大州

宣州,原属于江南道。安史之乱以后,内地藩镇逐渐建置。肃宗乾元年间(758—759)建置宣歙观察使,成立宣州总管府,下辖宣、歙二州,治所在宣城郡。代宗时期增建池州,归属宣歙总管府。此时其地理范围覆盖今天安徽江南所有地区。宣州成为这一片的政治、经济、文化中心。

早在唐初,新生的唐王朝就十分重视远在东南的宣州。贞观十一年,委任开国功臣鄂国公"尉迟敬德为宣州刺史"[③]。高宗皇帝的第二女被"封宣城公主"[④]。顺宗继位之前受"封宣城郡王",后来又进封"宣王"[⑤]。开国名臣姚思廉之孙姚班受封宣城郡公。这些封号说明宣州具有一定的社会历史地位和影响。

太宗、玄宗时期,州县改置,宣州及其下辖八县均有调整。州县级别也有提升,其中宣城、南陵二县升"望"县;泾、当涂、广德、宁国定为

① 《新唐书》卷四一《地理志五》。
② 《新唐书》卷四一《地理志五》。
③ 《唐会要》卷四七《封建杂录下》。
④ 《全唐文》卷一八《命李全确往淮南授捕虎法诏》。
⑤ 《全唐文》卷五五《顺宗皇帝》。

"紧"县;太平、旌德定为"上"县。武宗会昌五年(845),宣州升为"望"州。① 所谓"望""紧",是玄宗开元年间制定的特殊"等第",视为"上"等。②

唐代开元年间制定了州县级别,"四万户已上为上州,二万五千户为中州,不满二万户为下州。"又规定"六千户已上为上县,三千户已上为中县,不满三千户为中下县。其赤、畿、望、紧等县,不限户数,并为上县"③。按照这个条例,宣州属于"望"州,即"上"州。其下辖八县有二"望"四"紧"二"上",全部属于"上县"。④ 宣州境内行政区划不断调整、析分,反映了境内社会的变化和发展。唐高宗至玄宗时期,宣州出现了较快的发展。农田水利得到兴修,农田广泛开垦,粮食产量大幅度提高(前文已述),成为唐代东南地区漕粮的主要产地。

特别值得注意的是宣州刺史裴耀卿的漕运改革。玄宗时期,著名的漕运改革家裴耀卿任宣州刺史,目睹宣州及东南诸州经济发展的趋势,敏锐地提出了漕运改革方案,通过改革漕运,加速南方物资北运。当时漕运的物资主要是粮食,南粮北调,解决京师粮食短缺的困难。裴耀卿之所以提出漕运改革,前提是南方农业发展,粮食产量和储存增加。而宣州的农业发展和粮食积累增加,为他提供了漕运改革的意识。

裴耀卿的漕运改革方案取得了成功,并由此揭开了唐代漕运发展的历史序幕,漕运成为唐代社会经济生活中的大事,影响国家经济层面发生重大变化。裴耀卿是唐代漕运改革第一人,其漕运改革的起点自宣州开始。宣州由此加强了与全国经济交流,境内的社会经济,包括农业、手工业、商业经济随之繁荣起来。李白有诗赠宣城宇文太守,歌咏宣州:"鱼盐满市井,布帛如云烟。"⑤元稹有文章记载:"宣城重地,较缯之数,岁不下百余万。"⑥陈少游于大历年间历任宣歙、浙东、淮

---

① 《唐会要》卷七〇《量户口定州县等第例》。
② 《唐会要》卷七〇《量户口定州县等第例》。
③ 《唐会要》卷七〇《量户口定州县等第例》。
④ 《新唐书》卷四一《地理志五》。
⑤ 《全唐诗》卷一七一,李白《赠宣城宇文太守兼呈崔侍御》。
⑥ 《文苑英华》卷四一二,元稹《授卢萼监察里行宣州判官制》。

南三镇观察、节度使,史官记载说:"少游十余年间,三总大藩,皆天下殷处厚也。"①足见当时的宣歙、浙东、淮南三镇被同等视为财力雄厚的大镇。经济的繁荣,可提供足够的资金和剩余的劳动力发展教育,从而促进教育的发展。唐代科举取士,宣州有九名进士。其统领的宣、歙、池三州进士及第人数达到二十九人之多,参阅本卷"唐代教育"。

2. 冶铸和钱币、铜器制造基地

宣州物产富饶,资源众多,尤其铜矿资源丰富,全国著名。境内南陵县利国山、铜井山(均属于今安徽铜陵市)出产铜矿;其凤凰山出产银矿;宁国、当涂二县出产银矿,境内赤金山"出好铜与金类",很早已经开采。秦汉时期,这里属于丹阳郡,《汉书·食货志》记载这里铜矿为"赤金,丹阳铜也"。《淮南子》也称这里的铜矿为"丹阳铜"。古老的矿产资源,代代开采,唐代开采和冶铸尤其兴盛,技术和规模都达到了新的水平。唐中央建置"宛陵监"、"梅陵监"、"铜冶"、"铅冶"等直属机构,管理开采、冶铸、金属加工制造。前文"中央派出机构"中已述。

玄宗时期,宣州"初置钱监",依据《新唐书·食货志》记载,玄宗时期,全国铸钱九十九炉,宣州有十炉。"每炉岁铸钱三千三百缗(缗,一千钱,即一贯钱)"②,当时,"天下岁铸三十二万七千缗",宣州钱监十炉,每年铸钱总数为三万三千缗,占全国十分之一。《元和郡县图志》记载,宣州钱监"岁出五万贯",说明唐代后期,宣州钱币制造量在增长,涨幅达到51%。

除了钱币制造,宣州"铜矿冶"、"铅冶"等,承担着社会生活、生产的各种铜器的制造,例如铜镜、铜像、军用武器。宣州每年输送国家的"土贡"以银和铜器为首类。遇到国家发动战争,特殊时期,宣州节帅向国家"进助"军费。宣州的军械作坊是国家军用武器制造基地,"军兴,是资戎器"③,为国家提供军用器械。代宗时期,由于淮南遭受旱灾,代宗下诏,暂停宣州的铜冶作坊,减省"征夫、役工",节约开支。诏云:"淮南数州,秋夏无雨。扬、洪、宣等三州作坊,往以军兴,是资戎

① 《旧唐书》卷一二六《陈少游》。
② 《新唐书》卷五四《食货志四》。
③ 《全唐文》卷四七,唐代宗《停扬洪宣三州作坊诏》。

器。既属时岁大歉,虑乎人不宁居,征夫役工,损费尤甚。务从省约,以息疲人,亦宜并停。"①从这份诏书看,宣州的铜冶作坊具有一定规模,需要相当大的开支,其管理权直接掌握在朝廷,皇帝直接关注,足见宣州铜冶业的生产规模之大、地位之重。有一条资料可以窥见宣州提供军用器械的具体数量:元锡为宣州观察使,"长庆元年(821),进助军绫绢一万匹、弓箭器械,共五万二千事。"②元锡进助国家的军用武器,一次达到五万二千件,可以管窥宣州军用武器的生产能力。

宣州境内南陵、当涂二县濒临长江,境内有清弋江、姑熟水、芜湖水、丹阳湖、桐柎水等良好的天然河流,这些河流或西通长江,或东接钱塘江运河,带来境内便捷的水上运输。裴耀卿改革漕运以后,推动了宣州乃至东南地区航运事业的迅速活跃、兴盛,本地区的各种手工业产品交易也获得了良好的运输条件。宣州钱监得到大规模的发展,除了铜矿的蕴藏量丰富,其地理位置好,濒临长江,水上运输方便,是其重要原因。

宣州境内,利国山、铜井山、凤凰山等铜矿储藏量很大。有人考证利国山,即今铜陵市铜官山。③ 唐代李吉甫著《元和郡县图志》记载,南陵县有"利国山,在县西一百一十里,出铜,供梅根监。梅根监,在县西一百三十五里。梅根监并宛陵监,每岁共铸钱五万贯"。又载:"铜井山,在县西南八十五里,出铜。"④由于宣州境内有很多铜矿资源,为宣州矿藏开采和冶铸乃至制造加工业的兴盛提供了优越的条件。李白曾经到铜井山游览,亲眼见到这里的开采和冶铸的繁荣景象,写下了《答杜秀才五松山见赠》,记录了这里壮观的生产场面:"千峰夹水向秋浦,五松名山当夏寒。铜井炎炉歊(xiāo)九天,赫如铸鼎荆山前。"其中,"铜井炎炉歊九天",就是《元和郡县图志》中记载的铜井山。李白这首诗歌,把铜井山和五松山联系在一起,作者在诗前小序

---

① 《全唐文》卷四七,唐代宗《停扬洪宣三州作坊诏》。

② 《册府元龟》卷四八五《邦计部·济军输财济军》。

③ 参见裘士京《江南铜研究》,黄山书社 2004 年版。

④ 《元和郡县志》卷二八《江南道四·宣州南陵县》。关于梅根监的地理位置,现代学者裘士京教授认为"其故址应在贵池县(现为池州市)"。现暂从唐代李吉甫说。

中说:"(五松山)在南陵铜井西五里。"为今天判断铜井山的确切地点提供了线索和证明。今天铜陵市五松山,即是唐代文献记载的铜井山所在。今天铜陵市的铜官山,仍然是中国采铜、冶铜和铜器加工制造的基地。

建置铜官冶之前,曾经析置为义安县,"贞观元年三月十日。并省州县。始因关河近便。分为十道。"①不久废义安为铜官冶。建置县级规模的铜官冶,唐代只此一例。

3. 手工业的进步和驰名全国的产品

宣州除了冶金业,其他各种手工业都很兴盛。纺织业、文化产品制造方面,涌现出很多名品。例如"绮、白纻、丝头红毯、兔褐、簟、纸、笔、署预、黄连、碌青"②等,被列入贡品进入京师,流誉全国,很快成为市场上的精品,交易各地。其中代表性的有"宣笔"、"宣纸"、"红线毯"以及"空青石"一类的非金属矿物加工制造,不仅体现了一定的技术水平和生产水平,也活跃了本地经济、促进了社会发展,宣州这座新型城市随之蜚声海内。

宣笔,尤为著名。宣州的毛笔,以紫毫笔为佳品。唐代韩愈《毛颖传》用神话的手法,记载秦始皇时期,将军蒙恬南下伐楚,途经中山(今安徽省泾县一带)发现这里野兔毫长,以竹为管,把原始竹笔改制毛笔。毛笔从此发明,其笔毛与宣州兔毫有关。韩愈的文章带来了宣笔的历史效应。唐代另一位诗人白居易游学宣州,考察了宣州的社会经济,写下了叙事诗《紫毫笔》,赞美宣笔。诗中记叙宣州泾县一带,山泉、竹林适宜长毛兔的生长,这种兔毫制作毛笔,毛纯质佳。白居易的《紫毫笔》诗,服膺韩愈记载的蒙恬狩兔制笔的故事,得名宣笔。难能可贵的是白居易细腻描写了宣州"紫毫笔"加工制造的精巧工艺,诗云"紫毫笔,尖如锥兮利如刀"。又描写了紫毫笔的制作材料,云"江南石上有老兔,吃竹饮泉生紫毫。宣城之人采为笔,千万毛中拣一毫。毫虽轻,功甚重"。紫毫笔的笔毛来自宣州特有的兔毛,体现了宣

---

① 《唐会要》卷七〇《州县分望道》。
② 《新唐书》卷四一《地理志》。

州紫毫笔的特有品质。白居易又描写了紫毫笔的商业标记,云"管勒工名充岁贡"①,凡制作一管笔,都"勒工名",标记宣州产品,显示了宣州紫毫笔的精品、名品的身价。宣州陈氏制笔最有名,唐代著名书法家柳公权求陈氏笔,仅给两支。② 唐代流落成都的女诗人薛涛在《笔离手》诗中称:"越管宣毫始称情,红笺纸上撒花琼。都缘用久锋头尽,不得羲之手里擎。"说明宣笔已经远销西南成都地区。

宣纸,在唐代已经成为贡品,以宣州泾县制作的尤为著名。"宣纸"和"宣笔",与歙州的墨、砚,被后人称之为"文房四宝",蜚声朝廷,成为享誉全国的特殊手工业产品。宋代梅尧臣《再和潘歙州纸砚》诗云:"文房四宝出二郡,迩来赏玩君与予。"说明宣、歙二郡本土手工业名品,从唐到宋持续发展,兴盛不衰。唐代官员由此争往宣州为宦,诗人墨客争向宣州一游。宣州社会经济、文化也随之迅速发展起来。

红线毯,是宣州纺织品中的名牌,标志了宣州纺织业的进步。"红线毯",又名"丝头红毯",在加工制造方面,有很多技术含量,在全国负有盛名。李吉甫《元和郡县图志》称之为"五色线毯"。宣州红线毯进贡宫中,作为"殿上毯",供宫中舞女在上面舞蹈。白居易《红线毯》诗中详细描写了红线毯的制作工艺、工序、种类、质量,其中有几句可以看到红线毯制作过程,不仅仅涉及纺织业,还涉及染织业、缫丝业。诗曰:"红线毯,择茧缫丝清水煮,拣丝练线红蓝染。染为红线红于蓝,织作披香殿上毯。披香殿广十丈余,红线织成可殿铺。彩丝茸茸香拂拂,线软花虚不胜物。美人蹋上歌舞来,罗袜绣鞋随步没。"白居易祖籍山西太原,贞元年间亲身来到宣州,熟悉两地的情况,见过的市面多,在诗中运用比较的方法,说明了宣州"红线毯"的质量和特点。诗曰:"太原毯涩毳缕硬,蜀都褥薄锦花冷。不如此毯温且柔。"白居易的诗流传市井、传播日本等海外国家,在社会历史上产生了很大的影响。宣州精良的纺织业和白居易优秀诗篇,相得益彰,提高了宣州声誉,也带来了宣州纺织品的商业价值。

---

① 《全唐诗》卷四二七,白居易《紫毫笔》。
② 封演:《封氏闻见后录·宣城陈氏家传·右军求笔帖》。

#### 4. 宣城郡参展京城"广运潭"博览会

唐玄宗开元二十九年，京城长安"广运潭"举办了东南"轻货"博览会。唐玄宗为这次博览会赐名"广运潭会"，各种唐代文献皆有记载。这是中国历史上第一次大型的南方手工业产品和地方特色产品的"博览会"，具有创造性。前来参加盛会的有南方五十多郡，今安徽境内参加这次博览会的只有宣城郡。当时宣城郡漕船的"舟人"，服装一律用南方的服饰，"吴、楚服，大笠、广袖、芒屦"，载歌载舞进入广运潭——水上博览会会场。

广运潭博览会主办者是东南转运使韦坚。韦坚主观思想是让玄宗观赏东南地区的各种名产。他预先两年在京城长安"长乐坡濒苑墙，凿潭于望春楼下，以聚漕舟"。凡是入京的"诸舟，各揭其郡名，陈其土地所产宝货、诸奇物于栿（船梁）上"。各个漕船所属的州郡及其"土地所产宝货、诸奇物"可以一目了然。

韦坚又别出心裁，为这次博览会设计了音乐歌舞，增加博览会的文化气氛。韦坚邀请京城的音乐家崔成甫为这次盛会创作歌曲，选择民间广为流传的《得体歌》，加工创作了《得宝弘农野》歌舞，在会上演唱。崔成甫创作"歌辞十阕"，亲自化妆，"自衣缺后绿衣、锦半臂、红抹额，立第一船为号头以唱。"又从京城附近的两县选拔"妇女百余人，鲜服靓妆，鸣鼓吹笛以和之"。各地漕船按照规定次序"以次辇楼下"。这是一次既有音乐演奏，又有歌舞和商品展览的高规格的"博览会"，而且是一次特殊的水上博览会，规模盛大，"连樯弥亘数里，观者山积。京城百姓多不识驿马船樯竿，人人骇视。"玄宗"望见大悦，赐其潭名曰'广运潭'"①。

这次"广运潭"大会，宣州的"宣城郡船，载有空青石、纸、笔、黄连"等名品参加了展览。②

<hr />

① 《新唐书》卷五三《食货志三》。

② 《旧唐书》卷一〇五《韦坚》载：唐天宝二年（743），陕西太守韦坚向朝廷进贡各郡贡品，"宣城郡船载……纸、笔、黄连等物"的记载。《新唐书·地理志》和《唐六典》记载"宣州贡纸、笔"等。可见该地所产纸、笔在当时已甲于全国。据《宣州府志》载，宣纸主要集中在泾县一带，可见宣纸之名的产生与当时所管辖的州府息息相关。

空青石,是宣州出产的石材,自然花纹,可以观赏,又是优良的建筑材料,也称之为碌青、绿青、石绿。现代《全国中草药汇编》说中国古代"绿青"、"石绿"是一种玉料。俄罗斯等国称孔雀石,其颜色似孔雀羽毛上斑点,是含铜的碳酸盐矿物,产于铜的硫化物矿床氧化带,常与其他含铜矿物共生。宣州境内有铜矿,出产这类玉石。广运潭博览会展出空青石,说明宣州以"空青石"为代表的玉器加工制作已经成熟。

值得强调说明的是,宣州纸、笔,作为代表性产品,在广运潭展出,这是宣纸、宣笔等宣州手工业制作产品扬名京师、驰誉全国的开始。较韩愈、白居易等诗文讴歌宣纸、宣笔的时间早半个世纪。

黄连,是宣州出产的著名的中药材。

宣州这些产品经过广运潭盛会的推广,扩大了影响,带来了宣州手工业和本土特产的北方市场,也进一步提升了宣州的知名度。

### 二、四代国君经略歙州、玄宗赐名"黄山"

三国时期,歙州初步开发。隋唐时期,歙州迅速发展,形成了一郡六县的规模,即歙、休宁、黟、绩溪、婺源、祁门六县。其中绩溪、婺源、祁门三县均诞生于唐代,祁门别具特色,全县以产茶著称,成为中国历史上以茶叶经济为主的特色县。

唐代歙州发展的过程,受到四代国君的关注和圈点,尤其值得一提的是玄宗皇帝敕命"黟山"改名"黄山",黄山温泉得到开发,歙州名播全国,社会经济文化迅速发展。韩愈曾经在东南为官,评价歙州说:"歙,大州也;刺史,尊官也。由郎官而往者,前后相望也。当今赋出于天下,江南居十九。宣使之所察,歙为富州。"[①]

歙州的发展,也伴随着本地劳动人民可歌可泣的英勇斗争,每一次悲壮的斗争,都促使唐代统治集团采取一系列开明政策,协调了中央和地方的关系,带来了歙州的历史变化。高祖李渊、太宗李世民、玄宗、代宗四代国君直接为经略歙州作出了重要的决策。

---

① 《韩昌黎集》卷一九《送陆歙州诗序》。

1. 李渊、李世民的歙州经略

歙州，三国时期孙吴集团建置为新都郡，晋代改置新安郡，隋开皇十二年（592）建置歙州，治所黟县，下辖黟、歙、休宁三县。隋炀帝大业初年（605），改名新安郡，州治移休宁县。① 隋末唐初，歙州汪华建立了"吴"政权，持续十年。李唐王朝建立以后，歙州放弃独立，归于李唐。起义领袖汪华受到新生唐王朝李渊的重用，拜为歙州刺史。

汪华，歙州绩溪人，年少以"勇侠"著称。隋末兵乱，本地官府组织地方武装力量"保据郡境"，汪华应募加入地方团练。随着全国反抗隋王朝的怒潮汹涌而起，汪华受到本地人民的拥护，于大业七年（611）公开举起义旗，称号"吴王"。汪华领导的农民军很快发展到一万人，势力扩大到宣、杭、睦、婺、饶五州。② 汪华的吴政权坚持武装斗争长达十年，直至李渊建立的唐王朝渐渐稳定，汪华顺应历史趋势，"纳款"归唐。武德四年（621），汪华"籍土地、兵、民，纳歙高祖"。上表把六州的土地、兵力、人口数字全部报告李渊，表示归顺。

李渊以积极的态度欢迎汪华，立即下诏，拜汪华歙州刺史，封上柱国、越国公。并建置歙州总管府，拜汪华为总管，负责歙、宣、杭、睦、婺、饶六州诸军事。③ 汪华成为唐代歙州第一任刺史。这是李渊顺应民心的决策，这一决策体现了李渊匠心，能够迅速把汪华控制的东南六州人民的反隋情绪，转化为拥护唐朝的力量，东南地区歙、宣、杭、睦、婺、饶六州由此安定下来。

太宗李世民继位，进一步关注歙州的发展。贞观元年（627），全国的行政区划开始大规模地调整。歙州总管府被撤销，汪华奉诏进京，授左卫白渠府统军。原江淮起义军杜伏威的副将王雄诞被拜为歙州刺史，接替汪华。贞观七年二月，建置歙州都督府，总管歙、睦、衢三州，这一决策从军事上提高了歙州的地位。贞观十一年，李世民加强中央对于地方的经略，一口气任命了十四名王公大臣、高级将领分别兼任各地刺史，其中，高级将领尉迟敬德被拜为"宣州刺史"。宣州和

---

① 《明一统志》卷一六《徽州府·建置沿革》。
② 《江南通志》卷三四《徽州府·人物》。
③ 《江南通志》卷三四《徽州府·人物》。

歙州毗连,李世民加强宣州建置,实际是为了控制歙州。李世民下诏明确说道:"今之刺史,古之诸侯。"①李世民希望各地刺史能够像古代诸侯一样为国家"固磐石之基"。实践证明,唐代前期社会安定,歙州社会在安定中繁衍生息。高宗永徽五年(654),析分歙县,建置绩溪。歙州由唐初三县增加为歙、黟、休宁、绩溪四县。

2. 玄宗敕名"黄山"及其影响

唐玄宗时期,歙州进一步得到国家的关注。开元二十八年正月九日析休宁,建置婺源县。歙州由四县增加为五县。

尤其有意义的是玄宗皇帝关注歙州名胜——黄山。

黄山,位于歙州歙县、黟县、休宁一带,旧名黟山。玄宗天宝六年(747)六月十七日,颁发敕文,赐名黄山。② 这是黄山历史上的重要一页,南宋罗愿《新安志》第一次记载了这一历史。

《新安志·歙县·山阜》记载:"黄山,旧名黟山,在县西北百二十八里,高千一百八十仞,东南则歙,西南为休宁,西北则蔽于宁国府之太平县……唐天宝六年六月十七日,勅改为黄山。"罗愿《新安志》交代了这一记载的依据是《黄山图经》(已经失传)。"图经",隋唐时期是各地向朝廷陈述本地人口、土地、民情、政要等大事的文献,是可靠的文献记载。

黄山有许多传说,罗愿在《新安志》记载了一个最美丽的传说:"黄帝尝命驾与容成子、浮丘公同游,合丹于此。"这个传说,讲述了中国最早的领袖黄帝与他的大臣容成子、浮丘公一同来到黄山,修道炼丹的故事。唐宋时期的黄山有"三十二峰"(李白黄山诗句),其中"有浮丘、容成之峰"的命名,即是来源这一历史故事。中国很多历史文献记载了黄帝修道黄山的故事,例如《山海经》引《周书异记》及《吴地神仙传》等记载甚详,因而广为人知。玄宗崇尚道家之说,利用这一历史传说,假"黄帝"之名,赐名"黄山",提升道家的历史地位,扩大舆论,加强李氏皇权。罗愿深谙其意,在《新安志》上指出"天宝中好道家之

---

① 《唐会要》卷四七《封建杂录下》。

② 《新安志》卷三《歙县·黄山》。

说,故以黄帝为尝游于此,因名之耳"①。

　　在歙州社会历史上,玄宗命名"黄山"产生了重大的影响。本来知名度不高的黟山,被玄宗敕命黄山以后,迅速受到社会各界广泛关注,人们对其自然资源、物产资源、人文资源、景观资源等进行调查,逐步揭开黄山的面纱,由唐到宋,雄奇博大的黄山开始呈现于世人面前。此前尚没有文献记载黄山,唐宋以降的历史文献、方志等,关于黄山的记述愈益增加,记述的内容也越来越丰富,有地理、物产、人文、自然景观等,从不同的角度探秘黄山。这一切是唐玄宗以后,人们关注黄山的文化积累和结晶,是关于黄山早期开发的历史记录。远的不说,玄宗时期的李白"黄山四千仞,三十二莲峰"的诗句,即说明李白宦游黄山,对于黄山最早的认识。黄山"四千仞,三十二莲峰"的结论,在稍后的历史文献中被修订,称为"三十六峰",或者称为"三十六大峰,三十六小峰"等,这说明不断有人在探索黄山。以《新安志》为例,关于黄山的各种记载,已经见证了唐玄宗以降开发黄山的历史。

　　查阅《全唐诗》,唐代诗人关于黄山的诗歌有数十首,诗人、墨客、仕宦,踏访黄山者,不绝于旅。李白、贾岛、韦绶、杜荀鹤等著名诗人,都留下了吟咏黄山的诗歌。李白吟咏黄山的诗歌有八首,其中一首"五言"长诗,从自然风貌、宗教文化、温泉资源等方面深刻揭示了黄山的精华。录之如下:

> 黄山四千仞,三十二莲峰,
> 丹崖夹石柱,菡萏金芙蓉。
> 伊昔升绝顶,下窥天目松。
> 仙人炼玉处,羽化留余踪。
> 亦闻温伯雪,独往今相逢。
> 采秀辞五岳,攀岩历万重。
> 归休白鹅岭,渴饮丹砂井,
> 凤吹我时来,云车尔当整,

---

① 《新安志》卷三《歙县·山阜·黄山》。

去去陵阳东，行行芳桂丛。

回溪十六度，碧嶂尽晴空。

他日还相访，乘桥蹑彩虹。①

诗中讲了两个数据和"丹砂井"，说明李白对于黄山地理的深刻认识。

先说"黄山四千仞，三十二莲峰"这两个数据，这是李白时期关于黄山的高度和山体概貌的认识，不一定准确。但是，下文"下窥天目松"，即是把天目山的高度放在黄山脚下，如果用今天的海拔高度计算，天目山位于浙江沿海，李白笔下的黄山，则是黄山、天目山两山高度。罗愿《新安志》也记载了这个问题："江南诸大山，有天目、天台之属。《郡国志》(后汉书)称天目高万八千丈，而低于黄山者，何也？以天目近连浙江天台，俯瞰沧海，地势倾下，百川所归，而新安乃江之上游，海之滥觞。今计郡之平地，已与二山等矣。而此山又特高，然则邻郡诸山，要皆此山支脉也。"②李白诗句中的黄山，是一种浪漫的笔法，其实身在黄山，无法遥看天目山之松，实际意义是借天目山的高度，衬托黄山的高度。两山高度相加，得出了"四千仞"的约数。

关于"丹砂井"，即是黄山汤泉、朱砂泉的别称。"渴饮丹砂井"，提示了黄山汤泉具有疗养保健意义。《笤溪渔隐丛话》说："汤泉多作硫黄气，浴之则袭人肌肤。唯新安之黄山是碌砂泉。"《新安志》引《黄山图经》记载："黄山东峰下，有碌砂汤泉，热可点茗，春时即色微红。"这些关于黄山汤泉的种种特征，正好对应李白诗中"丹砂"之句不诳。

李白关于黄山的诗篇，典型反映了玄宗赐名黄山的社会反响和回应。李白生活在玄宗、肃宗、代宗时期，曾经被玄宗召见，任职"供奉翰林"，因为官场排挤，"贬谪"出京，盘横在江淮。他身在江湖，时刻关注朝廷的动态，唐诗中，"黄山"最早见于李白诗，说明李白是玄宗赐名黄山以后，反应最快的人。李白诗中关于黄山的资料，代表了当时

---

① 李白著，王琦注：《李太白全集》卷一六《送温处士归黄山白鹅峰旧居》，中华书局 1977 年版。

② 《新安志》卷三《歙县·黄山》。

人们对于黄山的认识水平,是否准确并不重要。经过李白的瑰丽诗句,更加生动、具体地揭示了黄山的面貌,宣传了黄山。

黄山,玄宗的"敕书"导之于前,李白的诗句推之于后,很快蜚声四方。对于黄山经济的发展、资源的开发产生深刻影响。

3. 黄山温泉的开发

黄山丹砂温泉,是黄山的资源之一,具有疗养的价值。可饮,也可沐浴,兼具饮、沐两种疗养功能。《江南通志》引元代汪泽民《游黄山记》记载亲身饮、沐黄山温泉的感受:"有灵泉自朱砂峰来,依岩连二小池上。池莹澈,广可七尺,深半之,毫发可鉴。泉出石底,累累如贯珠不绝。气秘馞若汤,酌之甘芳。盖非他硫黄泉比也。明日试浴,垢旋流出,纤尘不留。令人心境清廓,气爽体舒。相传沉疴者,澡雪立瘳。"这是元代人关于黄山温泉疗养功能的记载,唐代已经开始利用黄山温泉的这一疗养资源。唐代文献中有很多记载,贾岛的《纪汤泉》和杜荀鹤七言《汤泉》诗,即记载了黄山汤泉的疗养功能。

杜荀鹤《汤泉》诗云:

> 闻有灵汤独去寻,一瓶一钵一兼金。
> 不愁乱世兵相害,却喜寒山路入深。
> 野老祭坛鸦噪庙,猎人冲雪鹿惊林。
> 幻身若是圣僧者,水洗皮肤语洗心。

诗中"一瓶""一钵",记载黄山汤泉可饮的疗养功用。"水洗皮肤",即记载汤泉可浴的疗养功能。

唐代宗、宣宗时期,有两任歙州刺史亲身试验了黄山温泉,获得疗效后,就地建置庐舍、器具,供人沐浴。

首先是代宗时期,歙州人发现黄山"第四峰下,有泉沸如汤,出香溪中,号朱砂汤"。歙州"刺史薛邕,就立庐舍,设盆杆,以病入浴者,多愈"。薛邕是歙州开发黄山温泉疗养的第一人。他在温泉所在地建筑庐舍,设置盆杆,供人沐浴,却病,这是黄山温泉疗养的原始开发。黄山天然的温泉资源由此惠及歙人以及源源不绝的黄山游客。

其次是宣宗大中年间(847—859),歙州刺史李敬方亲身体验黄山温泉的疗效,治愈了积年顽症,捐资建置"白龙堂",作为黄山温泉治疗堂,供人沐浴疗养。

李敬方,患有头风病和皮肤痒,两次到黄山汤泉疗养,经过两年,治愈了两病。李敬方病愈后,为自己捐资建造的汤泉"龙堂",写下了《汤泉铭》,记载了这件事情。其序云:

> 唐大中五年(851),敬方患风疾,至汤池浸浴。六年十一月,又入浴,因感白龙见,风疾遂瘥。乃造白龙堂,并勒铭于石。

其《铭》正文曰:

> 黟山南垠,汤泉沸腾。伏阳韬焰,阴火燔蒸。
> 盛夏不增,穷冬不冰。其谁主张,唯龙是膺。
> 刺郡二年,病不能兴。发汗五日,信而有征。
> 乃作龙堂,于汤西陵。乃刻龙像,为神依凭。
> 非众非公,非巫非僧。王徭步将,陈顗欤丞。
> 迭掌吾事,各勤尔能。来尽瞻依,去怀忧兢。
> 名肆慢心,贻神怨憎。盲愤疮鳖,灾亦相仍。
> 壬申既夏,一阴始升。铭石室壁,庶无骞崩。①

李敬方建造黄山汤池院竣工,又写了《题黄山汤院并序》,其《序》云:敬方以头风痒闷。大中五年(851)十二月,因小恤假内,再往黄山浴汤。题四百字:

> 楚镇惟黄岫,灵泉浴圣源。煎熬何处所,炉炭孰司存。
> 沙暖泉长拂,霜笼水更温。不疏还自决,虽挠未尝浑。

---

① 《全唐文》卷七三九,李敬方《汤泉铭》。

地启岩为洞，天开石作盆。　常留今日色，不减故年痕。

阴焰潜生海，阳光暗烛坤。　定应邻火宅，非独过焦原。

龙讶经冬润，莺疑满谷暄。　善烹寒食茗，能变早春图。

及物功何大，随流道益尊。　洁斋齐物主，疗病夺医门。

外秘千峰秀，旁通百潦奔。　禅家休问疾，骚客罢招魂。

卧理黔川守，分忧汉主恩。　惨伤因有暇，徒御诫无喧。

痒闷头风切，爬搔臂力烦。　披榛通白道，束马置朱幡。

谢屐缘危磴，戎装逗远村。　慢游登竹径，高步入山根。

崖巉差行灶，蓬茅过小轩。　御寒增帐幕，鷩影尽玙璠。

不与华池语，宁将浴室论。　洗心过顷刻，浸发迨朝暾。

汗洽聊箕踞，支羸暂虎蹲。　濯缨闲更入，漱齿渴仍吞。

气燠胜重合，风和敌一尊。　适来还蹭蹬，复出又攀援。

形秽忻除垢，神嚚喜破昏。　明夷征立象，既济感文言。

已阒眠沙鹿，仍妨卧石猿。　香驱蒸雾起，烟雾湿云屯。

破险更祠宇，凭高易庙垣。　旧基绝仄足，新构忽行鹓。

胜地非无栋，征途遽改辕。　贪程归路远，折政讼庭繁。

兴往留年月，诗成遗子孙。　已镌东壁石，名姓寄无垠。①

上面李敬方的题诗和序文，现身说法，讲述了黄山温泉的疗养功效和功能。李敬方病愈后新建汤院，让更多的人受惠于这一天然资源，这是继薛邕之后唐代歙州黄山温泉的进一步开发，具有长远的社会意义和经济意义。李敬方在黄山汤泉修建"龙堂于汤之西陵后，命僧主之"。此后，这里成了一座僧人的寺院，由寺院以布施的管理模式，延续了汤泉"龙堂"的价值，宋代罗愿撰写《新安志》考证，认为李敬方修建的汤泉龙堂，即"祥符寺是也"。今天祥符寺依然保存。

4. 代宗的歙州经略

代宗永泰二年（766），歙州祁门县的建置，标志歙州进一步发展，由原来五县变为六县。祁门县建置的历史非常有意义，由本土农民军

---

① 《全唐诗》卷五〇八。

自行建置,代宗皇帝在农民军建置的基础上,加以调整,命名为祁门县。永泰元年(765),本土农民领袖方清武装起义,攻夺歙州,在黟县山中建置农民军的军事指挥部——方清农民军的根据地。这个军事指挥部的地理位置良好,"有两巨石,夹溪相对,号阊门。而东北有涌流,左右云峰削成。其中平坦,周回数顷"①,是崇山峻岭中的一片绿洲。方清农民军在这里"屯石堞城",建筑了一座县城,自行取名"阊门县"。永泰二年,方清农民军被官军镇压,代宗认为方清建置的"阊门县",选址很好,决定"因其垒,析黟县之六乡及饶州浮梁县地,置以为县。合祁山、阊门,名之曰祁门"。祁门县由此诞生。

祁门县的建置,增添了歙州社会经济的新特色。原江西饶州"浮梁县地"全部划入祁门县。浮梁县,是一个种茶、产茶的大县。早在《后汉书·郡国志》中就记载了浮梁县的特点,云:"斯邑产茶,赋无别物。"境内山多田少,主要经济作物就是茶树。茶叶是本土人民生活和缴纳赋税的主要资源。浮梁县划归祁门县,新生的祁门县则成为种植茶叶为主的农业县,其茶叶制作、贸易随之繁荣。唐代歙州司马张途谙熟本土情况,撰写《祁门县新修阊门溪记》一文中,记载祁门县的历史:"山且植茗,高下无遗土。千里之内,业于茶者七八。"②王敷《茶酒论》中记载了茶商云集祁门县的盛况:"浮梁歙州,万国来求。"指的是划入歙州以后的浮梁,即祁门县。因为浮梁县产茶名声由来已久,商业上仍然称为浮梁,这是追求商业字号和品牌的效应,历史实际已经变化,划入歙州的浮梁县,就是祁门县,浮梁茶,就是祁门茶。

祁门茶,是祁门县的主要经济支柱。祁门县的地方官也以引导本地茶叶经济发展为主,加强境内水陆交通建设,改善通商路线,以利于茶叶对外交易,促进茶叶种植与制作。祁门县"西四十里有武陵岭",是祁门县交通要道上的一段险路,宪宗元和年间,县令路旻修筑这一路段,"凿石为盘道",打通山路,以利茶商进出。县"西南十三里有阊门滩,善覆舟",县令路旻"开斗门以平其隘",改善交通,促进茶叶出

---

① 《新安志》卷四《祁门沿革》。

② 《全唐文》卷八〇二,张途《祁门县新修阊门溪记》。

境贸易。懿宗咸通三年（862），"阊门滩"的水利工程年久失修，县令"陈甘节以俸募民，穴石积木为横梁，因山派渠"，引"余波入于乾溪"，水流平缓，"舟行乃安"。交通得到改善，扩大了茶叶交易，推动本土社会经济进一步活跃。

5. 歙州的经济发展

唐代歙州，境内的手工业比较活跃。纺织业方面，缫丝、纺麻比较普遍，玄宗开元年间，上贡朝廷的纺织品有"纻"。宪宗元和年间，上贡的纺织品又增加了"麻布"①。《唐六典》记载，歙州生产白苎布，质量被太府卿列为第七等。②《通典》记载，歙州每年"贡苎十五端，竹簟一合"，歙州境内出产"竹木漆器"。冶金业方面，据《新唐书·地理志》，绩溪县出产银、铅。文化类的手工业制造有纸笔砚墨，这是歙州经济的重要特色。《元和郡县图志》记载，黟县有"墨岭，出墨石"③。墨石是制造砚台的石材。婺源县出产制砚的石材，早在玄宗时期已经开采、制造。罗愿《新安志·货贿》记载："砚出于婺源之龙尾山，肇于唐开元叶氏。"罗愿《新安志》还记述了"婺源砚"诞生的历史故事，曰："婺源研（研，古与砚同义），在唐开元中，因猎人叶氏，逐兽至长城里，见叠石如城垒状，莹洁可爱，因携之以归，刊粗成研，温润大过端溪者。后数世，叶氏诸孙持以与令，令爱之，访得匠手，琢为研。由是天下始传。"④歙州制墨，"墨出于歙之黄山，肇于唐末李超、廷珪父子，自南唐以来，贵之。"歙州造纸技术先进，出现了名品"龙须纸"。龙须纸产于绩溪县。"歙县绩溪界中有地名龙须者，纸出其间，故世号龙须纸。"罗愿在《新安志》中分析龙须纸成名的原因，"大抵新安之水，清澈见底，利以沤楮。故纸之成，振之似玉雪者，水色所为也。其岁晏，敲冰为之者，益坚韧。"揭示了歙州绩溪县龙须纸独特的品格。《新唐书》记载，歙州进贡的物品"有纸及黄连"。歙州又出产"簟"，造船用的材料。"簟出于休宁，所从来久。"又出产有枫香、蜜、白石英、漆等。"佳

① 《元和郡县志》卷三〇《江南道·歙州》。
② 《唐六典》卷二〇，大府条注。
③ 《元和郡县志》卷三〇《江南道·歙州》。
④ 《新安志》卷一〇《研》。

漆则诸邑皆有之,山民夜刺漆,插竹笕其中,凌晓涓滴取之,用刀刮筒中,碌碌有声,其勤至矣。岁旱则益少,天时雨汁则又不佳。"歙州有一条进入江西的水路,"祁门水入于鄱,民以茗、漆、纸、木、行江西,仰其米自给。"①。这也许是歙州商旅诞生的早期。

### 三、新生港口城市:池州、宿州

淮河与长江两大水运系统中,宿州是淮河运输系统的咽喉,池州则是长江进入东南地区水运系统的咽喉。这两座城市随着东南漕运的兴盛而发育、发展,成为东南地区南北遥相呼应的两颗明珠。

1. 唐代池州的水运地位骤升

池州,濒临长江,武德四年(621)建置。② 贞观元年全国州县大规模调整时期,撤销了池州建置。③ 事隔一百四十年,代宗永泰二年(766)重新建置池州,这是池州社会经济发展的结果。下辖四县:秋浦、青阳、至德、石台。境内有贵池、秋浦二水流贯全境,注入长江。池州不仅境内的运输条件优良,其濒临长江的良好地理位置,使之成为长江航运停泊的良好港埠。唐代,江西、两湖、桂广等地漕运物资顺江而下,在这里停泊。池州港的地位越来越重要。

代宗建置池州,除了池州社会经济的发展,另外还有两个重要因素:

其一,加强长江运输的控制。

唐肃宗上元、宝应年间(761—762),宣州陈庄、歙州方清领导的两支农民起义军势力发展到长江沿岸,他们阻截长江漕运,"绝江劫商旅",长江漕运的损失很大。这一时期,长江漕运担负东南八道四十九州的赋税漕粮运输,成为国家财政开支的主要来源。同时期,北方很多地区失驭,上贡的财赋断绝。东南赋税成为国家经济的生命线。代宗永泰二年(766),朝廷不惜代价调动兵力平定了方清、陈庄农民军起

---

① 《新安志》卷一《风俗》。

② 《元和郡县志》卷二八《江南道四·池州》:"武德四年(621)总管左难当所奏旧名,取贵池水以为州号。"

③ 《唐会要》卷七〇《州县分望道》。

义,夺回长江漕运的控制权。方清、陈庄被镇压以后,李勉幕府的判官李芃提议,"以秋浦县置州,扼衿要,使不得合纵。"这是一个扼制、遏止农民军再起的方案,朝廷批准了这个方案,析分宣州秋浦、青阳,饶州至德三县建置池州。并且下诏,任李芃"行州事",李芃成为池州第一任刺史。可见,建置池州主要宗旨在于"扼衿要",保护长江漕运,① 池州是伴随着唐代长江漕运发展而兴起的港口城市。

其二,加强国家冶铸物资和钱币运输的安全保护。前文已经叙述,国家建置宣州钱监,"每岁共铸钱五万贯。"② 这里是国家金融要害之地,每年铸造的钱币以及其他冶金物资,通过贵池水、秋浦水,通航长江,顺江而下转运北方。代宗提升秋浦县,建置池州,就是进一步加强国家金融要害之地的战略保护措施。

池州,由于水运和港埠经济发展优势,带动了本土的社会经济迅速发展。池州境内出产丰富,矿藏方面,有铁、铅、铜、银等,唐代建置"铅坑",冶铸、造纸业皆著名。农业、渔业发展良好。李白有《秋浦歌》十七首,③ 不仅讴歌了池州本土的冶铸业,对于池州的农业、副业、渔业以及生态环境等也有详细的描写。下面是这首诗的全文:

秋浦长似秋,萧条使人愁。　客愁不可度,行上东大楼。
正西望长安,下见江水流。　寄言向江水,汝意忆侬不。
遥传一掬泪,为我达扬州。　秋浦猿夜愁,黄山堪白头。
清溪非陇水,翻作断肠流。　欲去不得去,薄游成久游。
何年是归日,雨泪下孤舟。　秋浦锦驼鸟,人间天上稀。
山鸡羞渌水,不敢照毛衣。　两鬓入秋浦,一朝飒已衰。
猿声催白发,长短尽成丝。　秋浦多白猿,超腾若飞雪。
牵引条上儿,饮弄水中月。　愁作秋浦客,强看秋浦花。
山川如剡县,风日似长沙。　醉上山公马,寒歌宁戚牛。
空吟白石烂,泪满黑貂裘。　秋浦千重岭,水车岭最奇。

---

① 《新唐书》卷一四七《李芃》。
② 《元和郡县志》卷二八《江南道四·宣州·南陵县》。
③ 《全唐诗》卷一六七。

天倾欲堕石,水拂寄生枝。 江祖一片石,青天扫画屏。
题诗留万古,绿字锦苔生。 千千石楠树,万万女贞林。
山山白鹭满,涧涧白猿吟。 君莫向秋浦,猿声碎客心。
逻叉横鸟道,江祖出鱼梁。 水急客行疾,山花拂面香。
水如一匹练,此地即平天。 耐可乘明月,看花上酒船。
渌水净素月,月明白鹭飞。 郎听采菱女,一道夜歌归。
炉火照天地,红星乱紫烟。 赧郎明月夜,歌曲动寒川。
白发三千丈,缘愁似个长。 不知明镜里,何处得秋霜。
秋浦田舍翁,采鱼水中宿。 妻子张白鹇,结罝映深竹。
桃陂一步地,了了语声闻。 暗与山僧别,低头礼白云。

池州农副产品方面,竹木富饶,茶叶著名。每年有大量的物资运输出境,社会经济呈现繁荣兴盛的面貌,成为闪耀在长江上的明珠。

2. 宿州在运河水运中发育发展

宿州,位于唐代运河汴水之滨,是典型的运河港口城市。隋代运河修凿之前,这里是徐州符离县境内的"埇桥"小镇。隋代开凿通济渠运河,唐代称之为汴河,河道经过符离县埇桥,向南注入淮水,埇桥成为通济渠入淮前的港口。这里距离淮河近,水势比淮河平缓,适宜来往船只入淮、出淮前后停泊,故有"埇口"之称。①《元和郡县图志》记载,"埇桥为舳舻之会",公家漕运,私人商旅,经过这里停泊小憩,这里客店、货栈应时兴起。一个原来名不见经传的小镇,渐渐繁荣起来。唐代后期,埇桥发展很快,变化很大,成为唐代升起于运河上耀眼的明星。其发展阶段可以概括为"三变":

其一,埇桥巡院。代宗大历十四年(779),刘晏推行巡院制度,在这里设置了"埇桥院",属于第一批建置的十三个盐铁巡院之一,管理盐运以及其他漕运物资,来往漕运物资在这里储存,等待转输,埇桥的仓储业随之兴起。随着运河漕运兴盛,埇桥院积储的漕运物资越来越多,地位越来越重要。

---

① 《全唐文》卷六三八,李翱《来南录》。

德宗贞元四年(788),为了保障埇桥仓储的安全,朝廷调派名将张建封驻守淮上,建置徐、泗、濠节度使,加强对埇桥和运河漕运的军事保护。这一期间,埇桥的社会经济也渐渐兴盛起来,已粗具城市规模。

其二,建置宿州。宪宗元和四年(809)正月,国家建置宿州,州治埇桥,下辖"符离、蕲、虹(今安徽泗县)三县"。宿州建置之始,就被列入"上州"①。其地理范围,南临汴河,北连徐、邳,西接梁、宋,东界淮、泗,成为水陆交通孔道。它的诞生,既是运河漕运发展的结果,也是继续推进漕运发展的需要。其特殊的经济发展轨迹,带来宿州的重大变化,使之成为唐代淮北的运河上一座新型城市。

其三,建置宿州观察使,宿州成为藩镇的幕府。由于宿州的社会经济增长很快,有些包藏祸心的异己力量开始觊觎这块肥肉。穆宗长庆二年(822),武宁节度使王智兴垂涎埇桥的财富,"遣兵"袭击埇桥,"掠盐铁院缗帛及汴路进奉物,商旅赀货,率十取七八。"②事后,懿宗总结历史经验教训,咸通三年(862)"于宿州置宿泗都团练观察使"③,治所建于宿州。至此,宿州成为藩镇节度使的幕府。有唐一代,宿州越往后发展越快。懿宗咸通九年(868)庞勋起义,夜袭埇桥,"掠城中大船三百艘,备载资粮。"④这说明埇桥至少已经成为能够停泊三百艘大船的港埠,一夜之间,劫去装满三百艘大船的物资,也说明宿州富庶的程度。

宿州不仅经济发展快,也是一座文化名城。著名诗人白居易少年时代寓居符离县。他在《与元九书》中追述自己符离县的生活说:"及五六岁,便学为诗。九岁谙识声韵。十五六,始知有进士,苦节读书。二十已来,昼课赋,夜课书,间又课诗,不遑寝息矣。以至于口舌成疮,手肘成胝。"白居易在符离县"苦节读书",累计有十年的光阴。可见,宿州符离的沃土给予白居易成长的滋润。元和四年(809)白居易在《醉后走笔酬刘五主簿长句之赠》的长诗中流露符离县大街小巷的生活情怀,诗曰:

---

① 《唐会要》卷七〇《州县改置·河南道·宿州》。
② 《旧唐书》卷一五六《王智兴》。
③ 《资治通鉴》卷二五〇,"咸通三年"条。
④ 《资治通鉴》卷二五一,"咸通九年"条。

刘兄文高行孤立，十五年前名翕习。
是时相遇在符离，我年二十君三十。
得意忘年心迹亲，寓居同县日知闻。
衡门寂寞朝寻我，古寺萧条暮访君。
朝来暮去多携手，穷巷贫居何所有？
秋灯夜写联句诗，春雪朝倾暖寒酒。
陴湖绿爱白鸥飞，濉水清怜红鲤肥。
偶语闲攀芳树立，相扶醉蹋落花归。
张贾弟兄同里巷，乘闲数数来相访。
雨天连宿草堂中，月夜徐行草桥上。
我年渐长忽自惊，镜中冉冉髭须生。
心畏后时同励志，身牵前事各求名。
问我栖栖何所适，乡人荐为鹿鸣客。

贞元十九年（803），白居易因为父亲病故，丁忧在符离县，写下"只是堂前少一人"的诗句，表达了痛苦的思念。符离县不仅有白居易的父母，少年时代的好友，还有初恋红颜，同胞弟妹，这些都留在他的诗集中。其中《兼示符离及下邽弟妹》，一直为人们所爱读：

时难年荒世业空，弟兄羁旅各西东。
田园寥落干戈后，骨肉流离道路中。
吊影分为千里雁，辞根散作九秋蓬。
共看明月应垂泪，一夜乡心五处同。

这首诗中"一夜乡心五处同"，诉述当时分散五地的兄弟姐妹：有浮梁（祁门县）大兄，於潜（属浙江）七兄，乌江（和州境内）十五兄，符离及下邽（属陕西）弟妹，诗人的同胞在今安徽境内的有三处，宿州符离则是其主要思念的地方。在白居易的诗集中，其符离县以及符离县埇桥的诗篇有数十首。例如《埇桥旧业》：

别业埇城北,抛来二十春。
改移新径路,变换旧村邻。
有税田畴薄,无官弟侄贫。
田园何用问,强半属他人。

《汴河路有感》:

三十年前路,孤舟重往还。
绕身新眷属,举目旧乡关。
事去唯留水,人非但见山。
啼襟与愁鬓,此日两成斑。

《茅城驿》

汴河无景思,秋日又凄凄。
地薄桑麻瘦,村贫屋舍低。
早苗多闲草,浊水半和泥。
最是萧条处,茅城驿向西。

《埇桥道中》

雨跳浊水千沤乱,风过桥林万弩齐。
顷刻埇桥斜景在,市人来去两虹霓。

这些诗篇一方面表达了诗人对于宿州的感情,同时也说明了宿州
与这位唐代文学巨匠之间割舍不断的关系。

晚唐诗人皮日休,进士出身,累官宰相,大中末(859)移家宿州符
离,与陆龟蒙为契交,有《奉和陆鲁望白菊》传于世。[1]

---

① 《光绪宿州志》卷二〇《人物志·流寓》。

# 第六章

## 唐代水陆交通与漕运事业

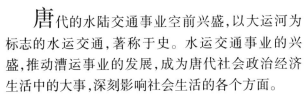

　　**唐**代的水陆交通事业空前兴盛，以大运河为标志的水运交通，著称于史。水运交通事业的兴盛，推动漕运事业的发展，成为唐代社会政治经济生活中的大事，深刻影响社会生活的各个方面。

　　唐代安徽的水陆交通与漕运，一直与国家的交通事业和漕运兴起紧密相连，成为国家交通事业和漕运事业的重要组成部分。国家一系列的交通事业开发和漕运制度建立、改革、兴废，不仅与安徽的交通、漕运密切关联，也直接影响本地区社会经济的变化。

# 第一节　水陆交通事业的发展

唐代安徽的交通事业获得了显著发展,境内淮河、长江、巢湖、浙江(今新安江)四大天然水系,支流密布,形成了天然优越的水运网。在天然条件优越的基础上,水利事业快速发展,或修凿运河,或疏凿航道,或修建港埠,建成了航运便捷的水运系统。各个水运系统之间相互沟通,形成了航运网络。这一航运网络与全国航运网络连成一体,更具活力,不仅成为国家航运事业的有机组成部分,也推动本地区的交通事业进一步发展。

安徽境内,大运河流通的主干河段得到了持续开发,连年疏浚,建立管理机制,颁行管理制度,改变了隋唐以前政治分裂时期局限于局部区域的交通状况,形成了连接全国交通网络,四通八达的良好交通局面,安徽境内出现了三大骨干交通系统:

北部以淮河水系为骨干的"淮运"系统;

中部以长江、巢湖水系为骨干的"江运"系统;

东南以浙江(今新安江,下游至萧山称钱塘江)、闽江水系为骨干的"浙江、闽江运输"系统。

在这三大交通系统中,不仅航运水道不断得到疏浚、逐步加强管理,陆路交通也不断修筑,扩大交通范围,呈现水陆交通并兴的局面。

## 一、境内淮河流域的交通发展

唐代淮河独流入海,穿过安徽北部,流经安徽省境内371公里,不仅是内陆运输的黄金水道,也是连接海上运输的重要通道。其区域地位的显著优势,不仅在沟通南北交通方面具有重要意义,也是中外交通的桥梁。淮河流域交通事业迅速进步,水陆交通并兴,在繁荣兴盛中形成了四条以航运为主的骨干交通线路,呈现了唐代安徽交通的新特色。

1. "淮汴道"交通路线

隋代著名的大运河,其关键河段,即是沟通黄淮的通济渠,唐代易名广济渠,俗称汴河、汴渠。汴渠从宿州符离县柳孜镇(今属于淮北市)进入今安徽境内,经过宿州埇桥、虹县(今泗县)注入淮河,这是隋唐大运河的"咽喉"河段。

汴渠有一个重要特点,北通黄河,带来黄河的泥沙,河床淤积快,每年必须疏浚河道,以保证运输畅通。宋代沈括在《梦溪笔谈》中记载,祥符年间,"汴渠有二十年不浚,岁岁堙淀。"结果"河底皆高出堤外平地一丈二尺余。自汴堤下瞰,民居如在深谷"①。比较形象地记述了汴渠泥沙淤积的状态。唐代也是如此,故而疏浚、保养汴渠,一直是唐代运河交通的一项重要工程。

唐代疏浚汴渠,多在初春枯水季节,"每年正月发近县丁男,塞长茭,决沮淤,清明桃花已后,远水自然安流。"②运河沿线每年征发民丁疏浚,形成了常规性保养汴渠河道的制度。除常规性疏浚,每隔几年,尚需大规模疏凿一次。中宗景龙三年(709),汴渠不及时疏浚,漕运不通,改用牛车运输,当年"江淮谷输京师,牛死什八九"。说明汴渠淤塞,不得不改用陆运,结果消耗了大量牛力,加大了运输成本,也分减了农业生产用牛。自中宗以后,总结经验教训,经常大规模疏凿,以利漕运畅通。有时,还进行运河河道改造工程。

玄宗开元二十七年(739),因为"江淮运漕经淮水波涛,有沉溺之忧"。玄宗试图改善航道,在汴渠下游虹县(今安徽泗县)"开广济渠下流,自虹县至楚州淮阴县北十八里合于淮"③。这是汴渠下游线路改道工程。但这次改道不成功,改道后的广济渠"水流浚急,行旅艰难,旋又停废"④,继续使用原有线路。这次改道虽然失败,却为淮河航运发展提供了借鉴,也说明国家不断推动优化汴河运输的工程。

肃宗时期因八年安史之乱,"汴水堰废",水道被大水吞没,交通

① 《梦溪笔谈》卷二五《杂志二》。
② 《旧唐书》卷一二三《刘晏》。
③ 《元和郡县志》卷九《宿州·虹县·广济渠》。
④ 《元和郡县志》卷九《宿州·虹县·广济渠》。

被破坏,"千里洄上,罔水行舟"①。代宗时期,刘晏受命担任转运使,深入汴渠沿线实地考察、调查,恢复汴渠运输。刘晏徒步"按行"淮河两岸,"涉荥郊、浚泽,遥瞻淮甸,步步探讨",有时乘舟,"浮于淮泗,达于汴,入于河",每到一处,"出入农里,止舍乡亭",察看"利病之由",堙废多年的汴渠很快疏浚,恢复通航。

淮汴水道是沟通南北交通的主要干线,连接黄河、淮河,再通过邗沟连接长江,是中华民族历史上引为骄傲的一条人工运河。元代以后,这条运河向东位移至今天的京杭运河,隋唐时期的通济渠、广济渠渐渐成为历史遗迹。但是在隋唐乃至两宋时期这条运河流德播惠长达几百年,深刻影响了中国社会历史乃至安徽的社会历史。

睿宗太极元年(712),泗州刺史魏景清遵朝廷旨意,修凿"直河",途经天长县(今属安徽)、瓜埠入长江,②这样,引淮水至黄土冈,南达扬州通航长江。河道起自盱眙东北三十里龟山蛇浦口,原邗沟东又增加了一条沟通江淮的水运线。(参阅插图"安徽淮北柳孜运河遗址出土唐代木船")

2."淮颍道"线路

汴渠之西有很多淮河支流,淮北有涡水、颍水、颍水的支流汝水等,淮南有肥水。其中,颍水最大,水量充沛,"上流直而清,下流曲而漪。"③自古是优良的天然航道,长年通航。大运河开通以后,汴渠承担国家漕运,这条运路"官漕不通"④,但是在本地官、民航运中,仍然十分活跃。

代宗大历年末(779),陈州刺史李芃为了减少本地漕粮转输路程,"开陈颍路以通漕"⑤。颍水经过陈州,下至寿州四十里入淮,上接蔡水,蔡水有"琵琶沟"河段至浚仪县(今开封市)入汴水,⑥疏通琵琶沟,沟通蔡水与汴水,颍水流域的漕运线路即被激活,由局部航运扩大为

① 《旧唐书》卷一二三《刘晏》。
② 《江苏航运史》编委会编:《江苏航运史》,人民交通出版社 1989 年版,第 43 页。
③ 《苏轼集》卷一九《泛颍》。
④ 《新唐书》卷五三《食货志》。
⑤ 《册府元龟》卷四九八《漕运·邦计部》。
⑥ 《资治通鉴》卷二二七,"建中三年"条内,胡三省注:"蔡河,古之琵琶沟,在浚仪。"

淮河航运网络的一部分。

李芃开通的陈颍线路，不仅解决了本地区漕粮运输，也为国家漕运提供了备用线路。德宗时期，藩镇称雄，"李希烈阻兵，江淮租输，所在艰阻，特移运路自颍入汴。"①这说明朝廷在遇到突发事件，汴渠线路被阻隔的时期，可以淮颍线路代替淮汴线路，解决战争时期的危急。

李芃开通陈颍道的经验，也为朝廷进一步发展淮河水运交通线路提供了借鉴。杜佑担任江淮转运使，借鉴这一经验，从全局着眼，进一步梳理和开凿颍州境内的颍水交通线路，开通"淮西"黄淮之间水运交通，缓解汴水运输线路的压力。杜佑重新到实地调查，分析地理资料，找到了这条线路的问题要害，关键在"琵琶沟"。琵琶沟属于前人开凿的人工运河，由于黄河泥沙淤塞，埋废已久。李芃疏浚琵琶沟，导引蔡水通向汴水，沟通蔡水、颍水和汴水之间的航运，陈颍线路由此开通，但是没有解决琵琶沟淤塞问题。杜佑经过调查研究，制定了疏凿琵琶沟的方案，主要有两项工程：其一"绝蔡河"；其二疏通"琵琶沟"。"绝蔡河"，即是隔绝蔡、涡，不使蔡河分流入涡水，保证蔡河水量充沛，直下颍水，通淮水。形成了一条新的路线，汴水"出浚仪（今开封市）十里，入琵琶沟，绝蔡河，至陈州（今淮阳）而合"于颍水，②由颍水通淮水，史称淮颍道。疏通琵琶沟的意义，在于保证蔡水和汴渠之间通畅。杜佑开凿琵琶沟的工程路线很快疏通投入漕运。

唐代后期，淮颍道在淮西漕运中举足轻重，持续发展。其特点和汴水河道一样，需要不断疏浚保养，防止河道淤积。宪宗元和八年（813），盐铁使王播在常规疏浚保养这条河道的基础上，再次大规模疏浚琵琶沟，提高了这条航运路线的运输能力。王播重新绘制《陈（州）许（州）琵琶沟年三运图》呈送朝廷。宪宗很重视，派遣李重秀实地考察。李重秀实地验证以后，赞同和支持王播扩大疏浚琵琶沟的计划，认为这条航运路线修凿以后，"通漕至郾城下，北颍口（即颍水上游的重要港埠），水运千里而近。"宪宗再次"览图"审查，然后下诏，命大将韩弘发兵疏

---

① 《旧唐书》卷一二三《班宏》。
② 《新唐书》卷一二三《李芃》。

凿琵琶沟，"以通汴河"①。淮颍道疏浚，提升了航运能力，载重三百石的漕船，由汴入颍，成为国家淮西漕运的重要运输线。

宪宗元和十一年（816），这条线路又向西拓展，开发了寿州到郾城（今属河南）的交通路线，②扩大了淮西的水运网。正常情况下，这条线路分减了汴渠运河的运输压力。军事异常时期，例如当汴渠航运被异己的藩镇势力切断时，淮颍道即可替代汴渠运河系统发挥作用。

3. 鸡鸣冈、巢湖路线

黄淮之间，淮颍道的开通，从淮西地区沟通黄淮，带来了淮西交通的新面貌。如何发展江淮之间的水运路线？建中三年（782），江淮转运使杜佑把目光转向淮南，在淮南开发江淮之间的鸡鸣冈水道，沟通江淮之间的水运交通。这条线路，从淮南寿州的芍陂、安丰塘，即古肥水南下，越鸡鸣冈，经肥水，即今南淝河入巢湖，巢湖支流濡须水通向长江。濡须水流入长江的入水口位于今无为县境内。

杜佑制定的鸡鸣冈交通线路，是一条水陆相兼的交通路线，中间有陆路四十里，位于鸡鸣冈。杜佑论证这条路线的意义说："疏鸡鸣冈首尾，可以通舟，陆行才四十里，则江、湖、黔中、岭南、蜀、汉之粟可方舟（意为并舟而行）而下，由白沙趣东关，历颍、蔡，涉汴抵东都（洛阳），无浊河沂淮之阻，减故道二千余里。"③杜佑的论证基本符合客观实际。实际上，这条线路早在玄宗开元年间已经被开通，直到代宗时期，由于藩镇割据而中断。陈鸿记载了这条线路的历史："开元中，江淮间人走崤函，合肥寿春为中路。大历末（779），蔡人为贼，是道中废。元和中（806—820），蔡州平，二京路复出于庐，西江自白沙瓜步，至于大梁，斗门堰埭，盐铁税缗，诸侯榷利，骈指于河，故衣冠商旅，率皆直蔡会洛。"④也就是说，杜佑提出开通鸡鸣冈线路之前，这条线路实际上已经应用于唐代交通。杜佑制订开通这条交通线路计划，实际价值在于表明朝廷加强鸡鸣冈线路的决策，扩大南方的漕运量。一千余年

① 《册府元龟》卷四九七《邦计部·河渠》。
② 《唐会要》卷八七《漕运》。
③ 《新唐书》卷五三《食货三》。
④ 《全唐文》卷六一二，陈鸿《庐州同食馆记》。

后,新中国提出引江济淮和"新江淮运河"的江淮通航的方案,内有"小江淮运河方案",就是重建这条历史上早已出现的交通路线。① 这条水道的社会意义在于从淮南沟通江淮水运交通,进一步扩大了江淮之间的航运。

这条水道的主要特点是水陆相间,中间有陆路四十里,位于鸡鸣冈,故名鸡鸣冈路线。鸡鸣冈,位于合肥西南,地势相对较高,属于江淮丘陵的一部分,今天被称为江淮分水岭。这里自古有两条天然河流,即淝水与施水。淝水(今长丰境内的安丰水、瓦埠河)北流至寿州入淮河。施水(即今流经合肥市的南淝河),唐代称之为肥水,向南流入肥东县注入巢湖。今巢湖南淝河入口处,仍然有"施口村"这一地名,即是古施水流入巢湖入水口的文化传承。《尔雅》释"肥水"之义,曰:"归异出同流,肥。"②意思是二水同出一源,而流向各异,谓之肥水。唐代,这二水之间有鸡鸣冈阻隔陆路四十里,接通两水之间的航运,北通淮河,南通巢湖、长江,即沟通江淮水运。这一段交通线路,全程位于寿州、庐州境内。这二州境内的江淮交通路线,与扬州的邗沟运河相对应,形成江淮之间"井"字形的水运格局,从淮西沟通黄、淮、江三条水运路线,分减汴水运河的压力,对于扩大南北交流,其作用不可低估。文宗大和三年(829),这条水陆相间的交通线路仍然处于良好的运行之中。③

### 4. 穿过萧、砀的汴泗线路

隋唐开凿大运河,改变了古汴水的线路。但是古汴水依然存在,穿过萧、砀二县(属于今安徽境内)流至徐州与泗水连接,泗水是淮水支流,形成汴泗航运线路,沟通黄淮,这就是隋唐运河之前的传统的汴泗道。这条线路虽然比不上汴渠条件优越,却有自己的特点。

其一是河道比较稳定。徐州以南是天然的泗水河道,泗水上流来自山东,与沂水相接,常年水流充沛。汴水带来的泥沙淤积少一些,每年疏浚河道的负担少一些,沟通黄淮之间的航运,有时候仍然作为国

---

① 马茂棠主编:《安徽航运史》,安徽人民出版社1991年版,第57、66页。
② 《尔雅》卷七《释水·肥水》。
③ 《全唐文》卷六一二,陈鸿《庐州同食馆记》。

家漕运路线。

其二是这条线路上,泗水是淮水下游最大的支流。沂水是泗水的支流,汴泗道的通航,把航运交通延伸到山东和淮海地区,扩大了江淮地区的交通,形成了淮河下游及沿海地区的航运网。这条线路穿过萧、砀二县,促进了本地航运和灌溉,同时也是汴水路线的辅助线,在唐代淮河交通中占有一定的地位。

唐高祖武德七年(624),由于军事需要而重新疏凿这条汴泗道。汴泗道的主要障碍是"徐州洪"和"吕梁洪"二险。唐代宣州刺史大将尉迟敬德"导汶泗至任城"[①],"分水建会源闸,凿治徐州、吕梁二洪"[②],"热火烂石,从而凿之,遂成水道"[③],疏凿治险以后,航运得到改善,"通饷道",成为汴渠的辅助运输线。[④] 唐后期,德宗贞元年间(785—804),韩愈到徐州节度使幕府供职,乘船到徐州,即是走汴泗道。韩愈有诗曰:"乘船下汴水,我去趋彭城。"[⑤]彭城,即徐州。说明唐代汴泗道自唐初疏凿之后,一直通航。

5. 安徽淮河段交通的特色

唐代,淮河干流在安徽境内的河段很长,水流量充沛,水上运输充满活力,显示了很多特色。

其一,唐代是淮河交通发展最好的时期,也是持续发展的时期。隋代以前,淮河交通也曾经得到开发,但是开发的程度有限。隋代开凿了大运河,由于政局不稳定,其社会效应和社会经济效应尚没有显现。唐代,不仅加强淮河交通开发,而且建立各种维护淮河交通的体制和制度,促使其在社会政治、经济、文化生活中发挥了重要作用。

其二,淮河干流一千公里,有三百七十一公里在今安徽境内,这是淮河航运的主要河段。唐代淮河交通的主要疏浚工程多在今安徽境内。因此,唐代淮河交通发展是安徽境内的大事,是有关唐代安徽社

---

① 《旧唐书》卷六八《尉迟敬德》记载,贞观七年(633)"册拜敬德宣州刺史"。
② 《读史方舆纪要》卷二九《江南徐州》。
③ 顾炎武:《天下郡国利病书》。
④ 《读史方舆纪要》卷二九《江南徐州》。
⑤ 《韩昌黎全集》卷二《此日足可惜赠张籍》。

会发展的重要组成部分。

其三,在唐代全国航运的格局中,淮河交通乃是北接黄河、南通长江、沟通南北交通的枢纽,汴水系统是枢纽中的枢纽,汴河的咽喉在埇桥。唐以前,埇桥是一个名不见经传的小村镇,由于位于隋唐运河与淮河的交汇之地,很快发育发展为运河城市——宪宗元和四年建置宿州,宿州成为淮北大地升起的一颗明星,来自东南的赋税、物资聚集、贮存在这里,国家派出很多经济机构和监察机构建置在这里,宿州成为唐代国家的重镇。

其四,水、陆交通并行开发。凡是水运路线的地方,同时修筑陆运路线,因而水陆交通的发展齐头并进。

### 二、长江和巢湖交通线路的发展

唐代,长江由舒州宿松县桑落洲流入今安徽境内,江面开阔,水流平缓,依次流经舒州、池州、庐州、和州、宣州、滁州以及沿江数十县,境内流长四百零一公里,属于航运的黄金水道。随着唐代航运事业的发展,境内长江沿岸港埠不断发育增生。唐代中后期,进一步加强航道管理,扩大沿江地带的各个支流的航运事业,推动航运事业进一步繁荣。

唐代,安徽境内的长江航运,除干流外,境内长江沿线的支流水运线路也广泛得到发展。根据《元和郡县图志》记载,沿江有很多支流细水,不断被开凿、疏浚,形成了十六个水运系统,连接沿江流域各地。

皖水,舒州境内,通航于本州怀宁县(今潜山、怀宁、岳西等地),航道二百四十里,至皖口入大江。

大雷池水,舒州境内,通航于宿松、望江二县,东南积水为池,经望江县城流入长江,可以通航。

枞阳水,舒州境内,通航同安县(今桐城县),东南连接长江。

濡须水,庐州、和州境内,北通巢湖,南通长江,是连接长江、巢湖、淮河的重要水道。

横江,和州历阳县东南二十六里直抵江南采石矶渡,通航长江。①

巢湖,庐州境内,其支流濡须水连接长江,成为沟通江淮的鸡鸣冈水道的重要水路。汇入巢湖的十余条支流,也经巢湖、濡须水通航长江。长江航运网络由此辐射庐州境内各地。

运漕河,和州境内,通航含山县,连接濡须水通航长江。

滁水,流经庐州、滁州、和州,东向流入长江,通航长江。②

贵池水,流经秋浦县,通航长江。贵池水入江水口,成为长江航运停泊的优良港埠。代宗时期,长江航运迅速发展,贵池港埠越来越兴盛,析分宣州秋浦县建置池州,取水名为州名。

秋浦水,贯通池州境内,通航长江。

青弋江,宣州境内,流经太平县、泾县、南陵县,至芜湖县境内沟通芜湖水,通航长江。

泾水,宣州境内,通航泾县,二百五十里航道直至境内的徽岭山,北通青弋江,由青弋江转通长江。

芜湖水,宣州当涂县境内,东连丹阳湖,西入长江。

姑熟水,宣州当涂县境内,东连丹阳湖,西入长江。

五湖水,宣州宁国县境内,通航本地山区。

桐汭水,宣州绥安县(今广德县境内),连接丹阳湖,转通长江,通航于本地。

上述十六条长江支流,分布沿江各地,连接各地支流细水,扩大了通航的范围,促进航运向内地深化发展。各地港埠不断增生,入巢湖西,有申港,由于巢湖漕运的发展,漕船进出量很大,申港著名于史。史载:巢湖的漕船出申港,入新妇江,转运长江。③ 和州乌江县境内有韦游沟,引长江水十五里,溉田五百顷。④ 当地人纪念这条人工运河,取两代县令韦尹开、游重彦的姓氏作为河名。有唐一代,长江水运系

---

① 《元和郡县图志阙卷逸文》卷二《滁州》,转引《舆地纪胜·和州》。
② 《元和郡县图志阙卷逸文》卷二《滁州》,转引《舆地纪胜·滁州》。
③ 《全唐文》卷六一二,陈鸿《庐州同食馆记》。
④ 《新唐书》卷四一《地理志五》:"乌江,上。东南二里有韦游沟,引江至郭十五里,溉田五百顷,开元中,丞韦尹开,贞元十六年,令游重彦又治之,民享其利,以姓名沟。"

统日益发达,日趋兴盛。

### 三、歙州浙江、闾江水运线路

唐代歙州至代宗永泰二年(766),已经建置六县。境内河流交错,属于浙江水系,少数河流属于闾江水系,通彭蠡湖(今江西鄱阳湖)。这一带水系受到地势的制约,有许多自身的特点,河床窄、坡降大、流速快、弯道多、流量变化显著等。唐代歙州社会经济发展较快,境内对外联系日益迫切,对外交通的需求越来越大,逐渐形成了以浙江为骨干的航道网络,连接各县的水运线路。

唐代歙州境内的浙江,下游即今浙江省钱塘江,汇入大海。浙江流域沾溉歙、黟、绩溪、休宁四县,流经这四县的干流水道长达二百四十二公里,是这四县的水运的主川。商旅东向浙江者,多行这条水道。沿途支流众多,山区河流特征明显,源短、坡陡、流急。

徽溪、乳溪二水,通航绩溪县;

布射水,通航歙州北部;

歙浦河,通航歙西;

闾门水,上游位于祁门县境内,通航彭蠡湖(今鄱阳湖);

率水,通航休宁县。

这一带水运虽然不比长江水运兴盛,但是四通八达。顺浙江而下,通航余杭;顺祁门水(即是闾门水)而下,通航彭蠡湖,由彭蠡湖转航长江。

唐代,歙州境内的水道经过不断修凿、疏浚、整治,境内交通得到很大的改善。典型的水利工程有闾门、吕公二滩治理。

祁门县境内,闾门水西行流入江西(今江西景德镇市),下游为昌江,直通彭蠡湖。闾门水是祁门县交通的重要通道,不足之处,途中距离祁门县西南十三里,有"闾门滩","善覆舟",是水上交通的必经之地。宪宗元和年间县令路旻主持疏浚闾门水道,"开斗门,平其隘"[1],排除了航道的险情。又祁门县境内四十里武陵岭,"凿石为盘道",连

---

① 《新唐书》卷四一《地理志五》祁门条。

接闻门水,把航运通向深山。后来,斗门年久失修,航运受阻,又有县令陈甘节,用自己的俸禄雇用民力,"以俸募民,穴石积木为横梁,因山派渠,余波入于乾溪,舟行乃安。"①

歙县"东南十二里,有吕公滩,本车轮滩,湍悍善覆舟",是浙江航道闻名的险滩。歙州"刺史吕季重以俸募工凿之,遂成安流"②。来往舟船得以顺利通航。

### 四、驿道、驿站的建置与发展

唐太宗时期,水驿通向全国。玄宗时期,经济发展,全国建置驿站一千六百三十九个,其中水驿二百六十个,水陆相兼八十六个。肃宗以后,由于方镇势力的干扰,驿站有所减少,但是由于安徽地处江淮交通冲要,驿站反而增加。

江淮地区是国家财赋的重要来源地,这一时期的驿传有了较大的发展,驿传制度比较健全,有一个实例可以说明。唐末,杨行密曾经担任庐州"本州步奏官(上传下达官员),因有遗阙而笞责之"③。杨行密因遗失文件而受到处罚,说明庐州驿传设置和制度在正常运转。

唐代,两淮乃至江南东西道沿长江流域,水网密布,水陆交通发达。国家建置的驿路,大抵循水路建驿。淮南道首府扬州是东南的大都会,由洛阳、汴州南下的驿传,都循运河、淮河直达扬州,再由扬州转向南方吴越湘粤各地。

《元和郡县图志》关于各地驿传路线、路程的记载很详细。其中各州通向两都(上都长安,东都洛阳)的路线如下:

颍州,西取陈州路至上都 1820 里;西至东都 960 里;西北至汴州(今河南开封)700 里;南至蔡州(今河南汝南)360 里;南至淮水约 100 里;东至寿州 360 里;西北至亳州 260 里。

亳州,西至上都 1720 里;东至东都 860 里;正南微东至颍州 260 里;东北至徐州 390 里;西至陈州 200 里。

---

① 《新唐书》卷四一《地理志五》祁门条。
② 《新唐书》卷四一《地理志五》歙州条。
③ 孙光宪:《北梦琐言》卷七。

宿州,西北至上都 1900 里;西北至东都 1400 里;东南至泗州 420 里;东南至淮水 100 里;至濠州 100 里;北至徐州 150 里;西至宋州(今河南商丘)330 里。

宣州,西北至上都,取和州、滁州路线,3010 里;取道润州路线,3070 里;西北至东都,取道和州、滁州路线,2150 里;正北微东,至润州(今江苏镇江市)400 里;正北微西,至和州 250 里;西南至池州 340 里;正南微西至歙州 380 里;西渡江至庐州 640 里。

歙州,西北至上都,取道睦州(今浙江建德市)4805 里;取道宣州 3450 里;西北至东都 3325 里;取道宣州、润州,2590 里;东至杭州 470 里;东至睦州 370 里;西南至饶州 700 里;正北微东至宣州 300 里。

池州,西北至上都,取道宣州路线,3410 里;取道江州(今江西九江市)路线,2530 里;西北至东都,取道宣州路线 2510 里;取道江州路线,2530 里;东北陆路至宣州 340 里;西南至于江州 580 里;东南至歙州 460 里;西南至饶州 580 里;正北微西渡江至舒州 430 里。

除了上述驿路以外,濠、和、滁、舒、寿、颖、亳等州都有水陆驿传相通。李翱于唐宪宗元和四年(809)正月由东都洛阳至广州,乘水驿而下,经汴水、淮水,再由扬州南下,其中东都洛阳至扬州之间二十九天,包括沿途停靠、转驿,会见地方官员、办理公务。《唐大和尚东征传》也记载,由广州循水驿向江州,至九江驿乘航,顺江而下,经舒、池、宣、和、滁、濠等沿江州县,"七日至润州(今江苏镇江)江宁县,入瓦官寺。"由上而知,唐代东南长江沿岸以及两淮的驿路,四通八达,北达中原、关中,南接吴越、湘粤,西可通巴蜀。

唐代东南水陆驿传活跃的面貌在唐诗中有很多反映。诗人郑谷行至淮上遇友人,赋诗《淮上与友人别》曰:"扬子江头杨柳春,杨花愁杀渡江人。数声风笛离亭晚,君向潇湘(南行)我向秦(西行)。"[1]韩愈曰:"淮水出桐柏,山东驰遥遥。千里不能休;泚水出其侧,不能千里百里入淮流,寿州属县有安丰。"[2]唐代名相姚崇的曾孙姚合有三首送别

---

① 韦縠:《才调集》卷五《淮上与友人别》。

② 《全唐诗》卷三三七。

友人乘驿赴"池州"、"寿州"、"亳州"的诗,其《送李起居赴池州》诗曰:"朝昏即千里,且愿话遄巡。"其《送刘詹事赴寿州》诗曰:"隋堤傍杨柳,楚驿在波涛。"其《送裴大赴亳州》诗曰:"杭人遮道路,垂泣浙江前。谯国迎舟舰,行歌汴水边。"①这些诗句分别反映了水陆驿传各个不同的环节。诗人李白在东南的游踪遍及很多地方,先后到过亳县、砀山、当涂、宣城、泾县、秋浦、南陵、庐州、历阳、霍山、太湖、宿松、潜山等地,所到,大多凭借水陆驿传,留下了数以百计的诗篇可资了解这一带驿传交通之一斑。李白在和州横江馆驿留下《横江馆前津吏迎》的诗篇,在宣城有《题宛溪馆》诗等,直接留下了和州、宣州等长江南北的馆驿日常活动的写照。淮运系统的淮颖道上,驿传活动更加喧闹。唐德宗建中二年(781),沈既济等人取道淮颖水驿南下,同行的有"金吾将军裴冀、京兆少尹孙成、户部郎中崔需、右拾遗陆淳,皆谪居东南,自秦徂(作者按:音 cú,义往。)吴,水陆同道"。他们"浮颖涉淮,方舟(编者按:二舟并行)沿流,昼宴夜话"②。由此而知,淮颖路线的驿传成为官员出行的主要通道。

各地驿传的管理机构有驿、馆,皆设有传吏将主持。一开始,各地驿站由民间富户主持。唐玄宗天宝七年(748)诏:"三十里置一驿,其非通途大路则曰馆。驿各有将,以州里富强之家主之。"③

驿传规章制度逐步建立健全。据《唐会要》卷八七《漕运》记载:"旧制,凡陆行之马程,日七十里,步及驴五十里,车三十里。水行之程,舟之重者,沂河日三十里,江四十里,余水四十五里。空舟沂河四十里,江五十里,余水六十里。沿流之舟,即轻重同制,河日一百五十里,江一百里,余水七十里……若遇风水浅不得行者。即于随近官司中牒检印记,听折半。"

驿传服役的驿丁、驿卒、驿夫,从属国家服役制度。实际是官驿民办,地方上摊派"驿足"、"驿夫"称之为"捉驿"。④ 时间久了,"民贫不

———————————

① 《全唐诗》卷四九六。
② 《太平广记》卷四五二《任氏》。
③ 《通典》卷三三《职官典十五·州郡下》。
④ 《新唐书》卷一六二《刘晏》。

堪命"①。唐代宗时期，刘晏改革驿传，"以官船漕，而吏主驿事"，取消了民间"捉驿"制度。由驿吏、驿将雇用民夫，每年发给"脚钱"。"官司掌焉，凡天下水陆驿一千五百八十七。"②刘晏建置"诸道巡院，皆募驶足，置驿相望"。这时的驿传，不仅承担官府文件的传递、接待来往官员等职责，且增加了传递市场信息、经济情报的职能。刘晏"拜度支郎中，兼侍御史，领江淮租庸事"。辖区主要在东南地带。后来又"进御史大夫，领东都、河南、江淮转运、租庸、盐铁、常平使"③。安徽境内水陆驿传得到了较好的整顿和发展，在社会政治经济生活中发挥了重要作用。

玄宗时期，"江淮南诸州大虫（虎）杀人，村野百姓，颇废生业，行路之人，常遭死失。"玄宗得知宣城秋浦县令李全确在任期间"作法遮捕"有方，消灭了本地虎害，下诏"令全确驰驿往淮南大虫为害州县，指授其教，与州县长官同除其害"④。李全确"驰驿"前往江南发生虎害地区帮助捕虎，这是唐代驿传直接服务于江淮民生的功用。

直至唐代后期，驿传至始至终发挥作用。宣宗时期，江淮数道，"以水旱，加之以疾病，流亡转徙，十室九空。"宣宗派遣使臣"乘驿"抚巡、救恤，免除"扬、润、庐、寿、滁、和、宣、楚、濠、泗、光、宿"等州贞元以来旧欠。⑤

无可讳言，即使是官办驿传，雇佣驿足、驿夫、水夫的生活仍然相当困苦。唐代诗人王建曾经赋诗《水夫谣》，反映了驿传的具体活动和驿夫的困苦生活：

苦哉生长当驿边，官家使我牵驿船。
辛苦日多乐日少，水宿沙行如海鸟。
逆风上水万斛重，前驿迢迢后森森。

---

① 杜佑《通典》卷三三《职官·十五·州郡下》。
② 杜佑《通典》卷三三《职官·十五·州郡下》。
③ 《新唐书》卷一六二《刘晏》。
④ 《全唐文》卷二七，玄宗《命李全确往淮南授捕虎法诏》
⑤ 《全唐文》卷八一《宣宗三》。

半夜缘堤雪和雨,受他驱遣还复去。

夜寒衣湿披短蓑,臆穿足裂忍痛何!

到明辛苦无处说,齐声腾踏牵船出。

一间茅屋何所直,父母之乡去不得。

我愿此水作平田,长使水夫不怨天。①

代宗在位年间,十分重视江淮驿传,加强军事保护,下诏"自东都至淮泗,缘汴河州县,自经寇难,百姓雕残。地阔人稀,多有盗贼,漕运商旅,不免艰虞。宜委王缙各与本道节度计会商量,夹河两岸,每两驿置防援(军)三百人,给侧近良沃田,令其营种,分界捉搦(巡防)"②。

德宗时期,由于藩镇叛乱,截断运河运输线,江西道节度使李皋"治邮驿,平道路,由是往来之使,通行无阻"③。

**五、水陆交通的新格局及其社会效应**

唐代安徽境内的水陆交通发展,自成系统,出现了新的格局,成为全国交通事业的重要组成部分,促进全国交通事业的发展,带动本地区社会长足进步。

1. 安徽境内水陆交通的格局

唐代安徽境内水陆交通事业获得了很大的进展,形成了三个重要特点。

其一,境内交通网络形成。

淮河流域,除了上述骨干水陆交通工程的开发,沿淮很多支流的水陆交通也相应得到发展。其中名水大川如澬、涣、汝、小汝、蕲、淝(后称西淝河)、肥(后称东淝河)、濠、洛、涡等水。这些天然河流所在区域内都兴起了舟楫之利,连接两淮大地无数沟、泾、湖、陂、塘等各种可供航运的水资源,纵横交错,各州县的航运交通广泛延伸、深化发展。

① 《全唐诗》卷二九八。

② 《全唐文》卷四六,代宗《缘汴河置防援诏》。

③ 《资治通鉴》卷二二九,"建中四年"条。

其二,水陆交通并行开发。

隋唐时期,两淮流域交通开发还有一个重要特点,即水陆运道兼修。例如修凿通济渠、邗沟水道时,沿途陆路驰道同时修成。大业元年,通济渠竣工,"谓之御河。河畔筑御道,树之以柳。"①约一百年后,白居易途经这条御道,还留下了诗句,描写御道沿途柳树成荫,"绿影一千三百里"。平时,御道、御河并用。遇到浅水季节,或水道出现故障,陆路运输则发挥主要作用。中宗时,汴渠没有及时疏浚,"年久堰破,江淮漕运不通",采用牛车运输。② 说明陆路畅通,交通良好,但是陆运成本较高。

隋唐时期逐步建立并兴盛起来的驿站制度,正是以水陆交通并盛的基础为依托。《大业杂记》记载,隋代通济渠自东都(今洛阳)至江都(今扬州市)二千余里,每两驿置一宫。《资治通鉴》记载:隋代"自长安至江都置离宫四十余所"③,由此推知沿途驿站当为八十多处。驿传建置到哪里,交通就开发到哪里。有陆驿、水驿或水陆相兼的驿传。唐代继承隋代驿传制度,全国范围内驿传进一步发展,"三十里一置"驿,两京与各州之间皆有驿道,"夹路列店肆待客","每店皆有驴赁客乘,倏忽数十里,谓之驿驴"。全国范围内"皆有店肆,以供商旅。远涉数千里,不持寸刃"④。安徽境内的水陆交通也随着驿传的发展而进一步发展。

其三,全国交通枢纽的地位形成。

唐代安徽淮河、长江巢湖、歙州境内的浙江三大水陆交通线路形成以后,在全国的交通事业中,显示了前所未有的活力。

淮河系统,汴水为骨干的"淮汴"线路,颍水为骨干的"淮颍"线路,穿过萧、砀二县的"汴泗"线路,水陆相间的鸡鸣冈线路,不仅覆盖唐代安徽北部的交通,推动安徽交通事业的发展,在全国的交通事业中,成为南北交通的中枢。淮河东流入海,也是连接海上交通,促进邻

---

① 《隋书》卷三《炀帝纪》。
② 《旧唐书》卷一〇〇《李杰》;《资治通鉴》卷二〇九,"唐纪二十五"条。
③ 《资治通鉴》卷一八〇,"大业元年"条。
④ 《通典》卷七《食货·历代盛衰户口》。

国之间往来的交通通道,尤其占有重要的位置。

长江航运系统,东出大海,沟通海上交通。境内沿长江流域的舒、庐、和、滁、池、宣各州,长江的支流密布,湖泊众多,细水、沟、塘、转相连接,形成航运便捷的交通网络。尤其是寿州、庐州境内鸡鸣冈、巢湖线路的开发,从淮西地区沟通江淮水运,具有扩大交通的意义,提升了长江流域中下游的航运能力。

歙州境内浙江、阊江航运系统,东向沟通浙南、闽北,直接通航余杭,转而通航海上。祁门县的阊江水,通航江西鄱阳湖,沟通江西、两湖地区的交通。

唐代,是中国历史上航运事业大发展的时期,大运河纵贯南北,几乎沟通了全国各地,中国航运史上前所未有。唐代安徽的航运系统在全国的航运体系中,成为南北中转的枢纽区,不仅活跃了全国的交通事业,也带来了本地区南北交通蓬勃发展的新面貌。

通常情况下,唐王朝南粮北运,每年从江淮调集大量粮食、物资转输洛阳,再运往关中。《水部式》记载,桂广租米,皆先运扬州,然后再北运关中。

特殊情况下,也有北方物资南运。藩镇割据以及安史之乱时期,唐代漕运因为汴水漕运被藩镇势力阻断,江淮、江东漕运改道,溯江西上,转汉水运往关中。这时,江淮漕运不是由南向北,反而南向转"江汉"漕运。江汉漕运,虽然"遇险劳费",比不上江淮漕运通畅、省费,其备急的功能很受朝廷的重视。这也体现了安徽交通南北皆宜的枢纽意义。

2. 唐代安徽交通发展的背景

从全局看,唐代安徽交通发展主要有四大因素:

其一,国家统一的新形势推动了南北交通的发展。在隋唐统一的新版图中,今天安徽地处南北交通的冲要地区。隋唐之前,三国魏晋南北朝三百六十多年南北分裂割据局面,淮河流域、长江流域、巢湖流域常常被分割为对峙的两部分,有时是多方割据,南北交通的内在要求受到了分裂局面的限制。隋唐统一,南北交流的政治障碍拆除,国家需要加强对南方地区经略,南北经济发展的迫切要求,促进了南北

交通事业的开发与发展。

其二,天然优越的水运条件。唐代安徽境内,淮河、长江穿境而过,巢湖水域浩渺,浙江蜿蜒东向,都是境内天然黄金水道,不仅为本流域带来良好的航运条件,且淮河、长江东流入海,连接海上交通;东南歙州境内有浙江,下游即是钱塘江,连接海上交通。由此可见,唐代安徽具有通向沿海地区和海外经济、文化交流的多重通道。这不仅为国家与海外交通提供了便捷,随着国家海外交往的日益频繁,也带来境内社会经济、文化的深刻影响。日本、朝鲜半岛乃至南亚地区的海外交流多从淮河、长江、浙江等路线入境,日本、朝鲜半岛的邻国"遣隋使"、"遣唐使"、留学生、商旅、僧侣等友好交往,有很多经过安徽境内抵达两京(长安、洛阳)和全国各地。唐代对外的经济、文化使者取道上述路线出海,与域外诸国联络。越来越密切的中外交流促进了安徽交通的发展。

其三,唐代安徽襟连两京。国家调运各地粮食及其他生活、生产物资入京,淮河、长江水运系统成为两京转运物资的重要通道。朝廷直接关注东南漕运航道的发展,投入很多人力、物力加以扶持。

其四,从区域的地形特点看,天然丰富的水利资源和一马平川的淮北大平原,绵延千里的江淮丘陵,是水陆交通事业得天独厚的天然条件。自古以来,这里交通事业一直活跃。

综上可知,唐代安徽的交通事业不仅仅是地方经济发展的要求,而是关系到国家全局政治经济的大政方针。

3. 社会历史效应

唐代,安徽交通发展逐步形成体系,不仅在境内的经济发展中发挥巨大作用,在全国的交通网络中,成为调节全国交通的中枢。全国东西南北乃至海上的交通都向这个中枢辐辏,再由这个枢纽向全国辐射,淮河交通网为活跃全国的交通发挥了重要作用。

在地方经济中,安徽境内的交通经济率先发展,成为社会经济的龙头,带动地方其他经济事业相继兴盛。

在农业上,由于水运交通的开发,带动水利灌溉工程广泛兴修。见于记载的重要水利灌溉工程有三十多处。水利灌溉发达,促进了农業生产发展。农作物品种增多、复种指数提高、产量增长。

在手工业和商业方面，由于交通便利，产品与商品流通活跃，刺激手工业、商业发达。造船、纺织、制盐、陶瓷、矿物开采、冶铸等竞相发展。安徽境内的庐、颍、宿、亳、寿、舒、濠、滁、和、宣、歙、池十二州都成为当时著名的纺织业中心，史载十二州都有纺织精品贡献朝廷。

商业城市随之繁荣兴盛。原有的商业都会进一步扩大，沿交通线发育起来的城市迅速成长。运河沿线的宿州、泗州、淮西的颍州、亳州和淮南的寿州、濠州、滁州、庐州、和州、舒州等城市，形成了一个贸易关系密切的大商业区。其江南的宣歙池节镇，因其富庶成为翘首全国的名藩，常常捐助国家的大笔军费。

## 第二节　安徽漕运的兴起与发展

漕运，说简单点，就是南粮北调，东南财赋西运。过去对于漕运的认识，大多从掠夺人民财富的视角加以批评。其实，漕运不是孤立的经济活动，它与社会政治经济的各方面相互联系，比如水利兴修、漕运管理、漕船建造、运脚雇佣、藩镇争夺漕运和军事护漕、漕运物资征调等，都深刻植根于社会政治经济。刘晏主持漕运，首先改革盐政，用盐利办漕运，"雇佣"船工，把漕运业和煮盐业紧密联系在一起，一兴俱兴，带动漕运发展。唐玄宗曾经下诏：命漕运东南"土物输京都"，结果刺激东南（包括安徽在内）很多著名"土物"交易和手工业兴盛。唐代安徽漕运事业的兴衰，基本上显示了安徽社会经济发展变化的轨迹。凡此等等，唐代安徽漕运事业不可等闲视之，值得认真总结。

唐代安徽漕运，从漕运兴起，就是国家漕运的主要地区。安徽的社会经济随着漕运的起落不断发生深刻的变化。

### 一、安徽漕运与国家漕运的关系

唐代国家漕运事业兴起，就包含了安徽的漕运事业。国家一系列

漕运制度建立和发展,都与唐代安徽社会经济密切相关。安徽漕运是国家漕运的重要组成部分。

唐王朝定都长安,把富庶的关中地区作为建业基地。随着疆土的扩大,帝业的发展,京师机构逐渐膨胀庞大,官僚队伍和驻军越来越多。"关中虽号称沃野,然其土地狭,所出不足以给京师,备水旱,故常转漕东南之粟"①,从东南地区调运粮食和物资,供应京师,补充京城的物资需求。唐代漕运由此兴起。

漕运初兴,漕运量不大。立国之初,战乱甫平,经济萧条,唐太宗又多次裁冗减员,紧缩各种开支,因而用于官员的"禄廪数少,每年转运不过一二十万石,所用便足"②。这时期,国家漕运江淮的粮食只有少数的几次记载,如武德年间(618—626),扬州都督李靖曾运江淮粮食补充洛阳;③太宗贞观十七年(643),太仆卿萧锐于河南道诸州转运粮食入海,取海路供军征高丽。总的来说,这时国家漕运量不大,"漕事简"④。

唐高宗、武则天时期,江淮经济上升,国家从江淮调集物资的数额逐年增加,江淮漕运量随之增加。朝廷发布的文件中经常言及江淮财富可资国用。每当中原和北方受灾,国家就诏命"就食"江淮,或调运南方物资北上。如中宗景龙三年(709),关中大饥,即"运山东、江淮谷输京师"⑤。其中"江淮谷"包括从安徽境内调运粮食,江淮各地调运的粮食必经安徽境内的淮河航运路线北上,漕运因而比邻近地区更加兴盛。随着国家机构渐趋庞大,官吏人数日益增加,政府开支加大,中宗时期,御史台中丞陈述时政说:"奉禀之费,岁巨亿万,徒竭府藏。"⑥南方的租调也逐渐增加,漕运量渐渐加大。时人陈子昂说:"即目江南,淮南诸州租船数千艘已至巩、洛,计有百余万斛。"这条资料中

---

① 《新唐书》卷五三《食货志》。
② 《新唐书》卷五三《食货志》。
③ 《册府元龟》卷四九八《漕运》、《通典》卷一〇《漕运》。
④ 《新唐书》卷五三《食货志》。
⑤ 《资治通鉴》卷二〇九,"景龙三年"条。
⑥ 《新唐书》卷一二六《卢怀慎》。

的漕船"数千艘",漕运量"百余万斛"①,虽然不能视为确数,但至少可以认定,其时漕运量之大,较之贞观年间已经增至数倍。当时,"神都(洛阳)帑藏储粟,积年充实,江淮漕运,日夕流衍"②,北方因此可坐"食江淮之利"③。

## 二、宣州刺史裴耀卿的江淮漕运改革

唐玄宗开元(713—741)、天宝(742—755)年间,社会经济发展较快。但是北方,尤其是关中地区,粮食供需矛盾十分突出。每年大量调运南方粮食,仍然不能满足京城人口日益增多和北方戍边粮饷的需求。加上调运南粮的漕运方式落后,年运量远不能满足封建国家需要,难以保证正常供应。遇到北方受旱遇水,出现饥荒,国家便增加调运南方的粮食数额。这种局面自唐玄宗时期,日益显露出来。

开元十五年(727)秋,"河北饥,转江淮之南租米百万(石)以赈给之"④。

开元十六年(728)十二月,又因水灾而出敕,从南方调运粮食,"漕江淮以赈之"⑤。

此时,宣州刺史裴耀卿看出了国家漕运南粮的困难,依据自己为官宣州所了解的东南区域社会情况,针对漕运"南粮"问题,结合国情作出客观的分析,指明了漕运方面存在的弊病,提出了改革的方案。他向玄宗上表"条陈",其中精辟的内容有三点:

第一,认为"江南户口多,而无征防之役",粮食产量逐年提高,粮食积累逐年增长,为国家南粮北调的大计提供了较好的基础和保障。

第二,指明调运南粮的漕政上面存在弊端,提出改革漕运的建议。裴耀卿调查研究当时江淮漕运的实况,分析说:漕船于每年正、二月上道,"四月已后,始渡淮入汴,常苦水浅。六、七月乃至河口,而河水方

---

① 《陈伯玉文集》卷八《上军国机要事》。
② 《唐会要》卷二七。
③ 《文苑英华》卷六〇〇,宋之问《东都僧请留驾表》。
④ 《旧唐书》卷四八《食货志》。
⑤ 《唐大诏令集》,"开元二十六年"条。

涨。须八、九月水落始得上河入洛,而漕路多梗,船樯阻隘。江南之人,不习河事,转雇河师水手,重为劳费。其得行日少,阻滞日多。"①途中因"水浅"、"水涨"而停留或减速,几乎浪费一半时间,每年只能往返一次,年漕运量受到一定的限制,造成"江右困转输,国匮于上,民乏于下"的窘迫状况。②

第三,建议疏浚水道,改进运输条件。

开元十八年(730),地方官员"朝集京师"述职期间,玄宗接见"宣州刺史裴耀卿",讨论南粮北调的方略,"访以漕事"③。

裴耀卿依据江淮地带的航运特点,结合国家航运全局的客观状况,进一步提出了漕运改革的具体方案。其要点有三:

其一,"兴漕路,请罢陆运"④。即以水运取代陆路运输。武则天时期,"景云中,陆运北路分八递,雇民车牛以载"⑤。裴耀卿主张采取水路运输,只是在黄河三门峡之险处,才凿开山路十八里,取陆路避开黄河水险。⑥

其二,航运沿线建置"仓储","节级转运"。裴耀卿提出在两淮漕运线上,沿途建置大型仓库,作为漕运物资中转储存处。"节级转运,水通则舟行,水浅则寓于仓以待,则舟无停留,而物不耗失。此甚利也。"⑦

其三,分段漕运。裴耀卿认为"江南之人,不习河事,转雇河师水手,重为劳费"⑧。主张漕运线路上实行分段运输,"使江南之舟不入黄河,黄河之舟不入洛口"⑨,既能够避免船工水手不悉各种水情的缺陷,又能够避免长驱直达,遇枯水舟阻,延误时间的的弊病。

① 《新唐书》卷五三《食货志三》。
② 《新唐书》卷一二一《李峤》。
③ 《新唐书》卷五三《食货志三》。
④ 《新唐书》卷五三《食货志三》。
⑤ 《新唐书》卷五三《食货志三》。
⑥ 《资治通鉴》卷二一四,"开元二十二年"条。
⑦ 《新唐书》卷五三《食货志三》。
⑧ 《新唐书》卷五三《食货志三》。
⑨ 《新唐书》卷五三《食货志三》。

裴耀卿提出的漕运改革方案，"玄宗初不省"，没有采纳。① 但是，开元二十一年（733）北方发生水灾，"京师雨水，谷踊贵"，唐玄宗才作出决策，采纳裴耀卿的意见，擢拔裴耀卿为计相，兼江淮、河南转运都使，主持江淮漕运。裴耀卿总结历史经验，研究两淮运输特点，制定了新的运输法，改进漕运，获得了较大的成效：

其一，节约了运输费用。裴耀卿改革漕运前，舟运江淮米至东都含嘉仓，转陆运三百里至陕，"率两斛计庸钱千"②。裴耀卿主持漕运期间，根据《资治通鉴》记载："耀卿令江、淮舟运悉输河阴仓，更用河舟运至含嘉仓及太原仓，自太原仓入渭输关中，凡三岁，运米七百万斛，省僦车钱三十万缗。"③

其二，调剂了粮食余缺。当时北方缺粮，南方粮食积压，江淮百姓按地税缴纳的粮食储存于当地"义仓"。义仓仓库不够用，每年增加一二百万石，数年之后，仓库转加，陈陈相因，下湿不堪久储，苦无船可运，三两年变色、霉烂、腐坏。裴耀卿创分段转运，缩短了江淮漕船的路程，节约行程和船只，多运江淮积粮，减少损失，也解决了北方粮荒。

其三，节省了民力、牛力。裴耀卿主漕之前，武则天时期，"陆运北路八递，雇民车牛以载"④，需用车一千八百乘，不仅花费了较多的人力、物力，而且"八递伤牛"⑤，影响农业生产，改"兴漕路"后，水运价廉，节省了财政开支，也节省了民力和牛力。

漕运的兴盛，江淮乃至安徽境内漕运物资年运量增加，解决了京城缺粮的困难。京城甚至出现粮食价格下跌的现象。为防止谷贱伤农，唐玄宗开元二十五年（737）下令暂停转运江淮租米，"令租庸调、租资课，皆以土物输京都。"⑥即是把租米折换为本地的土特产品，再漕运京师。

---

① 《新唐书》卷五三《食货三》。
② 《新唐书》卷五三《食货三》。
③ 《资治通鉴》卷二一四，"开元二十二年"条。
④ 《新唐书》卷五三《食货三》。
⑤ 《新唐书》卷五三《食货三》。
⑥ 《资治通鉴》卷二一四，"开元二十五年"条。

### 三、韦坚漕运"轻货"及对安徽经济的影响

裴耀卿之后,李齐物、裴回、韦坚等人,相继主持漕运,江淮漕运持续发展。

韦坚主持漕运时,也进行了一项漕运改革,即漕运江淮"轻货"的新措施。①

所谓"轻货",即粮食布匹以外的百货,包括各地的特产、名产及手工业精品。韦坚遵循玄宗提出"皆以土物输京都"的诏命,推行漕运东南本土"轻货"的政策,南方的各种手工业产品和农副特产有机会转运到北方。韦坚主持东南漕政的这一改革,带来了东南乃至安徽境内社会经济的重大变化。原来单一运粮、布,转变为漕运"轻货",在客观上提出了南方地区名产和手工业产品的需求,为南方的手工业产品扩大了市场,同时也刺激了南方手工业、农副产品加工业等经济发展。南方产品转运北方,满足北方的物质需求,对促进南北经济交流具有积极意义。

开元二十九年(741),韦坚在京城长安举办了东南"轻货"的"广运潭"展览会,这次展览会别具新意,实际是唐代的一次大型的南方各地手工业品和特色产品的"博览会"。韦坚预先设计在京城长安"长乐坡濒苑墙,凿潭于望春楼下,以聚漕舟"。凡是入京的"诸舟,各揭其郡名,陈其土地所产宝货、诸奇物于栿(船梁)上"。这样各个漕船来自州郡及其"土地所产宝货、诸奇物"可以一目了然。这是别具一格的水上博览会。

韦坚为了增加这次博览会的观赏性,还增加了很多文化表演项目。他邀请京城的音乐家崔成甫为这次盛会创作歌曲,挑选民间广为流传的民歌《得体歌》,加工提炼、创作出优美动听的《得宝弘农野》在会上演唱。规定东南漕船的"舟人为吴、楚服,大笠、广袖、芒屦以歌之。成甫又广之为歌辞十阕,自衣缺后绿衣、锦半臂、红抹额,立第一船为号头以唱"。又从京城附近的两县选拔"妇女百余人,鲜服靓妆,

---

① 《旧唐书》卷四八《食货志》。

鸣鼓吹笛以和之"。各地的漕船按照规定次序"以次辖楼下"。这是一次既有音乐演奏，又有歌舞、展览的高规格的"博览会"，规模盛大，"连樯弥亘数里，观者山积。京城百姓多不识驿马船樯竿，人人骇视。"玄宗"望见大悦，赐其潭名曰'广运潭'。"①

在这次"广运潭"大会上，"宣城郡船，即空青石、纸笔、黄连"等名品参加了展览。② 宣州纸笔等手工业从此名闻京师，驰誉全国。空青石，是宣州出产的石材，有许多自然花纹，既可以观赏，又是优良的建筑材料。纸笔，是宣州著名的手工业品，白居易曾经有诗讴歌。但是这次参加博览会的宣纸、宣笔驰名京师，比白居易的诗歌早半个世纪。黄连，是宣州的特产，是重要的中药材料。这些产品经过广运潭盛会的推出，扩大了影响，也扩大了北方市场，从而带动了宣州乃至安徽的手工业、商业发展。

天宝十四年（755），爆发了安史之乱，战祸延及八年，给唐王朝带来沉重打击，留下累累创伤。这期间"中原释未"，北方大片土地落入异己的藩镇，农业生产和社会经济遭受严重破坏，"赋税不入于朝廷"。国家经济来源只有依靠南方，特别是江淮地区。唐王朝面临严峻的考验。度支郎中第五琦提出对策，说："方今之急在兵，兵之强弱在赋，赋之所出，江淮居多。请以江淮租庸市轻货，溯江汉而上，至洋川，令汉中王禹陆运至扶风以助军。"③处于危难之际的肃宗采纳了这个建议，并命薛景仙护漕，负责疏通江汉漕运线。在变化了的政治经济形势面前，江淮地区漕运，这时改行江汉运输路线，江淮之间以及南方广大地区，"盐铁租赋皆溯汉而上"④，"江淮粟帛由襄汉（今襄樊一带）越商於（今陕西南部）以输京师"⑤，"江淮奏请贡献之蜀（玄宗在蜀）、之灵武（肃宗在灵武即位）者，皆自襄阳取上津路抵扶风"⑥。当时，"淮河阻兵，飞挽路绝"，江汉漕运对于支持国家平息战乱，发挥了

① 《新唐书》卷五三《食货三》。
② 《旧唐书》卷一〇五《韦坚》。
③ 《资治通鉴》卷二一九，"至德元年"条。
④ 《旧唐书》卷四九《食货志》。
⑤ 《旧唐书》卷四九《食货志》。
⑥ 《旧唐书》卷四九《食货志》。

很大的作用。而江淮漕运则成为江汉线重要转运枢纽,安徽是这一枢纽的骨干部分。

### 四、刘晏再兴两淮漕运与安徽漕运的发展

历时八年的安史之乱被平息以后,战争创伤深深地留在社会经济各个方面。两淮漕运在战乱中长期处于瘫痪状态,漕运航道受到战争的严重破坏,汴水也因"总不掏拓"而淤塞多年。① 只有江汉线临时的南北运输,应急于战争时期。江汉线有严重的缺点,即运输困难,"漕运者自江、汉抵梁(州)洋(州),遇险劳费"②。战乱甫平,代宗即位后就计划恢复运河漕运。

代宗广德二年(764),刘晏受命担任河南江淮转运使,"以转运为己任",主持疏通了淤塞多年的汴水。同时改革漕运制度,恢复"江淮漕运",淮水、汴水航运重新活跃起来。这是中唐漕运史上一个十分有意义的转折和变化。

在刘晏主持漕运期间,不仅漕运有了很大发展,安徽境内的漕运与之俱兴,其疏浚的航道有很多在今安徽境内,其改革漕政的内容也直接在安徽境内漕运事业中推行。

第一,推行"雇佣"制,③即雇佣船工、漕丁运输,改变原来徭役式的摊派民力。隋代早有"招募运米丁"的前例,被招募的民丁"免其征戍",实质上仍属徭役性质。裴耀卿任转运使以来,中央有了专职管理机构,但下面仍由地方州县或节度使主办。州县又命令当地富户承办督运,这种富户称"船头"④。"船头"又向本地百姓派遣,仍然是摊派徭役的官漕民运方式。刘晏改变这种状况,取消地方州县督办漕运的旧法,改为由国家直接开支经费主办运输,"以盐利雇佣,分吏督之"⑤。盐利是刘晏盐制改革获得的利润。用盐利雇佣劳力,保证漕运

---

① 《旧唐书》卷一二三《刘晏》。
② 《资治通鉴》卷二二三,"广德二年"条。
③ 《新唐书》卷五三《食货志三》。
④ 《旧唐书》卷一二三《刘晏》。
⑤ 《旧唐书》卷四九《食货志下》。

畅通。这一改革具有重要意义,对国家来说,中央完全控制了漕运的主动权;对地方来说,不再摊派徭役,国家直接招募、雇佣民丁和船工,民丁船工直接受雇于国家,避免中介盘剥。此外,雇佣转向市场,可以调节各地劳力余缺不均的矛盾,有利于调动各地漕佣的积极性。当时,江淮漕运,从扬州到河阴(今河南荥阳)共有漕船二千艘,十船为一纲,每纲三百人,篙工五十,共计需雇船公、漕丁七万人。[①] 由河阴再转运到京城,运输量略有减少,但仍需雇佣相当多的民力。这一改革,既活跃了劳动力市场,又减少了对地方农业的干扰。雇工制在唐代经济生活中是一个新事物,刘晏将之引入漕运,为当时的漕运事业注入了活力。

第二,设置巡院、监院。刘晏设巡院、监院是用来管理和监督盐政的。他在收回漕运权后,即命设置巡院、监院负责监督和参与漕运管理。在刘晏管辖的两淮及东南地区"自淮北置巡院十三","诸道皆各置知院官",掌管诸道巡院。这些巡院是和漕运体制改革相配套的管理机构,在漕运中发挥了一定的作用。

第三,发展裴氏分段转运制。裴耀卿掌漕期间,创立了"设仓节级转运法",大大提高了运输效率,节约了人力、物力、财力和时间。但是裴耀卿对于江淮地区的漕运分段过于粗略。他规定漕船从江南一直运到河阴,卸粮储于河阴仓而后南返,中途历经长江、邗沟、淮河、汴水。这四水水情皆不相同,刘晏考察了漕运全部航程,注意到裴氏的这一缺陷。他将航程重新分为四个航运段,即江漕、汴漕、河漕、渭漕,然后根据江、汴、河、渭四个航运段水势水文不同的特点,规定:"江船不入汴,汴船不入河,河船不入渭;江南之运积扬州,汴河之运积河阴,河船之运积渭口(渭水与黄河交汇处),渭船之运入太仓。"[②]这是对裴耀卿分段运输法的进一步改进,受益最大的是江淮漕运段,由原来江汴直运,改为分节转运。把江运和淮汴运输分开,强化了河段运输的特点,有利于漕运管理。在新的分段制度中,漕工能够熟悉本段内的

---

① 《新唐书》卷五三《食货志三》。
② 《新唐书》卷五三《食货志三》。

河道,熟悉漕船的特性,可以较快较好地掌握航运技术和规律,因而有利于进一步提高运输效率。

第四,创立"纲运"。刘晏把漕船组织起来,"十船为纲,每纲三百人,篙工五十",以纲为单位,把船只和漕丁组织起来,派遣军将押送。①这一制度的意义在于加强途中管理,减少途中"漕米亡耗"和保障漕运安全。

第五,建造专用漕船。刘晏根据江淮漕运各河段水文水势不同的特点,设计建造与之相适应的漕船。在长江、汴水漕运段设计了"歇皇支江船",在黄河,设计了"上门填阙船",船形、大小、结构皆专门化,分别适宜在江上、淮上汴河和黄河中漕运。

第六,训练漕卒。漕运有自身的规律,是一个专门学问。刘晏针对"江、汴、河、淮水力不同,各随便宜造运船,教漕卒"②,规定漕运人员接受漕运训练,而且分立江漕、汴漕、河漕、渭漕等各种不同项目进行训练。这实际上是我国古代最早的航运专科学校。刘晏"教漕卒"的业务训练措施很有成效,"未十年,人人习河险",漕运水平大大提高。

第七,"囊米"装卸制。刘晏之前,漕运粮食皆散装运载。途中转运时,每装卸一次,粮食都要损耗一些。为了减少损耗,刘晏规定"囊米载以舟"③,即由原来散运方式,改用麻袋或蒲包盛装。这是我国较早的包装装卸制,既是刘晏确立的一项新制度,又是刘晏的发明创造,其直接效果是节约,减少漕运损耗,是一大贡献。在囊米装卸制改革中,原"斗米费钱十九,晏命囊米而载以舟,减钱十五"④。"由扬州距河阴,斗米费钱百二十",刘晏改造漕船后,"米斗钱减九十"⑤,当时总计有漕船二千艘,每船受千斛,总计节约费用相当可观。

此外,刘晏还确立了"漕运奖励制"、"军事护漕制"等,使漕运制

---

① 《新唐书》卷五三《食货志三》。

② 《资治通鉴》卷二二六,"建中元年"条。

③ 《新唐书》卷五三《食货志三》。

④ 《新唐书》卷五三《食货志三》。

⑤ 《新唐书》卷五三《食货志三》。

度逐步完善起来。此后，凡五十年，一遵其制，促进东南漕运不断兴起。刘晏的漕运改革不仅在漕运中获得很大成效，其经济效益十分显著，在中国运输史上留下了有益的经验。

总结刘晏漕政，主要成绩有三方面。其一，大规模疏浚了漕运航道，设计新式漕船，改善了漕运条件；其二，改革了漕政制度，促进漕运发展；其三，改进漕运技术，提高漕运效率。长安食盐断缺，"京师盐暴贵，诏取三万斛以赡关中"，刘晏从江淮运盐三万斛，四十天抵达长安，解决了京师缺盐的困难，"人以为神"①。在减少损耗和节约费用方面，亦比较显著。刘晏主持漕运期间，"岁转粟百一十万石，无升斗溺者。轻货自扬子至汴州，每驮费钱二千二百，减九百，岁省十余万缗。"②深受时人称赞。恢复通漕，第一批漕船抵达长安，"代宗遣卫士迓迎至东渭桥，喻刘晏为唐代萧何。"

根据唐代"旧制，每岁运江淮米五十万斛（石），至河阴留十万，四十万送渭仓"③。刘晏主漕，实际运额已超过了国家规定，"每年从江西、湖南、浙东、浙西、淮南等道都运来一百一十万石。送至河南，减四十万石储河阴仓。余七十万石送至陕州，又减三十万石留储太原仓。剩余四十万石送赴渭桥输纳"④。年漕运量虽然不及裴耀卿主漕时的数额，但是已经超额一倍完成国家计划任务。另外，由于节级漕运，沿途各仓储存的粮食，逐年积累，都很"充盈"。刘晏死后不久，宰相陆赞于贞元八年（792）查"勘河阴、太原等仓，见米犹有三百二十余万石"⑤。按每年四十万石数字运往关中，可满足八年供应，也就是说江淮租粮停运八年，河渭之间漕粮运输仍不中断。除了粮食以外，轻货漕运量空前增加。轻货以"驮"为单位，"自扬子至汴州"，每年运货量经过推算达 11 余万驮。⑥ 由此可知，刘晏主漕期间，江淮漕运量非但没有降低，反而不断增长。

① 《新唐书》卷一六二《刘晏》。
② 《新唐书》卷五三《食货志三》。
③ 《旧唐书》卷四九《食货志下》。
④ 《全唐文》卷四七三，陆赞《请减京东水运收脚价于缘边州镇储蓄军粮事宜状》。
⑤ 《全唐文》卷四七三，陆赞《请减京东水运收脚价于缘边州镇储蓄军粮事宜状》。
⑥ 《新唐书》卷五三《食货志三》。

# 第三节　叛军争夺江淮漕运

以往总结唐王朝后期的历史,批评其时局混乱较多。其实应该看到任何历史时期,都有其积极的进步的元素代表历史发展的趋势,向腐朽的落后势力斗争。唐代安徽社会经济在唐代后期有很多进步和发展,这些进步与发展,是与打击腐朽的分裂割据势力的斗争、加强漕运线路的军事保护、进一步发展漕运密切相关。

## 一、藩镇对埇桥的反复争夺

安史之乱以后,藩镇割据与叛乱不断出现。凡东南军镇叛乱,有一个共同特点,总是以截取江淮漕运物资为挑衅的开端。其争夺江淮漕运的目标又集中在淮河"三口",即埇口(埇桥俗称埇口,刘晏在此设置"埇口巡院",故名)、涡口(即涡水入淮口)与汴口(汴水入淮口,在今泗洪县境内)。淮河"三口"是千里淮河运输线上的三大咽喉之地。

德宗建中二年(781),"四镇之乱"在汴水流域拉开战幕,第一次战役就发生在"淮运三口"。淄青镇(治郓,今山东东平)节度使李正己截"断江淮路,令兵守埇桥、涡口。江淮进奉舟工(运送上贡物资的大船)千余只,泊涡口不敢过"①。江淮财赋的运路被切断,朝廷为之震恐。为了解除这一威胁,德宗召见名将张万福,任命张万福为濠州刺史,前去解危、护漕。张万福受命,"驰至涡口,立马岸上,发进奉舟工。淄青兵马倚岸睥睨不敢动,诸道舟工继进。"②漕运为之畅通。当年十一月,埇桥收复。但不到两个月,建中三年(782)初,藩镇兵叛又起。李纳、李希烈"绝汴饷路",埇桥失守。③ 国家漕运只好改道江汉线,退回

---

① 《旧唐书》卷一五二《张万福》。
② 《旧唐书》卷一五二《张万福》。
③ 《新唐书》卷二二五《李希烈》。

到安史之乱中的状态。建中四年（783），局势继续恶化，京城又发生"泾原兵变"，德宗被迫出幸奉天（陕西乾县），命李晟负责收复首都长安。李晟急需粮饷，德宗遥诏，命令江淮节度使漕运供军。江淮镇海军节度使韩滉从宣州（安徽宣城）、润州（镇江市）调遣弓箭手，"以强弩数千游汴水"，打通汴水航道。[①] 兴元元年（784），韩滉"运米百艘以饷李晟"。其时，"淮汴之间，楼船万计"，韩滉在船上配有弓箭手，每"艘置五弩手以为防援，有寇则叩舷相警（通报）"[②]，顺利地完成了这次助饷王师的特殊漕运任务。韩滉又配合刘洽收复汴水沿线及埇桥，"控引漕挽，委输京师"[③]，支持李晟迅速收复京城。贞元二年（786），北方普遍受灾，两京（长安、洛阳）遭受严重饥荒，朝廷决定"以两税准米百万，豪、寿、洪、潭二十万，责韩滉、杜亚漕送东渭桥"[④]。其中，豪州即是濠州。濠、寿两州各承担漕运二十万石，也可以窥见唐朝年漕运量之一斑。

### 二、德宗护漕方略："埇桥部署"

鉴于淮汴漕运反复被切断的痛苦教训，唐王朝决定加强汴水沿线的军事防御。分析汴水沿线的情况，埇桥在漕运中的地位非常重要。当时，宰相李泌提出"江、淮漕运以甬桥（即埇桥）为咽喉"，埇桥属于徐州节镇的辖区，徐州邻近有正在称雄割据的李纳，"若李纳一旦复有异图，窃据徐州，是失江、淮也。国用何从而致！"为此，李泌建议"徙寿、庐、濠都团练使张建封镇徐州，割濠、泗以隶之；复以庐、寿归淮南，则淄青慑息而运路常通，江、淮安矣"[⑤]。李泌提出了一个完整的埇桥军事防御计划，其主要内容是建置徐、泗、濠三州节度使，加强对于埇桥的控制。德宗接受了这一计划，贞元四年（788）宣布实施李泌提出的"埇桥部署"。其军事上核心问题包含三个重要的军事防卫部署，

---

① 《资治通鉴》卷二三一，"兴元元年"条。
② 《资治通鉴》卷二三一，"兴元元年"条。
③ 《陆宣公（贽）翰苑集》卷八《刘洽检校司空充道兵马都统制》。
④ 《新唐书》卷一五〇《崔造》。
⑤ 《资治通鉴》卷二三三，"贞元四年"条。

即加强淮河"三口"的军事防卫。

首先是埇口,即埇桥,地临汴渠,属于徐州的符离县。隋代汴渠通漕以来,已经发育成为汴渠上的新兴港埠。南来北往的船只停泊埇桥,史书记载:"汴河有埇桥,为舳舻之会,运漕所历,防虞是资。"①刘晏任江淮转运使期间,设置"埇口巡院"②,埇桥成为国家漕运的派出管理机构,也是淮汴漕运的中转站。《元和郡县图志》记载:"自隋氏凿汴以来,彭城南控埇桥以扼汴路,故其镇尤重。"③李泌则进一步强调埇桥的重要性,"江淮漕运自淮入汴,以埇桥为咽喉"之地,必须建置节镇,加强守护。

涡口,属于徐州蕲县(今安徽蚌埠市怀远县)境内,既是涡水入淮口,又是通向埇桥的大道口,与埇桥唇齿相依。此外,涡口隔淮河与濠州为邻,濠州自古为"淮南之险","阻淮带山",④在濠州建置军事防御,成为涡口的最好军事屏障。"贞元以后,州西涡口对岸,置两城,刺史常带两城使,以守其要。"⑤

汴口,即汴渠与淮河的交汇点,位于泗州临淮县(今江苏与安徽交界处)境内。颔连埇桥,是埇桥的前门。

以上三大重要津口,其安危关系到淮河运输系统的命运。所以李泌提出设置军镇,加强军事防御。德宗接受李泌的意见,"越淮割地",建置徐、泗、濠节度使,点将张建封出任节度使,镇守徐州,加强淮河"三口"军事防御,保护漕运通畅。德宗的"埇桥部署"确实起到了应有的效果。忠贞的名将张建封出任徐、泗、濠节度使,"创置军伍",加强防卫。稍后又在濠州"州西涡口对岸置两城,刺史常带两城使,以守其要"⑥。名将张建封死,藩镇又起争端,刘玄佐收复汴州有功,"诏加汴宋节度使。"⑦这样,以"埇桥部置"和汴州防卫互相配合,初步完

① 《元和郡县志》卷一〇《宿州》。
② 《新唐书》卷五四《食货志四》。
③ 《元和郡县志》卷一〇《徐州》。
④ 《元和郡县志》卷一〇《濠州》。
⑤ 《元和郡县志》卷一〇《濠州》。
⑥ 《元和郡县志》卷九《濠州》。
⑦ 《新唐书》卷二一四《刘玄佐》。

成了"淮运"路线的军事护漕布局。

此时,淮西的淮颍线路,李灵耀反叛,威胁淮颍线路的漕运,朝廷遣李芃兼亳州防御使,护陈、颍饷道,进一步加强军事防御,保护漕运路线畅通。[①] 说明德宗时期,不仅汴水漕运受到朝廷的重视,淮西的淮颍漕运,朝廷同样倍加关注。

这一时期,由于战争频仍,每年漕运量不稳定。恢复通漕及加强对淮汴军事防卫时,德宗曾"增江淮之运,浙江东、西,岁运米七十五万石"[②],沿长江转淮汴北上。

### 三、宪宗护漕方略:建置宿州

唐宪宗时期,藩镇割据,愈演愈烈。据《资治通鉴》记载,元和二年(807),即宪宗继位第二年,"李吉甫撰《元和国计簿》上之,总计天下方镇四十八,州府二百九十五,县千四百五十三。其凤翔、鄜坊、邠宁、振武、泾原、银夏、灵盐、河东、易定、魏博、镇冀、范阳、沧景、淮西、淄青等十五道七十一州不申户口外,每岁赋税倚办,止于浙江东、西,宣歙、淮南、江西、鄂岳、福建、湖南八道四十九州,一百四十四万户。"[③]由此可见,全国大部分地区都被军镇割据,拥兵自立,国家赋税总额锐减。赋税来源集中在南方八道四十九州。其中属于今安徽境内的有"宣歙、淮南"二道九州,按照东南八道的比例,几乎承担了国家四分之一赋税来源。唐宪宗为了扭转局面,改革内政,任用贤能,整顿两税,改善财政。其首要任务是削藩,整顿漕运,控制漕路。

宪宗在控制东南漕路的斗争中比较有见识,沿着德宗"埇桥部署"加强军事防御的理念,继续把控制漕运的重点放在控制运河主动脉区域,采取了新的重大举措,在运河咽喉之地"埇桥"建置宿州,保护漕运。元和四年(809),以埇桥为州治,析分徐州符离县、蕲县,析分泗州虹县,建置宿州。建置宿州的目的在于进一步控制埇桥,保护运河漕运,形成了宿州、徐州互为奥援,共同控制漕运的护漕体系。这一

---

① 《新唐书》卷一四七《李芃》。
② 《新唐书》卷五三《食货志三》。
③ 《资治通鉴》卷二三七,"元和二年"条。

部署较有成效,此后"二十余年","无敢怙乱者。"①

宪宗一方面整顿漕运控制漕路,一方面力削强藩枭雄。他通过整顿漕运,获取漕运财赋,支持削藩,又通过削藩保护漕路。二者互为依托,终于扫除了"淮西之乱"的隐患。为了削藩护漕,宪宗先后任命李巽、王播、程异、卢坦、李墉、柳公绰等主持漕运。这些人都是在两淮漕运事业颇有作为的称职官员,在完善东南漕运制度、制定漕运法令、革除弊端等方面有所作为,为扩大江淮漕运做出了很多努力和政绩。其中李巽主持漕事时期,成效较大,漕运也随之"中兴",年漕运量回升,达到中唐的最高水平。《新唐书》卷五三《食货三》载:"自刘晏后,江淮米至渭桥渐减矣,至巽乃复如晏之多。"《旧唐书》卷四九《食货志》也载:"旧制,每岁运江淮米五十万斛,至河阴留十万,四十万送渭仓。晏殁,久不登其数。惟李巽秉使三载,无升斗之阙焉。"

王播主持漕事期间,引程异为副使。程异"尤通万货盈虚"②。宪宗元和十一年(816),"朝廷以兵兴,国用不足,命盐铁副使程异乘驿谕江淮诸道,俾助军。"程异下江淮,首先动员淮南道节度使李墉"进绢三万匹,金五百两,银三千两,以助军"。元和十二年,李墉"又进助军绢三万匹","墉以境内富贵,乃大藉府库,一年所蓄之外咸贡于朝。"其余诸道效仿李墉,"悉索以献",王师无匮乏之忧。③ 值得一提的是淮南道节度使在短时间内,提供数额巨大的"助军"物资和钱款,也反映了当时河淮南道下属州县的社会经济状况,其中纺织业、钱币制造等都比较发达。

宪宗元和十二年,又建置"淮颍水运使"④,从淮西扩大漕运线路,安徽境内的漕运进一步兴盛。此时,江淮租米进入"淮运"系统后,有两条线路北上:一部分由宿州经汴渠,集于河阴(荥阳),一部分溯淮经寿州四十里入颍口,由"淮颍道"转输供军或继续北上。两条线路都在今安徽境内,安徽的漕运持续发展。

① 《旧唐书》卷一五六《韩弘》。
② 《新唐书》卷一六七《王播》。
③ 《册府元龟》卷四八五《邦计部·济军输财济军》。
④ 《唐会要》卷八七《漕运》。

## 第四节　唐末漕政腐败和安徽经济衰落

唐代漕运兴衰,关系到唐代安徽社会经济的兴衰。唐末,漕政腐败、漕运衰落,安徽社会经济随之萧条。

### 一、唐末官漕腐败和安徽漕事萧条

元和十五年(820)宪宗死,穆宗继位,汴渠漕运又出现危机。危机从埇桥失控开始。

穆宗长庆二年(822),镇守汴州的宣武军内部出现兵乱。徐州节度使崔群被部下王智兴驱逐,王智兴出兵劫掠埇桥,"掠盐铁院缗币及汴路进奉物、商旅赀货,率十取七八。"①王智兴驱逐崔群后,又"逐濠州刺史侯弘度,弘度弃城走"②。朝廷面对王智兴的肆虐,无可奈何,"力不能加讨,遂授智兴武宁军节度、徐泗濠观察使。"对于朝廷来说,徐、泗、濠等州,全部陷入王智兴之手,实际处于失控状态,漕运受到严重影响。

此后,汴渠漕运、淮颍漕运由于政局昏暗而进一步衰落。尤其朝廷政治上软弱无力,藩镇不断公开叛变,相互吞并,战争频仍,社会矛盾激化,农民起义也不断发生,唐王朝实际控制的地盘越来越小,漕运物资不断被拦截阻断。

文宗时期,朝廷曾经试图改变这种局势,继承先帝的路线,加强对漕运路线的军事防御,集中力量防御江淮漕运。文宗大和年间(827—835)淮河沿线驻扎淮南军,军事布局十分严密:"淮南军西蔽蔡,壁寿春,有团练使;北蔽齐,壁山阳,有团练使。节度使为军三万五千人,居中统制二处,一千里,三十八城,护天下饷道,为诸道府军事最重。"③但

---

① 《新唐书》卷一六五《王智兴》。
② 《新唐书》卷一六五《王智兴》。
③ 《全唐文》卷七五三,杜牧《淮南监军使院厅壁记》。

是,收效甚微,"自太和以来,岁运江、淮米不过四十万斛,吏卒侵盗、沉没,舟达渭仓者什不三四。"①漕运的定额以四十万石计算,抵达京城的漕粮折数应为十二至十六万石,比唐太宗贞观年间运额还低。

武宗时期(841—846),争夺、劫掠国家漕运的事件频频发生,发展趋势也在扩大,由淮河流域漫延到长江运输系统。池州界内的"江上劫杀,比常年尤甚。自上元(今南京市)至宣池州地界,商旅绝行"②。这段地界,包括今马鞍山市、当涂县、芜湖市、繁昌县、铜陵市、池州市沿江一线。"所在长吏,掩闭道路,颇甚怨嗟。"③又有"私盐贼盗,多结群党,兼持兵仗劫盗,及贩卖私盐,因缘便为大劫"④。宣宗时期(847—859)爆发浙东裘甫起义。懿宗咸通年间(860—873),淮北又发生徐州兵变,驱逐节度使王璋。这一连串事件都直接发生在江淮地带,江淮漕运受挫,交通被破坏,社会经济发展的正常秩序被打乱。

咸通年间的庞勋起义,对安徽漕运争夺也很激烈。咸通九年(868)十月,庞勋攻取宿州,控制了埇桥,切断汴渠漕路,接着攻取徐州、濠州,攻打泗州。此皆淮河交通运输的重要关口。庞勋在泗州激战的同时,又分兵西取寿州,切断寿州入颍的漕路,致使国家东南财赋的运输彻底中断。庞勋夺取江淮漕运,控制淮河交通长达一年有余,致使朝廷因为东南财赋断绝而濒于崩溃。

僖宗乾符元年(874),黄巢农民起义爆发。农民军转战南北,在江淮一带,切断汴渠交通和漕路。黄巢农民军流动作战,西去长安后,江淮地区沦入藩镇相互争夺的混战。淮南节度使高骈的部属吕用之、毕师铎、杨行密,还有宣歙观察使秦彦等相互攻战,"继师铎、秦彦之后,孙儒、行密继踵相攻,四五年间连兵不息。"⑤此时,国家已经无力控制局面,各地皆被军阀割据。当时安徽境内,"时溥据徐、泗","高骈据淮南八州","秦彦据宣、歙","皆自擅兵赋,迭相吞噬,朝廷不能制。

① 《资治通鉴》卷二四九,"大中五年"条。
② 《全唐文》卷七〇四,李德裕《请淮南等五道置游奕船状》。
③ 《全唐文》卷七〇四,李德裕《请淮南等五道置游奕船状》。
④ 《全唐文》卷七八,武宗《加尊号后郊天赦文》。
⑤ 《旧唐书》卷一八二《秦彦》。

江淮转运路绝,两河、江淮赋不上供。"①最后杨行密在淮河以南、长江下游站稳了地盘,建立了吴政权,后来移都南京,李昇建立了南唐政权,前后维系八十五年。淮北地区被朱温控制。朱温试图南下,被杨行密挫败于清口(泗水入淮口),形成划淮为界的对峙局面。

在杨行密和朱温交战中,"唐末杨氏据淮甸,自甬桥(即埇桥)东南决汴,汇为污泽。"②至此,东南运输系统被破坏,运河断流,南北交通不能够维持,直到周世宗显德四年(957)疏浚运河,南北分裂五十多年,淮河、汴水一带,"葭苇如织,多泥淖沟堑"③,一片荒芜,不能够通舟,漕路久绝。

### 二、漕政腐败,漕运衰落

"然倚海堑江、淮,深津横冈,备守坚险,自艰难已来,未尝受兵。故命节度使皆以道德儒学,来罢宰相,去登宰相。命监军使皆以贤良勤劳,内外有功,来自禁军中尉枢密使。去为禁军中尉枢密使,自贞元、元和已来,大抵多如此。"

唐朝后期,除了藩镇交兵,制约漕运,国家漕政逐渐混乱和腐败,成为漕运衰落致命的痼疾。王播领使时期,"漕米亡耗于路颇多"。漕运"部吏舟人相挟为奸",他们把"漕米亡耗"的矛盾转嫁给漕卒、船工,"榜笞号苦之声闻于道路",漕卒船工经不起榜笞,纷纷逃跑,"运米至者十亡七八"④,逃跑人数几乎达到百分之八十。文宗以后,漕政腐败的现象更加严重,并且表面化了,"漕吏狡蠹,败溺百端。官舟沉溺者岁七十余支。缘河奸吏,大紊刘晏之法"⑤;偷盗现象十分严重,有的甚至蓄意沉没官船,以报挂失。文宗开成年间(836—840),漕运设置"长安纲",即以"纲"为单元组织漕运。结果"行纲多以盗抵死",即漕卒、漕工因为不堪折磨,起来反抗,结果受到严酷处罚。⑥

---

① 《旧唐书》卷一九《僖宗本纪·光启元年》。
② 《宋史》卷二五二《武行德》。
③ 《资治通鉴》卷二九三,"显德四年"条。
④ 《新唐书》卷五九《食货志三》。
⑤ 《新唐书》卷五九《食货志三》。
⑥ 《旧唐书》卷一七七《裴休》。

在漕船建造方面，大紊刘晏时期关于建造漕船的各项规格，[1]造船经费被减缩，造船偷工减料，船只规格缩小，质量下降。刘晏主持漕政期间，主张造船要坚厚，经费从优。懿宗"咸通中（860—873）有司计费而给之，无复羡余（实为克扣），船益脆薄，易坏"[2]。一改刘晏所定船式，又大削其船值。漕船途中沉没日增。[3]"至咸通末（873）有杜侍御者，始以一千石船，分造五百石船二只。船始败坏"[4]，馈运不继，漕运物资不能够满足国家的需求。

唐朝后期，江淮漕运数额锐减，户部侍郎裴休主持漕运期间，力行改革，略显生气。但是，漕运量恢复有限。史载"户部侍郎裴休为使，以河濒县令董漕事，自江达渭，运米四十万石。居三岁，米至渭桥百二十万石"[5]。这个数字，不抵德宗贞元二年（786）豪、寿一州"二十万"石的漕运量，[6]也不能够与唐朝前期宣州刺史裴耀卿主持漕运期间"三年，运七百万石"相提并论。裴休之后，江淮漕运量更未曾达到每年四十万石。这种状况很快在国家漕运中产生连锁反应。

懿宗时期，南方发生战争，国家向南漕运供军，缺少船只，只好采取应急措施，雇佣私船帮助漕运，当时称为"和雇"。据《唐会要》卷八七《转运盐铁总叙》记载："咸通五年南蛮攻安南府，连岁用兵，馈挽不集。诏江淮盐铁巡院和雇舟船，运淮南、浙西道米至安南。"江淮之间出现"和雇舟船"现象，宣告唐代官办漕运制度严重危机。但同时透露一个历史信息，即民间私人的运输能力很强，十分活跃。国家"和雇舟船"，也说明江淮的航运领域，私人经营航运的成分已经发展到一定的水平，这是唐代安徽境内的社会经济发展的新现象。

僖宗乾符元年（874），黄巢农民起义爆发。农民军转战南北，在江淮一带，切断汴渠漕路。五代时期，在杨行密和朱温交战中，杨氏获胜

---

① 《新唐书》卷五九《食货志三》。
② 《资治通鉴》卷二二六，"建中元年"条。
③ 《唐会要》卷八七《转运盐铁总叙》记载："官舟之沈，多有岁至七十余只。"
④ 《东波文集》卷三一《论纲稍欠折利害》。
⑤ 《新唐书》卷五九《食货志三》。
⑥ 《新唐书》卷一五〇《崔造》。

"据淮甸",自是杨行密保据江淮之间,与朱温隔淮。<sup>①</sup> 至此,东南系统的运河被破坏,运河断流,北方与江淮的交通不能维持。至后周显德二年(955),南北分裂割据已五十多年。汴水堤岸溃决失修,"自甬桥东南悉为污泽"<sup>②</sup>,一片荒芜,久未通漕,亦不能通舟。周世宗锐意统一,着手疏治汴河。四年之内,四次疏浚,终于恢复漕运。第一次是显德二年(955),周世宗命武宁节度使武行德发民夫,在旧堤的基础上疏浚,通航东至泗上。<sup>③</sup> 此次重点疏导汴河下游通淮水一段。此后,分别于显德四年(957)、显德五年(958)正月、显德五年三月,扩大疏浚范围,"江淮舟戢始通"四方。<sup>④</sup> 至此,隋唐以来的大运河又重新全线疏通,漕运不息,惠及宋代。

---

① 《资治通鉴》卷二六一,"乾宁四年"条。
② 《资治通鉴》卷二九二,"显德二年"条。
③ 《资治通鉴》卷二九二,"显德二年"条。
④ 《资治通鉴》卷二九四,"显德二年"条。

# 第七章

## 唐中后期农民起义

　　安史之乱被平定后，国家元气大伤，国力削弱，北方经历了战争的创伤，朝廷财政支出主要依靠南方，因而加大了对于今安徽区域的剥削；地方官吏趁机巧取豪夺、侵渔百姓，社会矛盾逐步激化。代宗时期，农民起义相继发生，由局部扩展到全国。这一时期，安徽江南地区爆发了方清、陈庄等武装反抗。继之，安徽淮北乃至江淮之间农民起义此起彼伏。代宗采取征抚并用的政治手段，镇压了安徽的农民起义，在安徽增建军镇、州县，加强对于安徽区域的控制。但是，节帅称藩和国家削藩的矛盾交织其中，社会危机日益严峻，导致农民起义的烈火蔓延。懿宗时期，发生庞勋起义；僖宗时期，黄巢起义扩展到安徽；隐藏在黄巢队伍中的朱温集团首鼠二端，反戈破坏黄巢农民起义，接着又倒戈背叛唐朝，分裂割据。带来安徽地区的社会动荡，人口流亡，生产秩序被破坏，社会经济受到摧残，社会局势渐渐趋于昏暗。归结其原因有二：国家叠加于东南的沉重经济负担；藩镇势力交相争夺的兵燹之祸。

## 第一节　安徽区域的经济负担和藩镇角力之患

安史之乱后，东南地区的经济负担日益加重，安徽的经济负担尤为沉重。藩镇相互角力争锋，加上藩镇抗衡朝廷和朝廷削藩的较量，社会矛盾趋于表面化炽热化。

### 一、安徽的经济负担和社会矛盾

从地域上看，安史之乱的直接影响所及主要在北方，"自两京陷没，民物耗弊，天下萧然。"①北方历经战乱，经济凋敝，人口流亡。唐肃宗时，又瓜分河北之地，"付授叛将"，"乱人乘之，遂擅署吏，以赋税自私，不朝献于廷"②；"当其盛时，蔡附齐连，内裂河南地，为合纵以抗天子"③，北方大多为藩镇所据，户口不申，贡赋不修，朝廷所需巨额行政和军事开支，主要仰赖于南方，从而使江淮的政治地位在中唐以后凸显。

由于中央财政对南方的仰赖，转运使地位明显提高。代宗永泰二年（766），转运使与度支使由原来分掌外、内而变为划分区域分掌中央财政：天下财赋、铸钱、常平、转运、盐铁，置二使。东都畿内、河南、淮南、江东西、湖南、荆南、山南东道，以转运使刘晏领之；京畿、关内、河南、剑南、山南西道，以京兆尹判度支第五琦领之。第五琦受贬，以户部侍郎判度支韩滉与刘晏分治。④

从二使分管的地域上看，与李吉甫所撰的《元和国计簿》情况有一些不同。《元和国计簿》记载：全国总共有四十八个方镇，管二百九十五个州府，一千四百五十九县，二百四十四万零二百五十四户。其

---

① 《新唐书》卷五一《食货志》。
② 《新唐书》卷二一〇《藩镇魏博传》。
③ 《新唐书》卷二一〇《藩镇魏博传》。
④ 《新唐书》卷五一《食货志》。

中有凤翔、鄜坊、邠宁、振武、泾原、银夏、灵盐、河东、易定、魏博、镇冀、范阳、沧景、淮西、淄青十五道，凡七十一州，不申户口。每岁赋入，倚办止于浙江东西、宣歙、淮南、江西、鄂岳、福建、湖南等八道，合四十九州一百四十四万户。供税之户仅有天宝时的四分之一，而天下兵戎依县官供给的，有八十三万余人。兵马比天宝时增加了三分之一，大概相当于每两户承担一兵的义务。这一减一增表明元和时期供税之户的负担相当于天宝时期的五倍多，至于其他水旱所损，征科发敛，又在常役之外。① 元和以后，唐代的赋役区逐渐缩小并转向南方，今安徽的大部分地区都处于唐代赋役区之内。

由于安史之乱，唐代的中央和地方关系出现了新的变化，唐代对北方的大部分地区的失控，使江淮在全国财政中的地位得以提升。其实，早在武则天统治时期，南方赋役一度很繁重，"江淮以南，赋敛不息。"②但经天宝变故，藩镇割据的状况导致中央财政区日益缩小，尤其财政区从全国到南方的演变，进而造成南方赋役压力变重。具体到安徽沿江及江南地区，敬宗宝历元年（825），和州"户万八千有奇，输缗钱十六万，岁贡纤䌷二筐，吴牛苏二钧，糁鳟九瓮，茅蒐七千两"③。舒州刺史独孤及据保簿数，舒州百姓（包括浮寄户）共有三万三千，"比来应差科者，唯有三千五百，其余二万九千五百户，蚕而衣，耕而食，不持一钱以助王赋……每岁三十一万贯之税，悉钟于三千五百人之家，谓之高户者，岁出千贯；其次九百八百、其次七百六百贯，以是为差九等。最下兼本丁租庸，犹输四五十贯，以此人焉得不日困，事焉得不日蹙，其中尤不胜其任者，焉得不襁负而逃，若以已困之人，已竭之力，杼轴不已，恐州将不存。"④罗珦为庐州刺史之前，庐州"封略阔而土田瘠，人产寒簿，井赋尤重"。后经其治理，"垦田之数两万顷，每岁引刍粟之车九千辆。"⑤处于江南的宣、歙二州赋役更重，《元和郡县志》载，

① 《旧唐书》卷一四《宪宗本纪》。
② 《新唐书》卷一一五《狄仁杰》。
③ 《全唐文》卷六〇六，刘禹锡《和州刺史厅壁记》。
④ 《全唐文》卷三八六，独孤及《答杨贲处士书》。
⑤ 《全唐文》卷四七八，杨凭《唐庐州刺史本州团练使罗珦德政碑》。

自贞元以后，宣州贡赋"与淮南、两浙相比"①，又有"赋多口众，最于江南"之称。② 从另一个方面体现了对宣州的剥削之重。

以江淮为国命的唐王朝，为维持庞大的军费和统治集团支出，正赋不足，增置杂税，巧立名目，弊政百出，从而更加重了江淮地区人民的负担。江淮地区的社会矛盾在唐朝日益突出，明代史家杨士奇指出："开元之君锐于功名，奋兵以逐夷狄，边机一发，而入物补官、出贷除罪、转漕、假贷、盐铁、榷酤、请筭、占缗、均输、平准、和籴、率贷、度增、进奉、宣索、增税青苗、间架、竹木、茶盐、铜锡之名百出，卒不能佐用度。"③安史之乱时，江淮的财富给予了朝廷重要的支持，"清河，西邻也。有江淮租布备北军，号天下北库。计其积，足以三平原之有。"④肃宗即位之初，正值安史之乱刚刚平息，府库一空，所在屯师用度不足，就派官吏到江淮、蜀汉之地搜刮财富。御史郑叔清到江淮，"豪商富户，皆籍其家资所有财货蓄产，或五分纳一，谓之'率贷'。所收巨万计……其后诸道节度观察使多率税商贾以充军资杂用，或于津要及市肆交易之处，计钱至一千以上者，皆以分数税之，自是商旅多失业矣。"⑤第五琦也曾向肃宗进言："今之急在兵，兵强弱在赋，赋所出以江淮为渊。若假臣一职，请悉东南宝货，飞饷函、洛，惟陛下命。"⑥并请于江淮置租庸使。上元二年（761），江、淮大饥，人相食。肃宗宝应元年（761），租庸使元载认为："江淮虽经兵荒，其民比诸道犹有赀产。乃按籍，举八年租调之违负及逋逃者，计其大数而征之，择豪吏为县令而督之，不问负之有无，赀之高下，察民有粟帛者发徒围之，籍其所有而中分之，甚者什取八九，谓之'白著'。有不服者，严刑以威之。民有蓄谷十斛者，则重足以待命，或相聚山泽为群盗，州县不能制。"⑦

渤海人高云有《白著歌》曰："上元（肃宗年号）官吏务剥削，江淮

---

① 《元和郡县志》卷二九《江南道》。
② 《全唐文》卷七五五，杜牧《唐故宣州观察使御史大夫韦公墓志铭》。
③ 杨士奇《历代名臣奏议》卷三八《治道》。
④ 《新唐书》卷一五三《颜真卿》。
⑤ 《四库全书·史部·编年类》王袆《大事记续编》卷五九。
⑥ 《新唐书》卷一四九《第五琦》。
⑦ 《资治通鉴》卷二二二，"宝应元年"条。

之人多白著。"代宗永泰年间,"回纥有助收西京功,代宗厚遇之,与中国婚姻,岁送马十万匹,酬以缣帛百余万匹,而中国财力屈竭。"①德宗建中三年(782),淮南节度使陈少游奏请增本道税钱(因税和商税)。德宗不仅批准了陈少游的奏请,且下诏增它道税如淮南,同时增盐价每斗加百钱。胡三省在注《资治通鉴》时感叹:"盐每斗价几何? 而顿增百钱,人谁堪之?"②

此外,朝廷正赋、附加税之外,还有不法官吏的巧取豪夺。德宗在平定朱泚之后,专意聚敛,地方上,"常赋之外,进奉不息。"③淮南节度使杜亚、宣歙观察使刘赞以常赋入贡,冒充"羡余",讨好朝廷。户部钱物,所在州府及巡院皆可擅自截留,反而矫密旨加敛,各个津口增加税收,连死人也加税,兼及蔬果之类也加税。④ 至讨淮西时,聚敛之臣王遂、李翛被任命为宣歙、浙西观察使。淮南、宣歙二地成为仕进者向往的肥缺。元和中,郎吏数人省中纵酒,语平生各自的爱尚及憎怕,工部员外郎周愿称:"爱宣歙观察使,怕大虫(老虎)。"⑤道出了官僚的真实心态。崔玄亮为歙州刺史,有人议论,"必是此贼纳贿除官,若不是人吏取钱,崔玄亮何由得歙州!"⑥他有交结宦官求宣歙任职,陈少游、杜宣猷都是用这种办法得到宣歙观察使一职。薛邕被贬谪为歙州刺史,而其家人为之庆贺,恨降之晚。后来,薛邕升迁离开宣州,"盗隐官物以巨万计"⑦。他们利用叨居宣、歙官位,巧取豪夺,或者凭借地方财富,换取新的高官。《新唐书·食货志》记载:"刘赞卒于宣州,其判官严绶倾军府为进奉。召为刑部员外郎判官。"严绶利用宣州府库的钱款、物资,买到了一顶"刑部员外郎"的官帽子。唐代后期对江淮地区的剥削有增无减,引起当地农民的愤怒,有《农父谣》可见一斑:"农父怨辛苦,向我述其情。难将一人农,可备十人征。如何江淮粟,挽漕输

① 《新唐书》卷五一《食货志》。

② 《资治通鉴》卷二二七,"建中三年"条。

③ 《新唐书》卷五二《食货志》。

④ 《新唐书》卷五二《食货志》。

⑤ 《大唐传载》。

⑥ 《太平广记》卷一五四《崔玄亮》。

⑦ 《资治通鉴》卷二二六,"建中元年"条。

咸京。黄河水如电,一半沈与倾。均输利其事,职司安敢评。三川岂不农,三辅岂不耕。奚不车其粟,用以供天兵,美哉农父言,何计达王程。"①唐后期统治阶级的巧取豪夺加剧了阶级矛盾,激起民变,沿江地区首先爆发农民起义。

### 二、淮南刘展之乱与安徽周边的藩镇角逐

安史之乱后,中央对地方势力的一意姑息,演变成藩镇割据之乱局。朝廷缺乏控制局势的能力,地方上藩镇势力急骤膨胀,拥兵自重,军费开支加大,增加人民的负担,进一步激化了社会矛盾。

今安徽周边及其境内的藩镇因为各种矛盾,频繁更换藩镇将帅,往往诱发藩镇内乱和藩镇之间的武力争锋。朝廷派遣"中官"出使藩镇,加强监督,试图改变这一局势,结果事与愿违。赵翼尖锐批评了唐代藩镇悍将"尾大不掉"的弊病。②

唐代后期,安徽及其周边的藩镇角逐愈演愈烈。这些军镇游离于国家常规军之外,朝廷依赖他们的军事武装控制社会局势,然而如同饮鸩止渴,藩镇一旦兵变,朝廷需要调集其他军镇加以镇压。这些军镇彼此势力消长,直接影响社会秩序的稳定和国家局势的安危。

安徽区域深受这一社会局势的拖累。

淮南的"刘展之乱"成为安徽这一社会局势的衅端。安史之乱期间,安徽淮南出现地方武装势力骚乱。肃宗派遣宋州(今河南商丘)刺史兼淮西节度副使刘展出兵淮南。上元元年(760)十一月,刘展率兵二万渡淮,很快平息了淮南骚乱。但是,刘展平息淮南骚乱之后,出现二心,兵入广陵,连陷润、昇、宣州,又遣将屈突孝标攻陷濠、楚州,遣将王晅攻下舒、和、滁、庐等州,横行江淮之间。朝廷命平卢节度副使田神功出兵讨刘展,历时三个月平定刘展叛乱。但是田神功乘机挥兵入扬州,大掠十余日,杀商胡波斯数千人,带来新的骚乱。③刘展叛乱之后,东南藩镇短暂的叛乱屡屡发生。

---

① 《全唐诗》卷六〇八。
② 《廿二史札记》卷二〇《唐节度使之祸》。
③ 《资治通鉴》卷二二一,"上元元年"条。

代宗大历十三年（778）三月，汴宋将李希烈逐其节度使李忠臣，自称留后。

德宗在位时期，建中三年（782）十月，李希烈反。李希烈与叛将李纳、朱滔、田悦等联合，自号建兴王、天下都元帅，势力半天下。建中四年（783）十二月，李希烈攻占汴、郑二州，扬言攻打江淮，淮南节度使陈少游采取虚与委蛇的策略，遣参谋温述送款曰："濠、寿、舒、庐，既蹈刃卷铠，惟君命。"①又派巡官赵诜赴郓州，厚结李纳，以免李纳引军淮南，带来淮南兵燹之害。贞元十六年（800）五月，徐泗濠节度使张建封病笃，上表奏告朝廷，请求更替将领。朝廷命淮南节度使杜佑兼任徐泗濠节度使。杜佑修具舟舰，率领水军渡淮接管，遭到原徐泗濠节度使张建封之子张愔的阻击，杜佑水军不能进。朝廷命泗州刺史张还出兵埇桥，也被张愔击败。朝廷不得已任命张愔为徐州团练使，以张伾为泗州留后，濠州刺史杜兼为濠州留后。顺宗永贞元年（805）三月，赐徐州军额曰"武宁军"，以张愔为节度使。

宪宗在位期间，元和元年（806）十月，武宁节度使张愔有疾，上表朝廷，请求更选将领。十一月，朝廷征张愔为工部尚书，以东都留守王绍代之，复以濠泗二州隶属武宁军，武宁军军镇得到巩固。元和二年九月，镇海军节度使李锜有二心，自恃皇家血统，李渊的八世孙，奉自己为主，割据谋反。李锜先密派腹心大将五人分处各州，姚志安处苏州，李深处常州，赵惟忠处湖州，丘自昌处杭州，高肃处睦州，各有精兵数千，杀本州刺史，又派大将庾伯良率兵三千整修石头城。朝廷见李锜造反，削夺其所有官爵，命淮南节度使王锷为招讨处置使，征调宣武、义宁、武昌兵讨伐李锜，征调淮南、宣歙兵出宣州，江西兵出信州，浙东兵出杭州，围攻李锜。李锜认为宣州富饶，派遣兵马使张子良、李奉仙、田少卿三人率兵三千袭击宣州。但三人知李锜必败，反与牙将裴行立密谋活捉李锜，械送京师，李锜被诛，李锜叛乱被击败。

穆宗在位时期，长庆二年（822）三月，武宁节度副使王智兴率精兵三千讨幽、镇，还师后，驱赶节度使崔群，掠盐铁院钱帛，及汴河沿线诸

---

① 《新唐书》卷二二四《陈少游》。

道的进奉、商旅之物,皆三分取二。王智兴遣轻兵二千袭濠州,刺史侯弘度弃城奔寿州。朝廷刚罢兵,不能及时征讨。王智兴更是肆意妄为,聚敛财赂,交结权幸,用度不足,始税泗口,本上百姓负担加重。

唐后期,特别是僖宗时期,安徽周边的军镇相互角逐,渐渐趋于激烈。淮北地区的感化军、宣武军、淮西镇之间的矛盾冲突,波及安徽淮北地区;淮南镇、宣歙镇的矛盾冲突,波及江淮之间和长江南北。其中,淮西镇的矛盾演变为全国藩镇割据的焦点,成为最突出的社会矛盾,不仅影响安徽的社会局势,也危及国家局势。

朝廷为了控制局势,不惜一切代价打击割据势力。淮西藩镇势力的滋长和国家平定淮西藩镇的斗争,揭开了国家削藩的序幕。

### 三、淮西藩镇嚣张和国家的削藩斗争

淮西镇地处淮北漕运要道。淮西节度使吴少诚割据淮西地区,直接影响南方物资漕运北上,伤及国家的财政血脉。起初,朝廷姑息忍让,结果纵容了吴氏嚣张的气焰。继之,朝廷恩威并施,企图化解矛盾,出现"尾大不掉"的局面。最后,朝廷痛下决心,展开殊死较量。历经德宗、顺宗、宪宗三朝,消灭了淮西吴氏集团的割据势力。这场平定淮西的削藩战争延续了三十余年,安徽淮河流域卷入这场战争,备受兵燹之苦。其中,淮西藩镇势力的膨胀,正是朝廷优柔寡断、姑息养奸的历史苦果。

德宗贞元二年(786)七月,淮西兵马使吴少诚杀陈仙奇,自称留后。德宗接受这一事实,授吴少诚为申、蔡、光等州节度观察留后。但吴少诚心怀不满,"缮兵完城,欲拒朝命。"[①]吴氏训练"骡子军"(其地少马),乘骡而战,尤悍锐,其军铠甲皆圆雷公星文,以诅咒王师。贞元五年,德宗下诏,拜吴少诚为节度使,缓和了矛盾冲突。贞元十四年二月,朝廷改申、光、蔡军为彰义军。九月,彰义节度使吴少诚派兵掠寿州、霍山,杀镇遏使谢详,侵地五十余里,置兵镇守。安徽西部沦为淮西军镇所属。

---

① 《资治通鉴》卷二三二,"贞元三年"条。

贞元十五年三月，吴少诚为了扩张自己的势力，派兵袭唐州，杀监军邵国朝、镇遏使张嘉瑜，掠百姓千余人而去。八月，陈许节度使曲环死，少诚派兵掠临颍，自己兼任"陈许留后"，上官涗派大将王令忠率兵三千驰救，全为少诚所虏。朝廷又任命上官涗为陈许节度使，少诚围许州，昼夜急攻，最后被上官涗战败。吴少诚掉头寇西华，遭陈许大将孟元阳阻击。德宗怒，下诏削夺吴少诚官爵，调集十六道兵进讨。由于无统帅，宦官监军，进退意见不一，战于小溵河，诸道师未交而溃，弃辎仗不计其数。德宗令夏州节度使韩全义为淮蔡招讨处置使，上官涗副之，诸将皆受节度。韩全义与吴少阳等战于广利城，官军又败，退营五楼，又被袭击大败。全义及监军贾英秀等夜遁，据守溵水，汴宋、徐泗、淄青兵走逃往陈州，少诚逼近溵水而扎营，全义惧，退守陈，而潞、滑、河阳、河中兵逃归，只有陈许将孟元阳、神策将苏光荣固守溵水。全义乃斩潞将夏侯仲宣、滑将时昂、河阳将权文度、河中将郭湘，欲以振师，仍无济于事。吴少诚表面上仍然臣于朝廷，实际上割据淮西自保。

宪宗元和四年（809），吴少诚死，吴少阳自称留后。三年后，宪宗接受这一事实，进拜吴少阳为节度使。由于朝廷姑息吴氏集团，吴少阳越发纵容，在地方上"不立繇役籍，随日赋敛于人"，任意掠夺百姓；练兵畜马，"招集四方亡命之徒，以实其军"，扩张势力；经常出兵，四出骚扰，掠寿州茶山，劫商贾。[①] 朝廷不能制。

元和九年（814年）八月，淮西节度使吴少阳死，其子吴元济自领军务，并"发兵四出，屠舞阳，焚叶，掠鲁山、襄阳"，许、汝一带百姓深受其害，皆窜伏榛莽之间，躲避骚扰。吴元济越发嚣张，远近剽掠千余里，京城为之震恐。

朝廷被迫采取措施，下诏削夺吴元济官爵，调集诸道兵马进讨吴元济。命令乌重胤兼汝州刺史，引军压其境；宁州刺史曹华为之副，进戍襄城，成犄角之势；李光颜为忠武节度使，总兵临屯；又诏节度使严绶为申、光、蔡等州招抚使，命宦官崔潭峻监其军。田弘正、韩弘各遣

---

① 《新唐书》卷二一四《藩镇·宣武、彰义、泽潞》。

子率兵隶属严绥、光颜指挥。严绥屯驻蔡州西,出师小胜,轻敌不设备,遭叛军袭击,败于磁丘,退守唐州。寿州刺史令狐通领军出战,数次败阵,叛军攻下霍邱,屠马塘,令狐通守城不敢出。朝廷令左金吾卫大将军李文通为宣慰使,取代令狐通,进兵淮西寿州地带,围剿吴兵。但是,由于王师各自为战,难以克敌制胜。朝廷在对待吴元济反叛的问题上,也出现意见分歧。大多数朝臣比较软弱,主张赦免吴元济之罪,委任他为淮西节度使。另外一部分人,以裴度为首主张歼灭吴元济,认为淮西军镇已经成为"心腹之患","不得不除"。分析淮西叛"军中上下携离",已经处于"残弊困剧之余,而当天下之全力,其破败可立待"。宪宗采纳裴度意见,继续调兵遣将平叛淮西。

吴氏集团纠集相邻军镇为党羽,拼死抵抗,且采取暗杀等卑劣手段,向朝廷重臣武元衡、裴度等进行恐吓。恒州的王承宗、郓州的李师道等淮西集团的党羽,出兵援助吴元济;派遣亡命之徒刺杀武元衡、裴度等人。六月三日拂晓,武元衡、裴度早朝途中,分别遇刺,武元衡遇刺身亡,裴度身负重伤。朝廷一部分软弱的大臣,借机煽动,以"人情恐惧"为借口,纷纷要求宪宗停止用兵淮西,要求宪宗"罢(裴)度官,以安恒、郓之心"。裴度坚持向宪宗极陈:"淮西腹心之疾,不得不除,且朝廷业已讨之,两河藩镇跋扈者,将视此为高下,不可中止。"宪宗支持裴度的意见,没有动摇,提拔裴度为宰相,"悉以用兵事付度"。

关键时刻,名相裴度辅政,力挽狂澜,以"平贼为己任"。坚定平定淮西的战略思想;统一调度、号令各路军队;采取机智果断的战术和策略,展开了平定淮西的重大战役。

元和十二年七月,讨伐淮西的战争进入第四个年头。前方战争屡屡失利,兵饷又发生了严重困难。朝中主和派官员,纷纷"竞言师老财竭",要求"罢兵"。裴度不惧压力,自请去前线"督战",立誓"不与此贼俱生","若贼灭,则朝天有期;贼在,则归阙无日"。宪宗任命宰相裴度,表彰义军节度使、淮西宣谕处置使,亲赴淮西前线指挥战争。

八月下旬,裴度驻扎郾城前线,采取果断措施,取消中使监军,释兵权,"兵柄专制于将",集中兵力,"军法严肃,号令划一,以是出战皆捷",扭转了战局。

十月初,裴度接受唐邓节度使李愬的作战方略,突袭敌军。李愬选择一个大风雪之夜,急行军一百二十里,袭破蔡州城,活捉吴元济,赢得了讨伐淮西的关键性胜利。

裴度抵达蔡州,宣布只杀魁首,胁从不问的政策,招降了数万蔡州士兵。其中十之九"不乐为兵,愿归为农",裴度"悉纵之"。这些措施,不仅有利于增添农业生产劳力,促进社会生产的恢复和发展,也促进了淮西地区社会秩序的稳定。

自吴少诚割据蔡州起,到吴元济被押送京城,斩于长安,淮西割据凡三十余年。自裴度为彰义节度使兼申、光、蔡四面行营招抚使,战局有所改观。最后李愬奇袭蔡州,直捣叛军巢穴,彻底平定了淮西之乱。

讨伐淮西的胜利,大大震慑了河北、山东的藩镇割据者。元和十三年正月,横海节度使程权,"内不自安,遣使上表,请举族人朝"。幽州节度使刘总以"卢龙八州归于有司"。恒州王承宗归顺朝廷,"以二子为质,及献德、棣二州,输租税,请官吏"。郓州李师道负隅顽抗,裴度力劝宪宗出兵讨伐。元和十四年二月,诛杀李师道,收复淄青十二州。"当此之时,唐之威令,几于复振",史称宪宗"中兴",平叛淮西为起点的削藩斗争,推动了唐代后期的社会发展,社会安定为安徽区域的发展提供了机遇。

然而藩镇之患没有结束,新的藩镇之争此起彼伏,导致社会矛盾不断激化,农民起义相继而起,安徽境内也接连爆发了大规模的农民武装斗争。

## 第二节　宣、歙农民起义

统治集团残酷的剥削和压迫,加剧了江淮地区人民的负担,"人不堪命,皆去为盗贼"①。在上元、宝应间,就有袁晁、陈庄、方清、许钦等

---

① 《新唐书》卷一四九《刘晏》。

起义,江淮混乱的局面持续长达十余年。而在唐代宗初年,安徽的沿江地区发生一系列的农民起义,其中宣州陈庄陈五奢起义、歙州的方清起义和舒城杨昭起义较有影响。

### 一、陈庄、方清领导的反抗斗争

肃宗上元年间(760—761),陈庄、陈五奢在宣州广德领导起义。起义军利用当地山区山脉连绵、山洞众多的地形特点,积聚力量,"攻剽相因"[①]。

肃宗宝应元年(762),歙州土人方清,因"岁凶",不堪赋税重压,招集饥饿的流民起义,活动于黟、歙两县之间,阻山自防,队伍壮大到数万人,势力渐渐扩大到东南一带,"有跨据大江,吞噬东土之计"[②]。

代宗广德元年(763),宣州陈庄和歙州方清两地起义军会合,以乌石山和太平古城为据点,扩大势力,向西发展到长江沿江地带。他们拦截长江来往漕运的物资,补充军事开支,"西绝江,劫商旅",继续扩大起义军的队伍,很多小股力量纷纷响应起义,"支党盘结"[③],其队伍进一步壮大。永泰元年(765),起义军占领了宣州的丘陵山林地带,稳步发展,达到高潮。

陈庄领导的起义军向南发展,接连攻占江西一些州县,官军偏将吕太一、武日升相继投靠义军,又一度攻下舒州(今安徽安庆市一带),势力发展到长江北岸。

方清领导的起义军向西发展,攻破石埭县。永泰元年正月攻下歙州,杀刺史庞浚。方清的队伍开拔到黟县山中,建立自己稳固的基地。他们选择山中地势险要的古阊门县遗址,建置农民军自己的领地——阊门县。

方清农民军在自己建置的"阊门县"修建城池,加强城防,"拒险作固,以为守备。"[④]这时,起义军势力北到舒州,东至浙西,西抵洪、饶,

---

① 《文苑英华》卷九四一《金紫光禄大夫司农卿邵州长史李公墓志铭》。
② 《文苑英华》卷五六六《贺袁傪破贼表》。
③ 《新唐书》卷一四七《李芃》。
④ 《太平寰宇记》卷一〇四《江南西道二》。

势力范围扩展到宣、歙、池、舒、饶、洪等七州之地。义军所到之地,攻城池,杀长吏,直逼钟陵(即豫章,今江西南昌市)、袁州宜春县(今江西宜春市),①史载"家兵(义军自称'家兵')遍山,吏不敢问"②。

以宣州、歙州为主的长江沿岸农民起义,威胁了唐王朝的经济命脉。此时,唐中央政府受到安史之乱重创,无暇顾及陈庄、方清的农民军。唐王朝在江南地区素无征防,面对沿江地区势力波及七州的起义烽火,东南赋税、物资的漕运路线被切断,唐王朝不能够等闲视之。他们调集正在前方与史朝义叛军作战的河南副元帅、五道节度行营事李光弼分兵镇压。李光弼受命,立即调兵遣将前往沿江地区,其行营司马、御史中丞袁傪,会同地方官洪州观察使张镐、歙州刺史孙长孙、常州刺史李栖霞、舒州刺史张万福、江西观察使判官李芃联合镇压。

唐政府除军事镇压之外,还不断对起义军进行诱降。在猖狂的围剿中,陈庄、方清农民军寡不敌众,很快被镇压。永泰初方清攻陷宣州,有很多州民保聚于休宁山中,拒绝参加义军。③ 歙州黟县本土人吴仁欢率乡兵数千攻破方清所置的阊门县。不久,陈庄、方清农民军被镇压。永泰二年五月十七日,据守在石埭城的方清战败牺牲,驻守在乌石山的陈庄率二万五千五百人归唐。农民军可歌可泣的斗争,虽然结局悲壮,但显示了宣歙人民无所畏惧的反抗精神。

### 二、农民政策的调整

陈庄、方清领导的宣歙农民起义,虽然仅仅是局部的武装反抗斗争,对于庞大的唐王朝却产生很大的威慑作用。首先,这一地区属于唐王朝漕运线路的要害,漕运被切断,直接影响中央财政的收入;其次,这里有很多国家的重要机构,例如制造钱币的宣州钱监,制造军用器械的作坊等。

为了缓和长江地带的社会矛盾,代宗三次下诏,颁行宽大政策,用政策和政治宣传手段瓦解农民军。

---

① 《新唐书》卷四一《地理》,"宝应元年更豫章曰钟陵"。
② 《全唐文》卷三一四《平原公遗德颂》。
③ 《读史方舆纪要》卷二八《南直十》。

广德元年（763）十月下敕，宣布：各地武装"结聚"的队伍，"能悔过自陈，各归生业，一切并舍其罪。其中有头首能效率并束手来者，并加官赏。仍令本道防御使、本管刺史、县令分明晓谕，所有到者各具名录奏。"①

广德二年二月颁行《南郊大赦文》，再次重申"悔过自陈"的宽大政策："天下所有诸色结聚，及羌、浑、党项等，能悔过自陈，各归生业，一切并释其罪，其中有能率先来者，仍特加官赏。"②

永泰元年（765），又颁行《改元永泰赦》文，第三次申明国家的"放免"宽大政策："所在山谷草窃反侧未安者，如能束手而来，一切并无所问。自广德元年已前，天下百姓所欠负官物，一切放免。在官典腹内者，不在免限，其百姓除正租庸外，不得更别有科率。"③

代宗下达的三次诏书，中心内容是调整农民政策，意在分化起义队伍。这三次农民政策的调整，一次比一次深化，尤其是豁免租欠和禁止租庸之外的苛捐杂税，这两项具有经济意义的政策调整，显示了宣歙农民起义的胜利果实。

当然，唐朝廷对农民政策的调整，也包含了减轻基层地主的赋税负担，有利于扩大统治集团的社会基础，鼓励他们加入围剿农民起义军的阵营。

### 三、建置池州，加强江上漕运防护

唐王朝镇压宣歙农民军以后，总结经验教训。李芃提出建议："请以秋浦置州，扼衿要，使不得合纵。"④分兵"守其要地，以破其谋"⑤。李芃的建议得到朝廷的批准。代宗永泰二年析"宣之秋浦、青阳、饶之至德置池州"⑥。池州由此建置，并任命李芃为池州刺史。这是新生的池州的第一任刺史。

---

① 《唐大诏令集》卷九《广德元年册尊号赦》。
② 《册府元龟》卷一六四《帝王部》。
③ 《全唐文》卷四九《改元永泰赦文》。
④ 《新唐书》卷一四七《李芃》。
⑤ 《太平寰宇记》卷一〇五《江南西道三》。
⑥ 《新唐书》卷一四七《李芃》。

池州下领四县,同时建置。永泰二年建置石埭县,归属池州。为进一步加强对这一地区的控制,又在相邻地区增建州县,认为"兵寇初平,尚储戎器,此土征赋或有不供者,因聚而为盗,以其山谷深邃,舟车莫通,非城邑无以镇抚"①。永泰元年,割乐平、余干二县建置贵溪县,②永泰二年建置祁门、归德等县。③接着又"割太平县九乡"建置旌德县,"以宣州旌德寇王万敌平,析歙之古华阳镇,置绩溪县。"④

除了建置新的州县,加强对安徽境内长江流域的控制外,在用人政策方面也有所调整。派遣著名将领张万福驻守舒州,控制长江以北,兼"督淮南盗贼"⑤。李勉为江西观察使,加强对长江以南的控制。

发生于代宗时期的宣歙农民起义,对于代宗时期赋税制度和财政制度的改革,产生了一定的影响。安史之乱后,唐王朝开始改革赋役制度,基本原则发生变化,从以人丁为本到代宗时以亩定税。至唐德宗建中元年(780),唐政府颁布了两税法,国家财政从"量入制出"到"量出制入",在农民起义的激烈冲突中,唐政府不得不颁布一些减轻剥削和恢复生产的诏令。同时,一些计臣也应运而生,如刘晏在代宗时,为解决京师危急,领东都、河南、江淮转运使、租庸、盐铁、常平使,亲自考察南北的漕路,深得漕运的利弊,恢复漕路,以纾京城危机。设法减轻人民的负担,免除繁苛的赋役,及时减免水旱灾区的赋税,增加榷盐在财政中的比例,巧妙运用常平法来平抑物价,加强对国家经济的调控。

由于唐王朝及时调整政策,宣歙乃至江淮地区社会秩序重新趋于稳定,经济和生产又得到一定的恢复和发展,成为当时中国经济最活跃的地区之一,在唐代中央财政中占据重要的地位。

---

① 《太平寰宇记》一〇三《江南西道》。
② 《元和郡县志》卷二九《江南道》。
③ 《新唐书》卷四一《地理志》。
④ 《新安志》卷一《州郡沿革》。
⑤ 《新唐书》卷一七〇《张万福》。

# 第三节　庞勋起义

唐懿宗咸通四年(863)，朝廷从徐州、泗州募兵二千，加强南部边防，其中八百人驻扎桂州，原定三年满期调换。咸通九年，戍守桂州的士卒已过六年，朝廷仍然不准他们还乡。徐泗观察使崔彦曾以军费困难为借口，拒绝募兵派遣至桂林调换。驻守桂林士卒归乡心切，不能够容忍，发起了反抗超期服役的武装斗争，推举庞勋为首领，史称庞勋起义。

这支起义队伍人员因为募兵于徐州、泗州一带，大多是唐代安徽淮北地区人。他们武装起义，强行返乡，受到唐朝的武装镇压，双方展开激烈的武装交锋，战火波及淮河两岸，安徽境内宿州、濠州、颍州全部成为主要战场，今天淮北柳孜直至徐州一线，集中数十万人厮杀，伏尸五十里，恶战数十次，血流成河。安徽人口消耗很大，劳动力减员。但是这一历史事件的主要责任是谁？对此，应该有一个客观的历史总结和认识。

## 一、起义经过

咸通四年七月，桂林军中都虞候许佶、赵可立杀都将王仲甫，推举粮科判官庞勋为首领，携带府库兵器，率众返乡。拉开了庞勋起义的序幕。

庞勋举兵以后，率领来自淮河流域的老兵，水陆兼行，沿湘、衡一路北上，直奔家乡淮河流域。

八月，朝廷派监军高品、张敬思赦免桂林戍卒之罪，护送归徐州。九月，庞勋率部抵达潭州(今湖南长沙)，朝廷派来的监军设计夺去庞勋义军的兵器，意图解除他们的武装。山南东道节度使崔铉严兵守要害，准备消灭他们。庞勋看出端倪，深感形势严峻，决定避开兵锋，不入潭州，率众向东，经过浙西，入淮南。淮南节度使令狐绹害怕受到攻

击,遣使慰劳,发给刍米。

庞勋沿途吸收贫苦农民和逃亡士卒,壮大队伍,制造兵器,准备和唐军交战。

十月,庞勋攻陷宿州(今安徽宿州)。宿州,是运河的重要港口,国家漕运物资储存、集散、转输的重要城邑。庞勋军队与宿州守军五百人相遇,双方激战于符离县濉水之上,很快击溃守军,攻占宿州。勋聚集城中货财,任百姓自取,一日之中,四方云集,然后选募为兵,一天之内就得到数千人。庞勋自称兵马留后。

庞勋攻陷宿州,获"城中大船三百艘,备载资粮"①,军中给养获得极大的补充。

驻扎彭城(江苏徐州)的崔彦曾出兵攻打庞勋,庞勋率众奋力迎战,全歼彭城来攻的崔彦曾所遣的三千人。

接着,庞勋引兵北渡濉水,直取彭城。崔彦曾紧闭城门,拒绝庞勋。庞勋率众六七千人至城下,鼓噪动地,民居在城外的,皆慰抚,秋毫无犯,人归如水,很快攻克罗城。崔彦曾退保子城,城内百姓盼望庞勋归来,推草车焚烧城门,里应外合,庞勋很快攻破彭城,崔彦曾被俘。庞勋因崔彦曾等人于彭城馆,执尹戡、杜璋、徐行俭等爪牙而杀之,以平民愤。

庞勋夺取彭城,升堂听事,兵卫环列,军中设文武将史,很有章法。继续招募士卒,农民踊跃应募,即日入伍者一万余人。"父遣其子,妻勉其夫,皆断锄首而锐之,执以应募。"②应该看到,这时候,庞勋领导的武装队伍已经不是桂林八百老兵了,而是一支一万多人的农民队伍,补充到队伍的成员多是家乡父老,都是农民,队伍的成分发生了很大的变化,是以农民为主要成分的一支崭新的队伍,名副其实的农民军。

庞勋占领徐州以后,继续向四周发展,连克下邳、涟水、宿迁、临淮、蕲、虹等县,派将屯守柳子、丰、滕、沛、萧,以扩大声势。横扫鱼台、金乡、砀山、单父等十余县,所到之处,斩官吏,出金帛募兵,游民多从

---

① 《资治通鉴》卷二五一,"咸通九年"条。
② 《资治通鉴》卷二五一,"咸通九年"条。

之。派刘行及率一千五百人屯濠州,李圆率两千人屯泗州,梁丕率千人屯宿州。濠州刺史卢望回素不设备,被刘行及顺利攻夺入城,自行刺史事。庞勋继续扩充人马,巩固彭城外围,人们远道来归,发展至二十万人,占有今鲁南、皖北、苏北大片地区,乘胜连克濠、滁、和等州。

十一月,唐懿宗调兵遣将,任命康承训检校尚书右仆射、义成军节度使、徐泗行营都招讨使,神武大将军王晏权为武宁军节度使、北面行营招讨使,羽林将军戴可师为南面行营招讨使,率领魏博、鄜延、义武、凤翔、沙陀、吐浑兵二十万讨之。庞勋派将领李圆、刘佶攻打泗州,遭到欧宗、丁从实率领官兵的顽强阻击,损失过半。义军又别取和州,破沭阳、下蔡、乌江、巢等县,扬州大恐,民悉渡江。

庞勋乘夜渡淮,与义军将领刘行立、王弘立会合,败淮南将李湘,屯淮口,攻盱眙。懿宗又命将军宋威与淮南并力围剿,康承训退守宋州。光、蔡之民攻陷滁州,杀刺史高锡望,响应庞勋。

十二月,戴可师率官军汇合宣、润之兵,引兵三万夺取淮口,围勋于都梁山下(今盱眙、泗县附近),起义军先放弃城池,然后乘官军得空城立足未稳,在大雾天气突然反攻,官军大败,戴可师被杀。义军的胜利,震动很大,淮南的地主官吏纷纷向江南逃跑。庞勋则自认为无敌于天下,骄而轻敌,一些与庞勋同在桂州起义的老兵也自认为功大资格老,不守军纪,影响和群众的关系。淮南节度使令狐绹为了不受攻击,表示愿为奏请节钺。庞勋又发生动摇,对朝廷寄托希望,希望能够得到节度使的官职,像其他藩镇一样割据于徐州,有一个合法的地盘。

咸通十年正月,朝廷调兵遣将之时,庞勋义军内部出现了分裂迹象。义军将领孟敬文想叛庞勋自立,私刻鉴为文曰:"天口云云,锡尔将军。"[1]勋知其谋,派人杀之。康承训屯柳子右,沿汴水两边,布置军事营垒,连成一舍(三十里),形成威慑徐州之势。二月,王弘立率军三万,渡睢水,围新兴、鹿塘,由于轻敌,伤亡惨重,王弘立仅以身免。康承训命沙陀骑兵攻击,弘立逃走,义军赴水死,自鹿塘到襄城,伏尸

---

① 《新唐书》卷一四八,《康承训》。

五十里,牺牲二万人。

三月,康承训发兵攻柳子(今安徽淮北市柳孜镇),姚周渡水迎战,又败,官军乘风火攻,姚周率残兵逃走,沙陀兵尾随其后。双方在柳孜激战数十次,自柳子至芳城,死者枕藉,起义军受到重挫。大将刘丰阵亡,而姚周带十骑逃至宿州,被守将梁丕斩之。

在此情况下,庞勋放弃对于朝廷的幻想,彻底与唐政府决裂,杀崔彦曾及监军张道谨、宣慰使仇大夫、僚佐焦潞、温庭皓等所俘唐官员。向部下宣布:"勋始望国恩,庶全臣节;今日之事,前志已乖。自此,勋与诸君真反者也,当扫境内之兵,戮力同心,转败为功耳。"①自称"天册将军"。广大群众热情支持庞勋,又有三万人参加起义军队。庞勋率精锐攻击官军,魏博军望风而溃。曹翔退保兖州,庞勋乘胜进攻康承训,惨败,义军损失四万,庞勋释甲服垢襦(脏污的短袄、围兜)才得以脱身,收残兵三千人退保徐州。遣张行实屯第城。六月,马举自泗州引兵进攻濠州,拔招义、钟离、定远。是时,又诏黔中观察使秦匡谋讨勋。勋遣吴迥屯北津援濠,士举率锐兵度淮,尽碎其营。七月,康承训破临涣,斩万级,收复襄城、留武、小睢,曹翔攻下滕,义军将领献蕲、沛投降,李直逃往徐州。翔又攻占丰、徐,筑城于下邳,义军形势危急。勋派张玄稔驻守宿州,张儒、刘景助之,自称统军,列壁相望。承训攻下第城,张行实奔宿州,于是承训围宿州。八月,康承训派辩士策反张玄稔。

九月,张玄稔杀张儒、刘景,归顺官军。玄稔诈为溃军,偷袭符离,斩守将,得兵万人,北攻徐州。许佶等不敢出,玄稔围城,崔彦曾故吏路审中开门纳官军,玄稔兵入城,许佶等从北门逃走,玄稔率兵追之,义军溃散,赴水死,斩庞举直、许佶、李直等。勋闻徐州被攻下,率二万义军,从石山向西撤退,承训统全部人马八万追击,沙陀将朱邪赤衷追至宋州,勋被刺史郑处冲击败,向南奔向亳,承训兵循涣水而东,勋走蕲县,官兵断桥不及济,承训乃纵击之,斩首万级,余皆溺死,降者仅千人。官军追击庞勋,最后在蕲县(今安徽宿州南面)一战,庞勋牺牲。

---

① 《资治通鉴》卷二五一,"咸通十年"条。

起义军失败。

## 二、失败原因与起义性质

庞勋领导的桂林戍卒起义,历时两年,破十余州,起义迅速壮大,而又迅速地被唐朝官军镇压,其主要原因有这样几点:

其一,起义缺乏远大的目标。庞勋领导的桂林戍卒兵变,主因在于反抗超期兵役。义军领袖庞勋的目标只不过是为自己觅得节度使一职而已,在这个目标不可能实现的情况下,才和朝廷彻底决裂。

其二,起义军的骄傲情绪。起义军在取得一系列胜利后,滋生了骄傲自满情绪,使起义军错误地估计了形势,并贻误了战机。

其三,起义军内部的分裂。义军首领孟敬文的分裂行为,张玄稔的叛变,削弱了起义军的力量,给起义军以致命的打击。

其四,唐王朝的疯狂镇压。起义军活动于淮河两岸,关系到唐王朝的经济命脉,唐王朝调动了数路军队,屡更将帅,尤其沙陀军队对义军造成巨大的威胁。

关于庞勋起兵性质的分析,学术界有比较中肯的认识:其初只是唐军的兵变,但它具有农民反对服兵役的意义。后来,随着大量农民的参加,兵变逐步转化为农民起义,成为唐末社会危机的反映。唐朝虽然镇压了这次起义,但更大的革命风暴正在酝酿之中。[1]

## 三、庞勋起义的余波与黄巢起义在安徽

所谓"唐亡于黄巢,而祸基于桂林"[2],黄巢大起义的前奏曲,就是庞勋起义,二者从不同的角度反映了唐末统治集团的危机和社会危机,也反映了唐代安徽境内社会矛盾不断演变和激化的轨迹。

庞勋起义对唐朝统治者的冲击,在一定程度上削弱了唐王朝统治基础,为大规模农民起义提供了经验与教训。

尤其值得注意的是庞勋起义与黄巢起义的直接联系。庞勋起义

---

[1] 参见白寿彝《中国通史》,上海人民出版社 1986 年版。

[2] 《新唐书》卷二二二《南蛮传赞》。

失败后,其余部仍在活动。"余党犹相聚闾里为群盗,散居兖、郓、青、齐之间。"①乾符元年(874)十二月,感化军奏:"群盗寇掠,州县不能禁。"②朝廷调集兖、郓等道兵协助镇压。当时水旱灾害频频发生,连年饥馑,各地农民斗争也风起云涌。乾符二年,王仙芝起义于濮阳,以"吏贪沓、赋重,赏罚不平"③号令诸道。黄巢,曹州冤句人,募众数千人,响应王仙芝起义,率义军转战于河南十五州,人数增至数万。乾符三年十二月,王仙芝率领的起义军,转战江淮,派骑兵围舒州(今安徽潜山、安庆市一带),攻打庐、寿等州(今合肥市、寿县一带),今安徽的西部成为义军活动的重要区域。乾符四年,黄巢攻和州(今安徽和县),未克。王仙芝转向浙西,出没于宣、润之间。乾符五年正月,仙芝攻洪州,入其郛。二月,王仙芝败于黄梅县,被杀。时黄巢攻亳州未下,尚让率仙芝余众归附,推巢为王,号"冲天大将军",拥河南、山南之民十余万,攻占淮南,建元"王霸"。王仙芝别将曹师雄活动于宣、润二州。黄巢领兵渡江,攻陷赣、吉、饶、信等州。八月,黄巢攻打宣州(今安徽宣州),宣歙观察使王凝拒之,败于南陵(今安徽南陵县)。巢攻宣州,不克,乃引兵进入浙东,开山路七百里,直趋建州,占据闽地诸州。然后,攻下桂管、广州。因军中大疫,引军北还,自桂州编大栿数十,乘暴水河涨,沿湘江而下,历衡、永州。十月,抵潭州,进逼江陵,军队号称五十万。十一月,黄巢北攻襄阳,大败。攻鄂州,转战饶、信、池、宣、歙、杭等十五州,众至二十万。广明元年(880)六月,黄巢攻占宣州。七月,黄巢自采石渡江,围天长、六合,兵势甚盛,下滁、和二州,唐数易统帅,屡战屡败。黄巢攻淮南时,庐州刺史郑棨,请黄巢无犯州境,巢敛兵不攻,庐州得以幸免于战火。九月,在淮上击败曹全晟天平军士,淮南节度使高骈竟视而不救。黄巢率全部义军渡淮,所过之处不掳掠,只取丁壮以增加兵员。十月,黄巢攻占申州,进入颍、宋、徐、兖之境,直捣唐王朝的政治中心长安。

黄巢起义对于唐末安徽的影响很大。

---

① 《资治通鉴》卷二五二,"咸通十一年"条。
② 《资治通鉴》卷二五二,"乾符元年"条。
③ 《新唐书》卷二二五下《黄巢》。

其正面的,黄巢起义军纪律严明,所过城邑只是"供顿而去,坊市晏然"①。黄巢从揭竿而起至失败身亡,历时十年之久。他的活动北起山东,南至广东,西至陕西,转战南北,纵横全国十二省,不仅推动了各地的农民斗争,沉重打击了唐朝的腐朽统治,也沉重打击了唐末安徽境内的腐朽势力。黄巢打着"天补平均大将军"旗帜,表明了农民朴素的平均主义思想,这对后世的农民运动及其思想具有深远的影响。

① 《旧唐书》卷一九《僖宗纪》。

# 第八章

## 朱温、杨行密崛起和唐王朝的灭亡

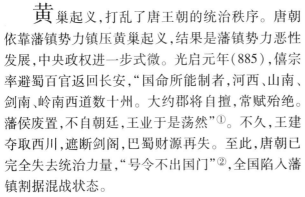

黄巢起义,打乱了唐王朝的统治秩序。唐朝依靠藩镇势力镇压黄巢起义,结果是藩镇势力恶性发展,中央政权进一步式微。光启元年(885),僖宗率避蜀百官返回长安,"国命所能制者,河西、山南、剑南、岭南西道数十州。大约郡将自擅,常赋殆绝。藩侯废置,不自朝廷,王业于是荡然"[1]。不久,王建夺取西川,遮断剑阁,巴蜀财源再失。至此,唐朝已完全失去统治力量,"号令不出国门"[2],全国陷入藩镇割据混战状态。

在唐末藩镇混战态势下,今安徽境内亦处在周边军阀的争夺之中,最后,出现占据淮北和中原地区的梁王朱温、占据江淮的吴王杨行密两大势力,并成为左右时局的重要力量。天祐四年(907),朱温废除唐哀帝,结束唐朝297年的统治,建立起"五代"的第一个王朝——后梁。

---

[1] 《旧唐书》卷十九下《僖宗纪下》。《旧唐书·僖宗纪》记载:"时李昌符据凤翔,王重荣据蒲、陕,诸葛爽据河阳、洛阳,孟方立据邢、洺,李克用据太原、上党,朱全忠据汴、滑,秦宗权据许、蔡,时溥据徐、泗,朱瑄据郓、齐、曹、濮,王敬武据淄、青,高骈据淮南八州,秦彦据宣、歙,刘汉宏据浙东,皆自擅兵赋,迭相吞噬,朝廷不能制。江淮转运路绝,两河、江淮赋不上供,但岁时献奉而已。"

[2] 《资治通鉴》卷二五九,"景福二年"条。

# 第一节　唐末江淮军阀势力的兴起

江淮,自古是农民起义活跃的地区。唐末自然灾害频频发生,社会动荡不安,僖宗乾符年间(874—879),"江淮群盗起"[1],地方反抗持续不断。黄巢起义之后,地方势力兴起并互相攻伐,唐朝原有的统治体制被打乱,藩镇势力割据一方。江淮地区被几支强大的地方藩镇所控制,其中淮南节度使高骈占据淮南诸州,宣歙观察使秦彦占据皖南,感化节度使时溥、宣武节度使朱温分据淮北地区,他们"皆自擅兵赋,迭相吞噬,朝廷不能制"[2]。周边地区军事势力如蔡州秦宗权、两浙钱镠、江西钟传等也蠢蠢欲动,形成错综复杂的局面。

## 一、时溥据淮北

淮北地区,唐后期分属宣武、武宁(感化)两镇统辖。《旧唐书·地理志》记载,"宣武军节度使,治汴州,管汴、宋、亳、颍四州","武宁军(感化军)节度使,治徐州,管徐、泗、濠、宿四州"。唐末朱温以镇压黄巢起义升任汴州宣武节度,控制亳、颍等州,徐州感化节度使时溥则控制濠、宿、泗等州。但由于局势动荡,各州隶属关系也不稳定。

时溥,徐州彭城(今江苏徐州)人,原为徐州武宁军牙将。黄巢攻占长安,节度使支详派遣时溥与副将陈璠率军五千前往援救,途中军士哗变,时溥惧罪不敢返回,屯驻徐州边境。支详下令免除军人罪名。乱兵返回后,拘禁支详,推时溥为节度留后。时溥乃出资令陈璠护送支详回朝,途中陈璠杀支详及其全家,时"溥以璠为宿州刺史,竟以违命杀详,溥诛璠,又令别将帅军三千赴难京师"[3],僖宗返回长安,遂授时溥为节度使,节制徐、宿、泗诸州。

---

① 《新五代史》卷六一《吴世家》。
② 《旧唐书》卷一九下《僖宗纪下》。
③ 《旧唐书》卷一八二《时溥》。

中和三年（883）四月，黄巢退出长安，向东转移，时溥与藩镇领兵阻击，"溥地介于贼，乃悉师讨之，军锋甚盛，连战辄克，授东面兵马都统"。在时溥追击之下，黄巢部尚让率一万多人投降，"后林言又斩黄巢首归徐州，时溥功居第一，诏授检校太尉、中书令、巨鹿郡王"①。蔡州军阀秦宗权自恃兵强，分兵四出，所至焚杀掳掠，"西至关内，东极青齐，南出江淮，北至卫滑，鱼烂鸟散，人烟断绝，荆榛蔽野"②。唐僖宗又命时溥充蔡州四面行营兵马都统，宣武节度使朱温充蔡州西北面行营都统。龙纪元年（889），朱温消灭蔡州秦宗权，遂倾全力东向扩张，对付东面的徐州时溥和郓州、兖州朱瑄兄弟。

大顺元年（890）四月，宿州（今属安徽）将张筠驱逐刺史后投靠时溥，朱温乘机率军讨伐，然宿州久攻未克，时溥又出兵宋州砀山以牵制。朱温立即派其子朱友裕率兵打败时溥，解除后方的威胁。大顺二年（891）八月，朱温再派丁会急攻宿州，引汴水淹城，迫使张筠投降。十一月，时溥部将刘知俊等也率众归附。从此，时溥兵势一蹶不振。景福二年（893）四月，朱温派庞师古、王重师、牛存节攻克徐州，时溥举家自焚于燕子楼，"朱全忠遣将庞师古守徐州"③。至此，淮北州县已在宣武朱全忠控制之下。

## 二、高骈据江淮

今安徽江北之地，唐代隶属淮南道。至唐末，节度使"高骈据淮南八州"。八州即今安徽境内寿州、庐州、濠州、滁州、和州、舒州和江苏境内扬、楚二州，节度使驻节扬州。该地区南临长江，东濒大海，北抵淮河，西达大别山山脉，形成了依山傍水，有着天然屏障，便于攻守的军事区域。大运河通航后，淮南"兼水陆漕挽之利，有泽鱼山伐之饶，俗具五方，地绵千里"④。唐后期又是朝廷主要财赋来源之地。

在唐末江淮藩镇中，淮南节度使高骈势力最强。高骈早年颇有英

---

① 《旧唐书》卷一八二《时溥》。
② 《旧唐书》卷二〇〇《秦宗权》。
③ 《旧唐书》卷二〇《昭宗纪》。
④ 陆贽：《陆宣公集》卷九《杜晋淮南节度使制》。

名,咸通五年(864),曾以收复安南而名噪一时,后任郓州刺史、天平军节度观察等使,"治郓之政,民吏歌之"。历西川、荆南、浙西节度使,转任淮南道,兼诸道兵马都统、江淮盐铁转运使等,"骈至淮南,缮完城垒,招募军旅,土客之军七万,乃传檄征天下兵,威望大振。朝廷深倚赖之,进位检校太尉、同平章事"。然黄巢北过江淮,高骈听从部将建议,拥兵自重,不出一兵拦截。黄巢西入关中,又拒绝朝命入援,自恃兵强地富,"欲兼并两浙,为孙策三分之计"①。高骈此举,受到朝廷指责,并被罢去都统及盐铁使之职。高骈遂断绝江淮贡赋,奏疏抨击朝廷。但由于宠用方士吕用之,随意诛戮部将,导致众叛亲离,部将毕师铎、郑汉章等心存顾忌担心被害,密谋反抗。周边藩镇如蔡州秦宗权、宣武朱温、感化时溥也图谋夺取淮南,导致淮南境内局势混乱。

### 三、秦彦据宣歙

今皖南地区,唐代设置宣、歙、池三州,资源富饶,是唐后期财赋的主要来源之地。唐末局势动荡,黄巢起义曾转战皖南地区。

僖宗迁蜀,江淮、江南地区军镇失去大局依托,出现割据自保的局面。僖宗中和二年(882),秦彦渡江占据这块富饶地区,割据自立。

秦彦,本名秦立,徐州人,僖宗乾符(874—879)年间,以盗系狱。出狱后聚众百余人,袭杀下邳(今江苏邳州)县令,投入黄巢起义队伍,随同转战南北。乾符六年(879)正月,黄巢队伍进入浙西,镇海节度使高骈遣其将张璘、梁缵分道阻击,秦彦、毕师铎、李罕之、许勍等数十人遂投降。高骈改镇淮南,累次上表,举荐秦彦为和州刺史。僖宗中和二年(882),宣歙观察使窦潏病,"和州刺史秦彦使其子将兵数千袭宣州,逐观察使窦潏而代之"②。当时僖宗逃亡成都,无暇顾及东南局势,遂授秦彦为宣州刺史、宣歙观察使。秦彦又以其部将赵锽为池州刺史。然当时秦彦在皖南势力并不稳固,歙州刺史裴枢仍由朝廷任命。

① 《旧唐书》卷一八二《高骈》。
② 《资治通鉴》卷二五五,"中和二年"条。

唐朝末年,江淮、江南地区割据势力相互之间展开了激烈的争战,朱温与杨行密两大藩镇势力在争夺中逐步崛起,形成沿淮对峙,并成为左右全国局势发展的主流。

## 第二节　朱温势力的发展与汴州军事集团

在唐末藩镇割据混战中,宣武镇朱温(朱全忠)势力发展最快,与河东李克用成为主宰中原局势的两大强藩。南方藩镇以淮南杨行密发展最快,势力最强。江南藩镇为求得生存,纷纷投靠宣武集团,以对抗杨行密集团,纵横捭阖,局面错综复杂。唐昭宗面对宣武朱温的势力,也希望借助杨行密淮南集团支持,牵制宣武军事集团势力的扩张。然最终杨行密势力不能跨越淮河,朱温控制黄河中下游大部分地区,建立后梁王朝。

### 一、朱温与黄巢起义军

朱温(852—912),宋州砀山(今属安徽)午沟里人,出身贫寒,"家世为儒,祖信、父诚,皆以教授为业"①。朱温幼年丧父,随母王氏佣食于萧县刘崇家,然"不事生业,以雄勇自负,里人多厌之"②。

乾符四年(878),黄巢起义军转战于山东、河南地区,朱温与次兄朱存投奔黄巢队伍,并随起义军转战南方。乾符五年,朱存战死于岭南地区,而朱温因功补为队长,遂随起义军北上,经湖南、湖北、江西、安徽地区,进军河南。广明元年(880)十二月,黄巢攻占长安,建立大齐政权。朱温所部屯驻于东渭桥(今长安东北),招抚夏州节度使诸葛爽,随后在与唐军交锋中屡建奇功。中和元年(881)二月,受任东南面行营都虞候,率军夺取邓州(今属河南)。七月,又从前线调入长安

---

① 孙光宪:《北梦琐言》卷一七。
② 《旧五代史》卷一《梁太祖纪一》。

以西的兴平（今属陕西），阻击邠、岐、鄜、夏等州调集的唐军。中和二年，朱温被任为同州防御使，受命夺取同州（今陕西大荔），扼守大齐政权东部防线。是时，河中节度使王重荣屯兵数万与朱温对垒。朱温兵寡屡败，屡向黄巢求援而受阻于知左军事孟楷。大齐政权内部不稳，又遭到唐朝招集各路藩镇的围攻，处境艰难。幕僚谢瞳乘机劝朱温降唐，说："将军力战于外，而庸人制之于内，此章邯所以背秦而归楚也。"①九月，朱温杀监军使严实，与大将胡真等以同州全境降于王重荣。唐僖宗获悉后大喜过望，任命朱温为左金吾大将军，充河中行营副招讨使，并赐名全忠，"自是率所部与河中兵士偕行，所向无不克捷"②。朱温降唐，不仅削弱了大齐政权东线防御力量，也极大地动摇了黄巢起义队伍。随着大齐政权的处境日益困难，一些领兵将领投靠唐朝，更使起义军陷入极为被动的局面。

### 二、汴州宣武集团的形成

中和三年（883）三月，唐廷纠集诸镇围攻长安，朱温以功授汴州刺史、宣武军节度使，等唐军收复京城后赴任。四月，黄巢退出长安，向东迫降蔡州节度使秦宗权，进而合围陈州（今淮阳）。七月，朱温进入汴州。从此，汴州（宣武军）成为朱温的大本营，又领兵向东，在鹿邑击败黄巢部众，"斩首二千余级，乃引兵入亳州，因是兼有谯郡之地"③。随后朱温受命为东北面都招讨使，援救唐陈州刺史赵犨，击败黄邺、尚让等部，解陈州之围。接着又与河东节度使李克用合兵进攻黄巢，先击黄巢军于鄢城（今属河南），再击之于中牟（今属河南）北面的王满渡。光启元年（885）九月，唐僖宗加朱温为检校司徒、同中书门下平章事，封沛郡侯，食邑千户。半年后，晋封为沛郡王，后又改封吴兴郡王，食邑三千户。

朱温担任宣武节度使后，注意扩充势力，招兵买马，以敬翔、李振为谋士。其宣武镇很快成为东方地区的强藩，成为左右中原局势的宣

---

① 《新五代史》卷一《梁太祖纪一》。
② 《旧五代史》卷一《梁太祖纪一》。
③ 《旧五代史》卷一《梁太祖纪一》。

武军事集团。其集团主要成员主要包括三方面,一是原先旧藩镇,他们有的被打败后投降过来的,也有不少是主动归附的。前者如河中王重荣旧部、郓州刘郓,后者如河阳张全义、陈州赵犨、华州韩建等。一是投降过来的黄巢起义将领。如在王满渡之战后,黄巢部将"李谠、杨霍、葛从周、张归厚、张归霸各率部下降于大梁"①。另一部分是朱温旧部,如后来号称汴军名将庞师古、王彦章、朱珍、李汉宾等人,"彦章少从军,隶太祖帐下,以骁勇闻。稍迁军职,累典禁兵。从太祖征讨,所至有功,常持铁枪冲坚陷阵"②。其中,也不乏来自皖北及江淮地区的将领。据新旧《五代史》记载,宣武集团的重要将领如张存敬、丁会、徐怀玉、杨师厚、王景仁、马嗣勋、李彦威、王敬荛、刘康义以及朱元礼和朱汉宾父子均来自今皖北及沿淮地区。

张存敬,亳州人,骁勇善战,"少事梁太祖,为将善因危窘出奇计"③。曾率兵与丁会等援救河阳张全义,击败河东将李罕之。随后转战河北,屡建战功,官至护国军留后、宋州刺史。

丁会,寿州寿春人,黄巢进入关中,率众从朱温为部曲,"自梁祖诛宗权,并时溥,屠朱瑄,走朱瑾,会恒以兵从,多立奇功"④。官至滑州留后、河阳节度使、昭义节度使。

徐怀玉,亳州焦夷县人。早年随朱温投奔黄巢,又从朱温平定蔡州秦宗权、徐州时溥、兖州朱瑾,《旧五代史》称其"材气刚勇,临阵未尝折退,平生金疮被体,有战将之名焉"。庞师古兵败清口,"怀玉独全军以退"⑤。后梁初年,授曹州刺史,官至鄜坊节度使。

杨师厚,颍州斤沟人也,"为李罕之部将,以猛决闻,尤善骑射。及罕之败,退保泽州,师厚与李铎、何绹等来降,太阳署为忠武军牙将,继历军职,累迁检校右仆射,表授曹州刺史"⑥,率军平青州王师范、山南赵匡凝,是后梁前期最重要的将领。

① 《旧唐书》卷二〇〇《黄巢》。

② 《旧五代史》卷二一《王彦章》。

③ 《新五代史》卷二一《梁存敬》。

④ 《旧五代史》卷五九《丁会》。

⑤ 《旧五代史》卷二一《徐怀玉》。

⑥ 《旧五代史》卷二二《杨师厚》。

刘康乂，寿州安丰县（今安徽寿县南）人，原为朱温旧部，从朱温赴宣武镇，委以心腹，"其后累典亲军，袭巢破蔡，斩获尤多，累以战功迁元从都将。从太祖连年攻讨徐、兖、郓，所向多捷，尤善于营垒，充诸军壕寨使"[1]。

朱汉宾，亳州谯县（今亳州）人，父元礼，为朱温军校，战死于清口之役。朱温以其父死于疆场，编入属籍。朱温进取兖州、郓州，汉宾屡建战功。

王敬荛，颍州汝阴（今安徽阜阳）人，唐末为颍州刺史。朱温清口战败后，王敬荛为其收罗余众有功，表为武宁军节度、徐宿观察留后。

马嗣勋，濠州钟离（今安徽凤阳）人，景福元年三月，州刺史张遂派遣马嗣勋持州印籍户口以归于朱温。乾宁二年三月，杨行密攻陷濠州，嗣勋奔开封，署为元从押牙、副典客，颇称任使。多次奉命出使相邻藩镇、入觐长安。天祐年间受遣往魏博镇，与节度使罗绍威合谋消灭牙军，受伤而死。

李彦威，寿州（今安徽寿县）人。少事朱温，朱温以为养子，改名朱友恭，历汝、颍二州刺史。昭宗迁都洛阳，拜右龙武统军。

朱温汴州军事集团在藩镇混战中，势力发展迅速。朱温本人善于招纳敌方将士，除所降服藩镇将领外，亦能大量吸收原先黄巢起义余众。其中，不少重要将领出自安徽淮北地区。

### 三、汴州宣武集团的发展

黄巢向东溃退之时，一些起义将领投奔朱温。朱温又联络陈州赵犨、洛阳张全义，与之结盟。当时，蔡州秦宗权势力强盛，极为残暴，攻占河南陕、洛、怀、孟、唐、许（今许昌）、汝、郑（今均属河南）等州，成为朱温西面的强大对手。朱温一方面派朱珍到淄州、青州等地募兵，另一方面又结好兖州（今均属山东）朱瑾、郓州（今东平西北）朱瑄。

光启元年（885）春，"蔡贼掠亳、颍二郡，帝帅师以救之，遂东至于

---

[1] 《旧五代史》卷二一《刘康乂》。

焦夷,败贼众数千,生擒贼将铁林,枭首以徇军而还"①。三年,秦宗权自郑州猛攻汴州,朱温得兖、郓援助,大破秦宗权,斩首二万级,秦宗权遂弃陕、洛诸州,向南逃窜。朱温"乃慎选将佐,俾完修葺壁垒,为战守之备。于是远近流亡复归者众矣"②。这时淮南发生秦彦、毕师铎之乱,秦宗权悍将孙儒也窜至淮南。唐朝廷随后任朱温兼淮南节度使、东南面招讨使,但这一举措既受到已占据淮南的杨行密的抵制,又受到占据徐州(今属江苏)地区的感化节度使时溥的阻挠。文德元年(888),朱温被任为蔡州四面行营都统,取代时溥指挥各路兵马对秦宗权的围攻。其时,秦宗权连遭败衄,众叛亲离,朱温乘机加紧围攻,蔡州将申丛执秦宗权投降朱温。龙纪元年(889)二月,秦宗权被押送长安处死,朱温晋封为东平郡王并加检校太尉兼中书令。史称"全忠既克蔡州,军势益盛"③。后夺得洛(今河南洛阳)、孟(今河南孟州)地区,把凤翔军阀李茂贞扼制在关陇地区。朱温自此"无西顾之忧"④,专力注意河北、山东藩镇。

朱温首先对付的是徐州时溥。早在秦宗权败亡之前,朱温与时溥的斗争就不断升级。文德元年十月,朱温派遣先锋朱珍进攻徐州,大败时溥于吴康镇,攻占丰县、萧县等地,分命部将攻取宿州。⑤ 大顺元年(890)四月,宿州军将张筠驱逐刺史张绍光,拥众投靠时溥。朱温借故讨伐。次年八月,朱温派丁会急攻宿州,迫使张筠投降。十一月,时溥部将刘知俊等也率众归附。景福二年(893)四月,朱温派庞师古攻克徐州,时溥全族自焚于燕子楼。至此,淮北地区已完全控制在朱温手中。在河朔,利用魏博、河东二镇矛盾,结交罗弘信,"魏博自是服于汴"⑥,又拉拢卢龙刘仁恭,奏请加授宰相之衔,⑦成德节度使王镕也主动亲附朱温。

————————————————

① 《旧五代史》卷一《梁太祖纪一》。
② 《旧五代史》卷一《梁太祖纪一》。
③ 《资治通鉴》卷二五八,"龙纪元年"条。
④ 《资治通鉴》卷二五七,"文德元年"条。
⑤ 《旧五代史》卷一《梁太祖纪一》。
⑥ 《资治通鉴》卷二五八,"文德元年"条。
⑦ 《旧五代史》卷一三五《僭伪列传二》。

其次,朱温加紧对付兖州朱瑾、郓州朱瑄兄弟。朱瑾、朱瑄兄弟曾配合朱温消灭秦宗权,关系较为融洽,但河南局势稳定后双方摩擦不断。时溥失败后,朱温以其招纳宣武军士为由,令庞师古驻军于曲阜,多次打败朱瑾。乾宁元年(894)二月,朱温亲率大军大败朱瑾、朱瑄于郓州北济州境内的鱼山。次年二月,又派其养子朱友恭(李彦威)再攻兖州,堑而围之。尽管杨行密攻占濠州、寿州进行牵制和李克用派遣李承嗣等率万骑驰援郓州,朱温还是在乾宁四年(897)正月攻占郓州,俘杀朱瑄。三月,兖州守将康怀英投降,朱瑾仓皇南奔投靠杨行密。朱温平定兖(泰宁)、郓(天平)二镇,随即任命庞师古为天平军留后,葛从周为泰宁军留后。不久改朱友裕为天平军留后,以庞师古为徐州武宁军节度使。"于是郓、齐、曹、棣、兖、沂、密、徐、宿、陈、许、郑、滑皆入于全忠,惟王师范保淄青一道,亦服于全忠"[①]。至此,长淮以北、大河以南都为朱温所控制,其势力超过了河东的李克用。

## 第三节　杨行密崛起江淮

在江淮地区军阀争夺过程中,杨行密集团势力发展最快。当朱温消灭徐州时溥之时,杨行密率兵南下,消灭宣州秦彦势力,进而倾其全力打败孙儒,重新夺回扬州,据有淮河以南及皖南、苏南部分州县,从而与北方朱温集团形成对峙局面。

### 一、庐州起兵

杨行密(852—905),原名行愍,字化源,庐州合淝(今安徽合肥)人。"少孤贫,有臂力,日行三百里"[②]。唐僖宗乾符年间,"江、淮群盗起,行密以为盗见获,刺史郑棨奇其状貌,释傅纵之"。后应募为州兵,

---

① 《资治通鉴》卷二六一,"乾宁四年"条。
② 《旧五代史》卷一三四《僭伪列传一》。

连番出外戍守,以功补为队长,自募百余人。中和二年(882),以不堪忍受庐州将官欺凌,斩杀都将,自称八营都知兵马使,刺史郎幼复被迫交出兵符印信,上书淮南节度使高骈,以杨行密代行其职权,"行密遂据庐州"①。次年,唐廷授杨行密庐州刺史。时高骈部属吕用之用事,担心杨行密难以控制,"遣俞公楚以兵五千屯合淝,名讨黄巢而阴图之"②,杨行密设伏消灭俞公楚,又以部下田頵为八营都将、陶雅为左冲山将,"讨定乡盗",完全控制庐州局面。

中和四年(884),舒州境内爆发陈儒起义,刺史高澞求援于庐州。杨行密以部将李神福间道入舒州,设疑兵解舒州之围。不久,江淮土豪吴迥、李本等率军进攻舒州,高澞战败逃往扬州,为高骈所戮。杨行密派遣陶雅、张训率军剿灭土豪吴迥、李本,奏表陶雅为舒州刺史。蔡州军阀秦宗权觊觎淮南,趁杨行密主力南下舒州之际,派遣其弟宗衡进攻庐州,夺取舒城。杨行密急忙调遣部将田頵抵御,秦宗衡被打败后退回河南。蔡州是中原地区强镇,曾屡败河东李克用、宣武朱全忠及感化时溥,这一仗提高了庐州军队的声威。

寿州是淮南道强郡,曾建置都团练使。刺史张翱(一作张熬)对杨行密势力的发展深感不安。光启二年(886)十二月,"寿州刺史张翱遣其将魏虔将万人寇庐州,庐州刺史杨行愍遣其将田頵、李神福、张训拒之,败虔于褚城"③。褚城(一作褚城)之战,不仅使庐州转危为安,也使杨行密庐州集团成为江淮地区举足轻重的力量。庐州军队北上之时,滁州刺史许勍袭舒州,刺史陶雅奔庐州。由于杨行密在褚城决战中取胜,滁州兵停止北进,杨行密在庐州的地位巩固下来。

**二、向外拓展**

就在杨行密势力逐渐壮大的时候,扬州发生内乱。淮南节度使高骈晚年昏聩,宠任方士吕用之,猜忌领兵将领,导致部下离心离德。光启三年(887),秦宗权再次派军进攻淮南,高骈以部将毕师铎驻守高

---

① 《新五代史》卷六一《吴世家》。
② 《新唐书》卷一八八《杨行密》。
③ 《资治通鉴》卷二五六,"光启二年"条。

邮,毕师铎等惧为吕用之所害,遂联络高邮镇遏使张神剑、淮宁军使郑汉璋等,率军三千进攻扬州。① 兵临扬州城下之时,毕师铎惧城坚难攻,求援于宣歙观察使秦彦,应允城破后推其为帅。秦彦随即派其亲信秦稠率兵八千渡江北上。扬州城破后,吕用之逃走,高骈遭到拘禁。秦彦得知扬州已下,招其亲信、池州刺史赵锽入守宣州,亲率大军进驻扬州,自称淮南节度使,以毕师铎为行军司马。

在毕师铎围攻扬州之时,吕用之以高骈名义任命杨行密为淮南行军司马,令其奔赴救援。杨行密迟疑不决,谋士袁袭劝说行密:"高公昏惑,用之奸邪,师铎悖逆,凶德参会,而求兵于我,此天以淮南授明公也,趣赴之。"杨行密"乃悉发庐州兵,复借兵于和州刺史孙端"②,亲率部众一万余人东进,行至天长,吕用之率残部来会。五月,杨行密驻兵扬州郊外蜀冈。此时,与毕师铎发生矛盾的张神剑、不满毕师铎接纳外藩的海陵镇遏使高霸以及曲溪人刘瑾、盱眙人贾令威也率众投靠杨行密。杨行密增兵至一万七千人,设立八处营寨围困扬州城。张神剑又从高邮运粮支持杨行密。六月,秦稠、毕师铎"以劲卒八千出战,大败,稠死之,士奔溺死者十八"③。此后城内缺粮,"樵采路绝,宣州军始食人"④。八月,秦彦抽调全部军马二万人,由毕师铎、郑汉璋率领,再次开城出战,杨行密乃撤离营寨,将部分粮饷辎重留在空寨。秦彦饥兵争相掠取物资,杨行密率精兵出击,毕师铎大败,横尸数十里。经此一战,秦彦元气大伤。"城中食尽,米斗四十千,居人相啖略尽"⑤。十月,秦彦、毕师铎决定弃城出走,令部将杀高骈及其家属,又派郑汉璋率步骑五千作最后出击,高霸、张神剑二寨仓皇迎战,被郑汉璋攻破,二人分别率残部逃回海陵、高邮。十一月,吕用之部属张审威率三百人趁守军换防之际,攻入扬州城内,秦彦、毕师铎率二千余人狼狈出城。杨行密进入城中,"辇外寨之粟以食饥民,即日米价减至三千",

---

① 《旧唐书》卷一八二《毕师铎》。
② 《资治通鉴》卷二五七,"光启三年"条。
③ 《新唐书》卷二二四下《高骈》。
④ 《资治通鉴》卷二五七,"光启三年"条。
⑤ 《旧五代史》卷一三四《僭伪列传一》。

"居人癃惙奄奄,兵不忍加暴,反斥余粮救之"①。

淮南早为邻藩所觊觎。秦彦、毕师铎之乱时,秦宗权派其弟秦宗衡与部将孙儒前来争夺淮南。宣武朱温也准备夺取淮南,遂奏请唐僖宗以自己兼领淮南节度使,充东南面招讨使,"以平孙儒、行密之乱"②。但朱温因汴州东有兖州朱瑄、郓州朱瑾,东南有徐州时溥,南有蔡州秦宗权,一时无力南下。杨行密进驻扬州后,朱温奏请杨行密为淮南节度副使,派部将张廷范出使以相笼络。又以行军司马李璠权知淮南留后,牙将郭言领兵护送。然随即为杨行密所拒,李璠一行受阻于徐州时溥,朱温乃表杨行密为淮南留后。

杨行密虽然进入扬州,城外到处是高骈的残兵溃卒,秦宗衡、孙儒军队以刘建锋为前锋,直逼扬州。途中孙儒杀死秦宗衡,收编战败前来的秦彦、毕师铎,迅速夺取扬州城外营寨,杨行密滞留城外的辎重也落入孙儒之手。文德元年(888)正月,孙儒杀秦彦、毕师铎,吞并其军队,进围扬州,"行密遣使求援于朱全忠"③。但是前来救援的汴军很快为孙儒击退,杨行密顿时陷入进退两难境地。为集中指挥,杨行密杀干扰军政的吕用之,又追斩首鼠两端的张神剑、高霸等人,把军队掌握在自己手中,准备前往海陵(今江苏泰州)。谋士袁袭陈言:"海陵虽守,而庐州吾旧治也,城廪完实,可为后图。"④二月,杨行密遣延陵宗率兵返回和州,又派指挥使蔡俦领兵一千先回庐州。四月,杨行密放弃扬州,经天长返回庐州。孙儒随后进入扬州,"纳款于汴,且送宗衡、秦彦、毕师铎首,全忠藉以闻。昭宗授儒检校司空,全忠署儒为招讨副使"⑤,后授淮南节度使。

### 三、占领宣歙

杨行密返回庐州是暂避强敌,"再为进取之计"⑥。时孙儒军力雄

---

①　《新唐书》卷二二四下《高骈》。
②　《旧唐书》卷一八二《高骈》。
③　《旧唐书》卷一九下《僖宗纪》。
④　《新五代史》卷六一《吴世家》。
⑤　《新唐书》卷一八八《孙儒》。
⑥　《资治通鉴》卷二五七,"文德元年"条。

盛,派军攻掠江淮地区。杨行密开始考虑向南方发展,准备进攻洪州钟传,夺取江西之地。谋士袁袭则建议夺取宣歙地区:"钟传新兴,兵附食多,未易图也。孙端据和州,赵晖屯上元,结此二人以图宣州,我绰绰有余力矣。"①宣州为秦彦部将赵锽所据,领有宣、歙、池等州。杨行密接受其建议,派人联络和州刺史孙端、升州刺史赵晖,令其渡江汇聚采石;留部将蔡俦守庐州以接应,自己亲率大军从椮潭(今安徽无为境内)渡江。

和州刺史孙端、升州将领张雄刚入宣州境内,遭遇宣州军队迎头痛击,不能前进。观察使赵锽派遣部将苏瑭、漆朗屯兵曷山(一作葛山)。袁袭建议杨行密坚守不战,待宣州军队懈怠之际,发动攻击。这一仗,宣州军大败,杨行密乘胜围攻宣州。时赵锽兄赵乾之自池州领兵援救,亦被杨行密部将陶雅打败,逃往江西。杨行密遂以陶雅为池州制置使,以切断长江上游援兵。龙纪元年(889)六月,"刺史赵锽粮尽,亲将多出降"②,守将陈进思开城出降,赵锽在逃往途中被擒获。朱温与赵锽有旧交,"遣使求锽,行密乃斩锽首以遗之"③,以绝后患。随后杨行密上表奏闻,唐昭宗乃授杨行密宣州刺史、宣歙观察使。大顺元年(890)三月,"唐赐宣歙军号宁国,以行密为节度使"④。

占领宣州后,杨行密不仅有了稳定后方,而且得到一批人才。蔡州骁将安仁义、宣州勇将周本、谋士李德诚等人都归附了杨行密,并受杨行密重用。"锽将宿松周本,勇冠军中,行密获而释之,以为裨将。锽既败,左右皆散,惟李德诚从锽不去,行密以宗女妻之"⑤。随后,杨行密以宣州为基地,向外发展其地盘,"遣田頵、安仁义、李神福等攻浙西,取苏、常、润州"⑥。龙纪元年(889)十一月,派遣马步都虞候田頵围攻常州,偏将李友挖掘地道,擒获钱镠守将杜棱,占领常州。杨行密以田頵为常州刺史,领兵三万镇守。次年又派部将马敬言率兵五千袭

① 《新唐书》卷一八八《杨行密》。
② 《新唐书》卷一八八《杨行密》。
③ 《资治通鉴》卷二五八,"龙纪元年"条。
④ 《十国春秋》卷一《吴太祖世家》。
⑤ 《资治通鉴》卷二五八,"龙纪元年"条。
⑥ 《新五代史》卷六一《吴世家》。

取润州(今江苏镇江),李友攻取苏州。在江北地区,从孙儒手中夺占滁州、和州、楚州等地。

### 四、夺回扬州与杨行密统治的稳固

孙儒袭取扬州后,极力讨好朱温,朱温乃表奏孙儒为淮南节度使。但不久,"汴人杀其使者,复为雠敌如初"①。此后,孙儒派兵攻掠淮南各地,势力雄厚,他强迫所属州县丁壮当兵,最盛时兵力达五十万人。龙纪元年(889),杨行密南下进攻宣州,以部将蔡俦为庐州刺史。孙儒乘机进攻庐州,"蔡俦为孙儒所破,以庐州降"②。十二月,孙儒进兵江南,打败田頵,夺取常州,派遣刘建锋驻守。次年春,朱温派遣大将庞师古进攻淮南,夺取天长、高邮等地。孙儒率军北返,将汴军赶回淮河以北。

孙儒在势力发展之后,十分嚣张,向各地藩镇发布文告,指斥朱温、杨行密,扬言"俟平宣、汴,当引兵除君侧之恶"③。大顺元年(890)正月,孙儒焚毁扬州城,驱迫淮南军民渡江,全力进攻杨行密。军势凶猛,旌旗辎重连绵百余里,"行密诸将在润、常者,皆为建锋所逐,仁义、頵弃润州而走"④。次年,孙儒围攻宣州,分兵夺回和、滁二州,杨行密连战皆败。但杨行密在作战中也看到孙儒集团的弱点,即淮南军民不愿追随孙儒,希望返回家园;而孙儒到处流窜,没有后方,粮草供应不足。杨行密随即采取对策,极力争取民心支持。扬州被焚后,杨行密派遣别将张训、李德诚入城扑灭余火,搜寻粮食以赈济居民。对于孙儒军中淮南居民,不论被俘还是主动投附者,一概送其回乡,让他们重建家园。

景福元年(893)正月,孙儒军队在焚掠苏州、常州之后,再次围攻宣州。杨行密出战不利,准备退守铜官(今安徽铜陵),暂时避开孙儒兵锋。部将李神福、刘威等均不同意,李神福建议:"儒扫地远来,利在

---

① 《十国春秋》卷一《吴太祖世家》。
② 《新唐书》卷一八八《杨行密》。
③ 《十国春秋》卷一《吴太祖世家》。
④ 《新唐书》卷一八八《孙儒》。

速战。宜屯据险要,坚壁清野以老其师,时出轻骑抄其馈饷,夺其俘掠。彼前不得战,退无资粮,可坐擒也!"①杨行密乃决计固守宣州,"分兵攻广德壁而绝饷道"②。双方相持四个多月,孙儒攻城不克,士气低落。随后天气转热,军中疾病流行,孙儒本人也身染重病。六月,因粮道被杨行密部将张训切断,军中缺粮,人心不稳。孙儒乃派部将刘建锋、马殷领兵出外抄掠诸县,围城兵力寡弱。杨行密亲率骁将安仁义、田頵开城出战,连破孙儒营寨五十多处。孙儒大败,被田頵擒获,送往城内处斩。余部或降杨行密,或者向西溃逃。横行江淮数年的军阀被消灭。杨行密从降众中选择骁勇者五千余人,作为亲兵,"豢养于府第,厚其衣食,驱之即战,靡不争先,甲胄皆以黑缯饰之,命曰'黑云都'"③。七月,杨行密留田頵守宣州,安仁义守润州,自率军队回到扬州。八月,唐昭宗任命杨行密为淮南节度使、同平章事,以田頵知宣州留后,安仁义为常州刺史。经过艰苦的奋战,杨行密势力得到发展,不仅在江南而且在淮南地区也站稳脚跟。

## 第四节　汴扬之争与唐朝的灭亡

当杨行密打败孙儒,兼有宣歙、淮南之时,朱温也在北方打败强敌蔡州秦宗权、徐州时溥,控制河南、淮北地区。双方利益的冲突特别是对淮南的争夺,造成矛盾的激化,最终爆发影响唐末历史进程的清口之战。战后朱温势力被限制在淮河以北,杨行密在淮南的地位稳定下来,造成南北沿淮对峙的局面。这一局面直到周世宗征淮南时才被打破。尔后朱温刻意经营北方,建立后梁王朝。

---

① 《资治通鉴》卷二五九,"景福元年"条。
② 《新唐书》卷一八八《孙儒》。
③ 《旧五代史》卷一三四《僭伪列传一》。

## 一、朱温与杨行密在淮南的争夺

淮南一道本是唐代经济发达的地区,唐末节度使驻节扬州(今属江苏),统领扬、楚、滁、和、舒、庐、寿、濠等八州,除扬州、楚州外,其余六州均在安徽境内。在唐末藩镇割据混战中,淮南节度使高骈自恃兵强地富,宠信方士吕用之,诛戮部将,导致众叛亲离,不仅成为邻镇兼并的目标,部属也欲取而代之。汴州(今河南开封)宣武节度使朱温(朱全忠)、蔡州(今河南汝南)军阀秦宗权等均欲乘乱夺取淮南。

光启三年(887),高邮镇将毕师铎联合宣歙观察使秦彦进攻扬州,囚禁高骈,淮南局势失控。随即,庐州刺史杨行密以救援为名,袭扬州。秦宗权也派遣其弟秦宗衡与孙儒统率大军渡淮南下。杨行密在内遭秦彦、毕师铎进攻,外有蔡州孙儒大军压境的情况之下,转而求援于朱温。朱温看到有机可乘,立即奏请自兼淮南节度使,以杨行密为副使,委派部将李璠为节度留后,遣兵护送南下,企图一举夺得淮南。但中途为徐州军阀时溥所阻,杨行密也坚决抵制李璠入境,朱温被迫收回成命,"奏以杨行密为淮南留后"①。后又放弃兼领淮南。然后杨行密很快抵挡不住孙儒的进逼,从扬州撤回庐州。孙儒占领扬州,担任淮南节度使。不过,朱温并未因此放弃夺取淮南的计划。

龙德元年(889),秦宗权败亡后,朱温便以声援杨行密为名,派庞师古领兵渡淮南下,夺取天长、高邮等地,后为孙儒所败,退回北方。大顺二年(890)七月,"朱全忠遣使与杨行密约共攻孙儒"②,但一时尚不能腾出兵力。孙儒败亡后,杨行密回到扬州,被唐昭宗授为淮南节度使。"行密以田頵守宣州,安仁义守润州,升州刺史冯弘铎来附。分遣頵等攻掠"③。当时朱温正与朱瑄、朱瑾争夺天平、泰宁二镇,难以分兵南下,只得与杨行密谋求妥协。庐州蔡俦与舒州倪章连兵,不服杨行密管辖,遣使求援,也为朱温所拒绝。

南北两大军事集团之间的妥协,并不能掩盖他们之间早已存在的

---

① 《资治通鉴》卷二五七,"文德元年"条。
② 《资治通鉴》卷二五八,"大顺二年"条。
③ 《新五代史》卷六一《吴世家》。

矛盾,当外部威胁解除之后,疆土相连的朱温与杨行密便不可避免地要爆发冲突。乾宁初年,长淮以北、大河以南都为朱温所控制。朱温的对手河东镇李克用虽骁勇善战,但由于战略失误,所用非人,势力始终限于河东一隅,特别是乾宁元年其骁将李存孝被杀,"自是克用兵势渐弱,而朱全忠独盛矣"①。乾宁四年(897),李克用亲征自己一手扶植的卢龙节度使刘仁恭,结果在蔚州(今河北蔚县)木瓜涧遭到伏击,"河东兵大败,失之太半"②,李克用本人也险些成为俘虏。

杨行密则是南方势力发展最快的军阀。景福二年(893),一战消灭孙儒,杨行密夺回扬州,"自淮以南,江以东诸州皆下"③,成为南方势力最大的军阀。乾宁二年(895),唐昭宗加封他为检校太傅、同中书门下平章事,赐爵弘农郡王。杨行密的强大,与朱温形成对峙之势,同时也威胁到南方藩镇的存在。这是南方军阀所不愿看到的。史称"钱镠、钟传、杜洪畏杨行密之强,皆求援于朱全忠"④,湖南马殷也深感畏惧,主动投靠朱温对付淮南,以求得自身安全。⑤ 清口之战就是在这种情况下爆发的。

**二、汴扬清口之战**

汴扬冲突的导火线,是泗州刺史张谏投靠杨行密。泗州位于淮河北岸,原为徐州巡属,时溥灭亡后成为朱温地盘。大顺二年(891),刺史张谏以军粮匮乏求援,杨行密命扬州守将张训运粮救济,张谏因而心存感激。至乾宁元年(894)十月,泗州刺史张谏"举州降杨行密"。张谏背叛是朱温所不能容忍的,隐伏已久的矛盾公开化了。当年年底,杨"行密遣押牙唐令回持茶万余斤如汴、宋贸易,全忠执令回,尽取其茶,扬、汴始有隙"⑥。次年正月,"杨行密表朱全忠罪恶,请令易定、

---

① 《资治通鉴》卷二五九,"乾宁元年"条。
② 《资治通鉴》卷二六一,"乾宁四年"条。
③ 《新五代史》卷六一《吴世家》。
④ 《旧五代史》卷一三四《僭伪列传一》。
⑤ 《新五代史》卷六六《楚世家》。
⑥ 《资治通鉴》卷二五九,"乾宁元年"条。

兖、郓、河东兵讨之"①。随后从汴军手中夺取濠州、寿州、涟水等地,并"遣兵纵略邻部",攻占鄂州(今湖北武汉)杜洪所属光、蕲、黄等州,又与两浙钱镠争夺苏南一带。两浙钱氏、江西钟传、鄂州杜洪皆遣使求救。朱温随即以援救杜洪为名派朱友恭进攻淮南,大败淮南军,取黄州。四年三月,朱温平定兖(泰宁)、郓(天平)二镇,天平节度使朱瑄战败被杀,泰宁节度使朱瑾与前来救援的河东将领史俨等率残部逃往淮南。史称"朱全忠既得兖、郓,甲兵益盛,乃大举击杨行密"②。

乾宁四年(897)九月,朱温兵分两路南下,分别由大将庞师古、葛从周统领,进攻淮南。庞师古是汴军大将,屡建战功,曾领兵平定徐州时溥,擒斩郓州朱瑄。葛从周则智勇兼备,号称汴军"名将之冠",时有"山东一条葛,无事莫撩拨"谚语。③ 庞师古率军七万由徐州直趋淮河北岸,驻于清口,准备渡淮南下,直取扬州;葛从周率军三万从霍邱渡淮,屯驻安丰,目标夺取寿州。朱温自己则亲领大军坐镇宿州,策应两路人马。显然,朱温想借平定兖、郓二镇的声威,一举占领淮南。

汴军大举南进,引起"淮南震动"④,淮河南岸的寿州、楚州(今江苏淮安)相继遣使求援。楚州位于清口对岸,江淮运河入淮之处。如若汴军主力庞师古据有楚州,便可沿运河南行而直抵扬州城下。杨行密接受河东镇将领史俨建议,把兵力集中到楚州前线,"与朱瑾将兵三万拒汴军于楚州"⑤,又以涟水镇将张训为先锋,伺机主动出击。清口处于淮河、泗水之间,地势低洼,并不适宜作为屯兵之地。但庞师古自恃兵多屡胜,骄傲轻敌,对于杨行密水攻的可能性估计不足。又值天气寒冷,整日在营中弈棋作乐。杨行密派人壅塞淮河上流,准备水灌汴军。有人前来报告,庞师古反而视为诳言惑众,立将来人处斩。朱瑾与其属将侯瓒利用汴军麻痹轻敌,率领轻骑五千悄然渡过淮河,打着汴军旗号,从北方直插汴军主帅大营,张训率先突破汴军栅栏。汴

① 《资治通鉴》卷二六〇,"乾宁二年"条。
② 《资治通鉴》卷二六一,"乾宁四年"条。
③ 《全唐诗》卷八七七《河北谚》。
④ 《九国志》卷一《吴臣》。
⑤ 《资治通鉴》卷二六一,"乾宁四年"条。

军猝不及防,仓皇拒战,淮水又从上游浸没下来,顿时惊慌失措,全军大溃。杨行密亲率大军主力渡淮,与朱瑾骑兵前后夹击,阵斩庞师古,杀汴军将士一万多人,余众四散逃亡。时葛从周屯军寿州西北,为淮南将寿州团练使朱延寿所败,退守濠州,闻庞师古败讯,慌忙撤退,杨行密、朱瑾、朱延寿尾追不舍,大破葛从周于淠水,"是日杀伤溺死殆尽,还者不满千人,唯牛存节一军先渡获免。比至颍州,大雪寒冻,死者十五六"①。杨行密获得决定性的胜利。朱温得到两路大军溃败的消息,无法援救,也从宿州撤回开封。

### 三、清口战后两淮地区的争夺

清口之战,汴军大败,朱温吞并淮南计划破灭;同时由于河东等镇的进攻和牵制,在两淮沿线不得不采取守势。李克用乘此机会发动进攻,遣李嗣昭、周德威"寇于山东"②。一些藩镇也策划进攻,山南东道节度使赵匡凝"与奉国节度使崔洪、河东李克用、淮南杨行密约合兵攻全忠"③。原先依附汴方的藩镇如荆南(今湖北江陵)成汭、朗州(今湖南常德)雷满等采取观望的态度。朱温受到来自多方面的压力,"惧藩镇图己"④,把注意力集中用于稳定北方,以保证后方安全。汴将氏叔琮进攻赵匡凝,取唐、随、邓三州,迫使赵匡凝遣使乞盟。朱温又派葛从周击退晋军,取邢、洺、磁等州,自兼宣武、宣义、天平三镇节度使,并亲征河朔,大败刘仁恭,成德镇王镕、卢龙镇李匡威均输币请和,"由是河朔知惧,皆弭伏焉"⑤。随后,朱温取得陕州及昭义镇。

战后淮南声威大震,杨行密地位得到巩固。一些藩镇主动联络或投附杨行密,如赵匡凝"闻全忠有清口之败,阴附于杨行密",朱温部属海州戍将陈海宾"请降于杨行密"⑥。淮南的势力得到发展,"自是

---

①　《旧唐书》卷二〇《昭宗纪》。
②　《旧五代史》卷一九《黄文靖》。
③　《新唐书》卷一八六《赵匡凝》。
④　《新五代史》卷四三《韦震》。
⑤　《旧五代史》卷二《梁太祖纪二》。
⑥　《资治通鉴》卷二六一,"乾宁四年"条。

（朱）瑾率淮军连岁北寇徐、宿，大为东南之患"①，汴军虽然多次击退杨行密，但受河东兵及河北藩镇的牵制，始终无力大举南征，杨行密受到东南钱镠牵制，也不能全力北上。

此时朝廷内部斗争持续不断，宦官、大臣皆结藩镇作为外援。天复元年（901）十月，宰相崔胤矫诏令朱温带兵赴京师，朱温乘机率兵七万由河中攻取同州、华州，兵临长安近郊。宦官韩全海等劫持昭宗前往凤翔依附李茂贞。朱温乘机率兵西进，围攻凤翔节度使李茂贞。二年三月，唐昭宗以李俨为江淮宣谕使，"拜行密东面行营都统、中书令、吴王，以讨朱全忠"②。六月，杨行密以副使李承嗣权知淮南军府事，亲率大军渡淮北上。八月，进围宿州，遭到守军抵抗。当时大雨连绵，军队缺乏粮食，杨行密遂撤回淮南。

在朱温进攻凤翔之时，青州王师范乘虚夺取兖州。天复三年（903）初，朱温返回汴州，派遣朱友宁、葛从周率军进攻王师范，王师范求救于淮南。"杨行密遣其将王茂章以步骑七千救之，又遣别将将兵数万攻宿州。全忠遣其将康怀英救宿州，淮南兵遁去"③。六月，王茂章与王师范合兵，大败宣武军与魏博军，阵斩朱友宁。七月，朱温亲率大军进攻青州，王师范溃败，王茂章遂率军返回淮南。八月，宁国节度使田頵与寿州团练使朱延寿、润州团练使安仁义起兵叛乱，派遣进士杜荀鹤前往联络朱温，朱温随即屯兵宿州声援。但很快朱延寿被杀，田頵叛乱亦被平定，朱温未能取得进展。

天祐元年（904）十一月，杨行密进军淮西，光州遣使求援。朱温亲率大军五万从颍州渡过淮河，驻扎霍邱，"大掠庐、寿之境，淮人乃弃光州而去"。二年正月，朱温"进攻寿州，寿人坚壁不出"④。十月，再次进攻寿州，遭遇大雨，同样无功而返。不久，杨行密去世，朱温准备灭唐，沿淮地区纷争暂时停止。

---

① 《旧五代史》卷一三《朱瑾》。
② 《资治通鉴》卷二六三，"天复二年"条。
③ 《资治通鉴》卷二六四，"天复三年"条。
④ 《旧五代史》卷二《梁太祖纪二》。

## 四、唐王朝的灭亡

凤翔之战是朱温与北方藩镇势力之间的大会战。晋王李克用在朱温打击之下，局促于河东一隅，不敢与之争锋。朱温势力深入关中地区。天复三年（903）正月，李茂贞被迫杀死宦官韩全诲等人，交出唐昭宗。朱温挟昭宗回长安，昭宗从此成了他的傀儡。不久，朱温杀第五可范等宦官数百人，结束唐中期以来宦官干政的局面。唐昭宗加封朱温守太尉、兼中书令、宣武等军节度使、诸道兵马副元帅，晋爵为梁王，赐号回天再造竭忠守正功臣。三月，朱温东返，进攻淄青王师范。奏留步骑万人以充宿卫，以其侄朱友伦为左军宿卫都指挥使；又以汴将张廷范为宫苑使，王殷为皇城使，蒋玄晖充街使，"于是全忠之党布列遍于禁卫及京辅"①。八月，王师范兵败投降，山东之地已完全落入朱温之手。

天祐元年（904）四月，朱温强迫唐昭宗迁都洛阳。当昭宗车驾行至华州，士民夹道欢呼万岁。昭宗挥泪道："勿呼万岁，朕不复为汝主矣！"②当时强藩凤翔李茂贞、河东李克用、淮南杨行密、卢龙刘仁恭等纷纷加以声讨。朱温唯恐昭宗与他们内外相联，八月派兵入宫，杀唐昭宗，立昭宗第九子李柷为帝，是为唐哀帝。至四年（907）四月，朱温废唐哀帝为济阴王，称皇帝，国号为梁，以汴州为开封府，称作东都，洛阳为西都，是为后梁（907—923）。自唐僖宗西迁成都以后，唐王朝实际上早已是藩镇分裂割据，但还维持一个名义上的统一。后梁建立后，各地藩镇遂公开分庭抗礼，纷纷称王称帝，历史进入五代十国分裂时期。

---

① 《资治通鉴》卷二六四，"天复三年"条。
② 《资治通鉴》卷二六四，"天祐元年"条。

# 第九章

## 唐代安徽的文化教育

唐代是我国封建社会的上升时期,这一历史阶段的政治、经济、文化获得高度发展,教育、文学、艺术、宗教等空前繁荣。安徽地区的文化教育也同全国社会形势一样,获得了蓬勃发展。地方官员的兴学、文人学士的讲学和隐居游学对唐代安徽教育的普及做出了重要贡献;唐代安徽地区学子积极参加科举考试,文学上的成就以诗歌最为显著,李白、白居易、杜牧等著名诗人宦游安徽,写下了大量歌咏安徽社会政治经济、风土人情的诗篇,安徽本地也涌现出一批诗人,如张籍、张乔、周繇、费冠卿、曹松、汪遵、许棠、杜荀鹤等,反映了安徽文化的繁荣和新的历史水平。唐代安徽佛教、道教也十分活跃,成为该阶段文化的组成部分。

# 第一节　地方教育与科举

隋唐时期,教育兴盛,中国中古社会教育事业步入鼎盛阶段。隋朝历史虽然短促,但在学校制度方面多有建树和创制,为唐代乃至中国中古时代教育制度的确立和发展奠定了基础。唐承隋制,大力发展教育,形成并完善了中央官学和地方私学两大系统,从而使官与民两类子弟的文化教育达到了前所未有的高度。

在全国教育发展的大势下,安徽地方的官私学校教育也颇具特色。

## 一、州学与县学

隋唐时期国家教育的主干是中央官学,此外又有地方官学。

隋朝地方行政实行州县二级制,全国各地均立有州学和县学,设五经博士,以"教化于民"。隋文帝后期由于信佛而改变了政策,一度废除了州县学。炀帝继位,重振教育,州县学遂得恢复,其规模超过了前期。

唐承隋制,地方州、县设官学。唐高祖武德初年(618),下令恢复地方州县学校,当时的制度是:"上郡学置生六十员,中郡五十员,下郡四十员。上县学并四十员,中县三十员,下县二十员。"[1]但由于唐初尚未完全统一天下,因此,其时只能在长安及北方州郡设立学校。武德七年(624),高祖诏令全国"州县及乡皆置学"[2],官学教育延伸至乡。太宗时期,全国的学校发展达到了一个高峰期。高宗时期,教育事业在继续发展的基础上有所创新。但到了武则天时代,由于只重科举取士,而不重学校育士,结果造成学堂荒芜。中宗时期,曾经恢复唐初建立的教育体系,修葺久废的学堂,广招学生,学校教育又开始复兴。玄

---

[1] 《旧唐书》卷一八九上《儒学传》。
[2] 《资治通鉴》卷一九〇,"武德七年"条。

宗时期,整顿政治,经济文化空前繁荣,学校教育的发展也随之呈现出新局面。这一时期,不仅大力发展中央官学,而且也大力提倡州、县、乡和村学。玄宗开元二十一年(733),允许百姓兴办"私学",也允许百姓子弟入"州县授业"①。开元二十六年(738)正月下诏:"令天下州县,每一乡之内,别各置学,仍择师资,令其教授。"②后又"令天下家藏《孝经》一本,精勤诵习。乡学之中,倍增教授,郡县官长,明申劝课"③。即要求地方官员重视教育,乡学师资要加倍。

唐代州县学教育水平因时因地不同,它与州县长官的主观重视程度密切相关。总的来说,唐前期国家兴盛,州县学设置普遍,层层贡举。

安徽地区的州县学亦出现上述发展轨迹。出现了领先于全国其他地区的州县学校,例如庐州(治所今安徽合肥)学校、濠州(治所今安徽凤阳)学校、宣州学校等。

代宗宝应元年(762),罗珦刺庐、寿二州,当地"乡校废落",罗珦恢复地方学校,聘请"经师",招收"弟子","庠塾"兴盛,每年成才的"廉茂"生员,"倍于他邦"。④ 罗珦也因此得到好评,"牧庐江七年,政治化淳,迁领寿阳(今安徽寿县)。"罗珦通过地方教育,改变了地方上落后的风俗。庐江之地,原有的风俗,"不好学而酷信淫祀",罗珦为政期间,"命乡塾党庠,缉其墙室",聘请"乡先生总童冠子弟,以淹中之《礼》,田何之《易》,上代帝王遗书,与鲁《春秋》及百王之言以教之",推行《礼》《易》《书》《春秋》正规教育,"不及数岁,俊造之秀升于宗伯者仅四十人。"⑤罗珦在庐州办教育的政绩,得到了杜佑赏识。史载:宝应初,罗珦"擢庐州刺史。民间病者,舍医药,祷淫祀,珦下令止之。修学官,政教简易,有芝草,白雀。淮南节度使杜佑上治状,赐金紫服。再迁京兆尹"⑥。

---

① 王溥:《唐会要》卷三五《学校》,中华书局 1955 年版,第 635 页。

② 宋敏求编:《唐大诏令集》卷七三《亲祀东郊德音》,商务印书馆 1959 年版,第 408 页。

③ 《全唐文》卷三一〇,孙逖《天宝三载亲祭九宫坛大赦天下制》。

④ 《全唐文》卷五〇六,权德舆《唐故太中大夫太子宾客上柱国襄阳县开国男赐紫金鱼袋罗公墓志铭》。

⑤ 《全唐文》卷四七八,杨凭《唐庐州刺史本州团练使罗珦德政碑》。

⑥ 《新唐书》卷一九七《循吏·罗珦》。

从上述记载，我们可见，代宗宝应年间，庐州"乡校废落"，刺史罗珦修学宫，聘教师，收学生，积极发展学校教育，几年后，俊秀之才即升于宗伯者达四十人。

大历五年（770），张镒除濠州刺史，为政清净，州事大理，"乃招经术之士，讲训生徒，比去郡，升明经者四十余人。"①

会昌中，崔玙为宣歙观察使，辟学养士，通商惠民，州人安之。②

唐代安徽州县准例设置各类州县学，虽说反映了官方对教育的重视及官办教育的普及程度，但是每所学校师生人数毕竟有限额，这与各州县庶民人口总量相比不成比例。好在唐政府是一个有作为的政府，它鼓励乡里、私人立学校，于是安徽的各类私学也兴盛起来。

## 二、私学

唐代安徽私学教育包括私人讲学、私塾、隐居游学等，尽管著名的讲学家不多，但也代有其人，总体讲，民间私学呈现发展的趋势。

太宗时期，著名"文选学"家曹宪在江淮间传讲《文选》，其后许淹、李善、公孙罗复相继以《文选》教授，形成了影响一时的《文选学》。③ 曹宪教授时，史称"学徒数百人，公卿亦多从之学"④。高宗、武后时，李善授业，史称"诸生多自远方而至"⑤。

唐后期王质"寓居寿春，躬耕以养母，专以讲学为事，门人授业者大集其门"，元和六年登进士第。⑥

德宗时王翃霄，雅志林壑，不乐干进，工书得大令遗意，与友陈商同筑室马仁山讲学，昼夜不辍，江左之士多从之。⑦

以上为史籍中记载的规模较大的私人讲学。

一些官僚士大夫非常重视家庭教育。代宗大历年间，穆宁刺和州

---

① 《旧唐书》卷一二五《张镒传》。
② 《嘉庆宁国府志》卷五《职官表·名宦附》，江苏古籍出版社 1998 年版，第 216 页。
③ 《旧唐书》卷一八九上《儒学·曹宪》。
④ 刘肃撰，许德楠，李鼎霞总校：《大唐新语》卷九《著述》，中华书局 1984 年版，第 133—134 页。
⑤ 《旧唐书》卷一八九上《儒学·李善》。
⑥ 《旧唐书》卷一六三《王质传》。
⑦ 陆纶纂：《乾隆太平府志》卷二九《人物志·隐逸》，江苏古籍出版社 1998 年版，第 415 页。

（治所今安徽和县），穆宁有四子，为便于子弟读书授业，于州之东四十里一僧寺附近，"别立书堂，以作为子弟就学之所。"其修习之范围及目的，皆"以六经百氏，播礼乐，务忠孝，正名器，导人伦"[1]。

宣歙观察使郑薰，闻说秋浦人（今安徽贵池）巩畴，"擅玄言之要，道通《易》《老》"，重其能，"车币而致之，及到官舍，再说《易》，一说'老氏'，将儿侄辈执卷列坐而传之。"[2]

唐代安徽学子隐居游学，也促进了地方教育的进步。隐居读书在唐代尤其是唐后期十分普遍。据严耕望考证，士子隐居习业大抵以名山为中心，北方如嵩山、终南山、中条山，南方如庐山、惠山、会稽、青城，及闽中诸山皆为书生渊薮。唐后期宰相如韦昭度、张镐、徐商、房琯、李逢吉、李绅，一代文章宗伯如陈子昂、李白、白居易，一代名臣如颜真卿、孔巢父、李栖筠、崔从、卢群，诗文名家如徐彦伯、刘长卿、岑参、杜牧、顾云、杜荀鹤等都曾经隐居山林习业。[3] 隐居山寺读书是唐代教育的一大特色。严氏所考隐居读书人中，顾云、杜荀鹤等属于安徽学子，李白、白居易、杜牧等文人学士到安徽游历访学，他们的成才，反映了安徽民间教育有一定的基础。

池州人（今安徽池州）杜荀鹤在九华山（今安徽池州青阳县境内）东，建有自己的书堂。不仅自己借以读书、吟咏为事，而且注意教育家族子弟，谆谆告诫他们应排除社会动乱的干扰，安于贫困，珍惜读书的大好时光。其《题弟侄书堂》[4]曰：

> 何事居穷道不穷，乱时还与静时同。
> 家山虽在干戈地，弟侄常修礼乐风。
> 窗竹影摇书案上，野泉声入砚池中。
> 少年辛苦终身事，莫向光阴惰寸功！

---

① 《全唐文》卷四〇九，崔祐甫《穆氏四子讲艺记》。

② 计有功撰，王仲镛校笺：《唐诗纪事校笺》卷五〇《郑薰》，中华书局 2007 年版，第 1682—1683 页。

③ 严耕望：《唐人习业山林寺院之风尚》，《唐代研究论集》（第二辑），新文本出版股份有限公司1992 年版，第 1—57 页。

④ 《全唐诗》卷六九二。

又有《喜从弟雪中远至有作》①曰：

> 深山大雪懒开门，门径新踪自尔新。
> 无酒御寒虽寡况，有书供读且资身。
> 便均情爱同诸弟，莫更生疏似外人。
> 昼短夜长须强学，学成贫亦胜他贫。

诗中从守道、修业、安贫、惜阴等方面对弟侄进行教育。其中"少年辛苦终身事，莫向光阴惰寸功"和"学成贫亦胜他贫"诸语，说得深刻而实在，感人至深。

歙人（今安徽歙县）张友正，字正甫，倜傥豪士也，富有藻丽，结庐城阳山下读书。贞元末，魏弘简为宣歙副使，建披云亭，请友正为之记，友正立就，才思敏捷，人共惊叹。②

秋浦（今安徽池州）高霁，隐居石门山桃花坞。李白尝游其地，白又尝与霁同憩于青阳夏侯迥之堂，联袂吟咏，联句成篇，遂有改九子山为九华山联句的杰作。③

礼部尚书同中书门下平章事毕诚，早岁读书舒州（今安徽潜山县）主簿山④。李昭象，字化文，池州刺史方玄子。方玄罢池州，卒于宣城，其家遂留秋浦。懿宗末昭象至长安，以文干执政，相国路岩深器重之，后避黄巢乱，入九华，筑室碧云峰下，与张乔、顾云、杜荀鹤为方外交，杨行密聘之不从。⑤

游学也是唐代士子求学的一种方式，唐代安徽学子游学者很多。和州高子贡，"弱冠游太学，遍涉六经，尤精史记。与文伟及亳州朱敬则为莫逆之交。明经举，历秘书正字、弘文馆直学士"⑥。

---

① 《全唐诗》卷六九二。
② 许承尧纂：《民国歙县志》卷十《人物志·遗佚》，中国地方志集成·安徽府县志辑⑤１，江苏古籍出版社1998年版，第413页。
③ 《大清一统志》卷八三《池州府二·人物》，四库全书本。
④ 祝穆撰，祝洙增订，施和金点校：《方舆胜览》，中华书局2003年版，第875页。
⑤ 《唐诗纪事校笺》卷六七，第2271—2272页。
⑥ 《旧唐书》卷一八九下《儒学下·高子贡》。

池州康骈,咸通中贡春官,后客秦,客洛,随所见闻辄为记录,黄巢之乱携归,亡逸殆尽。乾符中(874—879)登第。①

此外,还有一些非安徽籍文人名士游学于安徽境内之名山大川,或人文荟萃之地,他们的游学、交友也促进了安徽浓厚文化氛围的形成。李白多次来安徽,在其流传的诗歌中,歌咏安徽风土人情和抒发豪情逸兴的佳章,就有一百多首。白居易,少时东游徐泗,寓符离东林之草堂,其诗作《醉后走笔酬刘五主簿长句之赠兼简张大贾二十四先辈昆季》即记载了作者与友人刘禹习、张徹、张复、贾悚、贾沅犀兄弟同泛陂湖、游流沟武里诸胜,后又同赴京赶考之事,诗云:

> 刘兄文高行孤立,十五年前名禹习。
> 是时相遇在符离,我年二十君三十。
> ……
> 张贾弟兄同里巷,乘闲数数来相访。
> 雨天连宿草堂中,月夜徐行石桥上。
> ……
> 二贾二张与余弟,驱车逦迤来相继。
> 操词握赋为干戈,锋锐森然胜气多。
> 齐入文场同苦战,五人十载九登科。
> 二张得隽名居甲,美退争雄重告捷。
> 棠棣辉荣并桂枝,芝兰芬馥和荆叶。
> 唯有沅犀屈未伸,握中自谓骇鸡珍。
> 三年不鸣鸣必大,岂独骇鸡当骇人。②

富有晚唐四才子之称的皮日休,由进士累官宰相,负诗名一时,大中末移家宿州符离,与陆鲁望为契交,有和白菊诗。③

---

① 桂迓衡等纂修:《贵池县志》卷二七《人物志·文苑》,江苏古籍出版社 1998 年版,第 391 页。
② 白居易著,朱金城笺注:《白居易集笺校》卷十二,上海古籍出版社 1988 年版,第 636—637 页。
③ 丁逊之等纂:《光绪宿州志》卷二〇《人物志·流寓》,江苏古籍出版社 1998 年版,第 368—369 页。

余杭人罗隐,字昭谏,善诗赋,唐末避黄巢乱,游宿松(今安徽宿松县)。与杨显友善,侨寓其家,唱和甚多。又爱望江(今安徽望江县)小茗山莲花峰,筑庐遁迹焉。[①] 后隐于池州梅根浦上,及去池,有《忆九华》诸诗。[②]

我们看到,他们有的是不远千里,访师求学,游学于著名学者文士之门;有的投卷求荐,往来于达官贵人之第;有的寻求名胜,游览名山大川,增强阅历,振奋文辞。可以说,其时客居、寄学现象很普遍。

我们看到地方官员的兴学、文人学士的讲学和隐居游学,因覆盖面广,对提高庶民文化素质发挥了不可替代的作用,促进了唐代安徽教育的普及发展。教育的发展,唐代安徽社会的文化水平普遍提高,一些优秀知识分子开始崭露头角,具备了参与科举角逐的文化素质基础;而学子们对科举的热衷,又为安徽教育的发展提供了强大的动力,二者相辅相成,共同促进安徽社会的进步。

### 三、科举制度在安徽的实施

唐承隋制,实行科举取士制度。科举取士的基本原则,是通过考试选拔人才。唐代科举,设制举和常举两类。制举是皇帝临时设置的科目,名目繁多,选拔"非常人才"。常举科目固定,常设有秀才、明经、进士、明法、明书、明算等。唐代科举几经演变,以进士科最为重要,进士及第者经吏部多方考核后即可做官。

唐朝推行科举制,打开了庶民入仕之门。这个制度也推行于安徽地区,唐代安徽关于科举应试的记载较多,如行卷之风、进士中第后个人心情和生活状况等。

据唐宋有关典籍看,唐代安徽学子大多有行卷的经历。

所谓行卷,是指应试的举子将自己的作品,写成卷轴,在考试以前送呈当时在社会上、政治上和文坛上有地位的人,请求他们向主司即

① 《江南通志》卷一七三《人物志·流寓二、安庆府》,四库全书本。
② 《唐诗纪事校笺》卷六九《罗隐》,第2307页。

主持考试的礼部侍郎推荐,从而增加及第的希望。① 由于唐代科举取士的发达,尤其是进士科极为显贵,行卷之风十分普遍,以致举子是否及第往往不取决于考场之功,而取决于行卷之劳。因此,行卷在唐代科举中占有相当重要的地位。客观地说,行卷也有一定的积极意义。举子们努力撰好行卷,这不仅对文学的发展起了推动作用,而且形成了尊师好学的优良学风,一些文人通过投献行卷以寻找推荐之师,那些文坛先达也把提携后进作为自己义不容辞的责任。

宣州人陈商,元和九年(814)进士。陈商及第之前,曾求益于韩愈,韩愈称其文"语高而旨深"②。

池州武瓘,咸通四年(863)登进士第,有《感事》诗云:"花开蝶满枝,花谢蝶还稀。惟有旧巢燕,主人贫亦归。"瓘初投卷于知举萧仿,萧仿见是诗,赏其有存故之志,遂放及第。③

池州张乔,有诗名,咸通中(860—873)与许棠、郑谷、张蠙、李栖远诸人称十哲,郑薰赏延之,试《月中桂》诗,为时传诵。后避黄巢乱栖隐九华以终。④ 又同邑韦象,以能赋名,尝游京师,以赋卷谒学士吴融,吴融奇其才,荐为京兆府元⑤。

亦有外地学子赴安徽行卷的。李翱为江淮典郡时,范阳卢储,以进士投卷。李翱以礼相待,因有急事外出,便将其诗文置于案上。李翱长女刚刚15岁,来此间偶阅卢卷,爱不释手,连阅数遍,对侍女说:"此人必为状头。"李翱刚巧回到室外,闻听此言深以为异。过了一会儿,便命下属到邮驿向卢储表明招婿之意,卢先是婉言谢绝,一个月后又应允。第二年果然取状头。遂即完婚。洞房之夜,卢储作《催妆诗》以抒情,诗云:

昔年将去玉京游,第一仙人许状头。

① 程千帆:《唐代进士行卷与文学》,上海古籍出版社 1980 年版,第 3 页。
② 韩愈:《韩昌黎集》卷十八《答陈商书》,商务印书馆 1958 年 8 月重印第 1 版。
③ 《唐诗纪事》卷六三《武瓘》,第 2135 页。
④ 《唐诗纪事校笺》卷七十《张乔》,第 2318—2319 页。
⑤ 王定保撰,姜汉椿校注:《唐摭言校注》卷五《切磋》,上海社会科学院出版社 2003 年版,第 106 页。

今日幸为秦晋会,早教鸾凤下妆楼。①

杜牧为池州刺史时,平昌孟迟以文拜谒,杜牧极称赏,登会昌五年(845)进士,征辟出世,牧以诗送之。②

有关安徽学子科举应试的记载中,最多的要数进士及第后个人的生活、心情和友朋的祝贺。

池州杜荀鹤中第后,同乡诗友纷相祝贺。殷文圭《寄贺杜荀鹤及第》言:

一战平畴五字劳,书归乡去锦为袍。
大鹏出海翎犹湿,骏马辞天气正豪。
九子旧山增秀绝,二南新格变风骚。
由来稽古符公道,平地丹梯甲乙高。③

王希羽《赠杜荀鹤》:

金榜晓悬生世日,玉书潜记上升时。
九华山色高千尺,未必高于第八枝。④

李昭象《喜杜荀鹤及第》:

深岩贫复病,榜到见君名。
贫病浑如失,山川顿觉清。

----

① 《唐诗纪事校笺》卷五二《卢储》,第 1778—1779 页。
② 《樊川文集》卷一《池州送孟迟先辈》。关于孟迟籍贯,有颇多争议。《唐才子传校笺》卷七:"孟迟,字迟之,平昌人。会昌五年易重榜进士……与顾非熊甚相得,且同年。"《唐诗纪事校笺》卷五四:"迟,字迟之,登会昌五年进士第。"《登科记考补正》卷二二转引《永乐大典》引《池州府志》:"孟迟,字须仲,青阳人。卢嗣立,字敏绍,秋浦人。杜牧守池州,同举于朝,同登进士第。"又引《秋浦新志》云:"会昌五年,高元裕以诗简知举陈商云:'中丞为国拔英才,寒畯欣逢藻鉴开。九朵莲花秋浦隔,两枝丹桂一时开。'为江东佳话。"考孟迟系平昌人,不可迁入青阳,理恰当。这里当做来池州行卷之学子。
③ 《全唐诗》卷七〇七。
④ 《全唐诗》卷七一五。

一春新酒兴,四海旧诗声。

日使能吟者,西来步步轻。①

南陵人骆用锡,乾符六年(879)登第,郑谷有《贺进士骆用锡登第》诗祝福:

苦辛垂二纪,擢第却沾裳。

春榜到春晚,一家荣一乡。

题名登塔喜,酿宴为花忙。

好是东归日,高槐蕊半黄。②

唐代进士科录取比例比较低,大抵只有百分之一二,考上进士非常困难,人们习称进士及第为月宫折桂或蟾宫折桂。考上进士实属不易,一旦听到中举的消息,举子们往往欣喜若狂,百感交集。

泾人许棠及第,时及天命,即五十岁,感言"自得一第,稍觉筋骨轻健,愈于少年"③。《金华子杂编》卷下亦载:"许棠常言于人曰:'往者未成事,年渐衰暮,行卷达官门下,身疲且重,上马极难。自喜一第以来,筋骨轻健,揽辔升降,犹愈于少年时。'"充分表现了及第后春风得意的精神面貌。

唐人重进士,"其推重谓之'白衣公卿',又曰'一品白衫'。其艰难谓之'三十老明经,五十少进士'。"④登科及第既有如此的荣华风光,因此在广大士人看来登科与否决定着一生的前程和命运。他们苦读寒窗,不惜一考、再考乃至数十考,即使须发并白,仍不丧心挫志。唐末昭宗天复元年(901)登第的"五老榜"中,有两人是安徽人——王希羽和曹松。曹"松,舒州人也,学贾司仓为诗,此外无他能;时号松启

---

① 《全唐诗》卷六八九。

② 《全唐诗》卷六七四。

③ 傅璇琮主编:《唐才子传校笺》卷九《许棠》,中华书局1990年版。

④ 《唐摭言校注》卷一《散序进士》,第10页。

事为送羊角状。希羽,歙州人,辞艺优博。松、希羽甲子皆七十余"①。二位及第时都已高龄,这固然表现其追求功名利禄的一面,其刻苦习业、永不气馁的精神,却是难能可贵的。

在录取比例相当低的情况下,落榜者当然很多。求学的艰辛与无奈,在安徽学子的诗文中也多有记录。池州人费冠卿,以乡贡进士久居京师,有《久居京师感怀诗》曰:

> 茕独不为苦,求名始辛酸。
> 上国无交亲,请谒多少难。
> 九月风到面,羞汗成冰片。
> 求名俟公道,名与公道远。
> 力尽得一名,他喜我且轻。
> 家书十年绝,归去知谁荣。
> 马嘶渭桥柳,特地起愁声。②

诗中阐发了作者求名的辛酸与艰难,幸运的是,元和二年(807),费冠卿终得进士第,多年的努力终于有了回报。但还有许多知名或不知名的学子们,久未得第,他们还得在求学、求名的道路上奔波。

寿州安丰人董邵南,寒窗苦学,屡考进士未中,拟去河北托身藩镇幕府。韩愈即有《送董邵南序》勉励之,文云:"燕赵古称多感慨悲歌之士,董生举进士,连不得志于有司,怀抱利器,郁郁适兹土,吾知其必有合也。董生勉乎哉!夫以子之不遇时,苟慕义强仁者,皆爱惜焉,矧燕赵之士出乎其性者哉。然吾尝闻风俗与化移易,吾恶知其今不异于古所云邪?聊以吾子之行卜之也。董生勉乎哉!吾因子有所感矣,为我吊望诸君之墓,而观于其市,复有昔时屠狗者乎,为我谢曰:明天子

---

① 《唐摭言校注》卷八,第169页。洪迈撰,孙凡礼点校:《容斋随笔·三笔》卷七,中华书局2005年版,第514页"唐昭宗恤录儒士"条载:天复元年,礼部侍郎,杜德祥上奏云:"拣到新及第进士陈光问年六十九,曹松年五十四,王希羽年七十三,刘象年七十,柯崇年六十四,郑希颜年五十九。"可知曹松年未七十。

② 《全唐诗》卷四九五。

在上，可以出而仕矣。"①韩愈一贯反对藩镇割据，故作此序赠送他，既同情他仕途的不遇，又劝他不要去为割据的藩镇做不义之事。但是又不便明说，只好写这篇序送他，明送暗留。

学子们纷纷走出家门，参加一年一度的科举考试，也造就了安徽学子们在考场上的风光，引起了时人的关注。笔者统计唐代安徽进士及第者多达 39 人②，大都是集中在宣、歙、池三州。唐后期安徽各州进士数发生了一些变化，今列表对照如下：

表 9 - 1　唐代安徽各州进士数量

| 州名 | 唐前期 | 唐后期 | 小计 |
| --- | --- | --- | --- |
| 亳州 | / | 4 | 4 |
| 寿州 | / | 2 | 2 |
| 庐州 | / | 3 | 3 |
| 和州 | / | 1 | 1 |
| 舒州 | / | 2 | 2 |
| 滁州 | 1 | / | 1 |
| 宣州 | / | 8 | 8 |
| 歙州 | 3 | 2 | 5 |
| 池州 | 1 | 12 | 13 |
| 总计 | 5 | 34 | 39 |

这是一个不十分全备的数字，换句话说，唐代安徽地区实际进士数字当大于这一统计。但是，它大体上亦可反映出如下三个问题：

---

① 《韩昌黎集》卷二〇。

② 张宪华《唐代安徽进士考》，载《学术界》1987 年第 3 期；张宪华《唐代安徽进士考补》，载《学术界》1989 年第 5 期。张文两次共考出唐代进士 45 人，其中伍唐珪属存疑待考。现据《登科记考补正》卷二七，查得颍州张路斯属明经得第，去之；元和十五年状元卢储籍贯问题待查，张文仅据《唐诗纪事》中"李翱江淮典郡，储以进士投卷"，未免唐突，去之；前已考孟迟籍贯有争议，去之；据傅璇琮《唐才子传校笺》（第五册）卷五，刘翕习、张仲素、张美退、贾握中为宿州进士，不妥，亦去之。又据《登科记考补正》补全椒人邢文伟、新安人吴巩、庐州人何士干、南陵人李备，分见 1156 页、1175 页、420 页、909 页。另据四库本《江南通志》卷一一九载：唐代安徽进士还有"开元刘昱榜南陵沈郡、会昌年间当涂人王鄂、大中年间滁州人张原祕；年份无考者郭弘霸舒州人、舒州徐仲源、庐州沈佳期"等，《青阳县志》卷三、《池州府志》卷三三载：唐代进士有"上图人何琼司、何胜德"等，因无佐证，现存疑待考。综合张文所考及补充，共得进士 39 人。

其一,唐代安徽可供统计的进士及第数远远低于中原地区;

其二,宣、歙、池三州进士数所占比例甚大,约占总数的67%,其他如颍州、濠州、泗州、宿州(建置较晚)等州疑是空白(抑或史籍未作记载);

其三,唐代安徽各州前、后期进士数差别明显,前期仅五人,后期三十四人,占绝大多数。

从科举制的实施来看,大体上可以看出一个地区经济及文化的发展状况。特别是宣、歙、池三州所占进士数甚多及唐后期进士人数的迅猛上升,似可反映这个地区政治经济地位的上升。当然,教育的重视和北方官僚士大夫的南迁都是不容忽视的。吴松弟对唐宋文献所载 743 名北方移民的资料进行分析,北方移民在江南分布相当广,以江南平原的苏州、常州、升州、杭州、越州及皖南山区的宣州、歙州等州较为密集。[①] 据明代程尚宽《新安名族志》,歙州有明确迁入时间、地点的五十六姓中,二十六姓系唐后期五代迁入,其中唐末迁入的又占三分之二以上。移民的迁入应对该地的经济文化发展有促进作用。

# 第二节　本土诗人的风采

唐代国力强盛,政治稳定,经济繁荣,文学领域因此出现了崭新辉煌的气象。其中,诗歌成就尤其显著,其诗歌作品流传下来的有近五万首,知名的诗人有两千两百余人。这一时期,在江淮大地文坛上也是群星璀璨、诗家辈出,新安吴少微,和州张籍,寿州李绅,舒州曹松,池州费冠卿、张乔、周繇、杜荀鹤等,宣州许棠、汪遵等。他们在这个诗的时代、诗的土壤上都留下了自己华丽的篇章。

---

① 吴松弟:《唐后期五代江南地区的北方移民》,载《中国历史地理论丛》1996 年第 3 期。吴氏统计分布在江南各州的北方个体移民人数表中,歙州移民 11 个,宣州移民 8 个,仅次于苏州 16 个,杭州 13 个。

## 一、"以经典为本"的吴少微

吴少微,新安(今安徽歙县)人,进士及第,武则天称帝期间为晋阳尉,与武功富嘉谟同官友善,相与莫逆。"先是,文士撰碑颂,皆以徐(徐摛、徐陵)、庾(庾肩吾、庾信)为宗,气调渐劣;嘉谟与少微属词,皆以经典为本,时人钦慕之,文体一变,称为富吴体。"富、吴二人由此声振文坛。他们的文才受到了并州长史张仁亶的赏识,"待以殊礼,坐必同榻"。富嘉谟、吴少微在晋阳为官时,有魏郡(今河北大名县)人谷倚任太原主簿,三人皆以文词著名,时人称为"北京三杰"。[①]《新唐书·艺文志》著录有《吴少微集》十卷,已佚。《全唐文》存其文六篇,《全唐诗》存诗六首。

《旧唐书·文苑传》载,富嘉谟所撰《双龙泉颂》、《千蠋谷颂》和吴少微所撰《崇福寺钟铭》等三篇文章,"词最高雅,作者推崇",可视为"富吴体"的代表作。惜富文已佚,吴少微的《北京崇福寺铜钟铭并序》,是吴少微为御史大夫魏元忠、并州长史张仁亶所铸崇福寺铜钟撰写的铭文,可视为"富吴体"代表作。该作品载录在《全唐文》卷二三五,内容分三大部分。第一部分讲钟在佛事活动中的作用;第二部分讲魏元忠、张仁亶铸钟的原因、过程及钟声的洪亮;最后以一首七言古风赞颂铜钟结束全文。通篇文章继承了先秦、西汉散文的写作特色,结构紧凑,一气呵成。文字清新朴实,句式上采用灵活多变的两字句、三字句、五字句,读起来有一种节奏上的美感,语气上浑厚雄迈,气势非凡。尤其是对钟声的描绘,更令人称道,显示了吴少微出众的才华和"富吴体"独到的艺术风格。

李唐以来,"天下文章尚徐、庾,浮俚不竟","气调渐劣"。武则天时,陈子昂挺身而出,旗帜鲜明地提出了文章复古的主张,但也仅停留在理论方面,在创作实践上并未摆脱骈文的羁绊。而与陈子昂差不多同时的富嘉谟、吴少微两人却一反"纤靡淫丽"的陈腐习气,独树一

---

① 《旧唐书》卷一九〇中《文苑中·富嘉谟传吴少微谷倚附》;《新唐书》卷二〇二《文艺中·富嘉谟》。

帜，首开"以经典为本"之先河，创立了雅厚雄迈的新式散文文体，给人以耳目一新之感。这种新式文体，具有开创唐代古文运动先河的积极意义。

### 二、现实主义诗人张籍

张籍（768—830），字文昌，和州乌江人。[①] 出身寒微，由韩愈推荐，贞元十五年（799）进士及第。仕途塞滞，历任太常寺太祝、水部员外郎、国子司业等职，故有"张水部"或"张司业"之称，有《张司业集》。《全唐诗》存诗五卷，诗四百余首。

张籍是中唐时期重要的乐府诗人。他继承了汉魏乐府的优良传统，注重文学的教化作用，揭露和批判多切中时弊，他的乐府诗与王建的乐府诗，在中唐诗坛上被并称为"张王乐府"。其作品颇多反映社会矛盾和民生疾苦的篇章，如《野老歌》：

老农家贫在山住，耕种山田三四亩。
苗疏税多不得食，输入官仓化为土。
岁暮锄犁傍空室，呼儿登山收橡实。
西江贾客珠百斛，船中养犬长食肉。[②]

官仓粮化土，百姓不得食；贾客养犬食肉，老农橡实充饥，两组对比，揭露深刻有力。为了突出农民的痛苦和社会的不合理，张籍往往在诗的末尾用富商大贾和农民作对比。如《贾客乐》在描写贾客们"年年逐利西复东，姓名不在县籍中"的快乐逍遥之后，接着说："农夫

① 依据《新唐书·张籍传》说："张籍者，字文昌，和州乌江人。"元人辛文房撰《唐才子传·张籍传》也引用此说：张籍"按《新唐书》，籍和州乌江人。"近人徐澄宇引张籍《寄苏州白二十二使君》诗："登第早年因座主，题诗今日是州民。"证明张籍是苏州吴县人。查中华书局影印明正德《张司业集》"题诗今日是州民"原作"题诗今日异州民"。词义恰恰和前者相反。李则纲著《安徽历史述要》（上册）考证张籍的籍贯说，韩愈是张籍的好友，韩愈给孟东野书说"张籍在和州居丧"。张籍自己的诗说："居药良得意，殊胜岘山游。"（《新城中伫楼》）岘山与乌江接近，故连及之。又张籍诗有《送从弟戴玄往苏州》，不说"归"，却说"往"，玩其词义，家不在苏州吴县可知。参阅李则纲《安徽历史述要》（上册），安徽省地方志编纂委员会1982年版，第206页。

② 《张籍诗集》卷一，中华书局1959年版，第3页。

税多长年苦,弃业宁为贩宝翁。"①

　　对妇女的悲惨命运,张籍也作了充分反映,有"贫儿多租输不足,夫死未葬儿在狱"的穷苦农妇;有"不如逐君征战死,谁能独老空闺里"而横遭驱遣的弃妇,而《征妇怨》一诗写得尤其沉痛:

> 九月匈奴杀边将,汉军全没辽水上。
> 百里无人收白骨,家家城下招魂葬。
> 妇人依倚子与夫,同居贫贱心亦舒。
> 夫死战场子在腹,妾身虽存如昼烛。②

　　死者白骨不收,生者抚恤毫无,"夫死从子",而子又尚在腹中。虽存若亡,且自分必死,故以"昼烛"为喻。

　　唐代自安史之乱后,国力衰退,战乱频仍,人民饱受其害。张籍在乐府诗中多次吟咏,以作历史借鉴。如《董逃行》:

> 洛阳城头火瞳瞳,乱兵烧我天子宫。
> 宫城南面有深山,尽将老幼藏其间。
> 重岩为屋橡为食,丁男夜行候消息。
> 闻道官军犹掠人,旧里如今归未得。
> 董逃行,汉家几时重太平?③

　　《董逃行》,乐府旧题,原写董卓作乱事,后人借以为题寓儆戒意。当叛兵占据洛阳,火烧宫殿,人民扶老携幼逃入深山,饱受饥寒之苦,仿佛现于眼前。以董卓之乱比朱泚之乱,既鞭笞了叛军,也谴责了官军:"闻道官军犹掠人,旧里如今归未得。"

　　人民受苦受难,统治者却仍纵情声色,沉湎于长生不老的愚昧想法之中。《吴宫怨》借吴王夫差的故事说:"吴王醉后欲更衣,座上美

---

① 《张籍诗集》卷一,第9页。
② 《张籍诗集》卷一,第2—3页。
③ 《张籍诗集》卷七,第86页。

人娇不起。宫中千门复万户，君恩反复谁能数。"①《求仙行》借汉武帝的故事说："汉皇欲作飞仙子，年年采药东海里。蓬莱无路海无边，方士舟中相枕死。"②前诗讽穆宗，后诗讽敬宗。所以白居易讲张籍的诗："风雅比兴外，未尝空著文。读君学仙诗，可讽放佚君。"③

元和诗坛上，张籍曾经"名重一时"，受到当世名士如韩愈、白居易、刘禹锡等人的赞扬。韩愈对张籍评价很高，"张籍学古淡，轩鹤避鸡群"④。认为张籍具有扛鼎的笔力，"龙文百斛鼎，笔力可独扛"⑤。赞扬听朗诵张籍的诗"未必不如听吹竹弹丝敲金击石也"⑥。白居易对张籍倍加推崇："张君何为者？业文三十春。尤工乐府诗，举代少其伦。"⑦可以说，张籍对元白新乐府运动的影响是很大的。今天我们从张籍的诗歌中可以看出，由于凝聚着丰富的生活内容，深刻的政治见解和浓厚的思想感情，张籍的诗歌有着鲜明的个性和独特的风格。

### 三、新乐府运动的参与者——李绅

李绅（772—846），字公垂，祖籍亳州，生于乌程，贞元四年（788）前后寓家无锡⑧。李绅6岁丧父，母卢氏抚育成人。早有诗名，元和元年（806）进士及第。穆宗时，与李德裕、元稹同在翰林，人称"三俊"，为朝士瞩目。入仕后屡有进退，历中书舍人、御史中丞、户部侍郎。敬宗立，遭贬外郡。文宗大和年间迁滁州、寿州刺史。后以太子宾客分司东都。武宗时官至宰相。《全唐诗》存其诗四卷。

李绅是中唐重要诗人，他是在文学史上产生过巨大影响的新乐府运动的参与者。作有《新题乐府》二十首，当时元稹读其诗，并有和诗十二首（李绅原作今不传），白居易则扩充到五十首，并改名《新乐

① 《张籍诗集》卷一，第7页。
② 《张籍诗集》卷一，第5页。
③ 《白居易集笺校》卷一《读张籍古乐府》，第5页。
④ 《韩昌黎集》卷二《醉赠张秘书》。
⑤ 《韩昌黎集》卷五《病中赠张十八》。
⑥ 《韩昌黎集》卷十六《代张籍与李浙东书》。
⑦ 《白居易集笺校》卷一《读张籍古乐府》，第5页。
⑧ 张南等：《简明安徽通史》，安徽人民出版社1994年版，第138页。

府》。可惜的是，李绅原作二十首一字不传，只有《悯农》二首流传，诗云："锄禾日当午，汗滴禾下土，谁知盘中餐，粒粒皆辛苦。"脍炙人口，千古传诵。

根据元稹诗题及《序》可知李绅当时所作有《上阳白发人》、《华原磬》、《蛮子朝》、《缚戎人》、《阴山道》等题。从元稹诗题下所附李绅原注的资料，足以窥见李绅创作新题乐府的本意。它们实开中唐通俗诗的先声，对元稹、白居易等人的新乐府创作产生了较大的影响。陈寅恪《元白诗笺证稿》谈《上阳白发人》时指出："此题公垂（按：李绅）原倡，而元白二公和之。考《窦氏联珠集》有《窦庠陪留守仆射至上阳宫感兴二绝句》，则李公垂或亦乘此类似机会感兴而成诗，否则虽在东都，似亦无缘擅入宫禁之内也。"①另外，李绅创作于同一时期的《莺莺歌》以叙事结合抒情，情节连贯，辞采华美，影响到后来董解元《西厢记诸宫调》的创作，足见李绅的才华。

李绅在为滁州刺史期间，写有多首诗歌，抒发其畅快心情，如《滁阳春日怀果园》：

> 西园到日栽桃李，红白低枝拂酒杯。
> 繁艳只愁风处落，醉筵多就月中开。
> 劝人莫折怜芳早，把烛频看畏晓催。
> 闻道数年深草露，几株犹得近池台。②

诗题下自注："园中杂树，多手植也。"诗人到任之后即于西园广植桃李，春日繁艳，把烛频看，表现诗人自得之情。

诗人常游琅琊山，作有《守滁阳日深秋忆登城望琅琊》：

> 山城小阁临青嶂，红树莲宫接薜萝。
> 斜日半岩开古殿，野烟浮水掩轻波。

---

① 陈寅恪：《元白诗笺证稿》，上海古籍出版社 1978 年版，第 168 页。

② 李绅著，王旋伯注：《李绅诗注》卷一，上海古籍出版社 1985 年版，第 29—30 页。

菊迎秋节西风急,雁引砧声北思多。

深夜独吟还不寐,坐看凝露满庭莎。①

诗人秋登郡城小阁,遥对琅琊,回忆多次登临之景,不禁心潮起伏,诗情浓烈。

从一些诗歌中,我们亦可推测其地方之治的具体内容。且读《闻里谣效古歌》:

乡里儿,桑麻郁郁禾黍肥。冬有襦裤夏有绤,兄锄弟耨妻在机,夜犬不吠开蓬扉。乡里儿,醉还饱,浊醪初熟劝翁媪。鸣鸠拂羽知年好,齐和杨花踏春草。劝年少,乐耕桑,使君为我剪荆棘,使君为我驱豺狼。林中无虎山有鹿,水底无蛟鱼有鲂。父渔子猎日归暮,月明处处舂黄粱。乡里儿,东家父老为尔言,鼓腹那知生育恩?莫令太守驰朱轓,悬鼓一鸣卢鹊喧。恶声主吏噪尔门,唧唧力力烹鸡豚。乡里儿,莫悲咤。上有明王颁诏下,重选贤良临孤寡。春日迟迟驱五马,留犊投钱以为谢。乡里儿,终尔词。我无工巧唯无私,举手一挥临路岐。②

此诗大约作于李绅将离滁州刺史任时。滁州民众因李绅在任二年,滁州改变了原貌,人民生活改善,而极力挽留李绅。李绅非常激动,写下了这首诗来答谢滁州民众的盛情,亦可看做是在滁州政绩的总结。

李绅后为寿州刺史,推行仁政,地方大治。李绅了解到辖境内霍山多虎,每年采茶时常有吃人的事情发生,遂设法除去虎患,使辖境内的人过上了几年太平日子。他在《转寿春守》的诗题中特意标出:"三月而寇静,期岁而人和,虎不暴物,奸吏屏窜。"在另一首《忆寿春废虎

---

① 《李绅诗注》卷一,第29页。
② 《李绅诗注》卷一,第33页。

坑》的诗题中说:"余以春二月至郡,主吏举所职,称霍山多虎,每岁采茶为患,择肉于人,至春常修陷阱数十所,勒猎者采其皮睛。余悉除罢之,是岁,虎不复为害,至余去郡三载。"①当李绅离职时,老百姓都簇拥在路旁恋恋不舍地为他送行。李绅在他的《初出泚口入淮》诗里作了记述:

> 东风百里雪初晴,泚口冰开好濯缨。
>
> 野老拥途知意重,病夫抛郡喜身轻。
>
> 人心莫厌如弦直,淮水长怜似镜清。
>
> 回首夕岚山翠远,楚郊烟树隐襄城。②

可知由于李绅的精心治理,寿州面貌大变,以至于出现了"野老拥途"的惜别镜头,情意感人。

### 四、"自成一体"的诗人杜荀鹤

杜荀鹤(846—907),字彦之,池州石台人。昭宗大顺二年(891)进士,以世乱还归九华山。田頵在宣州,甚重之,遂处頵幕为宾客,晚年得官,以主客员外郎、知制诰充翰林学士,未久病卒。有《唐风集》十卷。今《全唐诗》编录三卷,存诗三百余首。

杜荀鹤是晚唐后期的重要诗人。其诗继承与发扬了杜甫、张籍、白居易的现实主义创作传统,注意揭露黑暗现实,形象而深刻地再现了唐末动乱时期的社会面貌。其中对家乡的战乱和乡民的艰难生活多有描述。其《旅泊遇郡中叛乱示同志》诗云:

> 握手相看谁敢言? 军家刀剑在腰边。
>
> 遍搜宝货无藏处,乱杀平人不怕天。
>
> 古寺拆为修寨木,荒坟开作甃城砖。

---

① 《李绅诗注》卷一,第36页。

② 《李绅诗注》卷一,第42页。

郡侯逐出浑闲事,正是銮舆幸蜀年。①

　　该诗反映的是中和二年(882)宣州发生军阀作乱的历史事件。《资治通鉴·唐纪·僖宗中和二年》:"(十二月)和州刺史使其子将兵数千袭宣州,逐观察使窦潏而代之。"当时,僖宗仍避乱西蜀,东南数州尾大不掉,宣州之战就是地方军阀逐朝廷命官的叛乱。这首诗揭露了那些骄兵杀人抢劫、拆寺开坟、为非作歹、无法无天的强盗行径和滔天罪恶。又《自江西归九华》诗云:

　　　　他乡终日忆吾乡,及到吾乡值乱荒。
　　　　云外好山看不见,马头歧路去何忙。
　　　　无衣织女桑犹小,阙食农夫麦未黄。
　　　　许大乾坤吟未了,挥鞭回首出陵阳。②

　　诗中描述了他久别归乡时的感受。因长期战乱,乡民生活异常艰难,织女无衣而桑柘犹小,农夫缺食而麦子未熟。又作《题所居村舍》:

　　　　家随兵尽屋空存,税额宁容减一分。
　　　　衣食旋营犹可过,赋输长急不堪闻。
　　　　蚕无夏织桑充寨,田废春耕犊劳军。
　　　　如此数州谁会得,杀民将尽更邀勋。③

　　故乡村舍屋无储粮,四壁空存,可是官方税额却一分不减。桑木被砍去修寨,村民无法养蚕织布,牛犊被拉去劳军,农田荒芜,不能耕作。乡民生活困苦,而州县官吏却加紧勒索民财,邀功取宠,诗人面对此景,发出"杀民将尽更邀勋"的强烈斥责。
　　在《山中寡妇》中,诗人又选取一个丈夫战死、衣食无着的寡妇

---

① 《全唐诗》卷六九二。
② 《全唐诗》卷六九二。
③ 《全唐诗》卷六九二。

来写：

> 夫因兵死守蓬茅，麻苎衣衫鬓发焦。
>
> 桑柘废来犹纳税，田园荒后尚征苗。
>
> 时挑野菜和根煮，旋斫生柴带叶烧。
>
> 任是深山更深处，也应无计避征徭。①

犀利的诗句，揭示"征徭"对人民的残酷迫害，不仅广具代表性，而且具体深刻。

因长期置身于九华山怀抱，诗人吟咏九华山面貌的诗篇甚多，具有鲜明的时代色彩。客居他乡写的《秋日怀九华旧居》流露出弃官归隐九华的心情和身在异地恋乡之苦。诗云："凉生中夜雨，病起故山心。……何当遂归去，一径入松林。"②

诗人归隐九华之后，曾葺得新居，环境极其优美。他在《和友人见题山居》中说：

> 避时多喜葺居成，七字君题万象清。
>
> 开户晓云连地白，访人秋月满山明。
>
> 庭前树瘦霜来影，洞口泉喷雨后声。
>
> 有景供吟且如此，算来何必躁于名。③

诗人的茅舍离九华山寺不远，常与寺中高僧交往，吟诗遣兴：

> 九华山色真堪爱，留得高僧尔许年。
>
> 听我吟诗供我酒，不曾穿得判斋钱。④

---

① 《全唐诗》卷六九二。
② 《全唐诗》卷六九一。
③ 《全唐诗》卷六九二。
④ 《全唐诗》卷六九三。

诗人的茅舍亦靠近山溪,因而在《溪岸秋思》、《溪兴》二诗中展现其无拘无束的垂钓生涯。

杜荀鹤归隐九华之后,更勤于诗艺,朝夕吟咏。其《山中寄友人》诗云:

> 深山多隙地,无力及耕桑。不是营生拙,都缘觅句忙。
> 破窗风翳烛,穿屋月侵床。吾友应相笑,辛勤道未光。①

《闲居书事》诗亦云:

> 竹门茅屋带村居,数亩生涯自有余。
> 鬓白只应秋炼句,眼昏多为夜抄书。
> 雁惊风浦渔灯动,猿叫霜林橡实疏。
> 待得功成即西去,时清不问命何如。②

从诗中,我们看到诗人甘于贫苦,终日沉浸在"觅句""炼句""抄书"的学习生活中,表现了诗人希望能学成致仕的愿望。从其后期科举中第又为官的结果看,杜荀鹤应该说是实现了自己的理想。

杜荀鹤是晚唐著名的现实主义诗人。其现存诗歌中,皆为近体(绝句和律诗),尤工七律,精心以律体写世事,语言通俗而又凝练,与张籍等人乐府有异曲同工之妙,为唐代律体开辟了新途径。宋评论家严羽在《沧浪诗话·诗体》中,称之为"杜荀鹤体"。明人胡震亨在《唐音癸签》中,在论述唐七言律的变化发展时,将"杜荀鹤之不避俚俗",作为最后的一"变"。由此可见杜荀鹤在诗歌发展史上有一定的贡献。

## 五、舒州诗人曹松

曹松,字梦征,舒州人。学贾岛为诗,久困名场。昭宗天复元年

---

① 《全唐诗》卷六九一。
② 《全唐诗》卷六九二。

（901），杜德祥主文，放松及王希羽、刘象、柯崇、郑希颜等及第，五位进士中两位已经年过七十，剩下三位也都过了六十岁，老态龙钟，时号五老榜。他是唐后期的著名诗人，今《全唐诗》存诗二卷，诗一百余首。

曹松所写诗歌多着眼于各地山水名胜，尤多南国风光。如著名的七律《洞庭湖》：

> 东西南北各连空，波上唯留小朵峰。
> 长与岳阳翻鼓角，不离云梦转鱼龙。
> 吸回日月过千顷，铺尽星河剩一重。
> 直到劫余还作陆，是时应有羽人逢。①

又《南海旅次》：

> 忆归休上越王台，归思临高不易裁。
> 为客正当无雁处，故园谁道有书来。
> 城头早角吹霜尽，郭里残潮荡月回。
> 心似百花开未得，年年争发被春催。②

前诗写洞庭湖的浩瀚无边，后诗写诗人长期滞留南疆的客子之情。这两首诗取境宏大，气势雄伟，为人赞赏。明代胡震亨《唐音癸签》称赞说：“曹秘书松致语似项斯，壮言间似李洞……七字如‘吸回日月过千顷，铺尽星河剩一重’，‘城头早角吹霜尽，郭里残潮荡月回’。点缀末运，赖此名场一叟。”

唐后期，政治腐败，人民生活痛苦，终于爆发了农民起义。而各地握有重兵的节度使，为邀功请赏，残酷屠杀黄巢起义军与广大人民。曹松遂特以诗题纪年，作《己亥岁二首》，深刻地揭示了唐末社会动乱的社会现象，诗云：

---

① 《全唐诗》卷七一七。
② 《全唐诗》卷七一七。

泽国江山入战图,生民何计乐樵苏。

凭君莫话封侯事,一将功成万骨枯。

传闻一战百神愁,两岸强兵过未休。

谁道沧江总无事,近来长共血争流。①

诗歌反映了人民鲜血与江水争流的悲惨现实,揭露了地方军阀为获取封侯不惜"万骨枯"的罪行。宋人计有功深有感触地说:"松有诗云:'凭君莫话封侯事,一将功成万骨枯。'可谓谙世故矣。"②

曹松长期浪迹江湖,南北奔波,常常思念家乡,故诗中对家乡风物多有吟唱,尤其对舒州盛产的竹簟极为赞赏,写有《白角簟》:

角簟工夫已到头,夏来全占满床秋。

若言保惜归华屋,只合封题寄列侯。

学卷晓冰长怕绽,解铺寒水不教流。

蒲桃锦是潇湘底,曾得王孙价倍酬。

又有《碧角簟》:

细皮重叠织霜纹,滑腻铺床胜锦茵。

八尺碧天无点翳,一方青玉绝纤尘。

蝇行只恐烟粘足,客卧浑疑水浸身。

五月不教炎气入,满堂秋色冷龙鳞。③

这两首咏物诗的主题相同,都是极力赞叹竹席的清凉可贵,但内容有侧重,前诗着力敷扬其华贵,赞颂白角簟编织的精巧,图案的秀丽,为列侯、王孙所欣赏。后诗重在显其清凉,给予多侧面的形象描

① 《全唐诗》卷七一七。

② 《唐诗纪事校笺》卷六五《曹松》,第2194页。

③ 《全唐诗》卷七一七。

绘。这两首诗,想象丰富,比喻形象新颖,字里行间饱含着诗人对故乡特产的赞赏和自豪的感情。舒席,自古以来就被视为珍品,从曹松诗中得到有力的印证。

### 六、其他安徽籍诗人

#### 1. 以画入诗的九华诗人费冠卿

费冠卿,字子军,池州人。他出身寒微,年轻时发奋读书,后赴京应试,因为没有名人引荐,在长安困居十年,备尝酸苦。其作《久居京师感怀诗》①,写出了他请谒时的羞愧与辛酸,决心不为浮名所束缚。宪宗元和二年(807),费冠卿及第进士后,居长安待授官职,因母病逝归家,悲恸欲绝,叹曰:"干禄养亲耳,得禄而亲丧,何以禄为!"遂隐池州九华山。穆宗长庆二年(822),殿中侍御史李行修举冠卿孝节,召拜右拾遗,冠卿竟不应命,赋诗云:"君亲同是先王道,何如骨肉一处老。也知臣不合佐时,自古荣华谁可保。"②遂终隐九华。

诗人隐居九华,对九华风光有生动而具体的描绘,如《答萧建问九华山》五言长诗:

> 自地上青峰,悬崖一万重。践危频侧足,登堑半齐胸。
> 飞狖啼攀桂,游人喘倚松。入林寒瘁瘁,近瀑雨濛濛。
> 径滑石棱上,寺开山掌中。幡花扑净地,台殿印晴空。
> 胜境层层别,高僧院院逢。泉鱼候洗钵,老獶戏撞钟。
> 外户凭云掩,中厨课水舂。搜泥时和面,拾橡半添種。
> 渡壑缘槎险,持灯入洞穷。夹天开壁峭,透石蹙波雄。
> 润藓清无土,潭深碧有龙。畲田一片净,谷树万株浓。
> 野客登临惯,山房幽寂同。寒炉树根火,夏牖竹稍风。
> 边鄙筹贤相,黔黎托圣躬。君能弃名利,岁晏一相从。③

---

① 《全唐诗》卷四九五。
② 《唐诗纪事校笺》卷六十《费冠卿》,第2029—2030页。
③ 《全唐诗》卷四九五。

该篇是为了答远方友人——兰陵萧建之问而作,时萧建在京城任礼部侍郎,因仰慕九华胜迹,得知费冠卿隐居九华不仕,便写下《代书问费征君九华事》,渴望费冠卿能"为诗中图画来",费冠卿即以上诗作答。诗中描写了九华山的险峻,攀登危石的难行,林寒瀑雨的幽奇,云烟缭绕的层层寺庙,险峻深邃的惊人洞壑,又杂以泉鱼山猴的生动刻画,山中生活的具体描述,完全一幅别有天地的"诗中图画",读来令人感到九华山确实是可亲可悦可居的胜境。九华山的名声,也随之而传遍京城。同时代的诗人顾非熊在读到寄给萧建的长律之后,赞颂不已,立即写了充满热情的《寄九华山费拾遗》诗:"先生九华隐,鸟道隔尘埃。石室和云住,山田引烧开。久闻仙客降,高卧诏书来。一入深林去,人间更不回。"①

费冠卿隐居不仕的高洁行为,亦受到世人的尊崇。当时的名诗人姚合在《寄九华费冠卿》诗中说:"阙下无朝籍,林间有诏书……四海人空老,九华君独居。"②字里行间充满慰问和敬佩。后辈同乡诗人张乔、杜荀鹤,更是满怀仰慕之情亲临坟前吊念,写下感人的诗章。张乔《经九华山费征君故居》诗云:"草堂芜没后,来往问樵翁。断石荒林外,孤坟晚照中。数溪分大野,九子立寒空。烟壁曾行处,青云路不通。"③杜荀鹤也在《经九华费征君墓》一诗中表达他对先辈费冠卿的衷心赞语:"凡吊先生者,多伤荆棘间。不知三尺墓,高却九华山。天地有何外,子孙无亦闲。当时若征起,未必得身还。"④费冠卿的名字将与九华长存。

2. "吟价颇高"的九华诗人张乔⑤

张乔,字伯达,池州人。懿宗咸通中(860—873)与许棠、郑谷、张蠙、喻坦之等东南才子称"咸通十哲"。因避唐末黄巢之乱,曾在九华山隐居。其诗清雅巧思,迥无与伦。曾四处漫游,其诗多为旅游题咏,

---

① 《全唐诗》卷五〇九。
② 《全唐诗》卷四九七。
③ 《全唐诗》卷六三九。
④ 《唐诗纪事校笺》卷六十《费冠卿》,第2029页。
⑤ 本目参见李晖《"诗苦道贞"的张乔——池州皖籍唐才子研究之二》,载《淮南师范学院学报》2004年第4期。

送友赠别之作。明代胡震亨在《唐音癸签》中说:"张乔咸通骑驴之客,吟价颇高,如'听琴'之幽谈,'送许棠'之惊隽,亦集中翘英。"长于五律。《全唐诗》存诗二卷。

张乔一生大体可分寓居京都长安和故里归隐两个阶段。张乔困守长安期间,曾游长安城名胜,览长安府辖县风光,留下众多诗篇,如《登慈恩寺塔》、《寄荐福寺栖白大师》、《题郑侍御蓝田别业》、《蓝溪夜坐》、《宿昭应》、《题终南山白鹤观》、《终南山》、《华山》、《游华山云际寺》等。

寓居期间,张乔也曾离开长安府境作远游。有《游边感怀二首》诗:"贫游缭绕困边沙,却被辽阳战士嗟。不是无家归不得,有家归去似无家。兄弟江南身塞北,雁飞犹自半年余。夜来因得思乡梦,重读前秋转海书。"①可见张乔远游之地是"边沙"遍地的"塞北",也就是长城以北,包括今内蒙古自治区及甘肃省和宁夏回族自治区的北部地区。

因时局动荡,考场失意,诗人的政治抱负无法施展,遂回到故里,其归隐时心情,在《归旧山》诗中有所流露:

> 昔年山下结茅茨,村落重来野径移。
> 樵客相逢悲往事,林僧闲坐问归期。
> 异藤遍树无空处,幽草缘溪少歇时。
> 此景一抛吟欲老,可能文字圣朝知。②

"旧山",指的是九华山。诗中,写出久别归来时的家乡变化,通往故里的路已经移道,"异藤遍树"、"幽草缘溪"。乡景有变,然人情依旧,打柴的"樵客"与之回忆共同的悲苦往事,林中的僧人与之"闲坐",问询他再回长安的时间。"此景一抛吟欲老,可能文字圣朝知",说明张乔刚归隐之时,尚未摆脱"名利尘"的"轩盖"氛围。

对故乡热土,张乔是情有独钟。他登上九华楼,撰写《九华楼晴望》,赞颂"九华晴空倚天秋"的神奇。他游秋浦的齐山、宣州的敬亭

---

① 《全唐诗》卷六三九。
② 《全唐诗》卷六三九。

山,广交僧俗文友,留下《宿齐山僧舍》、《赠敬亭清越上人》、《再题敬亭清越上人山房》、《寄山僧》、《题宣州开元寺》等诸多诗章,借"久别多新作,长吟洗浴愁"赠僧之语,抒发自己脱离"名利尘"的隐居情怀。他又在《经宣城元员外山居》诗里,抒发自己隐居中的另一追求:"但有黄河赋,长留在世间。"①此淡泊名利的"长留在世间"追求,使张乔文风、诗品,不断地升华、进位,真正找到了人生价值和人生理想归宿。

3. "诗禅"周繇②

周繇,字允元,池州人,咸通十三年(872)进士及第,历任福昌尉、校书郎、建德令等官职,与弟周繁俱以奏赋得名,时称至德二周。《全唐诗》卷六三五存诗一卷,《全唐文》卷八二一存其《梦舞钟馗赋》一篇,所存诗卷,共计十八首。

周繇为晚唐诗坛名家,其对唐后期的政治黑暗、社会动荡不安的时局,有着深切的感受。这在几首"送友"诗中表现得尤为突出,如《送边上从事》诗中表述:

> 戎装佩镆铘,走马逐轻车。
> 衰草城边路,残阳垅上笳。
> 黄河穿汉界,青塚出胡沙。
> 提笔男儿事,功名立可夸。③

又《送宇文虞》曰:

> 此别欲何往,未言归故林。

① 《全唐诗》卷六三九。

② 本目参见李晖《"诗禅"周繇诸事考——池籍唐才子研究之一》,载《池州师专学报》2002 年第 4 期。《全唐诗》载二十三首,但《嘲段成式》、《看牡丹赠段成式》、《以人参赠段成式》,以及《和段成式》(二首)等五首不属于池州周繇的作品,而为另一名字为宪的周繇所著,当代学者陶敏考证出,字为宪的周繇,当姓元,属洛阳元氏,并云:"字为宪之周繇当作元繇,因周繇诗名甚著,或《唐诗纪事》所见《汉上题襟集》本有误,遂误为周繇,且将之与字允元之周繇混为一人。后世遂循其误。"参见傅璇琮主编《唐才子传校笺》卷八《周繇》。

③ 《全唐诗》卷六三五。

行车新岁近，落日乱山深。

野店寒无客，风巢动有禽。

潜知经目事，大半是愁吟。①

句句是晚唐衰微境地的写照，字字是诗人心中的悲哀与凄凉。

周繇一生喜欢交往，与其为友者，皆"一时名公"②。如"咸通十哲"、杜荀鹤、林宽、罗隐等皆为其交往之人。杜荀鹤有《送福昌周繇少府归宁兼谋隐》：

少见古人无远虑，如君真得古人情。

登科作尉官虽小，避世安亲禄已荣。

一路水云生隐思，几山猿鸟认吟声。

知君未作终焉计，要著文章待太平。③

周繇及第后，其仕途的"第一站"，是"福昌县尉"，但周繇对位卑职轻的小官并不满意，想弃职归隐。好友杜荀鹤写下此诗，规劝他不要有这种想法。后来周繇回到了福昌县尉任上。秩满，即被征名入京师，当起校书郎的朝中小官。诗人林宽《和周繇校书先辈省中寓直》诗，有"古木重门掩，幽深只欠溪。此中真吏隐，何必更岩栖"④诗句。诗题可知周繇曾任校书郎职务，诗句道明了校书郎当年的生活环境。

对于周繇之诗，后人给予很高评价，元代辛文房《唐才子传》载，周繇"家贫，生理索寞，只苦篇韵，俯有思，仰有咏，深造阃域，时号为'诗禅'"。同时认为周繇不少诗句，抽出来即是精湛的警世联语，"读之使人竦"。又云："自魏晋以降，递至盛唐，大历、元和以下，逮晚年，考其时变，商其格制，其邪正了然在目，不能隐也。经云：过而不能改，是谓过矣。悟门洞开，慧烛深照，顿渐之境，各天所赋。观于时以诗禅

① 《全唐诗》卷六三五。
② 《唐才子传笺校》卷八《周繇》。
③ 《全唐诗》卷六九二。
④ 《全唐诗》卷六〇六。

许周繇,为其不入于邪见,能致思于妙品,固知其衣冠于裸人之国。昔谓学诗如学仙,此之类欤!"①此评不可谓不高。把周繇在晚唐腐败不堪、危机四伏之时,仍能于诗坛"不入邪见"、"直臻上乘",比喻成是"其衣冠于裸人之国",这不仅仅是对周繇的诗品定格,更是为周繇的人品定位。这一诗品、人品,能在晚唐险恶环境中出现,实为难能可贵!

4."姓名无不知"的诗人许棠

许棠,字文化,宣州泾县人。久困场屋二十余年,尝与诗人张乔共隐于匡庐。咸通十二年(871)登进士第,时年已五十。后调泾县尉。至任时,郑谷赠诗,有"白头新作尉"之句。又曾为江宁丞。后辞官,潦倒以终。著有《许棠诗》一卷,《全唐诗》编其诗为二卷。

许棠早年学成之后曾花去大量时间多次漫游边塞,留有《题秦州城》、《秦中遇友人》、《雁门关野望》、《塞下二首》、《将过单于》等诸多诗篇,诗中写出了边地军情的紧急和漫游途中的艰辛。许棠北上的目的是谋仕途之出路,可以说,游边只是他整个北上生活的一小部分,他大部分的时间仍用在准备应试科举上。游边只是科举失意、羞于归家而又干谒无门时的一种无奈之举。

许棠勤学刻苦,意志坚定,终于考取进士,众多好友纷纷祝贺。李频有《送许棠归泾县作尉》云:"青桂复青袍,一归荣一高。县人齐下拜,邑宰共分曹。"②郑谷《送许棠先辈之官泾县》诗云:"白头新作尉,县在故山中。高第能卑宦,前贤尚此风。芜湖春荡漾,梅雨昼溟濛。佐理人安后,篇章莫废功。"③许棠及第后授泾县尉,好友为他回故乡作尉而高兴,诗中既包含有对他"高第能卑宦"的赞赏,也有对他"白头新作尉"的无限同情。

诗人对故乡江村景色,也多有描绘。他在《忆宛陵旧居》诗中说:

旧忆陵阳北,林园近板桥。

---

① 《唐才子传校笺》卷八《周繇》。
② 《全唐诗》卷五八八。
③ 《全唐诗》卷六七四。

江晴帆影满，野迥鹤声遥。

岛径通山市，汀扉上海潮。

秦城归去梦，夜夜到渔樵。①

　　这是诗人滞留京城长安时的思乡之作。诗中回忆了陵阳旧居，位于溪水北岸，园近板桥，依山傍水，一幅田园风光，但自己却客居他乡，抒发出夜夜梦绕故乡的思归情怀。诗人也曾多次回到故乡，因政治上失意，感触很多。他在《冬杪归陵阳别业》中说："游秦复滞燕，不觉近衰年。"这时"闾里故人少，田园荒草深"。故乡已非昔日情景，只有"鸥鸟犹相识，时来听苦吟"而已。②

　　对许棠诗歌写作的评价，孙光宪《北梦琐言》卷二云："许棠有'洞庭'诗尤工，诗人谓之'许洞庭'。"③又同书卷七云："前辈许棠'过洞庭'诗，最为首出，尔后无继斯作。"④有关写洞庭湖的诗篇，把许棠捧为最高，且因此而获得"许洞庭"的誉美绰号。我们看《过洞庭湖》：

惊波常不定，半日鬓堪斑。

四顾疑无地，中流忽有山。

鸟高恒畏坠，帆远却如闲。

渔父闲相引，行歌浩渺间。⑤

　　本篇写诗人游洞庭湖的惊喜感受。诗中渲染洞庭惊波不定的奇险，突出湖面的宽广，再以高空速急的飞鸟、远处悠闲的白帆相点染，组成一幅壮阔明丽的洞庭湖景，最后以一片渔歌荡漾空际的优美境界作结，将愉悦之情推向高潮，给人以丰富的联想。该诗摩情状物生动亲切，故为后世所重。

---

① 《全唐诗》卷六〇四。

② 《全唐诗》卷六〇三。

③ 孙光宪撰，贾二强点校：《北梦琐言》卷二《放孤寒三人及第》，中华书局2002年版，第37页。

④ 《北梦琐言》卷七《洞庭湖诗》，第164页。

⑤ 《全唐诗》卷六〇三。

宋代诗人尤袤在《全唐诗话》中说："棠洞庭诗有'四顾疑无地,中流忽有山'之句,人以题扇。"明代胡震亨在《唐音癸签》也说："许文化棠致语楚楚,洞庭一律,时人多取以题扇。'四顾疑无地,中流忽有山',视老杜'乾坤日夜浮'愈切愈小。"可见其在诗坛之影响。

5. "善为绝句诗"的汪遵

汪遵,宣州泾县人。从小家境贫寒,刻苦自励,曾为县中小吏,后辞役专心治学,并赴长安应试。《唐摭言》卷八载："汪遵者,幼为小吏,泊棠应二十余举,遵犹在胥徒;然善为绝句诗,而深晦密。一旦辞役就贡,会棠送客至灞浐间,忽遇遵于途中,棠讯之曰:'汪都何事至京?'遵对曰:'此来就贡。'棠怒曰:'小吏无礼!'而与棠同砚席,棠甚侮之。后遵成名五年,棠始及第。"由此可见汪遵求学的艰辛。汪遵懿宗咸通七年(866)进士及第,以"善为绝句诗,而深自晦密"知名。现《全唐诗》存诗六十一首,全为七言绝句。

汪遵是以咏史得名,如《鉴戒录》卷九《卓绝篇》即云:"陈明秀才题破吴王夫差庙;汪遵先辈咏绝万里长城;程贺员外因咏君山得名,时人呼为'程君山';刘象郎中因咏仙掌得名,时人呼为'刘仙掌'。已上名公,称为卓绝,千百集中,无以加此。……汪先辈咏史诗曰:'秦筑长城比铁牢,蕃戎不敢过临洮。虽然万里连云际,不及尧阶三尺高。'"而《唐诗纪事》卷五九谓汪遵以《长城》诗"得名于时"。

其诗对历史上的当权者贪欲无穷,沉迷不悟的行为进行了无情的揭露和讽刺。和李商隐咏史诗的取材一样,汪遵咏史诗的题材亦往往选取历史上亡国乱政的皇帝以托讽,揭露他们贪图享乐,劳民伤财。如《破陈》《陈宫》等诗:

猎猎朱旗映彩霞,纷纷白刃入陈家。
看看打破东平苑,犹舞庭前《玉树花》。

椒宫荒宴竟无疑,倏忽山河尽入隋。

留得《后庭》亡国曲,至今犹与酒家吹。①

　　这两首诗写陈朝后主陈叔宝不理国事,生活奢侈荒淫。当隋兵南下,他自恃长江天险,仍终日在宫中醉生梦死、取欢作乐,终于被俘失国。诗歌讽喻当今,含蕴深婉。

　　其诗借对于历史上理想人物的歌颂,寄寓自己的人生理想。对于历史上惜贤用能的明主,诗人的赞誉之意溢于言表。如《南阳》诗:

陆困泥蟠未适从,岂妨耕稼隐高踪。
若非先主垂三顾,谁识茅庐一卧龙。②

　　诸葛亮高隐隆中,纵有满腹经纶,却无用武之地,终遇礼贤下士的刘备三顾茅庐,助其成就功业而名垂青史。诗中借此题材,抒发了自己身逢乱世、明主难遇的感慨。

　　其诗有对历史事件的描述。如秦末楚汉相争这个历史题材,诗人多首诗中都有提及。如《项亭》:

不修仁德合文明,天道如何拟力争。
隔岸故乡归不得,十年空负拔山名。③

又《乌江》:

兵散弓残挫虎威,单枪匹马突重围。
英雄去尽羞容在,看却江东不得归。④

　　这两首诗集中慨叹西楚霸王项羽不修仁德,一味迷信个人勇气,

----

① 《全唐诗》卷六〇二。
② 《全唐诗》卷六〇二。
③ 《全唐诗》卷六〇二。
④ 《全唐诗》卷六〇二。

终至败亡而不得归家的悲惨结局。

汪遵咏史诗涉及范围很广,每一首都有相应的主题,都对历史人物、历史事件融进了自己的主观感受,就好像一幅历史画卷。诗人面对历史陈迹,回首以往显赫一世、怀才不遇的历史人物,各个王朝兴衰的历史事件,通过铺写对史事的主观感受表达自己的历史观。他的咏史诗,或批判,或歌颂,或抒发自己抱负不能实现的感慨,往往取材于历史,着眼于现实,言少意丰,寓意深刻,在唐代诗坛上独具特色。

此外,生活在中晚唐之交的罗立言,宣州人。文宗太和年间曾官司农少卿,因受执政者李训赏识引为京兆少尹。后因同谋诛宦官事被害,诗多散失。今《全唐诗》仅存一首。

# 第三节　著名诗人与安徽

安徽民物殷阜,有山川人文之胜,历来为文人学士常驻之地。特别是安史之乱后,中原地区动乱不安,民生凋敝。而江南一带,社会相对稳定,经济步入繁荣,因而引起众多文人学士的浓厚兴趣。他们或来此为官,公余之暇,寻幽访胜;或专程来游,登山临水,流连忘返。他们的作品,对安徽山川风物多有赞颂。在这些诗人中,成就较大者有李白、韦应物、白居易、刘禹锡、杜牧、许浑、罗隐等。

## 一、李白在安徽的诗歌创作

盛唐时代诗潮波澜壮阔,气象万千。其中最引人瞩目、动人心弦的,最充分也最集中地体现了那个时代的精神风貌的是李白(701—762)的诗歌。他那饱满的青春热情,争取解放的蓬勃精神,积极乐观的理想展望,强烈的个性色彩,这一切汇成了中国古代诗歌史上格外富有朝气的歌唱。①

---

① 章培恒等主编:《中国文学史》(中),复旦大学出版社 1996 年版,第81 页。

在李白诗歌中,有很大一部分是在安徽创作而成的。据常秀峰、何庆善、沈晖的考证,李白游历安徽写下的诗篇约 155 首。[1]

开元十二年(724),李白"仗剑去国,辞亲远游"[2],出三峡到荆门而开始其在祖国大地的漫游生涯,直至病逝当涂。三十八年间,他的足迹踏遍了大半个中国。今天的安徽大地,更是到处留下诗人的足迹,并见之于诗章。李白北到砀山,写有《秋兴与刘砀山泛宴喜亭池》;南临黄山,写有《送温处士归黄山白鹅峰旧居》;东抵马鞍山、和州,写有《牛渚怀古》、《横江词六首》和《对雪醉后赠王历阳》、《赠历阳褚司马》等诗;西卧宿松,写有《赠闾丘宿松》、《赠张相镐二首》;中达合肥,写有《寄上吴王三首》。他曾六游当涂、宣城,三至泾县,两到南陵、秋浦。徜徉于沿江、皖南的山水之间,用他那生花的妙笔,绘制了一幅幅令人神往的图画。如《望天门山》:

天门中断楚江开,碧水东流至此回。
两岸青山相对出,孤帆一片日边来。[3]

天门山即今长江马鞍山河段上端节点东西梁山,诗中对夹江雄峙、险奇峻绝的东西梁山及水流态势作了精确白描。雄浑自然,气势天成,成为传诵至今的名篇。后来诗人又在组诗《横江词》中,对天门山处的惊涛骇浪作进一步形容,"海神来过恶风回,浪打天门石壁开。浙江八月何如此,涛似连山喷雪来。"[4]考察今日东西梁山,依然是夹江对峙,逼仄如门,江水通过这里依然是奔涌咆哮,浪花翻腾。可见此处地貌、水情至今变化甚小。

宣城境内敬亭山,南齐著名诗人谢朓任宣城太守时,常来这里游玩。李白"一生低首谢宣城",敬亭的美景加上对谢朓的仰慕,使得他从此与敬亭山结下了不解之缘,并写下了著名的《独坐敬亭山》:"众

① 常秀峰、何庆善、沈晖:《李白在安徽》,安徽人民出版社 1980 年版。
② 《李太白全集》卷二六,第 1244 页。
③ 《李太白全集》卷二一,第 1000—1001 页。
④ 《李太白全集》卷七,第 402 页。

鸟高飞尽,孤云独去闲。相看两不厌,只有敬亭山。"①从这以后,敬亭山声名日著。

泾县风光尤为秀丽,李白有诗《泾川送族弟錞》云:

> 泾川三百里,若耶羞见之。
> 锦石照碧山,两边白鹭鸶。
> 佳径千万曲,客行无歇时。
> 上有琴高水,下有陵阳祠。②

诗人认为泾县山水之美,即使以景色优美而闻名的若耶溪也比不上。

李白一生好游名山,山川秀美的池州给诗仙李白留下深刻的印记。其治所秋浦,即今之贵池。这里临大江,面群山,唐代盛产铜、银。天宝后期,大诗人李白曾在此盘桓,流连忘返,写下了著名组诗《秋浦歌》十七首。在李白眼里,这里有"千千石楠树,万万女贞林。山山白鹭满,涧涧白猿吟";有"孤撑碧落若空中楼阁"的大楼山,"澄明洗心魄"的玉镜潭,还有如"青天扫画屏"的江祖石,"水如一匹练"的平天湖……这一切使得古城贵池风光分外旖旎。勤劳淳朴的劳动人民在这里采菱捕鱼、耕作冶炼,李白在诗中写道"绿月净素月,月明白鹭飞。郎听采菱女,一道夜歌回","秋浦田舍翁,采鱼水中宿"③人与自然之间亲密而和谐,俨然世外桃源。

九华山,更是令诗人神往。"昔在九江山,遥望九华峰。天河挂绿水,秀出九芙蓉。我欲一挥手,谁人可相从? 君为东道主,于此卧云松"④,可谓脍炙人口,妇孺皆知。诗人在池州江面上,就已经被九华的美景折服了,"天河挂绿水,秀出九芙蓉",足现九华山的奇美之景。

唐代以前,因交通梗阻,游人罕至,九华山没有固定的称谓,或称

---

① 《李太白全集》卷二三,第 1079 页。
② 《李太白全集》卷十八,第 865 页。
③ 《李太白全集》卷八,第 417—424 页。
④ 《李太白全集》卷十,第 551 页。

"陵阳山",或称"九子山"。自李白来此一游后,以"九华"这个高度艺术性的名字来命名这座奇山,《改九子山为九华山联句并序》就记叙了其中的经过:"青阳县南有九子山,山高数千丈,上有九峰如莲华。按图征名,无所依据。太史公南游,略而不书。事绝古老之口,复阙名贤之纪;虽灵仙往复,而赋咏罕闻。予乃削其旧号,加以'九华'之目。"①从此,这座无名的奇山名扬海内外。

流连咏叹山水之外,他还创作了许多描写与当地人民真挚情谊的诗篇。脍炙人口的《赠汪伦》就是其中的代表作。诗云:

> 李白乘舟将欲行,忽闻岸上踏歌声。
> 桃花潭水深千尺,不及汪伦送我情。②

汪伦是泾县豪士,袁枚《随园诗话补遗》卷六记载有一个小故事说,汪伦先有信致李白道:"先生好游乎,此地有十里桃花;先生好饮乎,此地有万家酒店。"李白欣然前往,汪伦解释道:"桃花者,潭水名也,并无桃花;万家者,店主人姓万也,并无万家酒店。"引得李白大笑,遂一见如故。虽是小说家言,却抓住了李白与汪伦这两个人的性格特征。《赠汪伦》一诗完全突破了送别诗的传统写法,前两句以短短十四字,不经意间写出两个乐天派,一对忘形交;后两句采用比较手法,用桃花潭水之深,衬托出汪伦的情深。该诗影响深远,现今泾县仍留下桃花潭、踏歌岸阁等古迹。

《游谢氏山亭》:

> 沦落卧江海,再欢天地清。
> 病闲久寂寞,岁物徒芬荣。
> 借君西池游,聊以散我情。
> 扫雪松下去,扪萝石道行。

---

① 《李太白全集》卷二五,第1154—1155页。
② 《李太白全集》卷十二,第646页。

谢公池塘上,春草飒已生。
花枝拂人来,山鸟向我鸣。
田家有美酒,落日与之倾。
醉罢弄归月,遥欣稚子迎。[1]

　　诗歌描写了早春之际,诗人久病之后,为排解寂寞的心情,游览当涂青山的谢公亭,沿途见到山花迎人而开,山鸟向人而鸣,待之以美酒,相与晚酌,醉后乘月而归,稚子候门相迎,寂寞之心情亦为之尽消。当涂田家主人的质朴、好客,虽不曾明说,已尽在不言中矣。

　　《题东溪公幽居》:

杜陵贤人清且廉,东溪卜筑岁将淹。
宅近青山同谢朓,门垂碧柳似陶潜。
好鸟迎春歌后院,飞花送酒舞前檐。
客到但知留一醉,盘中只有水精盐。[2]

　　描写位于当涂青山的东溪公幽居,门垂碧柳,好鸟迎春,飞花送酒,一派田园风光。从诗中可以看出,与好客的主人一道,对着水精盐下酒,让诗人感觉到是一桩赏心乐事。

　　《宿五松山下荀媪家》:

我宿五松下,寂寥无所欢。
田家秋作苦,邻女夜春寒。
跪进雕胡饭,月光明素盘。
令人惭漂母,三谢不能餐。[3]

　　五松山下,寻常人家,劳作的田家,夜春的邻女,明亮的月光,具有

---

① 《李太白全集》卷二〇,第941页。
② 《李太白全集》卷二五,第1156页。
③ 《李太白全集》卷二二,第1024页。

地方特色的雕胡饭,看似寻常,却令诗人感动不已,谢了再谢,不能动箸,其所凝聚的皖江人民的浓情厚谊令诗人难以忘怀。

李白多次在皖江普通人家作客,热情好客的主人给诗人留下了深刻的印象。还有"吾爱崔秋浦,宛然陶令风"①的秋浦崔县令,"茗酌待幽客,珍盘荐雕梅"②的当涂宰李明化,"为客裁缝君自见,城乌独宿夜空啼"③的庐江主人妇,《宿鰕湖》中"前溪伐云木"④的持斧翁,"夜到清溪宿,主人碧岩里"⑤的清溪主人,无不给人以深刻印象。

安史之乱间,李白避地江西浔阳(今九江),其间曾游宿松,居县城南郊的南台山南台寺,县令闾丘为之筑读书台。《民国宿松县志》卷六《地理志·古迹》载:"读书台在治南三里南台寺西北。唐邑宰闾丘为李白筑,遗址在故南台寺西北山水之间,同治九年建碑,镌'太白读书台'五字。"寺内还有对酌亭,是李白与闾丘对酌处。据说李白《山中与幽人对酌》作于南台山与闾丘对酌时。诗云:

> 两人对酌山花开,一杯一杯复一杯。
> 我醉欲眠卿且去,明朝有意抱琴来。⑥

至德二年(757),李白因从永王李璘事,受牵连入狱,由御史中丞宋若思等营救出狱后,在宿松避难、养病,相传依然寓居于南台寺。当时,闾丘已离任,隐居于宿松东郊沙塘陂。李白前往作客,见环境清幽,有田园乐趣,有《赠闾丘处士》云:

> 贤人有素业,乃在沙塘陂。
> 竹影扫秋月,荷衣落古池。
> 闲读山海经,散帙卧遥帷。

---

① 《李太白全集》卷十,第548页。
② 《李太白全集》卷二〇,第965页。
③ 《李太白全集》卷二二,第1043页。
④ 《李太白全集》卷二二,第1027页。
⑤ 《李太白全集》卷十一,第602页。
⑥ 《李太白全集》卷二三,第1074页。

　　且耽田家乐,遂旷林中期。

　　野酌劝芳酒,园蔬烹露葵。

　　如能树桃李,为我结茅茨。①

　　又有《赠闾丘宿松》,称闾丘氏为官清廉,品格高尚,诗中有"一朝风化清"②之句,后人在宿松城郊潜佳山建"清风亭",其旁有"清官潭"。

　　李白晚年生活困窘,来往于金陵、当涂间。当涂令李阳冰是其族叔,李白在此停留较多,李白有诗《献从叔当涂宰阳冰》,赞颂阳冰"落笔洒篆文,崩云使人惊"的精湛书法艺术,同时诉说自己回金陵的困境:"弹剑歌苦寒,严风起前楹。月衔天门晓,霜落牛渚清。长叹即归路,临川空屏营。"③李阳冰接诗后立即派人乘轻舟相邀,于是李白重返当涂并安家于此,度完他的余生。

　　公元762年冬天,李白卧病床塌,枕上授稿,请李阳冰为之作序。阳冰接受嘱托,整理成《草堂集》十卷,并写了《草堂集序》。惜《草堂集》不传,但这篇序文却保存了下来,成为研究李白的重要资料。不久,李白病逝当涂,年六十二岁。初葬采石矶,不久移到龙山。唐元和年间,宣歙池观察使范传正遵照李白"悦谢家青山,有终焉之志"遗愿,将他的墓迁到青山(在当涂)西麓,后人又在墓旁建太白祠。

　　李白诗内容广泛,风格多样,豪迈奔放又自然天成,最具个性色彩,堪称"千古诗人之冠"。特别可贵的是,李白在安徽为后人写下了那么多光彩夺目的诗章,这些丰富的文化遗产,对弘扬安徽特别是沿江地区的文化,起了重要作用。直到今天,人们到当涂时,还要到采石矶的太白楼上凭吊,以表达对这位诗人的永恒怀念。

### 二、韦应物与滁州

　　韦应物约生于开元二十一年(733),长安人,曾任滁州等地刺史。

---

　　① 《李太白全集》卷十二,第629—630页。

　　② 《李太白全集》卷十一,第559页。

　　③ 《李太白全集》卷十二,第639—642页。

韦应物以山水田园诗著称,部分作品反映社会动乱和人民痛苦。简洁明净,闲淡高雅,华而不绮,受到白居易的赞赏:"近岁韦苏州歌行,才丽之外,颇近兴讽。其五言诗又高雅闲淡,自成一家之体。今之秉笔者谁能及之?"①可见韦应物在中唐前期诗坛上享有盛誉。

德宗建中三年(782)秋,韦应物出任滁州刺史。在刺史任上,由于州僻事简,诗人得以有闲情逸致游山玩水。他在《南园陪王卿游瞩》诗中说:"形迹虽拘检,世事澹无心。郡中多山水,日夕听幽禽。"②滁州期间,是他诗歌创作的成熟时期。

在众多山水中,诗人吟咏最多的是城西郊的西山和西涧,如《游西山》、《再游西山》、《西涧即事》、《观西涧瀑布》、《西涧种柳》和《滁州西涧》诸诗,其中《滁州西涧》尤为人赞赏:

> 独怜幽草涧边生,上有黄鹂深树鸣。
> 春潮带雨晚来急,野渡无人舟自横。③

该诗描写春游西涧赏景和晚潮野渡所见。诗人通过富于画意的碧涧幽草、深树黄鹂、春潮晚雨、野渡横舟,缀合成一幅生动鲜明的画面,寄寓了一种向往自然、寻求宁静的心情和恬淡、闲适的意趣。

在滁州任职期间,诗人曾邀约好友李儋前来,同游琅琊胜境,有诗《同元锡题琅琊寺》云:

> 适从郡邑喧,又兹三伏热。
> 山中清景多,石罅寒泉洁。
> 花香天界事,松竹人间别。
> 殿分岚岭明,磴临悬壑绝。
> 昏旭穷陟降,幽显尽披阅。
> 嶷骇风雨区,寒知龙蛇穴。

---

① 《白居易集笺校》卷四五《与元九书》,第2795页。
② 韦应物著,陶敏、王友胜校注:《韦应物集校注》卷七,上海古籍出版社1998年版,第450页。
③ 《韦应物集校注》卷九,第530页。

情虚澹泊生，境寂尘妄灭。

经世岂非道，无为厌车辙。①

郡邑喧闹炎热，山中却清爽宜人，寒泉淙淙，松竹幽深，花香四溢，如同天界。诗人尽情享受着这佛门的淡泊寂静。诗人诗兴大发，在殿内挥笔题诗，以纪胜游。

诗人平时亦常来琅琊山，写有《秋景诣琅琊精舍》、《同越琅琊山》和《游琅琊山寺》诸诗。

韦应物身为官吏，也时常关心农家的操劳和辛苦，如《观田家》：

微雨众卉新，一雷惊蛰始。

田家几日闲，耕种从此起。

丁壮俱在野，场圃亦就理。

归来景常晏，饮犊西涧水。

饥劬不自苦，膏泽且为喜。

仓廪无宿储，徭役犹未已。

方惭不耕者，禄食出闾里。②

诗中描写田家开春即全家劳动，起早贪黑，耕作田间，但却苦于租税徭役，不得温饱。诗人禄食民家，感到愧疚。诗的语言朴实，感情厚重，对稍后的新乐府诗人白居易，有着明显的影响。

### 三、白居易与安徽

白居易（772—846），字乐天，号香山居士。祖籍太原，迁下邽（今陕西渭南），后随家迁居荥阳。德宗贞元十六年（800）进士及第，宪宗元和年间曾任左拾遗、赞善大夫，敢于言事，写下大量讽喻诗，是中唐新乐府诗歌的倡导者。曾与元稹相酬咏，号"元白"；又与刘禹锡唱

---

① 《韦应物集校注》卷七，第482页。

② 《韦应物集校注》卷七，第446页。

和,时称"刘白"。有《白氏长庆集》,《全唐诗》编其诗三十九卷。白居易足迹遍布安徽江南、淮北,留下了很多佳句名篇。例如在安徽符离县(今宿州市)留下了"共看明月应垂泪,一夜乡心五处同"①的名句。白居易对宣州的情结,更加韵味情长。

白居易一生到过宣州两次②,一次是在贞元十五年(799)秋,白氏二十八岁,在其叔父季康(时任溧水县令)和长兄幼文(时任浮梁主簿)的引荐下来到宣城,拜见了时任宣歙观察使崔衍,并以惊人的才华受到赏识。在宣州,他有幸参加地方考试,诗题即为谢朓诗中名句"窗中列远岫,庭际俯乔林"的《窗中列远岫诗》,诗云:

> 天静秋山好,窗开晓翠通。
> 遥怜峰窈窕,不隔竹朦胧。
> 万点当虚室,千重叠远空。
> 列檐攒秀气,缘隙助清风。
> 碧爱新晴后,明宜反照中。
> 宣城郡斋在,望与古时同。③

诗中描绘了郡斋窗前远眺的秋山景色,也抒发作者对前代诗人的景仰怀念之情。这次宣州之行,对白居易来说极其重要。因为他与当地的侯权秀才"俱为宣城守所贡"④,去长安应试,并顺利地"中春官第"而名列第四。诗人非常高兴,曾作《叙德书情四十韵上宣歙崔中丞(衍)》,表达他的感激之情。

白居易第二次来宣州是在贞元十七年(801)夏,这次是来安葬他的堂兄白逸,白逸曾任乌江主簿,白居易为此作有《祭乌江十五兄文》。《江南通志》卷四《舆地志·坛庙》上记载"白逸墓在宁国府城

---

① 《白居易集笺校》卷一三《自河南经乱关内阻饥兄弟离散各在一处因望月有感聊书所怀寄上浮溧大兄于潜七兄乌江十五兄兼示符离及下邽弟妹》,第781页。

② 朱金城:《白居易年谱》,上海古籍出版社1982年版,第18页、22页。

③ 《白居易集笺校》卷三八《窗中列远岫诗》,第2598页。

④ 《白居易集笺校》卷四三《送侯权秀才序》:"贞元十五年秋,予始举进士,与侯生俱为宣城守所贡",第2763页。

西,白居易有《祭十五兄文》"即指此。这一次,白居易在宣州仅有月余,同年秋即返回洛阳,亦没有留下多少诗作。此后,直到他会昌六年(846)七十六岁去世,再未来过宣州。

白居易对宣城,始终怀着一份特殊的情愫。在他著名的《新乐府》组诗中,就有两首以宣城贡品为题材的著名诗篇——《红线毯》和《紫毫笔》,不仅响遍当时的诗坛,而且一直传颂至今。

其一,名《紫毫笔》。题下自注:"讥失职也。"诗曰:

> 紫毫笔,尖如锥兮利如刀。江南石上有老兔,吃竹饮泉生紫毫。宣城之人采为笔,千万毛中拣一毫。毫虽轻,功甚重。管勒工名充岁贡,君兮臣兮勿轻用。勿轻用,将何如?愿赐东西府御史,愿颁左右史起居。握管趋入黄金阙,抽毫立在白玉除。臣有奸邪正衔奏,君有动言直笔书。起居郎,侍御史,尔知紫毫不易致。每岁宣城进笔时,紫毫之价如金贵。慎勿空将弹失仪,慎勿空将录制词。①

诗中强调紫毫笔原料的名贵、制作的精良,从而告诫那些手执紫毫笔、身立白玉阶的近臣,应该忠于职守,敢于弹劾奸邪,秉笔直书。一连串的排比句式,表达作者告诫失职官吏的激动心情。

其二,名《红线毯》。题下自注:"忧蚕桑之费也。"诗曰:

> 红线毯,择茧缫丝清水煮,拣丝练线红蓝染。染为红线红于蓝,织作披香殿上毯。披香殿广十丈余,红线织成可殿铺。彩丝茸茸香拂拂,线软花虚不胜物。美人蹋上歌舞来,罗袜绣鞋随步没。太原毯涩毳缕硬,蜀都褥薄锦花冷。不如此毯温且柔,年年十月来宣州。宣城太守加样织,自谓为臣能竭力。百夫同担进宫中,线厚丝多卷不得。宣城太守知不

---

① 《白居易集笺校》卷四,第249页。

知？一丈毯，千两丝。地不知寒人要暖，少夺人衣作地衣。[1]

诗中描述了红线毯工序的繁杂、制作的艰辛，赞扬了宣城织毯女工技艺的精妙。但这样珍贵的物品，亦仅是供宫中美人歌舞践踏。诗人非常愤慨，遂大声疾呼"宣城太守知不知？一丈毯，千两丝。地不知寒人要暖，少夺人衣作地衣。"大胆揭露了统治阶级的奢侈生活，充分表达了诗人爱憎分明的感情。白居易还在诗末作注："贞元中，宣州进开样加丝毯。"据《新唐书》卷四一《地理志》宣州宣城郡土贡有"丝头红毯"；又《元和郡县图志》卷二八"宣州"条下也载："开元贡白纻布。自贞元后，常贡之外，别进五色线毯及绫绮等珍物。"白居易诗中的"红线毯"，应属"丝头红毯"和"五色线毯"之类。

白居易上述二诗，既深刻地鞭挞了昏暗的政治现实，又集中表达了诗人对宣州人民的友好感情。通过他的宣传，宣州紫毫笔、红线毯声名鹊起，对后世产生了深远影响。

### 四、刘禹锡与和州

刘禹锡（772—842），字梦得，德宗贞元九年（793）进士及第，曾任和州（今安徽和县）等地刺史。

穆宗长庆四年（824）八月，刘禹锡由夔州转和州刺史，沿长江东下，游览了池州和宣州，写下许多纪行诗。在池州，作长诗《九华山》，诗序中高度赞赏九华山："九华山在池州青阳县西南，九峰竞秀，神采奇异。昔予仰太华，以为此外无奇，爱女几荆山，以为此外无秀。及今见九华，始悼前言之容易也。惜其地偏且远，不为世所称，故歌以大之。"诗云：

奇峰一见惊魂魄，意想洪炉始开辟。
疑是九龙天矫欲攀天，忽逢霹雳一声化为石。
不然何至今，悠悠亿万年，气势不死如腾仚（古通"仙"）。
云含幽兮月添冷，日凝辉兮江漾影。

---

[1] 《白居易集笺校》卷四，第221—222页。

结根不得要路津,迥秀长在无人境。

轩皇封禅登云亭,大禹会计临东溟。

乘槎不来广乐绝,独与猿鸟愁青荧。

君不见敬亭之山黄索漠,兀如断岸无棱角。

宣城谢守一首诗,遂使名声齐五岳。

九华山,九华山,自是造化一尤物,焉能籍甚乎人间?①

从这首诗可知,九华山在中唐尚不甚著名,甚至比不上敬亭山,后者只因"宣城谢守一首诗,遂使名声齐五岳"。同样的道理,由于李白、刘禹锡等人的宣传,使得九华山也逐渐广为人知。

刘禹锡到和州上任后,时值大旱,水涸苔枯,民生凋敝。他召集和州父老,共商抗旱大计,亲自指导水利兴修。同时上表恳求朝廷赈济,"慰彼黎庶"②。并亲赴各地考查,将州内名胜古迹、风土人情,一一写入他的著名五言排律《历阳书事七十韵》:

一夕为湖地,千年列郡名。

霸王迷路处,亚父所封城。

……

沸井今无涌,乌江旧有名。

土台游柱史,石室隐彭铿。

曹操祠犹在,濡须坞未平。

……

鸡笼为石颗,龟眼入泥坑。

事系人风重,官从物论轻。

……③

诗中向人们讲述了历阳动人的历史传说和名人胜迹,增强了名郡

---

① 刘禹锡著、瞿蜕园笺证:《刘禹锡集笺证》卷二六,上海古籍出版社 1989 年版,第 824 页。

② 《刘禹锡集笺证》卷十四《和州谢上表》,第 369 页。

③ 《刘禹锡集笺证·外集》卷八,第 1477—1479 页。

的迷人风采。第二年,刘禹锡又写了《和州刺史厅壁记》,对州的历史沿革、山川名胜、风俗特产,都选取重点一一加以描述,与上述《历阳书事七十韵》为姊妹篇,相得益彰。

刘禹锡在和州,还于厅事堂后西侧筑小斋,题名"陋室",作《陋室铭》以志。《陋室铭》凡八十一字:

> 山不在高,有仙则名。水不在深,有龙则灵。斯是陋室,惟吾德馨。苔痕上阶绿,草色入帘青。谈笑有鸿儒,往来无白丁。可以调素琴,阅金经。无丝竹之乱耳,无案牍之劳形。南阳诸葛庐,西蜀子云亭。孔子云:何陋之有?

这篇铭文,情与景会,事与心谐。细读此铭,不觉此室之陋,但觉此室之雅:环境之雅,"苔痕上阶绿,草色入帘青";人文之雅,接纳文人墨客,"谈笑有鸿儒,往来无白丁";心境之雅,"可以调素琴,阅金经。无丝竹之乱耳,无案牍之劳形",抒发了作者旷达致远,不同流俗的可贵气质。据宋人王象之《舆地纪胜》"和州"条载:"陋室,唐刘禹锡所辟,又有《陋室铭》,禹锡所撰,今见存。"陋室始建于唐宝历间,兵燹久废,明、清时期重建、重修过一次。1918年,和州知事金梓材重修陋室,岭南金保福补书《陋室铭》文,今碑虽断犹存。今之陋室,为1986年县政府拨款按原面貌重修,慕名来访者正与日俱增,从陋室中领略唐代这位著名文学家在和州的流风余韵。

### 五、杜牧与宣州、池州

杜牧(803—853),字牧之,京兆万年(今陕西西安)人。杜牧于文宗大和二年(828)进士及第,曾为江西、宣歙、淮南诸使府幕僚、池州刺史等职。有《樊川文集》一百卷,《全唐诗》编其诗为八卷。

杜牧一生中曾两次来宣城做幕僚,时达六年之久。第一次是大和四年(830)九月,随沈传师迁宣歙观察使,杜牧从至宣州;第二次是开成二年(837),杜牧再赴宣州任团练判官。他在宣城写了几十篇诗文,多为吟咏宣城山水名胜及抒发自己的情怀之作,传颂至今。如著名的

《题宣州开元寺水阁，阁下宛溪，夹溪居人》七律：

> 六朝文物草连空，天淡云闲今古同。
> 鸟去鸟来山色里，人歌人哭水声中。
> 深秋帘幕千家雨，落日楼台一笛风。
> 惆怅无因见范蠡，参差烟树五湖东。①

诗中把宣城风物，描绘得很美，很值得流连，而又慨叹六朝文物已成过眼云烟，大有无法让人生永驻的感慨。另如《题宣州开元寺》、《寄题宣州开元寺》等诗，也反映了杜牧感叹人事易逝的情思。

杜牧在宣城写过不少词采清丽、生动自然的抒情短诗，如《有感》：

> 宛溪垂柳最长枝，虽被春风尽日吹。
> 不堪攀折犹堪看，陌上少年来自迟。②

开成三年（838）冬，杜牧内调为左补阙，第二年春天成行。他的朋友、在宣州任判官的裴坦要到舒州去，诗人便先为他送行，并赋诗《宣州送裴坦判官往舒州，时牧欲赴官归京》相赠：

> 日暖泥融雪半销，行人芳草马声骄。
> 九华山路云遮寺，清弋江村柳拂桥。
> 君意如鸿高的的，我心悬旆正摇摇。
> 同来不得同归去，故国逢春一寂寥。③

又《自宣城赴官上京》：

> 潇洒江湖十过秋，酒杯无日不迟留。

---

① 《樊川文集》卷一，上海古籍出版社1978年版，第44页。
② 《樊川文集·外集》，第335页。
③ 《樊川文集》卷三，第45页。

> 谢公城畔溪惊梦,苏小门前柳拂头。
>
> 千里云山何处好,几人襟韵一生休?
>
> 尘冠挂却知闲事,终把蹉跎访旧游。①

前诗重在送别。先写季节风光,并想象友人征程,充满春的气息;再转入抒情,写"同来不得同归"的内心寂寥。后诗重在自身的离情。杜牧两入宣州幕府,既有对宣州风物的留恋,也有久困幕府,才华不得施展的伤感。

后杜牧回朝任职三年,遭排斥,出为黄州刺史。会昌四年(844)秋,迁池州刺史。有《将赴池州道中作》诗:

> 青阳云水去年寻,黄绢歌诗出翰林。
>
> 投辖暂停留酒客,绛帷斜系满松阴。
>
> 妖人笑我不相问,道者应知归路心。
>
> 南去南来尽乡国,月明秋水只沉沉。②

诗中抒发了作者在赴任途中怀才不遇的郁悒心情。

杜牧对李白十分敬仰,他取李白咏秋浦的诗句字面,在池州建造了两座亭子。一座是齐山上的翠微亭,取"开帘当翠微"③诗意;一座是府城南通远门外归桥西边的"弄水亭",取"饮弄水中月"④诗意,又曾写下《题池州弄水亭》及《春末题池州弄水亭》两首五言古诗无限赞叹其美丽。

杜牧在池州写了几十首诗,其中最为人传诵的还是《九日齐山登高》和《清明》:

> 江涵秋影雁初飞,与客携壶上翠微。

---

① 《樊川文集》卷三,第45页。
② 《樊川文集·别集》,第346页。
③ 《李太白全集》卷十,第548页。
④ 《李太白全集》卷,第419页。

尘世难逢开口笑，菊花须插满头归。

但将酩酊酬佳节，不用登临恨落晖。

古往今来只如此，牛山何必独沾衣。

清明时节雨纷纷，路上行人欲断魂。

借问酒家何处有，牧童遥指杏花村。[1]

齐山，在贵池城南，因群峰"正相齐等"，故名。这首诗先写了诗人"与客携壶"登高、重阳赏菊、对客畅饮的旷达情怀；后用齐景公游牛山因事伤感流涕之典故，抒发其凄凉的心境、失意的心情。齐山风光，在杜牧之前无名人登览。自杜牧咏唱之后，齐山便成为唐宋诗人争相吟咏的胜地。如北宋梅尧臣、司马光、王安石等人，都留下赞美的佳章。

《清明》诗，画面生动，有境有情。明代评论家谢榛在《四溟诗话》中说："杜牧之《清明》诗曰：'借问酒家何处有，牧童遥指杏花村。'此作宛然入画。"据旧志记载，杏花村，在池州西门外近郊，旧有黄公酒垆。杜牧在池州，每当清明杏花绽放季节，常去黄公酒垆饮酒。《清明》一诗由此成篇，"杏村酒市"也千古流传。

杜牧两入宣歙观察使幕府，一任池州刺史，前后在皖南多年。在池州留下了数十首名诗，有《池州春送前进士蒯希逸》、《秋浦途中》、《池州清溪》等。这期间，由于供职江上巡防，沿江直达淮河，沿途州县如和州、滁州、濠州一带，都有杜牧的踪迹，和州留诗颇多，如《题乌江亭》、《题横江馆》、《和州绝句》、《初春雨中舟次和州横江，裴使君见迎，李赵二秀才同来，因书四韵，兼寄许浑先辈》诸诗。[2] 杜牧是唐代吟咏安徽的重要诗人，对敷扬安徽文化做了重要贡献，值得我们重视。

---

① 《樊川文集》卷三，第46页。

② 关于杜牧"和州诗"的研究，可参考李晖《论杜牧的"和州诗"——杜牧皖境诗文研究之一》，载《巢湖学院学报》2004年第4期。

### 六、许浑与宣城

许浑是晚唐重要诗人,曾受到同时代的杜牧和后世陆游的赞许。他的登临怀古名作《咸阳城东楼》广为传诵。大和六年(832)进士及第,曾任当涂(今安徽当涂县)、太平(今属安徽黄山市)县令。

许浑在开成三年(838)左右到宣州担任当涂县令,政事不多,整日看书下棋。其诗《姑熟官舍寄汝洛友人》云:"官静亦无能,平生少面朋。务开唯印吏,公退只棋僧。药鼎初寒火,书龛欲夜灯。安知北溟水,终日送抟鹏。"①从诗中可见其工作生活的闲适。《姑孰官舍》亦云:"草生官舍似闲居,雪照南窗满素书。"②在闲寂中便以诗书自娱。

许浑在为官期间,也乘兴游览了许多当涂胜迹,如青山馆、李白墓、凌歊台等,并写下《题青山馆》、《途经李翰林墓》、《凌歊台》、《凌歊台送韦秀才》等诗,尤以《凌歊台》影响较大,诗云:

> 宋祖凌高乐未回,三千歌舞宿层台。
> 湘潭云尽暮山出,巴蜀雪消春水来。
> 行殿有基荒荠合,寝园无主野棠开。
> 百年便作万年计,岩畔古碑空绿苔。③

凌歊台,位于当涂城北五里黄山,为南朝宋孝武帝所筑,侧有"避暑离宫"。诗歌想象当年宋孝武帝南巡登临凌歊台的歌舞盛况,而如今看到的却是荒废的离宫别馆,杂草丛生,古碑绿苔,场景十分凄凉,抒发了作者的沧桑之感。

当涂任满,许浑又调任太平县令。境内环境优美,诗人到任后,颇为满意,有诗《移摄太平寄前李明府》云:

> 病移岩邑称闲身,何处风光赏酒频。

---

① 《全唐诗》卷五三〇。
② 《全唐诗》卷五三三。
③ 《全唐诗》卷五三三。

溪柳绕门彭泽令,野花连洞武陵人。

娇歌自驻壶中景,艳舞长留海上春。

早晚高台更同醉,绿萝如帐草如茵。①

从诗中可见,这里"娇歌"、"艳舞"的自由生活和"绿萝如帐草如茵"的美丽景色,让诗人非常知足。

在宣州的三年中,许浑爱与隐士们交往,佛寺与道观也常留下他的足迹,有《寓居开元精舍,酬薛秀才见贻》、《题勤尊师历阳山居》、《赠令闲上人》、《宿开元寺楼》、《赠何处士》、《酬报先上人登楼见寄》、《冬日宣城开元寺赠元孚上人二十韵》等诗。其中与元处士的交往尤为密切。他在《元处士自洛归宛陵山居见示詹事相公饯行之什因赠》诗序中介绍说:"元君旧隐庐山学《易》,常为相国师服。"诗云:"紫霄峰下绝韦编,旧隐相如结袜前。月落尚留东阁醉,风高还忆北窗眠。江城夜别潇潇雨,山槛晴归漠漠烟。一顷豆花三顷竹,想应抛却钓鱼船。"②赞美之中颇有羡慕之情。此外,《访别元隐居不遇》、《题宣州元处士幽居》诗都说明了许浑与这位隐居在陵阳北山的高士之间的友情。

### 七、罗隐与池州

罗隐(833—909),是晚唐一位有影响力的诗人,其诗歌最显著的特色是感情激愤,幽默多讽。他善于将愤世嫉俗之情化为幽默讥讽,寓于咏史叙事、状物写景、抒情议论之中,借题发挥,皆成讽刺。

唐广明、中和间,罗隐"隐池之梅根浦,自号江东生。……广明中,池守窦潏,营墅居之。"③罗隐在广明间隐居梅根浦时,池州刺史窦潏曾专门营造别墅供罗隐居住。中和二年(882),窦潏升任宣歙观察使,镇

① 《全唐诗》卷五三三。

② 《全唐诗》卷五三六。

③ 《唐诗纪事校笺》卷六九《罗隐》,第2307页。

宣州,不久即被秦彦逐而代之。① 罗隐与窦潏关系密切,二人多有寄赠唱和,《全唐诗》卷六五五有《得宣州窦尚书书因投寄二首》,卷六六三有《寄前宣州窦常侍(一作尚书)》等诗。

在池州隐居期间,罗隐写了大量诗歌,有写贵池一带风光的。如《下山过梅根》:

> 岸叶经秋坠晚枝,褰烟凌鬓促征期。
> 家从泽国谁能问,路在侯门不自知。
> 但恐老侵多病日,每忧忙过少年时。
> 可怜江上人堪笑,独倚残阳弄钓丝。②

写从九华山下来经梅根浦所见景色,表达诗人隐居的淡泊情怀。又《贵池晓望》诗曰:

> 稂莠参天剪未平,且乘孤棹且行行。
> 计疏狡兔无三窟,羁甚宾鸿欲一生。
> 合眼亦知非本意,伤心其奈是多情。
> 前溪好泊谁为主? 昨夜沙禽占月明。③

从“合眼亦知非本意,伤心其奈是多情”一联可见罗隐虽隐而心不平。

南朝梁代文学家萧统曾在池州生活和学习过,其招揽文学之士编成的《文选》三十卷,是我国现存最早的诗文总集,对后世影响很大。罗隐到池州,曾探访遗迹,写有《文选阁》,诗曰:

---

① 《资治通鉴》卷二五五,“中和二年”条载,十二月,“和州刺史秦彦使其子将兵数千袭宣州,逐观察使窦潏而代之”。《全唐文》卷八六八,沈颜《宣州重建小厅记》:“及兵部裴公庆(虔)余去任,窦常侍聿(潏)自池牧来临,莅事未几,遂为秦彦所据。”。

② 雍文华校辑:《罗隐集》,中华书局1983年版,第187页。

③ 《罗隐集·甲乙集》,第137页。

间生元子出萧梁，作选为书化万邦。
三代东来成冠绝，六朝余外更无双。
今朝集是群英仰，昨日谈非众耻降。
辅国安民新试阁，滕王空作问临江。①

诗题下自注："在贵池城西五里西庙，贮梁《昭明文选》。有址。"诗中点明萧统的身世，赞颂《文选》的卓越成就和对后世的深远影响，并以著名的滕王阁作烘托，突出文选阁中藏书所起的"辅国安民"的重大作用。

九华山也是诗人多次登临的胜地，写有《九华山费征君所居》诗，颂扬九华诗人的高行。离开九华时作《别池阳所居》，诗曰：

黄尘初起此留连，火耨刀耕六七年。
雨夜老农伤水旱，雪晴渔父共舟船。
已悲世乱身须去，肯愧途危迹屡迁。
却是九华山有意，列行相送到江边。②

所谓"黄尘初起"，即指乾符六年（879）黄巢军自江陵沿江东下，旋北上于广明元年（880）由洛阳、潼关入京。罗隐北上受阻于"黄尘"，居池阳六七年，直至光启二年（886）后才重新出山。后来罗隐写有多首怀念此间隐居生活的诗。如《广陵春日忆池阳有寄》曰：

烟水濛濛接板桥，数年经历驻征桡。
醉凭危槛波千顷，愁倚长亭柳万条。
别后故人冠獬豸，病来知己赏鹪鹩。
清流夹宅千家住，会待闲乘一信潮。③

---

① 《罗隐集·甲乙集》，第186页。
② 《罗隐集·甲乙集》，第43页。
③ 《罗隐集·甲乙集》，第40页。

又《忆九华》曰：

> 九华巉崒荫柴扉，长忆前时此息机。
> 黄菊倚风村酒熟，绿蒲低雨钓鱼归。
> 干戈已是三年别，尘土那堪万事违？
> 回首佳期恨多少，夜阑霜露又沾衣。①

据研究，罗隐在池州隐居六七年之久，有关池州的诗作计有 24 首，另有两首散句。② 虽然真正作于池州的诗并不多，但大多是写他不在池州期间对池州人物和景物的追忆，这些都说明他对池州怀有深厚的感情，尤其是给予他物质保障的刺史和给予他精神慰藉的九华山，他更是念念不忘。

## 第四节　绘画和书法艺术

### 一、绘画

唐代绘画艺术兴盛，安徽地区出现了曹霸等绘画名家。

曹霸，唐代谯郡（治今安徽亳州）人。传为曹操后裔，生卒年不详，约活跃于开元、天宝之际。曾任左武卫大将军。擅画人物，尤精鞍马。曾奉诏修补阎立本所画《凌烟阁二十四功臣图》，轰动朝野。其画的特点，笔墨凝重，神采生动。杜甫在《丹青引赠曹将军霸》诗中称赞其绘画艺术：

> 凌烟功臣少颜色，将军下笔开生面。

---

① 《罗隐集·甲乙集》，第 135 页。
② 何家荣《罗隐与池州》，载程必定，汪青松主编：《皖江文化与东向发展——"第二届皖江地区历史文化研讨会"论文选编》，合肥工业大学出版社 2007 年版。

良相头上进贤冠,猛将腰间大羽箭。

褒公鄂公毛发动,英姿飒爽犹酣战。

先帝天马玉花骢,画工如山貌不同。

是日牵来赤墀下,迥立阊阖生长风。

诏谓将军拂绢素,意匠惨澹经营中。

斯须九重真龙出,一洗万古凡马空。①

该诗谈到曹霸既画出了良相、猛将的威仪,也画出了天马"迥立阊阖生长风"的英姿,一种在皇帝的威严前毫无所惧的自由洒脱的神态。

曹霸是画马名家,名作《九马图》、《夜照白》、《牧马图》等,自清中叶后下落不明。

薛媛,唐代女画家,濠梁(今安徽凤阳)人,一名薛瑗,生卒年不详。相传为南楚材妻,善诗文书画。南楚材游于陈、颍,颍守慕其仪范,以女许之。楚材家有妻,以受知于颍牧,虽未应诺,但无归志。遂遣家仆归取琴书,薛媛微知其意,对镜自画像,并作四韵诗寄之。诗曰:

欲下丹青笔,先拈宝镜端。已惊颜索寞,渐觉鬓凋残。

泪眼描将易,愁肠写出难。恐君浑忘却,时展画图看。

南楚材见诗画后,感惭万分,遂归与偕老。② 通过这个故事可以想见画家传神的功力和绘画在当时普及的程度。

淮南画工者,失其姓名。《十国春秋》卷十一载:五代十国时期,晋王李克用占据河东,名声很大,占据淮南的杨行密很想知道其长相,便派遣一画工扮作客商到河东,寻找机会画李克用相貌。但画工很快就被晋军擒获并暴露了此行的意图。晋王很生气,就对左右说:"吾素眇一目,试召之使写,观其所为,如何?"俄画工至,晋王按膝厉声说:

---

① 《全唐诗》卷二二〇。
② 范摅:《云溪友议》卷上《真诗解》,四库全书本。

"淮南使汝来绘吾真,必画家之尤也。写吾不及十分,堦下即汝毕命地矣。"当时天气酷热,晋王正手执八角扇,画工便在画中巧妙地以扇角遮住了李克用失明的那只眼睛。晋王说:"是謟吾也。"命令画工重画。画工又"应声下笔,绘其背弓撚箭之状,仍微合一目,以审箭之曲直"。晋王看后十分高兴,"厚赂金帛而还。"以射箭来掩饰李克用失明缺陷的创意真是叫绝,从故事中我们也看到淮南画工精湛的绘画技艺。

南唐陶守立,池州人。南唐保大间应举不第,退居齐山,以诗笔丹青自娱。工画佛道、鬼神、山川、人物,至于车马、台阁,笔无偏善,尝于九华草堂壁画《山程早行图》,建康清凉寺有《海水图》,李后主金山水阁有《十六罗汉像》,皆振妙于时也。①

## 二、书法艺术

唐代安徽的书法艺术成就,不如魏晋。对安徽书法活动有影响的代表,当是以篆书闻名天下的李阳冰。

李阳冰(722—789),字少温,赵郡(治今河北赵县)人,唐代文字学家、书法家。为李白族叔。宝应元年(762),为当涂(今安徽当涂县)令,白往依之,曾为白序其诗集。历集贤院学士,晚为少监,人称李监。李阳冰主编李白诗集《草堂集》,并为序。

李阳冰在唐代以篆学名世,精工小篆,圆淳瘦劲,为秦篆一大变革,被誉为李斯后小篆第一人,对后世颇有影响。自秦李斯创制小篆,历两汉、魏、晋至隋、唐,逾千载,学书者唯真草是攻,而篆学中废。李阳冰尝叹曰:"天之未丧斯文也,故小子得篆籀之宗旨。"

李阳冰以篆书为己任,始学李斯《峄山碑》,承玉筋笔法,然在体势上变其法。线条上变平整为婉曲流动,显得婀娜多姿。《金壶记》称"阳冰尤精书学,豪骏墨劲,当时人谓曰笔虎"。张旭的笔法也曾得到李阳冰的传授。暮年所篆,笔法愈见淳劲。自称:"斯翁(李斯)之后,直至小生。曹喜、蔡邕不足道也。"康有为《广艺舟双楫》称其为:

---

① 郭若虚:《图画见闻志》卷二,北京图书馆出版社 2003 年版。

"以瘦劲取胜，若《谦卦铭》，益形怯薄，破坏古法极矣。"传世刻帖有《三坟记》、《城隍庙碑》、《谦卦铭》、《怡亭铭》、《般若台题名》等，均为后世翻刻本。

《三坟记》，唐大历二年（767）刻。李季卿撰，李阳冰书。《三坟记碑》为李阳冰代表作，该碑承李斯《峄山碑》玉筋笔法，以瘦劲取胜，结体修长，线条遒劲平整，笔画从头至尾粗细一致，光滑洁净，婉曲翩然。在唐代篆书中，李阳冰是成就最高的有"铁线描"之美誉。

《谦卦碑》，在芜湖文庙大成殿西侧墙边，为李阳冰于宝应年间任当涂县令时所书。《谦卦碑》，共四石，每石高四尺八寸，宽二尺五寸，前三石均六行，末一石四行，每行皆十字。末一石有明嘉靖五年（1526）芜湖榷使张大用的四行题跋，文曰："阳冰篆书，祖秦相（李）斯，而笔刀过之，舒元舆辈论之详矣。是刻藏芜湖王氏，国初（王氏）得之当涂县治，风骨雅健，卓有古意。近诸刻失之矣，岂即宝应间作令时书耶！岁久板几拆裂，予视榷暇，乃属吴郡章生简甫寿之石，树邑庠明伦堂，与好古君子共焉。嘉靖丙戌（1526）春三月蜀岳池后学张大用识。"由此跋可知，李阳冰所书的《易经》谦卦爻辞原刻于木，明嘉靖年间依木刻再勒之于石。清钱大昕的《潜研堂金石文跋》，对此碑中"谦字凡二十见，无一同者"，十分赞叹。可惜这块刻有题跋的第四石已毁，今仅存 3 石。①

晚唐著名诗人杜荀鹤，善作诗，词句切理，为时所称；亦善草书。《宣和书谱》说：荀鹤"尤工草字，而无末俗之气"，"虽未能跨越前古，笔力遒健，犹有晋唐之遗风。然其书名颇播于流俗，故其字亦为可重。"②

---

① 黄山书社编：《安徽风物志》，黄山书社 1985 年版，第 144—145 页。
② 佚名、顾逸点校：《宣和书谱》卷十九，上海书店出版社 1984 年版，第 152 页。

## 第五节 宗教

唐代,儒、佛、道三家已形成鼎立的格局。儒学虽被奉为正统,作为选拔人才、任用官吏的基本标准,却始终未达独尊;佛学尽管在这一时期兴旺发达,然而却时时遭到来自儒、道两方面的攻击和诘难;道教侥幸与李唐皇室攀上亲戚关系,受到李唐统治者的恩宠,其势力却远不如儒、释两家。统治者出于自身统治的需要,采取了三教并存的文化政策,使得儒、释、道三家都获得了一定程度的发展。唐代安徽的宗教大体上具备这样的特点。

### 一、安徽的佛教

唐代是佛教在中国发展的鼎盛时期,安徽佛教也有了一定程度的发展,与全国其他地方相比,无论是佛寺的分布,还是高僧的产生都不存在优势,但安徽佛教的发展有着自己的鲜明特色,即九华山地藏道场的形成和池州南泉普愿禅系的发展。

1. 安徽佛寺及高僧的分布

唐朝大致遵循隋代按政区立寺的原则,州县置寺,全国形成基本的"定数"。唐鼎盛时,全国佛寺四千余所,州(府)三百二十八,县一千五百七十三,平均每州十六寺,每县三至四寺。唐代佛寺定数的出现,标志着佛教自传入华夏,几经反复,到隋唐时已基本纳入中华帝国经济、政治和精神生活的有序轨道,成为中华社会精神文化领域里普遍而稳定的存在。①

唐代安徽诸州佛寺累计有多少？由于缺乏直接的记载,只能做些估计和推测。张弓的《汉唐佛寺文化史》从《续高僧传》《宋高僧传》钩稽出唐五代僧侣行止佛寺七百九十五所,其中安徽的颍州一所、亳

---

① 张弓:《汉唐佛寺文化史(上)》,中国社会科学出版社1997年版,第109页。

州三所、濠州一所、和州一所、寿州五所、庐州二所、舒州一所、宣州六所、歙州一所、池州三所,共二十四所。此外《方志》汇计显示唐代建寺三千九百零一所,其中安徽诸州累积显示的佛寺数如下表:

9-2 《方志》所见安徽诸州佛寺数[①]

| 道 | 州 | 寺数 |
|---|---|---|
| 河南道 | 濠州 | 4 |
| | 亳州 | 3 |
| | 颍州 | 4 |
| 淮南道 | 滁州 | 7 |
| | 和州 | 17 |
| | 寿州 | 8 |
| | 庐州 | 26 |
| | 舒州 | 26 |
| 江南道 | 宣州 | 111 |
| | 歙州 | 104 |
| | 池州 | 18 |
| 总计 | 11 | 328 |

一般说来,《方志》所载佛寺必定包含上述两《高僧传》所见高僧行止佛寺,所以我们只取《方志》统计数,即安徽十一州佛寺三百二十八所,平均每州约三十所。不过,安徽区内佛寺分布并不平衡,其中江南之宣、歙二州最为密集,河南、淮南之濠州、亳州、颍州较为稀疏。

唐代安徽佛教的发展又表现在高僧籍贯和驻锡地的分布上。据统计[②],唐前期共得确切籍贯的高僧三百五十三人,安徽各州仅两人;唐后期所出高僧略有增长,共八人。从全国来看,无论前期、后期,安徽各州所出高僧数不及全国平均数,是当时所出高僧稀少的地方。此外,还有不少空白地带。

---

① 张弓:《汉唐佛寺文化史(上)》,第134—147 页。
② 辛德勇:《唐高僧籍贯及驻锡地分布》,载史念海主编:《唐史论丛》第四辑,三秦出版社 1988 年版,第287—306 页。

唐代高僧常云游四方,安徽一些寺院多成为他们的驻锡之地。据两僧传统计,唐代高僧驻锡安徽各州的有十四人,除寿州、宣州、池州驻锡僧稍多外,其余各州驻锡和传法僧人数稀少。

唐代安徽佛寺与高僧籍贯、驻锡地分布的不均与安徽区内经济、文化发展的不平衡以及交通和佛教传播路线密切相关,同时也与文人士大夫对佛教的支持密切相关。

唐代在安徽任职或游历隐居的文人士大夫很多,他们常与高僧谈佛论道,或参与修建佛教寺院,或撰写佛教诗文、颂赞、碑铭等,这些对安徽佛教的发展,产生了重要的影响。

如大诗人李白,曾多次来到安徽,常与僧人交游。其诗作《听蜀僧濬弹琴》:"蜀僧抱绿绮,西下峨眉峰。为我一挥手,如听万壑松。客心洗流水,遗响入霜钟。不觉碧山暮,秋云暗几重。"[1]又《赠宣州灵源寺仲濬公》:"敬亭白云气,秀色连苍梧。下映双溪水,如天落镜湖。此中积龙象,独许濬公殊。风韵逸江左,文章动海隅。观心同水月,解领得明珠。今日逢支遁,高谈出有无。"[2]两首诗中所说僧仲濬是宣州灵源寺的和尚,其虽为僧人,但琴技高超,文章知名,擅长玄谈。他原为峨眉蜀僧,和李白交游甚厚,李白诗中赞颂僧仲濬"文章动海隅",并把他比为东晋高僧支遁,支遁与文人关系密切,且有大量诗作传世,足见李白对僧仲濬的推崇仰慕及两人在文学与佛学方面的相通。

韦应物在德宗建中年间任职滁州刺史时,尝游览佛教寺院,与僧人有往来,时住琅琊寺的深、标二禅师,深得其尊重,有《怀琅琊深标二释子》诗:"白云埋大壑,阴崖滴夜泉。应居西石室,月照山苍然。"[3]《诣西山深诗》:"曹溪旧弟子,何缘住此山。世有征战事,心将流水闲。扫林驱虎出,宴坐一林间。藩守宁为重,拥骑造云关。"[4]诗歌中的深即滁州僧法深,标即滁州僧道标。韦应物深通佛理,在仕途不畅时,频繁与僧人交往本属其个人行为,但其地方长官的身份让其个人行为

---

① 《李太白全集》卷二四,第1129页。
② 《李太白全集》卷十二,第631页。
③ 《韦应物集校注》卷六,第375页。
④ 《韦应物集校注》卷七,第474页。

又明显地带有社会效应,对滁州本地民众的信佛、尊佛会产生积极的影响。

范传正,于宪宗元和七年(812)迁宣歙观察使①,约元和九年(814),范传正邀诗僧灵澈驻锡宣城开元寺②。灵澈在宣城颇受礼遇,范传正请其宣讲佛门律法,与其共游江南诗山,饮宴谢朓北楼,竟成忘年之交。灵澈大半生流离漂泊,自晚年方始安定下来,心怀感慰,吟诗作文以表其情,曾在西林作诗寄长安旧友:"日日爱山归已迟,闲闲空度少年时。余身定寄林中老,心与长松片石期。"③两年后灵澈在宣城开元寺圆寂,留下诗作二千余首,范传正助其门人删取三百篇,刻诗集十卷,刘禹锡作序;另编十卷《酬唱集》。范传正如此礼遇僧灵澈,且助其门人刻诗集,大文豪刘禹锡作序,其举措在宣歙地区不仅在普通民众,而且在一般的文人之中都有可能会产生一种向佛奉教的影响。

士大夫中问道最勤之人当属裴休。他出身官宦之家,家世奉佛,对佛教义理也深有研究。他在公事之余,常游践山林,与僧人讲求佛理。唐武宗会昌元年(841)出任洪州刺史、江西观察使,听闻希运的名望,特地迎请他到洪州的治所南昌的龙兴寺,"旦夕问道"。宣宗大中二年(848)裴休迁宣州刺史、宣歙观察使(治所宣城),再迎希运至所部,安置于开元寺,传授禅法。裴休将他前后从希运所受的禅法加以整理,题为《筠州黄檗山断际禅师传心法要》《黄檗断际禅师宛陵录》,成为佛教的重要文献。④

唐代文人士大夫对安徽佛教的影响还表现在修建佛教寺院上。其参与安徽佛寺情况如下表:

---

① 《旧唐书》卷十五《宪宗本纪下》。

② 史籍中有关灵澈的记载,主要见于《宋高僧传》卷十五"唐会稽云门寺灵澈传"、《唐诗纪事校笺》卷七二和刘禹锡的《澈上人文集纪》。根据记载可知,灵澈本姓汤,会稽人,出家后法号灵澈,字澄源。他大约活动在德宗建中、贞元年间和宪宗元和的前期。住会稽云门寺,曾跟随严维学诗,后到吴兴与诗僧皎然见面,往来唱和,受到皎然的激赏。皎然还专门为他写信给包佶加以称扬。贞元中,灵澈西游京师,诗名在京城震动一时,"名振辇下",因而遭到了其他人的忌妒,"淄流疾之,造飞语激动中贵人",从而"因侵讹得罪,徙汀州,会赦归东越"。灵澈也正是在归东越时来到宣城。

③ 《全唐诗》卷八一〇。

④ 《全唐文》卷七四三,裴休《黄檗山断际禅师传心法要序》;《古尊宿语录》卷二、卷三。

表9-3　文人士大夫参与修建安徽佛寺表

| 时间 | 地望 | 寺名 | 营寺人 | 出处 |
|---|---|---|---|---|
| 武德二年 | 宣州广德 | 唐兴寺 | 刘文静故宅,舍为寺 | 光绪《广德州志》卷十四① |
| 开元间 | 池州九华 | 山化城寺 | 闵让和以地布施 | 《全唐文》卷六九四,费冠卿《九华山化城寺记》 |
| 建中初 | 池州九华山 | 化成寺 | 池州刺史张严主持重建 | 《全唐文》卷六九四,费冠卿《九华山化成寺记》 |
| 大历中 | 滁州 | 宝应寺 | 刺史李幼卿与僧法深建 | 光绪《滁州志》卷十 |
| 贞元十一年 | 宣州南陵 | 马仁院 | 隐士王翀霄重建 | 道光《繁昌县志》卷四 |
| 元和五年 | 歙州休宁 | 石桥院 | 刺史韦绶建精舍 | 《新安志》卷三 |
| 元和 | 宣州南陵 | 炉峰院 | 京兆处士杜氏子建院 | 《全唐文》卷九一九,《炉峰院钟记(并铭)》 |
| 咸通五年 | 宣州旌德 | 孔子寺 | 吕康舍地为寺 | 嘉庆《旌德县志》卷四② |
| 咸通中 | 池州 | 无相寺 | 王季文以所居宅舍为寺 | 《九华山志》卷六 |
| 咸通末 | 宣州 | 瑞圣禅院 | 崔寓曾为僧人恒通奏置禅院 | 《宋高僧传》卷十二 |
| 大中二年 | 宣州 | 新兴寺 | 宣歙观察使裴休立寺 | 《全唐文》卷七六八,卢肇《宣州新兴寺碑铭并序》 |
| 天祐一年 | 宣州宣城 | 保寿寺 | 刺史台濛舍宅建 | 嘉庆《宁国府志》卷十四 |
| 天祐中 | 宣州太平 | 安仁院 | 李铎施宅为寺 | 嘉庆《宁国府志》卷十四 |
| 天祐四年 | 和州乌江 | 汤泉院 | 乡人秦氏兄弟等 | 《全唐文》卷八七七,《汤泉院碑》 |
| 光化二年 | | 上元宝林禅院 | 县人郑传保筑室 | 《新安志》卷四 |
| 光化 | 宣州旌德 | 多宝 | 邑人王嗣建寺 | 嘉庆《旌德县志》卷四 |

表中所列参与修建佛寺之文人士大夫,有地方官员,如池州刺史张严、滁州刺史李幼卿、歙州刺史韦绶、宣歙观察使裴休、宣州刺史台

---

① 《明一统志》卷十七"广德州"载,"刘相公庙,在州城北三十里,宋兴寺前,俗传唐刘文静舍宅为寺,故庙祀之。"四库全书本。

② 清嘉庆县志载:龙首山下的孔子寺,是三国时孙权建安吴县时学宫。唐咸通五年(864),吕康舍地为寺,上有孔子祠,因名。明万历间重建。

濛;有隐士王冲霄、处士杜氏子、隐士王季文、乡人秦氏兄弟、县人郑传保、邑人王嗣,还有没名号的闵让和、吕康、李铎等人员。我们先看地方官员修建佛教寺院之功德。

李幼卿,唐大历六年(771)任滁州刺史,与法琛法师在琅琊山中兴建寺院,绘图上呈代宗,得御赐"宝应寺"额。法琛时为该寺的住持,历代《滁州志》有载。刺史李幼卿曾作五言诗刻石传世,诗题为《题琅琊山东峰禅室落成》,前注"颔琅琊山寺道标、道揖二上人东峰禅室时助成,此官助斯也"。诗云:"佛事秋山里,僧堂绝顶边。同依妙乐土,别占净居天。转壁下林合,归房一径穿。豁心群壑尽,骧目半空悬。锡杖栖云湿,绳床挂月圆。经行蹑霞雨,跬步隔岚烟。地胜情非系,言志意可传。凭虚堪逾道,封境自安禅。每贮归休颠,多惭多深扁。助君成此地,一到一留连。"①诗中表达了李幼卿对东峰禅室落成的欣喜之情,从其诗注可见,官方对东峰禅室的修建给予了很大资助。

韦绶,唐元和四年(809)为歙州刺史,曾建休宁石桥院。② 据《新安志》载,"先是,刺史韦绶梦僧来谒曰:'能相记否?'绶不省,僧言:'昔与公同修证,今为二千石,遽忘我耶?'绶问所居,曰:'在公部下休宁之石桥岩。'且问左右,无知者。索《图经》阅之,岩在县西六十里,有石室、讲堂、佛像。遣视,信然,乃建精舍。会僧元立以游方来,问所须,愿住此岩,是为开山第一世。"③韦绶感梦而修石桥院。

崔寓,咸通中为宣州刺史,④曾为僧人恒通奏置瑞圣禅院。据《宋高僧传》载,僧人恒通,邢州平恩人,年二十,于本州开元寺具戒,后住京兆荐福寺,博通经律,"咸通末,游宣城,尚书崔寓素奉禅门,攀迎庄肃。睹通仪表拔俗,问答往还,崔甚悦服。于谢仙山奏置禅院,号瑞

---

① 李幼卿摩崖题诗,位置在玉皇观东朝南向山坡的山径旁、摩崖面积约60×35厘米。楷书体,字迹尚可辨认。参见琅琊山志编纂委员会编《琅琊山志》,黄山书社1989年9月第1版,第212页。

② 郁贤皓《唐刺史考全编》有考,言史书记载唐代有三人名韦绶,一为韦肇子,德宗朝翰林学士;一为友信子,宪宗时为屯田郎中;一为京兆韦氏,失父名,皆未提及曾为官歙州刺史。岑仲勉《姓纂四校记》谓《新安志》之韦绶即友信子,然无确证。安徽大学出版社2000年1月第1版,第2120页。

③ 罗愿纂,李勇先校点:《新安志》卷四《休宁·僧寺》,四川大学出版社2007年版,第107—108页。

④ 郁贤皓:《唐刺史考全编》,安徽大学出版社2000年版,第2238页。

圣,请以居之。四方麁衲之徒,不邀自聚。"后终明州雪窦。①

前已述之宣歙观察使裴休,大中二年(848)立宣州新兴寺。卢肇《宣州新兴寺碑铭并序》载:

> 若夫宣城新兴寺者,会昌四年既毁,大中二祀,故相国太尉裴公之所立也。公讳休,字公美,河东闻喜人……大中二年拜宣城,常与名缁会难……武宗时毁寺,而宣之新兴,故有崇基广厦,文甍雕甍,鞠为土梗,唯乔柯灌木,森耸涧潦,祥烟翠霭,交覆岩麓耳。及宣宗诏许立寺,宣之四人相鼓以力,请先立之于宣郭。公独不许,遂命苾刍上首元敬谓之曰:"吾闻之新兴寺,大历初有禅师巨伟,南宗之上士也,与北宗昭禅师论大慧纲明实相际于此,始作此山道场。后有浩禅师作草堂于道场西北,其旁有藻律师居之。律师去世,门人立塔院。贞元中,巨伟之门人灵翘始请于太守,合三院而为寺。彼皆智慧杰出,亲启山林。今之立寺,无以易此也。"议定。郡东故有妙觉寺,寺虽毁而杉桧多大十围。一旦有二龙斗谷中,拔大树三十二,视之皆殿宇之材也。公叹曰:'将立寺而龙拔巨树,天其有意乎!'遂用之……初奉诏隶僧三十人,今其存者大半……而太尉所立,有殿内千佛,有地藏院,有上方石盆院。又以俸钱入膏腴之墅,为地藏香火。定中之谋,始于太尉。太尉作之,门人述之。有作有述,谁曰不然。乃为铭曰:"奕奕新兴,敬亭南麓。巨构崇基,峥嵘煜煜。伊昔既毁,神愁鬼毒。洎将再营,天人合福……"②

碑铭作者卢肇,字子发,袁州宜春人,会昌三年进士第一,除著作郎,迁仓部员外郎,充集贤院直学士。咸通中出为歙州刺史,受律师道随之请,撰写该碑铭。据碑铭可知,新兴寺初兴于大历初,先后有巨伟

---

① 赞宁:《宋高僧传》卷十二《唐明州雪窦院恒通传》,中华书局 1987 年版,第 289—290 页。
② 《全唐文》卷七六八,卢肇《宣州新兴寺碑铭并序》。

禅师、昭禅师、浩禅师、藻律师、灵翘、清越等禅师等做道场,唐武宗时毁寺灭佛,新兴寺惨遭浩劫。宣宗即位,诏许立寺,宣州僧侣清越等"相鼓以力",劝说裴休重建寺院。宣州"郡东故有妙觉寺",寺院早已毁坏,但"杉桧多大十围",又因龙卷风"拔大树三十二",都是修建殿宇的材料。裴休遂从议建寺。新兴寺开创初期有僧三十人,清越为住持时,苦心经营,香火日益兴盛。大中十三年(859)八月,宣宗驾崩,嗣天子懿宗用旧制安天下释像,新兴寺得以新建大殿,规制宏美,次年二月建成。二月二十一日,住持清越曾作文记此盛事,云:"维时冠祠刹尊貌,踞极敞千户,比其在阶陛,得无坚强耶?始台杰河东公定而崇之,俨然峻峙。既像素壁,绘座严侍列。中瞻环眩,千一焕若。乃丹其甍,乃赭其楹……"①后经历代扩建,极盛时僧舍竟达近千间,高僧大德辈出,终于成为一方著名丛林。

文人修建寺院者,如王季文,字宗素,少厌名利,隐居九华。后登咸通中进士第,授秘书郎,不就因病归,筑室头陀岭下,日裕龙潭,将死,以所居宅舍为寺,请邻僧智英主之,即无相寺②。

又王翃霄,是寄情山林幽壑、工书法、不乐仕进之人,"与友人陈商同筑室马仁山讲学,昼夜不辍,江左士人多从之。后商随荐登第,翃霄益坚隐。"唐贞元十一年(795),翃霄于繁昌县马仁山建马仁寺③。据道光《繁昌县志》卷十六《艺文志》载清王熊飞《重修马仁寺碑记》记载:"马人寺,寺以山名也。山曰马仁,尚象也。山距繁治西南二十里,多异石,状人马,故曰马仁。唐之贞元十一年,高士王翃霄隐马仁,因建马仁寺。后世思命名之义,不忘所自来。虽修废代更,而马仁寺之并重于马仁山。"

寺院是僧侣的栖息之地,是佛教传播发展的基本场所。这些文人士大夫或为地方州县官员,或为文化名人,他们根据所任地方的实际需要协助僧侣重建或修建寺院,或按照自己的志趣、心愿舍宅、舍地或

---

① 《全唐文》卷九二〇,清越《新兴寺佛殿石阶记》。
② 比王德森:《九华山志》卷六,江苏广陵古籍刻印社1997年版,第276页。
③ 陆纶纂:乾隆《太平府志》卷十四《古迹迹志·寺观附》;卷二九《人物志·隐逸》中国地方志集成·安徽府县志辑㊲,江苏古籍出版社1998年版。

捐钱修建寺院。他们向佛的行动会对普通民众的信佛奉教产生一定的号召力与影响力;同时作为一方行政长官,他们掌管着一方政治、经济实权,在扶植地方佛教的传播发展过程中起主导作用,这些都促进了唐代安徽佛教的发展。

2. 司空山佛教

安徽省岳西县司空山禅宗是河南嵩山少林禅宗的流派。嵩山禅宗创始人菩提达摩传二代祖慧可。北齐时期,慧可来司空山,避过宗派纷争和北周武帝法难,传衣钵于三祖僧璨,使禅宗法嗣得以延续,是禅宗南传的第一个发祥地。

自慧可之后,有众多僧人在此修行,唐代达到了鼎盛时期。开元初年,禅宗法嗣、六祖慧能的弟子本净(677—761),号"司空本净",住持二祖寺。

天宝三年(744),唐玄宗遣中使杨庭光入山采药,与本净禅师相遇,谈经论道,光庭备受教益,回朝奏报,本净奉诏入京。与京都名僧硕学,阐扬法理,听皆称善。本净得玄宗赏识,受拜国师还山。玄宗赐银,敕建"无相禅寺",造僧房5048间,下设9庵4寺,一时间司空山名扬海宇,僧尼云集,香客盈门,盛况空前。①

本净于上元二年(761)归寂,谥号大晓禅师。②

3. 金地藏与九华地藏道场

"地藏菩萨"金乔觉,是中唐以来著称于中国汉传佛教地区的新罗高僧,他被推为中国四大佛教圣地之一——九华山佛教的开山祖师。

金乔觉,俗姓金,名乔觉,法号地藏,人称"金地藏"。对于金地藏,历来有两种不同的态度来进行了解与探知。一般来说,从宗教色彩的角度是将其看做地藏菩萨的显圣示化;而从学术研究的角度则将其看做是一个历史人物,有着不平凡的经历与影响。

关于金地藏的载记传说,有不同的"版本"。主要有《九华山化城

---

① 程建新:《佛教二祖圣地——司空山》,载《决策咨询》1995年第4期。

② 参见普济《五灯会元》卷二《司空本净禅师》,中华书局1984年版,第94—97页。

寺记》、《宋高僧传》、《神僧传》及数种《九华山志》中的记载。最早且诚信可靠的是唐费冠卿于元和八年（813）所撰的《九华山化城寺记》[①]，文曰："时有僧地藏，则新罗王子金氏近属，项耸奇骨，躯长七尺，而力倍百夫。"金乔觉在开元末来到中国，先入京都长安，又四处参访游化，寻找道场，见九华山峰峦叠起，是修道的好去处，于是在山中择地而居，潜心修行。后被山民诸葛节发现，民众大为感动。其事迹传开后，得到本地闵姓山主等人的捐助，于是建寺庙，辟道场。金乔觉去世后，葬于神光岭的月身宝殿，俗称"肉身塔"。据传，金乔觉"趺坐函中，经三周星，开将入塔，颜状亦如活时，异动骨节，若撼金锁"。因其生前笃信地藏菩萨，而且传说其容貌酷似地藏瑞相，人们便认定他是地藏菩萨转世。九华山因此被认为是地藏菩萨道场。"地藏"是梵文的意译，按照《地藏十轮经》的说法，意思是"安忍不动，犹如大地；静虑深密，犹如秘藏"。地藏是印度佛教的大乘菩萨之一，也是中国佛教的四大菩萨之一。佛经中说，地藏乃是在释迦牟尼佛寂灭之后、弥勒佛降生之前的无佛时代，受释迦牟尼嘱托来超度众生的菩萨。

关于金地藏所宗所学，历代史料均无明言。在现在的讨论中有各种推测，但早期史料中说，"素愿写四部经，遂下山至南陵，有俞荡等写献焉。自此归山，迹绝人里。"[②]有学者说此四部经当是慈恩大师窥基所定、净士宗所依据的《无量寿经》《观无量寿经》《阿弥陀经》《鼓音声陀罗尼经》，即净土四部。[③] 也有学者提到四大部经或是《华严》《大品》《涅槃》《释经》，因而倾向其属华严宗。也有学者认为《大般若》《华严》《金光明》与《妙法莲华》为大藏中辑出的四部经典，为大乘经中有代表性的经典，而概说金地藏所持重的是大乘佛法。[④]

但从金地藏取"地藏"为法名，极重禅修坐定，金地藏与其门徒之头陀之苦行，"自此归山，迹绝人里……居唯一僧，闭目石室，其旁折足鼎中，惟白土少米，烹而食之。"还有其穿则"自缉麻衣，其重兼钧"并

① 《全唐文》卷六九四，费冠卿《九华山化城寺记》。
② 《全唐文》卷六九四，费冠卿《九华山化城寺记》。
③ 黄有福、陈景富：《中朝佛教文化交流史》，中国社会科学出版社1993年版，第328页。
④ 谢澍田：《地藏菩萨九华垂迹》，华东师范大学出版社1994年版，第38页。

其门徒"夏则食兼土,冬则衣半火",因被"号为枯槁"。已有学者指出,凡此种种,都与三阶教的教派行止显示出了一定的关系。不过,信众为他建寺庙殿宇,供释迦佛,造放生池,名化城寺,都与一般无宗派色彩的寺庙无别,其与徒众,无论少长,均采薪种田以自给,又同于禅宗中农禅自给的主张。他的寂灭肉身不坏,起塔供养,亦不合于三阶教教团示寂者不留血肉的特点。总之,正如有学者已指出的:金地藏的宗教实践以禅定修行传统为中心,并不明确属于某一特定宗派的传承法系。在他的修行传法过程中,显出了一些不同的宗派思想实践的影响,如三阶教、农禅等等。① 尽管在地藏菩萨的造像中有很多与观音、阿弥陀佛像共龛之作品,说明地藏信仰与净土信仰确有很密切的关系,但从有限资料反映的金地藏的行止中,还看不出明显地与净土信仰之关联。综合而论,中国佛教中影响很大的四大菩萨信仰,与宗派、学派之间并不是直接地简单划分区别之关系。学派主要关乎义理,宗派则皆有传承体系,但四大菩萨信仰是建立在大乘佛教救度众生的思想之上,面向于广大的信众,具有甚厚的民众基础,深入民间生活及民俗心理,泽被众生。因而仅从宗派区分上是不能得到金地藏之缘成九华地藏道场之因由的。②

自金地藏以后,九华成为地藏道场。诸种九华志以及一些僧传等及现代的考据文章,又对金地藏增加了各种说法。金地藏的形象一步步神圣化,九华走向了地藏大菩萨灵迹处显的丛林。九华山寺源源耸立,地藏道场渐成规模,在民众中影响渐大。在信众拥戴与朝廷宗教政策的敦促之下,九华道场发展更盛,与其他三大菩萨道场成分足鼎立的态势。可以说金乔觉在中国佛教史上具有一种特殊的地位,他对中国佛教的发展,特别对于九华山佛教的兴盛起着一种非常重要的作用。

4. 池州南泉山普愿禅法

唐代安徽禅宗发达,牛头宗、南宗及其以下的马祖、石头禅都传到

---

① 张新鹰:《九华山地藏断想三则》,载《世界宗教研究》1992 年第 2 期。

② 张总:《地藏信仰研究》,宗教文化出版社 2003 年版,第 390—392 页。

了这里,他们是安徽禅宗发展中的重要力量。其时到安徽弘法的禅门高僧重要的有马祖系弟子南泉普愿、杉山智坚、鲁祖山宝云等人,尤以南泉普愿最为著名。

南泉山普愿禅师(748—834),俗姓王,自称王老师,河南省新郑人,禅宗大师马祖道一的弟子,与百丈怀海、西堂智藏一道被誉马祖门下三大士。普愿禅师,十岁出家,"苦节笃励,胼胝皲瘃,不敢为身主",勤学苦练达二十年之久。三十岁时从嵩山会善寺暠律师受具足戒。之后,游学四方,深研佛学。于江西马祖处"顿然忘筌,得游戏三昧",受马祖印可。被马祖誉为"唯有普愿,独超物外"。公元795年,普愿选择池阳南泉山(今安徽省池州市贵池区境内)作为栖止之地。"堙谷刊木,以构禅宇,蓑笠饭牛,溷于牧童。斫山畲田,种以饶食。足不下南泉三十年矣"。太和七年(833),宣歙观察使陆亘与护军刘公同迎请普愿下山传法,一时间获得数百信徒的礼敬。太和八年(834),普愿圆寂,翌年门人奉其全身塔于南泉山之阳。史馆修撰刘轲作墓志铭,追德颂美。其弟子有契元、文畅等900余人,有史可查者22人[1],著名者有赵州从谂、长沙景岑、子湖利踪、新罗道允等,南泉及其弟子形成的南泉法系与百丈怀海一支遥相呼应,成为晚唐禅宗的一支主要势力,也是洪州宗的一支重要力量。普愿在他长达八十六年的人生中不仅创建了"南泉禅院"(道场),让中国的农禅制度得以扩大和升华,在其一生的弘法中,更是创作了一系列语录(公案),使之成为中国思想文化史上一笔宝贵的精神财富。[2]

从禅学思想上看,普愿发展了马祖的"平常心是道",把抽象神圣的佛性完全与平常的凡人打成一片。在他那儿,人心与佛性,众生与佛,都只是方便开示众人的语言施设,都不可执著,只有当下的"人"才是值得肯定的。他曾以马祖"平常心是道"开示赵州从谂。当赵州进而问"还可趣向也无"时,他回答说:"拟向即乖。"[3]意思是说,道是

　　① 尹文汉:《南泉普愿生平及其法嗣考》,载《池州师专学报》2003年第1期。
　　② 《宋高僧传》卷十一收录了他的传记,《景德传灯录》卷八、《五灯会元》卷三、《古尊宿语录》卷十二等各种禅宗典籍都分别收录了他的传记和语录。
　　③ 《五灯会元》卷四《赵州从谂禅师》,第198—207页。

不可追求的,它体现在你的行住坐卧、应机接物中,若起心追求,反而会失却自然之道。他常对众人说"不是心,不是佛,不是物"三句语,并告诫众人,马祖的"即心即佛"只是一时间的方便语,不可执著。如果执著于言相,那就是以指为月、以筌蹄为鱼兔了。有僧问普愿:"即心是佛又不得,非心非佛又不得,师意如何?"普愿回答说:"大德且信即心是佛便了,更说甚么得与不得? 只如大德吃饭了,从东廊上,西廊下,不可总问人得与不得也。"①对于学道者来说,重要的是从这里悟入自身等佛之境,而不是去探究字面的意思。不以见闻觉知去求道,任身心自运,吃饭睡觉,一无所著,自身便与佛无二了。

根据上述禅法思想,普愿在接引学人时也常用机锋棒喝等方法来截断学人的知见执著,促其自省自悟。赵州从谂曾问普愿:"道非物外,物外非道。如何是物外道?"普愿迎头便打。又有人问:"十二时中以何为境?"普愿反问道:"何不问王老师?"曰:"问了也。"普愿说:"还曾与汝为境么?"普愿也常常随机启发学人。有一次,普愿在山上作务,有僧问:"南泉路向甚么处去?"普愿拈起镰子曰:"我这茆镰子,三十钱买得。"问者曰:"不问茆镰子。南泉路向甚么处去?"普愿曰:"我使得正快!"这种看似答非所问的回答,其实正是随机开示。普愿斩猫也是后世禅门津津乐道的一则公案。东西两堂争猫儿,普愿见到后对众人说:"道得即救取猫儿,道不得即斩却也。"众人无对,普愿便斩之。赵州自外归,普愿举前语示之,赵州乃脱履安头上而出。普愿曰:"子若在,即救得猫儿也。"②

普愿的弟子众多,他们从不同的方面继承发展了马祖、普愿的禅风,推动了禅机时代禅宗的普及。其中以赵州从谂最为著名。赵州从谂悟得南泉"平常心是道"之旨,将"平常心"运用得不粘不滞,极尽其妙。他以平常心说寻常语,以平常心行寻常事,少有死板的面孔和冷硬的言语,一切都是活泼地无拘无束,形成特有的"赵州门风"。长沙景岑禅师,虽不及赵州,但其对"平常心是道"禅理之运用同样灵活。

① 《五灯会元》卷三《南泉普愿禅师》,第136—142页。
② 《五灯会元》卷三《南泉普愿禅师》,第136—142页。

总之,"平常心是道"思想经由赵州从谂、长沙景岑等禅师的生活化运用,由抽象的理论走向了具体活泼的生活实践,使禅宗更加贴近生活,也更加接近道家之顺从自然的"无为"与儒家之"极高明而道中庸"思想,更加合乎中国"一个世界"的传统——即在现实世界中实现终极理想——因而更加中国化。

又杉山智坚禅师,生卒年及其籍贯不详,马祖道一弟子。与普愿同来池阳,挂锡杉山(今石台县境内)。杉山早已是一个佛门重地。唐开元初,国清禅师义安于此开创道场。义安有道行,被累召入朝而不赴,唐玄宗为他割县之三乡租税以赡众僧。① 杉山风景也十分幽美。智坚禅师来到杉山,人以山显,山以人彰。他给杉山带来了又一次繁荣。智坚与普愿交往甚密,其禅法不及普愿,留下的语录不多。②

鲁祖山宝云禅师,生卒年及其籍贯不详,马祖道一弟子。与普愿同来池阳,选择了鲁祖山(今贵池区唐田乡境内)作为栖止之地。他在这里一手开创了自己的道场。由于高僧居此,来池参南泉的僧人也闻讯到鲁祖山参宝云。鲁祖山与宝云禅师两个名字紧紧地联系在一起了。宝云禅法与普愿相近,不及普愿。语录不多但很精辟,机锋玄峻。③

**二、道教**

道教是中国土生土长的宗教,经过魏晋南北朝时期的充实改造,已经发展为较成熟的宗教,至于隋唐,道教的发展进入了鼎盛时期。唐代道教的发展规模空前,各地道观林立,道徒众多,求仙学道之风遍及帝王公卿、工商百姓。道教活动的盛行,对唐代社会产生了深刻的影响。

1. 唐太宗亳州修建老君庙

唐朝开国皇帝认老子李耳为自己的祖宗,大力提倡道教,以期抬高李氏皇族的地位。唐高宗尊封老子为"太上玄元皇帝",唐玄宗更是加封老子为"大圣祖高上大道金阙玄元天皇大帝",各地修建玄元

---

① 《江南通志》卷一七五《人物志·方外二·池州府》,四库全书本。
② 《五灯会元》卷三《杉山智坚禅师》,第159页。
③ 《五灯会元》卷三《池州鲁祖山宝云禅师》,第167—168页。

皇帝庙,举国上下大兴尊崇"圣祖"之风。这股风在地方上的表现主要有两方面:其一,每州皆兴建道宫,谓之"紫极宫"①;其二,各州设崇玄学,设玄学博士一人,讲授道教经典,学士毕业后参加道举考试。另外,唐玄宗还大力支持搜集整理道教经典,派遣求道使到各地访求亡逸道经,把唐以前的道教经籍勘定为道藏,编成三千七百四十四卷的《三洞琼纲》,分送包括安徽在内的诸道采访使,以扩大道教的影响。

唐代道教如此受宠,道教徒也受到优礼厚待,被视为皇族宗室,道士、女冠均隶属宗正寺,位在亲王之上。

在这样的背景下,安徽道教得到较大发展,其主要表现是唐朝最高统治者对传说中的老君故里亳州谷阳县格外青睐。

贞观十一年(637)秋七月,太宗下诏"修老君庙于亳州"②。

2. 武则天凭吊老君庙

乾封元年(666),武后陪同高宗东封泰山后,又巡幸孔子故里曲阜和传说中的老君故里亳州谷阳县,成为唐代历史上唯一亲临老君故里的最高统治者。他还凭吊了老君庙,下令扩建老君庙的规模,增创祠堂;"其庙置令、丞各一员。改谷阳县为真源县,县内宗姓特给复一年。"追赠老君太上玄元皇帝。③

玄宗频繁给老子追加封号的同时,还追赠老子父"周上御史大夫敬曰先天太上皇,母益寿氏号先天太后,仍于谯郡本乡置庙"④。

3. 唐代后期修葺老君庙

文宗即位,亦有崇道之举,据史料记载,大和七年(833)八月戊子诏曰:"如闻亳州太清宫频经水潦,颇以摧毁,永惟诞圣之地,敢忘崇本之诚,宜令宣武军节度使李程,兼充亳州太清宫使,仍委渐加修葺,以时致敬,称朕意焉。"⑤

僖宗时期,唐朝国势日危,其崇道活动仍比较多,最为典型的是希

---

① 《旧唐书》卷九《玄宗本纪》。
② 《旧唐书》卷三《太宗本纪》。
③ 《旧唐书》卷五《高宗本纪》。
④ 《旧唐书》卷九《玄宗本纪》。
⑤ 《册府元龟》卷五四《帝王部·尚黄老二》。

望仰仗"大圣祖"的威力来摧毁农民大起义。广明元年(880),黄巢入长安称为齐帝,僖宗出逃凤翔,后又奔成都。在这期间,他一方面调派军队进行镇压,另一方面则"犹资道力,俾殄枭巢",祈求其"大圣祖"能"密垂神化,忽起浓云,或驱以阴风,或击以雷霆",帮助他平息起义。为此,僖宗开始了一系列的崇道活动。中和三年(883),诏升亳州真源县为畿县,赐紫太清宫住持威仪道士吴崇玄、马含章、孙栖梧,赐吴崇玄"凝玄先生"号,并将亳州太清宫修葺一新,同时又令"诸道州府紫极宫,宜委长吏,如法修饰;仍选有科仪道士祭醮"。①

唐末五代道士杜光庭《亳州太清宫老君挫贼验》记载了历代帝王建太清宫并显灵的灵验事迹,文云:

> 亳州真源县太清宫,圣祖老君降生之宅也。历殷周至唐,而九井三桧,宛然常在。武德中,枯桧再生。天宝年,再置宫宇。其古迹自汉宣、汉桓增修营葺,魏太武、隋文帝别授规模,边韶、薛道衡为碑,以纪其事。唐高祖、太宗、高宗、中宗、睿宗、明皇六圣御容,列侍于老君左右。两宫二观,古桧千余树,屋宇七百余间,有兵士五百人镇卫宫所。咸通中,庞勋据徐州,十道征师招讨,长围将合。庞勋恐力不支久,遂领徒三千余人径来,欲夺宫所,据为营垒。是日,避难士庶千余家咸在宫内,见黑气自九井中出,良久,昏暗一川,老君空中应现。庞勋徒党迷失道路,自相踩践,薪水桥断,尽溺死水中。逡巡开霁,贼党无孑遗矣!
>
> 广明中,黄巢将领徒伴欲焚其宫,亦有黑雾遍川,迷失行路。又有草贼遍地,自欲凌毁太清宫,迷路,乃往亳州城下,因围逼州城,攻打弥急。刺史潘稠望宫焚香,以希神力救护。顷之,黑雾自宫中而来,周绕城外,腥风毒气,闻者顿仆,密雪交至,寒冻异常,死者十有五六。初攻城之时,有神鸦无数,

① 杜光庭:《历代崇道记》,见《道藏》第11册,北京文物出版社、上海书店、天津古籍出版社1988年版,第6—7页。

衔接贼箭,投于城中,贼辈已加惊异。既而城内朗晏,城外风雪,贼人惧此神力,解围而去,寻亦散灭。潘稠奏云:"自大寇犯阙之后,群凶诛殄已来,大小寇逆,前后一十八度,欲犯太清宫。或迷失道途,或龙神示见,终挫凶计,宫城晏然。所庇护居人,不知其数。请移真源县,就宫安置。"敕旨恐移县就宫,必多秽渎,县依旧所,宜准万年例,升为赤县。仍降青词,修斋告盟。①

这些灵验故事显系道教徒所编造,而僖宗听了后,便因势利导,下诏升亳州真源县。

4. 宣州、舒州等长江南北的道教

唐代,江淮大地土生土长了几位道士。最为著名者为闾丘方远(?—902)。闾丘方远,字大方,舒州宿松人(今安徽宿松)。十六岁时,通经史,随庐山陈元晤学《易》。二十九岁时,学丹法于香林左元泽,后往仙都山隐真岩,师从刘处静,学修真出世之术。三十四岁时,受法箓于天台山玉霄宫叶藏质,并得真文秘诀。闾丘方远不但勤于修习,而且笃好子史群书,每披卷必一览之,不忘于心。自言葛洪、陶弘景为其师友。"诠《太平经》为三十篇,备尽枢要,其声名愈播于江淮间。"唐昭宗景福二年(893),钱塘彭城王钱镠深慕闾丘方远之道德,拜访于余杭大涤洞,为筑室宇以安之。昭宗赐号妙有大师、玄同先生。②

所谓"诠《太平经》为三十篇",就是把一百七十卷《太平经》精选节录为简明读本,名之曰《太平经钞》。作为一部较完好的《太平经》节钞本,不仅适应了当时人们向往太平的需要,有利于《太平经》思想的传播;而且,在《太平经》已经严重散失之后,我们还能大体上窥其原貌。

闾丘方远阐扬圣化,启发蒙昧,其灵异事迹显闻吴楚,从学者甚

---

① 张君房编,李永晟点校:《云笈七签》卷一一七《道教灵验记》,中华书局2003年版,第2577—2578页。

② 《云笈七签》卷一一三下《续仙传·闾丘方远》,第2508—2509页。

众。南唐沈汾《续仙传》载称：远近从学弟子二百多人，其中会稽夏隐言，谯国戴隐虞，荥阳郑隐瑶，吴郡陆隐周，广陵盛隐林，武都章隐之，皆传道要而升堂奥者。广平程紫霄，应召于秦宫，新安聂师道行教于吴国，安定胡谦光，鲁国孔宗鲁，十人皆受上清思真炼神之妙旨。

　　另有许多有名道士活跃于江淮之地，他们对安徽道教的发展也有所促进。如九华山道士赵知微，唐乾宁间在凤凰岭之东建延华观，潜心修道，"蕙兰以为服，松栢以为粮"，苦修数十年，道力颇高。传说他会施"仙术"——中秋之夜，驱风止雨，祈出如昼皓月，并率众徒升上天柱峰赏月，而刚返回道观，天空立刻凄风飞雨，徒众无不叹服。赵知微神通广大，名动京师。皇帝屡诏不出，遂钦赐碧云星冠和青霞羽衣，遣使专程送至延华观。九华山随即名震朝野。其弟子皇甫元真"棋格无敌，黄白术复得其要妙"，亦常住九华山。[①] 据说，九华山的碧桃崖瀑布下面的浮桃涧还与赵知微有关。当年赵知微和弟子在碧桃岩上种了千株桃树，花开碧色，桃熟落入涧中，漂流而去。当地居民视为仙果，掬而食之。赵知微成仙后，人称植桃之岩为"碧桃崖"，桃浮之涧为"浮桃涧"，这就是"碧桃浮涧"故事的由来。

　　吴筠，字贞节，唐代著名道士。少习儒经，善写文章。性高洁，不随流俗。因考进士落第，乃入嵩山学道，师事道士潘师正。开元中，南游金陵，访道茅山。后又游天台，与越中文士为诗酒之会，所著诗歌，传颂京师。玄宗闻其名，遣使召见，与语甚悦，令待诏翰林。唐天宝中，李林甫、杨国忠用事，吴筠知天下将乱，乃请求还山，又东游会稽，隐于剡中，与诗人李白等人诗篇酬和，逍遥于泉石之间。[②] 代宗大历十三年（778）卒于宣城道观中，弟子邵翼玄奉丧归葬于天柱山西麓，私谥宗玄先生。[③] 吴筠生前常往来于京城与江浙之地，安徽是其必经之地，故多有停留，其对安徽道教的发展也应有所影响。

---

① 《太平广记》卷八五《异人五·赵知微》，引自皇甫枚《三水小牍》，第550页。
② 《旧唐书》卷一九二《隐逸·吴筠》。
③ 《文苑英华》卷七〇四，权德舆《中岳宗元先生吴尊师集序》，第3631页。关于其卒地，学界多据新、旧《唐书》所载，认为卒于越中。而《集序》认为"止于宣城"。相较而言，《集序》是权德舆受其弟子邵翼元之请而写成。权氏、特别是邵氏所掌握的吴筠生平资料，应更为真实。故应以卒于宣城说为是。

道士叶法善,括州括苍人,世为道士,传阴阳、占繇、符架之术,能厌劾鬼神,高宗召至京师,欲官之,不受,留内斋场,礼赐殊缛。①《大清一统志》卷八三记载:叶法善曾居铜陵(今安徽铜陵),士人名其山曰叶山,山麓有叶真人之庙。可见,其对所居之地民众生活影响较大。

总之,唐代安徽道教在帝王的提倡和活跃在江淮大地的道士们的共同努力下,得以继续发展,在全国道教的历史发展中仍占有一席之地。

# 第六节　社会风俗

## 一、"尚鬼好祀"的民间习俗

中国古代由于受社会自身发展的限制,各个地区的民众恐怕没有不信奉鬼神的,《史记》称,"楚人禨祀,越人鬼",而江南之俗,"信鬼神,好淫祀"②。巫、鬼、神,生长出既神秘又热闹的气氛,江淮地区大受这种气氛的浸染,民间颇信鬼神。

唐朝虽说是大一统的王朝,在思想文化上却没有办法把各地统一起来,江淮各地的鬼神文化、淫祀之风依然如故。这对于倡导以儒家为本的唐政府来说,是不能容忍的。

唐朝立国之初,曾诏令"民间不得妄立妖祠。自非卜筮正术,其余杂占,悉从禁绝"③。地方官中也多有雷厉风行、大杀淫祠之风者。武则天时名臣狄仁杰,一生耿介清廉、勋业卓著,其中有件脍炙人口的业绩,就是奏毁淫祠。狄仁杰在被任命为江南巡抚使后,痛感"吴楚之俗多淫祠",果断"奏毁一千七百所,唯留夏禹、吴太伯、季札、伍员四祠"④。这次奏毁淫祠的行动很大,其中包括周赧王、楚王项羽、越王勾

---

① 《新唐书》卷二〇四《方技·薛颐传附叶法善》。
② 《隋书》卷三一《地理下》。
③ 《资治通鉴》卷一九二,"武德九年"条。
④ 《旧唐书》卷八九《狄仁杰传》。

践、春申君、赵佗、马援、吴桓王等许多历史名人的祠宇。① 对一些影响深远的"淫祠",如供奉项羽的楚王庙,狄仁杰还专门撰写了檄告西楚霸王文,历数其兴妖作怪之罪恶,当众焚毁,在当时引起很大震动。②

罗珦,在肃宗、代宗年间曾任庐州刺史,目睹本地"民间病者,舍医药,祷淫祠"状况,下令禁止淫祠祭祀,修建学校以启民智。③

唐后期致力于废除"淫祠",成绩突出者当数著名政治家李德裕。据《旧唐书》卷一七四《李德裕传》说:"德裕壮年得位,锐于布政,凡旧俗之害民者,悉除革弊。"他在浙江观察使任上时,"江岭之间信巫祝,惑鬼怪,有父母兄弟厉疾者,举室弃之而去。德裕欲变其风,择乡人之识者,谕之以言,绳之以法,数年之间,弊风顿革。郡祠庙,按方志前代名臣贤后则祠之,四郡之内,除淫祠一千一十所"。宝历二年(826),亳州言出圣水,饮之者愈疾,"数月以来,江南之人,奔走塞路。每三二十家,都雇一人取水。拟取之时,疾者断食荤血,既饮之后,又二七日蔬飧,危急之人,俟之愈病。其水斗三贯,而取者益之他水,沿路转以市人,老疾饮之,多至危笃"。李德裕通过明察暗访,调查清楚是当地"妖僧"为了骗钱而造的谎言。所以他一面劝阻两浙、福建蜂拥北上求"圣水"的百姓,每天拦截多达三五十人,一面奏报皇上下令当地官员填塞妖源,很快平息了这场骗局。

厉行禁止淫祀是大一统王朝贯彻大一统思想的体现,从维护中央集权来看,无疑有积极意义。然而,江淮地区分散的小农经济、多变的自然环境、悠久的鬼神信仰以及横行的地方官吏等,都使得百姓陷入层出不穷的矛盾、困惑之中。他们身边要解决的具体问题太多,而官方儒家思想给他们的儒家教育又太少,他们深感自己的力量难以克服种种困难,于是"力不足者取乎神"④,不得不求助于心目中的各类神灵。因此唐代安徽地方官员屡次毁禁淫词巫鬼的措施大都是一阵风,

---

① 刘𫗧著,程毅中点校:《隋唐嘉话》卷下,中华书局 1979 年版,第 40 页。

② 封演撰,黄贞信校注:《封氏闻见记校注》卷九,中华书局 2005 年版,第 81 页。

③ 《新唐书》卷一九七《循吏·罗珦》。《全唐文》卷五七八,杨凭《唐庐州刺史本州团练使罗珦德政碑》;《全唐文》卷五〇六,权德舆《唐故太中大夫太子宾客上柱国襄阳县开国男赐紫金鱼袋罗公墓志铭》。

④ 柳宗元著,易新鼎点校:《柳宗元集》卷四四《非国语上·神降于莘》,中华书局 2000 年版,第 647 页。

风头过后，淫祀依旧。

庐州李处士，自云能通鬼神，言事颇中，一郡肃敬，如事神明。李文公翱，"性褊直方正，未尝信巫觋之事"，为庐州刺史时，"怒命械系之"，却因病求于巫者，"不得已解缧绁而祈叩之"，"公敬受教，即自草词祝，洁手书之"，且"并符以焚"，"酬之厚币"，病亦渐间。① 可见，李翱对巫祝之事亦尊信不疑。

江淮民间茅将军信仰。《太平广记》载：唐末浙西僧德林少时游舒州，路遇一人，自言欲从舒州到桐城，暴疾，有茅将军护送至目的地，医治好了其人的疾患，因感念其功德立祠祀之。结果后来很快就流传开来，村落皆立茅将军祠矣。② 像这种淫祠信仰，可以说是遍及当时的穷乡僻壤。《唐国史补》卷下记载："每岁有司行祀典者，不可胜记，一乡一里，必有祠庙焉。为人祸福，其弊甚矣。"就是这种状况的反映。在这些地区，往往是一种淫祠信仰一旦得到民众的认可，就会立即传播开来。

"吴越之俗尚鬼，民有病者，不谒医而祷神。"清河崔龟从开成年间出为宣州刺史，到任所时，即有吏告曰："昭亭神实州人所严奉，每岁无贵贱，必一祠焉。其他祈祷报谢无虚日。以故廉使至，辄备礼祠谒。"时公得疾，既为文以祝神，命儿侄持酒牢以祷，也求医问药。疾愈，又"出私俸修庙之坏隳，加置土偶人马，垣墉之画绘者，一皆新之"③。

甚至有些地方官员为求任内太平，迫于习惯而祭祀某些地方神祇。杜牧任池州刺史时，应民间需要祈雨于木瓜山神，据说该神颇为灵验，"能降云雨，郡有灾旱，必能救之，前后刺史，祈无不应。去岁七月，苗将萎死，祷神之际，甘雨随至，槁然凶岁，化为丰年"。为报答山神的灵德，他还重新修葺和扩建了山神庙，希望山神继续保佑当地风调雨顺，驱凶避邪，灾祸不作④。

① 《唐阙史》卷上《李文公夜醮》，四库全书本。
② 《太平广记》卷三一四《神二十四·僧德林》，第2484—2485页。
③ 《全唐文》卷七二九，崔龟从《宣州昭亭山梓华君神祠记》。
④ 《樊川文集》卷一四《祭木瓜神文》。

唐人对山神如此虔诚地顶礼膜拜,实际上反映了一种莫名的敬畏与惧怕心理。因为在唐人心目中,"五岳神祠,皆是山林之神……山川风雨,阴阳气序,是所理焉"①,的确如此,由于高山峻岭和陡壁悬崖经常笼罩在层层石雾之中,加之河流多发源于山地,因此难免使人产生一种山神司风雨水旱的感觉,所以民间信仰中的山神被赋予兴风雨、化甘霖的威力也就在情理之中了。

### 二、丧葬习俗

古人尊礼重孝,人死后,子孙对祖先要尽礼尽敬,恪守孝道,丧葬因而也被列入于五礼,称为凶礼。隋唐承前代,制定出一整套的丧葬礼制,民间也流行着种种的丧葬习俗。兹列出几种唐代在安徽流行的习俗。

1. 二次葬俗

二次葬,又称迁(骨)葬、洗骨葬、捡骨葬、残骨葬等,是指采用风化、土化、火化、水浸等不同方式使死者的皮肉和内脏等软组织腐烂之后,再把其骸骨收拾起来作一次或两次以上处置的葬式。②

从文献记载和考古资料来看,二次葬俗早在新石器时代便已形成了。安徽潜山薛家岗、天宁寨、望江汪洋、太湖汪家墩等新石器时代遗址墓葬有二次葬现象存在。

先秦时期,二次葬仍在长江流域和中国南部地区盛行。如《墨子·节葬下》载:"楚之南,有炎人国者。其亲戚死,朽其肉而弃之,然后埋其骨,乃成为孝子。""楚之南"即今湖南南部、贵州和两广地区一带,是古代壮族居住的地方。《墨子》的这段记载,是壮族捡骨葬的最早记载。

这种先将死者肌肉腐烂、废置然后埋尸骨的葬俗,自新石器时代以后一直在长江流域流行。唐代,湖南湘西五溪蛮,人死后,须在村外厝棺三年,再行悬棺而葬。史载:"父母死,于村外阁其尸,三年而葬。

---

① 《旧唐书》卷一九一《隐逸·司马承祯》。
② 徐吉军:《长江流域的丧葬》,湖北教育出版社 2004 年版,第 203 页。

打鼓路歌,亲属饮宴舞戏一月余日。尽产为棺,于临江高山半肋凿龛以葬之。自山上悬索下枢,弥高者以为至孝,即终身不复祀祭。"①

唐代安徽地区的葬俗,文献记载和考古发掘都较为少见。卢子骏《濠州刺史刘公善政述》载:"濠在战国时为楚地,天文记今在牛斗分野。楚俗好巫而信鬼,死者其亲戚不敢穿壙事葬,相传送小屋,号曰殡宫焉,虽在城郭而为之。有土牛隳蠹棺椁巍然者,有棺椁分坼骸骨纵横者,不独庶人,而士大夫之家有焉。刘公恻然曰:'非礼也,吾忍不导之邪。'下令曰:'某月有限,限毕,其家不阙地葬者,笞二十。鳏寡惸独力不任者,绝嗣无主傍无近亲者,刺史以俸钱为营之。'讫事,人无犯令,野无殡宫焉。"从文中可见,唐代前期濠州地区人去世后,实行殡宫,并不行土葬,以致棺椁被毁坏后,骸骨纵横,只有濠城刺史彭城刘茂复到任后,下令过期不葬者笞之,其不能葬者以俸钱与之,最后"人无犯令,野无殡宫"②。这里所说"殡宫",笔者理解为二次葬俗中的"厝墓",待尸体腐朽完后再行二次埋葬。

至今安徽地区的有些农村还有这种风俗的遗存。按当地的风俗,除凶死者、无亲子者和儿童外,成年人正常死亡后,以仰卧形状安放在棺材中。在旷野选择地点,称为厝墓,地面停放其棺枢,用草、竹遮盖或用砖瓦搭成小屋形式,进行枯枢。现今当地人们认为,死者血肉之躯直接埋葬,灵魂难以进入阴间,这对长者不敬不孝,于后代也不利。枯枢的时间一般三年,经过这三年左右的时间,死者肌肤已经朽完,此时其家人才开棺拾骨,将骨骼移入另一口较小的棺材(称"捡材"或"金棺"),也按仰卧姿势的相对部位细心摆放好。③

2."破镜重圆"葬俗

据史料记载,中国古代有夫妻双镜成对使用习俗。铜镜与爱情的典故见唐代孟启棨《本事篇·情感》上的"破镜重圆"篇,讲的是南朝陈国将亡时,驸马徐德言恐与妻子乐昌公主离散,故破一铜镜,各执一半,为异日重见时的凭证,并约定正月十五卖镜于市,以相探讯。陈国

---

① 张鷟撰,赵守俨点校:《朝野佥载》卷二,中华书局1979年版,第40页。
② 《全唐文》卷七四六,卢子骏《濠州刺史刘公善政述》。
③ 李抱荣:《安徽潜山二次葬俗的考察》,载《东南文化》1985年第1期。

亡,乐昌公主为杨素所有。徐德言至京城,正月十五遇一人叫卖破镜,与所藏半径相合,遂题诗云:"镜与人俱去,镜归人不归;无复嫦娥影,空留明月辉。"公主见诗,悲泣不食,杨素知之,使公主与德言重新团圆,偕归江南终老。

　　传说自西汉以后,常用铜镜作为男女相爱的信物,生前相互赠送,作为纪念,死后随葬,表示生死不忘。西汉铜镜中"见日之光,长毋相忘","长相思,毋相忘"等铭文即是对镜本身含义很好的诠释。但考古中因极少有破镜重圆资料见刊,使传说中"破镜重圆"一说难以验证。2002年,怀宁县文物管理所在整理馆藏文物时,发现两半面残镜,这是从相距三米的两座唐墓中发掘出来的。经研究,残镜断面形状相同,将其合并,断面吻合,连接自然,实为一面完整铜镜。细察残镜断面包浆锈迹同镜面包浆锈色浑然一体,应为入葬前所致。此镜合并后为圆形,八块缘,直径二十二点五厘米,边厚零点四五厘米,重一千四百五十克,龟钮无座。凸弦纹将镜背分为二区,内区为四只仙鹤,仙鹤体态优雅、潇洒,一只在低头觅食,将长而直的嘴伸进湖水里,叼起食物;一只左盼右顾,也许正在寻找理想的伴侣;一只举颈亮翅,翩翩起舞,一只戏波弄影,孤芳自赏,使人沉醉于恬静的大自然和谐的生活。四只仙鹤,构图布局得体,线条流畅,形态各异,高浮雕,栩栩如生;外区为篆书铭文。铜镜铜质精良,工艺精湛,再现了唐代铜镜富丽堂皇的风范。

　　从这次怀宁两座唐墓出土的破镜重圆看,古代流行的夫妻各拥有半面铜镜分葬的习俗得到了进一步的证实。同时此镜铭文、纹饰他刊未见,非常稀少。龟鹤最早见六朝时厌胜钱上"龟鹤齐寿"四字,后演变成龟鹤形。据传,龟生活期为万年,鹤也千载。任昉《述异记》曰:"龟一千年生毛,寿五千岁,谓之神龟;寿万年,曰灵龟。"鹤乃羽族长,属阳鸟。《养生要》称"鹤寿有千百年之数"。龟鹤全是象征高寿的吉祥动物。用龟鹤制纹,适合了中国人追求完美的心愿,据此铭文、纹饰推断应为年老者使用的铜镜:故人西去,破镜为二,永相随,生死永不

离。可知,这是一面实证唐代有"破镜重圆"葬俗的青铜镜。①

### 三、节日娱乐

唐代是我国中古社会文化高度发达的时期,江淮地区节日娱乐活动也极为活跃,结合文献考古资料,兹以简要介绍。

#### 1. 重阳登高

农历九月初九,月日均是九数,双阳相重,故名重阳节。重阳节作为一个以娱乐为主的节日,主要节俗活动是登高、赏菊、喝菊花酒、插茱萸,还要吃糕。

其中最突出的节俗活动是登高,登高之俗始于西汉,刘歆《西京杂记》云:"三月上巳,九月重阳,士女游戏,就此祓禊登高。"作者将重九与重三相对,并指出了登高驱邪免祸的用意。到了唐代重阳登高习俗流传,且赋予时代特色,唐人诗情画意般的生活使其内容更丰富充实。唐代文人所写的登高诗很多,大多是写重阳节习俗的。杜甫的七律《登高》诗曰:"万里悲秋常作客,百年多病独登台。"就是写重阳登高的名篇。登高所到之处,没有划一的规定,一般是登高山、登高塔。李白《九月十日即事》诗:"昨日登高罢,今朝再举觞。"说明在节日间登高饮酒的传统习惯在唐代十分盛行。王勃写《滕王阁序》就是在九月九日路过洪州时,应都督阎伯屿的邀命而作。其"落霞与孤鹜齐飞,秋水共长天一色"和"滕王高阁临江渚,佩玉鸣鸾罢歌舞"的诗句便是写此情此景的。王维在重九日忆其在山东兄弟,诗云:"独在异乡为异客,每逢佳节倍思亲。遥知兄弟登高处,遍插茱萸少一人。"也成为古今吟咏的名诗名句。

唐人登高游赏必携酒肴,饮酒必采茱萸、甘菊,即醉而归。杜牧《九日齐山登高》中对登高习俗也作了描述:"江涵秋影雁初飞,与客携壶上翠微。尘世难逢开口笑,菊花须插满头归。但将酩酊酬佳节,不作登临恨落晖。古往今来只如此,牛山何必独沾衣。"齐山,在池州贵池县东南,山脚下有清溪,清溪由此北流数里入长江,是江南名胜之

---

① 江用虎、金晓春:《取土场解译"破镜重圆"》,载《艺术市场》2003 年第 4 期。

地。该诗是唐武宗会昌五年（845）杜牧任池州刺史时所作,描绘了诗人在重阳佳节,和朋友带着酒,登上齐山赏菊、宴饮的愉悦心情。这里的"客"指张祜,重阳之日,张祜特来池州访晤杜牧,也留有《和杜牧之齐山登高》诗,记这次重阳登临宴饮之乐。诗云:"秋溪南岸菊霏霏,急管烦弦对落晖。红叶树深山径断,碧云江静浦帆稀。不堪孙盛嘲时笑,愿送王弘醉夜归。流落正怜芳意在,砧声徒促授寒衣。"①杜牧和张祜之间的两首齐山登高酬唱诗,增添了池州齐山重阳登高的内涵。

2. 乐舞

汉唐时期,是中国音乐文化大发展时期,唐代歌舞大曲,是这一时期音乐走向全盛值得骄傲的标志。安徽人在此期间的创造与贡献,亦占有重要地位。

唐宋时已有百戏,伴有乐唱而取乐。古乐器有二十余种。《续修舒城县志》卷十九(光绪三十四年版)载:"金之属有编钟有铺,石之属有编磬,丝之属有琴,有瑟,竹之属有排箫,有洞箫,有笛,有篪,有管,匏之属有笙,土之属有埙,革之属有鼗鼓,有楹鼓,有足鼓,有搏拊,有相鼓,有足鼓,有提鼓,木之属有柷、有敔、有拍板,舞之器有籥、有翟,引乐之器曰麾,引舞之器曰节。"

《太平寰宇记》卷一〇五载:当涂白纻山,在县东五里,本名楚山。"桓温领妓游山奏乐,好为白纻歌,因改为白纻山。"《方舆胜览》卷十五载:古迹凌歊台,在城北黄山上,"宋孝武帝南游尝登此台,具建离宫焉。"该黄山在当涂县北二里。宋孝武帝在山顶建避暑离宫,常来此歌舞取乐。唐以后文人墨客多有题咏:"置酒凌歊台,欢娱尚未歇,歌动白纻山,舞迴天门月"②;"宋主凌歊乐未回,三千歌舞宿层台"③。可见唐宋时,安徽已有不少乐器与歌舞的流行。

当时民间盛行的《踏歌》,也是节日中的自娱性民间歌舞(早在汉代已有记载),它不是对某一个歌舞的专称,而是古人对以脚踏地为节,载歌载舞的群众自娱性歌舞的通称。

---

① 《全唐诗》卷五一一。
② 《李太白全集》卷十二《书怀赠南陵常赞府》,第643页。
③ 《全唐诗》卷五三三。

《踏歌》的歌唱特点是：同一曲调，即兴填词，反复传唱，即诗中所谓"踏曲兴无穷，调同词不同"①，"新词宛转递相传"②，人们齐声欢唱，歌声如云，即诗中描绘："三百内人连袖舞，一时天上著词声。"③其舞蹈动作的特点是：一群人，手拉着手，随着歌唱的节奏，一脚踏地，即所谓"连袂踏歌"。

唐代《踏歌》，主要流行于民间，只是偶尔出现在宫廷组织的盛大集会中。刘禹锡《踏歌行》，描写了当时民间《踏歌》的情景：在月夜的大平堤上，女郎们手联着手，边歌边舞，直舞到月落西山，天亮以后在路边游玩的儿童，还能捡到妇女的装饰品。④ 顾况《听山鹧鸪》诗有："谁家无春酒，何处无春鸟。夜宿桃花村，踏歌接天晓。"而李白《赠汪伦》："李白乘舟将欲行，忽闻岸上踏歌声。桃花潭水深千尺，不及汪伦送我情。"不仅表达了李白对汪伦的深情厚谊，也向我们展示了一幅安徽泾县桃花潭边民间《踏歌》的美丽场景：李白将要乘舟离去，汪伦带着一群村民前来送行，他们手挽着手，一边走，一边唱。可见，《踏歌》深为人们所喜爱，普遍流传，随处可以听到、看到。

3. 马球

马球，又称击鞠、击球，是一项骑在马上用球杖进行击球的运动，具有强烈的对抗竞技性和娱乐性。三国时曹植的《名都篇》中有诗曰"连骑击鞠壤，巧捷推万端"，说明至少在汉末马球已经存在了。我国古代马球运动盛行于唐五代，在当时受到朝野的青睐，把它作为军中之戏，一种娱乐，不论是皇帝、贵族阶层，或文臣武将、宫女少年直到普通百姓均喜爱打马球，所以也就自然而然地成为古代艺术家创作的题材了。

安徽怀宁县皖河区文化站收集到一面唐人马球图铜镜，铜镜为八

---

① 《刘禹锡集笺证》卷二七，刘禹锡《纥那曲词二首》，第869页。
② 《刘禹锡集笺证》卷二六，刘禹锡《踏歌词四首》，第816页。
③ 《全唐诗》卷五一一。
④ 《刘禹锡集笺证》卷二六，"春江月出大堤平，堤上女郎连袂行。唱尽新词欢不见，红霞映树鹧鸪鸣。桃蹊柳陌好经过，灯下妆成月下歌。为是襄王故宫地，至今犹自细腰多。新词宛转递相传，振袖倾鬟风露前。月落乌啼云雨散，游童陌上拾花钿。日暮江南闻竹枝，南人行乐北人悲。自从雪里唱新曲，直到三春花尽时"，第815—816页。

瓣菱花形,直径十九点五厘米,边缘厚一厘米,半球形钮,镜面微鼓。镜背饰凸连弧纹一周,镜边与连弧纹之间饰等距花蝶纹。连弧纹内为浮雕式马球图,有四人驾驭奔马抢击二球,间饰花草、山峰。一马四蹄腾空,骑士高举球杖,奋力击球;一马后蹄高扬,骑士肩荷球杖伺机击球;一马后蹄着地,前蹄腾空;一马似被紧勒缰绳,昂首嘶鸣,骑士侧身向后用球杖钩住地上的。整个图面表现了马球比赛的激烈场面。①

除马球运动外,还有其他一些娱乐活动,如下围棋、击球等。由安徽省文物考古研究所主持发掘的安徽省宿州境内的隋唐大运河,出土各类文物标本一千四百余件,囊括了瓷器、陶器、铜器、铁器、骨器、石器、琉璃器、玉器和动物骨骼等,其中有健身球、围棋等文娱用品。在出土的文物中有一个唐代的"捶丸"引起了有关考古专家的注意,国家文物出境鉴定安徽站副站长、中国古陶瓷学会常务理事李广宁说,"这就是最古老的高尔夫球,早在唐代我们的祖先就是用木制工具打球,就像现在的高尔夫球"②。

① 许文、金晓春:《安徽怀宁县发现唐人马球图铜镜》,载《文物》1985 年第 3 期。
② 许文、金晓春:《宿州隋唐大运河遗址考古发掘精品不少》,载 2006 年 9 月 20 日《安徽市场报》。

# 第十章

## 五代时期的安徽淮北

自唐朝灭亡到北宋建立的五十三年间,全国处于分裂局面。北方地区先后经历后梁、后唐、后晋、后汉、后周五个王朝的统治,称作"五代"。在南方和河东地区相继或同时出现了吴、吴越、南唐、闽、楚、荆南、南汉、前蜀、后蜀、北汉等十个割据政权,统称"十国"。此外边疆地区还存在南诏(大理)、契丹、吐蕃及回鹘诸部政权。五代是分裂割据的乱世,也是由分裂到统一的过渡时期,后周时期已经出现统一的曙光,而南方地区相对安定,社会经济也逐步得到恢复和发展。大体上,五代与南方割据政权的分界线在淮河沿岸地区,但淮北地区泗州、海州、涟水则始终在吴、南唐控制之下。这一局面直到后周征淮南时才得到改变。

# 第一节　后梁、后唐、后晋、后汉、后周对安徽淮北的统治

五代王朝统治中原地区,淮北地区也处在五代控制之下。今安徽淮北地区大体上包括颍州、宿州、亳州以及泗州、徐州、宋州部分地区。后周征淮南,取南唐江北十四州之地,其中属于今安徽辖地有寿州、濠州、庐州、舒州、和州、滁州等地。五代王朝是残暴的军阀统治,其赋税繁重而且刑法苛酷,虽然若干时期也有整顿吏治、加强中央集权种种设施,但政治不稳,朝代更迭不断,总体成效并不明显。

## 一、后梁、后唐、后晋、后汉、后周对淮北的统治

五代王朝历年短促,最长者后梁不过十六年,最短者后汉仅有四年。官僚士大夫并不以担任前朝官职而改仕新朝为耻,帝王也不因大臣历任前朝显爵而加以歧视,只看重其对帝王本人的忠与不忠。即使如后唐灭梁,把后梁看成"伪朝"而大加挞伐,对其官僚并不排斥,唐庄宗"诏伪庭节度、观察、防御、团练使、刺史及诸将校,并不议改更,将校官吏先奔伪庭者一切不问"①。所以不倒翁冯道"事四姓十君,益以旧德自处。然当世之士,无贤愚皆仰道为元老,而喜为之称誉"②。五代时期,尽管朝代变更频繁,但制度设施仍然保持连续性。从疆域上来说,梁唐晋汉周各朝有所不同,在周世宗征淮南之前,对淮北地区统治区域没有大的变化。

1. 后梁时期淮北的相对平静

后梁是五代时期第一个王朝。后梁没有完成北方的统一,河东地区有晋王李克用、李存勖父子与之对抗,河北有卢龙、成德等镇保持独立或半独立状态。后梁建立者朱温出自宋州砀山(今属安徽),这里

---

① 《资治通鉴》卷二七二,"同光元年"条。
② 《新五代史》卷五四《冯道传》。

成为后梁"丰沛"之地。唐末朱温在汴州上任之后,便奏请提升砀山地位,建置辉州。随着朱温地位的上升,政区建置也发生了变化。文德元年(888)五月,"昭宗制以帝检校侍中,增食邑三千户。戊辰,诏改帝乡锦衣,里曰沛王里"①。

朱温对淮北的控制从担任宣武节度使时就已开始了。后梁建立后,朱温注意改善吏治,力图扭转军将专横的局面。开平四年(910)四月,梁太祖经过朝邑,亲见镇将欺凌官府,权在县令之上,以为"令长字人也,镇使捕盗耳。且镇将多是邑民,奈何得居居民父母上,是无礼也"。随后下令限制镇将权力,"敕天下镇使,官秩无高卑,位在邑令下"。同年九月,又下诏削弱藩镇权势,提高州刺史地位,天下各州"并依河南诸州例,刺史得以专达"②。这些尽管不能改变武夫专横局面,但有利于整顿吏治。终后梁之世,淮北地区除有吴渡淮侵扰之外,基本保持稳定。

后梁贞明六年(920),陈州(今河南淮阳)爆发毋乙、董乙起义,起义一度影响到颍州等地。这是一次利用宗教组织发动的起义,起义部众不食荤茹,宵聚昼散,推戴毋乙为天子,"南通淮夷,朝廷累发州兵讨捕,反为贼所败,陈、颍、蔡三州大被其毒"③。最后后梁调集禁兵及数州军队才镇压了起义,起义首领毋乙等八十余人被捕杀。

2. 后唐时期的淮北吏治

后唐,是沙陀人李存勖建立的王朝。李存勖系唐河东节度使、晋王李克用之子,后梁开平二年(908)继任晋王、河东节度使后,继续与后梁对抗。乾化四年(914),李存勖夺取后梁魏博镇,形成梁晋夹河对峙的局面。龙德三年(923),李存勖建国称帝,以唐朝继承者自居,定国号唐,史称后唐(923—936)。是年十月,攻占开封灭后梁。后唐建立后,"梁诸藩镇稍稍入朝,或上表待罪,帝皆慰释之。宋州节度使袁象先首来入朝,陕州留后霍彦威次之"④。除诛灭李振、赵岩等外,对后

① 《旧五代史》卷一《梁太祖纪一》。
② 《旧五代史》卷五《梁太祖纪五》。
③ 《旧五代史》卷十《梁末帝纪下》。
④ 《资治通鉴》卷二七二,"同光元年"条。

梁大臣继续留用。同光三年（925），灭前蜀，占据川蜀地区。然庄宗李存勖不恤百姓，宠任伶官，次年死于内乱。

唐明宗继位以后，注意吏治，惩治贪污，在位八年，是五代时期较为安定的年代。天成二年（927），亳州刺史李邺"为政贪秽"，擅杀百姓，为人告发，"诏贬郴州司户，又贬崖州长流百姓，所在赐自尽"①。淮北地方官吏也重视发展生产。宿州团练使周知裕"老于军旅，勤于稼穑，凡为郡劝课，皆有政声，朝廷喜之，迁安州留后"②。亳州朱汉宾致仕后，"东还亳郡，见乡旧亲戚沦没者，有茔兆未办，则给以棺敛，有婚嫁未毕，则助以资币，受其惠者数百家，郡人义之"③。

长兴四年（933），明宗死，其子闵帝从厚即位。当时明宗养子凤翔节度使、潞王从珂威望素著，受到执政大臣的猜忌。应顺元年（934）正月，闵帝解除李从珂之子、控鹤指挥使李重吉兵权，出为亳州团练使，又将从珂之女尼惠明大师幼澄召入宫中作为人质。二月，闵帝令殿直楚匡祚"监取亳州团练使李重吉至宋州，系于军院"④。随即宣授李从珂为北京留守、河东节度使，不降制书。李从珂遂从凤翔起兵，闵帝一面派遣军队围攻凤翔，一面派遣楚匡祚杀死重吉，并将幼澄赐死。四月，潞王打败朝廷围剿大军，进入洛阳称帝，是为唐末帝。末帝下诏改葬重吉，并令宋州选隙地置庙。

3. 后晋、后汉时期淮北的动荡

后晋、后汉是五代时期苟延残喘的两个王朝。后晋高祖石敬瑭亦系沙陀人，原是河东节度使。清泰三年（936），石敬瑭以称臣称子、割让燕云十六州为条件，取得契丹耶律德光援助举兵反唐，唐末帝李从珂兵败自焚。

后晋时期始终处于内外不安的境况，内部藩镇觊觎皇权，天雄节度使范延光、成德节度使安重荣先后起兵，而外部则受制于契丹，加以水旱不断，局面不稳。《旧五代史》记载，天福七年、八年（942—943）

---

① 《旧五代史》卷七三《李邺传》。
② 《旧五代史》卷六四《周知裕传》。
③ 《旧五代史》卷六四《朱汉宾传》。
④ 《旧五代史》卷四五《唐闵帝纪》。

间,"蝗旱相继,人民流移,饥者盈路","朝廷以军食不充,分命使臣诸道括粟麦,晋祚自兹衰矣"①。到出帝石重贵时期改变政策,抵制契丹要挟勒索,契丹连年出兵南下。开运三年(946),契丹耶律德光灭晋,进驻开封。各地藩镇多遣使或亲至朝觐,但局势更为混乱。特别是契丹军队没有粮饷,依靠"打草谷"维持,"胡兵人马,不给粮草,日遣数千骑,分出四野,劫掠人民,号为打草谷。东西二三千里之间,民被其毒,远近嗟怨。"②契丹军的大肆抢掠,激起各地反抗不断。淮北地区也是反抗激烈地区之一。"东方群盗大起,陷宋、亳、密三州。契丹主谓左右曰:我不知中国之人难制如此! 亟遣泰宁节度使安审琦、武宁节度使符彦卿等归镇,仍以契丹兵送之"③。亳州地区,"契丹据中原,以唐景思为亳州防御使。领事之日,会草寇数万攻围其城,景思悉力以拒之"④。在各地民众围攻之下,唐景思弃城出走,后借调邻州军队,夺回州城。耶律德光面对动荡局势束手无策,心情郁闷,遂以天热为由,留契丹贵族萧瀚守开封,领兵北撤,后死于北归途中。

契丹北撤之时,河东节度使刘知远趁机南下开封,建立后汉王朝。刘知远在位一年去世,其子承祐继位,是为汉隐帝。当时大臣擅权,刑罚苛刻,赋税繁重。地方叛乱相继,天雄军节度使杜重威、护国军节度使李守贞、永兴军将赵思绾、凤翔节度使王景崇先后举兵。淮北地区局势亦动荡不安,不少居民逃亡南唐境内。还有部分官员与南唐进行联络。

4. 后周对淮北的治理

后周是后汉枢密使郭威建立的王朝。后汉乾祐三年(950),枢密使郭威出镇邺都、天雄军节度使。是时汉隐帝与执政大臣不和,杀枢密使杨邠、侍卫亲军都指挥使史弘肇、三司使王章等人,并密令捕杀在外镇守的郭威。郭威遂起兵进攻开封,汉隐帝为乱兵所杀。次年正月,郭威在将士推戴下,即位称帝,国号周,史称后周。后周虽然立时不过九年,但是太祖郭威和世宗柴荣都颇有一番作为。

① 《旧五代史》卷一四一《五行志》。
② 《新五代史》卷七二《四夷附录》。
③ 《资治通鉴》卷二八六,"天福十二年"条。
④ 《旧五代史》卷一二四《唐景思传》。

郭威建国后,改革弊政,惩治贪吏,蠲免租税,特别是取消自后梁以来的牛租,又将各地营田赐给佃耕的农户。显德元年(954),周世宗继位后,一方面改革内政,加紧练兵,同时也开始进行统一战争。淮北是进攻淮南的前沿阵地。从显德三年(956)开始,后周开始渡淮进攻淮南诸州,周世宗三次亲征,到显德五年三月,取得淮南诸州。期间,后周减免赋税,"诏淮南诸州乡军,并放归农"①。世宗留心吏治。四月,世宗从淮南前线返回,途经宿州,翰林医官马道玄上奏,"诉寿州界被贼杀却男,获正贼,见在宿州,本州不为勘断。帝大怒,遣端明殿学士窦仪乘驿往按之,及狱成,坐族死者二十四人","太常博士、权知宿州军州事赵砺除名,坐推劾弛慢也"②。史家称世宗"神武雄略,乃一代英主",然宿州刑狱过于严酷,被讥为"禀性伤于太察,用刑失于太峻"③。

### 二、行政区划的建置与调整

《旧唐书·地理志》称,"至德之后,中原用兵,刺史皆治军戎,遂有防御、团练、制置之名。要冲大郡,皆有节度之额;寇盗稍息,则易以观察之号"。五代政区大体沿用唐代制度,保持道、州、县三级管理体制。节度使担任所在州刺史,兼本道观察处置营田等使,既是驻地州之长官,又是本道行政、军事长官,巡属各州均为其"支郡"。不设节度使之处,则由防御、团练等使兼掌军事。

1. 皖北政区概况

唐五代时期,今安徽淮北境内没有节度使驻地。五代前期设有颖、亳、宿三州。颖州、亳州隶属宋州归德节度使,宿州隶属徐州武宁节度使。后周广顺二年(952)七月,复置陈州镇安军节度使,"以颖州隶之"④。"五代以来,州郡牧守多武人"⑤。淮北地区各州刺史也由武

---

① 《旧五代史》卷一一八《周世宗纪五》。
② 《旧五代史》卷一一八《周世宗纪五》。
③ 《旧五代史》卷一一九《周世宗纪六》。
④ 《五代会要》卷二四《诸道节度使军额》。
⑤ 《续资治通鉴》卷二《宋纪三》。

将担任,兼任防御使、团练使等军职。其中颍州、宿州皆置团练使,后晋升亳州为防御使,后周时亦升颍州为防御州。唐后期,藩镇节度使兼任观察使,形成道、镇合一体制,一般称作节镇。节度使权力很大,统辖境内行政、军事、财政、司法等项权力,境内州县官吏亦由藩镇表奏、辟署。后梁时期曾削减藩镇权力,令"刺史得以专达",并且各藩镇、州主要官员也由朝廷直接任免。但后唐庄宗同光二年(924)八月,诏以"诸道除节度副使、两使判官外,其余职员并诸州军事判官,各任本处奏辟";十月,又下诏:"今后支郡公事,须申本道誊状奏闻。租庸使各有征催,只牒观察使,贵全理体"①。实际上使唐后期藩镇部分特权得到恢复,这种情形不利于对地方藩镇的控制。后周显德二年(955)六月,世宗下诏:"两京及诸道州府,不得奏荐留守判官、两使判官、少尹、防御团练军事判官,如是随幕已曾任此职者听奏。"②这样又把各州县官员任免权收回朝廷。

皖北州县沿袭唐代,也有因政治需要而作的相应调整。后梁时期因有"丰沛之地"调整幅度较大,其他亦有变化,但只是政区地位的变动,辖区变化不大,大体上保持三州十三县的建置。颍州下属有汝阴、颍上、下蔡、沈丘四县;宿州下属有符离、虹、临涣、蕲四县;亳州下属有谯、城父、蒙城三县,另外酂、永城、鹿邑、真源在今河南境内;徐州之萧县、单州之砀山亦在安徽境内。另外五代还建有军。欧阳修在《新五代史》称,"五代置军六,皆寄治于县,隶于州,故不别出"③。皖北地区,后梁时建有崇德军,寄治于砀山县,后周时在涡口镇建镇淮军,以示尊崇而已。

表 10 - 1　五代时期今安徽淮北政区建制*

| 州 | 县 | 所属节镇 |
| --- | --- | --- |
| 亳州 | 谯,(酂),城父,(鹿邑),(真源),(永城),蒙城 | 宋州归德军 |
| 颍州 | 汝阴,颍上,下蔡,沈丘 | 宋州归德军 |

---

①　《旧五代史》卷三二《唐庄宗纪六》。
②　《旧五代史》卷一一五《周世宗纪二》。
③　《新五代史》卷六〇《职方考》注。

| 州 | 县 | 所属节镇 |
|---|---|---|
| 宿州 | 符离、虹、蕲、临涣 | 徐州武宁军 |
| （徐州） | （彭城）、萧、（丰）、（沛）、（滕）、（宿迁）、（下邳） | 徐州武宁军 |
| 辉州 | 砀山、（虞城）、（单父）、（成武） | 宋州归德军 |

*（以后唐时期为准）

2. 后梁时期州县建置

后梁时对政区调整较多。其一，增置辉州。砀山系后梁太祖朱温乡社之地，唐光化二年（899），"朱全忠以砀山、虞城、单父，曹州之成武，表置辉州"①。次年，朱温以砀山地势卑下潮湿，"难葺庐舍"②，奏请州治迁往单父县，唐僖宗并于砀山县置崇德军。后梁沿用不改。《五代会要》载，"梁开平元年十二月，于辉州砀山县置崇德军，太祖榆社在砀山，始命朱彦让为军使"③。开平三年（909）二月，后梁以砀山系祖先陵寝所在，升为赤县，"仍以本县令兼四陵台令"④。

其二，辉州改隶宋州节度。唐代宣武军建于汴州，以宋、亳、颍等州隶之。后梁以汴州为开封府，遂迁宣武军于宋州，辉州改为宋州巡属。《五代会要》"宋州"条载："梁开平三年五月，升为宣武军节度，割亳、辉、颍三州隶之。"⑤后唐同光元年（923）十月，庄宗灭后梁，宣武节度使袁象先来朝洛阳，庄宗待之甚厚，赐姓名为李绍安，改宣武军为归德军，并对袁象先说："归德之名为卿设也。"⑥

其三，改亳州城父县为焦夷县。天祐二年（905），唐哀帝以城父县与朱温之父朱诚名讳相近，更名焦夷。⑦ 龙德元年（921）三月，梁末帝

① 《新唐书》卷三八《地理志二》。
② 《旧唐书》卷二〇《昭宗纪》。
③ 《五代会要》卷二四《军》。
④ 《旧五代史》卷四《梁太祖纪四》，开平三年二月，敕："丰沛之基，寝园所在，凄怆动关于情理，充奉自系于国章。宜设陵台，兼升县望。其辉州砀山宜为赤县，仍以本县令兼四陵台令。"
⑤ 《五代会要》卷二〇《州县分道改置》。
⑥ 《新五代史》卷四五《袁象先传》。
⑦ 《新唐书》卷三八《地理志二》。

根据中书舍人马缟奏请,改"亳州焦夷县为夷父县"①。

### 3. 后唐政区改置

后唐以唐朝自居,称后梁为"伪朝",在政区上尽力恢复唐代建置。同光二年(924)二月,敕:"砀山县,伪梁创为辉州,并单州后,理所于辉州。今宜却属单州,其辉州依旧为砀山县。"②改辉州为单州,属县也有变化。《新五代史·职方考》记:"其属县置徙,传记不同,今领单父、砀山、成武、鱼台四县。"同时又将焦夷县复为城父县,取消崇德军。在节镇方面,改宋州宣武军为归德军,依旧统领宋、亳、辉、颍诸州。

### 4. 后晋政区建制调整

后晋政区没有大的变化,仅将亳州由团练州升为防御州,刺史兼本州防御使。开平二年(908)八月,"以亳州团练使寇彦卿为东南面行营都指挥使,击淮南"③。贞明三年(917),滑州节度使刘郡以河朔失守之罪,"左迁亳州团练使"。到天福四年(939)八月,"升亳州为防御使额,依旧隶宋州"④。

### 5. 后周政区改置

后汉历年短促,政区没有变动。后周时期,原有政区未作大的调整。广顺二年(952)七月,曹州建彰信军节度,割单州隶之;陈州置镇安军节度,割颍州隶之。颍州作为与南唐相连地区,改置防御使。广顺三年(953)三月,"以亳州防御使张铎为同州节度使"⑤。

周世宗征淮南,尽收淮南十四州地,淮北地区政区相应调整。其一,设置镇淮军。显德三年(956)五月,"以涡口置镇淮军"⑥。涡口在今安徽怀远境内,为涡河入淮地区,交通便利,军事地位十分重要。后周征淮南,大军集中于涡口,然后渡淮南进,故建军以镇之。其二,迁寿州于颍州下蔡县。寿州原在淮河南岸,治寿春,隶属吴、南唐。后周

① 《旧五代史》卷十《梁末帝纪下》。
② 《旧五代史》卷一五〇《郡县志》。
③ 《资治通鉴》卷二六七,"开平二年"条。
④ 《旧五代史》卷七八《晋高祖纪四》。
⑤ 《旧五代史》卷一一三《周太祖纪四》。
⑥ 《五代会要》卷二四《军》。

南征时,寿州久攻不下,损失惨重。显德三年(956)十二月,后周在寿州对岸下蔡扩建城池,"发陈、蔡、宋、亳、颍、曹、单等州丁夫城下蔡"①。显德四年(957)三月,周世宗自镇淮军前往下蔡,亲自指挥进攻寿春。当月寿州投降,"世宗以其难克,遂徙城下蔡"②,以下蔡为寿州倚郭县,"以旧寿州为寿春县"③。为表彰南唐守将刘仁赡尽忠职守,周世宗保留后唐以来寿州"忠正"军额。

## 第二节　五代时期沿淮地区的对峙

五代时期,沿淮为南北军事对峙地区。淮河中段大体上分属五代王朝与吴、南唐,淮北泗州、海州属吴和南唐政权,西段安州等地隶属五代王朝。后周以前,疆界处于相对稳定状态。南北之间虽然有战争,甚至不时越过淮河界线,但双方疆界变化不大,这一局面直到周世宗征淮南时才被打破。

### 一、后梁时期两淮的纷争

开平元年(907)三月,朱温灭唐建立后梁。"是时惟河东、凤翔、淮南称'天祐',西川称'天复'年号;余皆禀梁正朔,称臣奉贡"。南方藩镇如湖南马殷、江西钟传、两浙钱镠、福建王审知、岭南刘岩纷纷承认,只有河东李克用、凤翔李茂贞、西川王建、淮南杨渥予以抵制。淮南杨渥与西川王建"移檄诸道,云欲与岐王、晋王会兵兴复唐室,卒无应者"④。后梁控制淮北地区,淮河以南则是杨吴政权,双方始终处于敌对状态,沿淮边境地区屡有战争,但都没有造成连绵的战祸。

当时吴越与吴相争夺浙西地区,吴越钱氏依附于后梁。后梁则受

---

① 《旧五代史》卷一一六《周世宗纪三》。
② 《新五代史》卷三二《刘仁赡传》。
③ 《五代会要》卷二〇《州县分道改置》。
④ 《资治通鉴》卷二六六,"开平元年"条。

到河东李克用、李存勖牵制，无力大规模南进；杨吴政权虽多次渡淮北上，但受到东南面吴越国牵制，加上自身力量而不能有所作为。

开平元年十一月，淮南右都押牙米志诚率兵攻颍州，占外城，"刺史张实据子城拒守"[1]。后梁发步骑五千救颍州，米志诚屡攻不克，遂引兵退还。次年八月，吴将周本、吕师造进围苏州，吴越求援于后梁。十月，梁太祖根据吴越钱镠的请求，以亳州团练使寇彦卿为东面行营都指挥使，率众二千袭击霍邱，转攻庐、寿二州，吴以滁州刺史史俨领兵拦截，梁军遂返回淮北。显然这次后梁进攻仅仅是声援。乾化三年（912），后梁以降将王景仁（王茂章）为淮南西北行营招讨应援使，将兵万余再次进攻庐州、寿州，徐温与大将朱瑾亲率大军抵御，战于赵步。后梁先胜后败，渡淮北撤，吴霍邱守将朱景预先把梁兵竖在淮河岸边的标尺转移他处，导致梁兵渡淮溺水而死者过半。徐温在霍邱将梁兵尸体筑为京观。

乾化四年（914）八月，后梁以福王朱友璋为武宁军节度使。节度使王殷系郢王朱友珪亲信，拒不受代。九月，梁命淮南西北面招讨应援使牛存节、开封尹刘鄩领兵进讨王殷，复其本名蒋殷。王殷求救于淮南，吴王杨渭"遣大将朱瑾率众来援"[2]，为梁将牛存节所败。次年牛存节攻克徐州，王殷举族自焚而死。贞明二年（916）十月，晋王李存勖遣使吴国，相约夹攻后梁。十一月，吴国以淮南行军副使徐知训充淮北行营都招讨使，与朱瑾等领兵渡淮，移檄州县，进围颍州。后梁宣武节度使袁象先率兵救援，吴兵受挫退回。

贞明五年（919），吴王杨隆演建国。在后梁鼓动下，吴越派钱传瓘率水军从东洲攻吴，吴百胜军使彭彦章败死。钱传瓘随即率军进攻常州，徐温亲率将士迎战，又以右雄武统军陈璋自海门率水军击其后方。双方战于无锡，"时久旱草枯，吴人乘风纵火，吴越兵乱，遂大败，杀其将何逢、吴建，斩首万级"，钱传瓘大败逃走。无锡之战后，吴国东南威胁得以解除，徐温谋求与吴越和解。双方遣使往来，交换战俘，"自是

---

① 《资治通鉴》卷二六六，"开平元年"条。

② 《旧五代史》卷八《梁末帝纪上》。

吴国休兵息民,三十余州民乐业者二十余年"①。后梁也无力南进,边境大体上保持稳定局面。

### 二、后唐、后晋时期两淮对峙

五代初年,杨吴一直与河东李克用、李存勖父子保持往来。同光元年(923)后唐建立后,唐庄宗李存勖与吴杨溥正敌国之礼,致书称"大唐皇帝致书吴国主"。吴遣司农卿卢苹出使,献上金银器物;又遣使张景报聘,称"大吴国主上书大唐皇帝"②。两淮地区结束清口之战以来的敌对状态,此后双方使节往来不断,吴"遣使献唐方物",后唐往来也较多,仅庄宗时期,通事舍人薛仁谦三次出使吴国。《资治通鉴》称,"吴自庄宗灭梁以来,使者往来不绝"③。天成元年(926),唐明宗嗣位,仍然保持往来,吴"遣使献新茶于唐",且为庄宗"辍朝七日"。④ 天成二年(927),荆南高季兴与后唐不和,举镇归附。徐温以为:"为国者当务实效而去虚名。高氏事唐久矣,洛阳去江陵不远,唐人步骑袭之甚易,我以舟师泝流救之甚难。夫臣人而弗能救,使之危亡,能无愧乎!"遂受其贡物而辞其称臣,"听其自附于唐"⑤。

天成二年,吴王杨溥称帝,后唐与吴关系一度恶化。"吴使者至,安重诲以为杨溥敢与朝廷抗礼,遣使窥觇,拒而不受,自是遂与吴绝"⑥。但两淮地区并没有发生大规模的冲突。长兴元年(930)八月,吴海州都指挥使王传拯杀团练使陈宣,率众五千投奔后唐,随后吴国"涟水制置使王岩将兵入海州,以岩为威卫大将军,知海州"⑦。

石敬瑭依靠契丹援助建立后晋后,原叛逃契丹的安远节度使卢文进被迫逃亡吴国。吴国以卢文进为宣武节度使,兼侍中。次年,吴国丞相徐知诰(李昇)通过禅让形式,建立南唐。两淮边境地区大体上

① 《资治通鉴》卷二七〇,"贞明五年"条。
② 《十国春秋》卷三《吴睿帝纪》。
③ 《资治通鉴》卷二七六,"天成三年"条。
④ 《十国春秋》卷三《吴睿帝纪》。
⑤ 《资治通鉴》卷二七五,"天成二年"条。
⑥ 《资治通鉴》卷二七六,"天成二年"条。
⑦ 《资治通鉴》卷二七七,"长兴元年"条。

处于安定状态,没有发生大的战事。后晋内部不稳,藩镇叛乱屡次发生。南唐烈祖李昪"志在守吴旧地而已,无复经营之略"①。天福五年(940),安远节度使李金全拒不受代,投奔南唐。李昪派遣"鄂州屯营使李承裕、段处恭将兵三千逆之"②。李承裕等贪婪剽掠,为晋将马全节、安审琦所败,李承裕、段处恭等战死,监军杜光业等五百余人降于大梁,晋高祖派兵送回南唐。李昪以李承裕等违命致败,派船舰排列淮河,拒绝杜光业等入境,南唐败兵被迫返回开封,晋高祖乃"授唐诸将官,以其士卒为显义都,命旧将刘康领之"③。

### 三、后汉时期沿淮地区的骚乱

开运三年(946)十二月,契丹大军南下灭晋,中原局势一片混乱。南唐翰林学士韩熙载上书元宗李璟:"陛下有经营天下志,定在今时。若契丹遁归,中原有主,安辑稍定,则未可图也。"④李璟赞成其建议,但南唐兵陷入福建争战而不能自拔。次年,南唐始以润州节度使李金全为北面行营招讨使,令其渡淮北上中原。就在这时,后晋河东节度使刘知远率军南下,进驻开封,建立后汉政权。南唐闻讯,遂不再出兵渡淮。

后汉历年短促,期间藩镇联兵叛乱,淮北局势混乱。乾祐元年(948)九月,护国节度使李守贞起兵河中反汉,派遣从事舒元、李平前往南唐求援。南唐再次以李金全为北面行营招讨使,清淮节度使刘彦贞副之,查文徽为监军使,魏岑为沿淮巡检使出兵北上。后汉随即以王重裔为亳州防御使,"又令于徐州巡检,兼知军州",准备抵御⑤。十一月,河中李守贞很快陷入失败境地,南唐军难以前进,遂退回海州。尽管南唐军事进攻受阻,但后汉刑罚苛酷,赋税繁重,淮北百姓不堪忍受暴政,成批渡淮逃入南唐境内。"淮北群盗多送款于景(即李璟),景遣皇甫晖出海、泗诸州招纳之"⑥。元宗李璟派遣神卫都虞候皇甫

① 《新五代史》卷六二《南唐世家》。
② 《资治通鉴》卷二八二,"天福五年"条。
③ 《资治通鉴》卷二八二,"天福五年"条。
④ 《十国春秋》卷十六《南唐元宗纪》。
⑤ 《旧五代史》卷一二九《王重裔传》。
⑥ 《新五代史》卷六二《南唐世家》。

晖、将军张峦、萧处赟、监军散骑常侍张义方率师万人,出海州、泗州招抚淮北军民,"蒙城镇将咸师朗等降于晖"①。

乾祐二年(949)七月,李守贞叛乱势力被消灭。南唐鉴于沿淮军事形势,一方面安置河中使节,"以朱元(即舒元)为驾部员外郎、待诏文理院,李平为尚书员外郎"②,一方面加强沿淮地区军事布置,以永安节度使王崇文镇庐州,以谏议大夫查文徽为永安军节度留后。十月,渡淮的南唐军队在正阳被打败,南唐李璟下诏罢兵,李金全始罢北面行营招讨使。显德三年(950)二月,寿州清淮军将士讹传后汉将大举南侵,南唐李璟下诏以燕王弘冀为润、宣二州大都督,镇润州;周宗为东都留守,部署第二道军事防线。

### 四、周世宗征淮南与南北局势的变迁

后周初年,北方局势不太稳定,河东节度使刘崇、兖州节度使慕容彦超相继举兵,周太祖郭威对淮南采取安抚政策。后周广顺元年(951)正月,南唐李璟君臣以北方王朝更迭,讨论北征之事,韩熙载以为,"郭氏奸雄,虽有国日浅,而为理已固。兵若轻举,非独无成,亦且有害"③。李璟接受其建议,令李金全领兵巡视沿淮地区,不再北攻。后周则在沿淮采取守势,"广顺元年二月,诏沿淮州县军镇,今后自守疆土,不得纵一人一骑擅入淮南地分"。二月,南唐境内发生饥荒,后周开放沿淮边境,"夏四月壬辰朔,诏沿淮州县,许淮南人就淮北籴易粗粮,时淮南饥故也"④。

但当时南唐李璟"自附唐室苗裔,讬于斥大境土之说"⑤,对于进取中原仍有幻想。后周广顺元年(951)十月,唐将边镐趁湖南内乱,占领潭州,迁马氏于金陵。十二月,泰宁节度使慕容彦超起兵反周,求援于南唐。南唐则以指挥使燕敬权率兵北上,次年正月,后周大破唐军

① 《资治通鉴》卷二八八,"乾祐二年"条。此本《通鉴》点校本错误。据陆氏《南唐书》校。
② 《资治通鉴》卷二八八,"乾祐二年"条。
③ 马令:《南唐书》卷三《嗣主书第三》。
④ 《旧五代史》卷一一一《周太祖纪二》。
⑤ 《十国春秋》卷十五《元宗纪》。

于沭阳,执燕敬权。二月,周太祖放回敬权,遣使诘责:"尔国助叛,得无非计?"后又遣颖州团练使郭琼致书南唐寿州刘彦贞,以为:"自古有国,皆恶叛臣,贵邦何为常事招诱?"南唐李璟乃归还所掠北方人口,颖州官府也放还所俘获的淮南人口。① 边境维持一年多的安定。显德元年(954)正月,周太祖去世,世宗继位。北汉大举南下,遣使求援,南唐李璟遂派兵渡淮,寻为后周所败。周世宗释放被俘将校,并对将校说:"归谕尔主,朕诛逆命,何苦来援!"李璟也有悔意。后汉曾派人到潭州买茶,适逢边镐平湖南,使臣被俘获至金陵。至此李璟召见使臣,"以上茗万斤遣之"②。南唐边臣以边境安定,逐渐放松戒备。以前"每冬淮水浅涸,唐人常发兵戍守,谓之'把浅'"③,寿州监军吴廷绍以为"把浅"徒费军粮,奏请停罢。清淮军节度使刘仁赡上表力争,李璟不听。

周世宗积极有为,即位之初,即亲率大军败北汉于高平。"自高平克捷之后,常训兵讲武,思混一天下"④。显德二年(955)三月,"秦州民夷有诣大梁献策请恢复旧疆者,帝纳其言"⑤。随即遣大将王景、向训出兵,于年底击败后蜀,收复秦、凤、成、阶四州。与此同时,周世宗命臣下撰写《为君难为臣不易论》和《平边策》各一篇,王朴、陶谷、窦仪、杨昭俭等都主张出兵攻取南唐,以便"削平天下"。比部郎中王朴上言,"凡攻取之道,必先其易者。唐与吾接境几千里,其势易扰也。扰之当以无备之处为始,备东则扰西,备西则扰东,彼必奔走而救之",建议先夺取南唐江北之地,"既得江北,则用彼之民,行我之法,江南亦易取也。得江南则岭南、巴蜀可传檄而定",然后出兵北汉,统一全国。⑥ 世宗接受王朴等人的建议,开始进行对唐作战准备。

显德二年(955)十一月,攻蜀刚刚结束,周世宗以南唐招降纳叛、勾结契丹为名,"以李谷为淮南道前军行营都部署兼知庐、寿等行府事,以忠武节度使王彦超副之,督侍卫马军都指挥使韩令坤等十二将

① 《旧五代史》卷一一二《周太祖纪三》。
② 《十国春秋》卷十六《元宗纪》。
③ 《资治通鉴》卷二九二,"显德二年"条。
④ 《册府元龟》卷一〇四《访问》。
⑤ 《资治通鉴》卷二九二,"显德二年"条。
⑥ 《资治通鉴》卷二九二,"显德二年"条。

以伐唐"①。南征之役从寿州开始。南唐以神武统军刘彦贞为北面行营都部署,率军二万援救寿州,奉化节度使皇甫晖为北面行营应援使,常州团练使姚凤为应援都监,率军三万屯定远县。又征召镇南节度使宋齐丘入朝商讨对策,令皇子安定郡公从嘉为沿江巡检。十二月,周将王彦超大败南唐军二千余人于寿州城下,周先锋指挥使白延遇再败唐军千人于山口镇。显德三年(956)正月,周将李谷败唐军千人于上窑,又大败刘彦贞于正阳,刘彦贞战死,咸师朗等人被擒。周世宗本人亲至寿州城下,屯兵于淝水南面,继续围困寿春,并将正阳浮桥移至下蔡(今安徽凤台)。同时征集宋、亳、陈、颍、徐、宿、许、蔡等州丁夫数十万,协助进攻寿州。当月,周将赵匡胤败唐兵万人于涡口,南唐都监何延锡战死,获战船五十余艘。二月,后周庐寿光黄巡检使司超败唐兵于盛唐(今安徽六安),执都监高弼。另一支周军在赵匡胤率领下,攻克清流关,夺取滁州,擒获唐将皇甫晖、姚凤。

面对后周的军事强势,南唐派遣泗州牙将王知朗奉书徐州求和,继派翰林学士、户部侍郎钟谟,工部侍郎、文理院学士李德明前往下蔡行在,奉表称臣,请求罢兵,又献上金银丝绸,世宗不予答复。这时周军进展迅速,攻取扬州、天长、泰州、光州、蕲州、舒州、和州等地。三月,南唐再遣司空孙晟、礼部尚书王崇质,请求比附两浙钱氏、湖南马氏之例。周世宗遂遣李德明、王崇质返回,迫以割让江北之地。李璟斩杀李德明,拒绝割让江北州县,派兵加强防御。四月,南唐收复泰州。五月,周世宗见淮南诸州一时难以攻取,返回开封,留下诸军继续进攻。这时深入淮南周军烧杀劫掠,遭到当地居民抵抗。七月,唐兵陆续收复扬州、舒州、蕲州、光州、和州、滁州,但寿州形势更加严峻。

显德四年(957)正月,南唐齐王景达派遣许文稹、边镐、朱元援救寿州,屯兵紫金山,建筑甬道运粮到城中,为周将李重进所败。二月,周世宗再次亲征淮南,三月到达寿州城下,唐将朱元与主将不和,投奔周军。周军尽破唐兵诸寨,杀唐兵近四万人。寿州危在旦夕,副将孙羽趁守将刘仁赡病重之机,献城投降。寿州之战以后周胜利而告结

① 《资治通鉴》卷二九二,"显德二年"条。

束。后周随即"诏开寿州仓振饥民"①。四月,周世宗北返。十一月,周世宗第三次亲征淮南。十二月,南唐濠州团练使郭廷谓、泗州刺史范再遇皆举城出降。扬州、泰州随后也落入后周之手。显德五年(958)正月,周师攻取海州、静海军、楚州。二月,攻取天长、舒州。三月,周世宗前往扬州、泰州,耀兵于长江北岸。李璟再遣枢密使陈觉请和,尽献江北未下诸州。四月,周世宗以淮南局势已定,率军返回开封。五月,李璟下令去皇帝称号,改称国主,用周显德年号,"凡天子仪制皆从降损,改名景,以避周庙讳"②。淮南之役,后周尽得南唐江北、淮南土地,计为光、黄、蕲、舒、寿、庐、滁、和、濠、泗、楚、海、扬、泰等十四州之地,六十县,326574户,③并得到南唐犒军银十万两、绢十万匹,钱十万贯,茶五十万斤,米麦二十万石,此后南唐并须每年进贡大量财物。

淮南之役后,淮南江北之地归属后周王朝,改变了自唐末清口之战以来南北政权隔淮对峙的局面。中原王朝获得淮南州县,不仅地理上处于优势,而且经济力量也大为增长,并得到南唐犒军、进贡的财物。南唐则失去抗衡中原地区的力量,不仅都城处在军事威胁之下,经济上也极为被动。史称:"唐自淮上用兵及割江北,臣事于周,岁时贡献,府藏空竭,钱益少,物价腾贵。"④南唐原来依靠江北盐场提供食盐,失去江北以后,食盐供给不得不仰赖中原王朝。显德五年(958)五月,南唐"以江南无卤田,愿得海陵监南属以赡军",为后周所拒绝。周世宗应允"岁支盐三十万斛以给江南"⑤。在对南唐作战中,后周也培养出大量水军。《旧五代史·世宗纪》记:"初,帝之渡淮也,比无水战之备,每遇贼之战棹,无如之何,敌人亦以此自恃,有轻我之意。"随后后周修造楼船,"逾岁得数百艘,兼得江、淮舟船",又俘获南唐战舰和水军,"遂令所获南军教北人习水战出没之势,未几,舟师大备。至是水陆皆捷,故江南大震"⑥。这为后来北宋的统一战争创造了有利条件。

---

① 《资治通鉴》卷二九三,"显德四年"条。
② 《十国春秋》卷十六《南唐元宗纪》。
③ 《旧五代史》卷一一八《周世宗纪五》。
④ 《资治通鉴》卷二九四,"显德六年"条。
⑤ 《资治通鉴》卷二九四,"显德六年"条。
⑥ 《旧五代史》卷一一七《周世宗纪四》。

## 第三节　五代时期的皖北经济

五代时期,皖北地区处于南北对峙的前线,战争较为频繁。吴及南唐时常派遣军队北进,中原王朝特别是后梁以此作为南征基地。战争以及两淮边境的管制政策,都不利于地区经济发展和商业交换。从总体上看,经济虽然有所恢复,但其发展程度是很有限的。

### 一、皖北农业的恢复与发展

后梁,重视对淮北的建设。朱温任宣武节度使,亳州、颍州已在其控制之下,宿州则隶属于徐州武宁节度使,后来也为朱温占领。朱温重视农业发展,当时蔡州军阀秦宗权烧杀抢掠,进至颍州,被朱温打败,淮北地区得以安定。光启二年(886),蔡州秦宗权横行河洛,"连陷汝、洛、怀、孟、唐、邓、许、郑,圜幅数千里,殆绝人烟,惟宋、亳、滑、颍仅能闭垒而已"。朱温挫败秦宗权的攻势,阻止其对淮北骚扰。随后平定徐州时溥及郓州朱瑄、兖州朱瑾,淮北地区逐步安定下来,朱温"乃慎选将佐,俾完修葺壁垒,为战守之备。于是远近流亡复归者众矣"[①]。地方官员如颍州刺史王敬荛也在动荡之后注意招揽流民。史称"颍州与淮西为邻境,数为秦宗权所攻,力战拒之。宗权悉陷河南诸州,独敬荛不可下。由是颍旁诸州民皆保敬荛避贼。是时,所在残破,独颍州户二万"[②]。

后梁继续推行唐代的"两税之法"[③]。梁太祖对于官吏苛敛亦有所约束,并禁止来往使臣骚扰居民。开平三年(909)下诏:"所在长吏放杂差役,两税外不得妄有科配。自今后州县府镇,凡使命经过,若不

---

① 《旧五代史》卷一《梁太祖纪一》。
② 《新五代史》卷四三《王敬荛传》。
③ 《册府元龟》卷四八八《赋税二》。

执敕文券,并不得妄差人驴及取索一物已上。"①同时把从淮南地区掳掠来的耕牛分给百姓,收取牛租。《旧五代史·周太祖纪》记载,"东南郡邑各有租车课户,往因梁太祖渡淮,军士掠民牛以千万计,梁太祖尽给与诸州民,输租课"。牛租为后代所沿用,被视为一项弊政,但在当时对于缺少耕牛的农民来说是有用的,在一定程度上有利于农业生产的恢复。后梁时期,禁止官吏额外加征。开平三年(909)八月下诏:"今岁秋田,皆期大荏,仰所在切如条流本分纳税及加耗外,勿令更有科索。"②十一月又令:"刺史、县令不得因缘赋敛,分外扰人。"③此外梁太祖用法严酷,将校有战死者,其所部士兵处斩;又将士兵文面,士兵战败皆四散逃走,"由是亡者皆聚山泽为盗,大为州县之患"。后梁建国后,赦免亡命山林之人,"自今虽文面亦听还乡里,盗减什七八"④。这些设施旨在使农民安定下来,从事生产,以便政府收取租税,但客观上有利于经济恢复。《旧五代史·食货志》评论曰:"梁祖之开国也,属黄巢大乱之后,以夷门一镇,外严烽堠,内辟汙莱,历以耕桑,薄以租赋,士虽苦战,民则乐输。二纪之间,俄成霸业。及末帝与庄宗对垒于河上,河南之民虽困于辇运,亦未至流亡,其义无他,盖赋敛轻而丘园可恋故也。"唐末社会动荡,朝官俸禄没有着落,至开平三年正月,"以用度稍充,初给百官全俸"⑤。

后唐至后汉时期,皖北农业发展曲折。史称"庄宗平定梁室,任吏人孔谦为租庸使,峻法以剥下,厚敛以奉上,民产虽竭,军食尚亏。加之以兵革,因之以饥馑,不三四年以致颠陨,其义无他,盖赋役重而寰区失望故也"⑥。明宗即位调整政策,减轻赋税,"在位年谷屡丰,兵革罕用,校于五代,粗为小康"⑦。长兴二年(931)九月,"诏天下营田务,

---

① 《旧五代史》卷四《梁太祖纪四》。
② 《旧五代史》卷四《梁太祖纪四》。
③ 《旧五代史》卷五《梁太祖纪五》。
④ 《资治通鉴》卷二六六,"开平元年"条。
⑤ 《资治通鉴》卷二六七,"开平三年"条。
⑥ 《旧五代史》卷一四六《食货志》。
⑦ 《资治通鉴》卷二七八,"长兴四年"条。

只许耕无主荒田及召浮客,不得留占属县编户"①。当时地方官吏也较重视农业,注意改善生产环境。如长兴年间高汉筠担任亳州刺史,"在亳州三年,岁以己俸百千代纳逋租",被史家称作"近代之良二千石"②。宿州刺史周知裕"老于军旅,勤于稼穑,凡为郡劝课,皆有政声"③。后唐清泰年间(934—936),也屡次下诏劝农,并令军士在内地及边境地区屯田。④

后晋、后汉时期,皖北局势较为动荡,自然灾害频发。天福八年(943),北方灾情极为严重。《资治通鉴》卷二八三记:

> 是岁,春、夏旱,秋、冬水。蝗大起,东自海隅,西距陇坻,南逾江、淮,北抵幽蓟,原野、山谷、城郭、庐舍皆满,竹木叶俱尽。重以官括民谷,使者督责严急,至封碓硙,不留其食,有坐匿谷抵死者。县令往往以督趣不办,纳印自劾去。民馁死者数十万口,流亡不可胜数。

后晋出帝分遣使者六十余人,于诸道搜括民谷,部分农民离乡背井,逃往外地,也有不少走上反抗的道路。后汉以王章为三司使,赋敛繁重又超过前代。原来夏税秋苗输一斛者加输二升,名为"雀鼠耗",王章更令加征二斗,名为"省耗"。又,五代钱币紧缺,用钱以八十文为一陌,王章规定百姓交纳时以八十文为一陌,官府支出时则以七十七文为一陌。"州县民诉田者,必全州县覆之,以括其隐田"⑤。不几年而"民力大困"⑥。皖北地区因此骚乱,南唐趁机招诱,不少居民渡过淮河,逃入南唐境内。

后周太祖郭威出身贫寒,懂得民间疾苦。广顺元年(951),即将各处营田所掌的系官庄田万余顷,全部赐给佃户充永业田,"是岁出户三

① 《旧五代史》卷四二《明宗纪八》。
② 《旧五代史》卷九四《高汉筠传》。
③ 《旧五代书》卷六四《周知裕传》。
④ 《全唐文》卷九七二《复奏程逊等陈时务奏》。
⑤ 《新五代史》卷三〇《王章传》。
⑥ 《旧五代史》卷一〇七《王章传》。

万余,百姓既得为己业,比户欣然,于是葺屋植树,敢致功力"。同时废除后梁以来征收的牛租,将牛皮税分摊到田亩征收。① 此外周太祖还惩治贪污,禁止官吏额外征税。广顺三年(953)十二月,左补阙王伸"坐检田于亳州,虚恁纽配"而被撤职。② 周世宗即位以后,招揽逃户回乡务农。显德二年(955)正月,下诏:"应逃户庄田,并许人请射承佃,供纳税租:如三周年内本户来归者,其庄田不计荒熟,并交还一半;五周年内归业者,三分交还一分;五周年外归业者,其庄田除本户坟茔外,不在交付之限。"③又规定两税交纳期限,夏税自六月一日起征,秋税自十月一日起征,"永为定制",改变了过去"征敛谷帛,多不俟收获纺绩之毕"的弊端,"民间便之"④。五年,颁布《均田图》,派遣左散骑常侍艾颖等三十四人,均定黄河以南州县田赋。当年五月,又下令:"淮南诸州及徐、宿、宋、亳、陈、颍、许、蔡等州,所欠去年秋夏税物,并与除放。"⑤这些政策对于恢复和发展社会经济,安定人民生活都起到了积极作用。当时从周边割据政权的逃往后周就有十几万人。其中南唐渡淮到淮北更多,不少百姓冲破官军阻挠,渡淮进入淮北地区。如广顺三年(953)七月,"唐大旱,井泉涸,淮水可涉,饥民渡淮而北者相继,濠、寿发兵御之,民与兵斗而北来","流入北境者相继"⑥。边境军士也有不少投奔后周,如显德三年(956)三月,"寿州军校陈廷贞等十三人奔周"⑦。

**二、自然灾害及应对措施**

五代时期,皖北仍然是自然灾害频发地区。虽然"五代之世,文字不完"⑧,但在后梁到后晋时期,皖北地区有明确记载的灾害就有八次。主要是水灾、旱灾、虫灾以及由此引起的饥荒疾疫,自然灾害也是制约

① 《旧五代史》卷一一二《周太祖纪三》。
② 《旧五代史》卷一一三《周太祖纪四》。
③ 《旧五代史》卷一一五《周世宗纪二》。
④ 《五代会要》卷二五《租税》;《资治通鉴》卷二九三,"显德三年"条。
⑤ 《旧五代史》卷一一八《周世宗纪五》。
⑥ 《资治通鉴》卷二九一,"广顺三年"条;《十国春秋》卷一六《南唐元宗纪》。
⑦ 《十国春秋》卷十六《元宗纪》。
⑧ 《新五代史》卷五九《司天考二》。

经济发展的重要因素。

表 10-2　后梁至后晋时期皖北地区自然灾害

| 灾荒时间 | 灾荒情况 | 材料来源 |
|---|---|---|
| 开平元年六月 | 许、陈、汝、蔡、颍五州螽生 | 《旧五代史·五行志》 |
| 开平四年六月 | 陈、许、汝、蔡、颍五州有螽灾 | 《旧五代史·太祖纪》 |
| 开平四年十月 | 梁、宋、辉、亳州水 | 《旧五代史·五行志》 |
| 开平四年十二月 | 滑、宋、辉、亳等州，涝水败伤 | 《旧五代史·太祖纪》 |
| 长兴三年六月 | 金、徐、安、颍等州大水 | 《旧五代史·明宗纪》 |
| 长兴三年七月 | 诸州大水，宋、亳、颍尤甚 | 《旧五代史·五行志》 |
| 天福七年四月 | 山东、河南、关西诸郡，蝗害稼。 | 《旧五代史·高祖纪》 |
| 天福八年六月 | 宿州奏，飞蝗抱草干死 | 《旧五代史·出帝纪》 |

水旱虫蝗等自然灾害中，水灾最为频繁。据《旧五代史·五行志》记载，从后梁开平四年（910）到后周广顺三年（953），黄河决口及其他地区水灾凡二十四次。黄河决口直接影响到黄河下游及淮河流域。往往灾年之后便是饥荒和疾疫。如天福七年（942），"蝗旱相继，人民流移，饥者盈路"，延至八年九月，"州郡二十七蝗，饿死者数十万"[①]。淮河以北是重灾区，黄河决堤后，河水多进入淮河支流涡水、颍水及汴水（通济渠），汇入淮河，致使皖北地区泛滥成灾，百姓被迫逃离家园。当时统治者也采取措施，赈济灾民，以维护统治的稳定。大体来说，历代王朝采取的赈济赈灾措施，五代时期基本上得到执行。

其一，遣使安抚。每当地方发生灾害，朝廷或者地方官府派人去受灾地区，调查灾情，安抚人心。长兴三年（932）六月，颍州等地发生灾情，"诏应水旱州郡，各遣使人存问"[②]。地方长官需要及时上报灾情，作为朝廷进行赈灾救荒的依据。《旧五代史》及《五代会要》留下许多上报灾情的记录。

其二，开仓赈济。开平元年（907），辉州、亳州发生水灾，梁太祖

---

① 《旧五代史》卷八二《晋少帝纪二》。

② 《旧五代史》卷四三《唐明宗纪九》。

"诏令本州开仓赈贷"①。开平四年（910）十二月，亳州再次发生水灾，梁太祖下诏："滑、宋、辉、亳等州，涝水败伤，人户愁叹，朕为民父母，良用痛心。其令本州分等级赈贷，所在长吏监临周给，务令存济。"②长兴三年（932）七月，颍州、亳州水灾极为严重，"人户流亡，粟价暴贵"，唐明宗令各州长吏"于本州仓出斛斗，依时出粜，以救贫民"③。

其三，减免赋税。后梁贞明六年（920）四月，下令减免宋、亳、颍等三十二州贞明四年以前所欠赋税，并下令各地"私放远年债负，生利过倍，自违格条，所在州县，不在更与征理之限"④。

其四，下令各州官吏督责捕蝗。《旧五代史·五行志》记，"晋天福七年四月，山东、河南、关西诸郡，蝗害稼。至八年四月，天下诸州飞蝗害田，食草木叶皆尽，诏州县长吏捕蝗"。此外，还举行大赦，释放囚犯，祈求上苍缓解灾情。如天福八年（943）五月旱灾、蝗灾遍布，出帝下诏："诸道州府见禁罪人，除十恶五逆、行劫杀人、伪行印信、合造毒药、官典犯赃各减一等外，余并放。"⑤

这些措施对于缓解灾情，减少百姓困苦和稳定社会秩序具有一定的作用。但因为时局动荡，往往并没有起到很好的效果。特别是后晋天福八年（943），"是岁，春夏旱，秋冬水，蝗大起，东自海壖，西距陇坻，南逾江、淮，北抵幽蓟，原野、山谷、城郭、庐舍皆满，竹木叶俱尽。重以官括民谷，使者督责严急，至封碓硙，不留其食，有坐匿谷抵死者。县令往往以督趣不办，纳印自劾去。民饿死者数十万口，流亡不可胜数。"⑥《旧五代史·五行志》称，"朝廷以军食不充，分命使臣诸道括粟麦，晋祚自兹衰矣"。

### 三、南北交通与贸易往来

淮河干流是南北政权的主要分界线。五代时期，杨吴、南唐与中

---

① 《旧五代史》卷一四一《五行志》。
② 《旧五代史》卷六《梁太祖纪六》。
③ 《旧五代史》卷一四一《五行志》。
④ 《旧五代史》卷十《梁末帝纪下》。
⑤ 《旧五代史》卷八一《晋少帝纪一》。
⑥ 《资治通鉴》卷二八三，"天福八年"条。

原王朝处于对峙状态，"江淮不通"、"江淮道梗"是经常存在的。南方吴越、闽与中原地区往来，需要经过江淮地区。闽王王审知依附中原，"自福建入贡大梁，陆行当由衢、信取饶、池界渡江，取舒、庐、寿渡淮，而后入梁境"，但信州、饶州、庐州、寿州等都在杨吴境内，后梁时不得不绕道海上，"岁自海道登、莱入贡，没溺者什四五"①。《旧五代史·段希尧传》记载，"是时，江、淮不通，凡使吴越者皆泛海，而多风波之患"。长兴四年（933），后唐吏部侍郎张文宝泛海出使吴越，中途船坏，随风飘至天长，"从者二百人，所存者五人"，吴国派人迎候，厚礼送其出境，听其前往杭州。② 吴越使节也主要通过海道前往中原。《新五代史·刘铢传》也提到，"是时，江淮不通，吴越钱镠使者常泛海以至中国"。这些都是不利于经济发展和南北交往的。

政治上的分裂不利于人员往来，但各国无论从发展经济以增加财赋方面来考虑，还是保护商旅往来的需要，南北之间交往并没有断绝，杨吴、南唐与中原王朝也经常有使节往来。后唐庄宗时期，吴与后唐交往频繁，"吴自庄宗灭梁以来，使者往来不绝"③，其中包含着以互赠礼物形式的官方贸易。明宗时期，后唐与杨吴关系紧张，但对于商旅往来则予以放行。如长兴元年（930）正月，"许州奏：准诏放过淮南客二百三十人，通商也"④。天福三年（938）十月，晋高祖石敬瑭也下诏："应淮南、西川两处边界，自今后不得阻滞商旅。"⑤后汉虽然短促，但高祖刘知远乾祐元年（948）诏书强调："军国之费，务在丰财，关市之征，资于行旅，所宜优假，俾遂流通。应天下商旅来，所在必须饶借，不得有所邀勒。"⑥后来因南唐援助李守贞叛乱，沿淮交通受阻。不久南唐致书后汉，"请复通商旅"。后周初年，开放沿淮地区，对于商旅往来丝毫不加限制。

皖北地区河流众多，淮河及其支流颍河、涡河、沙河及汴水、汴堤

---

① 《资治通鉴》卷二六七，"开平二年"条。
② 《资治通鉴》卷二七八，"长兴四年"条。
③ 《资治通鉴》卷二七六，"天成二年"条。
④ 《册府元龟》卷五〇四《关市》。
⑤ 《册府元龟》卷九四《帝王部》。
⑥ 《册府元龟》卷五〇四《关市》。

是主要交通道路。亳州、颍州、宿州等督处在水路交通线上。特别是连接黄淮的汴水是南北交通的大动脉，"汴水自唐末溃决，自埇桥东南悉为汙泽"①，加上河道年久失修，"葭苇堙塞"，影响通航能力。天复二年（902）六月，杨行密渡淮进攻宿州，使用巨舰沿汴水运送军粮受阻，不得不改用小舰运。② 显德二年（955）八月，周世宗谋划南征，命武宁节度使武行德征发民夫，修治河堤、河道。③ 经过疏导，河道畅通，便于调兵南下和转运物资。显德五年（958）三月，后周取得淮南十四州，随即对通济渠全线进行疏导工作，"浚汴口，导河流达于淮，于是江、淮舟楫始通。"④从开封到宿州、泗州、楚州、扬州通道畅通，大大便利了南北交通。与此同时，后周以开封为中心，修凿运河联系各地。显德六年（959）三月，再次整修汴渠，修建以开封为中心的水运系统，"庚辰，发徐、宿、宋、单等州丁夫数万浚汴河。甲申，发滑、亳二州丁夫浚五丈河，东流于定陶，入于济以通清、郓水运之路。又疏导蔡河，以通陈、颍水运之路"⑤。这样，淮北地区以通济渠为中心，与周边地区交往颇为便利，起到沟通南北物资交流和商旅往来的作用。

当时皖北、江淮地区的贸易主要有两种形式：商旅贸易和官方贸易。商旅贸易受南北交战影响，后唐曾与吴关系恶化，南北交通受阻，当时安州节度副使范延策上书明宗，"请不禁过淮猪羊，而禁丝绵匹帛，以实中国"⑥。后晋时期燕人何福进"有玉枕，直钱十四万，遣僮卖之淮南以籴茶"⑦。后周时期完全开放沿淮边境地区。广顺年间（951—953）南唐发生饥荒，百姓多渡淮购粮，"唐人遂筑仓，多籴以供军"，周太祖郭威遂下诏"唐民以人畜负米者听之，以舟车运载者勿予"⑧。

官方贸易主要是在吴和后唐、南唐和后周之间进行。唐末乾宁元

① 《资治通鉴》卷二九二，"显德二年"条。
② 《资治通鉴》卷二六三，"天复二年"条。
③ 《资治通鉴》卷二九二，"显德二年"条。
④ 《资治通鉴》卷二九四，"显德五年"条。
⑤ 《旧五代史》卷一一九《周世宗纪六》。
⑥ 《旧五代史》卷六五《高行珪传》。
⑦ 《新五代史》卷三〇《史弘肇传》。
⑧ 《资治通鉴》卷二九一，"广顺三年"条。

年(894)，杨行密"遣押牙唐令回持茶万余斤如汴、宋贸易"①。后唐时期，经常与杨吴进行贸易。据《十国春秋·吴睿宗纪》记载：

顺义三年(923)十月，"王遣司农卿卢苹献金器二百两、银器三千两、罗锦一千二百匹、龙脑香五斤、龙凤丝鞋一百事于唐"；十二月，"复遣卢苹献方物于唐，上唐太后金花、银器、衣段"。

顺义四年(924)三月，"王遣右卫上将军许确进贺郊天银二千两、锦绮罗一千二百疋、细茶五百斤、象牙四株、犀角十株于唐"；四月，"遣使献唐方物"；八月，"遣右威卫将军雷岘献新茶于唐"；九月，"以唐太妃丧，献慰礼银绢二千"；十二月，"遣贺正使王权进唐金花、银器、绵丝千段，洎太后礼物"。

顺义五年(925)闰十二月，"遣雷岘贺正礼币于唐"。

顺义六年(926)二月，"遣右骁卫将军苏虔献金花、银器、锦绮于唐"。四月，"王遣使献新茶于唐"。

乾贞元年(927)四月，"遣雷岘进白金、罗绮于唐，修重五之礼"；九月，"遣使如唐献应圣节，金器百两、金花银器千两，杂色绫锦千疋"。此后，吴王称帝，后唐不满，双方关系恶化；杨吴不再进献方物，边境地区上的往来也受到限制，但沿淮地区往来并未完全断绝。

后晋时期，契丹使臣经常经河北、淮北前往南唐。双方也进行贸易往来。如南唐升元二年(938)，"契丹主之弟东丹王亦遣使以羊马入贡，别持羊三万口、马二百匹来鬻，以其价市罗纨茶药"；三年三月，"契丹使曷鲁来，以兄礼见帝"；七年正月，"契丹使达罗千等二十七人来聘，献马三百、羊二万五千"②。南唐也遣使前往契丹。《资治通鉴》记载，"唐自烈祖以来，常遣使泛海与契丹相结，欲与之共制中国，更相馈遗，约为兄弟。然契丹利其货，徒以虚语往来，实不为唐用也"③。后周显德五年，周世宗取淮南十四州以后，淮河南北交通畅通，物资交流更为便利。

---

① 《资治通鉴》卷二五九，"乾宁元年"条。
② 《十国春秋》卷十五《南唐烈祖纪》。
③ 《资治通鉴》卷二九〇，"广顺二年"条。

# 第十一章

## 吴、南唐对安徽淮南的统治

后梁王朝并没有完成全国的统一,梁太祖朱温只是当时北方势力中最强大的军阀。当后梁灭唐之时,河东李克用、凤翔李茂贞、淮南杨渥、西川王建拒不承认,移檄诸道声讨。但大部分藩镇如两浙钱镠、湖南马殷、福建王审知、岭南刘隐等予以承认,"皆秉梁正朔,称臣奉贡"①。淮河一线大体上构成南北政权的政治地理分界线。"自江淮以南诸州为吴,而南唐因之"②。当时,今皖北地区为后梁所控制,今淮河以南地区则为杨氏疆土,后来李昇禅代,改属南唐。吴和南唐统治时期,境内相对安定,社会经济和文化有一定的发展。

---

① 《资治通鉴》卷二六六,"开平元年"条。
② 《十国春秋》卷一一〇《十国地理表》。

## 第一节 吴、南唐政权的建立与江淮地区的稳定

吴、南唐是割据江淮、江西的地方政权。自唐景福元年（892）杨行密担任淮南节度，到后晋天福元年（936）杨溥禅位，割据江淮长达四十六年。如果从唐天复二年（902）杨行密受封东面诸道行营都统、吴王算起，则存在三十六年。杨吴都城在广陵（今江苏扬州），经历二世四主，淮南、江南是其对抗中原五代的战略基地，庐州则是其崛起之地，寿州、濠州则为军事重镇，屯驻重兵。后晋天福二年（937），吴权臣徐知诰（李昪）通过禅让方式，取得政权，国号为齐，年号升元。两年后改国号唐，史称南唐，经元宗李璟，至开宝八年（975）后主李煜为北宋所灭，凡割据三十九年。

### 一、杨吴政权的建立

乾宁四年（897）清口之战后，杨行密地位逐步稳固下来，"遂保据江、淮之间，全忠不能与之争"①。随后，杨行密尽取江东、淮南诸州，兼括光、濠、蕲、黄等地；进而向西进攻洪、鄂诸州，东面而全力对付两浙钱镠。光化元年（898），钱镠派大将顾全武进攻苏州，杨行密派周本援救，又令秦斐率兵三千夺取昆山。九月，钱镠攻占苏州，逼走刺史台濛及守将李德诚，又派大将顾全武夺回昆山，掳秦斐。次年，海州戍将陈宾前来降附，杨行密改派台濛为海州刺史，涟水镇遏使徐绾为副使。天复元年（901），大将李神福进攻杭州，掳吴越主将顾全武。次年双方和解，杨行密遣返顾全武，钱镠亦将秦斐交还淮南。

当时北方地区争战愈演愈烈。《旧唐书·昭宗纪》："时中尉韩全诲及北司与茂贞相善，宰相崔胤与朱全忠相善，四人各为表里。全忠欲迁都洛阳，茂贞欲迎驾凤翔，各有挟天子令诸侯之意。"宦官韩全诲

---

① 《资治通鉴》卷二六一，"乾宁四年"条。

将昭宗迁往凤翔，依附节度使李茂贞，宰相崔胤随即引宣武节度使朱温带兵入关，进攻凤翔。面对窘境，昭宗征召藩镇入援。天复二年（902）三月，以金吾将军李俨为江、淮宣谕使，拜杨行密东面行营都统、中书令、吴王，以讨朱全忠，"以朱瑾为平卢节度使，冯弘铎为武宁节度使，朱延寿为奉国节度使。加武安节度使马殷同平章事。淮南、宣歙、湖南等道立功将士，听用都统牒承制迁补，然后表闻"①。六月，杨行密以副使李承嗣权知淮南军府事，率军渡淮北上，进围宿州不下，"竟以粮运不继引还"。与此同时，升州刺史冯弘铎依恃水军强大，图谋进攻宣州。宣州田頵也有并吞升州之心。冯弘铎以进攻洪州为名，逆江而上，"頵帅舟师逆击于葛山，大破之"。冯弘铎率残余沿江东下入海，杨行密派人劝说："胜败，用兵常事也。一战之衄，何苦自弃于海岛？吾府虽小，犹足容君。"②随后亲往扬州郊外东塘迎候，以十余骑驰入其军，以冯弘铎为淮南节度副使，李神福代冯弘铎为升州刺史。东南地区逐渐安定下来。

在西部地区，杨行密目标是紧邻淮西的鄂州（治所，今湖北武昌）。鄂州节度使杜洪，出身伶人，以军功擢至岳州刺史。光启二年（886）趁乱占据鄂州，被唐廷任命为节度使，依附宣武镇朱温。杨行密几次进攻，都被汴军挫败。天复三年（903），杨行密"以升州刺史李神福为淮南行军司马、鄂岳行营招讨使，舒州团练使刘存副之，将兵击杜洪"③。杜洪向朱温求援，朱温亲率五万大军自颖州渡淮，驻军霍邱；另派遣韩勍将一万人屯驻武昌对面的滠口；又檄荆南节度使成汭、武贞节度使雷彦恭、武安节度使马殷发兵救应。"汭畏全忠之强，且欲侵江、淮之地以自广，发舟师十万，沿江东下"。马殷、雷彦恭另有打算，均以赴援为名，袭击江陵而大掠财货。成汭军中闻讯，人无斗志，在洞庭湖君山与扬州军相遇，李神福、秦斐采用火攻，成汭大败，"汭赴水死，获其战舰二百艘。韩勍闻之，亦引兵去"④。马殷乘机占领岳州

---

① 《资治通鉴》卷二六三，"天复二年"条。
② 《新五代史》卷六一《吴世家》，第750页。
③ 《资治通鉴》卷二六三，"天复三年"条。
④ 《资治通鉴》卷二六四，"天复三年"条。

（今湖南岳阳），稍后淮军攻克鄂州，擒斩杜洪父子。鄂州地处长江中游，为南北军事要冲，杨行密占领鄂州后，不仅保障了其腹地安全，也使洪州陷于淮军三面包抄之中。至此，拥有淮南、江东、宣歙、鄂州之地。杨行密虽然名义上仍旧是唐朝的藩王，但实际上杨吴政权已经建立。

### 二、杨吴政权的稳固

在杨行密进攻鄂州之时，宣州宁国节度使田頵联络寿州团练使朱延寿、润州团练使安仁义举兵叛乱，对杨吴政权造成直接的威胁。田頵，庐州合淝人，与杨行密同里，约为兄弟，是杨行密起兵时所谓"三十六英雄"之一。《新唐书·田頵传》谓"行密据庐州，頵谋为多"。杨行密攻秦彦于扬州、攻赵锽于宣州，平定孙儒，田頵屡建战功。景福元年（892），杨行密担任淮南节度使，乃以田頵为宣州留后，升宁国军节度使。时藩镇各擅财赋，田頵建言上贡赋于朝廷，杨行密以"贡赋繇汴而达，适足资敌"为由拒绝。[1] 田頵击败冯弘铎后，"诣广陵谢杨行密，因求池、歙为巡属，行密不许"[2]。扬州官吏屡加勒索，招致田頵不满。

朱延寿，是庐州舒城（今属安徽）人，杨行密之妻弟。自幼随从杨行密起兵庐州，"破秦彦、毕师铎、赵锽、孙儒，功居多"。当时"行密欲以宽恕结人心，而延寿敢杀"，用法严酷。寿州刺史高彦温举州投靠朱全忠，"诸将惮城坚不可拔，延寿鼓之，拔其城，即表为淮南节度副使"[3]。又领兵取黄、蕲、光三州，以功迁寿州团练使。天复二年（902），昭宗在凤翔，授朱延寿奉国军节度使，但杨行密以其为妻弟而常有轻慢之举，招致其不满。朱延寿遂"潜以宗姓通于梁祖，将规淮甸"[4]。田頵遂密派前进士杜荀鹤至寿州，交接朱延寿，派人前往汴州通好，朱温大喜，屯兵宿州以接应田頵。升州刺史李神福侦知其事，杨行密以二人功高且反状未明，暗中采取应对措施。天复三年（903）八

---

① 《新唐书》卷一八九《田頵传》。
② 《资治通鉴》卷二六四，"天复三年"条。
③ 《新唐书》卷一八九《朱延寿传》。
④ 《五国故事》卷上，第2页。

月,田頵起兵以后,杨行密采纳徐温建议,征召朱延寿入扬州斩杀,并将其姊朱氏逐出别嫁。

田頵起兵时曾派人联络润州安仁义,并很快攻占升州,俘虏刺史李神福家属。杨行密闻讯,调回在鄂州前线作战的李神福回攻田頵,败田頵部将王坛、汪建于吉阳矶,再败之于皖口。田頵遂亲率大军迎战李神福。杨行密接受李神福建议,令涟水制置使台濛迅速南下,遮断田頵后路。又将围攻润州安仁义的王茂章会同台濛进军。"田頵闻台濛将至,自将步骑逆战,留其将郭行悰以精兵二万及王坛、汪建水军屯芜湖,以拒李神福"①。十月,两军相遇于广德,台濛以杨行密书信赐予田頵将校,将校皆下马拜受,随即纵兵出击,大败田頵军,追至黄池,再败田頵。田頵奔回宣州城中,台濛引兵围城。"頵亟召芜湖兵还,不得入。郭行悰、王坛、汪建及当涂、广德诸戍皆帅其众降。行密以台濛已破田頵,命王茂章复引兵攻润州。"十二月,田頵率死士数百出战,败退城濠时,桥陷马坠,为乱兵所杀,余众溃散,遂收复宣州。杨行密赦其母殷氏,"行密与诸子皆以子孙礼事之"②。杨行密以台濛为节度使,次年八月台濛病死,杨行密以其长子杨渥为宁国节度使。天祐二年(905)正月,王茂章穴地入润州,擒获安仁义父子,送往扬州处斩,乱平。

天祐二年(905),杨行密病重,判官周隐因其诸子幼弱,建议由庐州刺史刘威暂摄军府;徐温进言杨行密:"王平生出万死,冒矢石,为子孙立基业,安可使他人有之!"③随即与左衙指挥使张颢召回杨行密长子、宣州观察使杨渥,担任淮南节度留后。十一月,杨行密去世,在徐温、张颢支持下,杨渥袭职领兵,继任淮南节度使、东道诸道行营都统,兼侍中、弘农郡王。天祐三年四月,镇南节度使钟传卒,军中推立其子匡时为节度留后。养子江州刺史延规争位不成,遣使请降。杨渥以升州刺史秦斐为西南行营都招讨使。进攻江西。九月,"秦斐拔洪州,虏

---

① 《资治通鉴》卷二六四,"天复三年"条。

② 《资治通鉴》卷二六四,"天复三年"条。

③ 《资治通鉴》卷二六五,"天祐二年"条。

钟匡时等五千人以归",遂兼有江西之地。① 次年以庐州观察使刘威为镇南节度使。至此,杨吴疆域基本稳定下来。

### 三、徐温执政下的杨吴政权

徐温是海州朐山(今属江苏)人,早年以贩盐为业,参与杨行密庐州起兵,与杨行密、刘威、陶雅等号称"三十六英雄"。起事诸将攻城略地,屡有所获,徐温"未尝有战功"②。然为人机智多谋略,杨行密攻克宣州,诸将争相掠取金帛,徐温派人占据米仓,作粥救济饥民。累官至都知兵马使。天复二年四月,杨行密渡淮北讨宣武朱全忠。诸将遣调巨舰转送军粮,徐温以运河长期失修,葭苇埋塞,建议改用小艇。大军围攻宿州,巨舰重载不能前行,小艇快捷先至,解决了部分军粮,"行密由是奇温,始与议军事"③。

天复三年(903),宣州节度使田頵举兵叛乱,润州(今江苏镇江)团练安仁义起兵相应。安仁义出身漠北沙陀部落,部下骁勇善战,诸军进展不利。徐温密以军士改换服装,趁其懈怠而大破之,迫使安仁义退守孤城。寿州团练使朱延寿暗中勾结田頵,徐温定计诱其前来扬州捕诛。事平,授尚书右仆射、右衙指挥使。天祐二年(905)十二月,杨行密去世,长子杨渥继位,徐温与左衙指挥使张颢以拥戴之功掌握朝政。然杨渥昏暴贪残,继位不久杀死周隐,逼走新任宣州观察使王茂章。徐温、张颢屡谏不从,遂率兵诛戮其亲信。天祐五年(908)二月,张颢杀死杨渥,图谋篡位不成,被迫拥立杨行密次子杨隆演(杨渭)。又以徐温参与密谋,且手握军队,倍加猜忌。徐温采纳谋士严可求建议,杀张颢及其党羽,加以弑君之罪。徐温本人兼任左右衙都指挥使,又加淮南行军副使,"军府事咸取决焉"④,以此开始了二十年的执政。

徐温执政后,力图改变吴国内部混乱状态。他对行军司马严可求

① 《资治通鉴》卷二六五,"天祐三年"条。
② 《新五代史》卷六一《吴世家》。
③ 《资治通鉴》卷二六三,"天复二年"条。
④ 《新五代史》卷六一《吴世家》。

说:"大事已定,吾与公辈当力行善政,使人解衣而寝耳。"①首先稳定内部。时镇南节度使刘威、歙州观察使陶雅、宣州观察使李遇、常州刺史李简等均手握重兵,不满徐温秉政。宣州李遇扬言:"徐温何人,吾未尝识面,一旦乃当国邪!"徐温派遣部将柴再用为主帅、养子徐知诰为副,率升、润、池、歙四州之兵攻破宣州,族灭李遇,"于是诸将始畏温,莫敢违其命"②。刘威、陶雅等人亦迫于形势相继入朝。徐温则加以笼络,态度谦卑,人心逐渐安定。其次,注意招揽人才。天祐六年(909),"初置选举,以骆知祥掌之"③。幕府严可求长于谋略,骆知祥善治金谷,徐温"尝以军旅问可求,国用问知祥,吴人谓之严、骆"④。其三,整顿吏治,"立法度,禁强暴"⑤。"时诸州长吏多武夫,专以军旅为务,不恤民事"⑥。寿州团练使崔太初为政苛暴,徐温征调诘问。养子徐知诰担心造成变故,徐温大怒:"一崔太初不能制,如他人何!"⑦继任团练使钟泰章曾为徐温杀死张颢,被人告发"侵市官马",即以滁州刺史王稔接替其职,决不袒护。徐温本人也亲自处理狱讼,"虽不知书,使人读狱讼之辞而决之,皆中情理"⑧。徐温本人生活节俭,勤于职守。其母周氏病亡后,丧仪所用偶人身着绫锦,徐温对此不满,对将吏说:"此皆出民力,奈何施于此而焚之,宜解以衣贫者。"⑨徐温秉政期间,境内比较安定,社会经济也有相当发展,史称"江、淮间旷土尽辟,桑柘满野,国以富强"⑩。

天祐八年(911),徐温改任行军司马、润州刺史、镇海军节度使、同平章事,仍留广陵执政。十二年,加封齐国公,兼两浙招讨使,出镇润州,"以昇、润、常、宣、歙、池六州为巡属,军国庶务参决如故;留徐知训

① 《资治通鉴》卷二六六,"开平二年"条。
② 《资治通鉴》卷二六八,"乾化二年"条。
③ 《资治通鉴》卷二六七,"开平三年"条。
④ 《新五代史》卷六一《吴世家》。
⑤ 《资治通鉴》卷二六六,"开平二年"条。
⑥ 《资治通鉴》卷二六八,"乾化二年"条。
⑦ 《资治通鉴》卷二七一,"龙德元年"条。
⑧ 《资治通鉴》卷二六六,"开平二年"条。
⑨ 《资治通鉴》卷二六七,"开平四年"条。
⑩ 《资治通鉴》卷二七〇,"贞明四年"条。

居广陵秉政"①。两年后,徙其治所于升州,改任其养子、升州刺史徐知诰为润州团练使。天祐十五年(918)六月,徐知训以专横跋扈、凌辱诸将,为大将朱瑾所杀,徐知诰进入扬州,平定内乱。七月,徐温从金陵赶往扬州,疑诸将通谋,杀沙陀族将领米志诚及唐江淮宣谕使李俨。"时徐温诸子皆弱,温乃以知诰代知训执政"。徐知诰改任淮南节度行军副使、内外马步都军副使、通判府事、兼江州团练副使,徐温之子徐知谏权润州团练事。随后徐温返回金陵,"总军国大纲,自余庶政,皆决于知诰"②。

天祐十六年(919)初,鉴于中原梁晋夹河相争、后梁日益削弱,徐温率诸将请吴王称帝:"今大王与诸将皆为节度使,虽有都统之名,不足相临制;请建吴国,称帝而治。"③四月,杨隆演即王位,大赦天下,建宗庙,置百官,用天子礼仪,改元武义。徐温拜大丞相、都督中外诸军事,封东海郡王。次年,杨隆演去世,徐温越次立杨行密第四子杨溥继位。顺义七年,徐温表请杨溥即皇帝位,杨溥未许而徐温病卒。

### 四、南唐政权的建立

杨渥被杀以后,徐氏父子"中外共专其国,杨氏主祭而已"④。吴王杨隆演(杨渭)、杨溥幼弱谦逊,不过是徐温手中的傀儡。最后,徐温养子徐知诰(李昪)通过禅让方式,建立南唐政权。

徐知诰(888—943),本姓李,徐州人,自幼父母双亡,流寓濠、泗一带。唐昭宗乾宁二年(895),杨行密攻濠州得之,"奇其状貌,养以为子。而杨氏诸子不能容,行密以乞徐温,乃冒姓徐氏,名知诰"。徐知诰为人机警、宽厚,很得徐温欢心。初任元从指挥使,天祐六年迁升州防遏使兼楼船军使,训练水军,修整金陵城池。次年,授升州副使,知州事。九年,以平宣州李遇之功迁升州刺史。"时江淮初定,州、县吏多武夫,务赋敛为战守。昪独好学,接礼儒者,能自励为勤俭,以宽仁

---

① 《资治通鉴》卷二六九,"贞明元年"条。
② 《资治通鉴》卷二七〇,"贞明四年"条。
③ 《资治通鉴》卷二七〇,"贞明五年"条。
④ 《旧五代史》卷一三四《僭伪列传一》。

为政,民稍誉之"①。

天祐十二年(915),徐温出镇润州,两年后进驻升州。徐知诰请迁宣州刺史不遂,接受幕僚宋齐丘建议,担任润州团练使。十五年,扬州发生动乱,徐知训被大将朱瑾杀死,徐知诰连夜赶往扬州平乱。不久,徐温返回扬州,迁怒诸将并连杀数将,因诸子幼弱,以徐知诰为淮南节度副使、内外马步副使、通判府事,留镇扬州,又以亲子徐知谏为润州团练使。徐知诰辅政后,"事吴王尽恭,接士大夫以谦,御众以宽,约身以俭。以吴王之命,悉蠲天祐十三年以前逋税,余俟丰年乃输之。求贤才,纳规谏,除奸猾,杜请托。于是士民翕然归心,虽宿将悍夫无不悦服"②。经过数年经营,徐知诰基础逐渐稳固,史称"温遂遥秉大政,而吴人颇归知诰"③。

徐知诰毕竟不是徐温亲子,徐温谋士严可求、徐玠等人以知诰"疏财结士,不宜久执国政"④,屡劝其以亲子知询取代知诰辅政。吴乾贞元年(927)十月,徐温以尊奉吴王为帝为名,亲率藩镇入朝,借机罢黜徐知诰。临行时突然生病,"乃遣知询奉表劝进,因留代知诰执政"⑤。徐知诰为形势所迫,不得不表奏出镇洪州。适逢徐温病死于金陵,徐知询赶回升州奔丧。徐知诰得以从容准备,于次月尊奉吴王杨溥为皇帝,加拜都督中外诸军事,封浔阳公。后利用吴王名义把徐知询留在扬州,完全控制吴国政权。大和三年(931),徐知诰袭徐温镇海、宁国节度使之职,出镇金陵,任命长子景通为司徒、同平章事,知中外左右诸军事,留扬州辅政,自己在金陵总揽全局。次年,继续扩建金陵城,为日后定都做准备。

杨行密第三子、临川王杨濛不满徐温父子专权,愤然道:"我国家竟为他人所有乎?"⑥徐温父子十分忌惮杨濛,杨隆演死后,越次立杨溥为吴王,将其贬黜到楚州,后迁往和州拘禁。天祚元年(935),徐知诰

---

① 《新五代史》卷六二《南唐世家》。
② 《资治通鉴》卷二七〇,"贞明四年"条。
③ 马令:《南唐书》卷一《先主书》。
④ 陆游:《南唐书》卷七《徐玠传》。
⑤ 《资治通鉴》卷二七六,"天成二年"条。
⑥ 《十国春秋》卷四《杨濛传》。

接受吴王授予尚父、太师、大丞相、大元帅之称号,继承徐温齐王爵位,以升、润、宣、池、歙、常、江、饶、信、海十州为齐国,至此,名义上隶属吴主的只有淮南、江北诸州。次年正月,徐知诰建大元帅府,下设吏、户、礼、兵、刑、工六部及盐铁官。十一月,吴帝杨溥下诏齐国设置百官,以金陵为吴西都。

天祚三年(937),徐知诰通过禅让手段,取得帝位,国号为齐,年号升元(937—942),以金陵为都城,改称江宁府。升元三年(939)后,李昇改国号为唐,复姓李,名昇,尊徐温为"义祖"。南唐继承吴政权疆土,"昇志在守吴旧地而已,无复经营之略也,然吴人亦赖以休息"[①]。这种情况到元宗李璟时期开始变化。李璟进取福建、湖湘之地,"其地东暨衢、婺;南及五岭;西至湖、湘;北据长淮,凡三十余州。广袤数千里,尽为其所有。近代僭窃之地,最为强盛"[②]。但今安徽地区基本维持现状,直到后周世宗征淮南才得以改变。

## 第二节 吴、南唐时期江淮政区建置

吴、南唐盛时,其疆土大抵包括江东、宣歙、淮南、江西、鄂州之地。马令《南唐书·世裔谱》云,"杨行密以江淮二十八州辄建吴国……杨氏建国未久,政在徐温,而训、知诰、景通、景迁、景遂继秉国政者三十余年,隆衍与溥位号空存而已"。《十国春秋·十国地理表》亦载,"自江淮以南诸州为吴,而南唐因之"。吴、南唐疆域包括今江西全部、安徽和江苏大部以及河南和湖北部分地区,属于今安徽境内有寿、庐、濠、舒、和、滁、宣、池、歙等州,其地方政区大体沿用唐代道、州、县三级体制,其间节镇屡有增置,州县也有变革。

---

① 《新五代史》卷六二《南唐世家》。

② 《旧五代史》卷一三四《僭伪列传一》。

## 一、淮河以南政区建置概况

淮河沿线是五代南北政权地理分界线。十国政权不少是由唐代藩镇发展起来的,其辖区虽各不相同,但都保留节镇、州、县建置。《十国春秋》评论说,十国"国内多设节度,周遍诸州,以示幅员之广"①。节镇虽然建立,但已经缩小了所辖范围,多数节镇没有支郡,仅有一州而已。大体上节度使任所驻地州刺史,兼管内观察处置等使,掌境内行政、军事、司法之权。节度使辖区与道合一,一般称作节镇。今安徽淮河以南地区建有庐州德胜军节度,寿州清淮军节度、濠州定远军节度、宣州宁国军节度、池州康化军节度,期间亦有置废。除德胜军节度领有庐、滁二州,清淮军节度领光、寿二州外,其余各镇仅领本州之地。宣州宁国节度使田頵自恃战功,"求池、歙为属州,行密不许"②。这是后来田頵反抗的重要原因之一。

庐州德胜军节度使、庐州刺史、管内观察处置等使,天复三年吴王杨行密置,领庐、滁等州。南唐代吴,因之不变。后唐明宗曾遥置庐州昭顺军节度。后周显德五年(958)三月,南唐献江北四州于周,世宗更命庐州为保信军节度。

寿州清淮军节度使,吴乾贞元年(927)置,统光、寿二州。天成三年(928),明宗遥置忠正军。显德四年(957)三月,周师克寿州,废南唐清淮军号,改以忠正为额,徙治下蔡。

濠州定远军节度使、濠州刺史、兼涡口两城使,后梁贞明三年(917)前后,吴置清淮军于濠州。乾贞元年(927)清淮军移置寿州,濠州降为都团练观察使额。后晋天福八年(943)三月,南唐升濠州为定远军节度,明年八月,军废,复为观察州。后周广顺三年(953),又降为团练州。

宣州宁国军节度,唐昭宗大顺元年(890)置。唐末田頵、王茂章、李遇相继据其地叛,因停宁国军额,但为都团练观察使。吴武义元年(919)四月,复为宁国军节度。后晋天福末,升大都督府;后周显德五

---

① 《十国春秋》卷一一三《十国藩镇表》。
② 《新唐书》卷一八九《田頵传》。

年(958),去大都督府号,仍为节度、刺史。唐领宣、歙、池三州,五代统本州六县而已。

池州康化军节度使、池州观察处置等使、池州刺史,南唐升元二年(938)六月置,无支郡。自保大五年(947)王继勋以后,其守臣皆为刺史、团练衔,[1]不再置节度使。

诸州建制继续保留,变化不大。当时战争频繁,"刺史皆以军功拜"[2],除节度使兼任本州刺史外,诸州刺史往往兼任防御使、团练使、都团练使,或由这些军职担任刺史,掌各州行政、财政、司法和军事之权。另外还专有治民的"军",如天长军、广德军,矿冶地区又有监等机构,相当于县级政区。各县在建置上也有变化,江南地区随着人口大量迁移,开发速度大大加快,先后析置东流、铜陵、芜湖、繁昌等县。南唐以升州(江宁府)为都城,割宣州属县以充实其疆域。

另外后周据有淮南十四州以后,政区亦作变动。迁寿州于淮河北岸的下蔡,仍改潜山县为盛唐县。

表 11-1 吴、南唐时期江淮和江南地区政区建置

| 州名 | 领县 | 备注 |
|---|---|---|
| 庐州 | 合肥、慎、庐江、舒城、巢县 | |
| 寿州 | 寿春、安丰、盛唐、霍邱、霍山 | |
| 濠州 | 钟离、定远、招义 | |
| 舒州 | 怀宁、宿松、望江、太湖、桐城 | |
| 和州 | 历阳、乌江、含山 | |
| 滁州 | 清流、全椒、永阳 | |
| 宣州 | 宣城、泾县、宁国、南陵、太平、当涂、广德、旌德 | 当涂、广德后割隶江宁府 |
| 池州 | 秋浦、至德、石埭、青阳 | 后秋浦改为贵池、至德改为建德,青阳割隶江宁府。 |
| 歙州 | 歙县、绩溪、祁门、黟县、休宁、婺源 | |

---

[1] 朱玉龙:《五代十国方镇年表》,中华书局 1997 年版,第 431 页。
[2] 《新五代史》卷四六《郭延鲁传》。

续表

| 州名 | 领县 | 备注 |
|------|------|------|
| （扬州） | （江都）（广陵）（六合）（高邮）（海陵）（永贞）天长 | 天长置建武军 |
| （江州） | 东流、（浔阳）、（彭泽）、（都昌） | |

注：加括号州县不在今安徽区域内。

## 二、江淮地区政区建置沿革

今安徽境内江北、淮南之地，唐代设有庐州、寿州、舒州、濠州、滁州、和州，凡六州共领二十一县。唐末以后吴、南唐政权先后控制江淮，州县政区没有大的变化。但是节镇、防御使以及团练使的设置不同，带来了各州地位的变化。

**庐州** 庐州，唐属淮南道。中和三年（883），杨行密起兵逐走刺史郎幼复，淮南节度使高骈奏任刺史。后以庐州兵入扬州，取宣州之地。天复三年（903），"置德胜军于庐州"①。"领庐、滁等州"，南唐相沿不变。② 后唐明宗遥置庐州昭顺军节度。后周征淮南，尽得南唐江北诸州。显德五年（958）三月，"改庐州军额为保信军"③，以右龙武统军赵赞为庐州节度使。

吴、南唐时期，庐州沿唐代之制，领合淝、慎、庐江、舒城、巢县，辖境没有变化。

**寿州** 寿州，唐属淮南道，为沿淮军事重镇。乾宁二年（895），"杨行密陷寿州，执刺史江从勖"④，以大将朱延寿为寿州团练使。至天祐二年，昭宗以朱延寿遥领奉国节度使。吴乾贞元年（927），"移濠州清淮军治寿州，统光、寿二州，此五代寿州建节之始"⑤，以原寿州团练使王稔为清淮军节度使。后唐天成三年（928），明宗遥置忠正军。后周显德四年（957）四月，周师克寿州，废南唐清淮军号，改以忠正为

---

① 《十国春秋》卷二《高祖世家》，第 32 页。
② 《五代十国方镇年表》，第 376 页。
③ 《旧五代史》卷一一八《周世宗纪五》。
④ 《新唐书》卷十《昭宗纪》。
⑤ 《五代十国方镇年表》，第 385 页。

额,徙寿州治下蔡(今安徽凤台)。

寿州旧领寿春、安丰、盛唐、霍邱、霍山等五县。盛唐县,"梁开平二年(908)八月,改为潜山县。后唐同光元年(923)十月,复为盛唐"①。后晋天福元年(936)改盛唐为来化县,后周复改为盛唐县。然当时寿州隶属吴、南唐,吴、南唐皆沿用唐代所置盛唐县名,并未改动。

**舒州** 舒州,唐属淮南道。中和三年(883),节度使高骈以其侄高濎知舒州事。次年,"群盗吴迥、李本复攻舒州,濎不能守,弃城走,骈使人就杀之。杨行愍遣其将合淝陶雅、清流张训等将兵击吴迥、李本,擒斩之,以雅摄舒州刺史"②。光启二年(886),滁州刺史许勍打败陶雅,占据舒州。景福二年(893),杨行密平叛将庐州蔡俦,李神福率军进攻舒州,"舒州刺史倪章弃城走,杨行密以李神福为舒州刺史"③。

舒州为团练州,唐领五县:怀宁、宿松、望江、太湖、桐城。吴、南唐依旧。周显德五年(958),"是时扬、泰、滁、和、寿、濠、泗、楚、光、海等州,已为周得,景(南唐元宗李璟)遂献庐、舒、蕲、黄,画江以为界"④。

**濠州** 濠州,唐后期属淮南道。唐末徐州感化节度使时溥领有其地。昭宗景福元年(892),"时溥濠州刺史张璲、泗州刺史张谏以州附于朱全忠"⑤。乾宁二年(895),杨行密攻濠州,执刺史张璲,遂有其地。后梁贞明三年(917)前后,吴置清淮军于濠州,以前团练使刘金之子仁规为清淮军节度使。吴乾贞元年(927),清淮军移置寿州,濠州降为都团练观察使。南唐保大元年(943),"置定远军于濠州"⑥。明年八月,迁节度使刘崇俊为寿州清淮军节度使,改为观察州,"以楚州刺史刘彦贞为濠州观察使,驰往代之"⑦。后周广顺三年(953),"又降为团练州"⑧。

----

① 《旧五代史》卷一五〇《郡县志》。
② 《资治通鉴》卷二五五,"中和四年"条。
③ 《资治通鉴》卷二五九"景福二年"条。
④ 《新五代史》卷六二《南唐世家》。
⑤ 《资治通鉴》卷二五九,"景福元年"条。
⑥ 《资治通鉴》卷二八三,"天福八年"条。
⑦ 《资治通鉴》卷二八四,"开运元年"条。
⑧ 《五代十国方镇年表》,第392页。

吴、南唐濠州疆界沿用唐制,领钟离、定远、招义三县。

**滁州** 滁州唐隶淮南道。大顺二年(891),杨行密派遣李神福击败孙儒部将安景思,据有滁州。[1] 庐州置节度使后,为庐州支郡。吴、南唐相沿不变。

吴、南唐滁州疆界沿用唐制,领清流、全椒、永阳三县。

**和州** 和州,唐属淮南道。唐末为土豪孙端所据。光启三年(887),杨行密发庐州兵进攻扬州,"借兵于和州刺史孙端"[2],后撤回庐州,遣返其将领延陵宗。南下进攻宣州赵锽,复联络和州孙端、上元张雄进军。后为孙儒部将康暟所据。大顺二年(891)四月,李神福击败康暟,遂有和州。终吴、南唐相沿不改。

吴、南唐和州疆界沿用唐制,领历阳、乌江、含山三县。

**建武军** 天长县,始建于唐玄宗天宝元年(742)。为纪念玄宗八月初五生日"千秋节","割江都、六合、高邮三县地置千秋县"[3],隶扬州。七年,千秋节改为天长节,县亦随之改名。吴国相沿不改。南唐建立后,一度改为天长制置。升元六年(942)闰正月,"改天长制置使为建武军"[4]。中兴元年(958)正月,升天长县为雄州,"以建武军使易文赟为刺史"[5]。次月,后周占领雄州。

### 三、江南地区政区沿革

唐代皖南建有宣歙道,领宣州、歙州、池州。中和二年(882),和州刺史秦彦逐观察使窦潏而代之,唐廷遂以秦彦为宣歙观察使。龙纪元年(889),杨行密自庐州南下,遂下宣州、池州,景福二年(893),取得歙州,始尽有三州之地。终吴、南唐之世,三州各自分立,其境内县也有增置。

**宣州** 宣州,唐末为宣歙观察使驻地。龙纪元年(889),杨行密擒

---

① 《资治通鉴》卷二五八,"大顺二年"条。
② 《资治通鉴》卷二五七,"光启三年"条。
③ 《旧唐书》卷四〇《地理志三》。
④ 《十国春秋》卷十五《南唐烈祖纪》。
⑤ 《十国春秋》卷十六《南唐元宗纪》。

杀观察使赵颢,据有宣州,唐昭宗授杨行密宣歙观察使。大顺元年(890)三月,"赐宣歙军号宁国,以杨行密为节度使"①。景福二年,杨行密入扬州,以大将田頵为宣州留后,后继为节度使。天祐九年(912),观察使李遇被诛后,停宁国军额,改为都团练观察使。十四年(917),徐温出镇润州,"以润、升、常、宣、歙、池六州为镇海军巡属",宣州降为润州支郡。吴武义元年(919),吴王杨隆演建国,复置宁国军,"以徐温为大丞相、都督中外诸军事、诸道都统、镇海、宁国节度使,守太尉兼中书令、东海郡王"②。

唐代宣州领十县:宣城、泾县、宁国、南陵、太平、当涂、广德、旌德、溧水、溧阳。③ 光启三年(887),割宣州溧水、溧阳二县及润州上元、句容置升州,宣州仅领八县。杨吴时期沿用不变,南唐建都升州,改为江宁府,遂析宣州之地置芜湖、铜陵、繁昌三县,并当涂、广德二县改隶江宁府。至此,宣州仅领宣城、泾县、南陵、宁国、太平、旌德六县。

**江宁府之属县** 江宁府,本为唐代升州。肃宗至德二年(757)置,寻废。光启三年(887),"复以润之上元、句容,宣之溧阳、溧水四县置升州"。徐知诰执政时期改为金陵府。南唐建都金陵府,改称江宁府,置芜湖、铜陵、繁昌三县来属,又以宣州之当涂、广德改属江宁府,"寻以当涂为雄远军,复以池州之青阳来属"④。南唐时期江宁府所辖十县中,有芜湖、铜陵、繁昌、当涂、广德、青阳等六县在安徽境内。

其一,建置铜陵县。铜陵,唐代为南陵县地。"唐末分南陵县工山、安定、凤台、丰资、归化五乡置义安县",隶宣州,县治在顺安镇。⑤杨吴时期相沿不变。南唐保大九年(951),改义安县为铜陵县,县治由顺安镇移至铜官镇(今铜陵县城关镇),当时称江游县,改隶江宁府。

其二,复置芜湖县。芜湖县始置于西汉武帝时,东晋义熙年间撤废。唐代为当涂县地,南唐升元年间"割宣城、当涂二邑之地复置,隶

---

① 《资治通鉴》卷二五八,"大顺元年"条。
② 《资治通鉴》卷二七〇,"贞明五年"条。
③ 《新唐书》卷四一《地理志五》。
④ 《文献通考》卷三一八《舆地考四》。
⑤ 李士元:《嘉靖铜陵县志》卷一《地理志·沿革》。

升州"①。

其三,增置繁昌县。东晋曾侨置繁昌县,后土断时废。南唐升元年间,"析南陵之五乡立为繁昌县"②。

其四,当涂县的变迁。当涂,唐代隶属宣州,杨吴相沿不变。南唐升元初年,割属江宁府。中兴元年(958),江北诸州尽失以后,元宗从江宁府析出当涂县,升为新和州,然无属县,不久改为雄远军。③

其五,广德的变迁。南唐升元初年,从宣州割出广德县,改隶江宁府。保大八年(950),改为广德制置。④

**池州** 池州,唐末为宣州支郡。文德元年(888),杨行密击败刺史赵乾之,以陶雅为池州刺史、团练使。南唐升元二年(938),升池州为康化军,以杨珙"领康化军节度使,兼中书令"⑤。后改任前吴太子杨琏为康化节度使兼中书令。三年(939)二月,杨琏卒,"以统军王彦俦为康化军节度使"⑥。保大五年(947),撤销节度使军额,王继勋"领池州都团练观察处置等使,守池州刺史"⑦。

唐池州领秋浦、青阳、至德、石埭四县。五代时期,吴王杨溥顺义初年,改至德县为建德县,顺义六年(926)改秋浦县为贵池县。⑧ 南唐升元年间,以青阳县改隶江宁府。至是,池州领贵池、建德、石埭三县。

**歙州** 歙州,唐为宣州支郡。昭宗景福二年(893),杨行密派遣田頵将宣州兵两万攻歙州,刺史裴枢婴城坚守,城久攻不下。"时诸将为刺史者多贪暴,独池州团练使陶雅宽厚得民,歙人曰:'得陶雅为刺史,请听命。'"⑨杨行密即以陶雅为歙州刺史,因据有歙州。天祐元年(904),衢州刺史陈璋、睦州刺史陈询皆叛钱镠,依附杨行密。杨行密以陶雅率兵援救,次年乘胜取婺州,执其刺史沈夏。"天祐二年,置歙、

① 《太平寰宇记》卷一〇五《江南西道三》。
② 《太平寰宇记》卷一〇五《江南西道三》。
③ 《太平寰宇记》卷一〇五《江南西道三》。
④ 《太平寰宇记》卷一〇三《江南西道三》。
⑤ 《十国春秋》卷十五《南唐纪一》。
⑥ 马令:《南唐书》卷一《先主书》。
⑦ 《全唐文》卷八七五,陈致雍《王继勋墓志铭》。
⑧ 《太平寰宇记》卷一〇五《江南西道三》。
⑨ 《资治通鉴》卷二五九,"景福二年"条。

婺、衢、睦四州都团练观察处置使。"①杨行密承制以陶雅为江南都招讨使、歙婺衢睦四州都团练观察处置等使。杨行密病卒,杨渥与宣州观察使王茂章不和。天祐三年(906),王茂章叛投钱镠,钱氏趁机夺回睦、婺、衢三州,歙州仅辖境内诸县。

歙州,唐领六县:歙县、绩溪、祁门、黟县、休宁、婺源。景福二年(893),陶雅继任歙州刺史后,婺源人汪武率众立营栅,据弦高镇抗拒陶雅,唐廷以汪武为镇将,署检校司空、顺义军事,县治遂从清化镇迁于弦高镇。天祐二年,陶雅平定汪武,"以朱环为新县制置巡辖等使,复旧县为清化镇"②。南唐时,检校司空刘津复迁县治于弦高,立县衙。

**江州析置之东流县** 今安徽东至县,系 1959 年由东流县和至德县(建德县)合并而成。东流县,唐代为彭泽县地,隶江州。武宗会昌(841—846)初年建东流场,南唐保大十一年(953),"升为东流县"③,仍隶属江州。至宋太平兴国三年(978)改属池州,又割贵池之晋阳乡益东流。

# 第三节　吴、南唐统治政策和施政方略

吴、南唐从杨行密担任淮南节度使算起,至宋开宝九年(975)后主李煜被擒,先后统治淮南、江南八十多年。它的存在和强大,是与杨行密、徐温、李昪等人的统治政策和施政方略紧密联系的。杨行密、徐温、李昪出身社会下层,对于民间疾苦和唐末社会问题较为熟悉,执政以后,力矫社会种种弊端,注意社会稳定,发展地方经济。后唐明宗天成二年(927),荆南高季兴失和,向吴纳贡称臣,徐温说道:"为国者当务实效而去虚名。高氏事唐久矣,洛阳去江陵不远,唐人步骑袭之甚

---

① 《新唐书》卷六八《方镇表五》。
② 顾祖禹:《读史方舆纪要》卷二八《南直十》。
③ 《太平寰宇记》卷一〇五《江南西道三》。

易,我以舟师泝流救之甚难。夫臣人而弗能救,使之危亡,能无愧乎!"①徐温从实际出发,较好地处理了与相邻政权关系,"受其贡物,辞其称臣"。在唐末五代六七十年间,江淮地区经济逐渐得到恢复,并有所发展,境内也比较安定。

**一、"息兵睦邻"的对外政策**

五代十国,是分裂割据的战乱时期。战乱不仅造成社会经济的破坏,也直接威胁到广大居民的生命财产。经过唐末藩镇混战,到五代初年,形势方才逐渐稳定下来。《资治通鉴》卷二八二称,"自黄巢犯长安以来,天下血战数十年,然后诸国各有分土,兵革稍息"。

唐末战乱频繁,杨行密从庐州起兵,进驻宣歙、扬州,戎马倥偬,"及江淮甫定,思渐休息"②。天复二年(902),唐昭宗封杨行密为吴王,令其进讨朱温,但杨行密军至宿州,便从前线撤回,并把主要力量用于稳定内部。对于湖南马殷势力,杨行密曾遣返马殷之弟马贲,称"为吾合二国之欢,通商贸,易有无以相资"③,表达了通商友好的愿望。钱镠是杨行密在东南方面的主要对手,但到其晚年则主动与之结交。天祐元年(904)三月,杨行密以女嫁给钱镠之子钱传璙,释放钱氏大将顾全武,钱镠也放归在常州之争中擒获的吴将秦斐。"先是,王与钱氏不相能,常命以大索为钱贯,号曰'穿钱眼',两浙亦岁以大斧科柳,谓之'斫杨头',至是二姓通昏,两境渐睦焉"④。在吴国内部,杨行密果断除掉"猛悍难制"的宣州田頵、寿州朱延寿、常州安仁义,消除了隐患,又注意抚驭其他将领。史家称赞杨行密"宽仁雅信,能得士心"⑤。同时实行"轻徭薄赋,招抚流移"、"与民休息"⑥,这些政策为吴国的稳定和发展打下了坚实的基础。

到徐温执政时期,外部大体稳定,内部叛乱也相继平息。徐温参

---

① 《资治通鉴》卷二七五,"天成二年"条。
② 《新五代史》卷六一《吴世家》。
③ 《新五代史》卷六六《楚世家》。
④ 《十国春秋》卷一《吴太祖世家》。
⑤ 《新五代史》卷六一《吴世家》。
⑥ 《旧五代史》卷一三四《僭伪列传一》。

与杨行密起兵,以掌管亲军得以拥戴杨渥,逐渐掌握大权。徐温拥戴杨渥,是为了避免纷争,保持吴国的稳定。杨渥昏暴而被张颢所杀,《旧五代史》不提徐温参与张颢之谋,《资治通鉴》、《新五代史》则称张、徐"共谋弑王"。徐温消灭张颢,大权独揽,"军府事咸取决焉"①。但他对吴王杨隆演以及后来的杨溥,都给予尊重。当此之时,"天下大乱,中国之祸,篡弑相寻"②,然徐温始终没有迈出篡弑的步伐。吴武义二年(920),吴王杨隆演病亡,有人讽以蜀汉旧事,徐温则严词回绝:"若杨氏无男,有女当立矣,无得异议。"③这些都是从稳定大局方面来考虑的。

在对外政策方面,徐温奉行杨行密以来的政策,旨在巩固所控制地区,并谋求与周边政权和解。虽然与吴越在苏州、湖州、常州发生争夺,但进展不大。徐温鉴于双方战争难以有所成就,"求息兵"④。贞明五年(919),吴与吴越战于狼山江面和无锡,吴军先败后胜。吴越境内又发生严重旱灾,诸将以为:"吴越所恃者舟楫,今大旱,水道涸,此天亡之时也,宜尽步骑之势,一举灭之。"徐温却表达了不同的看法:"天下离乱久矣,民困已甚,钱公亦未易可轻;若连兵不解,方为诸君之忧。今战胜以惧之,戢兵以怀之,使两地之民各安其业,君臣高枕,岂不乐哉!多杀何为!"随后,徐温从前线撤回军队,双方也很快达成和解。"吴徐温遣使以吴王书归无锡之俘于吴越;吴越王镠亦遣使请和于吴。自是吴国休兵息民,三十余州民乐业者二十余年"⑤。在湖南地区,虽然在岳州之战中失利,大将刘存、陈知新被杀,但境外战争就此而止,没有酿成连绵的战乱。

继徐温执政的李昪(徐知诰),继续推行徐温政策,"事吴王尽恭,接士大夫以谦,御众以宽,约以身俭"⑥。到吴天祚三年(937)时,徐知诰已辅政将近二十年。南唐禅代时,没有经历大的动荡,而李昪自幼

① 《资治通鉴》卷二六六,"开平二年"条。
② 《新五代史》卷六一《吴世家》。
③ 《资治通鉴》卷二七一,"贞明六年"条。
④ 《资治通鉴》卷二七〇,"贞明四年"条。
⑤ 《资治通鉴》卷二七〇,"贞明五年"条。
⑥ 《资治通鉴》卷二七〇,"贞明五年"条。

经历艰难,深知战争的危害,继续推行辑兵之策。史载"昇见天下乱久,常厌用兵,及将篡国,先与钱氏约和,归其所执将士,钱氏亦归吴败将,遂通好不绝"①。当时后晋局势混乱,大臣以为"今北方多难,宜出兵恢复旧疆"。李昇则予以拒绝:"吾少长军旅,见干戈之为民患甚矣,吾不忍复言兵革。使彼民安,则吾民亦安矣!"②升元六年(942),南汉遣使约出兵进攻楚国,李昇拒绝。杭州发生大火,吴越宫殿、府库、兵甲焚毁殆尽,诸将趁机进兵,李昇回答:"奈何利人之灾!"反遣使吊问,提供物资援救。③《新五代史》评论李昇"志在守吴旧地而已,无复经营之略也,然吴人亦赖以休息",这是有道理的。④后来元宗李璟接受大臣建议,南攻闽楚,出师淮北,接连失败,损失惨重。元宗本人也十分懊悔,有人劝他:"愿陛下十数年勿复用兵。"元宗回答:"兵可终身不用,何十数年之有!"⑤

从长远观点来看,可以说,杨行密、徐温、李昇保境安民发展经济的举措,都是在为全国统一创造条件,亦推动了境内经济文化的发展。

### 二、发展经济,重视文治

五代十国是由藩镇发展而来的,其开国帝王前身就是握军队的藩镇节度使,而地方刺史也多由武将担任。杨吴前期,"江淮初定,州、县吏多武夫,务赋敛为战守"⑥,这些都不利于统治的稳定,也不利于改善吏治。杨行密时期战争频繁,尚未完全考虑这些问题,但到徐温执政特别是徐知诰辅政时期,大力推行文教,逐步消除了武夫专横之弊。

《旧唐书·李袭吉传》云,"自广明大乱之后,诸侯割据方面,竞延名士,以掌书檄。是时梁有敬翔,燕有马郁,华州有李巨川,荆南有郑准,凤翔有王超,钱塘有罗隐,魏博有李山甫,皆有文称,与袭吉齐名于是"。杨行密初起于庐州,其幕府虽缺乏名扬海内的文士,但不少都是

① 《新五代史》卷六二《南唐世家》。
② 马令:《南唐书》卷一《先主书》。
③ 《资治通鉴》卷二八三,"天福七年"条。
④ 《新五代史》卷六二《南唐世家》。
⑤ 陆游:《南唐书》卷二《元宗纪》。
⑥ 《新五代史》卷六二《南唐世家》。

实用的人才，且多为江淮之士，其中最有影响的是袁袭、高勖、戴友规三人。袁袭，庐江人，"太祖为庐州刺史，袭仗策从军，料事多中"①。为杨行密画策进军扬州、宣州，当其病亡时，杨行密悲悼不已："天不欲成吾大功邪，何为折吾股肱也！吾好宽而袭每劝我以杀，此其所以不寿与！"高勖，舒城人，淮南幕府掌书记，曾建议以周边贸易解决军需，又主张"选贤守，令劝课农桑"②，均为杨行密所接受。戴友规亦献击破孙儒之策。宣州田颙、寿州朱延寿专横跋扈，杨行密则坚决抵制。宣州田颙叛乱失败以后，杨行密对于其幕府人员并不排斥，"宣州长史骆知祥善治金谷，观察牙推沈文昌为文精敏，尝为颙草檄骂行密，行密以知祥为淮南支计官，文昌为节度牙推"③。

徐温长于谋略，执政期间，重用文士严可求、骆知祥等人。《新五代史·吴世家》云，"温客尤见信者，惟骆知祥、严可求，可求善筹画，知祥长于财利，温尝以军旅问可求，国用问知祥，吴人谓之严、骆"。唐末以来，藩镇割据混战，人才散处各地，不少士人为逃避迫害，流亡或隐居不仕。天祐六年(909)，"淮南初置选举，以骆知祥掌之"④。骆知祥为吴国选拔不少人才，"世多服其精核"⑤。后来左司郎中王潜"典选事"，招揽士大夫，"潜雍容款接，坐客常满，随才而使，人人自以为得"⑥。对于地方节度使、刺史违法之事，决不姑息。寿州团练使崔太初为政苛酷，百姓怨恨，徐温立即将其招回。养子徐知诰劝告："寿州边隅大镇，征之恐为变，不若使之入朝，因留之。"徐温愤然而起："一崔太初不能制，如他人何！"最后把他调出寿州，改任右雄武大将军。⑦继任团练使钟泰章曾为徐温杀死张颢，一旦被人告发"侵市官马"，即以滁州刺史王稔接替其职，决不袒护。徐温本人也亲自处理狱讼，"虽

① 《十国春秋》卷五《袁袭传》。
② 《十国春秋》卷五《高勖传》。
③ 《资治通鉴》卷二六三，"天复二年"条。
④ 《资治通鉴》卷二六七，"开平三年"条。
⑤ 《十国春秋》卷十《骆知祥传》。
⑥ 《十国春秋》卷十《王潜传》。
⑦ 《资治通鉴》卷二七一，"龙德元年"条。

不知书,使人读狱讼之辞而决之,皆中情理"①。

徐知诰辅政时期,大力推行文治。早在徐知诰治理升州之时,就注意"选用廉吏,俏明政教,招延四方士大夫,倾家赀无所爱"②。他辟洪州进士宋齐丘为推官,令与判官王令谋、参军王翃专主谋议,以牙吏马仁裕、周宗、曹悰为腹心。天祐十五年(918),徐知诰担任左仆射、参知政事兼知内外军事。执政期间,注意改良政治,完善政府机构,"渐复朝廷纲纪,修典礼,举法律,以抑强暴"③,"于是士民翕然归心,虽宿将悍夫无不悦服"④,吴人称之"政事仆射"。当时中原战乱不休,大批士人逃往江南,徐知诰利用扬州地理位置,网罗人才,"于其所居第旁,创为延宾亭,以待四方之士,遣人司守关徼,物色北来衣冠,凡形状奇伟者,必使引见。语有可采,随即升用"。徐知诰本人出身贫寒,"每言百姓皆父母所生,安用争城广地,使之肝脑异处,膏途满野",从不轻易对外战争,"执吴之政,仅将一纪才一拒越师,所谓不得已而用之"⑤。

吴大和三年(931),徐知诰袭徐温镇海、宁国节度使之职,驻镇金陵。以长子景通为司徒、同平章事,知中外左右诸军事,留在扬州辅政。次年,扩展金陵城,于府舍建礼贤院,"聚图书,延士大夫,与孙晟及海陵陈觉谈议时事"⑥。南唐建立后,继续开科取士。升元二年(938),复设太学,此后州县学校纷纷建立。马令评论曰:"南唐跨有江淮,鸠集坟典,特置学官,滨秦淮开国子监,复有庐山国学,其徒各不下数百,所统州县往往有学。"⑦升元六年(942),李昪在一份诏书中强调儒臣作用,"自今宜举用儒者,以补不逮"⑧。南唐进士科始设于升元末年,中间一度停开,但元宗、后主时期较为频繁。据李焘记载,开

---

① 《资治通鉴》卷二六六,"开平二年"条。
② 《资治通鉴》卷二六八,"乾化二年"条。
③ 马令:《南唐书》卷一《先主书》。
④ 《资治通鉴》卷二七〇,"贞明四年"条。
⑤ 史虚白《钓矶立谈》,第5页。
⑥ 《资治通鉴》卷二七七,"长兴二年"条。
⑦ 马令:《南唐书》卷二三《朱弼传》。
⑧ 马令:《南唐书》卷一《先主书》。

宝八年（975）二月，"江南知贡举、户部员外郎伍乔放进士张确等三十人。自保大十年（952）开贡举，讫于是岁，凡十七榜，放进士及第者九十三人，九经一人"①。据近人《南唐贡举考略》研究，南唐贡开设进士科十九次，另外尚有经义、法律等科。② 此外，南唐鼓励士民上书，建言献策，"多用上书言事拜官"③。南唐元宗、后主本人才学出众，更为重视选拔文士，史称"唐主好文学，故熙载与冯延巳、延鲁、江文蔚、潘佑、徐铉之徒皆至美官"④。

南唐大力推行文治措施，推动了地方经济文化的发展，"当时唐之文雅于诸国为盛"⑤。宋代以后学者对于南唐文化成就给予很高评价。元陆友仁《砚北杂志》评论："五代僭伪诸国，独江南文物为盛。"清王士禛也称，"五代时中原丧乱，文献放阙，惟南唐文物甲于诸邦"⑥。

### 三、地方治理与吏治

唐末及五代初期，地方局势动荡，吏治多有缺失，所谓"兵兴之后，循吏用稀"⑦。文献不乏此类记载，如《资治通鉴》卷二百六十八称，"时诸州长吏多武夫，专以军旅为务，不恤民事"；《十国春秋·南唐烈祖纪》亦云，"时江淮初定，州县吏务赋敛战守"。随着地方局势逐渐稳定，各政权也注意稳定秩序，整顿吏治。吴杨行密时期战争不断，地方吏治很难兼顾。如崔太初"事（吴）太祖父子，官至寿州团练使，在官颇以诛求苛刻为事"⑧。徐温父子已注意到惩贪问题，留心吏治。徐知诰执政特别是南唐建立以后，吏治明显有所好转。一些地方官吏因其政绩卓著而受到表彰，或者为百姓所传颂。如吴天长令江梦孙，"治县宽简，吏民安之。逾年，弃官去，县人号泣，送之数十里"⑨。含山知

---

① 李焘：《续资治通鉴长编》卷十六。
② 周腊生：《南唐贡举考略》，载《文献》2001年第2期。
③ 陆友仁：《砚北杂志》卷上。
④ 《资治通鉴》卷二九〇，"广顺二年"条。
⑤ 《资治通鉴》卷二九〇，"广顺二年"条。
⑥ 王士禛：《香祖笔记》卷五。
⑦ 《全唐文》卷八八六《包府君墓志》。
⑧ 《十国春秋》卷九《崔太初传》。
⑨ 《十国春秋》卷十《江梦孙传》。

县包泳"简法纾刑,约廉敦信,县无逋事,吏不能欺,莅官七考,清啸而已,选授知虔州鄠都令"①。其他如陶雅、朱匡业治理歙州,均有政绩可称。

### 1. 庐州吏治与吴唐禅代

庐州是杨行密奠基之地,其集团初期核心人物多出自庐州。主要将领如田頵、陶雅、刘威、台濛、马珣、李遇、秦斐、张崇、王绾、王茂章、王稔、陈知新、钟章(钟泰章)以及谋士袁袭、高勖、戴友规都是庐州人。中和三年(883)杨行密担任刺史,逐步向外拓展。光启三年(887),扬州受困后,杨行密退回庐州以图后举。文德元年(888),杨行密南下宣州,以部将蔡俦为庐州刺史。扬州孙儒趁机进攻庐州,蔡俦被迫投降孙儒。景福二年(893),杨行密战胜孙儒,担任淮南节度使。蔡俦担心不能见谅,联络舒州刺史倪章,依附宣武镇朱温,并索性发掘杨行密父祖坟茔。当年八月,杨行密派遣部将李神福进攻庐州,随后亲临前线督战,再调田頵前来围攻。城内守将张颢率兵投降,杨行密用为牙兵指挥使。蔡俦拒绝投降,城陷自杀。部下建议挖掘蔡俦父母坟墓,杨行密回答:"蔡俦以此为恶,吾岂复为邪?"②

庐州收复后,杨行密调刘威为庐州刺史,不久迁为观察使。"是时四郊多垒,井邑萧然,威内抚百姓,外御寇兵,庐州以宁"③。天复三年(903),庐州置德胜军,以刘威为节度使。天祐四年(907),刘威改任镇南节度使。常州刺史张崇"以绩效转官检校太保,授庐州刺史,兼本州团练使,天祐四年八月到任"④。十三年,张崇率兵平定光州将刘言之乱,以功加平南军节度使,后又擢为德胜军节度使,加封清河郡王。张崇在庐州二十多年,为政苛暴,多为不法之事,尝因醉杀人,民怨颇大,以其财货贿赂权要,得以不断升迁。尝入觐扬州,百姓以其调离庐州,奔走相庆曰:"渠伊(此人)不复来矣!"张崇返回后,计口征收"渠伊钱";次年再次入觐,百姓不敢再说,"惟捋髭相庆",张崇闻知后,奏

---

① 《全唐文》卷八八六《包府君墓志》。
② 《新五代史》卷六一《吴世家》。
③ 《十国春秋》卷五《刘威传》。
④ 《全唐文》卷八六八,殷文圭《后唐张崇修庐州外罗城记》。

请留任，征收"捋髭钱"，又获钱数万贯，"为民患者二十余年"①。侍御史杨廷式因借庐州属县庐江县令贪赃事而纠弹张崇，徐知诰以牵涉徐温而不问。②

张崇死后，舒州宿松（今属安徽）人、宿将周本出镇庐州，担任德胜军节度使。周本目不知书，然能尊儒重士，对僚属以礼相待，力改张崇苛政，"士民爱之"③。徐知诰加周本为安西大将军、太尉，封西平王。当时徐知诰图谋禅代，其亲信徐玠、周宗等人以周本、李德诚名望素著，讽劝他领头推戴。周本内心有所不甘，对亲信说："我受吴室厚恩，老矣，复能推戴异姓乎？"周本幼子弘祚担心家族被害，遂以周本名义拥戴徐知诰。当时杨行密第三子临川王杨濛不满徐氏专政，被诬以"藏匿王命，擅造兵器"④，废为历阳公，软禁在和州，闻听齐王即将受禅，乃杀死监守官员，率亲信投奔周本，周本欲开门迎接，亦为周弘祚所阻。周本大呼："我家郎君也，奈何不使我一见！"⑤周弘祚囚系杨濛往扬州，途中杨濛被杀。随后，周本被迫派遣使者前往金陵劝进，返回后愧恨成疾，数月而亡。其长子周邺，有战功，南唐时统领亲军，累官至滁州刺史、庐州观察使。

2. 濠州、寿州的治理

濠州、寿州系沿淮军事重镇。乾宁二年（895）二月，杨行密进攻濠州，执依附宣武的刺史张璲，遂有其地而进围寿州。四月，杨行密以寿州难克，准备撤回。部将朱延寿请求领兵再攻，士兵皆苦战，遂拔之，执其州刺史江从勖。杨行密以朱延寿为寿州团练使。汴兵数万前来进攻，朱延寿以黑云队长李厚出城应战，都押牙柴再用领兵相助，双方殊死作战，最后朱延寿趁汴兵疲惫之际，亲率敢死之士进攻，汴兵大败后退走。三年，朱延寿率寿州之兵取蕲、光二州。天复初年，昭宗以朱延寿骁勇善战，授蔡州奉国节度使，寻以凤翔围解而止。然朱延寿为

① 《十国春秋》卷九《张崇传》。
② 《资治通鉴》卷二七一，"贞明六年"条。
③ 《十国春秋》卷七《周本传》。
④ 《资治通鉴》卷二七九，"清泰元年"条。
⑤ 《资治通鉴》卷二八一，"天福二年"条。

行密妻弟而行密轻加狎侮,招致朱延寿怨愤。天祐元年(904),朱延寿遂与田頵密谋反抗。杨行密采纳徐温建议,派人征朱延寿入扬州而杀之。

寿州与后梁隔河相对,派驻重兵防守,而军将专横难制。天祐十五年(918),寿州衙内指挥使崔太初,以从徐温破梁将王景仁,遂迁本州司马,权知寿州团练事。不久,升为团练使。崔太初为政苛察,招致百姓怨恨。徐温以其子徐知训北征颍州之机,途经寿州。崔太初不敢反抗,遂迁为右雄武大将军。继任者贪贿者有之,勤政清廉者亦有之。吴王杨溥时期,钟泰章为团练使,有人告钟泰章"侵市官马"[1],徐温立即以滁州刺史王稔巡视霍邱,因改钟泰章为饶州刺史,以王稔为寿州团练使。不久,移清淮军于寿州,升王稔为清淮军节度使。王稔"好儒学,性宽厚,褒衣博带,有同儒者",在寿州不过三年,大力推行文治。"先是寿春人多尚武,复警夜治严,稔至唯阅经籍,下帷肄业,通宵无禁。不数载,鼓箧待问者四境鳞萃,每讲肄开,必馈以束修旨酒。乡里荐举,岁常百余人",使当地风气为之一变。[2] 后任者周本、姚景、刘仁赡等人都有政绩。姚景原是濠州团练使刘金部将,颇受刘金重视,招为女婿。徐知诰辅政以后,召入扬州掌管亲军,南唐时期授清淮节度使。"寿春为江淮重镇,民不堪供亿之苦。景至,一切罢去",又奖赏廉吏,惩治贪吏,"贪墨者稍稍敛息"[3]。姚景尝见其子招摇过市,市民四散逃避,立即杖责其子。

南唐保大二年(944),姚景病卒,由名将刘信之子刘彦贞继任清淮节度使。刘彦贞落拓无行,所历藩镇专以贪暴为事,又贿赂权贵魏岑而获得元宗宠任,寿州有安丰塘,溉田一万余顷,刘彦贞以疏浚城壕为名,"决水入壕中,民田皆涸,而督赋益急,皆卖田去。彦贞择尤膏腴者,以下价售之,乃复潴塘水如初,岁入不可胜计"[4]。在镇十余年,尝恐迁徙他地,托称北兵进攻而自固。后周显德三年(956),周军进攻寿

① 《资治通鉴》卷二七二,"同光元年"条。
② 《九国志》卷一《王稔传》,第17页。
③ 《十国春秋》卷二三《姚景传》。
④ 马令:《南唐书》卷十七《义死传》。

州,刘彦贞不辨虚实,率军追击,为周军所杀,《十国春秋》评论"淮南丧地千里,其败实自彦贞始,虽死国事,议者不与也"①。

濠州,在吴、南唐时期为曲溪刘氏辖区。光启三年(887)杨行密进军扬州,行至天长,淮南镇将刘金与高霸等人率众归附,遂预"三十六英雄"之列。杨行密收抚濠州后,以刘金为团练使。天祐二年(905)刘金病亡后,杨行密以其子刘仁规继任。刘仁规为政苛刻,在任民怨沸腾,官至清淮节度使,吴乾贞元年(927)卒。移清淮军于寿春,以仁规之子崇俊为濠州刺史、都团练观察使。刘崇俊初治濠州,力矫其父苛政,然数年之后,"渐专恣不法,多畜不逞,使过淮掠获美女、良马以自奉"。南唐保大元年(943),元宗李璟即位,升濠州为定远军,以刘崇俊为节度观察等使,又以其子刘节尚太宁公主。然元宗也厌恶其贪暴,刘崇俊贿赂权贵,要求兼领寿州,元宗佯装不解其意,将其移镇寿州,以楚州刺史刘彦贞为濠州观察使。② 刘崇俊弄巧成拙,不久病死于寿州,元宗亦将刘彦贞改调寿州清淮军节度使,以侍卫诸军都虞候郭全义为濠州观察使。

3. 宣州的治理

唐龙纪元年(889),杨行密攻占宣州,杀观察使赵锽。唐昭宗乃以杨行密为宣州刺史、宣歙等处观察使。次年,升宣歙为宁国军。景福元年,杨行密进入扬州、担任淮南节度使,以大将田頵为宣州刺史、节度观察使。田頵,庐州合淝人,通诗书,有大志,与杨行密同里,二人约为兄弟,"行密据庐州,頵谋为多"。田頵以宣州为基地,败升州冯宏铎,又屡败钱氏,在宣州治理上成绩突出。史称"頵善为治,资宽厚,通利商贾,民爱之。善遇士,若杨夔、康轺、夏侯淑、殷文圭、王希羽等皆为上客。文圭有美名,全忠、頵交辟不应。頵置田宅,迎其母,以甥事之,故文圭为尽力"③。然随着田頵势力发展,与杨行密矛盾不断升级。田頵建议向唐廷交纳贡赋,杨行密以"贡赋羼汔而达,适足资敌尔"而拒绝,田頵欲攻打钱氏又遭拒绝,加以要求兼领歙、池二州不遂,于是

---

① 《十国春秋》卷二二《刘彦贞传》。
② 《十国春秋》卷二二《刘崇俊传》。
③ 《新唐书》卷一八九《田頵传》。

联络朱温。大将李神福建议出兵进攻,杨行密未允。天复三年(903)六月,田頵据宣州联络常州安仁义、寿州朱延寿起兵叛乱,杨行密令李神福率兵迎战,又派遣台濛领兵相助。十月,乱平以后,杨行密以台濛为宣州观察使。

天祐元年(904),台濛病亡。杨行密以其长子杨渥为宣州观察使。二年十月,杨行密病重,杨渥从宣州返回扬州,担任淮南节度留后,由润州团练使王茂章改任宣州观察使。十一月,杨渥继任淮南节度使、东南诸道行营都统、弘农郡王。杨渥昏暴,赶赴扬州时,欲取藩府旧物及亲兵自随,为王茂章所拒绝,极为不满。十二月,"遣马步都指挥使李简等将兵袭之"①。天祐三年(906)正月,王茂章不能抵抗,率亲兵投奔钱镠,钱镠以王茂章为镇东节度副使,改名王景仁。杨渥乃以大将李遇为淮南行军司马、宣州团练使。李遇在任七年,境内比较安定。然当时徐温以牙将身份主政,引起杨行密旧将不满,李遇尤为恼怒。天祐九年(912)三月,李遇扬言:"徐温何人?吾未尝识面,一旦乃当国邪!"②徐温派人劝其入觐,遭到拒绝,随后以淮南节度副使王坛为宣州制置使,遣都指挥使柴再用率升、润、池、歙四州之兵逼近宣州,李遇不受代。五月,李遇兵败出降,全家被屠。

李遇之后,宣州局势稳定。徐温移镇金陵后,宣州为属郡,经济发展较快。南唐初年,柴克宏担任宣州巡检使,当时州城因田頵、王茂章、李遇叛乱而颓废,乃大加营缮,"厥后吴越兵至,赖以得全"③。

### 4. 陶雅治理歙州

歙州原为宣州属郡。景福二年(893),宁国节度使田頵率军二万进攻歙州,刺史裴枢善于治理,获得百姓拥戴,城久攻不下。当时,诸将贪暴,唯池州陶雅为政宽厚,裴枢派道士聂师道前往劝说田頵:"苟得池阳陶牧为守州,人孰不承命!"④田頵驰报扬州,杨行密以陶雅主持歙州。裴枢返回长安后,表奏陶雅为歙州刺史。歙州所属黟县、祁门、

---

① 《资治通鉴》卷二六五,"天祐二年"条。
② 《资治通鉴》卷二六八,"乾化二年"条。
③ 《十国春秋》卷二二《柴克宏传》。
④ 《九国志》卷一《陶雅传》。

绩溪、休宁、歙县皆下，唯婺源为土豪汪武所据，迁治于弦高镇。天祐初年，陶雅出兵攻江西，途经婺源时执汪武，"以朱环为新县，制置巡辖婺源、德兴、浮梁、祁门四县，改旧县为清化镇"①。不久，取消婺源制置，复为婺源，隶属歙州。时衢州刺史陈璋、睦州刺史陈询皆叛钱镠依附杨行密，二年六月，陶雅与睦州刺史陈询攻占婺州，执其刺史沈复，杨行密以陶雅为江南都招讨使、歙婺衢睦四州都团练、观察、处置等使。然次年，宣州王茂章叛附钱镠，陶雅随从前线撤兵，衢、婺、睦三州复为钱镠所占。

天祐九年（912）宣州李遇被杀，陶雅入觐扬州，不久再镇歙州，"在郡二十余年，兵革数动，旧赋之入不足以充军"。赋税重于邻郡数倍，然境内比较安定，陶雅擅长治理，"民感其化，生男女以陶为字"②。后来朱匡业等人治理歙州，亦有政绩。

5. 宋齐丘与池州

池州濒临长江，南唐升元二年（938）升为康化军节度，以杨吴宗室杨珙为节度使。次年五月，杨珙以疾罢归永宁宫，以故吴太子杨琏继任节度使。升元四年二月，杨琏暴死，以统军王彦俦为节度使。在池州发展过程中，宋齐丘有着较大的影响，先后三次退隐九华山。

宋齐丘，字子嵩，初字昭回，庐陵（今江西吉安）人，早年勤奋好学，有大志。父宋诚曾任洪州钟传节度副使，因徙家洪州。徐知诰开府升州，宋齐丘奔之，遂成为心腹谋士，号称"布衣之交"③。然心胸狭窄，急功近利。歙州人汪台符献书徐知诰，宋齐丘忌妒其才学而排挤。汪台符盛怒之下写信嘲讽："闻君齐大圣（孔丘）以立名，昭亚圣（颜回）而称字。"④宋齐丘惶恐改为字子嵩，后来将汪台符灌醉，投入长江溺死。徐知诰镇润州，平扬州之乱，定赋税差役，皆出自宋齐丘之策。然徐温颇厌恶其为人，始终不能升迁。徐温死后，擢右司员外郎，累迁右谏议、兵部侍郎，开始居中用事。宋齐丘又感到资望不足，遂以归葬

---

① 《弘治徽州府志》卷一《地理一》。
② 《九国志》卷一《陶雅传》。
③ 《资治通鉴》卷二八五，"开运二年"条。
④ 《十国春秋》卷十《汪台符传》。

亡父为名,迁居九华山,"止于应天寺,启求隐居"①,吴帝杨溥多次征召,均不应。徐知诰出镇金陵,留其子李璟扬州辅政,遂征宋齐丘为中书侍郎,迁右仆射、平章事,乃开始树立朋党,与陈觉、李征古、冯延嗣、魏岑、查文徽等人结成团伙。徐知诰图谋禅代,宋齐丘以为谋非己出而进言阻止,开始遭到冷遇。徐知诰评论宋齐丘:"宋公有才,特不识大体耳,孤岂忘旧臣者!"南唐建立后,宋齐丘虽以丞相兼平章事,出为镇南节度使。元宗继位,再为丞相,不久即以结党外放润州。宋齐丘愤而再次奏请归隐九华山,元宗表面上给予优待,"赐号九华先生,封青阳公,食青阳一县租税"②,并将青阳县划入江宁府。宋齐丘"乃治大第于青阳,服御将吏,皆如王公,而愤邑尤甚"③。后再次征为太傅、中书令,赐号国老,然不准参与朝政。保大末年,再次被逐出朝廷,其党羽或被赐死,或被流放。不久宋齐丘在青阳软禁,随之抑郁而死。

---

① 《十国春秋》卷三《吴睿帝纪》。
② 《十国春秋》卷二〇《宋齐丘传》。
③ 《资治通鉴》卷二八三,"天福八年"条。

# 第十二章

## 吴、南唐统治下的江淮经济

在南方诸国政权中,吴、南唐势力最强。《旧五代史·僭伪列传》曰:"其地东暨衢、婺;南及五岭;西至湖、湘;北据长淮,凡三十余州。广袤数千里,尽为其所有。近代僭窃之地,最为强盛。"吴和南唐与北方五代王朝相抗衡,抵制周边割据政权的侵扰,注重稳定内部,与周边割据政权进行往来,发展经济。《册府元龟·僭伪总序》曰,"杨行密宅淮海之壤,擅鱼盐之富建号而称吴","李昪承吴人之业,保重江之阻,冒旧服而为唐"。地方经济得到恢复并有所发展。其时中原地区战乱不休,但江淮地区则"耕织岁滋,文物彬焕,渐有中朝之风"①。社会生活相对安定,虽然经历了吴和南唐的禅代,并没有引起较大的社会动荡。

---

① 《钓矶立谈》。

# 第一节　吴、南唐时期发展经济的措施与制度

## 一、吴、南唐发展经济的具体措施

经过唐末战乱，江淮地区荆棘遍地，人口流亡，经济上处于瘫痪状态。吴、南唐的统治者从杨行密、徐温到李昪，都注意发展经济，内部亦稳定。《旧五代史·僭伪列传》记载，"自光启末，高骈失守之后，行密与毕师铎、秦彦、孙儒递相窥图，六七年中，兵戈竞起，八州之内，鞠为荒榛，圆幅数百里，人烟断绝"。这八州，就是安徽江淮之间六州和扬州、楚州。面对经济残破，杨行密在消灭军阀孙儒以后，"招合遗散，与民休息，政事宽闲，百姓便之"①。又采纳幕僚高勖建议，与周边开展贸易，"选贤守，令劝课农桑"②。同时提倡节俭，江淮地区经济得以恢复并有所发展。杨行密本人生活也极为节俭，衣衫都经过缝补，自称"吾兴细微，不敢忘本"③。天祐二年（905），杨行密病亡，"遗令谷葛为衣，桐瓦为棺"④。

徐温执政时期，继续推行杨行密统治时期政策，整顿吏治，惩治贪暴官吏。寿州团练使崔太初为政苛暴，徐温征调其入朝。养子徐知诰担心造成变故，徐温大怒："一崔太初不能制，如他人何！"⑤后任团练使钟泰章曾为徐温杀死张颢，被人告发"侵市官马"，立即征入诘问，派滁州刺史王稔接替其职，决不祖护。尽管徐温本人不知书，"使人读狱讼之辞而决之，皆中情理"⑥。徐温个人生活节俭，其母周氏病亡后，丧仪所用偶人，身着绫锦，徐温为之不满，对将吏说："此皆出民力，奈

---

① 《旧五代史》卷一三四《僭伪列传一》。
② 《十国春秋》卷五《高勖传》。
③ 《资治通鉴》卷二六〇，"乾宁二年"条。
④ 《新唐书》卷一八八《杨行密传》。
⑤ 《资治通鉴》卷二七一，"龙德元年"条。
⑥ 《资治通鉴》卷二六六，"开平二年"条。

何施于此而焚之,宜解以衣贫者。"①徐温秉政期间,境内比较安定,社会经济也有相当发展,史称"江、淮间旷土尽辟,桑柘满野,国以富强"②。

天祐十二年(915),徐温受封为齐国公、两浙招讨使,出镇润州,由其长子徐知训据守广陵辅政,"大事温遥决之"③。十五年(918),徐知训为大将朱瑾所杀。其养子徐知诰(李昇)赶赴扬州平乱,"温还镇金陵,总吴朝大纲,自余庶政,皆决于知诰"④。徐知诰出身贫寒,幼年经历乱离艰苦,执政以后尽力避免对外用兵,"志在守吴旧地而已,无复经营之略也。然吴人亦赖以休息"⑤。吴天祚三年(937),徐知诰即位称帝,是为南唐烈祖。史称:"唐主性节俭,常蹑蒲屦,盥颒用铁盎,暑则寝于青葛帷,左右使令惟老丑宫人,服饰粗略。"执政及称帝时期,"仁厚恭俭,务在养民,有古贤主之风"⑥。其继承者亦注重经济。现存文献对于徐知诰各项施政措施记载较多,大体上包括减免赋役,招民垦荒,救济灾民,兴修水利等方面。其一,减免赋役。李昇执政之初,"以吴王之命,悉蠲天祐十三年以前逋税,余俟丰年乃输之"。升元四年(940)二月,"诏罢营造力役,毋妨农事"。六月,"罢宣州岁贡木瓜杂果"⑦。元宗保大四年(946)九月,"淮南虫食稼,除民田税"⑧。其二,招民垦荒。南唐对于渡淮南迁百姓,注意安抚,解决其生计问题。升元三年,烈祖李昇下诏,对于归附百姓,"有司计口给食,愿耕植者授之土田,仍复三岁租役"⑨。其三,鼓励从事农桑。升元三年(939)四月诏"民三年艺桑及三千本者,赐帛五十匹。每丁垦田及八十亩者,赐钱二万,皆五年勿收租税"⑩。农户种桑三千株及垦田八十

① 《资治通鉴》卷二六七,"开平四年"条。
② 《资治通鉴》卷二七〇,"贞明四年"条。
③ 《新五代史》卷六一《吴世家》。
④ 《资治通鉴》卷二七〇,"贞明四年"条。
⑤ 《新五代史》卷六二《南唐世家》。
⑥ 陆游:《南唐书》卷一《烈祖纪》。
⑦ 陆游:《南唐书》卷一《烈祖纪》。
⑧ 《十国春秋》卷十六《南唐元宗纪》。
⑨ 马令:《南唐书》卷一《先主书》。
⑩ 陆游:《南唐书》卷一《烈祖纪》。

亩者,都受到奖励。其四,救济灾民。升元三年,境内发生旱灾。六年六月,"常、宣、歙三州大雨涨溢",派人前去赈济。同年,"大蝗自淮北蔽空而至","命州县捕蝗,瘗之"①。

在李昪执政和称帝年间,境内比较稳定,经济发展较快。《十国春秋·刘承勋传》称,"自杨氏建国,抚有江淮,比他国最为富饶,山泽之利,岁入不赀。烈祖励以节俭,一金寸物不妄费,其积如山"。继位元宗李璟、后主李煜虽不及李昪,然也能做到关注民生疾苦,发展经济。保大元年(943),元宗刚即位就下诏"蠲民逋负租税,赐鳏寡孤独粟帛"。保大四年(946)九月,"淮南虫食稼,除民田税"②。保大十二年(954),发生旱灾和饥荒,"命州县鬻糜食饿者"③。这些措施都有利于稳定地方秩序,促进江淮经济的恢复和发展。

### 二、吴、南唐时期的江淮屯田

自唐后期起,藩镇战乱不止,军阀势力坐大。一方面维持庞大军费的需要,一方面人口逃亡转徙的流失,各国都很注重发展经济以筹备军饷,特别是进行屯田。吴是由淮南节度使发展而来的。从杨行密到吴王杨隆演,都以淮南节度使身份兼领营田、观察等使,各州都进行屯田,"置使专掌"④,设置营屯都虞候、屯田使、屯田副使、营屯使等职,负责各地屯田事务。屯田既由军队屯垦,解决军粮,也有州县土地佃民耕种。

最初,屯田主要分布在江北州县。⑤ 其原因是江淮地区战乱频繁,人口流移,加上屯驻军队的需要。其中寿州、濠州、泗州、楚州地区,屯田数量较多。寿州是军事重镇,军队数目庞大,设有营田使、营田副使等专管屯田事务。南唐时期,还设置屯田员外郎等职位,如陈乔,"烈祖颇器重之,迁屯田员外郎,转中书舍人"⑥;刘彦贞,"以父任为大理

---

① 《十国春秋》卷十五《南唐烈祖纪》。
② 陆游:《南唐书》卷二《元宗纪》。
③ 《十国春秋》卷十六《南唐元宗纪》。
④ 马令:《南唐书》卷二《嗣主书》,第13页。
⑤ 《江南野史》卷二。
⑥ 《十国春秋》卷二七《陈乔传》。

评事,迁屯田员外郎"①。江南地区,也有屯田之所。婺源屯田规模较大。后唐同光年间,刘津担任婺源制置,统领婺源、德兴、浮梁、祁门四县,"领关西卒来镇婺源,分诸校置营屯田,凡五溪,曰武溪香田、思溪大田、敛溪车田、浮溪言,故溪,丰田,他如杨田、棋田、长田、罗田、冲田、仰田,皆屯耕之所"②。当时官员对于屯田也十分重视,《资治通鉴》记载,南唐时期,元宗因李德明奏请,"大辟旷土为屯田,修复所在渠塘埋废者。吏因缘侵扰,大兴力役,夺民田甚众,民愁怨无诉"③。

屯田负担较重,佃民难以维持。南唐元宗后期,"执事者虐用民力,人多怨之。及周师至,皆以牛酒迎之,而周师不能安抚,皆奴隶俘虏视之,犹如草芥"④。后周渡淮攻掠州县,佃民主动迎降。但周军不能安抚,很快失去支持。保大十四年七月,"诸郡屯田相率起义,以农器为兵,襞纸为铠,群相保聚",称"白甲子"、"白甲兵"。在"白甲兵"配合下,南唐收复扬州、舒州、蕲州、光州、和州、滁州等地。当年十月,南唐"诏省淮南屯田之害民者"⑤。余下屯田也处在衰败状态。宋建隆二年(961)七月,后主李煜继位,当时江北诸州已失,江南则为人口稠密之地,屯田规模有限,"罢诸路屯田使,委所属令佐与常赋俱征,随所租入十分锡一,谓之率分,以为禄廪,诸朱胶牙税视是"⑥。南唐屯田才宣告结束。

### 三、赋税制度

税收,是国家财政的主要来源。"唐自开元天宝以后,藩镇屯重兵,皆自赡,租赋所入,名曰送使、留州,其上供者鲜矣"⑦。吴、南唐时期,大体沿用唐代征税制度,但具体征收形式及税额方面有所调整。

杨行密担任淮南节度使时期,就已经计亩征税。南宋曾敏行在

---

① 《十国春秋》卷二二《刘彦贞传》。
② 《弘治徽州府志》卷一《地理一》。
③ 《资治通鉴》卷二九一,"广顺三年"条。
④ 《江南野史》卷二。
⑤ 《江南野史》卷二。
⑥ 《十国春秋》卷十七《后主纪》。
⑦ 《续资治通鉴长编》卷七。

《独醒杂志》记载，"予里中有僧寺曰南华，藏杨李二氏税帖，今尚无恙。予观杨行密时所征产钱，较之李氏轻数倍"。产钱即计亩所纳之钱。曾敏行是吉州（今江西吉安）人，杨行密时并未占领吉州，此话可能有误，但当时确实计亩征税。大体来说，居民负担分为丁口钱和田亩税，征收之时，田亩税分夏、秋两季进行，分别称作夏税、秋税。最初由于各州各自为政，征收方式和征收数额有所不同。

歙州，是杨吴时期赋税较重地区。陶雅在景福二年（893）进入歙州后，调整税额，也实行按亩征钱制度。当时歙州六县中，婺源为土豪汪武所据，陶雅将其中五县田亩夏税分为三等，上等田亩税二百文，中等一百五十文，下等一百文。秋税征米，称作"苗米"。上等亩税米二斗二升，中田米一斗七升七合，下田米一斗三升三合。天复三年（903），陶雅消灭汪武以后，婺源田税额定为上田四十二文，中田四十文，下田三十八文。[①]《宋会要辑稿·食货》追述当时歙州税制："（绍兴元年十月）七日，江南东西路宣谕刘大中言，徽州山多地瘠，所产微薄。自为唐陶雅将歙县、绩溪、休宁、祁门、黟县田园分作三等，增起税额，上等田每亩至税钱二百文，苗米二斗二升。为输纳不前，却将绸、绢、绵、布虚增高价，纽折税钱，谓之元估八折。惟婺源一县不曾增添，每亩不过四十文。"陶雅不仅征钱，同时税米，这与宋代夏钱秋米极为相似。在实际征收时，推行虚估和折变制度。当时钱重物轻，虚估物价，并允许折物征收，一般折绢征收。

与其他地区相比，歙州赋税过于繁重。《弘治徽州府志》记载，"以宣饶池诸县壤土相接者较之，太平之接于歙者，其田亦三等税钱自十二至九文，苗米自一斗三升九合至一斗有半，浮梁之接祁门者，税钱自二十四至十四文，苗米五升五合至三升三合，旌德之接绩溪者税钱自六十至四十文，苗米自一斗八升八合至一斗四升；开化之接休宁者，税钱自七文至四文八分，米自四升四合至三升；石埭之接黟者，税钱自十二至八文，米自一斗一升七合至六升五合，其与税钱二百、苗米二斗、麦八合八龠，加以杂钱二十四文展转折变之者为不侔矣"。歙州比

① 《淳熙新安志》卷二《税则》。

较特殊,主要是当时歙州地理位置以及频繁的军事活动,"兵革数动,旧赋之入不足以充军,此其势必至于增赋,不特为羡余而已"①。

当时还有丁口钱,即身丁钱,其数额没有记载。《资治通鉴》卷二七〇记载,"吴有丁口钱,又计亩输钱,钱重物轻,民甚苦之"。南宋洪迈也提到吴国"算计丁口课调,亦课钱"②。但经宋齐丘建议,最后将身丁钱蠲除,终南唐之世,身丁钱不复存在。《资治通鉴》将吴国免除身丁钱的时间定在天祐十五年(918),然根据吴国改订税制情况,当如《十国春秋》所言,在顺义二年(922)。

杨吴正式建国后,着手制定统一税额。顺义二年(922),"命官兴版簿,定租税,厥田上上者每顷税钱二贯一百文,中田一顷税钱一贯八百文,下田一顷税钱一贯五百文,皆输足陌见钱,若见钱不足,许依市价折以金银,并计丁口科调,亦课钱以为率守"。员外郎宋齐丘建言:"江淮之地,自唐季以来,为战争之所。今兵革乍息,氓黎始安,二必率以见钱,折以金银,斯非民耕桑所得也,将兴贩以求之,是教民弃本而逐末耳。乞虚升时价,悉收谷帛本色为便。"③宋齐丘主要考虑两方面:一是实行折纳,允许将铜钱折换,用谷帛来交纳;一是实行虚估,征收时抬高绢帛估价。当时每匹绢市价五百文,绅每匹六百文,绵每两十五文,宋齐丘奏请每匹绢升为一贯七百文,绅为二贯四百文,绵为四十文。另外,又提出免征丁口钱。朝议以为如此则朝廷减少税额以亿万计。宋齐丘则反驳:"安有民富而国家贫者邪?"④

这次调整主要是制定统一的夏税标准,但从实际效果来看,并没有达到预期的效果,税钱额也未广泛推行,如歙州等地还是沿用陶雅所定的税额,只是将田亩税以钱额的制度固定下来,征收之时仍以钱物并征。最后徐知诰接受其建议,蠲免丁口钱,允许将田税和其他税收所征之钱折换谷帛征收。

南唐税制承袭杨吴旧制。徐知诰即位以后,分遣使者考察各地田

---

① 《弘治徽州府志》卷三《食货二》。
② 《容斋随笔》卷十六《宋齐丘传》。
③ 《十国春秋》卷三《吴睿帝纪》。
④ 《资治通鉴》卷二七〇,"贞明四年"条。

地肥瘠。在此基础上，升元五年（941）十一月，"定民田税"①。此次赋役调整正是以两税法的原则来制定税钱额，因此得到广泛的接受。李昇"自登位之后，遣官大定检校，民田高下肥硗皆获允当，人绝怨恣，输赋不稽"②。

这次同样没有制定统一秋税标准，只是规定按照肥瘠分等征税。从《淳熙新安志》保留下来的南唐田税额来看，主要是根据各地的实际情况制定了相应的等级规定。南宋《淳熙新安志》记载了北宋沿袭的吴、南唐田税的一些情况，如宣州太平县税米一斗三升五合至一斗半，而池州石埭税钱米自一斗一升七合到六升五合。南唐池州青阳县曾是宋齐丘的食邑，亩税米也达到了三斗，③歙州上等田则达到二斗二升。徽州地区还进行以米折绢，表现为苗绢最为典型。据南宋程大昌记载："徽州，唐歙州也，有水可通浙江，而港洪狭小，阅两旬无雨，则舟胶不行，以此人之于秋苗额中，量州用米数，许于本色外，余尽计米价，准绢价令输以代纳苗，以便起发也。"④徽州由于运输问题将秋苗计钱再纳绢，形成苗绢，其实质是米折绢征纳。

升元年间还实行盐课配额制度。"升元初，括定民赋，每正苗一斛，别输三斗于官廪，授盐二斤，谓之盐米"⑤。后周显德五年（958），江北诸州尽为周人所有，盐场尽失，"至是淮甸盐场皆入于周，遂不支盐，而输米如初，以为定式"⑥，盐课转而成为正税。此外，还有各种杂税。耗米则为交纳秋税的附加费，义仓则为备荒之用。歙州上田"秋苗则米二斗二升，耗米四升四合，盐钱十二，义仓二升二合"，中田"秋苗则米一斗七升七合，耗米三升五合，盐钱九文，义仓一升九合"，下田"秋苗则米一斗三升三合，耗二升七合，盐钱六文，义仓一升三合"。歙州还有脚钱、麴钱，与盐钱合称"三色杂钱"，"此外又有军衫布，岁

① 《十国春秋》卷十五《南唐烈祖纪》；《困学纪闻》卷十六《历代田赋考》："南唐烈祖分遣使者，按行民田，以肥瘠定其税。"
② 《江南野史》卷一《先主》。
③ 《舆地纪胜》卷二二，《宋史》卷一七四。
④ 程大昌：《演繁露续集》卷二《徽州苗绢》。
⑤ 马令：《南唐书》卷四《嗣主书》。
⑥ 马令：《南唐书》卷四《嗣主书》。

以盐于民间博之,每疋给盐七斤半"①。也有为地方官任意榨取赋税的。如张崇担任庐州观察使,"居官好为不法,士庶苦之。常入觐扬州,庐人意其改任,皆相庆曰:渠伊不复来矣!崇归闻之,计口征'渠伊钱'。明年,再入觐,人多钳口不敢言,惟捋髭相庆。归,又征'捋髭钱'。"②

## 第二节　人口的增加与农业的发展

五代时期,北方陷入长期征战之中,南方相对稳定。部分中原士民为逃避战乱,迁往南方地区,特别是迁往江南地区,这样不仅增加了劳动力,也促进了地方经济的进步。加以较为安定的环境,南方经济获得了一定的发展,皖南地区发展最为迅速。

### 一、人口的增加

唐末五代时期,随着北方持续战乱,大批人口迁往南方,其中不少定居在安徽境内。其中,有因军事活动而留居江淮的。唐末先后有多股军事势力迁入江南,其影响最大的当是宣州秦彦和扬州孙儒两股势力。中和二年(882),原河南军阀秦宗权部下、和州刺史秦彦率所部数千人占据宣州。大顺二年(891)正月,活动在淮南的秦宗权大将孙儒"尽举淮、蔡之兵济江"③,自润州转战江南北部。孙儒率众万余人于光启三年(887)从河南进入安徽境内,后夺取扬州。景福元年,孙儒焚毁扬州,率众五十万人进入皖南,与宣歙观察使杨行密争战,战败被杀,一部分被杨行密收编,一部分逃往湖南,大部分溃卒流落在皖南地区。此外,孙儒军中还有一定数量的淮南人。这些军人,相当部分都留居江南。唐末高骈担任淮南节度使,一批军将随从镇守淮南,留驻

① 《弘治徽州府志》卷三《食货二》。
② 《十国春秋》卷九《张崇传》。
③ 《资治通鉴》卷二五八,"大顺二年"条。

在安徽境内。如李神福,洺州(今河北永年)人,隶上党军籍,"时高骈兼诸道行营都统,神福从州将戍淮海,因投杨行密"①。

也有做官而滞留江淮地区的。如郭全义,唐末"仕为濠州观察使",子孙遂定居濠州②。张训之祖张升,"唐末官清流令,卒葬滁,遂为清流人"③。方虔,唐末为杨行密守将,"总兵戍宁国,以备两浙。虔后为吴越所擒,其子从训代守宁国,故子孙至今为宁国人"④。也有因避乱而逃亡江淮或皖南地区的。南唐烈祖李昇为徐州人,"六岁而孤,遇乱。伯父球携帝及母刘氏,避地淮泗,至濠州"⑤。陈禧,"本桐庐人,避广明之乱,泝流而上,至休宁之西,爱藤溪山水清秀,因家焉。没葬禹山,其后子孙蕃衍,号陈村"。刘依仁,"彭城人,唐末官翰林学士承旨,出守江南,因乱遂家休宁。子澄,仕南唐为国子司业"⑥。南宋罗愿,其祖上"五季时自豫章避地来歙,遂为徽州歙县人"⑦。五代时期北方局势不稳,每当动荡时期,北方人口渡淮,进入江淮地区。

皖南地区局势较为安定,迁居人口较多。当时吴、南唐也注意招徕北方人口。《十国春秋·南唐烈祖纪》称,"是时中原多故,名贤耆旧皆拔身南来,知诰豫使人于淮上赍以厚币,既至,縻之爵禄,故北土士人闻风至者无虚日"。池州濒临长江,也是中原居民南下避乱之地。建德县桃源,虽然"山溪源远,人迹罕到",但在"五代之际,衣冠士族避难于此,皆获免焉",故被称为桃源,即便于躲避战乱的世外桃源。⑧宣州也集中大量北方移民。除了孙儒、秦彦残余势力外,不少避乱迁居。刁彦能,"上蔡人也。父礼,遇乱徙居宣城,彦能少孤贫,事母以孝闻"⑨。歙州也是移民较多的地区,"黄巢之乱,中原衣冠避地保于此,

---

① 《资治通鉴》卷二五五,"中和四年"条。
② 马令:《南唐书》卷十四《郭廷谓传》。
③ 《十国春秋》卷五《张训传》。
④ 《十国春秋》卷一一六《备考》。
⑤ 陆游:《南唐书》卷一《烈祖纪》。
⑥ 《弘治徽州府志》卷十《寓贤》。
⑦ 《新安文献志》卷九四下《鄂州太守存斋罗公传》。
⑧ 《舆地纪胜》卷二二。
⑨ 陆游:《南唐书》卷六《刁彦能传》。

后或去或留,俗益向风雅"①。据明代程尚宽《新安名族志》,徽州有明确迁入时间、地点的五十六姓中,二十六姓系唐后期五代迁入,其中唐末迁入的又占三分之二以上,如金陵迁到歙县黄墩的戴姓,从会稽迁到黄墩又迁到祁门的康姓,从苏州迁到黄墩的朱姓,后来成为望族。又据北宋苏易简《文房四谱》记载,"江南黟歙之地,有李廷珪墨尤佳。廷珪本易水人,其父超,唐末流离渡江,睹歙中可居制墨,故有名焉",后来成为制墨名家,南唐时赐姓李氏。②

### 二、农业的发展

五代时期南方战乱较少,比较安定,各个封建政统治者注意"休兵息民",为了自身存在和发展需要,都比较重视兴修水利,减免租税,发展农业。杨行密时期注意休养民力,徐知诰执政时期,幕僚宋齐丘建议,蠲免丁口钱,推行"虚估","自余税悉输谷帛,绅绢匹直千钱者当税三千"③。实行新税制后,"自是不十年间,野无闲田,桑无隙地"④。

吴、南唐政权都重视农田水利建设。南唐元宗保大十一年(953),"诏州县陂塘湮废者,皆修复之",因而修复已经湮废的陂池。南方还兴建一些水利工程。如吴和南唐在楚州修筑白水塘溉田,在寿州疏浚安丰塘,"溉田万顷,寿阳赖之"⑤。南唐还曾诏令州县,对投奔南唐流民鼓励垦荒,给予优待。五代时期,圩田的"开发遂达高潮",芜湖万春圩就建于吴王杨溥时期。⑥ 万春圩,原名秦家圩,为土豪秦氏所有,到宋仁宗时期进行整修,赐名"万春圩"。南唐时期征其祖赋,以充实后宫财赋。据沈括《万春圩图记》,万春圩在五代时称作"秦家圩","土豪秦氏世擅其利",这也许是关于圩田最早而比较明确的记载。"江南大都皆山也,可耕之土皆湿厌水,濒江规其地以堤,而薮其中谓之圩,芜湖县圩之大者,唯荆山之北,土豪秦氏世擅其饶,谓之秦家圩。

---

① 罗愿:《新安志》卷一《风俗》。
② 苏易简:《文房四谱》卷五,中华书局 1985 年版。
③ 《资治通鉴》卷二七〇,"贞明四年"条。
④ 《十国春秋》卷三《吴睿帝纪》,第 58 页。
⑤ 释文莹:《玉壶清话》卷十《江南遗事》,江苏广陵古籍刻印社 1983 年版。
⑥ 魏嵩山:《丹阳湖区圩田开发的历史过程》,载《历史地理研究》第 1 辑。

李氏据有江南,置官领之,裂为荆山、黄春、黄池三曹,调其租以给赐后宫"[1]。北宋《张颉墓志》记载:"李氏处江南,时太平州芜湖市有圩田八十里,围田四万顷,岁得米百万斛。"[2]

南方各国都重视农田水利建设,加之北方人口大量南迁,带来了先进技术和充足的劳动力,南方农业得以发展,粮食产量增加,经济作物的种植,如茶叶、蚕桑都有大幅度增长。

茶叶种植遍布江淮、皖南地区。寿州是产茶最盛的地区之一,早在唐天宝年间就有私人茶园出现。陆羽《茶经》卷下所列茶叶产地即有宣、歙二州;宣州茶"生宣城县雅山",歙州茶"生婺源山谷"。宣歙二州,是皖南最主要的茶叶产地,分布区域广,从业人口多。歙州祁门等地,时人记曰:"山多而田少,水清而地沃,山且植茗,高下无遗土。千里之内,业于茶者七八矣。由是给衣食、供赋役,悉恃此。祁之茗,色黄而香,贾客咸议愈于诸方。每岁二三月,赍银缗缯素衣求市,将货他郡者,摩肩接迹而至。"[3]又《方舆胜览》亦云祁门"岁以茗、漆、纸、木行江西,仰其米自给",这说明茶叶是该县的经济支柱。《全唐文》卷九七六《茶园户盗卖私茶奏》记载:"江南百姓营生,多以种茶为业。"祁门、休宁、歙县一带所产的茶多以浮梁为集散地。

杨吴政权同中原交往,往往赠以茶叶等物品。如杨行密曾遣唐令图去中原贩茶,后来被扣,导致与朱温关系恶化。吴同后唐交往中,大量馈赠茶叶。宋初君臣也曾受益于南唐植茶业。史称"乾德初,国用未丰,苏晓为淮漕,议尽榷舒、庐、蕲、黄、寿五州茶货,一萌一蘖,尽搜其利,岁衍百余万缗,淮俗苦之"[4]。当时经济发展状况良好。徐温执政时期,"江淮间旷土尽辟,桑柘满野,国以富强"[5]。南唐烈祖在位七年,这是江淮地区最为安定时期。"江淮间连年丰乐,兵食盈溢,群臣多请恢拓境土,帝叹息曰:吾少在军旅,见兵之为民害深矣。诚不忍复

---

① 沈括:《长兴集》卷九。
② 文物编辑委员会:《文物考古工作三十年》,文物出版社 1979 年版,第 322 页。
③ 《全唐文》卷八〇二,张途《祁门县新修阊门溪记》。
④ 文莹:《玉壶清话》卷二。
⑤ 《资治通鉴》卷二七〇,"贞明四年"条。

言。使彼民安,吾民亦安矣"①。

## 第三节　手工业的发展和商业贸易

　　吴和南唐统治下的江淮地区,交通便利,经济基础较好。淮南、宣歙曾是唐后期主要财赋来源地区。五代时期,在农业发展的基础上,手工业和商业贸易都有较大的发展。另外大批居民迁入境内,其中不乏手工技术人员,这些都推动了当地手工业的发展和商业的进步。吴和南唐凭借其富庶的物资,与北方王朝抗衡,并广泛开展对外交通。

### 一、吴、南唐对工商业的重视

　　五代时期,尽管南北各地同时有大大小小的若干政权存在,由于各地自然条件的不同,物产各异,为了巩固统治,发展经济,各政权都很重视商业贸易,加快商品的流通,即所谓"军国之费,务在丰财,关市之征,资于行旅,所宜优假,俾遂通流"②。正是出于这种原因,这一时期的各国政府无不重视促进区域间物流的畅通。吴国杨行密统治时期,接受谋士高勖建议,"悉我所有,易四邻所无"③,开展对外贸易。当得知其部下黑云都指挥使马赍为楚王马殷之弟,杨行密重礼遣其归楚,令其"勉为吾合二国之欢,通商贾,易有无以相资"④。后唐灭梁后,吴国遣使洛阳,允许商人渡淮贸易,也派人进行官方商贸往来。后汉河中节度使李守贞举兵叛乱,南唐元宗出兵援救,双方关系恶化,但事后元宗致书后汉,"请复通商旅,且请赦守贞"⑤。同周边政权也进行往来,如同吴越、南汉之间进行通商活动。地方官也很重视商业,田

---

　　①　陆游:《南唐书》卷一《烈祖纪》。
　　②　《册府元龟》卷五〇四《关市》。
　　③　《新唐书》卷一八八《杨行密传》。
　　④　《新五代史》卷六六《楚世家》。
　　⑤　《资治通鉴》卷二八八,"乾祐元年"条。

颙在宣州，"善为治，资宽厚，通利商贾，民爱之"①。

当时各国除通用唐代货币外，还铸造货币。南唐是五代十国中铸钱最多的。《旧五代史·食货志》记载，五代时期，"江南因唐旧制，饶州置永平监，岁铸钱。池州、永宁监；建州、永丰监，并岁铸钱。杭州置保兴监，铸钱"。传世有"大齐通宝"，是徐知诰称帝后的升平（937—942）初年所铸造。又有"保大元宝"钱，保大是南唐元宗李璟年号（934－957），可见铸于保大年间。中兴二年（959），元宗采纳大臣钟谟建议，"铸大钱，以一当十，文曰'永通泉宝'，与旧钱并行"，后又铸造唐国通宝、大唐通宝等钱，与"开元通宝"并行流通，然不久以行用不便，"罢铸大钱"。② 但其铸造年份无详细记载。宋建隆元年（960）二月，南唐开始铸造铁钱，形制小于"唐国通宝"钱。

### 二、手工业的成就

五代时期，江淮、皖南地区的手工业也取得了显著的进步。这些成就主要表现在瓷器业、矿冶业、丝织业、造纸业、笔砚制造以及造船等行业领域中。

#### 1. 瓷器制造

在瓷器制造方面，唐代寿州瓷器就比较有名。陆羽《茶经》就提到，"碗，越州上，鼎州次，婺州次，岳州次，寿州、洪州次。"③唐末五代时期，瓷器产地更多。据研究，五代时期，宣州瓷器，为南唐所烧造，以为供奉之物者。南唐后主尤好珍玩④。新中国建立以来在安徽境内发现大量瓷窑遗址，皖南地区发现数量最多，如歙州歙县竦口窑、休宁岩前窑、绩溪窑，宣州泾县琴溪窑、瑶头岭窑及当涂县东门渡村官窑，瓷器制造并未停止不前，相反有所发展。特别是在繁昌县骆冲窑和柯家冲窑址发现的青白瓷，具有极高的研究价值。1996 年，安徽文物考古所对繁昌县骆冲窑遗址进行发掘，出土龙窑窑炉一座和一批精美青白

---

① 《新唐书》卷一八九《田颙传》。
② 《十国春秋》卷十六《南唐元宗纪》。
③ 陆羽：《茶经》卷中。
④ 参见曾昭燏《南唐二陵》第二章《出土遗物——陶器和瓷器》，文化出版社 1957 年版。

瓷器标本，"这批标本制作精良，器型丰富，装饰技法多样，并具有明显的五代到北宋早期的特征。骆冲窑的发掘证明了五代时期繁昌窑已经能够烧制非常精美的青白瓷器，而不是传统上认为的青白瓷是景德镇窑北宋时期烧制的，为研究我国青白瓷早期发展历史提供了重要资料。"①柯家冲窑址最早是 1955 年安徽省博物馆葛绍棠先生发现的，后来多次发掘和讨论。2002 年由省考古所与中国科大科技史与科技考古系联合发掘，出土各类瓷器、窑具标本八万件，窑炉一座，作坊遗址一处，淘洗池遗迹二处。根据此次出土的部分瓷器标本以及近年来繁昌境内出土的五代瓷器标本，结合文献中关于宣州窑的记载以及南唐二陵出土的文物，学界"认为繁昌窑的烧制年代当不晚于五代，并且可能曾为南唐国宫廷生产过贡瓷，某些产品曾经外销"②。

2. 纺织业

纺织业是当时发展最快的手工业部门，更多的则是男耕女织式的家庭手工业。唐时的安徽纺织业已经非常发达，北方寿州、濠州以生产绝著称，亳州、宿州以产绢闻名，寿州丝、濠州锦亦不让江南，南方宣州红线毯更名扬天下。《元和郡县志》卷二十九《宣州》云，宣州自贞元后，常贡之外，别进五色线毯及绫绮珍物，可与淮南、两浙相比。唐末五代时期，江淮地区以丝织品输税，而且丝帛与钱币一样实际上也充当等价物的角色，可见民间丝织业的普遍。歙州早在陶雅定税时，就规定以绸、绢来折纳。吴国宋齐丘建议徐知诰免除丁税，以谷、帛、绅、绢为赋，使江淮之间"旷土尽辟，桑柘满野"③。南唐升元三年（939）诏书规定，民三年艺桑及三千本者，赐帛五十四，每丁垦田及八十亩者赐钱二万，皆五年勿收租税④。这道奖励农桑的诏令，从侧面反映了南唐府库绢帛充盈的情况。麻纺织业成就较为突出，从《太平寰宇记》记载来看，江北庐州、寿州、和州、舒州、濠州等州均以苎布作为土产，反映该地区麻纺织业比较有名。皖南池州、宣州、歙州丝织业发

---

① 阚绪杭：《繁昌县骆冲窑遗址的发掘及其青白釉瓷的烧纸问题》，载《文物春秋》1997 年第 1 期。
② 参见杨玉璋博士学位论文《繁昌柯家冲瓷窑遗址研究》，2006 年 4 月。
③ 《资治通鉴》卷二七〇，"贞明四年"条。
④ 参见吴任臣《十国春秋》卷十五《南唐烈祖纪》，中华书局 1983 年版。

展迅速。宣州土产较多,有苎布、绮、五色线毯、绫、塾线绫、纸、绵、笔、绢、黄连等物。南唐保大八年(950),广德县改为广德制置,有土产茶、䌷、绢、绵、布等物。①

### 3. 矿冶业

淮南、皖南地区资源丰富,五代时期矿产资源也得到开发。淮南濠州的云母、宿州和天长的铜业也较为兴盛。皖南宣州,"南陵利国山出铜,当涂县界赤金山亦出好铜"②。池州土产有"铜银铅矿茶苎"。江南地区矿产以银、铜、铁、铅、锡为主。宣、歙、池三州均产白银。③ 南唐还沿用唐制,在池州建置永宁监用来铸造钱币。

宣州所属当涂、南陵二县是铜的重要产地,齐梁时期就在南陵县"置冶炼铜,立场于铜官山下,去镇十里"④。唐代后期设置石绿场和法门场,后又设梅根冶监、宛陵监铸钱,以利国山和铜井山的铜作为主要原料之地。南唐时期又设置利国监,不久改为铜官场。⑤ 20 世纪 90 年代,在铜陵市凤凰山、狮子山、铜官山、天屏山一代发现汉至北宋的采矿遗址九处,冶炼遗址十三处,其中五代的开采和冶炼占有相当部分。⑥ 吴在与后唐交往中,通常以金、银、铜等起器物和矿产作为聘礼,这些物品多出自皖南地区。

### 4. 制茶业

今安徽地区,唐朝后期就是重要的茶业产地。宣州、舒州、寿州、池州、歙州等地茶业销往全国各地。《太平寰宇记》所载各地土产,实际上是唐五代的情况,江淮及皖南各州均以茶叶作为地方特产。《新唐书·食货志》载:"武宗即位,盐铁转运使崔珙又增江淮茶税。"宣宗大中年间,盐铁使裴休说:"今又正税茶商,多被私贩茶人侵夺其利。今请强干官吏,先于茶山口及庐、寿、淮南界内布置把捉,晓谕招收,量

---

① 《太平寰宇记》卷一〇三《江南西道一》。
② 《太平寰宇记》卷一〇三《江南西道一》。
③ 张剑光:《唐五代江南工商业布局研究》,江苏古籍出版社 2003 年版,第 103 页。
④ 《嘉靖铜陵县志》卷一《分野》。
⑤ 《嘉靖铜陵县志》卷一《山川》。
⑥ 安徽考古研究所:《安徽铜陵市古代铜矿遗址调查》,载《考古》1993 年第 6 期。

加半税,给陈首帖子,令其所在公行,从此流通,更无苛夺。"①江淮、江南茶叶远销全国各地。据《封氏闻见记》记载,自开元以后,"人自怀挟,到处煮饮,从此转相仿效,遂成风俗,自邹、齐、沧、棣,渐至京邑,城市多开店铺,煎茶卖之,不问道俗,投钱取饮。其茶自江淮而来,舟车相继,所在山积,色额甚多"②。

唐末五代,江淮制茶业仍保持良好的发展势头。宣州宁国县雅山茶非常有名。《太平寰宇记》谈到雅山时说,"出茶,尤为时贵"③。天祐年间,歙州刺史陶雅攻占婺源后,"令朱某将兵三千人戍连同,是为制置茶院"④。连同在婺源城北三里,说明陶雅希望控制地方茶叶生产与流通。祁门茶在唐代就很有名,由于地处山区,运输不便,唐末专门修治阊门溪,"不独贾客巨艘,居民业舟,往复无阻"⑤。婺源县茶叶产量也很高。南唐刘津在《婺源诸县都制置新城记》提到,"婺源、浮梁、祁门、德兴四县,茶货实多,兵甲且众,甚殷户口"⑥。之所以在婺源设立都制置,主要是婺源等四县都盛产茶叶。歙州茶叶多向西经阊门溪和婺水到江西后再销至北方,所走线路与宣歙二州略有不同。歙州生产的先春、早春、华英、来泉、胜金,池州生产的仙芝、嫩蕊、福合、禄合、运合、庆合等茶在宋代依然有名。

5. 造纸业

宣州、歙州、池州造纸业比较发达,《新唐书·地理志》中都记载"贡纸",到五代时期是当时著名的纸张产地。池州,《江南通志》卷八六《食货志》云:"唐宋池州纸贵。"《吴越备史》记载,吴越王围攻广德县城,"时又有僧名自新,常衣纸住广德山院"⑦。因为是重要的产纸区,纸的用途比较广泛。歙州所产澄心堂纸极为名贵。《文房四谱》卷四云:"南唐有澄心堂纸,细薄光润,为一时之甲。"北宋文学家梅尧

---

① 《全唐文》卷七三四《请革横税私贩奏》。
② 《封氏闻见记》卷六《饮茶》。
③ 《太平寰宇记》卷一〇三《江南西道一》。
④ 《十国春秋》卷一一五《拾遗》。
⑤ 《文苑英华》卷八一三,张途《祁门县新修阊门溪记》。
⑥ 《全唐文》卷八七一。
⑦ 《吴越备史》卷三《文穆王》。

臣作诗二首称赞澄心堂纸。其一云,"昨朝人自东郡来,古纸两轴缄縢开。滑如春水密如茧,把玩惊喜心徘徊……江南李氏有国日,百金不许市一枚。澄心堂中唯此物,静几铺写无尘埃";其二云,"永叔新诗笑原父,不将澄心纸寄予。澄心纸出新安郡,腊月敲冰滑有余"①。澄心堂便殿,为后主读书批阅奏章之所,原名诚心堂,后改名"澄心",典出《淮南子·泰族训》"学者必须澄心清意,才能明于天人之分"。《歙县志》称澄心堂纸为"肤卵如膜、坚洁如玉、细薄光润,冠于一时"。

宣歙地区还生产一种厚纸。《文房四谱》卷四云:"江南伪主李氏常较举人毕,放榜日,给会府纸一张,可长二丈,阔一尺,厚如缯帛数重,令书合格人姓名。每纸出,则缝掖者相庆,有望于成名也。仆顷使江表,睹今坏楼之上,犹存千数幅。"这种纸适合于发布文告,可见当时人已能根据需要来制造不同纸质的纸张。江淮地区纸的产量也很高,后周进攻南唐江北诸州时,当地居民还以厚纸作为铠甲来使用,抵抗周军。②

6. 笔墨砚制造业

五代时期宣州贡笔,《太平寰宇记》卷一〇三提到,宣州土产中就有笔。五代时期宣州"诸葛笔"更是声名远扬。相传从晋代开始,宣州诸葛氏以制笔而闻名,代代相传。南唐宜春王李从善擅长书法,"学晋二王楷法,用宣城诸葛笔一枝,酬以十金,劲妙甲当时,号为翘轩宝帚,士人往往呼为宝帚"③。《十国春秋·拾遗》还记载南唐昭惠后"所用笔曰点青螺,宣城诸葛氏所造"。

皖南所产的墨也很有名。特别是宣州和歙州的墨,名扬全国。宋晁季一《墨经·松》记载,"唐则易州、潞州之松,上党松心尤先见贵。后唐则宣州黄山、歙州黟山松,罗山之松,李氏以宣歙之松类易水之松"。当时制墨以山区的松树烧纸松烟,尤以制墨名家以歙州李超、李廷珪父子名气最大。李超,本姓奚,河北易水人,"唐末渡江至歙,以地多松留居,造墨有名",至南唐后主时赐姓李氏。李超父子所造墨"丰

① 梅尧臣:《宛陵集》卷七《永叔寄澄心堂纸二幅》,卷三十五《潘歙州寄纸三百番石砚一枚》。
② 《江南野史》卷二。
③ 陶谷:《清异录》卷下。

肌腻理,光泽如漆"①,被称作"天下第一品"②。当时人们皆以得其墨为幸事。陶雅担任歙州刺史二十年,曾责问李超:"尔近所造墨,殊不及吾初至郡时,何也?"李超回答说:"公初临郡,岁取墨不过十挺,今数百挺犹未已,何暇精好邪!"③歙州朱逢也是一位制墨名家,《清异录》卷下云:"韩熙载留心翰墨,四方胶煤多不合意,延歙匠朱逢于书馆旁,烧墨供用,命其所曰化松堂,墨又曰玄中子,又自名麝香月。"

皖南地区自唐后期以来就是砚台的重要产地。李白诗称,"笺麻素绢排数箱,宣州石砚墨色光"④。歙州砚台在五代时期其规模和质量均超过宣州。其具体产地有罗纹山、眉子坑、溪头坑、叶九山坑、济源坑、水舷坑等地。《歙州砚谱》记载,"罗纹山,亦曰芙蓉溪,砚坑十余处,蔓延百余里,皆山前后沿溪所生"⑤。南唐开发的歙县龙尾山砚石最为有名,《砚谱》载欧阳修云,"歙石出于龙尾溪,以金星为贵",南唐后主李煜留意翰墨,"所用澄心堂纸、李廷珪墨、龙尾石砚,为天下之冠"⑥。南唐还设置砚务,管理砚台的生产。欧阳修记载,"南唐有国时,于歙州置砚务,选工之善者命以九品之服,月有俸廪之给,号砚务官,岁时为官造砚有数。其砚四方而平浅者,南唐官砚也,其石尤精"⑦。歙县李少微"善琢砚",被元宗任命为砚官,"令石工周全师之"⑧,其制砚技术流传下来,并得到推广。

其他如造船业亦有发展。沿淮地区河道纵横,吴、南唐凭借其水军优势,对抗中原王朝。寿州、濠州、泗州均在淮河沿岸,造船业较为发达,在与后周作战中水军居于优势。宣州唐末也有造船业,史载升州冯宏铎发展水军,引起宣州担忧,节度使田頵遂"厚利购得其工"⑨,建造战舰,大破升州冯宏铎军。

---

① 罗愿:《新安志》卷十《墨》。

② 《十国春秋》卷一一五《拾遗》。

③ 《弘治徽州府志》卷十《艺术》

④ 《李白集校注》卷八《草书歌行》。

⑤ 唐积:《歙州砚谱·石坑第二》,台北商务印书馆1983年版。

⑥ 《砚谱》,四库全书本。

⑦ 欧阳修:《欧阳文忠公集》卷十《试笔》。

⑧ 《弘治徽州府志》卷十《艺术》。

⑨ 《九国志》卷三《田頵传》。

### 三、商业和城市

唐代安徽境内商业贸易有了很大的发展,五代虽历经战乱,特别是政权割据在一定程度上妨碍了各地区之间的物资交流和商旅往来,但是吴和南唐时期地方经济恢复有利于商业发展,政权对商业活动的限制也只是权宜之策,各政权也希望通过商业贸易来增加财政收入,故比较重视商业贸易活动,因而商业发展显示出自身特点。

#### 1. 商业城市

唐代规定,"诸非州县之所不得置市"[①],五代时期沿用唐制,州县治所均有规模不等的商业市场。寿州、庐州、宣州城内都具有相当规模的市场,商业比较发达。宣州北临长江,从州城到长江有水道相通,"鱼盐满市井,布帛如云烟"[②]。元稹曾谈及宣州说:"宣城重地,较缗之数,岁不下百余万。"[③]宣州周围山地丘陵众多,物产特别丰富,商贸交易兴盛。至五代时期,宣州地位仍很突出,南唐徐铉《朱业宣州节度使制》称,"宣城奥区,国家巨屏"。在《魏王宣州大都督制》又称,"宣城重镇,陪京之南,制天险之津梁,据三楚之襟带,境环千里,邑聚万民,我朝以来,戎寄尤切"[④]。南唐末年,刺史林仁肇修筑新城,城市规模扩大,"所筑新城,自金光门西北,转至旧城崇德门东北角,长五里三百三十三步。从崇德门以南,转至金光门东,长四里三百三十步。新旧城共长一十里一百九十三步。新开壕堑,亦从金光门绕新城,转透出大溪,长八百九十四丈,深三丈有余。造成大楼八所,其诸敌楼桥道等,不可殚书"[⑤]。

五代时期,歙州发展也比较快。唐景福中,有人对杨行密说"歙州地狭而人富"[⑥]。歙州婺源县有二市,婺源县城原来在清化镇,自唐中和二年镇将汪武开始至弦高镇判事,此后地方长官不再至县城办公。

---

① 《唐会要》卷八六《市》。
② 《李白集校注》卷一二《赠宣城宇文太守兼呈崔侍御》。
③ 《文苑英华》卷四一二《授卢萼监察里行宣州判官制》。
④ 《全唐文》卷八七八,卷八七九。
⑤ 《全唐文》卷八七七,韩熙载《宣州新筑城记》。
⑥ 罗愿:《新安志》卷二《税则》。

吴太和年间,升婺源为都制,在弦高镇重筑新城,"启升元二门,建东西两市"。建置两市原因,可能是"茶货实多,兵甲且众,甚殷户口"①。

寿州自战国时期城市就有相当的规模。五代时期,城内有"列肆百业"。节度使姚景尝"见长子导从甚盛过市,市人废业辟路,召其子杖之"②。铜陵建县于五代末年,但城内市也已建立。曾有铜陵县尉素性懦弱,一日与同僚饮酒江上,忽见强盗驾船沿江而下,"尉乘醉仗剑驱市人而袭之,贼皆就缚焉"③。

在城郊及偏远乡村,江淮地区唐代就有草市。唐杜牧《上李太尉论江贼书》曾提到,"凡江淮草市,尽近水际,富室大户,多居其间"④。五代时期,南方农村中的草市、墟场也有发展。一些场、镇升为县,仅在吴、南唐境内就有十九个场、镇升为县,⑤其中东流在安徽境内。芜湖、繁昌原来曾撤销,南唐升元年间重新建县。五代时期江南设置许多场,从设立位置来看,主要是在著名的盐铁、茶叶等物产地,而且交通方便。宣州西南南陵县五乡,"以地出石绿兼铁,由是置冶。自唐开元以来,立为石绿场。其地理枕江,舟航往来,实津要之地。以南陵地远,民乞输税于场。唐析南陵之五乡立为繁昌县"。南陵出铜铁,政府设场转运,遂将场设在临近长江处以方便运输,加上百姓输税于场,场的重要性体现出来,南唐乃将场改易为县。池州至德县有东流场,唐会昌初设立,以后不断发展,到南唐保大十一年升为东流县。⑥

2. 商品和商业店铺

商品涉及生产和生活的各种资料,不仅有粮食、盐、茶、酒、醋、牛、羊以及农具等物品,各种奢侈品也是市场交换的重要内容。宣州出产大米,但山区产量有限,经常赴外地购置粮食。罗隐曾谈到泾县稻积山缺粮问题,提到"稻积山高不出谷,日籴由来自外村"⑦。每当发生

---

① 《全唐文》卷八七一,刘津《婺源诸县都制置新城记》。

② 《十国春秋》卷二三《姚景传》。

③ 《江南余载》卷上。

④ 《樊川文集》卷十一《上李太尉论江贼书》。

⑤ 宁可:《中国经济通史·隋唐五代卷》,经济日报出版社2000年版,第422页。

⑥ 《太平寰宇记》卷一○五《江南西道三》。

⑦ 《嘉靖泾县志》卷二《舆地记·山》。

饥荒时,粮食贸易极为频繁。唐末有商人宣州购置木材,前往两浙贩运,因杨行密部将台濛修凿鲁阳五堰,河道阻塞,遂"给官废去,于是宣歙诸水多入荆溪"①。池州建德县有专人从事花卉的种植和销售。《大清一统志》卷八二《池州府》云:"卖花楼,在建德县南半里许,相传唐及五代时有花楼二十四间,土人善剪绣作花簇,丹阳、浔阳、鄱阳诸郡置酒会,多至此市花。"花卉的种植,纯粹是为了适应城市的消费需要。有些城市中还有专门制作成品衣服的店铺。如陶谷《清异录》记载,"宣城裁衣肆,用一石镇,紫而润,予以谓堪为砚材,买之"②。五代时期,宣城已经出现裁衣肆,成衣制造越来越为富裕的消费者所接受,这一行业在城市中兴起了。开平二年(908),梁太祖赐给宰相张文蔚、杨涉、薛贻矩龙鳞月砚各一方。据《清异录》卷下记载,这些砚台龙鳞纹似弯月,产自歙州。

安徽境内盛产茶叶,五代时期茶叶除满足本地饮用之外,大量销售外地。唐末杨华《膳夫经手录》记载,"歙州、婺州、祁门、婺源方茶,制置精好,不杂木叶,自梁、宋、幽、并间人皆尚之,赋税所入,商贾所赉,数千里不绝于道路"。卢龙节度使刘仁恭曾"禁江南茶商无得入境,自采山中草木为茶,鬻之"③。主要原因是觉得钱被别人赚去,有所不甘。杨行密占领宣歙及淮南州县后,乾宁元年(894)冬"遣押牙唐令回持茶万余斤如汴宋贸易,全忠执令回,尽夺其茶"④。说明宣歙池地区的茶叶仍有许多销往中原地区。尽管五代时期南北分裂,商旅往来受到限制,但各地往来仍在持续进行。吴王杨溥称帝,导致与后唐关系紧张,后唐大臣建议"请不禁过淮猪羊,而禁丝绵匹帛,以实中国"⑤。南唐时,契丹曾"持羊三万口,马二百匹"至南唐出售,"以其价市罗、纨、茶、药"⑥。一些贵族官僚也经商牟利。南唐寿州节度使刘彦

---

① 《大清一统志》卷五二《宣州府》。
② 陶谷:《清异录》卷下。
③ 《资治通鉴》卷二六六,"乾宁元年"条。
④ 《十国春秋》卷一《吴太祖世家》。
⑤ 《旧五代史》卷六五《高行珪传》。
⑥ 陆游:《南唐书》卷十五《契丹传》,中华书局1985年版,丛书集成初编本。

贞,"惟务聚敛,不知纪极,列肆百业,尽收其利"①,而且从事放贷,"市肆不问贫富,盖出资贷之,而收其赢"②。南唐侍中周宗"阜于家财而贩易,每自淮上通商,以市中国羊马"③。

① 文莹:《玉壶清话》卷十《江南遗事》,中华书局 1984 年版。
② 马令:《南唐书》卷十七《义死传》。
③ 《五国故事》卷上。

# 第十三章

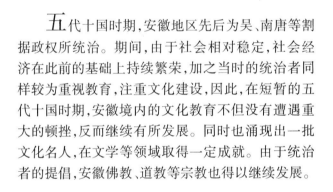

## 吴、南唐统治下的安徽人文

五代十国时期,安徽地区先后为吴、南唐等割据政权所统治。期间,由于社会相对稳定,社会经济在此前的基础上持续繁荣,加之当时的统治者同样较为重视教育,注重文化建设,因此,在短暂的五代十国时期,安徽境内的文化教育不但没有遭遇重大的顿挫,反而继续有所发展。同时也涌现出一批文化名人,在文学等领域取得一定成就。由于统治者的提倡,安徽佛教、道教等宗教也得以继续发展。

# 第一节　教育与科举

吴、南唐统治时期的安徽地区社会较为稳定,经济持续发展,统治者重视发展教育,继续实行科举取士制度,促进了安徽文化教育继续良性的发展。

### 一、吴、南唐时期发展教育的措施

杨吴、南唐统治者出于重建教化和培养人才的目的,颇为重视文化教育,积极倡学,采取不少措施推动安徽教育的发展。

一是兴学。"学校者,国家之矩范,人伦之大本也……南唐跨有江淮,鸠集典故,特置学官,滨秦淮,开国子监,复有庐山国学,其徒各不下数百。所统州县,往往有学。"[1]中央设国子监,地方有州县学,特别是庐山国学的兴办,对南唐境内民众教育影响尤巨。庐山国学,兴建于南唐升元四年(940),"置田供给诸生,以李善道为洞主,掌其教。"[2]陈舜俞《庐山记》卷三亦载:白鹿洞"南唐升元中因洞建学馆,置田以给诸生,学者大集,以国子监九经李善道为洞主,以主教授"。可见庐山国学,有洞主掌教其中,诸生甚众,有学田以给之,颇为兴盛。

庐山国学虽不在安徽境内,但庐山与安徽接界,地利之便使得许多安徽学子可以就学于该地,这对培养安徽人才起到了积极的作用。如蒯鳌,"宣城人,善属文……然居乡饮博无行,不为人士所容,廼去入庐山国学",入宋后中进士,官至殿中丞,后又归隐庐山。[3] 又如伍乔,"庐江人,居庐山国学数年,力于学,诗调寒苦,每有瘦童羸马之叹。"[4]

二是搜求书籍。图书是传播文化的工具,在吴、南唐时期,一些有

---

① 马令:《南唐书》卷二三《朱弼传》。
② 《十国春秋》卷十五《烈祖本纪》。
③ 陆游:《南唐书》卷十四《蒯鳌传》。
④ 陆游:《南唐书》卷十五《伍乔传》。

远见的统治者和文人,在极为困难的条件下,从事图书的搜集和收藏工作。南唐刘崇远《金华子杂编》卷上载:"及高皇初收金陵,首兴遗教,悬金为购坟典,职吏而写史籍,闻有藏书者,虽寒贱必优词以假之,或有赞献者,虽浅近必丰厚以答之。时有以学王右军书一轴来献,因偿十余万,缯帛副焉。由是六经臻备,诸史条集,古书名画,辐辏绛帷。俊杰通儒,不远千里而家至户到,咸慕置书,经籍道开,文武并驾。暨升元受命,王业赫然,称明文武,莫我跂及,岂不以经营之大基有素乎!"由于长期战乱,史籍损失严重,南唐定都金陵后,即寻访搜购散失之书,并加以修缮整理。

三是创建招贤院。唐末动乱,五代纷争,群雄角逐,战火蔓延中原,而南唐则"地大力强,人才众多,且据长江之险,隐然大邦"①,政治相对稳定,加之统治者的热情延揽,礼遇有加,使其成了落难士子和文人的最好避难所。中原文士纷纷拥入南唐,一时人才济济。史载徐知诰,"武义元年,拜左仆射,参知政事。国人谓之政事仆射。知诰于府署内立亭,号曰延宾,以待多士,命齐丘为之记,由是豪杰翕然归之。间因退休之暇,亲与宴饮,咨访缺失,问民疾苦,夜央而罢。是时中原多故,名贤耆旧皆拔身南来,知诰豫使人于淮上资以厚币,既至,縻之爵禄,故北土士人闻风至者无虚日。"②这为大量身逢乱世、散处民间、奔走无门的文人提供了施展才干的机会。

教育是文化传承的重要载体,以上这些措施,都不同程度地促进了吴、南唐时期安徽教育的进步,不仅为南唐而且为后世中国文化发展培养、积累了大批人才。教育的普及,带动了安徽境内的文化繁荣。同时,学校教书育人,还起了陶冶世风的作用。

**二、科举制度在安徽的实施**

吴、南唐统治时期,虽非常时代,但因袭隋唐仍重贡举,推行科举取士制度,在一时偏安政权中处领先地位。

---

① 陆游:《南唐书》卷二《元宗本纪》。
② 《十国春秋》卷十五《烈祖本纪》。

吴时辖境内已设置选举,以骆知祥掌之。《资治通鉴》卷二六七记载:淮南初置选举,以骆知祥掌之。①《十国春秋》卷十载:"骆知祥,合肥人也。……天祐中,徐温秉国,知祥与严可求左右协力,可求任军旅,知祥司财赋,一时称之曰'严骆'。已而初置选举,命知祥董其事,任用得人,世多服其精覈。"又马令《南唐书》卷二二《萧俨传》记载:"萧俨,庐陵人也。甫十岁,诣广陵,以童子擢第。及长,志量稳正,……烈祖受禅,迁大理司直,拜刑部郎中。"从这条记载看,萧俨应是在吴国时童子及第的。这也可印证吴国曾设置过贡举。

南唐时经济发达,文化繁荣,故其贡举制度较吴更为完善。关于南唐何时开贡举的问题,史籍记载颇不一致。陆游《南唐书·江文蔚传》载:"南唐建国以来,宪度草创,言事遇合,即随才进用,不复设礼部贡举。至是始命文蔚以翰林学士知举,略用唐故事,放进士庐陵王克真等三人及第。"这条史料没有记其初设贡举的时间。另据同书《元宗纪》载:保大十年(952)二月,"以翰林学士江文蔚知礼部贡举"。《资治通鉴》卷二九〇《后周太祖广顺二年(952)》"二月"条也说:"当时唐之文雅于诸国为盛,然未尝设科举,多因上书言事拜官。至是,始命翰林学士江文蔚知贡举。"然马令《南唐书·诸祐传》却载:"升元中,(陈)起第进士,授黄梅令。"升元是南唐开国皇帝李昪的年号。同书《李征古传》亦载:"升元末,第进士。"《十国春秋·汪涣传》:"汪涣,歙州人。开国时第进士。"看来,南唐在升元时期确实设过科举,可能没有制度化,并长期停贡,故被一些史家所忽略。保大十年(952)南唐重设贡举,不久废去。保大十一年(953)三月,"复设贡举"。这次恢复的实际上是保大十二年的贡举,"命吏部侍郎朱巩知礼部贡举"②。之后,贡举常设。

关于南唐贡举次数,李焘《续资治通鉴长编》卷十六,于宋太祖开宝八年二月载曰:"是月,江南知贡举,户部员外郎伍乔放进士张确等三十人。自保大十年开贡举,讫于是岁,凡十七榜,放进士及第者九十

---

① 《资治通鉴》卷二六七,后梁开平三年四月,胡三省注:丧乱以来,选举之法废,杨氏能复置之,故书,第8709页。

② 陆游:《南唐书》卷二《元宗本纪》。

三人,九经一人。"周腊生考证南唐贡举自保大十年始可落实开考年分的有 10 次,仅能大致推定年份的 4 次。① 南唐贡举的科目,史籍中没有系统的记载,从散见的零星史料来看,最初只有进士和明经两科,此后有三传、明法、童子等科。② 诚然,南唐贡举尚不及中原发达,但在国家草创、战争交加或被臣服的背景下,这已经是其有相当的成就了。

在科举制度确立之后,对于大部分人而言,教育的实际目的就是科举。科举制度一旦确立,且和仕途紧密结合,学子即趋之若鹜。吴、南唐时期的安徽学子也是如此,他们积极参加贡举考试,甚至主持贡举。

汪焕,歙州人,"开国时第进士。初,元宗、后主皆佞佛,而后主尤酷信之……焕死谏……后主得谏书云:'此敢死士也。'不之罪,擢校书郎。"③

伍乔,庐江人,"居庐山国学数年,力于学,诗调寒苦,每有'瘦童羸马'之叹。"后入金陵,举进士。同试数百人,伍乔卷虽后呈,主司擢为第一。中主命刻其试卷于石,以为永式。④ 南唐政权重视贡举,甚至在灭亡那年(开宝八年二月),命"户部员外郎伍乔于围城中放进士孙确等三十八人"及第。⑤

舒雅,世为宣城人,"姿容秀发,以才思自命,因随计金陵,以所学献于吏部侍郎韩熙载,熙载一见如畴昔,馆给之。……迨数年,会熙载知贡举,以雅为第一,朝野无间者,以雅之才为当也。"⑥关于舒雅登第之事,史料记载有不同,但仍可证明安徽学子热衷于贡举考试。

---

① 周腊生:《南唐贡举考略》,载《孝感职业技术学院学报》2000 年第 3 期。可落实开考年分的 10 次为:保大十年(952 年)、保大十二年(954 年)、保大十三年(955 年)、宋建隆三年(962 年)、乾德元年(963 年)、乾德二年(964 年)、开宝元年(968 年)、开宝五年(972 年)、开宝六年(973 年)、开宝八年(975 年);能大致推定年份的 4 次为:乾德四年(966)、乾德五年(967)、开宝四年(971)、开宝六年(973)。

② 杜文玉:《五代十国制度研究》,人民出版社 2006 年版,第 35 页。

③ 《十国春秋》卷二五《汪焕传》。

④ 陆游:《南唐书》卷十五《伍乔传》。

⑤ 《十国春秋》卷十七《后主本纪》。

⑥ 马令:《南唐书》卷二二《舒雅传》。又陆游《南唐书》卷三《后主本纪》载:"乾德二年春三月……命吏部侍郎、修国史韩熙载知贡举,放进士王崇古等九人。国主命中书舍人徐铉覆试舒雅等五人,雅等不就。国主乃自命诗赋题,以中书官范其事,五人皆见黜。"二说相矛盾。《十国春秋》卷十载:"命吏部侍郎、修国史韩熙载知贡举,放进士王崇古等九人。既又命中书舍人徐铉覆舒雅等五人,雅等不就。乃御殿命题亲试,以中书官范其事,五人皆见黜。"《南唐近事》卷一"冯僎,即刑部尚书谧之子也,举进士,初年少,众誉籍籍,以为平折丹桂……迨来春,僎俄成名于韩熙载榜下……放榜数日,中书奏主司取士不当,遂追榜御试卷,冯果覆落。"则本年确有复试之事。又雅于南唐时末入仕,故当以陆游《南唐书》所载为是。

由于政府鼓励,有的学子出身"鄙家",亦"释耒耜就学"①。

丘旭,本宣城农家子弟,弱冠才开始读书。赴金陵应试,屡试不中,仍苦读不息。然家境困窘,全赖兄嫂资助。他自觉前景渺茫,其嫂鼓励他:"苟济荣望,虽孤儿可鬻,况资用乎?"于是倾囊相助丘旭赴试。"明年春,试《德厚载物赋》,旭为第一。"②

池州陶守立,保大间应举不第,退居齐山,以诗笔丹青自娱。工画佛道、鬼神、山川、人物。③

《续资治通鉴长编》卷七亦载曰:"池州人樊若水,举进士不中第,上书言事,不报,遂谋北归。先钓鱼采石江上,用小舫载丝绳维于南岸,而疾棹抵北岸,以度江之广狭,凡数十往返得丈尺之数,遂诣阙自言有策可取江南。帝令送学士院试,赐及第,授舒州团练推官。若水启帝,以老母及亲属皆在江南,恐为李煜所害,愿迁至治所。帝即诏国主护送,国主听命。戊辰,诏若水为赞善大夫,且遣使诣荆、湖,如若水之策,造大舰及黄黑龙船数千艘……"这段记载表明池州人樊若水曾在南唐应举,但没中第,上书言事,也不得重用,遂投于北宋朝廷,为之效命。

总之,随着吴、南唐时期贡举制度的设立,安徽学子们都积极参与到科举竞争的行列中,争取人生境遇的改变,实现自己的人生理想。


## 第二节　吴、南唐时期安徽文人的文化成就


吴、南唐时期,由于社会环境相对安定,经济生活较为富裕,官僚士人无不热衷诗词绘画,形成了崇尚文艺的社会风气。浓厚的学术氛围,促进了安徽人才培养和文化发展。

---

① 马令:《南唐书》卷二三《黄载传》。
② 马令:《南唐书》卷二三《丘旭传》。
③ 《十国春秋》卷三一《陶守立传》。

### 一、"墨池底穴"的九华诗人殷文圭

殷文圭,池州人,居九华山中,刻苦学习,他"所用墨池,底为之穴"。同乡诗人顾云、杜荀鹤与其相互切磋,交谊甚密。昭宗乾宁年间(894—898)及第。先为裴枢宣谕判官,后从吴王杨行密,终左千牛卫将军。《全唐诗》存诗一卷。

殷文圭现存的诗全为近体,尤工七律,风调爽朗,富于情致。如《八月十五夜》:

> 万里无云镜九州,最团圆夜是中秋。
> 满衣冰彩拂不落,遍地水光凝欲流。
> 华岳影寒清露掌,海门风急白潮头。
> 因君照我丹心事,减得愁人一夕愁。①

中秋之夜,明月高悬,银辉洒地,一切显得是那么的美好,就连人们的"愁"似乎也减少了"一夕"。诗中紧紧围绕中秋明月着笔,处处写月光,又处处在显示人物此刻爽朗的心境,二者得到和谐的统一。

殷文圭对盛唐大诗人李白极为景仰,特地到当涂青山拜谒李白墓,写下了《经李翰林墓》:

> 诗中日月酒中仙,平地雄飞上九天。
> 身谪蓬莱金籍外,宝装方丈玉堂前。
> 虎靴醉索将军脱,鸿笔悲无令子传。
> 十字遗碑三尺墓,只应吟客吊秋烟。②

该诗前五句以热情奔放的笔调,描写了李白的酒兴诗情和狂放不羁的性格,以及受到玄宗礼遇的惊人举动,含无限景仰意;第六句联系

---

① 《全唐诗》卷七〇七。
② 《全唐诗》卷七〇七。

到李白死后的凄凉家世,感情急转直下,音调趋于幽咽。于是面对李白的残碑荒冢,抒发出深沉的叹息。全诗荡漾着浓郁的抒情气氛,并在诗中为我们留下了"高力士脱靴"的动人的宝贵史料。

殷文圭志行高洁。在《题吴中陆龟蒙山斋》中说:

> 万卷图书千户贵,十洲烟景四时和。
> 花心露洗猩猩血,水面风披瑟瑟罗。
> 庄叟静眠清梦永,客儿芳意小诗多。
> 天麟不触人间网,拟把公卿换得么。①

该诗生动地描绘了陆龟蒙的隐居生活及其山斋的优美风光。首联突出了"万卷图书""十洲烟景",烘托出山斋主人的风流儒雅;中间两联分别从山斋的明丽风光和人物的生活情趣进行咏赞;尾联以设问作结,谓陆龟蒙隐居山中以道自守,犹如神兽麒麟一样远离尘俗,触犯不到人世间的险网,就是打算用公卿的高位,能换得山庄这种悠然自在的生活么?集中地表达了作者对陆龟蒙高卧云林、以诗书自娱的赞美和景仰的情怀。诗的笔调轻灵,语言形象而活泼多趣,体现了这位九华诗人的才华与功力。

### 二、"诗调寒苦"之伍乔

伍乔,生卒年不详,庐州庐江人。性嗜学,就读于庐山国学数年,苦节自励。中主保大十三年(955),赴金陵应举,同试数百人,伍乔卷虽后呈,主司擢为第一。中主命刻其试卷于石,以为永式。释褐署宣州幕府,任歙州司马。初,伍乔与张泊少年友善,泊为翰林学士,眷宠龙异。乔自伤不调,作诗寄张泊,泊为言于朝,召还为考功员外郎,卒于官。今《全唐诗》编其诗一卷,计二十一首、残句二。《全宋诗》所收同。

伍乔工诗,长于七律,从内容看,这些诗多是送别寄赠、羁旅题咏

---

① 《全唐诗》卷七〇七。

之作,其中送别寄赠诗有十三首。如《僻居谢何明府见访》:"公退琴堂动逸怀,闲披烟霭访微才。马嘶穷巷蛙声息,辙到衡门草色开。风引柳花当坐起,日将林影入庭来。满斋尘土一床藓,多谢从容水饭回。"①这首诗答谢何明府的殷勤拜访之意。又如《九江旅夜寄山中故人》:"弱柳风高远漏沈,坐来难便息愁吟。江城雪尽寒犹在,客舍灯孤夜正深。尘土积年粘旅服,关山无处寄归心。此时遥羡闲眠侣,静掩云扉卧一林。"②该诗写诗人旅居在外,深夜面对孤灯,乡愁袭上心头。

伍乔的送别寄赠诗中提到的朋友往往是隐逸之士、出家参禅之人,或具有闲情逸致之人,如《龙潭张道者》、《寄史处士》、《寄落星史虚白处士》,从题目上就可看出赠答的对象身份。又如《僻居酬友人》"多谢故交怜朴野,隔云时复寄佳篇",可以看出诗人的友人也像诗人一样具有闲情雅致。

羁旅题咏诗在伍乔的诗中也占有相当的分量,这些诗或写旅途中的乡愁,如《冬日道中》:"带雪野风吹旅思"、"应为初心未得归";或描写游览之地的景观,如《游西禅》:"远岫当轩列翠光,高僧一衲万缘忘。碧松影里地长润,白藕花中水亦香。云自雨前生净石,鹤于钟后宿长廊。游人恋此吟终日,盛暑楼台早有凉。"③

伍乔的诗,无论是赠答朋友,还是游览题咏,都透露出对闲云野鹤式隐逸生活的倾心与向往。如《僻居酬友人》中有"向竹掩扉随鹤息"句;《游西山龙泉寺》中有"幽径乍寻衣履润,古堂频宿梦魂安"句;《宿潜山》中有"一入仙山万虑宽"句;《寄史处士》有"长羡闲居一水湄,吟情高古有谁知"句;《观山水障子》中有"更疑独泛渔舟者,便是其中旧隐人"句,等等。④

关于伍乔的诗,陆游在《南唐书》卷十五《伍乔传》中说:"伍乔……力于学,诗调寒苦,每有瘦童羸马之叹。""瘦童羸马"出自伍乔的

---

① 《全唐诗》卷七四四。
② 《全唐诗》卷七四四。
③ 《全唐诗》卷七四四。
④ 《全唐诗》卷七四四。

诗《冬日道中》：

> 去去天涯无定期，瘦童羸马共依依。
> 暮烟江口客来绝，寒叶岭头人住稀。
> 带雪野风吹旅思，入云山火照行衣。
> 钓台吟阁沧洲在，应为初心未得归。①

此诗描画了诗人穷愁潦倒的形象：在风雪的道上，诗人孤独地带着瘦弱的书童，骑着瘦弱的马，满腔愁思，慢慢行走，意境萧瑟，笔调寒苦。"瘦童羸马"一词正是对伍乔诗歌特点的形象概括。伍乔诗这种"寒苦"、"幽细"特点之形成当与时代环境有关。伍乔所处的南唐小朝廷偏安一隅，面临着后周、北宋的威胁。时代的大环境决定了其作品的基调，伍乔生活在那种时代背景下，是不可能写出"盛唐气象"之类的诗歌作品。

### 三、汪台符

汪台符，歙州人。少时好学，博贯经籍，善为文章，不逐浮末，有匡王定霸之才。天复初，为幕客，不久见天下苦于兵战，遂居乡里，躬耕田亩。吴睿帝时，徐知诰镇守金陵，台符自民间上书，向南唐主李昪（即徐知法）上陈民间九患及利害十余条。

史载："括定田赋，每正苗一斛，别输三斗，官授盐一斤，谓之盐米……太和末，知诰使民入米请盐，即其法也。南唐升元中，限民田物畜高下为三等，科其均输，以为定制。又货鬻有征税，舟行有力胜，皆用台符之言。"②可以说，吴、南唐时期兵力强壮，民众富裕，汪台符之功绩居多。

汪台符著有《歙州汪王庙记》，《十国春秋》说其"文辞奇奥，甚见称于时"③。《歙州汪王庙记》主要讲述其先人汪华在隋末保境安民，

---

① 《全唐诗》卷七四四。
② 《十国春秋》卷十《汪台符传》。
③ 《十国春秋》卷十《汪台符传》。

唐初归附的政绩,以及地方官员为汪华修建祠堂并多次迁移的事迹,南唐时再修汪华庙并为作文以记之。

## 四、殷崇义

殷崇义,生卒年不详,晚唐诗人殷文圭之子。后避宋太宗讳而易名汤悦。字德川,池州青阳人。南唐中主时,为翰林学士、中书舍人,历枢密使、右仆射。中兴元年(958)为江南进奉使出使后周,为周世宗所礼待。中主迁都洪州,以枢密使留守金陵,辅太子。后主时为礼部侍郎,迁门下侍郎、平章事。开宝二年(969)五月,罢为润州节度使,仍同平章事。未几,以司空知左右内史事。南唐亡,事宋,为太子詹事,卒年八十余。

汤悦少颖悟,博洽能文章,与徐铉、徐锴、李建勋交往唱酬。尝撰《扬州孝先寺碑》,周世宗征淮南,驻跸于寺,读其文,赏叹之。周与南唐淮上交兵时,南唐凡书檄教诰,皆出于悦之手,其文"特为典赡,切于事情"。周世宗每览江左奏章,形于嗟重,撰有《江南录》十卷,自言有陈寿史体。①

《宋史·艺文志》著录《汤悦集》三卷。其集久已佚失。《全唐诗》卷七五七存其诗五首。《全唐诗补编·续补遗》卷一一又收一首。《全唐文》卷八七七存其文一篇。

## 五、邵拙

邵拙,宣城人。其性格孤峭倔强,博通经史,著书埒韩柳,有诗三百篇,尚书郎孙迈为之序,命曰《庐岳集》。水曹郎赵庆以诗赠之云:"迈古文章金鸑鷟,出群行止玉麒麟。"由南唐入宋,就应制科,有司以闻,未诏而卒。郡将哀之,籍其装,得拙手书史传文集三百卷,藏于官府。时悼其苦学能文而不得达于名位,或议其诗有"万国未得雨,孤云犹在山"之句,斯为应矣。门人袁氏,买地葬之。②《全唐诗》只存断句

---

① 马令:《南唐书》卷二三《汤悦传》。
② 马令:《南唐书》卷二二《邵拙传》。

一联。

### 六、舒雅　邱旭

前所揭舒雅,宣城人,姿容秀发,以才思自命。保大(943—957)时至金陵,深得韩熙载赏识。后熙载知贡举,擢雅为状元。后主李煜命中书舍人徐铉覆试舒雅等五人,舒雅落榜。舒雅有《山海经图》若干卷。

前揭邱旭(生卒年不详),字孟阳。本宣州农家子,少年即显聪慧,为乡贤所望;弱冠始读书,习为辞章,得益于故唐大家。后游学金陵,自励弥笃,不耻下问,学问益进,诗文扬名,时人取以为法度,竟成大器。遂应进士举,其作《厚德载物赋》擢第一,被南唐后主李煜钦点为状元。邱旭曾撰《古贤俊遗言》,为宾朋宴语,颇见逸闻掌故。《宋史》卷二〇三记载:丘旭《宾朋宴语》一卷;《宋史》卷二〇八记载:《丘旭诗》一卷,又《赋》一卷。

# 第三节　宗教

五代十国,是中国历史上少见的战乱频仍、分裂割据时代之一。在这种特定历史条件下的佛、道等宗教,上承唐代佛教、道教之余绪,下启宋代之佛教、道教,具有鲜明的时代特色。十国中的吴、南唐统治者大多崇奉佛教,对佛教基本上采取全面扶植的政策,处于两种政权统治下的安徽地区,佛教沿着唐代佛教、特别是禅宗南宗法门的轨道向前发展。道教在两代帝王的支持下也有发展。

### 一、佛教

南方诸国中,崇佛达到极点的首推南唐。南唐开国者李昪,生于

崇佛之家。其父"喜佛书,多游息佛寺,号为李道者","两姊为尼"。①
李昪大兴佛寺于京城,命僧智玄译所携贝叶旁行之书,文房抄毕《华严
经》四十部,图写制论李长者像,颁行南唐各地。

高僧文益(885—958),七岁出家,先习律宗、儒典,后学禅宗,受法
于名僧漳州罗汉寺桂琛,属禅宗南宗青原行思法系。曾云游临川,被
州牧请住崇寿院讲经,"海参之众常不减千计"。李昪慕其名,将文益
迎于金陵(今江苏南京市)报恩禅院,赐号净慧禅师。文益撰《宗门十
规论》、《三界唯心论》、《华严六相义颂》等。"时诸方丛林,咸遵风化,
异域有慕其法者涉远而至,玄沙正宗中兴于江表"②。

"酷好浮屠"的中主李璟继立后,对文益更加尊崇。文益病,李璟
亲加慰问。去世时,南唐公卿穿素服送葬于江宁县丹阳乡建塔安葬,
李璟谥其"大法眼禅师,塔曰无相"。并为碑颂德,宰臣韩熙载撰塔
铭。③ 因此文益所创宗派称法眼宗,为禅宗南宗在唐末五代逐渐衍化
的五大宗派之一。文益法嗣弟子有天台德韶等63人④,其中德韶等十
四人"为王侯礼重",龙光等四十九人各行化一方,弘扬法眼宗。法眼
宗继承并对禅宗南宗鼻祖慧能的顿悟成佛说有所发展。

南唐后主李煜崇佛超过李昪和李璟,"崇塔庙,度僧尼,不可胜
算"⑤。他与僧赏花、赋诗,召僧讲经,亲自"手书金字《心经》一卷,赐
其宫人乔氏"⑥。建盂兰盆道场,为清凉寺德庆堂书榜额,多不茹荤,尝
买禽鱼放生。退朝后,即去佛舍。宫中建佛寺十余所。出钱募民及道
士为僧,京城僧尼多至万人,悉由官府供养。后主的廷殿就是佛殿,他
在内庭广聚僧徒,整天同王妃身服袈裟,头戴僧帽,"课诵佛经,跪拜顿
颡,至为瘤赘"⑦。臣下附和后主崇佛,唯恐居后,上下诳惑,不恤政事,

① 文莹:《玉壶清话》卷九《李先主传》,中华书局1984年版,第86页。
② 道原:《景德传灯录》卷二四《文益传》,《大正藏》第51册。
③ 《景德传灯录》卷二四《文益传》。
④ 《景德传灯录》卷二五《吉州清原山行思禅师第九世上》;同书卷二六《吉州清原山行思禅师第九
世下至第十一世》。
⑤ 陆游:《南唐书》卷三《后主本纪》,第76页。
⑥ 王铚撰、朱杰人点校:《默记》卷中,中华书局1981年版,第25页。
⑦ 马令:《南唐书》卷二六《浮屠传》。

有谏诤者辄被罪贬,"政事日弛"①。直到宋军兵临城下,后主还在城破之际作疏向释氏祈祷,求佛力让宋兵退去,许造寺若干所,度僧若干万。② 后来当了俘虏,还念念不忘去寺院拜佛,简直达到了"酷信浮图之法,垂死不悟"的程度。③

南唐帝王崇佛,促进了南唐境内佛教的发展。比较而言,这一时期安徽佛教的发展,主要是禅宗,其流传和影响皆不及江苏、江西、湖南等地。但在安徽历史上还是有影响的。其主要代表:

一是青原下九世清凉文益禅师法嗣。前已有述,南唐李昇、李璟都十分尊崇文益禅师,文益弟子遍及各地,其中就有在安徽传播佛法者。如宣州兴福院可勋禅师,庐州长安院延规禅师,池州仁王院缘胜禅师等人,《五灯会元》载其语录数则。④

二是南岳下六世魏府大觉和尚法嗣。如庐州大觉和尚,庐州澄心院旻德禅师,《五灯会元》载其语录数则。⑤

三是青原石头希迁法脉雪峰义存弟子——和龙山守讷禅师,俗姓林,祖籍福州,生卒年不详。栖止于池阳和龙山寿昌院(今贵池区殷汇镇郊白面山南)。寿昌院又名灵庆院,宋代更名为嘉祐寺。宋景定壬戌年,刻南唐池州刺史王继勋、邑尉王晖和陈常仪三人诗作,目前碑已不存。如王继勋的《赠和龙妙空禅师》诗云:"白面山南灵庆院,茅斋道者雪峰禅。只栖云树两三亩,不下烟萝十五年。猿鸟认声呼唤易,龙神降伏住持坚。谁知今日秋江畔,独步医王阐法筵。"⑥从这首诗里我们可以看出灵庆院的规模并不小。守讷在此十五年不下和龙山,在荒山野岭之中,与猿鸟为伍,降伏龙神,营造自己的传法道场。寺院在他的努力之下建成,以后不断壮大,到宋代兴盛时成为千余僧人的大寺。应该说,在池州早期禅宗中,南泉山是马祖法脉的中心,和龙山则是石头法脉的中心。守讷一生以弘法为己任,不为权贵所用,江南李

① 陆游:《南唐书》卷十六《景逷传》。
② 《十国春秋拾遗》南唐,第1700页。
③ 《江南野史》卷三《后主》,四库全书本。
④ 《五灯会元》卷十《清凉文益禅师》,第560—603页。
⑤ 《五灯会元》卷十一《魏府大觉和尚》,第669页。
⑥ 《唐诗纪事校笺》卷五二,第1781页。

氏三召不起。其禅风继承了石头禅的绵密特点,循循善诱,融合顿渐法门,不似马祖禅风棒喝踢打。其遗世语录不多,《五灯会元》载其语录数则。①

此外,还有寿州绍宗禅师,为南岳五世香严闲禅师法嗣。② 舒州海会院如新禅师,为青原下七世保福展禅师法嗣。《五灯会元》载其语录数则。③

### 二、道教

五代十国时,由于兵祸连连,道教更是屡遭劫难,据孙夷中《三洞修道仪》说:"五季之衰,道教微弱,星弁霓襟,逃难解散;经籍亡逸,宫宇摧颓,岿然独存者唯亳州太清宫矣。"④各地宫观多遭破坏,道士逃散,经书亡佚,一片荒凉破坏景象,唯亳州太清宫独存。吴、南唐帝王仍因袭唐代之风,不少人崇信道教,他们在战乱频仍、自身地位和命运尚且岌岌可危的情况下,仍奉行崇道政策,进行了许多崇道活动,这对道教的维系和发展起了一定的作用。其中与安徽道教发展有关的事件主要有:

吴王杨行密宠信道士聂师道。聂师道,字通微,生卒年不详。新安歙州(今安徽歙县)人。少居问政山师事道士。年十三即披戴冠裳,十五传法箓修真之要。后出游绩溪山、南岳,礼玉清及光天碧玉二坛,又游止玉笥山清虚观,据称遇异人谢通修,授以《素书》。后还问政山故地,居三十余年。唐给事中裴枢任歙州刺史期间,田頵、陶雅举兵围之数月,食尽援绝,议以城降,而城中杀外军过多,无人敢领命出城,聂师道乃自告奋勇请求前去,枢曰:"君道士,岂可游兵革中邪?"令易服以往,师道曰:"吾已受道法科教,不容易服。"乃缒城而出,田頵、陶雅初亦怪之,及与语,大喜曰:"真道人也。"随约誓遣还。

歙州平,吴太祖杨行密闻其名,召至广陵,建紫极宫居之,褒为道

① 《五灯会元》卷七《和龙守讷禅师》,第429页。
② 《五灯会元》卷九《寿州绍宗禅师》,第547页。
③ 《五灯会元》卷八《舒州海会院如新禅师》,第469页。
④ 《道藏》(第32册),北京文物出版社、上海书店、天津古籍出版社1988年版,第166页。

遥太师问政先生。有弟子五百多人,其中邹德匡、王处讷、杨匡翼、汪用真、王栖霞等,皆传上清法,散于诸州府,传道行教,朝廷皆授以紫衣,光其玄门。①

南唐烈祖李昇、元宗李璟,也都崇信道教。他们父子二人都优礼道士王栖霞,据史料记载:"王栖霞一名敬真,字元隐……从道士聂师道传道法,已又居茅山,从邓启遐受《大洞经诀》。烈祖辅吴,召至金陵,馆于元真观……栖霞常建醮上章,烈祖命筑坛达之。"为其加金印紫绶,赐号"元博大师",又加号"真素先生"。而且,烈祖李昇还饵丹药,最后因服丹药中毒而亡。②

又聂绍元,字伯祖,自号无名子,歙县人,后谒金陵,师道士高朗昭,受戒箓。聂绍元自幼雅好书史,尤精老庄文列。南唐后主好事佛法,聂绍元曾力谏。尝撰《宗性论》《修真秘旨》各一篇,学士徐铉及弟锴称之曰:"吴筠、施肩吾不能过也。"③

总之,在吴、南唐帝王的大力支持及一些道教学者的努力下,安徽道教在这一乱世的夹缝中得以继续生存,为北宋时期道教的再度兴盛创造了有利条件。

---

① 《新安志》卷八《叙仙释·聂师道》,第279—281页;《十国春秋》卷十四《聂师道》,第179页。
② 《十国春秋》卷三四《王栖霞》。
③ 《新安志》卷八《叙仙释·聂绍元》,第281—282页。

# 附录一
# 隋唐五代十国时期安徽大事编年

## 隋（581—618）

### 隋文帝开皇元年、陈宣帝太建十三年（581）

二月，杨坚禅北周建国，建元开皇，史称隋文帝，国号隋，都长安（西汉长安旧城，今陕西西安市）。三月，隋文帝以贺若弼为吴州总管，镇广陵（今江苏扬州市）；以韩擒虎为庐州总管，镇庐江（今安徽合肥市）。九月，陈出兵攻拔隋胡墅堡（居今江苏南京市北长江北岸）。隋文帝以高颎节度长孙览、元景山二行军元帅反击陈；长孙览所部出寿阳（治今安徽寿县），临江威慑。是年，隋文帝诏命高颎等十余人修订北周律令，皖籍法政名臣裴政参采魏、晋、齐、梁律令旧典，取其折中，参修《开皇律》十二篇。

### 开皇二年、太建十四年（582）

正月，陈归还胡墅堡。二月，隋文帝下诏高颎班师。六月，隋文帝诏令营建新都，除就近征发关中民夫就役外，还远调潼关以东丁夫就役。是年，隋朝颁布"均田令"。于时，历任曹、齐二州而以检籍著称的乞伏慧迁任寿州（治寿春，今安徽寿县）总管。安徽两淮所有州郡，当居此前后检籍受田。

### 开皇三年、陈后主至德元年(583)

三月,隋文帝迁都大兴(汉长安城东南二十里处龙首原上,今陕西西安市)。十一月,隋文帝罢地方郡守,改周齐地方州郡县三级制为州县两级制。统计开皇世,安徽长江以北地区先后置州凡有十二:今淮河以北置颍州、亳州、宋州、陈州、徐州、泗州;今江淮之间置扬州、濠州、寿州、庐州、熙州、和州。是年,隋文帝罢盐税,弛酒禁。

### 开皇五年、至德三年(585)

五月,隋于州县置义仓,积谷备荒。初制:义仓储粮皆由本乡当社安置管理,执帐检校,一委社司,故也称社仓。尔后,太行山以东、淮河以北诸州迭遭水荒,隋文帝遣使分道开仓赈济。九月,陈将湛文彻过江击隋和州(治今安徽和县),隋将费宝首获之。是年,隋文帝以北齐旧境太行山以东地区为户籍整顿重点,广泛推行"大索貌阅"与"输籍定样"法,检括隐户,推行均田;计账:进 443000 丁,新附 1641500 口。

### 开皇六年、至德四年(586)

隋崔仲方上书平陈策:长江中游武昌以下,蕲、和、滁、方、吴、海等六州集结精兵,密营渡江之计;益、信、襄、荆、基、郢等六州则广造舟楫,张扬渡江形势。隋沿江击陈战略,安徽江淮沿线各镇为战略冲要之区。

### 开皇七年、陈后主祯明元年(587)

四月,隋文帝诏令自山阳至扬州开广旧山阳渎,以沟通江淮漕运,准备平陈。七月,黄河以南诸州大水,安徽受水凡有亳州、颍州、陈州。

### 开皇八年、祯明二年(588)

三月,隋文帝颁布《伐陈诏》,并誊写三十万纸宣谕江南。十月,置淮南道行台省于寿春(今安徽寿县),以晋王杨广为行台省尚书令。杨广总节度平陈行军总管凡九十。十二月,隋军平陈元帅府届临大江,皖籍文臣刘臻随府典文翰。是年,隋文帝整顿、统一货币、度量衡。

### 开皇九年、祯明三年(589)

正月,隋韩擒虎部在横江(居今安徽和县境)渡江,袭占陈采石

（今安徽当涂县北采石），攻下姑熟城（今安徽当涂县），进据新林（今江苏南京市西南西善桥镇）。隋杜彦部至新林与韩擒虎会兵。韩擒虎进击陈建康台城，陈后主叔宝被擒。二月，隋文帝撤销淮南道行台省，复以"江表初定，给复十年"。平陈之初，苏威奉诏巡抚江南，强制宣行"五教"。隋文帝颁行乡正里长基层制度，并借此于江南推行检籍，史称"内州检责"。十二月，隋文帝议定雅乐，皖籍文臣刘臻予其事。南北统一，安徽全境入隋。隋在安徽沿江及江南地区先后置蒋州、宣州、歙州。隋文帝于新置三州，尽换北人牧守，史称"北人知州"。

**开皇十年（590）**

五月，隋罢太行山以东、黄河以南并及北方缘边新置军府，府兵军士"垦田籍帐，一与民同"，府兵编户受田，立籍赋役。六月，隋制民年五十免役收庸（输庸停防，即交纳绢、布以代徭役）。十一月，江南旧陈境内的豪族举兵反隋。黟（治今安徽黟县）、歙（治今安徽休宁县）沈雪、沈能、汪文进；和州（治今安徽和县）薛子建；庐江襄安（今安徽巢湖市）诸豪杰及宣城诸洞豪族魁帅先后起事。是年，隋平定江南豪族叛乱，安徽境内复归稳定。

**开皇十一年（591）**

隋文帝诏令天下州县各立僧尼二寺。

**开皇十二年（592）**

隋文帝发使四出，进一步推行均田。建置歙州，治所黟县，下辖黟、歙、休宁三县。

**开皇十五年（595）**

二月，隋制西北沿边州县义仓本乡当社储藏粮谷移州安置。

**开皇十六年（596）**

正月，隋制西北及接近内地州县义仓储粮当县安置。隋义仓积谷由此全部移至州县安置，并逐渐推行全境。史称，尔后太行山以东、淮河以北诸州迭遭水荒，涉及安徽之宋州、陈州、亳州，颍州亦困于水灾，隋文帝开仓赈济。

### 开皇十八年（598）

正月，隋文帝敕禁江南诸州私造大船，民间船长凡三丈者，悉数检括入官。是年，黄河以南八州大水，隋文帝敕免受水八州课役。隋代皖籍文臣、史学家刘臻（526—598）卒，时人称曰"《汉》圣"。改安阳县为砀山县（今安徽砀山县）。

### 开皇二十年（600）

三月，熙州（治今安徽潜山县）人李英林起兵反隋。隋文帝遣扬州总管司马张衡为行军元帅，率领步骑五万平定。四月，隋扬州总管晋王杨广受命北上，抗击突厥。十一月，杨广为皇太子，结束其分藩维扬十年的历史，进京。次年，隋文帝改元仁寿。

### 隋文帝仁寿元年（601）

年初，皇太子杨广受诏巡抚东南。三月，杨广次子杨暕拜扬州总管，节度淮河以南诸军事。六月，隋文帝颁佛舍利于海内三十州，安徽境内亳州，涉及安徽的扬州、蒋州皆起塔供奉。

### 仁寿二年（602）

九月，黄河南北诸州大水，隋文帝遣工部尚书杨达赈恤。

### 仁寿三年（603）

九月，隋文帝置常平官管理州县义仓。十二月，黄河以南诸州大水，隋文帝遣纳言杨达赈恤。

### 仁寿四年（604）

七月，隋文帝杨坚死于仁寿宫（居今陕西麟游县境）大宝殿。杨坚在位凡二十四年（581—604）。杨广即位于仁寿宫。次年，改元大业，史称隋炀帝。

### 隋炀帝大业元年（605）

炀帝废除开皇世以来诸州总管府。歙州改名新安郡，州治移休宁县。三月，隋炀帝营建东都，每月役丁二百万，造显仁宫，征调大江以南、五岭以北奇材异石输洛阳。复开凿通济渠，征发黄河以南、淮河以北诸州民，前后百余万。同时，征发淮河以南诸州民十余万，开邗沟

（即山阳渎）。自长安至江都一线,更建离宫四十余所。八月,隋代沟通黄淮、江淮的通济渠、邗沟南运河系统竣工;隋炀帝自东都洛阳第一次巡幸江都。

**大业二年（606）**

正月,隋炀帝遣十使并省州县。是年,舒州（治今安徽潜山县）皖公山名僧僧璨卒。

**大业三年（607）**

四月,隋炀帝改州为郡。通计:从大业初平定林邑增置三州,至五年平定吐谷浑增置四郡,大业世有郡凡190,县1255。十月,隋炀帝敕命黄河以南诸郡送艺户东都,凡三千余家,于东都洛水以南置十二坊安置。

**大业四年（608）**

正月,隋炀帝征发黄河以北诸郡民百余万,开凿永济渠;准备远征高丽。

**大业五年（609）**

正月,隋炀帝诏天下均田。裴蕴"大索貌阅"检括户口,诸郡计帐,进丁243000,新附口641500。是年,隋王朝发展臻于极盛,垦田计有55854040顷,民户计有8907546户。推算,大业世户均垦田数五顷上下。年末,隋炀帝遣庐江襄安（今安徽巢湖市）人陈稜、同安（治今安徽潜山县）人张镇州发兵击流求。

**大业六年（610）**

二月,陈稜、张镇州破流求,归东都。三月,隋炀帝自东都第二次巡幸江都。四月,隋炀帝巡幸江淮以南诸郡,宴会、颁赐江淮以南父老;动员、征调江淮以南诸郡,准备远征高丽。是年,江淮以南水手一万人、弩手三万人被征。是年,隋炀帝于太行山以东地区增置军府,令养马供军役;同时,征发民夫运米北境边镇,下诏总征天下兵。

**大业七年（611）**

二月,隋炀帝自江都,经南运河,渡河入永济渠北上涿郡（治蓟县,今北京城西南），途中颁发"幸涿郡诏"，公开远征高丽的战争意图。皖籍技术名臣耿询上书："辽东不可讨，师必无功。"隋炀帝敕令莱州（治掖县，今山东莱州市）军港，造水师战舰三百艘。五月，隋炀帝敕令征调河南及江淮地区戎车五万乘；同时，征发黄河南北民夫以供军需。七月，隋炀帝敕令征调江淮民夫及船只运输黎阳、洛口二仓粮秫北上涿郡。是年秋，太行山以东、黄河以南大水，漂没三十余郡。因兵役、劳役而激化的隋末阶级矛盾爆发。是年，歙州绩溪人汪华称号"吴王"，建立了歙州历史上最早的农民政权。

### 大业八年（612）

正月，隋炀帝发"征高丽诏"。隋炀帝第一次远征高丽开始：陆路二十四军自北陲重镇涿郡出发；江淮水师精甲自东莱军港出发。五月，浮海先进的江淮水师先胜后败，败于平壤城下。七月，隋辽东陆路九军败于距平壤三十里处的萨水（今朝鲜清川江）。隋炀帝被迫撤兵，结束其第一次亲征高丽的战争。是年，隋旱情严重，太行山以东地区尤甚。

### 大业九年（613）

正月，隋炀帝再次下诏征调天下兵，总集涿郡；始募骁果。三月，隋炀帝第二次亲征高丽。皖籍名臣樊子盖受命留守东都，皖籍名将陈稜受命留守东莱。四月，隋军渡辽水趋平壤，胶着于辽东城（今辽宁辽阳市）。六月，隋礼部尚书杨玄感在黎阳（今河南浚县）举兵反隋，攻逼东都；樊子盖力战据守，陈稜受命自山东西驰河南。隋炀帝被迫自辽东撤兵，结束其第二次亲征高丽的战争。八月，杨玄感兵败被杀；樊子盖以东都留守的身份，穷治杨玄感党狱。是年下半年，反隋义军奋起。山东杜伏威、辅公祐起事长白山后，随即转兵淮南。是时，江淮地区农民起义军四起，杜、辅由山东南下淮水，"所至辄下，江淮间小盗争来附之。"

### 大业十年（614）

二月，隋炀帝三次诏征高丽。三月，隋远征军至涿郡。七月，至怀远镇（今辽宁辽中县）；江淮水师自海道至卑沙城（今辽宁大连市金州

区),高丽倾力迎战,被击破;高丽国困兵疲,请降。八月,隋炀帝自怀远镇撤兵,结束其第三次亲征高丽的战争。

**大业十一年(615)**

二月,隋炀帝面对户口逃亡、农民结聚起事的情况,诏民人悉城居,就近给田。于是,郡县驿亭村坞皆筑城。七月,淮南人张起绪举兵反隋,众至三万。是年,亳州城父(今安徽亳州市)人朱粲起兵反隋,自称"迦楼罗王",拥众二十万,转战汉水、淮水之间。

**大业十二年(616)**

七月,隋炀帝自东都第三次巡幸江都。是月,樊子盖卒。安徽沿江船民吴子慕起事。

**大业十三年　恭帝义宁元年(617)**

正月,江淮农民军杜、辅部建立以历阳(今安徽和县)为中心的农民军事政权。瓦岗农民军李密、翟让部取兴洛仓,谯郡(治所谯,今安徽亳州市)张迁及别号称白社、黑社的农民义军,及以谯郡为活动中心的淮北农民起义军领导者济阴郡(治所济阴县,今山东曹县西北)方(房)献(宪)伯,投归瓦岗。三月,庐江(郡治合肥县,今安徽合肥市)人张子路起事。李通德十万农民义军,进击庐江郡。宣城(治今安徽宣州市)义军屯聚山泽起事。九月,隋黄河以南、太行山以东诸州大水,灾情严重,饿莩满野。十一月,李渊率义军进入长安,拥立杨广孙杨侑为帝,史称恭帝,改元义宁。十二月,方舆义军张善相攻破庐江郡。

**大业十四年　义宁二年　唐高祖武德元年(618)**

三月,隋江都禁卫骁果发动宫廷事变,隋炀帝杨广被杀。杨广在位凡十四年(605—618)。五月,李渊居长安逼恭帝禅位,隋亡;唐王朝建立,改元武德。

# 唐(618—907)

### 唐高祖武德元年(618)

五月,李渊即皇帝位于长安,建国号"唐"。八月,宇文化及在江都政变,以杜伏威为历阳太守,伏威不受。仍上表于隋,皇泰主拜伏威为东道大总管,封楚王。

### 武德二年(619)

八月,杜伏威向李渊"献款",归唐。李渊遣使拜杜伏威为淮南安抚大使、和州总管。

### 武德三年(620)

六月,诏以和州总管、东南道行台尚书令、楚王杜伏威为使,持节总管江淮以南诸军事,扬州刺史东南道行台尚书令、淮南道安抚使,进封吴王,赐姓李氏。以辅公祏为行台左仆射,封舒国公。十二月,王世充以许、亳等十一州降唐。杜伏威遣辅公祏、阚稜、王雄诞出兵攻打李子通。改钟离郡为濠州。改临濠县为定远县。改化明县为招义县。建置和州。建置庐州,治合肥,领五县。建置巢州,并析置开成、扶阳二县。建置滁州。后改为永阳郡,治清流县,领三县。改淮南郡为寿州。后改为寿春郡,领四县。改宣城郡为宣州。领八县,一军。建置宁国县。

### 武德四年(621)

五月,李世民击破王世充,俘朱粲,斩于洛水之上。十一月,杜伏威遣王雄诞再次进攻杭州,俘虏刘子通,执送长安。王雄诞受命攻讨歙州汪华,困之于歙州山中,汪华归唐。李渊拜汪华为歙州刺史,封上柱国、越国公。并建置歙州总管府,拜王雄诞为歙州总管。下蔡县为涡州州治;建置虹县;改谯郡为亳州;建置霍邱县;建置舒州,领五县;置严州,治宿松;建置太湖县;建置池州,领秋浦、南陵二县。

**武德五年(622)**

七月,高祖李渊遣使召杜伏威晋京。杜伏威应诏到长安,被拜为"太子太保兼行台尚书令,留京师,位在齐王元吉上"。建置怀宁县。

**武德六年(623)**

八月,辅公祐举兵反唐,于丹阳(南京)称帝,国号为宋。王雄诞被辅公祐杀害。建置含山县。

**武德七年(624)**

二月,杜伏威暴卒于京城。三月,唐军攻破丹阳,辅公祐战败被俘。

**唐太宗贞观元年(627)**

诏授汪华左卫白渠府统军。

**贞观三年(629)**

五月,徐州蝗。秋,贝、谯、郓、泗、沂、徐、豪、苏、陇九州大水。

**贞观七年(633)**

八月,山东、河南四十州大水。

**贞观八年(634)**

七月,山东、江淮大水,安徽九州受灾。

**贞观十年(636)**

关东及"淮海旁二十八州大水"①,安徽境内江、淮、寿、濠、滁、舒、庐、和等州受灾。

**贞观十一年(637)**

七月,太宗下诏"修老君庙于亳州"。鄂国公"尉迟敬德为宣州刺史"。

**贞观十七年(643)**

夏,濠、庐等三州疫。

① 《新唐书》卷三六《五行志》。

**贞观十八年（644）**

秋，谷、襄、豫、荆、徐、梓、忠、绵、宋、亳十州大水。庐、濠等五州疫。

**贞观二十二年（649）**

夏，泸、越、徐、交、渝等州大水。宣州建铜官冶。

**唐高宗永徽元年（650）**

六月，宣、歙、饶、常等州大雨，溺死者数百人。

**永徽二年（651）**

秋，汴、定、濮、亳等州大水。

**永徽五年（654）**

建置北野县，后改名绩溪县。颍州刺史柳宝积主持修凿椒陂塘，溉田二百顷。

**唐高宗显庆元年（656）**

七月，宣州泾县山水暴出，平地四丈，溺死二千余人。修复宿州符离县（今宿州市）牌湖堤，灌溉农田五百余顷。

**唐高宗乾封元年（666）**

濠州钟离县（今凤阳县）修凿千人塘，引水灌溉农田，扩大耕种。

**唐高宗咸亨二年（670）**

八月，徐州山水漂百余家，波及安徽境内。

**唐高宗仪凤二年（677）**

夏，河南、河北旱，波及今安徽境内。

**唐高宗永隆元年（680）**

九月，河南、河北大水，溺死者甚众。

**永隆二年（681）**

八月，河南、河北大水，坏民居十万余家。

**唐高宗永淳二年（683）**

夏，河南、河北旱。

**则天顺圣皇后如意元年（692）**

五月，江淮地区受旱，饥馑，饿死者多。

**则天顺圣皇后万岁通天元年（696）**

八月，徐州大水，害稼。

**则天顺圣皇后神功元年（697）**

河南州十九大水。

**则天顺圣皇后大足元年（701）**

春，河南诸州饥。七月乙亥，扬、楚、常、润、苏五州地震。

**则天顺圣皇后长安四年（704）**

十一月，河南牛疫。

**唐中宗神龙二年（706）**

冬，不雨至明年五月，京师、山东、河北、河南旱，饥。

**中宗景龙三年（709）**

关中大饥，"运山东、江淮谷输京师"①。建置铜陵钱监、宛陵监、梅根监。建置永阳县，今安徽来安县。

**唐睿宗太极元年（712）**

泗州刺史魏景清奉旨修凿"直河"，途经天长县（今属安徽）、瓜埠入长江。

**唐玄宗开元元年（713）**

禅宗法嗣、六祖慧能弟子本净（677—761），号"司空本净"，住持二祖寺（位于今安徽省岳西县司空山）。

**开元三年（715）**

七月，河南、河北蝗。河南、河北大水。

**开元四年（716）**

五月，宰相姚崇遣御史分行淮河流域，组织民力捕蝗。汴州人创

---

① 《资治通鉴》卷二〇九，"景龙三年"条。

造"埋瘗法"灭蝗。

**开元五年**(717)

六月,河南发水,害稼。

**开元十一年**(723)

玄宗下诏,许百姓兴办"私学",允许百姓子弟入"州县学授业"。庐州(州治合肥)学、濠州(州治凤阳)学、宣州学等州县学校立。

**开元十二年**(724)

李白出三峡、荆门漫游,病逝当涂。留下游历安徽诗篇二百余首。

**开元十四年**(726)

秋,河南、河北大水,河及支川皆溢,波及今安徽,人或巢或舟以居,死者千计。

**开元十五年**(727)

秋,"河北饥,转江淮之南租米百万以赈给之"①。

**开元十六年**(728)

十二月,河北水灾,敕"漕江淮以赈之"②。东都、宋、亳等州旱。

**开元十八年**(730)

"宣州刺史裴耀卿朝集京师,玄宗访以漕事",询漕运方略。裴耀卿上表"条陈",提出改革漕运方案③。玄宗任命裴耀卿为江淮转运使,主持江淮漕运;宣州参加广运潭博览会。

**开元十九年**(731)

秋,河南水,害稼。

**开元二十年**(732)

秋,宋、滑、兖、郓等州大水。

---

① 《旧唐书》卷四八《食货志》。
② 《唐大诏令集》,"开元二十六年"。
③ 《新唐书》卷一二一《李峤》。

开元二十一年(733)

建置淮南道采访处置使,治扬州(今江苏扬州市)。京师发水,玄宗擢拔裴耀卿为计相,兼江淮、河南转运都使,主持江淮漕运。裴耀卿制定运输法,改进漕运。

开元二十二年(734)

秋,关辅、河南十余州发水,害稼。

开元二十三年(735)

建置舒城县,今安徽舒城县。

开元二十六年(738)

宣州建置钱监。

开元二十七年(739)

改霍山县为盛唐县(今安徽霍山县)。采访使齐澣主持修凿虹县(今泗县)广济新渠,自虹至淮阴北十八里入淮,扩大沿途农业灌溉和漕运。

开元二十八年(740)

十月,河南十三郡水。歙州建置婺源县,今属江西省。

开元二十九年(741)

秋,河南、河北二十四郡水,害稼。东南转运使韦坚举办长安"广运潭"东南"轻货"博览会。新罗王子金乔觉云游入唐,栖身九华山,创建九华山佛教。和州乌江县(今和县)县丞韦尹于县东南二里凿沟引江至城郭十五里,溉田五百顷。张九龄充任河南开稻田使,开垦亳、寿等五州稻田。

玄宗天宝元年(742)

改山桑县为蒙城,今安徽蒙城县。建置千秋县,后改为钟离郡,今安徽天长县。建置青阳县,属宣州。

天宝三年(744)

司空山(今安徽岳西县境内)禅宗本净禅师入京,阐扬法理,得玄宗赏识,拜国师还山。玄宗赐银敕建"无相禅寺",造僧房五千零四十八间,下设九庵四寺。

### 天宝六年(747)

六月,玄宗皇帝敕命"黟山"改名"黄山"。

### 天宝十一年(752)

建置太平县,今安徽黄山区。

### 唐肃宗至德元年(756)

十二月,置淮南节度使,镇扬州。

### 至德二年(757)

九月,改鄣县为广德,今安徽广德县。更名同安县为桐城县,今安徽桐城县。建置至德县,今安徽东至县,隶江州浔阳郡,后属池州。

### 唐肃宗乾元元年(758)

建置宣歙观察使,下辖宣、歙二州,治所宣城郡。

### 乾元二年(759)

建置采石军,今安徽当涂县境。

### 唐肃宗上元元年(760)

十一月,扬州长史刘展反唐,率兵二万渡淮,败淮南东道节度使邓景山。

### 上元二年(761)

崔圆为淮南节度使,"于兹五年,方隅克定"。司空山(今安徽岳西县境内)禅宗本净禅师圆寂,谥号"大晓禅师"。

### 唐代宗宝应元年(762)

歙州方清招集流民起义。江东大疫,死者过半。李白族叔李阳冰(文字学家、书法家)任当涂(今安徽当涂县)县令,李白往依之。

### 宝应二年(763)

二月,建置旌德县,今安徽旌德县。

### 唐代宗广德元年(763)

宣州陈庄、歙州方清两地起义军会合,据乌石山、太平古城,向西发展至长江岸。

### 广德二年(764)

五月,河南诸州水。刘晏兼任东都、河南、淮西、江南东西转运使,改革漕运,岁转粟百一十万石,无升斗溺者。又分官吏主管丹阳湖,禁引溉,河漕不涸。宰相元载于寿州安丰县(今寿县、霍邱县)东北十里修凿"永乐渠",引水灌溉四周高地"高原里",扩大开垦。

### 唐代宗永泰元年(765)

十月,建置池州,秋浦县属池州,今安徽贵池县。宣歙起义军占领宣州丘陵山林,起义队伍壮大。

### 永泰二年(766)、大历元年(767)

正月十三日,刘晏充东都、淮南、浙东西、湖南、山南东道铸钱使。五月十七日,方清石埭城战败、牺牲,陈庄乌石山率二万五千五百人归唐。李芃任池州刺史;建置石埭县,隶池州,今安徽石台县;建置祁门县,隶歙州。

### 大历二年(767)

秋,湖南、河东、河南、淮南、浙东西、福建等道,五十五州水灾。宣州观察使陈少游修筑宣城县东十六里的德政陂,引渠溉田二百顷。当涂县令李阳冰书《三坟记碑》(李季卿撰),该碑为李阳冰书法代表作。

### 大历三年(768)

九月,颍州刺史李岵以事忤滑亳节度使令狐彰,彰使节度判官姚奭按行颍州,因代岵领州。岵杀姚奭等百余人,后走汴州依田神功。十二月,平卢行军司马许杲将卒三千人驻濠州不去,有窥淮南意,淮南节度使崔圆令副使元城张万福讨平之,摄濠州刺史。

### 大历五年(770)

张镒除濠州刺史,"招经术之士,讲训生徒。比去郡,升明经者四十余人。"

### 大历六年(771)

唐太子庶子李幼卿任滁州刺史,与法琛法师在琅琊山上兴建宝应寺,作五言诗刻石传世。

### 大历十二年(777)

秋,宋、亳、滑三州大雨水,害稼,河南尤甚,平地水深五尺,河溢。

### 大历十三年(778)

道士吴筠卒于宣城道观,弟子邵翼元奉丧归葬于天柱山西麓,私谥"宗玄先生"。

### 大历十四年(779)

三月,淮西节度使李忠臣、节度副使张惠光治军暴横,军州苦之。李希烈、丁暠等杀惠光父子而逐忠臣。忠臣单骑奔京师,上以其有功,使以检校司空、同平章事留京师;以希烈为蔡州刺史、淮西留后。以永平节度使李勉兼汴州刺史,增领汴、颍二州,徙镇汴州。刘晏任转运使,恢复汴渠路线。建置巡院,"自淮北置巡院十三,曰扬州、陈许、汴州、庐寿、白沙、淮西、埇桥、浙西、宋州、泗州、岑南、兖郓、郑滑。"①其庐寿、埇桥等院属于今安徽境内。淮南道节度使陈少游奏请提高淮南盐价,原价每斗一百一十文,"江淮盐每斗亦增二百,为钱三百一十。其后复增六十"②。陈州刺史李芃"开陈颍路以通漕"③。颍水经陈州,下至寿州四十里入淮,上接蔡水(又名琵琶沟)至浚仪县(今开封市)入汴水,④拓展淮西漕运。杜佑疏凿琵琶沟水道,"绝蔡河";疏通"琵琶沟"。蔡河直下颍水,通淮水,史称淮颍道。

### 唐德宗建中元年(780)

朝廷征宣歙观察使薛邕为左丞,邕离任宣州,盗隐官物以巨万计。

### 建中二年(781)

成德、魏博、淄青、淮西四镇节度使叛乱,史称"四镇之乱",战火

---

① 《新唐书》卷五四《食货四》
② 《新唐书》卷五四《食货四》
③ 《册府元龟》卷四九八《漕运·邦计部》。
④ 《资治通鉴》卷二二七,"建中三年"条内胡三省注:"蔡河,古之琵琶沟,在浚仪。"

燃至汴水流域。韩愈随嫂郑氏及侄避地江南,就学于宣城。淄青镇节度使李正己截"断江淮路,令兵守埇桥、涡口。江淮进奉舡千余只,泊涡口不敢过"。德宗任命张万福为濠州刺史,护漕。张万福"驰至涡口,立马岸上,发进奉舡。淄青兵马倚岸睥睨不敢动,诸道舡继进"①,漕运为之畅通。当年十一月,埇桥收复。

**建中三年(782)**

初,藩镇兵叛,李纳、李希烈"绝汴饷路",埇桥失守。② 国家漕运改道江汉线,退回到安史之乱状态。十月,汴宋将李希烈反,与叛将李纳、朱滔、田悦等连合,自号建兴王、天下都元帅。

**建中四年(783)**

京城"泾原兵变",德宗命李晟收复长安。六月,诏镇海军节度使韩滉调遣宣(安徽宣城)、润(镇江市)弓箭手,"以强弩数千游汴水",打通汴水航道。③ 淮南节度使陈少游将兵讨李希烈,屯盱眙,闻朱泚作乱,归广陵,修堑垒,缮甲兵。以张万福为濠州刺史。十二月,汴宋将李希烈攻占汴、郑二州,兵锋指向江淮。诗人韦应物自"尚书郎出为滁州刺史"。

**唐德宗兴元元年(784)**

韩滉"运米百艘以饷李晟",助饷王师,配合刘洽收复埇桥,"控引漕挽,委输京师"④。十一月,淮南道节度使陈少游死。

**唐德宗贞元元年(785)**

春,大饥,东都、河南(含今安徽州县)、河北米斗千钱,死者相枕。

**贞元二年(786)**

北方受灾,两京饥荒,朝廷"以两税准米百万,豪、寿、洪、潭二十万,责韩滉、杜亚漕送东渭桥。"⑤濠、寿两州各漕运二十万石。四月,淮

---

① 《旧唐书》卷一五二《张万福》。

② 《新唐书》卷二二五《李希烈》。

③ 《资治通鉴》,"唐德宗兴元元年"条。

④ 《陆宣公(贽)翰苑集》卷八《刘洽检校司空充道兵马都统制》。

⑤ 《新唐书》卷一五〇《崔造》。

西大将陈仙奇毒杀李希烈,德宗任命陈仙奇为淮西节度使。六月,东都、河南、荆南、淮南江河溢。七月,淮西兵马使吴少诚杀陈仙奇,自称留后。唐德宗授少诚为申、蔡、光等州节度观察留后。德宗下诏"诸道盐铁转运使张滂复置江淮巡院"。

### 贞元三年(787)

正月,淮西防秋兵马使吴法超擅引步骑四千自鄜州叛归,陕虢观察使李泌奉命发兵拦截,杀掠殆尽。三月,东都、河南、江陵、汴、扬等州大水。夏,东自海,西尽河、陇,蝗。

### 贞元四年(788)

二月,宣州受灾大雨、震电。德宗调派张建封驻守淮上,建置徐泗濠节度,保护埇桥漕运。韩愈离开宣城。

### 贞元五年(789)

淮西兵马使吴少诚进拜节度使。

### 贞元六年(790)

夏,淮南、浙西、福建等道大旱,井泉竭,人渴且疫,死者甚众。

### 贞元七年(791)

扬、楚、滁、寿、澧等州旱。

### 贞元八年(792)

六月,淮水溢,平地七尺,没泗州城。八月,河北、山南、江淮,凡四十余州,大水漂溺。死者二万余人。

### 贞元九年(793)

江淮巡院使张滂奏立税茶法。

### 贞元十一年(795)

南泉山普愿禅师建池阳南泉山寺庙,位于今安徽省池州市贵池区境内。

### 贞元十二年(796)

崔衍为宣歙池观察使,"政务简便,人颇怀之。"

### 贞元十三年(797)

七月,淮水溢于亳州。

### 贞元十四年(798)

九月,彰义节度使吴少诚兵掠寿州、霍山,杀镇遏使谢详,侵地五十余里,置兵镇守。

### 贞元十五年(799)

三月,彰义节度使吴少诚派兵袭唐州,杀监军邵国朝、镇遏使张嘉瑜,掠百姓千余人而去。八月,朝廷任命上官涗为陈许节度使。少诚围许州,大破之。德宗削少诚官爵,汇合十六道兵进讨少诚。白居易游宣城,拜见宣歙观察使崔衍。

### 贞元十六年(800)

五月,徐泗濠节度使张建封死,张建封子张愔知军镇事。德宗加淮南节度使杜佑兼徐州节度使以讨之。泗州刺史张伾攻埇桥,屡败。朝廷降旨授张愔徐州刺史,知留后。泗州刺史张伾为泗州留后,濠州刺史杜兼为濠州留后。仍加杜佑兼泗濠观察使。

### 唐顺宗永贞元年(805)

三月,赐徐州军额曰武宁,以张愔为节度使。秋,江、浙、淮南、荆南、湖南、鄂岳、陈许等道二十六州,旱。

### 唐宪宗元和元年(806)

夏,荆南及寿、幽、徐等州大水。十月,武宁节度使张愔有疾,上表请代。十一月,征张愔为工部尚书,以东都留守王绍代之,复以濠泗二州隶武宁军。

### 元和二年(807)

九月,诏命"州府盐铁巡院,应决私盐死囚,请州县同监,免有冤滥"。宪宗命淮南节度使王锷统诸道兵讨李锜。李锜遣兵马使张子良、李奉仙、田少卿将攻取宣、歙、池。

### 元和三年(808)

淮南、江南、江西、湖南、广南、山南东西皆旱。

### 元和四年(809)

正月,建置宿州,州治符离县埇桥镇,今安徽宿州市,领四县。春、夏,大旱;秋,淮南、浙西、江西、江东旱。淮西兵马使吴少诚死,吴少阳杀少诚子元庆,自称留后。宪宗因以少阳领留后。徐州蕲县改属宿州,今安徽固镇县北。符离县改属宿州,今安徽宿州市符离。宁国县令范某修筑大农陂,修筑石堰三百步,水流灌溉所及者六十里。

### 元和七年(812)

夏,扬、润等州旱。淮西留后吴少阳进拜节度使。

### 元和八年(813 年)

盐铁使王播再次大规模疏浚琵琶沟。

### 元和九年(814)

十二月,淮南、宣州大水。亳州临涣县改属宿州,今为安徽淮北市柳孜一带。淮西节度使吴少阳死,子元济继立,因未得朝廷承认,元济派兵四出,焚舞阳、叶二县,掠襄城、阳翟。宪宗下诏削夺元济官爵。

### 元和十年(815)

正月,诏宣武等十六道军进讨淮西吴元济。

### 元和十一年(816)

饶州浮梁、乐平二县暴雨,水,漂没四千余户。宪宗以李愬为唐邓随节度使,讨吴元济。李愬率精骑冒雪奇袭蔡州,次日擒元济,斩于长安。淮西平。

### 元和十二年(817)

六月,河南、河北大水。河南雨雹,人有死伤。

### 元和十三年(818)

六月,淮水溢。祁门县令路旻于县西四十里武陵岭凿石为盘道,并开斗门以平县西南十三里的阊门滩隘,号路公溪,后斗门废。

### 元和十五年(820)

四月,穆宗即位,修订茶税,率百钱增五十。① 颁行茶叶新"衡"制,"加斤至二十两",盐铁使王播负责征江淮茶税。

### 唐穆宗长庆元年(821)

宣州观察使元锡进助军"弓箭器械,共五万二千事"。

### 长庆二年(822)

三月,武宁节度副使王智兴率精兵三千讨幽、镇,还师驱赶节度使崔群,遣轻兵二千袭濠州,濠州刺史侯弘度弃城奔寿州。汴州宣武军节度使李愿内乱。王智兴驱逐徐州节度使崔群,"遣兵"袭击埇桥,"掠盐铁院缗币及汴路进奉物,商旅赀货,率十取七八。"江淮饥荒。

### 长庆四年(824)

夏,睦州、寿州之霍山山水暴出。秋,河南及陈、许二州水,害稼。刘禹锡由夔州调任和州刺史,今安徽和县。

### 唐敬宗宝历元年(825)

秋,荆南、淮南、浙西、江西、湖南及宣、襄、鄂等州旱。

### 唐文宗大和三年(829)

四月,宋、亳、徐等州大水,害稼。

### 大和四年(830)

夏,江水溢,淹没舒州太湖、宿松、望江三县数百户民田;浙西、浙东、宣歙、江西、鄜坊、山南东道、淮南、京畿、河南、江南、荆襄、鄂岳、湖南大水,皆害稼。九月,杜牧第一次至宣州。

### 大和五年(831)

六月,淮西、浙东、浙西、荆襄、岳鄂、东川大水,害稼。

### 大和六年(832)

六月,徐州大雨,坏民居九百余家。河东、河南、关辅旱。

---

① 《新唐书》卷六〇《食货志四》。

### 大和七年(833)

秋,浙西及扬、楚、舒、庐、寿、滁、和、宣等州大水,害稼。河东、河南、关辅大旱。宣歙观察使陆亘与护军刘公同迎请池州南泉山普愿法师下山传法。文宗下诏令宣武军节度使李程兼充亳州太清宫使,修葺亳州太清宫。

### 大和八年(834)

夏,江淮及陕、华等州旱。秋,滁州大水,溺万余户。池州南泉山普愿法师圆寂。翌年,门人奉其全身塔于南泉山之阳。

### 大和九年(835)

秋,京兆、河南、河中、陕华同等州旱。颁诏增江淮茶税。九月,盐铁转运使王涯奏,请变江淮、岭南茶法,①建置"榷茶使",改私人茶园为"官场"茶园。② 建置"淮南军","节度使为军三万五千人,居中统制二处,一千里,三十八城,护天下饷道。"③诗人李绅迁滁州、寿州刺史。

### 唐文宗开成二年(837)

六月,河南蝗。秋,河南雹,害稼。杜牧赴宣州团练判官。

### 开成三年(838)

秋,河南、河北镇定等州蝗。诗人许浑赴宣州任当涂县令。

### 开成四年(839)

河南黑虫食田。

### 开成五年(840)

七月,镇州及江南水。淮南等州螟蝗害稼。

### 唐武宗会昌元年(841)

七月,江南大水,汉水坏襄、均等州民居甚众。杜牧离任宣州,移为黄州刺史。

---

① 《册府元龟》卷五一〇。
② 《新唐书》卷六〇《食货志四》。
③ 《全唐文》卷七五三,杜牧《淮南监军使院厅壁记》。

**会昌二年（842）**

正月癸亥，宋、亳二州地震。

**会昌四年（844）**

秋，杜牧黄州任满，转任池州刺史。

**会昌五年（845）**

宣州升为"望"州。六月廿二日，日本圆仁"到泗州普光王寺。廿三日，渡淮到盱眙县，去楚州"。"盐铁转运使崔珙又增江淮茶税"。

**唐宣宗大中三年（849）**

李珏为淮南节度使，"江淮旱，发仓廪赈流民。"

**大中五年（851）**

制定庐、寿、淮南茶税，庐、寿、淮南茶叶交易"加半税"。调遣强干官吏，管理庐、寿、淮南界内出茶山口。①

**大中九年（855）**

秋，淮南饥。

**大中十二年（858）**

七月，宣州都将康全泰作乱，逐观察使郑薰。淮南节度使崔铭出兵讨之。八月，汴、宋、舒、寿、和、润等州水，害稼；徐、泗等州水深五丈，漂没数万家。十月，斩康全泰及其党四百余人。

**大中十三年（859）**

诗人皮日休移家宿州符离，与陆鲁望为契交，有《白菊》诗。

**唐懿宗咸通元年（860）**

颍州大水。

**咸通二年（861）**

秋，淮南、河南不雨，旱至明年六月。

---

① 《旧唐书》卷五三《食货下》。

### 咸通三年（862）

六月,淮南、河南蝗。夏,淮南、河南饥。"置宿泗都团练观察使",治所宿州。

### 咸通四年（863）

七月,庞勋起义爆发。十月,庞勋起义军攻取宿州（今安徽宿州）,控制埇桥,切断汴渠漕路,攻取徐州、濠州,攻打泗州。

### 咸通五年（864）

九月,庞勋蕲县（今安徽宿州南面）战败牺牲,起义失败。南陵县青弋江中修筑永丰陂。

### 咸通七年（866）

夏,江淮大水。秋,河南大水,害稼。

### 咸通九年（868）

江淮旱。江淮、关内及东都蝗灾。

### 咸通十年（869）

夏,江淮旱。宣、歙、两浙疫。

### 咸通十一年（870）

夏,江淮旱。

### 咸通十三年（872）

池州至德县人周繇进士及第,官校书郎、建德令。

### 咸通十四年（873）

八月,关东、河南大水。池州人张乔与许棠、郑谷、张蟾、喻坦之等东南才子十人称"咸通十哲"。

### 唐僖宗乾符元年（874）

王仙芝濮阳起义。曹州冤句（今山东菏泽市西南）人黄巢,募众数千人,响应王仙芝起义。

### 唐僖宗乾符二年（875）

蝗自东而西蔽天。

### 乾符五年(877)

二月,王仙芝败于黄梅县,被杀。尚让率仙芝余众归附黄巢,推巢为王,号"冲天大将军",建元"王霸"。王仙芝别将曹师雄活动于宣、润二州。

### 乾符六年(879)

十月,罢刘邺淮南节度使,以高骈代之,治扬州,今安徽江淮之间诸州县皆为其节度。

### 唐僖宗中和元年(881)

八月,感化军节度使支详派时溥率兵入关讨黄巢,驻扎在河阴,军乱,推时溥为留后,溥遣将率精兵三千入关。十二月,僖宗以感化军留后时溥为节度使,治徐州,领有徐、泗、濠、宿四州。

### 中和二年(882)

和州刺史秦彦遣其子率兵数千取宣州,逐观察使窦滒。僖宗授秦彦为宣州刺史、宣歙观察使。秦彦以其部将赵锽为池州刺史。庐州牙将杨行密起兵斩杀都将,自称八营都知兵马使,刺史郎幼复被迫交出兵符印信,致书淮南节度使高骈请代,"行密遂据庐州"①。

### 中和三年(883)

三月,朱温以功授汴州刺史、宣武军节度使。七月,朱温进入汴州,随后在鹿邑击败黄巢部众,"斩首二千余级,乃引兵入亳州,因是兼有谯郡之地"②。唐僖宗授杨行密庐州刺史。淮南将俞公楚、姚归礼领兵三千进屯合淝,高骈部属吕用之劝杨行密为之备,杨行密设伏尽歼俞公楚部众。僖宗诏升亳州真源县为畿县,赐紫太清宫住持威仪道士吴崇玄、马含章、孙栖梧,赐吴崇玄"凝玄先生"号,派人修葺亳州太清宫。

### 中和四年(884)

舒州(治今安徽潜山)境内爆发陈儒起义,杨行密遣李神福解舒

---

① 《新五代史》卷六一《吴世家》。
② 《旧五代史》卷一《梁太祖纪一》。

州之围。稍后,江淮土豪吴迥、李本等攻舒州,刺史高濬战败逃往扬州,为高骈所戮。杨行密派遣陶雅、张训率军剿灭土豪吴迥、李本,奏以陶雅为舒州刺史。蔡州军阀秦宗权觊觎淮南,趁杨行密主力南下舒州之际,派遣其弟宗衡进攻庐州,夺取舒城。杨行密调遣部将田頵抵御,秦宗衡退回河南。江南大旱,饥,人相食。

### 唐僖宗光启元年(885)

春,蔡州秦宗权派军寇掠亳、颍二州,朱温击走之,斩其将铁林。是年秋,蝗自东方来,蔽天。

### 光启二年(886)

十一月,淮南阴晦雨雪,至明年二月不解。淮南蝗。寿州刺史张翱遣其将魏虔领兵万人寇庐州,杨行密遣其将田頵、李神福、张训拒之,败虔于褚城。滁州刺史许勍袭舒州,刺史陶雅奔庐州。因杨行密在褚城之战获胜,滁州兵遂停止北进。

### 光启三年(887)

二月,高邮镇将毕师铎联络高邮镇遏使张神剑、淮宁军使郑汉璋等率军三千进攻扬州,并求援于宣歙观察使秦彦,秦彦派其亲信秦稠率兵八千渡江北上。吕用之以高骈名义任命杨行密为淮南行军司马,令其奔赴救援。三月,毕师铎攻破,拘禁节度使高骈。秦彦以池州刺史赵锽守宣州,率军进驻扬州,自称淮南节度使,以毕师铎为行军司马。杨行密"据淮甸,自甬桥(即埇桥)东南决汴,汇为污泽"[①],运河断流。五月,杨行密率兵抵达扬州城外,驻兵郊外蜀冈。蔡州秦宗权派遣秦宗衡与孙儒统率大军渡淮南下。十月,秦彦、毕师铎杀高骈及其家属。十一月,吕用之部属张审威攻入扬州城内,秦彦、毕师铎率二千余人狼狈出城,投靠秦宗权部将孙儒。杨行密进入扬州城中,赈济城中饥民。

### 唐僖宗文德元年(888)

二月,朱温奏以杨行密为淮南留后。三月,唐僖宗病亡,昭宗李晔

---

① 《宋史》卷二五二《武行德》。

继位。四月,孙儒进入扬州,自称淮南节度使。杨行密退回庐州。五月,昭宗李晔以朱温为检校侍中,增食邑三千户,"诏改帝(朱温)乡曰锦衣,里曰沛王里"①。十月,朱温派遣先锋朱珍进攻徐州,大败时溥于吴康镇,攻占丰县、萧县等地,攻取宿州。庐州杨行密联络和州刺史孙端、升州刺史赵晖,拟攻取宣州,留部将蔡俦守庐州,亲率大军从糁潭(今安徽无为境内)渡江。十二月,蔡州将申丛执秦宗权,投降朱温。

### 唐昭宗龙纪元年(889)

正月,改年号"龙纪"。三月,杨行密渡江攻占池州,以陶雅为刺史。随后在葛山(一作葛山)大破宣州将苏瑭、漆朗,围攻宣州。六月,宣州守将陈进思开城出降,赵锽在逃往途中被擒获。唐昭宗乃授杨行密宣州刺史、宣歙观察使。孙儒乘机进攻庐州,守将蔡俦兵败投降。

### 唐昭宗大顺元年(890)

正月,朱温以援救杨行密为名,遣大将庞师古进攻淮南,取天长、高邮等地,寻为孙儒所败,退回淮北。三月,"唐赐宣歙军号宁国,以行密为节度使"②。四月,宿州军将张筠驱逐刺史张绍光,拥众投靠时溥,朱温借故讨伐。六月,朱温奏以孙儒为淮南节度使。

### 大顺二年(891)

正月,孙儒将李从立掠宣州,台濛、李神福击走之。四月,杨行密将李神福败孙儒,夺取滁州、和州。六月,孙儒围攻宣州,分兵夺回和、滁二州,杨行密连战皆败。八月,朱温派丁会急攻宿州,迫使张筠投降。是年,泗州刺史张谏以军粮匮乏求援,杨行密命部将张训运粮救济。

### 唐昭宗景福元年(892)

正月,孙儒军焚掠苏州、常州,再次围攻宣州。杨行密坚守宣州,派兵切断孙儒粮道。六月,杨行密擒斩孙儒。择孙儒降众骁勇者五千

---

① 《旧五代史》卷一《梁太祖纪一》。
② 《十国春秋》卷一《吴太祖世家》。

余人,编制亲兵,号为"黑云都"。七月,杨行密进入扬州,以田頵守宣州。八月,唐昭宗任命杨行密为淮南节度使、同平章事,以田頵知宣州留后,安仁义为常州刺史,"自淮以南,江以东诸州皆下"①。冬,"时溥濠州刺史张璲、泗州刺史张谏以州附于朱全忠。"②

### 景福二年(893)

七月,杨行密率军攻庐州,擒斩刺史蔡俦,以大将刘威为庐州刺史。八月,杨行密将田頵攻歙州,刺史裴枢固守不下。时诸将为刺史者皆贪暴,独池州刺史陶雅为政宽厚,乃以陶雅为歙州刺史。十月,杨行密取舒州,刺史倪长弃城逃走,以李神福为舒州刺史。

### 唐昭宗乾宁元年(894)

十一月,泗州刺史张谏以州降杨行密,杨行密以台濛为泗州防御使。冬,杨行密遣押牙唐令回持茶万余斤前往汴、宋贸易,朱温执令回,尽夺其茶,汴、扬矛盾公开化。

### 乾宁二年(895)

二月,杨行密奏请讨伐宣武节度使、东平王朱温。三月,杨行密攻占濠州,执刺史张璲。四月,杨行密进攻寿州,部将朱延寿率兵攻取寿州,执寿州刺史江从勖。杨行密以朱延寿为寿州防御使。汴兵数万前来进攻,为朱延寿所败。昭宗加杨行密检校太傅、同中书门下平章事,封弘农郡王。

### 乾宁三年(896)

杨行密"命田頵守宣州,安仁义守润州,已而升州刺史冯宏铎来附,分遣頵等攻掠,自淮以南、江以东诸州皆下之,于是始全有淮南之地"③。

### 乾宁四年(897)

正月,汴将庞师古、葛从周攻取郓州(今山东东平),擒斩天平节度使朱瑄。朱温奏以庞师古为天平留后。二月,汴将葛从周攻克兖

---

① 《新五代史》卷六一《吴世家》。
② 《资治通鉴》卷二五九,"景福元年"条。
③ 《十国春秋》卷一《吴太祖世家》。

州,泰宁节度使朱瑾逃往淮南。杨行密奏朱瑾领武宁节度使。唐昭宗以杨行密为江南诸道行营都统,令讨武昌节度使杜洪。三月,朱全忠表曹州刺史葛从周为泰宁留后,朱友裕为天平留后,庞师古为武宁留后。史称,"朱全忠既得兖、郓,甲兵益盛,乃大举击杨行密"①。九月,朱温命庞师古率徐、宿、宋、滑之师七万直趋清口,葛从周率兖、郓、曹、濮之师三万趋安丰,自己坐镇宿州,大举进攻淮南。十一月,杨行密与朱瑾率精兵三万前往楚州,以涟水镇将张训为先锋,大破汴军,阵前斩庞师古。朱延寿又破葛从周于渒水。汴军大败,"自是(朱)瑾率淮军连岁北寇徐、宿,大为东南之患"②,朱温从此不敢争淮南。颍州刺史王敬荛招抚百姓,民户增至二万。

### 唐昭宗光化元年(898)

三月,唐昭宗以全忠为宣武、宣义、天平三镇节度使。五月,朱温派遣葛从周抵御河东李克用,取邢、洺、磁等州。七月,山南东道节度使赵匡凝谋附杨行密,朱温遣宿州刺史氏叔琮领兵进讨,取唐、邓、随等州,"赵匡凝惧,遣使请服于朱全忠,全忠许之"。

### 光化二年(899)

二月,唐置辉州于砀山县,以砀山、虞城、单父、成武隶之。三月,卢龙节度使刘仁恭自恃兵强,欲兼有河朔。魏博节度使罗绍威求援于朱温。汴将李思安、张存敬大破卢龙军于内黄,斩骁将单可及;葛从周又从邢州入援,卢龙军伏尸数百里,刘仁恭父子烧营而遁,"仁恭自是不振,而全忠益横矣"③。

### 光化三年(900)

正月,宣州将康儒攻睦州,钱镠遣其从弟钱铧拒之。八月,康儒粮食缺乏,率军逃回宣州。制墨名家、易县奚超南迁歙州,世传其业。唐加杨行密兼侍中。十一月,神策中尉刘季述、王仲先废唐昭宗,立太子裕为帝。

---

① 《资治通鉴》卷二六一,"乾宁四年"条。

② 《旧五代史》卷十三《朱瑾传》。

③ 《资治通鉴》卷二六一,"光化二年"条。

### 唐昭宗天复元年（901）

正月，宰相崔胤联合神策军将孙德昭等斩刘季述，昭宗复位。二月，朱温晋爵梁王。二月，朱温进军河中（今山西永济），护国军节度使王珂投降。朱温表张存敬为留后。五月，昭宗以全忠为宣武、宣义、天平、护国四镇节度使。时南衙、北司之争加剧，崔胤欲诛宦官，结朱温为外援，宦官则结凤翔节度使李茂贞。九月，崔胤矫诏朱温迎驾。十月，朱温率军七万向西进军。十一月，宦官韩全海等劫持昭宗迁往凤翔。十二月，朱温进入关中，派遣军队进攻凤翔，凤翔之战爆发。

### 天复二年（902）

三月，唐昭宗以金吾将军李俨为江淮宣谕使，授杨行密东面行营都统、中书令，晋爵吴王，令讨朱温。四月，升州刺史冯宏铎谋攻宣州，宁国节度使田頵率军败之于曷山，又乘胜取升州。八月，杨行密率军北上围攻宿州，以粮运不继退兵。九月，两浙叛将徐绾求援于宣州，田頵岁引兵进攻杭州。十二月，杨行密召田頵回宣州。

### 天复三年（903）

正月，朱温与李茂贞和解。宦官势力被消灭，唐昭宗返回长安。史称，"全忠既破李茂贞，并吞关中，威震天下，遂有篡夺之志"①。四月，平卢节度使王师范为汴兵所攻，求援于杨行密。杨行密以王茂章率步骑七千驰救，又遣别将率兵数万攻宿州。梁王朱温命康怀贞救宿州，杨行密从宿州退兵。五月，王茂章与平卢军攻拔密州，杀朱温将刘康乂。八月，宁国节度使田頵破冯弘铎，诣广陵谢杨行密，求池、歙二州，行密不许。宁国节度使田頵与联络润州团练使安仁义起兵叛杨行密。田頵又派前进士杜荀鹤说服寿州团练使朱延寿共同举兵，并派人至汴州联络朱温。朱温大喜，遣兵屯驻宿州声援。十月，台濛连败田頵于广德、黄池，遂攻宣州。王茂章也率军前来平叛。十一月，台濛攻克宣州，田頵中埋伏被杀。杨行密以台濛为宣州观察使。杨行密置德胜军于庐州，领庐州、滁州等地，以庐州团练使刘威为节度使。

---

① 《资治通鉴》卷二六四，"天复三年十二月"条。

### 唐昭宗天祐元年（904）

正月,朱温杀宰相崔胤。三月,杨行密嫁女予钱镠之子传璙,淮南与两浙关系好转。四月,昭宗迁都洛阳。八月,朱温遣部将朱友恭、氏叔琼弑昭宗,立辉王祚为皇太子,更名"柷"是为哀帝。宣州观察使台濛卒,杨行密以其长子杨渥为观察使。十月,杨行密派兵进攻光、鄂二州,二州求援于朱温。十一月,朱温亲率五万自颍州渡淮,驻军霍邱,分兵援救鄂州。朱温又分兵攻掠寿州,获耕牛分给淮北居民,收取牛租。

### 唐哀帝天祐二年（905）

正月,淮南将王茂章攻克润州,擒斩安仁义。朱温再攻寿州,不克而还。九月,歙州陶雅取婺州,杨行密以陶雅为江南都招讨使、歙婺衢睦观察使。十月,杨行密承制以长子杨渥为淮南留后,以润州团练使王茂章为宣州观察使。朱温再次围攻寿州,不利而返。十一月,杨行密病卒,年五十四。杨渥继任淮南节度使、东南诸道行营都统、兼侍中、弘农郡王。改亳州城父县为焦夷县。

### 天祐三年（906）

正月,杨渥遣李简攻宣州王茂章。王茂章出奔杭州。五月,淮南杨渥以升州刺史秦裴为西南行营都招讨使,将兵击钟匡时于江西。九月,秦裴拔洪州,虏钟匡时等五千人以归。杨渥自兼镇南节度使,以裴为洪州制置使,遂有江西之地。

# 五代十国（907—960）

### 后梁太祖开平元年（907）

正月,淮南左衙指挥使张颢、右衙指挥使徐温杀杨渥亲信,执掌淮南军政。四月,唐哀帝禅位于梁王朱温,唐亡。朱温建国号为梁,以汴州开封府为东都,洛阳为西都,改元开平,是为后梁。朱温（852—

912），宋州砀山人，史家称之梁太祖。河东、凤翔、淮南用唐天祐年号，西川王建仍用唐天复年号，与后梁对抗。六月，汝、颍等州发生虫灾。亳州发生水灾，"诏令本州开仓赈贷"①。十一月，吴将米志诚攻颍州，破其外城，刺史张实据子城坚守。后梁赦免亡命背军之人及刑徒，"盗减什七八"②。十二月，梁发步骑五千援救颍州，吴兵引还。梁于砀山县置崇德军，以朱彦让为军使。吴王杨渥以庐州观察使刘威为镇南节度使。杜荀鹤死（846—907）。杜荀鹤，池州石埭（今安徽石台）人，著名诗人。

**开平二年（908）**

五月，吴左衙指挥使张颢、右衙指挥使徐温杀杨渥，立杨渥之弟隆演为淮南留后、东面诸道行营都统，后袭爵弘农王。徐温遣人杀死张颢，担任左、右牙都指挥使，继掌吴国大权。八月，后梁以亳州团练使寇彦卿为东南面行营都指挥使，进攻淮南。后梁改舒州盛唐县为潜山县。十一月，寇彦卿渡淮攻庐州、寿州，不克而还。

**开平三年（909）**

正月，后梁"以用度稍充，初给百官全俸"③。二月，后梁以砀山系祖先陵寝所在，升为赤县，"仍以本县令兼四陵台令"④。三月，吴徐温担任淮南节度副使，领升州刺史，留广陵；以养子徐知诰为升州防遏使兼楼船军使。四月，吴"淮南初置选举，以骆知祥掌之"⑤。五月，升宋州为宣武军节度，割亳、辉、颍三州隶之。七月，吴歙州刺史陶雅遣其子敬昭进攻江西，取饶州、信州。八月，梁太祖下诏："所在长吏放杂差役，两税外不得妄有科配。自今后州县府镇，凡使命经过，若不执敕文券，并不得妄差人驴及取索一物已上。"⑥十一月，梁太祖诏："刺史、县

---

① 《旧五代史》卷一四一《五行志》。
② 《资治通鉴》卷二六六，"开平元年"条。
③ 《资治通鉴》卷二六七，"开平三年"条。
④ 《旧五代史》卷四《梁太祖纪四》。
⑤ 《资治通鉴》卷二六七，"开平三年"条。
⑥ 《旧五代史》卷四《梁太祖纪四》。

令不得因缘赋敛,分外扰人。"①

**开平四年**(910)

四月,梁太祖见镇将欺凌县官,敕:"诸州镇使,官秩无高卑,并在县令之下。"②六月,"许、陈、汝、蔡、颍五州蝗生,有野禽群飞蔽空,食之皆尽"。十月,"梁、宋、辉、亳水,诏令本州开仓赈贷"③。十二月,宋州、亳州、辉州再次水灾,诏各州分等级赈济灾民。

**梁太祖乾化二年**(912)

三月,吴宣州观察使李遇、镇南节度使刘威、歙州观察使陶雅与常州刺史李遇不满徐温专权,李遇尤为愤恨。徐温遂以淮南节度副使王坛为宣州制置使,数李遇不朝之罪,领兵攻宣州,以其养子、升州副使徐知诰副之。五月,吴将王坛攻占宣州,诛灭李遇。六月,梁郢王朱友珪杀梁太祖,自立为帝。七月,刘威、陶雅前往扬州,徐温态度谦卑,众人悦服。八月,吴弘农王杨隆演称吴王,徐温领镇海节度使、同平章事,淮南行军司马。十一月,梁以宁国节度使王景仁(王茂章)为淮南西北行营招讨应援使,进攻庐、寿等州。

**乾化三年**(913)

二月,侍卫亲军指挥使袁象先引禁军杀郢王朱友珪,均王朱友贞即位于开封,是为梁末帝。五月,吴遣宣州副指挥使花虔将兵会广德镇遏使涡信屯广德,准备进攻吴越衣锦军。吴越钱传瓘抢先攻之。六月,钱传瓘拔广德,虏花虔、涡信以归。十一月,梁以宁国节度使王景仁为淮南西北行营招讨应接使,将兵万余侵庐、寿二州。十二月,吴徐温与平卢节度使朱瑾亲率大军抵御,战于赵步。后梁先胜后败,渡淮北撤,溺水而死者过半。徐温于霍邱将梁兵尸体筑为京观。

**乾化四年**(914)

八月,梁武宁节度使王殷(蒋殷)举兵叛乱,求援于吴。十月,吴遣平卢节度使朱瑾援救徐州,为梁将牛存节所败,退回淮南。

① 《旧五代史》卷五《梁太祖纪五》。
② 《旧五代史》卷一四九《职官志》。
③ 《旧五代史》卷一四一《五行志》。

### 梁末帝贞明元年（915）

二月，梁将牛存节攻克徐州，王殷举族自焚。三月，梁天雄节度使、邺王杨师厚病死，末帝以分天雄为天雄、昭德二镇。天雄军发生兵变，求援于河东李存勖。四月，吴徐温以其子牙内都指挥使知训为淮南行军副使、内外马步诸军副使。八月，梁尽失河北之地。吴徐温加封齐国公，兼两浙招讨使，出镇润州，以升、润、常、宣、歙、池六州为巡属。徐温留其子徐知训辅政，军国大事遥决之。

### 贞明二年（916）

十月，晋王李存勖遣使于吴，相约夹攻后梁。十一月，吴以淮南行军副使徐知训充淮北行营都招讨使，与朱瑾等领兵渡淮，移檄州县，进围颍州。

### 贞明三年（917）

正月，梁宣武节度使袁象先援救颍州，击退徐知训。九月，梁滑州节度使刘鄩以河朔失守之罪，"左迁亳州团练使"①。是年，吴置清淮军节度使于濠州，以前团练使刘金之子仁规为清淮军节度使。

### 贞明四年（918）

六月，吴大将朱瑾不满徐知训专权自恣，杀徐知训，后兵溃自杀。润州团练使徐知诰闻变，赶赴扬州平定内乱。七月，吴徐温入扬州，以养子徐知诰代徐知训辅政。"知诰悉反知训所为，事吴王尽恭，接士大夫以谦，御众以宽，约身以俭。以吴王之命，悉蠲天祐十三年以前逋税，求贤才，纳规谏，除奸猾，杜请托。于是士民翕然归心，虽宿将悍夫无不悦服。……由是江、淮间旷土尽辟，桑柘满野，国以富强"②。

### 贞明五年　吴武义元年（919）

四月，吴王杨隆演即国王位，改天祐十六年为武义元年，大赦境内，建宗庙社稷，设百官。宫殿之物皆用天子礼。以徐温为大丞相、都督中外诸军事、诸道都统、镇海宁国节度使、守太尉兼中书令、东海郡

---

① 《资治通鉴》卷二七〇，"贞明三年"条。
② 《资治通鉴》卷二七〇，"贞明四年"条。

王;以徐知诰为左仆射、参政事兼知内外诸军事,仍领江州团练使。宣州升为宁国节度使。八月,吴大败吴越于无锡。徐温随后与吴越和解,双方遣使往来,交换战俘,"自是吴国休兵息民,三十余州民乐业者二十余年"①。后梁也无力南进,边境大体上保持稳定局面。

**贞明六年　吴武义二年(920)**

五月,吴国王杨隆演病卒,年二十四。徐温以杨行密第四子、丹阳公杨溥监国,徙杨溥之兄杨濛为舒州团练使。六月,杨溥即吴王位。陈州爆发董乙起义,影响及于亳州,"陈、颍、蔡三州大被其毒"②。

**梁末帝龙德元年、吴杨溥顺义元年(921)**

三月,以中书舍人马缟奏请,改"亳州焦夷县为夷父县"。十月,吴徐温闻寿州团练使崔太初苛察失民心,征为右雄武大将军。③ 吴改池州至德县为建德县。

**龙德二年、吴顺义二年(922)**

吴编制户籍,"命官兴版簿,定租税,厥田上上者每顷税钱二贯一百文,中田一顷税钱一贯八百文,下田一顷税钱一贯五百文,皆输足陌见钱,若见钱不足,许依市价折以金银"④。

**梁末帝龙德三年、后唐庄宗同光元年、吴顺义三年(923)**

四月,晋王李存勖即皇帝位,是为唐庄宗,国号唐,改元同光,史称后唐。十月,唐军至开封,梁末帝自杀,后梁亡。唐庄宗释后梁百官不问,令其复职治事,唯诛李振、赵岩等数家。唐改潜山县复为盛唐县。吴寿州团练使钟泰章被控"侵市官马"⑤,徐知诰以吴王之命,遣滁州刺史王稔巡霍邱,因代为寿州团练使,以钟泰章为饶州刺史。

**同光二年、吴顺义四年(924)**

二月,唐复辉州为砀山县。又改焦夷县为城父县,取消崇德军。

① 《资治通鉴》卷二七〇,"贞明五年"条。
② 《旧五代史》卷十《梁末帝纪下》。
③ 《旧五代史》卷十《梁末帝纪下》。
④ 《十国春秋》卷三《吴睿帝纪》。
⑤ 《资治通鉴》卷二七二,"同光元年"条。

### 同光三年、吴顺义五年（925）

十一月，"魏、博、徐、宿地大震"①。前蜀王衍降。

### 同光四年、后唐明宗天成元年、吴顺义六年（926）

四月，唐庄宗在兵变中被杀。成德节度使李嗣源即位，改元天成，是为唐明宗。吴改池州秋浦县为贵池县。

### 后唐明宗天成二年、吴乾贞元年（927）

八月，吴移清淮节度使于寿州，领光、寿二州，以寿州团练使王稔为清淮军节度使。降濠州为都团练使。十月，吴大丞相徐温病卒，其养子徐知诰继续执政。随后徐知诰率百官尊吴王杨溥为皇帝，改元乾贞。吴以徐温之子徐知询为诸道副都统、镇海宁国节度使兼侍中，加徐知诰都督中外诸军事，封浔阳公。亳州刺史李邺"为政贪秽"，擅杀百姓，唐明宗"诏贬郴州司户，又贬崖州长流百姓，所在赐自尽"②。

### 天成四年、吴太和元年（929）

十一月，吴徐知诰以吴帝杨溥名义召徐知询入朝，留之不遣，后迁统军，领镇海节度使。由是徐知诰尽专吴国之政。十二月，吴加徐知诰兼中书令，领宁国军节度使。

### 后唐明宗长兴元年、吴杨溥太和二年（930）

十月，吴徐知诰以其长子大将军徐景通为兵部尚书、参政事。

### 长兴二年、吴太和三年（931）

二月，吴徐知诰欲以中书侍郎、内枢使宋齐丘为相，宋齐丘以资望尚浅，退往九华山应天寺。高汉筠任亳州刺史，"在亳州三年，岁以己俸百千代纳逋租"，被史家称作"近代之良二千石"③。宿州刺史周知裕，"老于军旅，勤于稼穑，凡为郡劝课，皆有政声"④。

---

① 《旧五代史》卷一四一《五行志》。
② 《旧五代史》卷五三《李邺传》。
③ 《旧五代史》卷九四《高汉筠传》。
④ 《旧五代书》卷六四《周知裕传》。

### 长兴三年、吴太和四年（932）

六月，徐州、颍州水灾，"各遣使人存问"①。七月，"诸州大水，宋、亳、颍尤甚"②。

### 长兴四年、吴太和五年（933）

十一月，后唐明宗去世。其子宋王从厚即位，是为唐闵帝。

### 后唐末帝清泰元年、吴太和六年（934）

二月，唐闵帝猜忌明宗养子、潞王从珂，令殿直楚匡祚拘禁从珂之子、亳州团练使李重吉。吴周宗讽吴帝杨溥禅位于徐知诰，宰相宋齐丘持异议。吴黜周宗为池州团练副使。四月，唐潞王李从珂进入洛阳，不久称帝，改元清泰，是为唐末帝。唐闵帝遇害于卫州。六月，吴贬昭武节度使、临川王杨濛为历阳公，囚禁于和州。十一月，徐知诰召其长子景通于金陵，以次子景迁为左右军指挥使、左仆射、参政事，留江都辅政。

### 清泰二年、吴太和七年（935）

十月，吴帝杨溥封徐知诰为齐王，以升、润、宣、池、歙、常、江、饶、信、海十州为齐国。

### 清泰三年、后晋高祖天福元年、吴太和八年（936）

三月，后唐河东节度使石敬瑭勾结契丹，举兵叛乱。十一月，契丹立石敬瑭为帝，国号晋，年号天福，是为晋高祖。石敬瑭割让幽、云等十六州给契丹。唐末帝自焚死，后唐灭亡。

### 天福二年、吴太和九年、南唐李昪升元元年（937）

正月，吴徐知诰建齐国，立宗庙社稷，改金陵为江宁府，以宋齐丘、徐玠为左右丞相。析宣州之地置芜湖、铜陵、繁昌三县，并当涂、广德二县改隶江宁府。八月，吴历阳公杨濛杀守卫军使王宏，投奔庐州节度使周本，周本之子弘祚执杨濛送至扬州。徐知诰派人杀杨濛于采石。侍卫军使郭悰杀杨濛全家于和州，徐知诰将其贬到池州。十月，

---

① 《旧五代史》卷四三《唐明宗纪九》。
② 《旧五代史》卷一四一《五行志》。

吴帝杨溥禅位于齐王徐知诰。徐知诰遂称皇帝,国号为齐,以金陵为都城,改元升元。十一月,齐主徐知诰改天长县为天长制置。

### 天福三年、南唐升元二年(938)

二月,齐主徐知诰改国号为大唐,史称南唐。又复姓李氏,改名曰昪,是为南唐烈祖。六月,南唐于池州置康化军节度使,以吴宗室杨琪为节度使。升元初,以当涂县、广德县属江宁府。

### 天福四年、南唐升元三年(939)

八月,晋升亳州为防御州,依旧隶宋州归德节度。

### 天福五年、南唐升元四年(940)

六月,南唐“罢宣州岁贡木瓜杂果”①。

### 天福六年、南唐升元五年(941)

十一月,南唐清查土地,据其肥瘠定民田租税,以钱计税。

### 天福七年、南唐升元六年(942)

闰正月,南唐改天长制置使为建武军。四月,南唐以侍卫诸军都虞候姚景为清淮军节度使,姚景有善政。六月,“常、宣、歙三州大雨涨溢”,南唐烈祖派人前去赈济。晋高祖石敬瑭去世,齐王石重贵即位,是为晋出帝。七月,“大蝗自淮北蔽空而至”,“命州县捕蝗,瘗之”②。秋季,淮北水灾。

### 天福八年、南唐升元七年、保大元年(943)

三月,南唐升濠州为定远军。五月,淮北诸州蝗灾、饥荒。“是岁,春、夏旱,秋、冬水。蝗大起,东自海隅,西距陇坻,南逾江、淮,北抵幽蓟,原野、山谷、城郭、庐舍皆满,竹木叶俱尽。重以官括民谷,使者督责严急,至封碓碨,不留其食,有坐匿谷抵死者。县令往往以督趣不办,纳印自劾去。民馁死者数十万口,流亡不可胜数。”③南唐割宣城、当涂二县之地置芜湖县;又割南陵县五乡之地,置繁昌县,均隶江

---

①　陆游:《南唐书》卷一《烈祖纪》。

②　《十国春秋》卷十五《南唐烈祖纪》。

③　《资治通鉴》卷二八三,“天福八年”条。

宁府。

**后晋出帝开运元年、南唐李璟保大二年（944）**

七月，寿州清淮节度使姚景卒，以濠州节度使刘崇俊为代其职，降濠州为观察州，以楚州刺史刘彦贞为濠州观察使。九月，淮南发生虫灾，诏免赋税。

**开运二年、南唐保大三年（945）**

四月，后晋以财政匮乏，预借租税。

**开运三年、南唐保大四年（946）**

九月，淮南发生虫灾，诏免赋税。十二月，契丹灭晋。

**后汉高祖天福十二年、南唐保大五年（947）**

二月，后晋河东节度使刘知远称帝，是为后汉高祖，称天福十二年，建立后汉。亳州民众驱除契丹所置防御使唐景思，唐景思求援于邻州，夺回州城。三月，辽太宗率契丹部众北返。六月，刘知远进入开封，赦罪囚，减免租税。南唐始以润州节度使李金全为北面行营招讨使，令其渡淮北上中原。寻闻刘知远进入开封，乃止。九月，淮南发生虫灾，诏免除本年租税。是年，南唐罢池州康化军节度，以王继勋领池州都团练观察处置等使，守池州刺史。

**后汉高祖乾祐元年、南唐保大六年（948）**

三月，后汉护国军节度使李守贞反。九月，李守贞派遣从事舒元（后改名朱元）、李平前往南唐求援。南唐再以李金全为北面行营招讨使，清淮节度使刘彦贞副之，查文徽为监军使，魏岑为沿淮巡检使出兵北上。后汉随即以王重裔为亳州防御使，"又令于徐州巡检，兼知军州"，准备抵御。[1]

**乾祐二年、南唐保大七年（949）**

正月，南唐派遣皇甫晖、张峦前往淮北招降。蒙城镇将咸师朗率众归南唐。七月，后汉平定李守贞叛乱，南唐加强沿淮地区军事布置，

---

① 《旧五代史》卷一二八《王重裔传》。

以永安节度使王崇文镇庐州,以谏议大夫查文徽为永安军节度留后。后汉三司使王章规定百姓交税以八十文为一陌,官府支出时则以七十七文为一陌。"州县民诉田者,必全州县覆之,以括其隐田"①。不几年,"民力大困"②。北方骚乱,居民相率渡淮南徙。

### 乾祐三年、南唐保大八年(950)

二月,清淮军误传后汉军大举南下,南唐加紧备战。南唐元宗以燕王弘冀为润、宣二州大都督,镇润州;周宗为东都留守,进行防御。三月,后汉旌表颍州汝阴民麴温门闾。后汉内乱。十一月,后汉隐帝为乱兵所杀。是岁,南唐改广德县为广德制置。

### 后周太祖广顺元年、南唐保大九年(951)

正月,后汉枢密使郭威称帝,建国号为周,是为周太祖。二月,后周"诏沿淮州县军镇,令后自守疆土,不得纵一人一骑擅入淮南地分"③。三月,淮南发生虫灾,诸州饥。四月,后周诏沿淮州县,许淮南人就淮北籴易粮粮。是年,南唐改义安县为铜陵县,隶江宁府。

### 广顺二年、南唐保大十年(952)

七月,复置陈州镇安军节度使,"以颍州隶之"④。

### 广顺三年、南唐保大十一年(953)

正月,后周罢营田务,以民隶州县,田庐牛具归佃户,又"以天下系官庄田仅万计,悉以分赐见佃户充永业"⑤。免除淮北民牛租。亳州由团练升为防御州,濠州由观察州降为团练州。六月,淮南各地旱灾,边民逃往淮北。"唐大旱,井泉涸,淮水可涉,饥民渡淮而北者相继,濠、寿发兵御之,民与兵斗而北来","流入北境者相继"⑥。十月,南唐诏州县修复各地陂塘。是年,南唐升江州东流场为东流县,仍隶江州。

---

① 《新五代史》卷三〇《王章传》。
② 《旧五代史》卷一〇七《王章传》。
③ 《旧五代史》卷一一一《周太祖纪二》。
④ 《五代会要》卷二四《诸道节度使军额》。
⑤ 《旧五代史》卷一一二《周太祖纪三》。
⑥ 《资治通鉴》卷二九一,"广顺三年"条。

### 后周世宗显德元年、南唐保大十二年（954）

正月，周太祖去世，养子柴荣继位，是为周世宗。三月，周世宗败北汉于高平，开始谋划统一。南唐境内饥荒，"命州县鬻糜食饿者"①。是岁，南唐边臣以边境安定，撤销沿淮巡访兵士。清淮军节度使刘仁赡上表力争，南唐元宗不从。

### 显德二年、南唐保大十三年（955）

三月，淮南旱灾，诸州饥荒。四月，南唐以寿州刘彦贞为神武统军、侍卫诸军都指挥使，以刘仁赡为清淮军节度使。八月，周疏浚汴渠宿州以下河段。十一月，后周以李谷、王彦超等领兵进攻南唐沿淮诸州。南唐以神武统军刘彦贞为北面行营都部署，率军二万援救寿州，奉化节度使皇甫晖为北面行营应援使，常州团练使姚凤为应援都监，率军三万屯定远县。又征镇南节度使宋齐丘入朝商讨对策，令皇子安定郡公从嘉（即后主李煜）为沿江巡检。十二月，周将王彦超大败南唐军于寿州城下，周先锋指挥使白延遇又败唐军千人于山口镇。

### 显德三年、南唐保大十四年（956）

正月，周将李谷败唐军一千人于上窑，又大败刘彦贞于正阳，刘彦贞战死，咸师朗等人被擒。未几，周世宗亲至寿州城下，屯兵于淝水南面，继续围困寿春，并将正阳浮桥移至下蔡（今安徽凤台）。当月，周将赵匡胤败唐兵万人于涡口，南唐都监何延锡战死，获战船五十余艘。二月，后周庐寿光黄巡检使司超败唐兵于盛唐（今安徽潜山），执都监高弼。另一支周军在赵匡胤率领下，攻克清流关，夺取滁州，擒获唐将皇甫晖、姚凤。南唐遣使求和。吴越进攻宣州。三月，后周攻占舒州，刺史周宏祚赴水死。周军攻占和州。"寿州军校陈廷贞等十三人奔周"②。五月，周置镇淮军于涡口。七月，南唐收复舒州、和州、滁州及扬州等地，唯寿州之围愈急。十月，南唐罢淮南各地屯田。十二月，后周"发陈、蔡、宋、亳、颍、曹、单等州丁夫城下蔡"③。

---

①　《十国春秋》卷十六《南唐元宗纪》。

②　《十国春秋》卷十六《元宗纪》。

③　《旧五代史》卷一一六《周世宗纪三》。

### 显德四年、南唐保大十五年（957）

正月，南唐齐王景达派遣许文稹、边镐、朱元援救寿州，屯兵紫金山，建甬道运粮到城中，为周将李重进所败。二月，周世宗再次亲征淮南。三月，南唐将朱元投附后周。周世宗自镇淮军前往下蔡，亲自指挥进攻寿春。周军在寿州城外大破南唐，杀四万余人。清淮节度使刘仁赡病重，副使孙羽以寿州降周，不久刘仁赡病卒。周迁寿州治所于下蔡县（今安徽凤台），以下蔡为寿州倚郭县，"以旧寿州为寿春县"①。又在寿春置忠正军，以表彰刘仁赡尽忠职守。十一月，周世宗第三次亲征淮南。十二月，南唐濠州团练使郭廷谓、泗州刺史范再遇举城降周。

### 显德五年、南唐中兴元年（958）

正月，南唐升天长县为雄州，以建武军使易文赟为刺史。二月，周军进攻雄州，易文赟举城降。周军攻陷舒州，执刺史施仁望。三月，周唐议和，南唐尽献江北十四州，称臣于后周。周改庐州为保信军节度使，以右龙武统军赵赞为庐州节度使。后周再次疏浚汴渠，"浚汴口，导河流达于淮，于是江、淮舟楫始通。"②四月，周世宗从淮南前线返回，途经宿州，翰林医官马道玄"诉寿州界被贼杀却男，获正贼，见在宿州，本州不为勘断。帝大怒，遣端明殿学士窦仪乘驿往按之，及狱成，坐族死者二十四人"，"太常博士、权知宿州军州事赵砺除名，坐推劾弛慢也"。③五月，周世宗下诏："淮南诸州及徐、宿、宋、亳、陈、颍、许、蔡等州，所欠去年秋夏税物，并与除放。"④周免淮南诸州及淮北徐、宿、亳、颍等州所欠上年两税。九月，周"诏淮南诸州乡军，并放归农"⑤。十一月，南唐暴宋齐丘、陈觉、李征古之罪，放归九华山。是年，南唐因江北和州割让后周，升当涂县为新和州。

### 显德六年（959）

正月，南唐宋齐丘幽死于九华山故宅。二月，后周调发徐、宿、亳、

---

① 《五代会要》卷二〇《州县分道改置》。
② 《资治通鉴》卷二九四，"显德五年"条。
③ 《旧五代史》卷一一八《周世宗纪五》。
④ 《旧五代史》卷一一八《周世宗纪五》。
⑤ 《旧五代史》卷一一八《周世宗纪五》。

颍等州丁夫疏浚汴渠、涡河、五丈河,运河及淮北水路通畅。六月,周世宗病逝,年三十九,遗诏梁王宗训继位,是为周恭帝。七月,南唐铸造"永通泉宝"钱,与旧钱并行于江南。

### 后周显德七年、北宋太祖建隆元年(960)

正月,后周大将赵匡胤受命北上,至开封城北陈桥驿,变兵拥戴赵匡胤返回都城,周恭帝退位,史称陈桥兵变。赵匡胤即位称帝,建立北宋,改元建隆(960—962),是为宋太祖。二月,南唐始铸铁钱。

### 建隆二年(961)

二月,南唐元宗李璟迁都洪州(今江西南昌),途经当涂,大宴群臣吏民。六月,元宗病逝于洪州,太子从嘉继位,改名李煜,是为南唐后主。八月,南唐还都金陵。罢诸州屯田使。

### 建隆三年(962)

六月,以神武统军朱匡业为宁国军节度使。匡业,吴寿州防御使朱延寿之子。七月,以宣州节度使何敬洙为左武卫上将军。七月,改朱匡业镇江州,以润州节度使林仁肇为宁国军节度使。

### 宋太祖乾德二年(964)

三月,根据吏部侍郎韩熙载建议,铁钱与"开元通宝"铜钱并用。

### 宋太祖开宝元年(968)

皖南境内旱灾。

### 开宝七年、南唐甲戌岁(974)

七月,南唐后主拒绝入朝,宋太祖遣宣徽南院使曹彬、侍卫马军都虞候李汉琼等率舟师东下,又命山南东道节度使潘美等水陆并进。池州人樊若水献计于江面造浮桥以济宋军。闰十月,宋军攻占池州,后主乃下令去宋年号,以甲子纪元。随后宋军攻克芜湖,水军经采石,直趋金陵城下。

### 开宝八年、南唐乙亥岁(975)

十一月,宋军攻占金陵,后主出降。南唐亡。

# 附录二
# 隋唐五代十国时期安徽人物小传表

| 姓名 | 生卒年月 | 籍贯 | 履历 | 资料来源 |
|---|---|---|---|---|
| 裴政 字德表 | 生卒年不详 | 其先河东闻喜人，寓居寿阳。 | 明敏强记，习故事，达时政，善钟律；初仕萧梁，历王府法曹参军事、记室，除起部郎、通直散骑侍郎；梁末平侯景，先锋入建业，以军功连最，封夷陵侯，授给事黄门侍郎；后梁亡，归北周授员外散骑侍郎，事于相府，参议建六卿，撰次朝仪；授刑部下大夫，转少司宪，参定《周律》；入隋，转率更令，加位上仪同三司，参修《隋律》；进位散骑常侍，转东宫左庶子，出为襄州总管，卒于官，年八十九；著《承圣降录》十卷。 | 《隋书》卷六六《裴政传》；《周书》卷二十六《长孙绍远传》；《全隋文》卷十二《裴政·上周明帝书论乐》。 |
| 樊子盖 字华宗 | 544—616 | 庐江人 | 治军持重，临民明察。初仕北齐，王府行参军；北周武帝平齐，授仪同三司，郢州刺史；隋禅周，以仪同领乡兵，除枞阳太守；隋平陈，以军功加上开府，历仕州刺史、总管；大业世入朝，历仕金紫光禄、右光禄、左光禄大夫，民部尚书；隋炀帝征高丽，历任涿郡留守、东都留守，检校河南内史，进位光禄大夫，封建安侯，复晋爵济公。大业十二年卒，年七十二。 | 《隋书》卷六三《樊子盖传》；《隋书》卷四《炀帝本纪下》。 |

续表

| 姓名 | 生卒年月 | 籍贯 | 履历 | 资料来源 |
|---|---|---|---|---|
| 袁充<br>字德符 | 543—618 | 其先阳夏人,寓居丹阳。 | 解占候、好道术。陈亡归隋,历州司马;以玄象星瑞自命,要求时宰,干进务入。开皇世,领太史令,作平仪晷影漏刻;大业世,迁内史舍人;从征高丽,拜朝请大夫、秘书少监;隋末,假托天文,上表陈嘉瑞,炀帝超拜秘书令。武德元年,江都兵变,被杀,年七十五。 | 《隋书》卷六六;《隋书》卷一七、一八《袁充传》;《律历志·中·下》;《隋书》卷十九《天文志·上》。 |
| 刘行本 | 生卒年不详 | 沛人 | 由梁归周,宇文护引为中外府记室;武帝时,转御正中士,兼领起居注,累迁掌朝下大夫;宣帝时,出为河内太守。周隋禅代之际,拜仪同,爵文安县子;开皇初,拜谏议大夫,检校治书侍御史,迁黄门侍郎,寻拜太子左庶子,正色方直,太子敬惮;复以本官领大兴令,卒官。 | 《隋书》卷六二《刘行本传》 |
| 麦铁杖 | ?—612 | 其先始兴人,寓居清流。 | 骁勇有臂力,走及奔马;陈时为盗,没为官户,配执御伞;陈亡徙居清流。开皇世,以平叛江左豪族军功,除车骑将军;从征突厥,加上开府;大业世,以平叛汉王谅军功,进位柱国,历转刺史、太守;隋炀帝第一次远征高丽,为先锋,率先渡辽水,战死;追赠光禄大夫、宿国公。 | 《隋书》卷六四《麦铁杖传》 |
| 陈稜<br>字长威 | ?—619 | 庐江襄安人 | 开皇世,江南豪族叛乱,随父陈岘归隋,拜开府,领乡兵;大业初,拜武贲郎将;大业五年末,远击流求,进位右光禄大夫;隋炀帝远征高丽,以宿卫迁左光禄大夫,东莱留守;隋末平乱,进位光禄大夫,爵信安侯,超拜右御卫将军。武德元年,江都兵变,隋炀帝死,宇文化及以陈稜为江都太守,稜为隋炀帝发丧;武德二年,李子通攻占江都,陈稜投杜伏威,"寻而见害"。 | 《隋书》卷六四《陈稜传》;《资治通鉴》卷一八七"高祖武德二年"。 |

| 姓名 | 生卒年月 | 籍贯 | 履历 | 资料来源 |
|------|---------|------|------|---------|
| 耿询<br>字敦信 | ？—618 | 丹阳人 | 滑稽辩给,伎巧绝人。陈世,客寓岭南;开皇世,隋平岭南俚洞,耿询归隋,从高志宝受天文数术,造浑天仪,为官奴,给使太史局;作马上刻漏。大业世,进古献器,作称水漏器,放为良民,授右尚方署监事;隋炀帝发动高丽战争,询谏言,"辽东不可伐,师必无功";炀帝"以询言中,以询守太史丞"。大业十二年,询从幸江都;武德元年,江都兵变,及宇文化及北归,从至黎阳,询欲离化及,为化及所害。著《鸟情占》一卷,行于世。 | 《隋书》卷七八《耿询传》;《隋书》卷十九;《天文志·上》;《资治通鉴》卷一八五"高祖武德元年"。 |
| 刘臻<br>字宣挚 | 526—598 | 沛国相人 | 后梁亡,归萧詧,北周宇文护引为中外府记室,后为露门学士,饶阳县子,大都督,历蓝田令、畿伯下大夫。隋禅周归隋,进位仪同三司;隋平陈,从军,典元帅府文翰,晋爵为伯。开皇世,为太子勇学士;富才名,通乐律,耽悦经史,晓习文字音韵,于《两汉书》尤为精通,时人誉称"《汉》圣";开皇十八年卒,年七十二。有文集十卷,行世。妻陈氏,有文集五卷,行世。 | 《隋书》卷七六《刘臻传》;《隋书》卷十五《音乐志下》;《颜氏家训·书证》;故宫博物院影印唐写本王仁煦勘误补阙《切韵》;《新唐书》卷六〇《艺文志·四》。 |
| 夏侯端 | ？—627 | 其先谯郡谯人,徙居寿州寿春。 | 精于术数,仕隋为大理司直;仕唐为秘书监。武德元年,李密降唐,关东不定,假节招谕,拜大将军,河南道巡抚使;归节朝廷,复拜秘书监,出为梓州刺史;贞观元年卒。 | 《新唐书》卷一九一《夏侯端传》;《梁书》卷十《夏侯详传》。 |

续表

| 姓名 | 生卒年月 | 籍贯 | 履历 | 资料来源 |
|------|---------|------|------|----------|
| 任瓖(guī) 任灿 | ？—630 | 庐州合肥（今合肥市） | 字玮，年十九，仕陈，为陈定远县太守。入隋，调韩城令。李渊起兵，任瓖至龙门请见，曰：关中豪杰企待招抚，请往谕之，必从风而靡，关中可定。李渊授任银青光禄大夫、招慰大使。李渊即位，授谷州刺史，以拒王世充功，封管国公。李世民东讨王世充，任瓖主运粮饷。关东平，为河南安抚大使，威降王世充弟王世辩，平定徐圆朗，任徐州总管。平辅公祏，以功拜邢州都督，调陕州。受皇太子案牵连，降通州都督，贞观三年(630)卒。弟任灿，隐太子典膳监，太子废，亦得罪。 | 《旧唐书》卷五九《任瓖传》；《新唐书》卷九十《任瓖传》；《资治通鉴》卷一七七至一九一。 |
| 汪华 | 586—649 | 绩溪（今绩溪县） | 幼颖慧。隋乱，据黟歙等五州，有众一万，自称吴王达十余年。武德四年九月，归唐，任命为歙州刺史，持节总管歙、宣、杭、睦、婺、饶等六州诸军事，封越国公。十一月，在新安洞口为杜伏威的将领王雄诞击败，窘迫请降。贞观二年，授左卫白渠府统军。十七年，改忠武将军右卫积福府折冲都尉。太宗伐辽东，诏为九成宫留守，夙夜尽瘁，事无所乏，太宗称其勤。二十三年三月三日，卒于长安，年六十四。 | 《新安文献志》卷六一《唐越国汪公行状》；《全唐文》卷一《封汪华越国公制》；《资治通鉴》卷一八九高祖武德四年九月。 |
| 张镇周 | 生卒年不详 | 舒州（今舒城县） | 隋官至朝散大夫。大业四年，与武贲郎将陈棱率兵从义安渡海攻流求，虏其男女数千人而还。唐武德三年，降唐。武德八年，拜为舒州都督。至州置酒，召亲戚相与酬饮，如布衣之时。凡十日，既而分赠金帛，泣与之别曰："今日犹得与故人饮酒，明日则舒州都督治百姓耳。"从此，亲戚故人犯法一无所纵，境内肃然。 | 《隋书》卷八一《流求国》；《资治通鉴》卷一九一；《大清一统志》卷七七；《江南通志》卷一四七。 |

| 姓名 | 生卒年月 | 籍贯 | 履历 | 资料来源 |
|---|---|---|---|---|
| 朱粲 | ？—621 | 谯郡（今亳州市） | 隋大业十一年十一月，领导反隋斗争，号"可达寒贼"，自称"迦楼罗王"，有众达十余万。渡淮向南，转掠荆沔及山南郡县，所过噍类无遗。义宁元年，为李孝恭所败。不久，收拾余众，势力复振。唐武德元年，称楚帝于冠军，建元昌达，攻取邓州、南阳，有众二十万。二年，降唐，不久又投靠王世充。四年，李世民击破王世充，被俘，斩于洛水之上。以残暴著称，常掠小儿、妇女蒸食，以充军食。 | 《隋书》卷四；《新唐书》卷八七《朱粲传》；《旧唐书》卷五六《朱粲传》。 |
| 方清 | ？—766 | 歙州（今歙县） | 宝应元年，因岁凶，在歙州招集流民达数万人，依黟、歙之间，阻山自防，威振东南。广德元年，与陈庄汇合，以乌石山和太平等古城为据点，西绝江，劫商旅，严重地影响了长江航运。永泰元年正月，攻下歙州，杀刺史庞浚，置阊门县，拒险作固，以为守备。又攻破池州的石埭。义军势力北到舒州，东至浙西，西抵洪、饶等七州之地。朝廷调李光弼进行镇压，光弼派部下袁傪，袁傪会同地方官洪州观察使张镐、歙州刺史孙长孙、常州刺史李栖霞、舒州刺史张万福、江西观察判官李芃合击，方清于永泰二年五月十七日，在石埭城，战败牺牲。 | 《全唐文》卷三八四，《贺袁傪破贼表》；《新唐书》卷一四七《李芃传》；《太平寰宇记》卷一〇四，《江南西道二》；《全唐文》卷三一四《平原公遗德颂》。 |
| 鲁景仁 | ？—899 | 宿州（今宿州市） | 从黄巢起义，因病留连州。广明元年六月，攻克连州。光化二年十一月，马殷攻占郴、连二州，鲁景仁自杀。 | 《新唐书》卷九；《新唐书》卷十；《十国春秋》卷六七；《十国春秋》卷七二。 |
| 周重 | 生卒年不详 | 濠州（今凤阳县） | 有谋略，隐于濠、泗之间，每以才略自负。庞勋迎为上客，问策所出。因教勋赦囚徒，据扬州，北收兖郓，西举汴宋，东掠青齐，拓境大河，食敖仓，可以持久。勋无雄才，不纳。咸通九年十月，庞勋攻下徐州后，为庞勋草表。 | 《新唐书》卷一四八《康承训传》；《资治通鉴》卷二五一，懿宗咸通九年十月。 |

续表

| 姓名 | 生卒年月 | 籍贯 | 履历 | 资料来源 |
|---|---|---|---|---|
| 左匡政 | 596—644 | 泾县(今属宣州市) | 又名难当。唐武德三年(620),因保卫乡里有功,授猷州刺史、上柱国,封戴国公。持节总管宣歙二州军事。六年,辅公祏率领农民军围攻猷州,左难当固守一年多,得李大亮援兵,击败辅公祏,授宣州都督。又命平壤道总管张亮伐高丽,阵亡。长子左绍齐,征辽有功,授都督,袭封戴国公。次子左绍方,为指挥使,镇淮南。 | 《旧唐书》卷三、卷六二;《新唐书》卷一、卷九九、卷二二○;《资治通鉴》卷一九○;《清一统志》卷一八一。 |
| 李敬玄 | 615—682 | 谯县(今属亳州市) | 博览群籍,尤精于礼。先后为马周、许敬宗所荐,历崇贤馆侍读、西台舍人、弘文馆学士,迁右肃机,西台侍郎。咸亨二年,转书侍郎,又改吏部,同中书门下三品,监修国史。进吏部侍郎,一时台省要职多族属姻家。仪凤元年,拜中书令。刘仁轨讨吐蕃,因与刘仁轨所请持见多异,被刘仁轨荐为洮河道大总管,统兵十八万,战湟川,大败。后屡假称疾求归,为帝所察,贬为衡州刺史,迁扬州长史。永淳元年卒,年六十八。撰《礼论》六十卷,《正论》三卷,文集三十卷,《全唐诗》存其诗二首。 | 《新唐书》卷一○六;《旧唐书》卷五、卷五十、卷七十、卷七七、卷八一、卷八四;《文苑英华》卷六八四《谏雅州讨生羌书》。 |
| 高子贡 | ?—688 | 历阳(治今和县) | 博学知名于江淮。曾游太学,遍涉六经,治《史记》,举明经及第,授秘书正字,升弘文馆直学士。后弃官归田。光宅元年(684),徐敬业起兵扬州,进逼和州,率乡人数百拒之,以功升朝散大夫,拜成均助教。及越王李贞举兵反,密谋相应,事发被诛。 | 《旧唐书》卷一八九《高子贡》;《新唐书》卷一○六。 |
| 张路斯 | 生卒年不详 | 颍州 | 年十六,中明经第。景龙中,为宣城令,以才能称,课民垦田,大兴水利,后世称为张路斯田。 | 《挥麈录·后录》卷六;《明一统志》卷六;《江南通志》卷一一六。 |

| 姓名 | 生卒年月 | 籍贯 | 履历 | 资料来源 |
|---|---|---|---|---|
| 罗立言 | ？—835 | 宣州 | 贞元末,登进士第。宝历初,检校主客员外郎,为盐铁河阴院官。二年,坐籴米不实,计赃一万九千贯。盐铁使惜其吏能,定罪止削所兼侍御史。大和中,因赂结郑注,迁为司农少卿,主太仓出纳物。后为李训所重,用为京兆少尹,知府事。九年十一月,训败,族诛。 | 《旧唐书》卷一六九《罗立言传》;《资治通鉴》卷二四五文宗大和九年八月。 |
| 杨昭 | 生卒年不详 | 舒州 | 宝应元年,杀死舒州刺史刘秋子起义,率部渡江,南下洪州,遭到洪州观察使张镐的袭击,杨昭被杀。 | 《新唐书》卷六;《新唐书》卷一三九《张镐传》。 |
| 沈千载 | 生卒年不详 | 新安 | 为新安大豪,宝应元年起义,"结椎剽之党,为之囊橐,弄兵潢池",郡国不能禁,张镐派次将将其斩杀,余众全部牺牲。 | 《全唐文》卷三九〇;《唐故洪州刺史张公遗爱碑》。 |
| 吴仁欢 | 生卒年不详 | 祁门 | 永泰初,方清攻陷宣州归德州城,州民聚于休宁山险之地自保,以抵抗义军。祁门人吴仁欢率乡兵数千,攻破方清所置的阊门县。歙州刺史孙公绰上其事,授朝散大夫,石州刺史。永泰二年,方清战败,因其垒设祁门县,为县令,有惠政,卒,民甚哀之。 | 《读史方舆纪要》卷二八《南直十》;《万姓统谱》卷十。 |
| 王万敌 | 生卒年不详 | 旌德 | 永泰二年,宣州旌德县王万敌攻歙州华阳镇,"胁其居人",后被袁傪镇压。 | 《新安志》卷五。 |
| 吴少微 | ？—705 | 新安 | 登进士第,长安中(702—704)为晋阳尉,与武功县富嘉谟友善。先是文士撰碑颂皆以徐、庾为宗,气调渐劣,独少微与嘉谟属词皆以经典为本,时人慕之,文体一变,称为吴富体。有集十卷,今存诗六首。 | 《旧唐书》卷一九〇;《新唐书》卷二〇二;《唐诗纪事》卷六。 |
| 邢文伟 | 生卒年不详 | 滁州全椒 | 少以博学知名江淮间,咸亨中历太子典膳丞,太子宰接宫臣,文伟上书切谏。后右史缺,高宗曰:"邢文伟事我儿,能减膳切谏,此正直人也。"遂擢拜右史,累迁凤阁侍郎兼弘文馆学士。 | 《旧唐书》卷一八九;《新唐书》卷一〇六;《唐会要》卷六七。 |

| 姓名 | 生卒年月 | 籍贯 | 履历 | 资料来源 |
|---|---|---|---|---|
| 周利贞 | 656—719 | 庐江 | 武后时，调钱塘尉。神龙(705—706)，擢侍御史，出为嘉州司马。武三思表摄右台侍御史，命其赴岭南矫诏杀敬晖、桓彦范、袁恕己。还，拜左台御史中丞。先天(712)初，为广州都督，以赃罪，贬涪州刺史。开元(713—741)初，授珍州司马，改夷州刺史，为黄门侍郎张廷珪劾罢。张廷珪罢，起为辰州刺史，不久，赐死桂州。 | 《旧唐书》卷一八六；《新唐书》卷二〇九；《唐会要》卷四一、卷六二；《资治通鉴》卷二一〇。 |
| 裴怀古 | 生卒年不详 | 寿州寿春(今寿县) | 仪凤(676)诣阙上书，授下邽主簿。长寿元年(692)，为监察御史。姚、嶲等州少数民族反，奉诏辑之，申明赏罚，归附者日以千数，南方遂定。圣历(689—700)中，以监军充使阄知微军，前往突厥，突厥可汗以高官劝降，誓死不从，逃归。迁拜祠部员外郎，转司封郎中。以桂州都督招讨使平岭南欧阳倩之乱，徙相州刺史、并州大都督长史。神龙(705)中，召为左羽林大将军。生平清介审慎，史称"驭士信，临财廉，国名将"。 | 《旧唐书》卷一八五《裴怀古》；《新唐书》卷一九七《裴怀古》；《资治通鉴》卷二〇五。 |
| 曹霸 | 生卒年不详 | 谯郡 | 唐代画家。传为曹操后裔，曾任左武卫大将军。擅人物，尤精鞍马。曾奉诏修补阁立本所画《凌烟阁二十四功臣图》，轰动朝野。杜甫《丹青引赠曹将军霸》诗称赞其绘画艺术。 | 《宣和画谱》卷十三；《画史会要》卷一；《容斋随笔》续笔卷三；《全唐诗》卷二二〇。 |
| 左震 | 生卒年不详 | 泾县 | 肃宗时为黄州刺史，乾元元年(758)，道中使女巫乘传分祷天下名山大川。黄州有巫，盛年美色，暴横无甚，震至驿门，破镝入，曳巫于阶下斩之，所从少年全部囚禁，籍其赃数十万，请以其赃代贫民租，民歌咏之："我欲逃乡里，我欲去坟墓，左公今既来，难忍舍之去。" | 《旧唐书》卷一三〇；《新唐书》卷一〇九；《明一统志》卷六一；《清一统志》卷二。 |

| 姓名 | 生卒年月 | 籍贯 | 履历 | 资料来源 |
|------|----------|------|------|----------|
| 汪遵 | 生卒年不详 | 宣州泾县 | 幼为小吏,昼夜读书,良苦,人皆不觉。以家贫难得书,必借于人,彻夜强记。懿宗成通七年进士及第,以"善为绝句诗,而深自晦密"知名。宰相李德裕,洛阳有平泉庄,佳景殊胜,李德裕坐事贬朱崖,汪遵经过其庄,题诗云:"平泉风景好高眠,水色岚光满目前,刚欲平他不平事,至今惆怅满南边。"表明了对于李德裕的政治态度。清人编纂《全唐诗》存诗六十一首,全为七言绝句。 | 《唐摭言》卷八;《唐诗纪事》卷五九;《唐才子传》卷六。 |
| 许棠 | 生卒年不详 | 泾县 | 登成通十二年进士第,以诗名与张乔、俞坦之辈号成通十哲。有洞庭诗为工,时号许洞庭。仕泾县尉,又曾为江宁丞。后辞官,潦倒以终。著有《许棠诗》一卷,《全唐诗》编其诗为二卷。 | 《唐摭言》卷四、卷八;《北梦琐言》卷二;《唐语林》卷七;《唐诗纪事》卷七十;《唐才子传》卷六;《金华子杂编》卷下。 |
| 曹松 | 生卒年不详 | 舒州 | 字梦征,学贾岛为诗,久困名场。至天复初,杜德祥主文,放松及王希羽、刘象、柯崇、郑希颜等及第,年皆七十余,时号五老榜。授秘书省正字。集三卷。 | 《唐摭言》卷八;《唐诗纪事》卷六五;《唐才子传》卷七;《新安志》卷六;《全唐诗》卷七一六。 |
| 王希羽 | 生卒年不详 | 歙州 | 辞艺优博,天复元年登第,年已七十余。授秘书省正字,后与杨夔、康骈客于田颉。 | 《唐摭言》卷八;《唐诗纪事》卷六五;《唐才子传》卷七;《全唐诗》卷七一五。 |

续表

| 姓名 | 生卒年月 | 籍贯 | 履历 | 资料来源 |
|---|---|---|---|---|
| 费冠卿 | 生卒年不详 | 池州 | 字子军,元和二年及第,以禄不及亲,永怀罔极之念,遂隐于九华。长庆中殿中侍御史李行修举冠卿孝节,征拜右拾遗,不赴。集一卷,今存诗十一首。 | 《唐摭言》卷八;《唐诗纪事》卷六十;《全唐诗》卷四九五。 |
| 董邵南 | 生卒年不详 | 寿州安丰 | 苦学读书,隐居行义,事亲以孝闻。因屡考进士未中,拟去河北托身藩镇幕府,韩愈即有《送董邵南游河北序》勉励之。 | 《韩昌黎集》卷二十 |
| 张籍 | 768—830 | 和州乌江 | 字文昌,德宗贞元十五年进士,历任太常寺太祝、水部员外郎、国子司业等职,故世称"张水部"或"张司业",有《张司业集》。今《全唐诗》存诗五卷,诗四百余首。 | 《旧唐书》卷一六〇;《新唐书》卷一七六;《唐才子传》卷三;《唐诗纪事》卷三四。 |
| 李绅 | 772—864 | 亳州 | 字公垂,李敬玄曾孙。元和元年(806)进士。穆宗召为右拾遗、翰林学士,与李德裕、元稹号为当时"三俊",累擢中书舍人。牛僧孺辅政,以为御史中丞。敬宗时徙为江州长史,迁滁、寿二州刺史。开成(836—840)初,为河南尹,迁宣武节度使,宋亳汴颍观察使。武宗即位,徙淮南节度使,诏拜中书侍郎、同中书门下平章事,进位尚书右仆射,门下侍郎,封赵国公。居相位四年。会昌四年(844年)因中风辞位。后又出任淮南节度使。会昌六年病逝扬州,终年七十四岁,赠太尉,谥文肃。有《追昔游诗》三卷、《杂诗》一卷,收录于《全唐诗》。《悯农》二首,脍炙人口。 | 《旧唐书》卷一六〇;《新唐书》卷一七六;《唐才子传》卷三;《唐诗纪事》卷三四。 |
| 张乔 | 生卒年不详 | 池州 | 字伯达,有诗名,咸通中,与许棠、俞坦之、剧燕、任涛、吴罕、张蠙、周繇、郑谷、李栖远、温宪、李昌符谓之十哲。咸通中京兆府解试月中桂诗,乔擅场。因避黄巢之乱,曾在九华山隐居。《全唐诗》存诗二卷。 | 《唐摭言》卷十;《唐诗纪事》卷七十;《唐才子传》卷六。 |

| 姓名 | 生卒年月 | 籍贯 | 履历 | 资料来源 |
|---|---|---|---|---|
| 杜荀鹤 | 846—907 | 池州 | 字彦之,自号九华山人。昭宗大顺二年进士,以世乱还归九华山。田頵在宣州,甚重之,遂处頵幕为宾客,晚年得官,以主客员外郎知制诰充翰林学士,未久病卒。有《唐风集》十卷。今《全唐诗》编录三卷,存诗三百余首。 | 《旧五代史》卷二四;《唐诗纪事》卷六五;《郡斋读书志》卷四;《全唐诗》卷六九一;《宣和画谱》卷十九;《十国春秋》卷十一。 |
| 殷文圭 | 生卒年不详 | 池州 | 居九华,苦学,所用墨池底为之穴。唐末词场请托公行,文圭与游恭独步场屋。乾宁中及第,为裴枢宣谕判官,后事杨行密,终左千牛卫将军。诗一卷。 | 《唐才子传》卷七;《全唐诗》卷七〇七。 |
| 卢嗣立 | 生卒年不详 | 秋浦 | 登成通四年进士第,知贡举者陈商也,时咸称其得士,以嗣立素著诗名也。 | 《唐诗纪事》卷六六;《明一统志》卷十六;《全唐诗》卷五五七;《乾隆池州府志》卷四九。 |
| 臧渍 | 生卒年不详 | 池州 | 诗人,以乡贡进士不第,罗隐有《送进士臧渍下第后归池州》、《送臧渍下第谒窦鄜州》、《广陵秋日酬进士臧渍见寄》诸诗。 | 《文苑英华》卷二四六;《乾隆池州府志》卷四九。 |
| 薛媛 | 生卒年不详 | 濠梁 | 一名薛瑗,唐代女画家,相传为南楚材妻,善诗文书画。 | 《云溪友议》卷上;《唐诗纪事》卷七八。 |
| 周繇 | 生卒年不详 | 池州 | 字允元,成通十三年及进士第,历任福昌尉、校书郎、建德令等官职,与弟繁俱以奏赋得名,时称至德二周。 | 《唐摭言》卷十;《唐诗纪事》卷五四、卷七十;《唐才子传》卷六;《全唐诗》卷六三五。 |
| 周繁 | 生卒年不详 | 池州 | 工八韵,有飞卿之风。 | 《唐摭言》卷二、卷十。 |

续表

| 姓名 | 生卒年月 | 籍贯 | 履历 | 资料来源 |
|---|---|---|---|---|
| 何澄粹 | 生卒年不详 | 池州 | 亲病日锢,俗尚鬼病者,不进药。澄粹刲股肉进,亲疾为瘳。后亲没,伏于墓,哭踊无数,以毁卒。当时号青阳孝子,士为作诔甚众。 | 《新唐书》卷一九五 |
| 李兴 | 生卒年不详 | 寿州安丰 | 有至行。父被恶疾,兴自刃股肉,假托馈献。父病死,兴号呼抚膺,口鼻垂血,捧土就坟,沾渍涕洟。坟左作小庐,蒙以苦茨,伏匿其中,昼夜哭诉,孝诚洞达。庐上产紫芝白芝,醴泉涌出,柳宗元为作《孝门铭》。 | 《新唐书》卷一九五 |
| 胡楚宾 | 生卒年不详 | 秋浦 | 高宗时以善属文为右史,与诸儒同撰《乐书》《百僚新戒》《臣轨》十余篇。为文甚敏,必酒中下笔,高宗尝以金银盃斟酒饮之,文成辄赐焉,寻兼崇贤直学士。 | 《旧唐书》卷一九○;《南部新书》卷八;《太平广记》卷一七四、二〇二《谈宾录》。 |
| 李元素 | ?—697 | 谯县(今亳州) | 李敬玄弟。有吏才,初为武德令,时怀州刺史李文暕,征调民间金银,造"常满樽"以献朝廷,百姓甚苦之,官吏无敢异议,元素能抗词固争。文暕只得稍数额,以家财补之。延载元年(694)迁凤阁侍郎、同平章事,加银青光禄大夫。万岁通天二年(697),为武懿宗陷害被杀。神龙初年(705)昭雪。 | 《旧唐书》卷八一;《新唐书》卷一〇六;《资治通鉴》卷二〇一。 |
| 武瓘 | 生卒年不详 | 秋浦 | 有诗名,登咸通四年进士第,为益阳令。初以《感事》诗受知主司萧倣,及在益阳,杜荀鹤寄诗有"县称诗人理,无嫌日寂寥"之句。 | 《唐诗纪事》卷六三;《全唐诗》卷六百。 |
| 顾云 | 生卒年不详 | 秋浦 | 字垂象,风韵详整,与杜荀鹤、殷文圭友善,同肄业九华,受知宰相令狐绹,登咸通十五年进士第,为高骈淮南从事。师度之乱,退居霅川,杜门著书,执政荐修国史,书成,加虞部外郎。有文号《凤策联华》《编藁》《昭亭杂笔》。 | 《唐诗纪事》卷六七;《文献通考》卷二三三。 |

| 姓名 | 生卒年月 | 籍贯 | 履历 | 资料来源 |
|------|---------|------|------|---------|
| 朱温 | 852—912 | 宋州砀山 | 五代后梁建立者,即梁太祖。唐乾符四年参加起义,随黄巢转战南北。以战功任大齐政权同州防御使。中和二年降唐,授河中行营招讨副使,赐名全忠。次年任宣武节度使。四年,与河东李克用等镇压黄巢起义。天复元年进封梁王,与李克用长期争战。天祐四年(907)代唐称帝,改名晃,定都开封,国号梁,年号开平。在位期间抑制藩镇,发展经济。乾化二年,为次子友珪所杀。 | 《旧五代史·梁太祖纪》;《新五代史·梁纪》;《资治通鉴·后梁纪》;《五代会要》。 |
| 杨行密 | 852—905 | 庐州合肥 | 五代吴国建立者。唐末据庐州,中和三年授庐州刺史。光启三年与秦彦、孙儒争夺扬州。龙纪元年,攻占宣州,授宣州观察使,加宁国军节度使。景福元年,杀孙儒,占领扬州,受封淮南节度使。乾宁四年,败朱温于清口。天复二年,封吴王。卒于扬州。后追谥为武皇帝,庙号太祖。 | 《新唐书·杨行密传》;《旧五代史·僭伪列传》;《新五代史·吴世家》;《资治通鉴》。 |
| 李章 | 851—940 | 庐州庐江 | 五代吴将领。初从杨行密为骑将,与朱瑾交好。徐温杀瑾党,为监斩官马仁裕所救,贬为洪州军校。后升为雄武军都虞候、左街使。出为百胜节度使。南唐受禅,移镇庐州,加中书令。 | 《九国志·李章传》;《十国春秋·李章传》。 |
| 李友 | 唐末 | 庐州合肥 | 唐末杨行密部将。初随杨行密起兵,善抚士卒。大顺元年,领兵二万屯青城,攻占常州、苏州,败钱镠将沈粲,担任苏州刺史。不久,孙儒陷苏州,兵败自杀。 | 《九国志·李友传》;《十国春秋·李友传》。 |
| 聂师道 | 唐末五代 | 歙州 | 年十三即披戴冠裳,十五传法箓修真之要。后云游时遇异人谢通修,授以《素书》。杨行密闻其名,召至广陵,建紫极宫居之,褒为逍遥太师问政先生。 | 《江淮异人录》卷上;《续仙传》卷下;《云笈七签》卷一一三;《新安志》卷八;《十国春秋》卷十四。 |

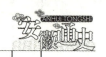
续表

| 姓名 | 生卒年月 | 籍贯 | 履历 | 资料来源 |
|------|----------|------|------|----------|
| 张存敬 | 唐末 | 亳州谯县 | 唐末宣武将领。少事朱温,为右骑都将。乾宁三年,充任武宁军留后,改颍州刺史。光化二年,败定州王处直及幽州刘守光。三年,改宋州刺史。天复元年,攻占绛、晋二州。进围河中,节度使王珂降。朱温表为护国军留后。未几,卒。 | 《旧五代史·张存敬传》;《新五代史·张存敬传》。 |
| 刘康乂 | ?—903 | 寿州安丰 | 唐末宣武将领。乾符末年参加黄巢起义,后隶属朱温。中和三年,从朱温赴镇,统领亲军。朱温平蔡州、徐州、兖州、郓州,皆有功。以功升密州刺史。杨行密派兵援救青州王师范,攻密州,城陷被杀。 | 《旧五代史·刘康乂传》 |
| 马嗣勋 | ?—906 | 濠州钟离 | 唐末宣武将领。初为濠州客将。乾宁二年归附朱温,为宣武军副典客。光化元年,至光州劝降杨行密将刘存。又奉使入蜀,劝降华州韩建。天祐三年,援救魏州罗绍威,伤重而死。 | 《旧五代史·马嗣勋传》;《新五代史·马嗣勋传》。 |
| 高勖 | 唐末 | 庐州舒城 | 唐末杨行密谋士。杨行密起兵庐州,担任掌书记。建议选贤令,劝课农桑。 | 《九国志·高勖传》;《十国春秋·高勖传》。 |
| 袁袭 | ?—890 | 庐州庐江 | 唐末杨行密谋士。少好学,从杨行密起兵庐州。光启三年,建言进军扬州。又献策攻取宣州。 | 《九国志·袁袭传》;《十国春秋·袁袭传》。 |
| 戴友规 | 唐末 | 庐州合肥 | 唐末杨行密谋士。杨行密据宣州,建策破孙儒之兵。 | 《九国志·戴友规传》;《十国春秋·戴友规传》。 |
| 丁会 | ?—915 | 寿州寿春 | 唐末将领。初隶朱温属下,从平秦宗权、时溥、朱瑄、朱瑾,历怀州刺史、滑州留后、河阳节度使。天复元年,迁昭义节度使。天祐三年,降附河东李克用。后梁时,河东李存勖授为都招讨使。卒于太原。 | 《旧五代史·丁会传》 |

| 姓名 | 生卒年月 | 籍贯 | 履历 | 资料来源 |
|---|---|---|---|---|
| 张训 | 唐末五代初 | 滁州清流 | 唐末将领。中和三年投杨行密，屡立战功。景福元年，取常州，以功遥授刺史。乾宁四年，在清口破宣武将庞师古，授淮海游奕使。天复三年，任密州刺史。天祐七年，改黄州刺史。卒于任。 | 《九国志·张训传》；《十国春秋·张训传》。 |
| 徐怀玉 | ？—912 | 亳州焦夷 | 后梁将领。本名琮，少随朱温起兵，从镇宣武。破秦宗权、朱瑾均有功。清口之战，宣武兵大败，独怀玉完军而还。历沂州刺史、华州观察使留后。天祐三年，授左羽林统军，改右龙虎统军。梁开平元年，授曹州刺史，加检校司徒。次年改晋州刺史。三年，升保大节度使、特进检校太保。为河中节度使朱友谦所杀。 | 《旧五代史·徐怀玉传》；《新五代史·徐怀玉传》。 |
| 李遇 | ？—912 | 庐州合淝 | 五代吴将领。从杨行密起兵，以平秦彦、毕师铎、赵锽、孙儒功，授常州刺史。安仁义据润州叛，李遇败之。天祐三年，拜淮南行军司马、宣州团练使。以不满徐温专政，被杀。 | 《九国志·李遇传》；《十国春秋·李遇传》。 |
| 王敬荛 | ？—907 | 颍州汝阴 | 唐、后梁将领。世代为郡吏，乾符初为颍州都知兵马使。中和初，升刺史。以结交朱温，乾宁二年，加授沿淮上下都指挥使。四年，招抚清口之战之宣武溃兵，以功升武宁军节度使。天复二年，入为右龙武统军。天祐三年，转左卫上将军。后致仕。 | 《旧五代史·王敬荛传》；《新五代史·王敬荛传》。 |
| 孔勍 | 854—932 | 宿州 | 五代十国将领。祖籍兖州，迁居宿州。事朱温，累迁齐州防御使。梁初，升唐邓节度使，改山南东道节度使。贞明五年，加同平章事。后唐同光二年，改昭义节度使。 | 《旧五代史·孔勍传》 |

续表

| 姓名 | 生卒年月 | 籍贯 | 履历 | 资料来源 |
|---|---|---|---|---|
| 台濛 | 855—904 | 庐州合淝 | 唐末杨行密部将。早年为金牛镇将,投杨行密后从征秦彦、毕师铎、赵锽、孙儒,以功升楚州刺史。光化二年,授海州刺史,降为涟水制置使。天复三年,奉命平田頵之叛,授宣州观察使。卒于官。 | 《九国志·台濛传》;《十国春秋·台濛传》。 |
| 秦斐 | 856—914 | 庐州慎县 | 五代吴将领。从杨行密庐州起兵,历扬子、高邮、无锡各县,有能名。乾宁五年,被吴越俘获,后获释。未几,杨行密授升州刺史。天祐三年,充西南行营招讨使,擒洪州刺史钟匡时,授洪州制置使。 | 《九国志·秦斐传》;《十国春秋·秦斐传》。 |
| 陶雅 | 857—913 | 庐州合淝 | 五代吴将领。随杨行密起兵,以率兵平舒州盗,任舒州刺史。龙纪元年,随杨行密渡江取池州,任刺史。景福初年,改任歙州刺史。天祐二年,升歙、婺、衢、睦四州都团练观察处置使。在歙二十余年,有政绩。卒于任上。 | 《九国志·陶雅传》;《十国春秋·陶雅传》。 |
| 瞿章 | ?—897 | 庐州合淝 | 唐末杨行密部将。随杨行密起兵,积功至先锋指挥使。乾宁初,授黄州刺史。四年,与朱温将朱友恭作战败死。 | 《九国志·瞿章传》;《十国春秋·瞿章传》。 |
| 刘威 | 857—914 | 庐州慎县 | 五代吴将领。随杨行密起兵,屡建战功。大顺初,献计平孙儒。未几,授庐州刺史,迁观察使,政绩颇佳。天祐三年,授镇南节度使。卒于官。 | 《九国志·刘威传》;《十国春秋·刘威传》。 |
| 殷文圭 | 唐末五代 | 池州秋浦 | 五代吴诗人。唐光化元年进士。初事田頵,后归杨行密,为淮南掌书记。吴武义元年,拜翰林学士。与杜荀鹤有交往。《全唐诗》存诗一卷。 | 《十国春秋·殷文圭传》 |
| 周隐 | ?—907 | 舒州 | 唐末杨行密幕僚。性憨直,忠于所事,授淮南节度判官。天祐二年,节度使杨行密病重,建议以大将代掌兵权。后梁开平元年,为杨渥所杀。 | 《新唐书·杨行密传》;《十国春秋·周隐传》。 |

| 姓名 | 生卒年月 | 籍贯 | 履历 | 资料来源 |
|---|---|---|---|---|
| 王绾 | 856—927 | 庐州合淝，一说庐江 | 五代吴将领。随杨行密征战，数立功，受涟水方遏使，迁海州副使。以克密州功，升海州刺史。吴武义元年，改任定南大将军，知虔州防御使。顺义元年，授百胜军节度使。 | 《九国志·王绾传》；《十国春秋·王绾传》。 |
| 陈祐 | 唐末五代 | 和州历阳 | 五代吴将领。早年随杨行密起兵，入扬州、宣州，皆有功。后助徐闻诛张颢，随徐温败吴越军于无锡。吴太和元年，授饶州刺史，卒于位。 | 《九国志·陈祐传》；《十国春秋·陈祐传》。 |
| 田頵 | 858—903 | 庐州合淝 | 唐末杨行密部将。粗通书传，有大志。与杨行密约为兄弟，随杨行密起兵，屡建战功，升马步军都虞候。景福元年，升宁国军节度使。曾求以池、歙二州为巡属，恢复唐朝旧制，为杨行密拒绝。在任发展经济，优待士人，通商贾之利。天复三年，联合润州安仁义、寿州朱延寿叛乱。杨行密遣李神福、台濛率军讨伐。田頵兵溃被杀。 | 《新唐书·田頵传》；《九国志·田頵传》；《十国春秋·田頵传》。 |
| 张崇 | 861—932 | 庐州慎县 | 五代吴将领。初从杨行密征战，天祐三年守常州刺史，四年，迁为庐州刺史。十二年，升观察使。武义元年，加安西大将军，升德胜军节度使。居官横征暴敛，百姓怨恨。太和三年，赐爵清河王。卒于官。 | 《九国志·张崇传》；《十国春秋·张崇传》。 |
| 周本 | 862—938 | 舒州宿松 | 五代吴将领。东吴周瑜之后。初为宣州赵锽部将，后归杨行密，累迁淮南马步军使。天祐六年，取江西抚州，擒刺史危全讽，授信州刺史。入为雄武统军，俄出镇寿州，改德胜军节度使。后加安西大将军、太尉、中书令，封西平王。齐王徐知诰将受禅，迫于形势领头劝进。南唐建立后，抑郁而死。其子邺、弘祚均有政绩。 | 《九国志·周本传》；马氏《南唐书·周本传》，陆氏《南唐书·周本传》；《十国春秋·周本传》。 |

续表

| 姓名 | 生卒年月 | 籍贯 | 履历 | 资料来源 |
|------|----------|------|------|----------|
| 王安 | 869—941 | 庐州庐江 | 五代吴、南唐将领。初隶杨行密帐下，有器度，临危不惧。积功至袁州刺史，南唐时，迁百胜军节度使。以名犯南唐先祖名讳，南唐烈祖赐其名为王会。 | 《十国春秋·王安传》 |
| 朱延寿 | 970—903 | 庐州舒城 | 唐末杨行密将领。杨行密妻弟，从杨行密破秦彦、毕师铎、赵锽、孙儒，功居多。作战勇敢，果于杀戮。以兵取寿州，任寿州刺史，随后取黄、蕲、光三州，升寿州团练使。唐昭宗授奉国军节度使。后因与宣州田頵谋叛，被诱杀。 | 《新唐书·朱延寿传》；《九国志·朱延寿传》；《十国春秋·朱延寿传》。 |
| 陈知新 | ？—906 | 庐州庐江 | 唐末杨行密部将。从杨行密起兵，以奇功升任先锋指挥使。天祐元年，率兵攻占巴陵，拜岳州刺史。三年，加团练使。从刘存伐湖南，兵败被俘，不屈而死。 | 《九国志·陈知新传》；《十国春秋·陈知新传》。 |
| 王景仁 | 唐末梁初 | 庐州合肥 | 唐末、后梁将领。初名茂章。少从杨行密起兵淮南，临阵身先士卒，获杨行密赞赏。天复初，率兵七千援救青州王师范，斩朱温之侄朱友宁。累官授润州团练使、宣州观察使。杨渥即位，以私憾派兵攻宣州，被迫投奔钱镠。钱镠表其遥领宣州节度使。梁太祖遣人召之，乃归梁，授宁国节度使，改名景仁。后梁开平四年，为北面招讨使，伐成德节度使王镕，为晋人所败。乾化三年，授淮南招讨使，攻庐、寿二州，兵败。归京师，未几卒。 | 《旧五代史·王景仁传》；《新五代史·王景仁传》；《九国志·王茂章传》，《十国春秋·王茂章传》。 |
| 张朗 | 870—943 | 徐州萧县 | 五代将领。唐末曾任萧县镇使，后梁末，以军功任卫州刺史。后唐时随魏王李继岌伐蜀。历兴、忠、登三州刺史，清泰初年担任代州刺史。石敬瑭称帝，授贝州防御使，天福五年，任左羽林统军。 | 《旧五代史·张朗传》 |

| 姓名 | 生卒年月 | 籍贯 | 履历 | 资料来源 |
|---|---|---|---|---|
| 王舆 | 871—944 | 庐州合淝 | 五代十国将领，王绾弟。唐末追随杨行密，为小校。五代初年，随吴将周本征抚州危全讽，以功迁诸军都虞候，出为光州刺史，历左金吾大将军、浙西节度使、宣威统军、镇海节度使。南唐禅代，移镇鄂州。元宗时加同平章事。 | 《九国志·王舆传》；《十国春秋·王舆传》。 |
| 朱友恭 | ？—904 | 寿州寿春 | 唐末朱温部将。原名李彦威，少被朱温收为养子，改名。从朱温征战，屡立军功。曾任诸军都指挥使。乾宁三年，迁汝州刺史。光化元年，援救鄂州杜洪，下黄州，改颍州刺史。天复二年为武宁留后。天祐元年，升左龙虎统军。受朱温指使，杀唐昭宗于洛阳。后被朱温灭口。 | 《新唐书·朱友恭传》；《旧五代史·朱友恭传》。 |
| 朱汉宾 | 872—935 | 亳州谯县 | 五代后梁、后唐将领。父元礼，为朱温部将，战死于清口。汉宾初隶朱温帐下，后领骁勇数百人，号"落雁都"，以为军使。天复中，授右羽林统军。入后梁，历天威军使、左羽林统军，出为磁、亳、曹等州刺史。贞明六年，授安国节度使。后唐同光三年，授左龙武统军，改权知河南府事。天成四年，以左威卫上将军为潞州节度使，旋移镇晋州。次年致仕。返回故里。 | 《旧五代史·朱汉宾传》；《新五代史·朱汉宾传》。 |
| 曹圭 | 五代 | 歙州 | 五代吴越官员。事钱镠为嘉兴镇将，唐光化元年以功擢苏州制置使，在职十四年，历浙西营田副使、苏州刺史等职。子仲达曾任吴拜吴越丞相。 | 《十国春秋·曹圭传》 |
| 郭师从 | 五代 | 庐州合淝 | 五代十国将领，初随杨行密，任宣州都虞候。田頵败死后投奔钱镠，任浙东马步都虞候。后随吴越钱元瓘征广德、无锡等地。累迁浙西营田副使，拜同知参相府事。 | 《十国春秋·郭师从传》 |

续表

| 姓名 | 生卒年月 | 籍贯 | 履历 | 资料来源 |
|---|---|---|---|---|
| 王稔 | 唐末五代 | 庐州合淝 | 五代吴将领。初为杨行密骑将，累官至滁州刺史。顺义三年，迁寿州团练使，旋升节度使。未几，入为统军。 | 《十国春秋·王稔传》 |
| 骆知祥 | 唐末五代初 | 庐州合淝 | 五代吴大臣。办事干练，擅长理财。初为宣州长史。田𫖮被杀，杨行密以为淮南支计官。天祐年间，徐温执政，以骆知祥理财，严可求治军旅，倚为左右手，人称"严骆"。又主持选举，任用得人。吴武义元年，迁中书侍郎。 | 《九国志·骆知祥传》;《十国春秋·骆知祥传》。 |
| 钟泰章，一作钟章 | 唐末五代 | 庐州合淝 | 五代吴将领。杨渥时，官至左监门卫将军。徐温与张颢争权，为徐温刺杀张颢。擢滁州刺史，以军功转寿州团练使，改饶州刺史。徐温养子徐知诰欲加以治罪，为徐温所拒绝。徐温又以泰章次女嫁给知诰长子，是为南唐光穆皇后。 | 《九国志·钟泰章传》;《十国春秋·钟泰章传》 |
| 王崇文 | ?—961 | 庐州合淝 | 五代南唐将领。王绾之子。厚重儒雅，徐温招为女婿，出为歙、吉二州刺史，有政绩。迁百胜军节度使。南唐平闽，调为永安军节度使。未几，移镇庐州。入为神武侍御统军，复出镇鄂州。后主时，加中书令。未拜而卒。 | 《九国志·王崇文传》;马氏《南唐书·王崇文传》;陆氏《南唐书·王崇文传》;《十国春秋·王崇文传》。 |
| 朱匡业 | 五代 | 庐州舒城 | 五代南唐将领。朱延寿之子。吴王杨溥时，积军功至诸军都虞候。南唐升元年间，出为歙州刺史，有治绩。改建州留后，入为神卫统军。后周攻淮南，任内外巡检使，中外肃然。以忤旨贬抚州团练使。中兴元年，出为宁国节度使。后移镇江州。入为神武统军、侍卫都军使，加中书令。 | 《九国志·朱匡业传》;马氏《南唐书·朱匡业传》;陆氏《南唐书·朱匡业传》。 |

| 姓名 | 生卒年月 | 籍贯 | 履历 | 资料来源 |
|---|---|---|---|---|
| 杨师厚 | ？—915 | 宋州砀山 | 五代后梁大将。初为河阳节度使李罕之部将。后投奔朱温，授曹州刺史。屡建战功，历任雄藩。因功得宠，多委以重兵要镇。郢王朱友珪篡位，授为天雄军节度使。后助朱友贞杀友珪，封为邺王，加中书令。晚年以地广兵强矜功恃众，截留财赋，选军中饶勇数千置为"银枪效节都"亲兵。 | 《旧五代史·杨师厚传》《新五代史·杨师厚传》。 |
| 朱友珪 | ？—913 | 宋州砀山 | 五代后梁皇帝。小名遥喜，梁太祖庶子。开平元年，封郢王，历任左右控鹤都指挥使、诸军都虞候等职。乾化二年，朱温病重，欲传位养子博王友文，乃贬友珪为莱州刺史。遂率军入宫，杀朱温及友文，即位称帝。次年，改元凤历。在位仅七月，为均王友贞所杀。 | 《旧五代史·庶人友珪传》；《旧五代史·末帝纪》；《新五代史·梁家人传》。 |
| 李肇 | 876—945 | 颍州汝阴 | 五代后蜀将领。初隶宣武军，后梁官至陕、虢都指挥使，后唐时隶北京留守孟知祥。同光年间，率部随军入川平前蜀。历嘉、汉等州刺史，升昭武军节度使。后以太子少师致仕。 | 《九国志·李肇传》 |
| 杨彪 | 880—931 | 宿州 | 五代吴国将领。身长七尺余，善骑射，杨行密授以衙内散指挥使。杨渥继位，授西南面行营护军副将，击败楚军，以功授江宁镇遏使。又随润州团练使徐知诰于吴越战于无锡，师还，授殿直军副使，与郭悰分直宿卫。 | 《九国志·杨彪传》；《十国春秋·杨彪传》。 |
| 张延翰 | 884—940 | 宋州砀山 | 五代吴、南唐官员。唐末为陕州司马，后避乱南迁，为吴盐城令，迁楚州行军司马，有治绩。后隶徐知诰，累官至升礼部侍郎。南唐禅代，升中书侍郎、同平章事。 | 马氏《南唐书·张延翰传》；陆氏《南唐书·张延翰传》；《十国春秋·张延翰传》。 |

续表

| 姓名 | 生卒年月 | 籍贯 | 履历 | 资料来源 |
|---|---|---|---|---|
| 朱友贞 | 888—923 | 宋州砀山 | 五代后梁皇帝、梁末帝。梁太祖第三子。初封均王,为左天兴军使。开平四年,任东京马步军都指挥使。朱友珪篡位,授东京留守、开封府尹。次年,与亲信赵岩等诛友珪,称帝。在位十年,连年与晋作战。贞明六年,陈州发生毋乙、董乙起义。龙德三年,晋王李存勖称帝,建立后唐。遂自杀,后梁亡。 | 《旧五代史·末帝纪》;《新五代史·梁纪》;《资治通鉴·后梁纪》。 |
| 姚景 | ?—944 | 濠州钟离 | 五代南唐将领。初隶吴将刘金,刘金招为女婿。徐知诰使典亲军,历制置使、刺史。升元六年,拜清淮节度使,镇寿春。为政清廉。卒于官。 | 《九国志·姚景传》;《十国春秋·姚景传》。 |
| 李廷珪 | 五代 | 歙州 | 五代南唐制墨名家。原名奚廷珪,祖籍河北易县,迁居歙州。南唐赐李姓。世代以制墨为业,所制墨坚如玉,纹如犀,人称"廷珪墨"。 | 《九国志·李廷珪传》;《十国春秋·李廷珪传》。 |
| 刘鼎 | 五代 | 徐州萧县 | 朱温少时曾随母佣工其家,人称"蓁龙刘家"。初为大理评事,历尚书博士、殿中侍御史、起居郎,后唐清泰中,自吏部员外郎出为浑州廉判,复为刑部郎中,任盐铁判官,改吏部郎中兼侍御史知杂事。后汉时,拜谏议大夫。子刘衮,出身进士,后周时任左拾遗、直史馆。 | 《旧五代史·刘鼎传》 |
| 杨渥 | 886—908 | 庐州合淝 | 五代吴国王。杨行密长子。曾任宣州节度使。天祐二年,杨行密病重,返回扬州,担任淮南节度使副使、留后,遂继任淮南节度使、东南诸道都统,袭爵弘农郡王。次年,取洪州,兼镇南节度使。天祐五年,为权臣张颢、徐温所杀。庙号烈祖。吴乾贞元年,追尊为景皇帝。 | 《旧五代史·僭伪列传一》;《新五代史·吴世家》;《十国春秋·吴烈祖世家》。 |
| 汪台符 | 五代 | 歙州歙县 | 五代吴学者。好学,有时名。吴杨溥时期,上书陈民间疾苦,奏请均定赋税。后为宋齐丘所害。 | 《十国春秋·汪台符传》;《弘治徽州府志·人物》。 |

| 姓名 | 生卒年月 | 籍贯 | 履历 | 资料来源 |
|---|---|---|---|---|
| 习彦能 | 五代 | 宣州 | 五代吴、南唐将领。祖籍上蔡，迁居宣城。少孤，事母以孝闻。初隶王茂章，后改隶徐温之子知训，多次保全徐知诰。南唐时，累官至天威军都虞候、左卫使。元宗时迁为饶、信州刺史，升建州留后、抚州节度使。卒于保大末，年六十八。 | 马氏《南唐书·习彦能传》；陆氏《南唐书·习彦能传》；《十国春秋·习彦能传》。 |
| 方讷 | 890—966 | 歙州歙县 | 五代吴、南唐官员。初事歙州陶雅，南唐初为宣州馆驿巡官，升虞部员外郎。累官至司农少卿，出为泰州刺史。以失地削官，后起为歙州团练判官，后主嗣位，迁少府监。 | 《十国春秋·方讷传》 |
| 尹拙 | 891—971 | 颍州汝阴 | 五代宋初官员。后梁贞明三年举散史科。后唐长兴中召为著作佐郎、直史馆，迁左拾遗。清泰初，任御史大夫。历后晋、后汉，后周显德间担任国子祭酒，通判太常礼院事，与张昭等撰修历朝实录。宋初，迁秘书监、判大理寺。 | 《宋史·尹拙传》；《十国春秋·尹拙传》。 |
| 查文徽 | 891—960 | 歙州休宁 | 五代南唐官员。少好学，任侠。徐知诰辅政，为浙西判官。南唐升元间，担任监察御史。元宗即位，迁枢密副使。出为江西安抚使，督军攻建州，以功升抚州观察使，拜建州永安军留后。保大八年，率兵攻福州，被吴越所俘。后遣返。 | 马氏《南唐书·查文徽传》；陆氏《南唐书·查文徽传》。 |
| 张仁愿 | 895—945 | 亳州谯县 | 五代官员，张存敬之子。后梁时以勋臣子起为卫尉寺主簿，改著作郎。后唐初，改大理正，历将作少卿、大理少卿、昭武、归德两镇节度判官，复为大理少卿。清泰年间授殿中监。后晋天福五年，拜大理卿，八年专光禄卿。善书法，执法公平。 | 《旧五代史·张仁愿传》 |

续表

| 姓名 | 生卒年月 | 籍贯 | 履历 | 资料来源 |
|---|---|---|---|---|
| 杨隆演 | 897—920 | 庐州合淝 | 五代吴国王。又名杨渭,杨行密次子。天祐五年,杨渥被杀后继位。十六年,称吴国王,改元武义。在位期间,政事决于徐温及其养子徐知诰,境内安定。武义二年卒。乾贞元年,追尊为宣皇帝,庙号高祖。 | 《旧五代史·僭伪列传一》;《新五代史·吴世家》;《十国春秋·吴高祖世家》。 |
| 陶敬宣 | 899—950 | 庐州合淝 | 五代吴、南唐官员,陶雅之子。吴时,以父荫为都官阆中,改大理少卿,迁江都府少尹、大理卿。徐知诰为宰相,判左右军事。南唐时,拜工部尚书。 | 《弘治徽州府志·陶敬宣》;马氏《南唐书·陶敬宣传》;陆氏《南唐书·陶敬宣传》;《十国春秋·陶敬宣传》。 |
| 杨濛 | ?—937 | 庐州合淝 | 五代吴宗室。杨行密第三子。唐天祐年间,领庐州团练使。兄杨隆演袭位,封庐江公。武义元年,以不满徐温专权出为楚州团练使,次年徙舒州。杨溥称帝,晋爵常山王,改临川王,累加昭武节度使,兼中书令。徐知诰谋篡吴,降杨濛为历阳公,囚禁在和州。三年,被杀于采石。 | 《旧五代史·僭伪列传一》;《新五代史·吴世家》;《十国春秋·临川杨濛传》。 |
| 杨溥 | 901—938 | 庐州合淝 | 五代吴皇帝。杨行密第四子。初封丹阳郡公。吴武义二年,即位为吴国王。次年改元顺义。七年,即皇帝位,国号吴,定都扬州,改元乾贞。政事皆取决于徐温、徐知诰。天祚三年禅位于徐知诰。次年死于润州囚所,谥为睿帝。 | 《旧五代史·僭伪列传一》;《新五代史·吴世家》;《十国春秋·吴睿帝本纪》。 |
| 王传拯 | 五代 | 庐州庐江 | 五代官员,吴节度使王绾之子。初为吴黑云右厢都指挥使,率军戍海州。后归后唐,历曹、濮、贝、宁、虢等州刺史,有政绩。后晋时任武州刺史,卒。 | 《资治通鉴·后唐纪》;《十国春秋·王传拯传》。 |
| 杨澈 | 五代 | 庐州合淝 | 杨行密第六子。吴武义元年,封鄱阳公。杨溥即位,晋爵东平王。太和初年,改任德化王,历任奉化节度使、江州观察处置等使。曾将白居易文集抄誊补缺,使之流传。 | 《十国春秋·杨澈传》 |

| 姓名 | 生卒年月 | 籍贯 | 履历 | 资料来源 |
|---|---|---|---|---|
| 李谷 | 903—960 | 颍州汝阴 | 五代宰相。后唐长兴元年进士，后晋时为监察御史，累官至工部侍郎。后汉乾祐三年，出为陈州刺史，郭威入开封，命权判三司。后周广顺元年，为户部侍郎，兼判三司，奏罢屯田务，废牛皮税。拜中书侍郎、同平章事，仍判三司。显德元年，加右仆射、集贤殿大学士。从征太原，进司空、门下侍郎、监修国史。二年，领兵出征南唐。恭帝即位，加开府仪同三司，封赵国公。入宋，以李筠叛，忧愤而死。 | 《宋史·李谷传》 |
| 冯延巳 | 903—960 | 歙州歙县 | 五代词人、官员。南唐保大初，拜谏议大夫、翰林学士，迁户部侍郎，进中书侍郎。四年，进同平章事，集贤殿大学士。后出为昭武节度使。工诗词，著有《阳春集》。 | 马氏《南唐书·冯延巳传》；陆氏《南唐书·冯延巳传》；《十国春秋·冯延巳传》。 |
| 伍乔 | 五代南唐 | 庐州庐江，一作贵池 | 五代南唐学者、诗人。保大十三年进士，授歙州通判，召为考功员外郎，改户部员外郎。南唐亡，隐居九华山以终。《全唐书》存其诗一卷。 | 马氏《南唐书·伍乔传》；陆氏《南唐书·伍乔传》；《十国春秋·伍乔传》。 |
| 冯延鲁 | 五代宋初 | 歙州歙县 | 五代宋初官员。与其兄延巳俱以文学知名。后改名冯谧。南唐元宗时，担任中书舍人、勤政殿学士。以出兵福建败绩，流放舒州。遇赦还，复为中书舍人，迁工部侍郎，出为东都副留守。为后周所俘。周世宗授给事中，升刑部侍郎、户部尚书。入宋，累官至常州观察使。 | 《十国春秋·冯延鲁传》；《弘治徽州府志·冯谧》。 |
| 殷崇义 | 五代南唐 | 池州青阳 | 即汤悦，殷文圭之子。少颖悟，博洽能文章。南唐时，为翰林学士、中书舍人，历枢密使、右仆射、礼部侍郎，迁门下侍郎、平章事。事宋，为太子詹事。著《汤悦集》三卷，《全唐诗》卷七五七存其诗五首。 | 马氏《南唐书》卷二三；陆氏《南唐书》卷三；《宋诗纪事》卷五；《十国春秋》卷二八。 |

续表

| 姓名 | 生卒年月 | 籍贯 | 履历 | 资料来源 |
|------|---------|------|------|---------|
| 陶守立 | 五代南唐 | 池州 | 南唐画家。保大九年应举不第，退居齐山，以诗笔丹青自娱。工画佛道、鬼神、山川、人物，至于车马、台阁，笔无偏善，常于九华草堂壁画《山程早行图》，及建康清凉寺有《海水图》，李后主金山水阁有《十六罗汉像》，皆振妙于时也。 | 马氏《南唐书》卷二二；陆氏《南唐书》卷三；《十国春秋·陶守立传》。 |
| 舒雅 | 五代南唐 | 宣城 | 工文善画。显德六年韩熙载知贡举，擢升舒雅为进士第一。会后主命中书舍人徐铉覆试雅等五人，雅不就试。入宋后，先后任将作监丞、太常博士、秘阁校理等职。有《山海经图》若干卷、《十九代史目》二卷。 | 马氏《南唐书》卷二二；陆氏《南唐书》卷三；《十国春秋·舒雅传》。 |
| 聂绍元 | 五代 | 歙州 | 少入道，风貌和雅，善属文。尝撰《宗性论》、《修真秘旨》各一篇，学士徐铉、徐锴称之曰"吴筠、施肩吾不能过也"。 | 《江淮异人录》卷上；《新安志》卷八；《新安文献志》卷一百；《十国春秋》卷三四。 |
| 汪焕 | 五代南唐 | 歙州 | 南唐开国时第进士。初元宗、后主皆佞佛，而后主尤酷信之，焕以"梁武事佛致亡国"故事死谏，后主得谏书，不治其罪，擢为校书郎。 | 《十国春秋·汪焕传》 |
| 朱令赟 | ？—975 | 庐州舒城 | 五代南唐将领，朱延寿孙。初为小校，积功至神卫军都虞候，擢镇南节度使。宋军围攻金陵，出兵援救，兵败投火死。 | 马氏《南唐书·朱令赟传》；陆氏《南唐书·朱令赟传》；《十国春秋·朱令赟传》。 |
| 邱旭 | 五代南唐 | 宣州宣城 | 五代南唐学者。后主时，试"德厚载物"赋，拔为第一。归宋后，官至衡州茶陵令。曾编《宾朋宴语》。 | 《十国春秋·邱旭传》 |

# 参 考 文 献

## 一、古典文献

［唐］魏征、令狐德棻撰：《隋书》，中华书局 1973 年版。

［后晋］刘昫等撰：《旧唐书》，中华书局 1975 年版。

［宋］欧阳修等撰：《新唐书》，中华书局 1975 年版。

［宋］薛居正等撰：《旧五代史》，中华书局 1976 年版。

［宋］欧阳修撰：《新五代史》，中华书局 1974 年版。

［宋］钱俨撰：《吴越备史》，中华书局 1998 年版。

［宋］马令撰：《南唐书》，天津古籍出版社 1998 年版。

［宋］陆游撰：《南唐书》，天津古籍出版社 1998 年版。

［元］脱脱等撰：《宋史》，中华书局 1977 年版。

［唐］李延寿撰：《北史》，中华书局 1974 年版。

［唐］李延寿撰：《南史》，中华书局 1975 年版。

［宋］司马光等著，［元］胡三省注：《资治通鉴》，中华书局 1956 年版。

［宋］范祖禹撰，吕祖谦音注：《唐鉴》，丛书集成本版。

［宋］李焘撰：《续资治通鉴长编》，中华书局 1979 年版。

［清］毕沅撰：《续资治通鉴》，中华书局 1957 年版。

［唐］温大雅著，李季平、李锡厚点校：《大唐创业起居注》，上海古籍出版社 1983 年版。

［唐］长孙无忌等撰：《唐律疏议》，中华书局 1983 年版。

［唐］吴兢撰：《贞观政要》，上海古籍出版社 1978 年版。

［唐］唐玄宗御撰，李林甫奉敕注：《唐六典》，（日本）广池本。

［唐］杜佑撰：《通典》，中华书局1984年版。

［宋］王溥撰：《唐会要》，中华书局1955年版。

［宋］王溥撰：《五代会要》，上海古籍出版社1978年版。

［宋］郑樵撰：《通志》，中华书局1987年版。

［元］马端临撰：《文献通考》，中华书局1986年版。

［宋］王钦若等编：《册府元龟》，中华书局1960年版。

［宋］李昉等编：《文苑英华》，中华书局1966年版。

［宋］路振撰：《九国志》，四库馆臣辑，守山阁丛书本。

［宋］邓牧撰：《洞霄图志》，四库全书本。

［宋］胡仔撰，丛书集成初编：《苕溪渔隐丛话前后录》，中华书局1985年版。

［宋］陈振孙撰：《直斋书录解题》，上海古籍出版社1987年版。

［宋］张君房编，李永晟点校：《云笈七签》，中华书局2003年版。

《二十五史补编》，中华书局1955年版。

［清］钱大昕撰：《二十二史考异》，丛书集成本。

［清］赵翼著，王树民校证：《廿二史札记校证》，中华书局1984年版。

［清］王鸣盛撰：《十七史商榷》，丛书集成本。

［清］吴任臣撰：《十国春秋》，中华书局1983年版。

［唐］李泰撰：《括地志》，中华书局1980年版。

［唐］李肇撰：《唐国史补》，上海古籍出版社2000年版。

［宋］宋敏求编：《唐大诏令集》，商务印书馆1959年版。

［唐］［日］圆仁著：《入唐求法巡礼记》，广西师范大学出版社2007年版。

［唐］白居易著，朱金城笺校：《白居易集笺校》，上海古籍出版社2003年版。

［唐］张鷟著：《朝野佥载》，丛书集成本。

［唐］陆羽撰：《茶经》，蓝天出版社1997年版。

［唐］刘肃撰：《大唐新语》，中华书局1984年版。

［宋］王应麟著：《困学纪闻》，钦定四库全书本。

［宋］孙光宪著：《北梦琐言》，钦定四库全书本。

［宋］沈括著：《长兴集》，台北商务印书馆1983年版。

［唐］佚名：《大唐传载》，上海古籍出版社2000年版。

胡道静等选辑：《道藏要籍选刊》，上海古籍出版社1989年版。

［清］徐松撰，孟二冬补正：《登科记考补正》，北京燕山出版社2003年版。

［南唐］史虚白撰：《钓矶立谈》，丛书集成本。

［唐］张彦远著：《法书要录》，人民美术出版社1984年版。

［唐］杜牧著：《樊川文集》，上海古籍出版社1978年版。

［唐］封演著，赵贞信校：《封氏闻见记校注》，中华书局2005年版。

［清］赵翼著：《陔余丛考》，商务印书馆1952年版。

［梁］慧皎撰，汤用彤校注，汤一介整理：《高僧传》，中华书局1997年版。

［唐］刘知几著，［清］浦起龙通释：《史通通释》，上海古籍出版社1978年版。

［唐］李白著，朱金城等校：《李白集校注》，上海古籍出版社2003年版。

［唐］李绅著，王旋伯注：《李绅诗注》，上海古籍出版社1985年版。

［唐］李白著：《李太白全集》，中华书局1977年版。

［唐］韩愈著：《韩昌黎集》，商务印书馆1958年版。

［唐］刘禹锡著，瞿蜕园笺证：《刘禹锡集笺证》，上海古籍出版社2005年版。

［唐］柳宗元著：《柳宗元集》，中华书局1979年版。

［唐］许嵩撰：《建康实录》，中华书局1986年版。

［唐］张彦远著，肖剑华注释：《历代名画记》，江苏美术出版社2007年版。

［南唐］史虚白撰：《江南余载》，中华书局1985年版。

[南唐]刘崇远著:《金华子杂编》,中华书局1958年版。

[宋]郑文宝撰:《南唐近事》,续百川学海本。

[宋]钱易撰,黄寿成点校:《南部新书》,中华书局2002年版。

[宋]欧阳修著:《欧阳文忠公集》,上海书店1989年版。

[宋]吴淑撰:《江淮异人录》,四库全书本。

[宋]龙衮撰:《江南野史》,四库全书本。

[宋]释道原著:《景德传灯录》,广陵书社2007年版。

[宋]陶谷撰:《清异录》,四库全书本。

[唐]刘𫗧撰,恒鹤校点:《隋唐嘉话》(唐五代笔记小说大观),上海古籍出版社2000年版。

[唐]颜师古撰、鲁迅辑本。丛书集成初编:《隋遗录》,中华书局2008年版。

[清]严可均辑:《全隋文》,中华书局影印本。

[清]彭定求、沈三曾等编:《全唐诗》,上海古籍出版社1986年版。

[清]董诰等撰:《全唐文》,中华书局1983年版。

[清]李调元编:《全五代诗》,丛书集成本。

[清]顾炎武著,黄汝成集释:《日知录集释》,上海古籍出版社2006年版。

[宋]洪迈著:《容斋随笔》,中华书局2005年版。

[唐]段成式著:《寺塔记》。

[宋]赞宁撰,范祥雍点校:《宋高僧传》,中华书局1987年版。

[宋]李昉等编:《太平御览》,中华书局1960年版。

[元]辛文房撰、孙映逵校注:《唐才子传》,中国社会科学出版社1991年版。

[宋]计有功撰:《唐诗纪事》,上海古籍出版社1987年版。

[唐]王定保撰、姜汉椿校:《唐摭言校注》,上海社会科学院出版社2003年版。

[宋]王谠著,崔文印、谢方评注:《唐语林》,中华书局2007年版。

[宋]晁公武撰:《郡斋读书志》,四库全书本。

[宋]刘道醇编:《五代名画补遗》,四库全书本。

[清]厉鹗辑撰:《宋诗纪事》,上海古籍出版社 2008 年版。

[清]顾炎武撰:《天下郡国利病书》,商务印书馆《四部丛刊》三编影印本。

[宋]郭若虚撰:《图画见闻志》,北京图书馆出版社 2003 年版。

[宋]梅尧臣著:《宛陵集》,台北商务印书馆 1983 年版。

[唐]韦应物著,陶敏、王友胜校注:《韦应物集校注》,上海古籍出版社 1998 年版。

[宋]苏易简撰:《文房四谱》,中华书局 1985 年版。

[清]王士慎撰:《五代诗话》,人民文学出版社 1989 年版。

[宋]普济著、苏渊雷点校:《五灯会元》,中华书局 1984 年版。

[宋]佚名:《五国故事》,知不足斋丛书。

[宋]唐积撰:《歙州砚谱》,台北商务印书馆 1983 年版。

[明]朱谋垔撰:《画史会要》,四库全书本。

[清]王士禛著:《香祖笔记》,上海古籍出版社 1982 年版。

[唐]释道宣撰:《续高僧传》,金陵刻经处本。

[南唐]沈汾撰:《续仙传》,四库全书本。

[北齐]颜之推撰,王利器集解:《颜氏家训集解》,上海古籍出版社 1980 年版。

[宋]程大昌撰:《演繁露续集》,上海古籍出版社 1992 年版。

[元]陆友仁撰:《砚北杂志》,广陵古籍刻印社 1995 年版。

[唐]段成式撰,方南生点校:《酉阳杂俎》,中华书局 1981 年版。

[宋]文莹撰:《玉壶清话》,中华书局 1984 年版。

[唐]林宝著,岑仲勉校:《元和姓纂》,中华书局 1994 年版。

[宋]赵彦卫著:《云麓漫钞》,丛书集成本。

[唐]范摅撰:《云溪友议》,中华书局 1985 年版。

[唐]张籍著:《张籍诗集》,中华书局 1959 年版。

[唐]李吉甫撰:《元和郡县图志》,中华书局 1983 年版。

[宋]李昉等编:《太平广记》,中华书局 1961 年版。

[宋]乐史著:《太平寰宇记》,丛书集成本。

［宋］王象之撰：《舆地纪胜》，四川大学出版社 2005 年版。

［宋］祝穆撰，祝洙增订：《方舆胜览》，中华书局 2003 年版。

［明］李贤等撰：《大明一统志》，三秦出版社 1990 年版。

［清］穆彰阿、潘锡恩等编修：《嘉庆重修一统志》，中华书局 1986 年版。

［清］顾祖禹著：《读史方舆纪要》，中华书局 1955 年版。

［清］赵绍祖撰：《安徽金石略》，丛书集成续编本。

［清］《安徽通志》，光绪三年重修本。

［宋］罗愿撰，肖建新、杨国宜校，徐力审：《淳熙新安志》，黄山书社 2008 年版。

［清］康熙年间修：《安庆府志》，1961 年石印本。

［清］《亳州志》，光绪二十年活字本。

［清］乾隆年间修：《无为州志》，1960 年石印本。

［明］程敏政撰：《新安文献志》，黄山书社 2004 年版。

［清］张士范纂修：《乾隆池州府志》，江苏古籍出版社 1998 年版。

［清］桂迓衡、陆延龄等纂修：《光绪贵池县志》，江苏古籍出版社 1998 年版。

［清］丁逊之、何庆钊等纂修：《光绪宿州志》，江苏古籍出版社 1998 年版。

［清］《直隶和州志》，光绪二十七年本。

［明］嘉靖修：《池州府志》，1962 年影印本。

［清］《滁州志》，光绪二十二年本。

［明］天一阁明代方志丛刊：《弘治徽州府志》，上海古籍出版社 1982 年版。

［清］《徽州府志》，道光十七年本。

［明］王廷干撰：《嘉靖泾县志》，明嘉靖三十一年刻本。

［明］李士元撰：《嘉靖铜陵县志》，上海古籍出版社 1962 年版。

［清］洪亮吉、施晋、鲁铨纂：《嘉庆宁国府志》，江苏古籍出版社 1998 年版。

［清］陈春华、梁启让等纂修：《嘉庆芜湖县志》，台北成文出版社

1983 年版。

　　[清]《六安州志》,同治十一年本。

　　[清]《庐州府志》,光绪十一年续修本。

　　[清]许承尧、石国柱、楼文钊等纂修:《民国歙县志》,江苏古籍出版社 1998 年版。

　　[清]嘉庆修:《宁国府志》,民国八年影印本。

　　[清]陆纶、朱肇基纂修:《乾隆太平府志》,江苏古籍出版社 1998 年版。

　　[清]《寿州志》,光绪十五年本。

　　[清]《宿州志》,光绪十五年本。

　　[清]《太平府志》,光绪二十九年本。

　　[清]《颍州府志》,乾隆十七年本。


## 二、今人论著

岑仲勉著:《隋唐史》,中华书局 1982 年版。

王仲荦著:《隋唐五代史》,上海人民出版社 1988 年版。

韩国磐著:《隋唐五代史纲》,人民出版社 1979 年版。

吕思勉著:《隋唐五代史》,上海古籍出版社 1982 年版。

陈寅恪著:《隋唐制度渊源略论稿》,上海古籍出版社 1982 年版。

岑仲勉著:《隋书求是》,商务印书馆 1958 年版。

陈寅恪著:《唐代政治史述论稿》,上海古籍出版社 1997 年版。

傅振伦著:《隋唐五代物质文化参考资料》。

汤用彤著:《隋唐佛教史稿》,中华书局 1982 年版。

王永兴编著:《隋唐五代经济史料汇编》,中华书局 1987 年。

万绳楠著:《魏晋南北朝文化史》,黄山书社 1989 年版。

潘镛著:《隋唐时期的运河和漕运》,三秦出版社 1987 年版。

吴廷燮著:《唐方镇年表》,中华书局 1980 年版。

史念海主编:《唐史论丛　第四辑》,三秦出版社 1998 年版。

赵文润著:《隋唐文化史》,陕西师范大学出版社 1992 年版。

张国刚著:《唐代政治制度研究论集》,台北文津出版社 1994

年版。

汪篯著:《汪篯隋唐史论稿》,中国社会科学出版社 1981 年版。

朱玉龙著:《五代十国方镇年表》,中华书局 1997 年版。

郑学檬著:《五代十国史研究》,上海人民出版社 1991 年版。

林荣贵著:《五代十国辖区设置及其军事戍防》,中国边疆史地研究 1999 年版。

杜文玉著:《五代十国制度研究》,人民出版社 2006 年版。

徐连达著:《唐朝文化史》,复旦大学出版社 2004 年版。

胡戟著:《隋炀帝新传》,上海人民出版社 1995 年版。

李斌城、李锦绣等著:《隋唐五代社会生活史》,中国社会科学出版社 2004 年版。

李斌城等著:《隋唐五代社会生活史》,中国社会科学出版社 1998 年版。

郁贤皓著:《唐刺史考全编》,安徽大学出版社 2002 年版。

张国刚著:《唐代藩镇研究》,湖南教育出版社 1987 年版。

张国刚著:《唐代官制》,三秦出版社 1987 年版。

张泽咸著:《唐代工商业》,中国社会科学出版社 1995 年版。

宋大川著:《唐代教育体制研究》,山西教育出版社 1998 年版。

程千帆著:《唐代进士行卷与文学》,上海古籍出版社 1980 年版。

吴宗国著:《唐代科举制度研究》,辽宁大学出版社 1997 年版。

侯忠义著:《隋唐五代小说史》,浙江古籍出版社 1997 年版。

任爽著:《十国典制考》,中华书局 2004 年版。

杜文玉著:《南唐史略》,陕西人民教育出版社 2001 年版。

任爽著:《南唐史》,东北师范大学出版社 1995 年版。

邹劲风著:《南唐国史》,南京大学出版社 2000 年版。

[英]崔瑞德主编:《剑桥中国隋唐史》,中国社会科学出版社 1990 年版。

《安徽重要历史事件丛书》,安徽人民出版社 1999 年版。

张海鹏等主编:《安徽文化史》,南京大学出版社 2000 年版。

李则纲著:《安徽历史述要》,安徽省地方志编纂委员会 1982

年版。

张南等著:《安徽简明通史》,安徽人民出版社 1994 年版。

亳县博物馆编:《安徽亳县隋墓》,载《考古》1977 年第 1 期。

陈椽著:《安徽茶经》,安徽人民出版社 1960 年版。

巢湖地区文物管理所著:《安徽巢湖市唐代砖室墓》,载《考古》,1988 年第 6 期。

陈衍麟著:《安徽繁昌柯家村窑址调查报告》,载《东南文化》,1991 年第 2 期。

李广宁著:《安徽古代瓷器生产与外销初探》,紫禁城出版社 1988 年版。

张宏明著:《安徽古代陶瓷生产史略》,中国文史出版社 1998 年版。

马茂棠主编:《安徽航运史》,安徽人民出版社 1991 年版。

张秉伦等编著:《安徽科学技术史稿》,安徽科学技术出版社 1990 年版。

汪景辉、杨立新等著:《安徽南陵清理一座唐墓》,载《考古》,1994 年第 4 期。

史州著:《安徽史志综述》,安徽教育出版社 2002 年版。

安徽省文物考古研究所编:《安徽铜陵市古代铜矿遗址调查》,载《考古》,1993 年第 6 期。

安徽省文物考古研究所编:《安徽歙县竦口窑调查》,载《考古》,1988 年第 12 期。

王化民著:《曹村窑址》,方志出版社 1993 年版。

陈寅恪著:《陈寅恪集》,三联书店 2000 年版。

张宏明撰:《滁州琅琊山唐代摩崖题刻研究》,载《东南文化》,1991 年第 2 期。

魏嵩山撰:《丹阳湖区圩田开发的历史过程》,上海人民出版社 1989 年版。

卿希泰、唐大潮著:《道教史》,江苏人民出版社 2006 年版。

王永平著:《道教与唐代社会》,首都师范大学出版社 2002 年版。

谢澍田著：《地藏菩萨九华垂迹》，华东师大出版社 1994 年版。

张总著：《地藏信仰研究》，宗教文化出版社 2003 年版。

王业有撰：《调查肖窑取得的新收获》，载《东南文化》，1990 年第 4 期。

席为群著：《肥西县刘河唐墓出土的几件文物》，黄山书社 1991 年版。

张国刚著：《佛学与隋唐社会》，河北人民出版社 2002 年版。

谷霁光著：《府兵制度考释》，上海人民出版社 1962 年版。

张弓著：《汉唐佛寺文化史》，中国社会科学出版社 1997 年版。

王业友著：《合肥出土寿州窑早期产品》1984 年版。

安徽省展览博物馆编：《合肥西郊隋墓》，载《考古》，1976 年第 2 期。

史念海：《河山集》，三联书店 1963 年版。

安徽省文物考古研究所、安徽省淮北市博物馆编：《淮北柳孜运河、遗址发掘报告》，科学出版社 2002 年版。

张秉伦、方兆本主编：《淮河和长江中下游旱涝灾害年表与旱涝规律研究》，安徽教育出版社 1998 年版。

王鑫义主编：《淮河流域经济开发史》，黄山书社 2001 年版。

李修松主编：《淮河流域历史文化研究》，黄山书社 2001 年版。

水利部治淮委员会《淮河水利简史》编写组：《淮河水利简史》，水利电力出版社 1990 年版。

严耀中著：《江南佛教史》，上海人民出版社 2000 年版。

裘士京：《江南铜研究》，黄山书社 2004 年出版。

张良才编：《李白安徽诗文校笺》，安徽文艺出版社 1992 年版。

周永慎编著：《历代真仙高僧传》，中国社会科学出版社 2003 年版。

陈茂同著：《历代职官沿革史》，华东师范大学出版社 1988 年版。

曾昭燏撰：《南唐二陵》，文化出版社 1957 年版。

邹劲风著：《南唐文化》，南京出版社 2005 年版。

葛兆光著：《七世纪至十九世纪中国的思想与信仰》，复旦大学出版社 2002 年版。

　　李广宁著:《琴溪古陶瓷窑址调查初记》,宣州文物 1994 年版。

　　青阳县文管所编:《青阳县三增唐墓》,黄山书社 1989 年版。

　　陈尚君编:《全唐诗补编》,中华书局 1992 年版。

　　胡欣民著:《寿州窑隋代青瓷的认识》,黄山书社 1991 年版。

　　胡悦谦著:《谈寿州瓷窑》,载《考古》,1988 年第 8 期。

　　周绍良主编,赵超副主编:《唐代墓志汇编(上、下)》,上海古籍出版社 1992 年版。

　　周绍良、赵超主编:《唐代墓志汇编续集》,上海古籍出版社 2001 年版。

　　冻国栋著:《唐代人口问题研究》,武汉大学出版社 1993 年版。

　　郭绍林著:《唐代士大夫与佛教》,三秦出版社 2006 年版。

　　李斌城主编:《唐代文化》,中国社会科学出版社 2002 年版。

　　中国唐代学会编,国立编译馆主编:《唐代研究论集》(第二辑),新文丰出版有限公司 1992 年版。

　　杨曾文著:《唐五代禅宗史》,中国社会科学出版社 1999 年版。

　　张泽咸著:《唐五代赋役史草》,中华书局 1986 年版。

　　张剑光著:《唐五代江南工商业布局研究》,江苏古籍出版社 2003 年版。

　　张泽咸编:《唐五代农民战争史料汇编》,中华书局 1979 年版。

　　李廷先著:《唐代扬州刺史考》,江苏古籍出版社 1992 年版。

　　陈垣:《通鉴胡注表微》,辽宁教育出版社 1997 年版。

　　宋康年著:《望江县城郊唐墓清理》,黄山书社 1994 年版。

　　文物编辑委员会编:《文物考古工作三十年》,文物出版社 1979 年版。

　　陶懋炳撰:《五代史略》,上海人民出版社 1988 年版。

　　张兴武著:《五代艺文志》,巴蜀书社 2003 年版。

　　张宏明撰:《小孤山石刻　安徽著名文物古迹》,黄山书社 1997 年版。

　　黄有福、陈景富著:《中朝佛教文化交流史》,中国社会科学出版

社 1993 年版。

洪修平著:《中国禅学思想史》,中国人民大学出版社 2007 年版。

杜继文、魏道儒著:《中国禅宗通史》,江苏古籍出版社 1995 年版。

万绳楠等著:《中国长江流域开发史》,黄山书社 1997 年版。

卿希泰主编:《中国道教》,东方出版中心 1994 年版。

任继愈主编:《中国道教史》,中国社会科学出版社 2001 年版。

《中国地方志集成·安徽府县志辑》,江苏古籍出版社 1998 年版。

叶孝信主编:《中国法制史》,复旦大学出版社 2002 年版。

陈垣撰:《中国佛教史籍概论》,上海书店出版社 2002 年版。

刘泽华主编:《中国古代思想史》,南开大学出版社 1992 年版。

宁可主编:《中国经济发展史》,中国经济出版社 1999 年版。

宁可编:《中国经济通史》,经济日报出版社 2000 年版。

潘桂明著:《中国居士佛教史》,中国社会科学出版社 2000 年版。

金秋鹏主编:《中国科学技术史》,科学出版社 1998 年版。

杜石然等编著:《中国科学技术史稿》,科学出版社 1982 年版。

竺可桢:《竺可桢全集》,上海科技教育出版社 2004 年出版。

王育民著:《中国历史地理》,人民教育出版社 1985 年版。

梁方仲编:《中国历代户口、田地、田赋统计》,上海人民出版社 1980 年版。

周振鹤著:《中国历代行政区划的变迁》,商务印书馆 1998 年版。

谭其骧主编:《中国历史地图集·隋唐五代十国时期》。

曹贯一:《中国农业经济史》,中国社会科学出版社 1989 年版。

赵文林、谢淑君:《中国人口史》,人民出版社 1988 年版。

白寿彝主编:《中国通史》,上海人民出版社 1989 年版。

章培恒等主编:《中国文学史》(中),复旦大学出版社 1996 年版。

白钢主编:《中国政治制度通史》,人民出版社 1993 年版。

李炳泉著:《朱温传》,台湾文津出版社 1994 年版。

葛兆光著:《禅宗与中国文化》,上海人民出版社 1986 年版。

徐吉军著:《长江流域的丧葬》,湖北教育出版社 2004 年版。

# 后　　记

　　本卷是《安徽通史·隋唐五代十国卷》。本卷坚持辩证唯物主义和历史唯物主义的指导,实事求是,夯实史料基础,联系国史大脉,突出地方特色,以历史时期为时间顺序,以20世纪末民政部勘定的安徽"四至"为空间界限。全卷分有隋代、唐代、五代十国三部分,力求全面、客观地记述自杨坚代周至赵匡胤黄桥兵变凡三百七十八年的历史。内容取舍文字详略,视对安徽历史发展进程影响大小而定;力求去伪存真以揭示此段历史过程中安徽发展的规律性。

　　本卷体例,以章节目为主要架构,兼采类于本纪之大事编年及类于列传之人物列表。举凡目录、参考文献、绪论、大事编年、正文、注释、人物小传表、附录、后记等,计十三章、两附录。

　　本卷编纂主要撰写人员六人:王光照,中国科技大学人文学院教授;周怀宇,安徽大学教授;张金铣,安徽大学教授;吉尾宽,安徽大学客座日籍教授;盛险峰,安徽大学副教授;简梅青,安徽大学讲师。本卷由王光照、周怀宇主持编写。另外还有参与搜集资料和整理大事编年、附录和撰写部分初稿的数十名年轻学者:安徽大学青年教师与在读研究生窦余仁、刘杏梅、米学芹、李晓秋、孙建权、谷阳、董卫国、王珍、倪立峰、孙鑫、刘鹏程、张永奎、林冰冰、曹怀锋、赵杨、荆佳佳、郑晖、赵伟、陈汝娇等;崔兰海编制有关图表。本卷各章责任撰写人如下:

　　主编:王光照,周怀宇

　　绪论:周怀宇,王光照,吉尾宽

第一章：王光照

第二章：王光照

第三章：盛险峰（周怀宇撰写本章第四节）

第四章：周怀宇，米学芹

第五章：周怀宇，窦余仁

第六章：周怀宇，刘杏梅

第七章：盛险峰

第八章：张金铣

第九章：简梅青

第十章：张金铣

第十一章：张金铣

第十二章：张金铣

第十三章：简梅青

附录：周怀宇等

插图：崔兰海等

本卷系集体合作成果，自2005年以来，大家在《安徽通史》编委会指导下，发扬学术民主，齐心协力，多次聚会商讨，大至体例、框架、线索和重点，小至史实、标目、文字和标点，反复推敲，剔疵划瑕，数易其稿，不厌其精，旨在存真求精，保证本卷的质量。但是，由于学养及鉴识的局限，加之撰写时间的限制，本卷疏漏、失检之处在所难免，于此，本卷同志竭诚致意，欢迎广大读者批评指正。

《安徽通史·隋唐五代十国卷》全体编写人员

2011年1月16日